国家出版基金项目
NATIONAL PUBLICATION FOUNDATION

中国近代
思想家文库

◎

郭双林 编

章士钊卷

中国人民大学出版社
·北京·

《中国近代思想家文库》编纂委员会名单

主　任　　柳斌杰　纪宝成
副主任　　吴尚之　李宝中　李　潞
　　　　　王　然　贺耀敏　李永强

主　编　　戴　逸
副主编　　王俊义　耿云志
委　员　　王汝丰　刘志琴　　许纪霖　杨天石　杨宗元
　　　　　陈　铮　欧阳哲生　罗志田　夏晓虹　徐　莉
　　　　　黄兴涛　黄爱平　　蔡乐苏　熊月之
　　　　　（按姓氏笔画排序）

总 序

对于近代的理解，虽不见得所有人都是一致的，但总的说来，对于近代这个词所涵的基本意义，人们还是有共识的。一个国家、一个民族走入近代，就意味着以工业化为主导的经济取代了以地主经济、领主经济或自然经济为主导的中世纪的经济形态，也还意味着，它不再是孤立的或是封闭与半封闭的，而是以某种形式加入到世界总的发展进程。尤其重要的是，它以某种形式的民主制度取代君主专制或其他不同形式的专制制度。中国是个幅员广大、人口众多、历史悠久的多民族国家，由于长期历史发展是自成一体的，与外界的交往比较有限，其生产方式的代谢迟缓了一些。如果说，世界的近代是从17世纪开始的，那么中国的近代则是从19世纪中期才开始的。现在国内学界比较一致的认识，是把1840年到1949年视为中国的近代。

中国的近代起始的标志是1840年的鸦片战争。原来相对封闭的国门被拥有近代种种优势的英帝国以军舰、大炮再加上种种卑鄙的欺诈打开了。从此，中国不情愿地加入到世界秩序中，沦为半殖民地。原来独立的大一统的中央集权的君主专制国家，如今独立已经极大地被限制，大一统也逐渐残缺不全，中央集权因列强的侵夺也不完全名实相符了。后来因太平天国运动，地方军政势力崛起，形成内轻外重的形势，也使中央集权被弱化。经历第二次鸦片战争、中法战争、甲午战争、八国联军入侵的战争以及辛亥革命后的多次内外战争，直至日本全面侵略中国的战争，致使中国的经济、政治、教育、文化，都无法顺利走上近代发展的轨道。古今之间，新旧之间，中外之间，混杂、矛盾、冲突。总之，鸦片战争后的中国，既未能成为近代国家，更不能维持原有的统治秩序。而外患内忧咄咄逼人，人们都有某种程度"国将不国"的忧虑。

"天下兴亡，匹夫有责"，读书明理的士大夫，或今所谓知识分子，尤为敏感，在空前的危机与挑战面前，皆思有所献替。于是发生种种救亡图存的思想与主张。有的从所能见及的西方国家发展的经验中借鉴某些东西，形成自己的改革方案；有的从历史回忆中拾取某些智慧，形成某种民族复兴的设想；有的则力图把西方的和中国所固有的一些东西加以调和或结合，形成某种救亡图强的主张。这些方案、设想、主张，从世界上"最先进的"，到"最落后的"，几乎样样都有。就提出这些方案、设想、主张者的初衷而言，绝大多数都含着几分救国的意愿。其先进与落后，是否可行，能否成功，尽可充分讨论，但可不必过为诛心之论。显而易见，既然救国的问题最为紧迫，人们所心营目注者自然是种种与救国的方案直接相关的思想学说，而作为产生这些学说的更基础性的理论，及其他各种知识、思想，则关注者少。

围绕着救国、强国的大议题，知识精英们参考世界上种种思想学说，加以研究、选择，认为其中比较适用的思想学说，拿来向国人宣传，并赢得一部分人的认可。于是互相推引，互相激励，更加发挥，演而成潮。在近代中国，曾经得到比较广泛的传播的思想学说，或者够得上思潮的，主要有以下几种：

（一）进化论。近代西方思想较早被引介到中国，而又发生绝大影响的，要属进化论。中国人逐渐相信，进化是宇宙之铁则，不进化就必遭淘汰。以此思想警醒国人，颇曾有助于振作民族精神。但随后不久，社会达尔文主义伴随而来，不免发生一些负面的影响。人们对进化的了解，也存在某些片面性，有时把进化理解为一条简单的直线。辩证法思想帮助人们形成内容更丰富和更加符合实际的发展观念，减少或避免片面性的进化观念的某些负面影响。

（二）民族主义。中国古代的民族主义思想，其核心是"非我族类，其心必异"，所以最重"华夷之辨"。鸦片战争前后一段时期，中国人的民族思想，大体仍是如此。后来渐渐认识到"今之夷狄，非古之夷狄"，"西人治国有法度，不得以古旧之夷狄视之"。但当时中国正遭受西方列强的侵略和掠夺，追求民族独立是民族主义之第一义。20世纪初，中国知识精英开始有了"中华民族"的概念。于是，渐渐形成以建立近代民族国家为核心的近代民族主义。结束清朝君主专制，创立中华民国，是这一思想的初步实现。第一次世界大战爆发，中国加入"协约国"，第一次以主动的姿态参与世界事务，接着俄国十月革命爆发，这两件事对近代中国的发展历程造成绝大影响。同时也将中国人的民族主义提升到一个新的层次，即与国际主义（或世界主义）发生紧密联系。也可以说，中国人更加自觉地用世界的眼光来观察中国的问题。新生的中国共产党和改组后的国民党都是如此。民族主义成为中国的知识精英用来应对近代中国所面临的种种危机和种种挑战的一个重要的思想武器。

（三）社会主义。社会主义作为一种模糊的理想是早在古代就有的，而且不论东方和西方都曾有过。但作为近代思潮，它是于19世纪在批判近代资本主义的基础上产生的。起初仍带有空想的性质，直到马克思和恩格斯才创立起科学社会主义。20世纪初期，社会主义开始传入中国。当时的传播者不太了解科学社会主义与以往的社会主义学说的本质区别。有一部分人，明显地受到无政府主义的强烈影响，更远离科学社会主义。直到五四新文化运动兴起之后，中国人始较严格地引介、宣传科学社会主义。但有一段时间，无政府主义仍是一股很大的思想潮流。中国共产党的成立，从思想上说，是战胜无政府主义的结果。中国共产党把在中国实现社会主义乃至共产主义作为自己的奋斗目标。此后，社会主义者，多次同各种非科学社会主义思想的信仰者进行论争并不断克服种种非科学社会主义思想的影响。

（四）自由主义。自由主义也是从清末就被介绍到中国来，只是信从者一直寥寥。直到五四新文化运动兴起，具有欧美教育背景的知识精英的数量渐渐多起来，自由主义始渐渐形成一股思想潮流。自由主义强调个性解放、意志自由和自己承担责任，在政治上反对一切专制主义。在中国的社会条件下，自由主义缺乏社会基础。在政治激烈动荡的时候，自由主义者很难凝聚成一股有组织的力量；在稍稍平和的时候，他们往往更多沉浸在自己的专业中。所以，在中国近代史上，自由主义不曾有，也不可能有大的作为。

（五）激进主义与保守主义。处于转型期的社会，旧的东西尚未完全退出舞台，新的东西也还未能巩固地树立起来，新旧冲突往往要持续很长的时间，有时甚至达到很激烈的程度。凡助推新东西成长的，人们便视为进步的；凡帮助旧东西排斥新东西的，人们便视为保守的。其实，与保守主义对应的，应是进步主义；与顽固主义相对的则应是激进主义。不过在通常话语环境中人们不太严格加以区分。中国历史悠久，特别是君主专制制度持续两千余年，旧东西积累异常丰富，社会转型极其不易。而世界的发展却进步甚速。中国的一部分精英分子往往特别急切地想改造中国社会，总想找出最厉害的手段，选一条最捷近的路，以最快的速度实现全盘改造。这类思想、主张及其采取的行动，皆属激进主义。在中共党史上，它表现为"左"倾或极左的机会主义。从极端的激进主义到极端的顽固主义，中间有着各种程度的进步与保守的流派。社会的稳定，或社会和平改革的成功，都依赖有一个实力雄厚的中间力量。但因种种原因，中国社会的中间力量一直未能成长到足够的程度。进步主义与保守主义，以及激进主义与顽固主义，不断进行斗争，而实际所获进步不大。

（六）革命与和平改革。中国近代史上，革命运动与和平改革运动交替进行，有时又是平行发展。两者的宗旨都是为改变原有的君主专制制度而代之以某种形式的近代民主制度。有很长一个时期，有两种错误的观念，一是把革命理解为仅仅是指以暴力取得政权的行动，二是与此相关联，把暴力革命与和平改革对立起来，认为革命是推动历史进步的，而改革是维护旧有统治秩序的。这两种论调既无理论根据，也不合历史实际。凡是有助于改变君主专制制度的探索，无论暴力的或和平的改革都是应予肯定的。

中国近代揭幕之时，西方列强正在疯狂地侵略与掠夺殖民地和半殖民地，中国是它们互相争夺的最后一块、也是最大的资源地。而这时的中国，沿袭了两千年的君主专制制度已到了奄奄一息的末日，统治当局腐朽无能，对外不足以御侮，对内不足以言治，其统治的合法性和统治的能力均招致怀疑。革命运动与改革的呼声，以及自发的民变接连不断。国家、民族的命运真的到了千钧一发之际，危机极端紧迫。先觉分子救国之心切，每遇稍具新意义的思想学说便急不可待地学习引介。于是西方思想学说纷纷涌进中国，各阶层、各领域，凡能读书读报者，受其影响，各依其家庭、职业、教育之不同背景而选择自以为不错的一种，接受之，信仰之，传播之。于是西方几百年里相继风行的思想学说，在短时期内纷纷涌进中国。在清末最后的十几年里是这样，五四时期在较高的水准上重复出现这种情况。

这种情况直接造成两个重要的历史现象：一个是中国社会的实际代谢过程（亦即社会转型过程）相对迟缓，而思想的代谢过程却来得格外神速。另一个是在西方原是差不多三百年的历史中渐次出现的各种思想学说，集中在几年或十几年的时间里狂泻而来，人们不及深入研究、审慎抉择，便匆忙引介、传播，引介者、传播者、听闻者，都难免有些消化不良。其实，这种情况在清末，在五四时期，都已有人觉察。我们现在指出这些问题并非苛求前人，而是要引为教训。

同时我们也看到，中国近代思想无比的多样性与复杂性呈现出绚丽多彩的姿态，各种思想持续不断地展开论争，这又构成中国近代思想史的一个突出特点。有些论争为我们留下了非常丰富的思想资料。如兴洋务与反洋务之争，变法与反变法之争，革命与改良之争，共和与立宪之争，东西文化之争，文言与白话之争，新旧伦理之争，科学与人生观之争，中国社会性质的论争，社会史的论争，人权与约法之争，全盘西化与本位文化之争，民主与独裁之争，等等。这些争论都不同程度地关联着一直影响甚至困扰着中国人的几个核心问题，即所谓中西问题、古今问题与心物关系问题。

中国近代思想的光谱虽比较齐全，但各种思想的存在状态及其影响力是很不平衡的。有些思想信从者多，言论著作亦多，且略成系统；有些可能只有很少的人做过介绍或略加研究；有的还可能因种种原因，只存在私人载记中，当时未及面世。然这些思想，其中有很多并不因时间久远而失去其价值。因为就总的情况说，我们还没有完成社会的近代转型，所以先贤们对某些问题的思考，在今天对我们仍有参考借鉴的价值。我们编辑这套《中国近代思想家文库》，希望尽可能全面地、系统地整理出近代中国思想家的思想成果，一则借以保存这份珍贵遗产，再则为研究思想史提供方便，三则为有心于中国思想文化建设者提供参考借鉴的便利。

考虑到中国近代思想的上述诸特点，我们编辑本《文库》时，对于思想家不取太严格的界定，凡在某一学科、某一领域，有其独立思考、提出特别见解和主张者，都尽量收入。虽然其中有些主张与表述有时代和个人的局限，但为反映近代思想发展的轨迹，以供今人参考，我们亦保留其原貌。所以本《文库》实为"中国近代思想集成"。

本《文库》入选的思想家，主要是活跃在 1840 年至 1949 年之间的思想人物。但中共领袖人物，因有较为丰富的研究著述，本《文库》则未收入。

编辑如此规模的《文库》，对象范围的确定，材料的搜集，版本的比勘，体例的斟酌，在在皆非易事。限于我们的水平，容有瑕隙，敬请方家指正。

《中国近代思想家文库》编纂委员会

目 录

导　言

（一）

章士钊，字行严，一生笔名甚多，有黄帝子孙之嫡派黄中黄、支那汉族黄中黄、黄中黄、爱读《革命军》者、章邱生、青桐、烂柯山人、民质、秋桐、孤桐、无卯、韩民青、初到欧洲者等。中国近现代史上著名报人、社会活动家、思想家、学者和律师。1881 年出生于湖南省长沙府善化县。自幼随长兄士瑛受教，14 岁时偶然在长沙买到一部永州刻《柳宗元文集》，从此喜欢上柳文。以后他凭借这"鸟柳文"（吴稚晖语）操笔论政，卷起一股股论潮。直到晚年还写出了洋洋数百万言的《柳文指要》。

17 岁那年，受生计所迫，章士钊不得已中断学业，干起了"为童子师"的塾师职业，以所得束脩补贴家用。1901 年到长沙东乡和佳冲老屋读书。当时老屋前庭有两株桐树，东隅老桐叶重影浓，苍然气古；西隅少桐皮青干直，生机勃勃。读书空闲，他经常到庭院走动，这两株桐树便成相伴之物。时间一久，他发现桐树有许多长处，而最明显的莫过于那不屈不阿的直德。他尤其钟爱那株皮青干直的少桐，于是便自号"青桐子"，隐然以少桐自命。[①] 以后他曾使用"青桐"、"秋桐"、"孤桐"等笔名，早年的经历在其生命的历程中留下了深沉的烙印。在此期间，由于用功甚苦，竟至得了咯血症。后在大姊的劝说和资助下，离家远游，从此离开故土，登上了近现代中国的历史舞台。

① 孤桐：《字说》，《甲寅周刊》第 1 卷第 1 号（1925 年 7 月 18 日），第 5 页。

（二）

1901 年秋天，章士钊携四弟来到湖北省城武昌，报考湖北自强学堂。因误了考期，未能入学。进退维谷之际，他们得到同乡、旧时同学王闿宪的帮助，到两湖书院同斋共读。在此，他首次遇到了黄兴。1902 年，章士钊顺江东下，到南京报考江南陆师学堂。在考试中，他以"无敌国外患者国恒亡"为题作文，伤时切弊，辞趣妙敏，博得学堂总办俞明震的赏识，一举中的。

1903 年在中国近代史上是一个具有划时代意义的年代。在此之前，尽管清政府已经腐朽不堪，但爱国救亡一直是时代的主旋律，因此，由知识界领导的爱国运动此伏彼起；在此之后，由于上述爱国运动无不受到清政府的镇压和破坏，爱国潮流迅速被共和革命的浪潮所取代。

此时弥漫于东京、上海的革命热潮已经波及了南京。作为江南陆师学堂"学魁"的章士钊，主张"废学救国"，并与林力山等 30 余名学生毅然退学，奔赴上海，"蚁附爱国学社，公言革命"①。在此，章士钊结识了章太炎，并受到器重。同年 4 月，留学日本的邹容、张继和陈独秀因惩罚湖北留学生监督姚文甫而被迫秘密回国。陈独秀返回家乡安徽，邹容和张继则留在了上海中国教育会。章太炎在日本时就与张继相识，此时又和章士钊及邹容相识。四人虽然年龄有一定的差距，但共同的志向、爱好，使他们很快便成为至友。

上海地区风潮的涌动，使许多人参加到革命阵营中来，并最终酿成了"苏报案"。

《苏报》创刊于 1896 年，原由胡璋（铁梅）主持，聘当时沪上著名文人邹弢为主笔，但胡璋推其日籍妻子生驹悦出面在日本驻上海总领事馆注册。由于该报内容平淡，亏折过多，被迫转售。1900 年，湖南退职官僚陈范将其接办过来。在其主持下，该报很快便由变法而保皇，由保皇而革命。

1903 年 5 月，陈范聘请年仅 23 岁的章士钊担任《苏报》主笔，并聘请章太炎、蒋维乔、吴稚晖分任撰述。章士钊对该报进行了大刀阔斧

---

① 章士钊：《与黄克强相交始末》，中国人民政治协商会议全国委员会文史资料委员会编：《辛亥革命回忆录》（二），第 138 页，北京，中华书局，1962。

的改革，并刊发了大量鼓吹革命排满的文章。在撰写的《论中国当道者皆革命党》一文中，他利用清朝政府内部的矛盾，通过具体事实说明，清朝统治者的所作所为，完全是在官逼民反，是在制造革命党。在《驳〈革命驳议〉》一文中，他批驳了汪康年在《中外日报》发表的《革命驳议》一文，强调革命之权，国民操之，欲革命则竟革命，任何人都不能阻挡这一历史潮流。

《苏报》激烈的排满革命言论引起了清朝统治者的忌恨。6 月 25 日，到达上海的江南陆师学堂前总办俞明震，当着吴稚晖的面委婉劝说《苏报》改变态度，并出示捕人命令，暗示有关人员躲避。不料，苏报馆竟不买这个账。26 日，该报刊出论说，点名谴责俞明震。27、28 日，《苏报》又刊出论说《论仇满生》，宣布革命之事不可一日缓。29 日，该报又摘选章太炎的《驳康有为书》中一段，冠以《康有为与觉罗君之关系》标题刊出，矛头直刺光绪皇帝。至此，苏报案已是在劫难逃。苏报案结案后，章士钊编写了《苏报案纪事》（又名《癸卯大狱记》）一书，逐日记载了苏报案发生的经过。

1903 年 6 月初，留日学生组织的军国民教育会派往湖南的"运动员"黄兴从日本回到上海。苏报案后，章士钊放下笔杆子，和黄兴一起到处奔波，筹集款项，二人于 11 月 4 日在长沙和刘揆一等共同发起成立华兴会。

1903 年 8 月，章士钊与谢晓石、张继、何靡施、卢和生、陈去病等人在上海共同创办了《国民日日报》。该报继承《苏报》宣传排满革命的传统，先后刊登了大量鼓吹反清革命的文字。因此，"发刊未久，风行一时，时人咸称为《苏报》第二"①。在该报上，章士钊先后发表了《箴奴隶》、《说君》等文章。在《箴奴隶》一文中，他将奴隶置于与国民对立的地位，并将奴隶分为"钝根奴隶"和"利根奴隶"、"形式之奴隶"和"理想之奴隶"数种。在他看来，在当时四万万国人中，其"不为奴隶之倾向者，惟强盗与社会党二者而已"②。他还考察了中国之所以会有如此众多的奴隶而无国民的原因。在《说君》一文中，他开宗明义指出："'君'也者，成立于野蛮时代，发达于半开化时代，而消灭

---

① 　冯自由：《上海国民日日报和警钟报》，《革命逸史》（初集），第 135 页，北京，中华书局，1981。

② 　《箴奴隶》，《国民日日报汇编》第 1 集，第 23～24 页，上海，东大陆图书译印局，1904。

于极文明时代。"① 文章考察了君主的由来及为君的方法，分析了君主制带来的祸患。可惜文章仅刊登不到一半，即因篇幅太长，不合报刊"社说"体例而中止。

此外，章士钊还创办了东大陆图书译印局，先后出版《黄帝魂》、《孙逸仙》、《沈荩》、《攘书》、《保国歌》、《国民日日报汇编》等宣传反满革命书籍。其中《孙逸仙》一书译自日本宫崎滔天所著《三十三年之梦》。原书本来是作者前半生的自传，经过节译，竟成了孙中山的早期革命史。在为该书撰写的自序中，章士钊指出："孙逸仙者，近今谈革命者之初祖，实行革命者之北辰，此有耳目者所同认。"他表示，自己之所以著录此书，标之曰"孙逸仙"，并不是为了给孙中山个人树碑立传，歌功颂德。"孙逸仙者，非一氏之私号，乃新中国新发现之名词也。有孙逸仙，而中国始可为，则孙逸仙者，实中国过渡虚悬无薄之隐针"②。该书出版后，"一时风行天下，人人争看，竟成鼓吹革命之有力著述"③。

1904年10月黄兴在长沙发动起义失败后，在黄吉亭牧师的帮助下逃回上海。章士钊则先后租赁四处招待所，供办报和革命党人使用。此前，黄兴曾在湖南设立同仇会，以联络洪帮弟兄，后又别树爱国协会于上海，招邀内层志士，推杨笃生主持，而以章士钊为副会长。当时议论的所谓革命计划，以暴动为主，而辅以暗杀。不久，万福华刺杀王之春失败，因章士钊一时疏忽，导致众多革命党人被捕。经多方营救出狱后，纷纷逃避，章士钊亦逃往日本东京，"上海之局，暂告结束"④。

（三）

来到东京后，章士钊结识了湘籍留日学生宋教仁、陈天华、刘揆一和职业革命党人孙中山。在此期间，他的思想开始发生重大变化。导致这种变化的原因主要有两点：一是上海事件的刺激。上海之狱，给章士

---

① 《说君》，《国民日日报汇编》第1集，第26页。

② 黄中黄（章士钊）译：《孙逸仙》，中国史学会主编：《中国近代史资料丛刊·辛亥革命》（一），第90页，上海，上海人民出版社、上海书店出版社，2000。

③ 章士钊：《疏〈黄帝魂〉》，中国人民政治协商会议全国委员会文史资料委员会编：《辛亥革命回忆录》（一），第243页，北京，中华书局，1961。

④ 章士钊：《与黄克强相交始末》，中国人民政治协商会议全国委员会文史资料委员会编：《辛亥革命回忆录》（二），第141页。

钊很大的刺激。在他看来，因为自己"才短力脆，轻妄致敌"，才连累
同志被捕，于心不安；二是亡命日本后，看到日本社会经济的发展，他
深感革命党人"未达壮年，了无学殖，人众茫然无主，事到不知所裁，
眼前失机犹小，将来误事必大"。他决定"假数年之力，隐消大过之
媒"①。之后便"渐谢孙黄，不与交往"②。

　　1905 年 8 月 20 日，中国同盟会在东京成立，孙中山被选为总理，
黄兴被选为执行部庶务，协助孙中山工作。许多留日学生纷纷加入同盟
会，但章士钊对此却无动于衷。孙、黄曾劝其加入，结果被婉言谢绝。
在他看来："际兹大党初建，应以分工为务，量其才力，资其性分，缓
急文武，各任所宜。"因此他向孙、黄建议，将革命党人分为两部分，
"大队趋重实行，小队容其攻苦"③。这当然不可能得到孙、黄二人的赞
同，因同盟会初建，革命力量本来就比较弱小，力量一分，势必会对革
命活动造成不利影响。但章士钊坚持本议，双方辩论，久而不决。孙、
黄二人劝说失败后，又托与其"风义最笃"、且同住新宿的革命党人章
太炎、孙毓筠劝说，仍遭拒绝。章、孙二人见劝说无效，便采取强制措
施，将其诱至一室，禁闭起来，规定，如果不在盟约上署名，便不得出
庐室一步，"如是者持两昼夜"④。不料章士钊不改初衷。章太炎派同盟
会女会员、孙中山的英文秘书吴弱男前往劝说，不料劝说未果，吴反成
了章之未婚妻，真是"赔了夫人又折兵"。黄兴见事成僵局，只得表示
体谅章之"本怀"，并向其他革命党人保证章士钊绝对"忠纯不二"，同
意"听凭自择"，于是"众亦释然"⑤。

　　章士钊退出革命后，努力补习英语和数学等课程，准备赴英国留
学。在此期间，他利用为实践女学湖南籍留日女生讲授国文的机会，以
姚鼐的《古文辞类纂》为基础，结合"西文规律"，于 1907 年编成《初
等国文典》（后改名《中等国文典》）一书，由东京多文社出版，上海普
及书局发行。该书虽然只讨论了词法部分，但因为它不仅继承发展了

---

① 章士钊：《与黄克强相交始末》，中国人民政治协商会议全国委员会文史资料委员会
编：《辛亥革命回忆录》（二），第 142 页。
② 孤桐：《答稚晖先生》，《甲寅周刊》第 1 卷第 22 号（1925 年 12 月 12 日），第 7 页。
③ 章士钊：《与黄克强相交始末》，中国人民政治协商会议全国委员会文史资料委员会
编：《辛亥革命回忆录》（二），第 142 页。
④ 孤桐：《答稚晖先生》，《甲寅周刊》第 1 卷第 22 号（1925 年 12 月 12 日），第 7 页。
⑤ 章士钊：《与黄克强相交始末》，中国人民政治协商会议全国委员会文史资料委员会
编：《辛亥革命回忆录》（二），第 142 页。

《马氏文通》的文法体系，而且语言晓畅，清浅宜人，成为继《马氏文通》之后的又一部重要的文法著作。到 1930 年，该书已先后印行 16 次，产生了极为广泛的社会影响。

1907 年夏，章士钊由东京经上海赴英国，进入阿伯丁大学政治法律系，同时兼攻逻辑。1909 年《帝国日报》在北京创刊后，章士钊在求学的同时，以秋桐的笔名在该报上发表了大量文章，宣传西方政治理论，鼓吹政党政治，指导国内的立宪运动。其中最具代表性的有《何谓不出代议士不纳租税》、《国会万能说》、《中国应即组织之政党其性质当如何》、《论政党之作用及其进行之法》及"政党政治六论"（包括《政党政治果适于今日之中国乎——政党政治论之一》、《何谓政党——政党政治论之二》、《何谓内阁——政党政治论之三》、《何谓政党内阁——政党政治论之四》、《政党内阁与非政党内阁之别——政党政治论之五》、《政党内阁果优于非政党内阁乎——政党政治论之六》）。在以上诸文中，他指出英国的宪政精神即在"自征其税"四字，故不出代议士不纳租税。英国的国会包括君主和上下院三大种族，"舍一则不成为巴力门"①，而其权力，乃至无限。对中国当时究竟是否适合政党政治，什么是政党，什么是内阁，什么是政党内阁，政党内阁与非政党内阁的区别等一系列问题做了比较详细的回答。这些文章在国内产生了广泛影响，宋教仁民国初年热衷议会政治，与此有着直接的关系。

武昌起义爆发后，正在苏格兰大学攻读硕士学位的章士钊，虽离毕业不到一个学期，仍应路过英国的孙中山的邀请，毅然放弃获得学位的机会回国，拟出任临时政府秘书长。待章士钊回到南京，胡汉民已经就任临时政府秘书长。当时同盟会的机关报《民立报》正缺人手，章表示愿做主笔，负责该报的于右任大喜过望，遂正式邀其加盟民立报社。

1912 年 2 月 11 日，章士钊在《民立报》上发表《章行严启事》。这则启事的刊登，标志着章士钊正式入主《民立报》，这也是他与同盟会的最后一次合作。在此期间他先后在《民立报》上发表《论反对清帝逊位条件事》、《共和略说》、《论行政裁判所之不当设》、《政党与党纲》、《国体与政体之别》、《论平民政治》、《〈临时约法〉与人民自由权》、《统一联邦两主义之真诠》、《一院制之主张》、《中央集权之真诠》、《毁党造

---

① 秋桐：《国会万能说》，《帝国日报》1911 年 1 月 18、19、20 号。

党说》等一系列文章。就其要点而言，主要包括：（一）反对极端共和主义，主张建立平民国家，贵族（精英）政府。（二）主张内阁制，反对总统制。（三）主张一院制，反对两院制。（四）鼓吹政党政治和毁党造党说。（五）捍卫《临时约法》，保护公民的人身自由，等等。其中所谓的"毁党造党"，实即依照英国两党制改造当时中国扰攘的多党政治。当时宋教仁等将同盟会改组为国民党，即与此一主张有莫大关系。这一时期，章士钊的政论文章冰清玉润，产生了极好的影响，一时与汪精卫齐名。有人甚至戏言，"欲锢二人于高山，使操言论权"①。

　　由于章士钊始终坚持英国的自由主义精神，在政治理念上与同盟会发生原则分歧，因而不断遭到来自革命党方面的攻击。在这种情况下，遂于1912年8月离开《民立报》，和王无生共同创办了《独立周报》，继续宣传自己的政治主张。清末章士钊在《帝国日报》上发表文章时皆用秋桐的笔名，加入《民立报》后，所发文章，皆用行严本名。此次和同盟会发生分歧后，一些人说其这样做是故意隐瞒前情，若有隐图。所以章士钊在《独立周报》上发表的文章，率用秋桐前名，以示无畏。

　　查章士钊在《独立周报》期间，除发表发刊辞及《章行严与杨怀中书》外，共发表其他各类文章26篇。就其内容来说主要包括以下几个方面：（一）关于政见商榷会；（二）内阁制与总统制；（三）对主权问题的讨论和对《约法》的批评；（四）制宪问题。此外，他还就国税与地方税的划分办法提出了自己的意见。

　　对章士钊在《独立周报》发表的文章，钱基博曾说："士钊既名重一时，出其凌空之笔，抉发政情，语语为人所欲出而不得出，其文遂入人心，为人人所爱诵，不啻英伦之艾狄生焉。"② 据李大钊说，他从此时便开始追慕章士钊。但章士钊对自己这一时期文章的评价却不怎么高，说："吾勤勤执笔，仍旧贯，然光气一落千丈矣。"③ 章士钊的文章之所以在这一时期"光气一落万丈"，除了其兴趣逐渐转移外，还和他在当时所持的观点有关。后来得知王无生暗中接受袁世凯的津贴，章士钊便"意兴索然"，文章的数量也日益少起来。

---

①　行严：《农治述意》，《新闻报》1924年1月11日。
②　钱基博：《现代中国文学史》，刘梦溪主编《中国现代学术经典·钱基博卷》，第509页，石家庄，河北教育出版社，1996。
③　章士钊：《与黄克强相交始末》，中国人民政治协商会议全国委员会文史资料委员会编：《辛亥革命回忆录》（二），第143页。

1912 年 9 月，黄兴应袁世凯之邀北上，临行之前，曾邀章士钊同行，结果被婉言谢绝。实际上当时章士钊四面受攻，"困群疑罪谤之中"，也不想久留上海，"愿北首燕路，一看形势"①；同时，袁世凯得知章士钊主张修宪，也曾通过孙毓筠招其入京。只是因为与同盟会的关系闹得太僵，不愿给黄兴增添麻烦，章士钊才故意不与同行。

1912 年冬，章士钊将《独立周报》的事务略事安排后，只身北上。在此之前，即 1912 年 11 月，北京政府教育总长范源廉未经章士钊同意即宣布任命其为北京大学校长。当年刚满 32 虚岁的章士钊自问不足担当此职，来到北京后，专门向范源廉面辞。范源廉不同意，并扶病上门敦劝，章士钊坚辞不就。事悬数月，据说还是袁世凯帮助说情，章士钊才得以于该年 12 月 "解职"。在旧识杨度的多次劝说下，章士钊被迫偕杨往谒袁世凯。章夫人吴弱男系晚清淮军庆字营统领吴长庆的孙女，而吴长庆不仅与袁凯的养父袁保庆有 "兄弟之好"，还是袁世凯的旧时幕主，是其腾达前的接纳者、发现者、提携者。在得知章士钊的身份后，袁世凯甚是高兴，对章说："君自家人，有所见，恣言毋隐。"并对章"礼意稠叠，一惟士钊之意，欲总长，总长之；欲公使，公使之；舍馆广狭惟择，财计支用无限；所责于士钊者，亦宪法为之主持而已"②。既然章士钊被袁世凯视为亲信，因此也就 "与袁迹日近，稍稍预袁秘事"。时在上海的吴弱男闻讯，便致函章士钊，说："男子立名当自致，依妻党进，非夫也。""革命党不得自污为裙带官"，促其南下。袁世凯为留住章士钊，亲自致函吴弱男，召吴进京，并腾出其在锡拉胡同的旧宅，让章居住。章士钊已经同意，并南下与吴弱男面商，竟遭到吴弱男的拒绝。吴弱男还致函袁世凯，"谓四伯（四伯是袁在家时通家往来之旧称——编者注）宜爱人以德"③，此事遂不了了之。

在京期间，章士钊亲眼目睹了 "士不悦学，乘机逐利，视政治为儿戏，从淫赌为生涯" 的社会腐败现象，并写下了《箴北京》一文。不久，宋教仁案发，袁世凯贼喊捉贼，竟诬称黄兴为凶手。与宋、黄二人交情甚厚的章士钊当然不会相信，他对袁世凯的这种流氓行为极为愤

---

① 章士钊：《与黄克强相交始末》，中国人民政治协商会议全国委员会文史资料委员会编：《辛亥革命回忆录》（二），第 143 页。

② 钱基博：《现代中国文学史》，刘梦溪主编：《中国现代学术经典·钱基博卷》，第 509 页。

③ 《孤桐杂记》，《甲寅周刊》第 1 卷第 17 号（1925 年 11 月 7 日），第 20 页。

怒，"不对而出"。次日，便只身"潜赴东站，独驰返沪"①，参加二次革命，当时的"讨袁通电"就是章士钊代黄兴草拟的。赣宁之役，士气消沉，开战不久，形势便已了然。一天晚上，黄、章二人相对愁苦，黄兴说："程雪楼逃出围城，妄自通电，利害虽异，交谊何存？君何不到沪责之，加以禁制？"② 黄兴的目的，是要章士钊逃出重围，对此，章士钊心知肚明，却也无可奈何。次日，章士钊与黄兴挥泪告别，返回上海。军事抵抗失败后，黄兴自杀未成，在日本人保护下逃亡东京。

（四）

二次革命失败后，逃亡日本的孙中山，总结以往革命失败的教训，认为革命事业最重要的是立党，只有以革命党为根本，才有望重振精神，拯救革命。1913 年 9 月 27 日，在东京筹组中华革命党。黄兴等一批同盟会、国民党中的骨干力量，由于早与孙中山在革命方略问题上存在分歧，再则也不意孙中山关于服从个人和入党办法的规定，未再加入中华革命党。为避免党内纠纷，黄兴前往美国游历。第一次世界大战爆发后，留在日本而未加入中华革命党的部分国民党人，于 1914 年 8 月在东京成立"欧事研究会"。章士钊既未加入中华革命党，也未加入欧事研究会，但其政见与欧事研究会相近。在日本，他创办了《甲寅月刊》。这份刊物被认为是欧事研究会的喉舌。

《甲寅月刊》俗称《甲寅杂志》，于 1914 年 5 月 10 日在日本东京创刊，到 1915 年 10 月 10 日停刊，共发行 10 号。其办刊宗旨，"以条陈时弊，朴实说理为主旨……一面为社会写实，一面为社会陈情"。根据这一指导思想，该刊开辟有"论说"、"时评"、"评论之评论"、"通信"、"论坛"、"文苑"（包括"文录"、"诗录"）、"丛谈"、"小说"等栏目。章士钊先后在《甲寅杂志》上发表了《政本》、《读严幾道〈民约平议〉》、《国家与责任》、《政力向背论》、《调和立国论》、《学理上之联邦论》、《复辟平议》、《政治与社会》、《共和平议》、《国家与我》、《帝政驳议》、《民国本计论》、《评梁任公之国体论》等政论文章，鼓吹为政有

---

① 章士钊：《与黄克强相交始末》，中国人民政治协商会议全国委员会文史资料委员会编：《辛亥革命回忆录》（二），第 143～147 页。

② 章士钊：《与黄克强相交始末》，中国人民政治协商会议全国委员会文史资料委员会编：《辛亥革命回忆录》（二），第 147 页。

容，政治调和，反对袁世凯复辟和梁启超的开明专制论，宣传英国自由主义思想。后来他将这些文章，连同此前发表在《独立周报》上的部分文章和此后发表在《甲寅日刊》上的部分文章，合编为《甲寅杂志存稿》，于 1922 年由上海商务印书馆出版。

1915 年底护国战争爆发，海外革命党人纷纷回国参加讨袁斗争。次年 5 月，欧事研究会与进步党人在广东肇庆成立护国军军务院，岑春煊主其事，章士钊任秘书长。在此后相当一段时间内，章一直是岑的代言人。6 月，袁世凯暴病而亡，黎元洪继任总统，恢复《临时约法》，重开国会。军务院亦随之撤销。1917 年，章士钊应北大文科学长陈独秀之邀，出任北京大学教授，兼图书馆主任。随后，他将留英同学杨昌济推荐给蔡元培，将图书馆主任一职让给李大钊。同年，他将《甲寅》复刊，改为日刊，并约李大钊、高一涵担任主笔。

《甲寅日刊》是一份日报。1917 年 1 月 28 日创刊，6 月 19 日停刊。每日发行，周末亦不停刊。该报每号 6 个版面，其中第一版为社论，第二、三版为命令、中外要闻、时评、外电、车站纪事，第四、五版为广告，第六版为文学（包括文苑、东来纪事、小说、随笔、来稿等）。在为该报撰写的《发端》中，章士钊没有去写《甲寅日刊》创办的缘起，却提出了两个非常重要的观点，即"尊今"和"重我"。所谓"尊今"，是指"今"或者说现在所处的环境既不可能逃离，又非理想之域，因此必须面对现实，运用调和之策，改造现实。所谓"重我"，即面对现实，勇敢地承担自己的责任，从我做起，从现在做起。这是章士钊为《甲寅日刊》确定的办报方针。在该报上章士钊共发表社论 18 篇，时评 9 篇，数量远在李大钊、高一涵之下。

《甲寅月刊》和《甲寅日刊》时期构成中国现代思想史、文学史上的"前甲寅"时期。

"前甲寅"时期是章士钊政论文的成熟期。1920 年罗家伦在一篇文章中写道："平心而论，《甲寅》在民国三四年的时候，实在是一种代表时代精神的杂志。政论的文章，到那个时期趋于最完备的境界。即以文体而论，则其论调既无'华夷文学'[1] 的自大心，又无策士文学[2]的浮泛气，而且文字的组织上又无形中受了西洋文法的影响，所以格外觉得

---

[1] 以曾国藩、李慈铭、叶德辉、王闿运为代表。
[2] 以龚自珍、魏源、康有为为代表。

精密。"① 1922 年，胡适进一步指出："自一九〇五年到一九一五年（民国四年），这十年是政论文章的发达时期。这一时代的代表作家是章士钊。……他的文章的长处在于文法谨严，论理完足。……他的文章有章炳麟的谨严与修饰，而没有他的古僻；条理可比梁启超，而没有他的堆砌。他的文章与严复最接近；但他自己能译西洋政论家法理学家的书，故不须模仿严复。"② 胡适还将这一文学流派称之谓"甲寅派"（实为前期"甲寅派"）。

前期"甲寅派"不仅是个文学流派，同时也是一个思想流派。这一时期章士钊的调和思想也渐趋成熟。他不仅在《政本》、《政力向背论》和《调和立国论》等文章中系统阐述了"相抵"、"有容"、"相让"的调和思想，其追随者李大钊、高一涵、李剑农等也先后发表《辟伪调和》、《调和之法则》、《调和臆言》、《调和私解》、《调和之本义》等文章，对章士钊的调和思想进行翼护和发展。

章士钊还无意中为后来的新文化运动播下了火种。对此，常乃惪有过详细讨论，他在 1922 年出版的《中国思想小史》中写道："培植这个新文化运动的种子的人是谁？陈独秀吗？不是。胡适吗？不是。那么究竟是谁呢？我的答案是章士钊。""民四、民五，正是政治上极黑暗的时代，梁启超在《大中华》上已主张抛弃政治，专从社会改造入手，章士钊在《甲寅》上驳他的议论，仍主张应注意政治。后来的文化运动是跟着梁启超的主张走的，章士钊的主张似乎失败，但梁启超虽然主张从社会入手，他却并没有给后来的文化运动指出新路，章士钊虽然也并不知道新文化运动是甚么，但他无意间却替后来的运动预备下几个基础。"具体来说就是"理想的鼓吹"、"逻辑式的文章"、"注意文学小说"、"正确的翻译"、"通信式的讨论"，其中除第二点后来的新文化运动未能充分注意外，其余都是由《甲寅》引伸其绪而到《新青年》出版以后才发挥光大的，"故我们认《甲寅》为新文化运动的鼻祖，并不算过甚之辞"③。这一观点得到了学术界的认同。1939 年张君劢在为《逻辑指要》作的序中则将这一时期的章士钊比之于开创魏晋玄学之风的向

---

① 罗家伦：《近代中国文学思想的变迁》，《新潮》（合订本）第 2 卷第 5 号（1920 年 9 月 1 日），第 872～873 页。

② 胡适：《五十年来中国之文学》，《胡适文存》第 2 集，第 214 页，合肥，黄山书社，1996。

③ 常乃惪：《中国思想小史》，第 179～181 页，上海，中华书局，1922。

秀："《晋书·向秀传》曰：庄周著内外数十篇，历世方士，虽有观者，莫适论其旨统也。秀为之隐解，发明奇趣，振起玄风，读之者超然心悟，莫不自足一时也。吾以为行严先生之性格，清悟远识，又何殊向秀？其传播欧洲学说，能发明奇趣，使读者超然心悟，又何殊向秀？即其文格言之，岂不直追魏晋，而与时下文章之粗厉鄙俗者，何可同日语哉！"[①]

护国军军务院撤销后，南北矛盾并没有消除。之后双方在国会内部展开激烈斗争。这些矛盾和斗争后来又集中反映在府院之争上。1917年，围绕参战问题，双方矛盾表面化。段祺瑞召集以皖系军阀为骨干的十余省督军在北京举行"督军会议"，胁迫黎元洪同意将对德参战案提交国会讨论，同时指使军警流氓数千人组成所谓"公民请愿团"包围国会，要求通过参战案。黎元洪在美国驻华公使的指使下，下令将段祺瑞免职。段则驰赴天津，指使皖、奉、浙、鲁、陕、黑和直隶八省督军宣布脱离中央，并在天津设立各省总参谋部，准备武力倒黎。别有用心的张勋借口进京调停，乘机拥溥仪复辟。段祺瑞则借机在马厂誓师，发兵驱逐张勋，重新掌权。

段祺瑞上台后，拒绝恢复《临时约法》和国会，孙中山遂举起护法旗帜，在广州召开非常国会，成立军政府，发起护法战争。但护法军政府内部矛盾重。1918年5月，护法军政府进行改组，实行总裁合议制，而以岑春煊为主。岑上台后，急电章士钊南下相助。1919年春，南北和谈在上海举行，章士钊作为南方议和代表，随唐绍仪赴沪出席会议。

这一时期，章士钊逐渐由主张政治调和转向主张新旧调和。1917年5月，他在东京中国留学生组织的神州学会发表的演讲中就指出："从前欧洲思想之变迁，乃食文艺复兴之赐，现在思想，仍略含有复古的臭味。吾国将来革新事业，创造新知，与修明古学，二者关联极切，必当同时并举。"[②] 稍后，他在北京大学文学研究会改组会和北京大学成立20周年纪念会上发表的演讲中继续就新旧调和问题系统发表了自己的看法，这些演讲稿曾刊于《北京大学日刊》和《国立北京大学廿周年纪念册》。其中在北京大学举行的成立20周年纪念会上的演讲稿经增

---

① 张君劢：《〈逻辑指要〉序》，章士钊：《逻辑指要》，重庆，时代精神社，1943。
② 行严：《欧洲最近思潮与吾人之觉悟》，《东方杂志》第14卷第12号（1917年12月15日），第9页。

改后以《进化与调和》为名重刊于《甲寅周刊》。1919 年 9 月 27 日，章士钊应邀在上海寰球中国学生会发表的演讲中，再次对其新旧调和思想作了进一步的阐述，他还将自己演讲的要旨概括为两句话："一曰新旧调和，一曰社会自决。"① 章士钊的新旧调和主张引起了新思潮阵营的猛烈批评。为了回应这些批评，他在广州师范学校演讲时以《新思潮与调和》为题，对新思潮与新旧调和的关系做了系统讨论。新文化运动以反传统为主旨，而撬动这场运动的章士钊此时却主张新旧调和，这使其站到了运动的对立面。不过，章士钊真正走向"反动"，即回归文化保守主义，则是在 1921 年欧游之后。

（五）

1920 年 6 月，毛泽东和蔡和森为组织新民学会会员留法勤工俭学事上门求助，章随手从湖南督军赵恒惕为之划拨的在沪活动经费中提出两万元交给二人。10 月，孙中山联合唐继尧发动讨桂战争，岑春煊被迫宣布下野，章士钊也随之而去。广州非常国会以其附逆，决定将其开除。1921 年章士钊在黎元洪的资助下赴欧洲考察，回国后出任北京农业专门学校校长。1923 年曹锟贿选，作为议员的章士钊不愿自货，南下上海，并出任上海《新闻报》主笔。这一时期，他先后在《申报》、《新闻报》等报刊上发表《论代议制何以不适于中国》、《无首论》、《无首辩答徐佛苏》、《业治论》、《业治与农》、《评新文化运动》、《元首寄生论》、《非党》、《再论非党》、《三论非党》、《农国辨》、《农治述意》等文章。这些文章后来经其删削结集，于 1929 年由上海商务印书馆出版，取名《长沙章氏丛稿》（癸甲集）。

1924 年 10 月，冯玉祥发动北京政变，囚禁曹锟，段祺瑞重新执政。曾经反对过段祺瑞的章士钊，此时竟应邀北上，出任执政府司法总长兼教育总长，不免让人大跌眼镜。与此同时，他第三次恢复了《甲寅》。不过此时的《甲寅》已不是月刊，也不是日刊，而是周刊。早在当年 1 月 5 日，章士钊就在上海《申报》上刊出《创办〈甲寅周刊〉招股广告》："吾国政情群态，日趋繁遂，新思异见，相应以兴，宜觅相当

---

① 《新时代之青年——章行严君在寰球中国学生会之演说》，《东方杂志》第 16 卷第 11 号（1919 年 11 月 15 日），第 164 页。

之径途，使之表见。迩来京沪各地之舆论机关，日刊月刊，组织初备。惟介乎二者之间，时之迟速，篇之广狭，质之凝流，各各合度，而又政治学艺，众流齐汇，夹叙夹议，趣味浓深，中流以上，无不寓目，如英之《司配铁特》，美之《新共和》等周刊之品，尚未有闻。士钊……拟创办一规模较备，适于营业之周刊，颜曰《甲寅》。以昔年曾为是志，颇广流传，虽文士之结习未忘，冀读者是遗爱犹在。股额定十万元，每股五元，计二万股，不分零币。……招足半额，始行开办。"这个广告曾惹得陈独秀差点笑掉大牙。陈在一篇文章中写道："更奇怪的是他（指章士钊）近来忽然登报发起集资十万元办《甲寅周刊》。行严君！以十万元办一周刊，在欧美大工业资本社会原不算什么，连工业后进的日本还不配，何况中国？"[①] 出乎意料的是，章士钊还真的把《甲寅周刊》办起来了。该刊于 1925 年 7 月 18 日创刊，每周一号。1926 年 3 月 26 日出完第 36 期后，曾停刊半年，1927 年 4 月 2 日出版第 45 号后停刊。《甲寅周刊》先后辟有"时评"、"论说"、"征文"、"特载"、"通讯"、"杂记"（后改为"孤桐杂记"）、"光宣点将录"、"书林丛讯"、"说林"、"章氏墨学"、"逻辑"、"揣籥录"、"清华园题解记"、"诗录"、"文录"等栏目。

在《甲寅周刊》上，章士钊先后以孤桐的笔名和本名发表了《代议非易案》、《创办国立编译馆呈文》、《创设国立女子大学呈文》、《说鞞》、《答适之》、《疏解鞞义》、《文俚平议》、《评新文学运动》、《反动辨》、《再疏解鞞义》、《创设教授院议》、《特定学区议》、《答稚晖先生》、《再答稚晖先生》、《三答稚晖先生》、《论南京倡投壶礼事》、《何故农村立国》、《论业治》等文章。

《新闻报》和《甲寅周刊》时期构成中国现代思想史、文学史上的"后甲寅"时期。

这一时期章士钊虽然在政治上仍未放弃自由主义，但在文化上已经完全回归保守主义。纵观这一时期章士钊的思想，已经不再是主张政治调和或新旧调和，而是在精神上主张以农业立国；在制度上预言代议制度不适于中国，并试图改造之；在文化上反对新文化运动，特别是白话文学；在教育上主张恢复读经和整顿学风。吴稚晖曾用普通大门上贴的

---

① 陈独秀：《夷场上的农村立国》，《陈独秀文章选编》中册，第 405 页，北京，三联书店，1984。

春联，即"敦诗说礼，孝弟力田"八个字来概括其"全般政策"①。新思潮阵营更将其视为新文化运动的拦路虎，称其为"老虎总长"，称《甲寅周刊》为"老虎报"。

曾几何时，章士钊作为新文化运动的播种者，操笔弄政，一次次搅动了中国思想界，誉满天下；到如今成了新文化运动的反对者，并通过《甲寅周刊》在其周围形成一个文化保守主义群体，不时搅起一股股论潮，招来新思潮阵营一次次的批评、责难甚至诅咒，谤满天下。其文字的魅力也远非昔日可比。当时就有一位读者在来信中指出："此章君乙丑之文，非甲寅之文也……甲寅之岁，章君为文，乃流居异域，处士横议之文也。今年乙丑，章君为文，乃执政府兼长两部，台阁之文章也。文固出于一人，而时地不同矣。"②

1926 年，北京发生三一八惨案。其中北京女子师范大学学生自治会职员刘和珍是在遭受枪击后被执政府卫兵用木棍捶打致死。作为制造惨案的主谋之一，章士钊在民众的声讨声中与段祺瑞一起，被赶下政治舞台。1928 年北伐成功，南北统一，章士钊遭南京国民政府通缉，被迫携眷出游英、比、德等国。其间他曾翻译出版了德国科仑大学教授师辟伯的《情为语变之原论》和弗洛伊德的自传，向国内介绍精神分析学说。血有时可以染红顶子，有时也可以淹死人。三一八惨案中死难学生的血在某种意义上淹死了章士钊，他从此退出了报界，退出了思想界，退出了历史舞台，而且再也没能回来。

（六）

1930 年，章士钊受张学良之邀，出任东北大学文学院教授。九一八事变后流寓上海，执律师业，并加入青帮，成为杜公馆的座上客。其间曾出庭为陈独秀做无罪辩护，名震一时。1936 年应华北冀察政务委员会委员长宋哲元之邀北上，出任该委员会下属的法制委员会主席委员。七七事变后携眷先后避往天津、上海。1938 年 3 月，伪中华民国维新政府在南京成立。旧时同僚梁鸿志为拉其下水，未经同意便公布其为伪维新政府司法院院长。章士钊在杜月笙的帮助下匆匆离沪，避往香

---

①　稚晖：《章士钊——陈独秀——梁启超》，《京报副刊》第 393 号（1926 年 1 月 23 日），第 157 页。

②　《不佞——通讯》，《甲寅周刊》第 1 卷第 27 号（1926 年 1 月 16 日），第 20～21 页。

港。次年，辗转来到陪都重庆，出席国民参政会，受到蒋介石接见。其
间先后游历桂林、西安、兰州，出版《桂游词钞》、《入秦草》等诗集和
《逻辑指要》。抗战胜利后回沪，复执律师业。其间曾为汉奸梁鸿志、周
佛海、殷汝耕等做辩护。1949 年春两次被李宗仁任命为和谈代表，随
国民党代表团赴北平参与国共谈判。谈判破裂后滞留未归。中华人民共
和国建立后历任全国政协第一届委员，第二、三届常务委员，全国人民
代表大会第一、二届代表，第三届常委会委员，政务院法制委员会委
员，中央文史研究馆馆长等职，多次为国家和平统一奔走，并在毛泽东
的帮助下再版《逻辑指要》、出版《柳文指要》等著作。1973 年病逝于
香港，终年 93 岁。

（七）

1925 年章士钊在与吴稚晖论战时曾对自己做过一番剖析："章士钊
者，一笃于个性，不存机心，情理交战，迭为胜负之人也。惟笃于个性
也，故其行动，不肯受党派之羁绊，而一生无党。人次第以同盟会、政
闻社、政学会拟议之。此见仇者之谰言，不足信也。惟不存机心也，视
天下之事，无不可为。胜负之数，蒈然不知。有时为人暗算，肝胆胡
越，彼乃不信，一旦势异，负尽天下之谤而亦无悔。不论何事，是非荣
辱，均自当之。生平未尝发言尤人，此考之二十年来之言论而可知也。
情与理者，如车之两轮，皆为钊所托命。不可得兼，迷惑立生；轻重相
权，恒见乖牾。大抵三十五岁以前，理恒胜情；三十五岁以后，情恒胜
理。说者谓于血气之盛衰有关，事或然也。……钊为人短处，在所骛多
而成事少，一议未了，又顾之他，事需力行，已辄不耐，以是行事径
涂，修短久暂，若慧星然，至无一定。又其人寡决断，乏条理，大事不
甚糊涂，而小事极其糊涂。虽有时观过可以知仁，而贞固不足以干事。
宜乎浮名满天下，而天下无一人以事业许之。"[1] 话说得虽不免负气，
听起来却也情真意切，颇足动人。

但是在当时很少有人会倾听章士钊的诉说，"后甲寅"时代的阴霾几
乎完全笼罩了其"前甲寅"时代的光辉。1930 年，陈子展在《最近三十

---

① 孤桐：《答稚晖先生》，《甲寅周刊》第 1 卷第 22 号（1925 年 12 月 12 日），第 6～10
页。

年中国文学史》一书中写道："平心论之：章士钊的'前甲寅'，使人知道中国文学在'古文范围以内的革新'，最好的成绩不过如此，为后来的文学革命，暗示一个新的方向，自有其时代上的价值。他的'后甲寅'，若是仅从文化上文学上种种新的运动而生的流弊，有所指示，有所纠正，未尝没有一二独到之处，可为末流的药石。但他想根本推翻这种种新的生机，新的势力，仍然要维持四千年来君相师儒续续用力恢弘的东西。所以他努力的结果，似乎一方面只能表示这是他最后一次的奋斗，他的生命最终的光焰；另一方面只能代表无数的学士大夫之流在文字上在学术思想上失去了旧日权威的悲哀，代表无数的赶不上时代前进的落伍者思古恋旧的悲哀，为新潮卷没的悲哀！"① 人未盖棺，已有了定论。

面对这种状况，也曾有人为其鸣不平。如曾经参加过新文化运动的王森然，1934 年就曾在其所撰写的《章士钊传》中写道："章行严氏，以不世出之杰，而蒙天下之诟，恐易世而未能湔之。今之吠影吠声，以丑诋之，举无以异于元祐、绍兴时之于荆公也。其有誉之者，不过赏其文辞；稍进者，亦不过嘉其勇于任事。余独怪夫以政见之不同，党同伐异，莫之能胜，乃架虚辞以蔑人私德，此村妇野子之穷技，不意其出于贤士大夫也。于先生事业之宏远伟大，莫或见及；而其高尚之人格，则益如良璞之霾于深矿，永劫莫发其光晶也。呜呼！吾为此传，亦不禁废笔而恸矣。"② 的确，这不是一般的悲恸，而是一种"以不世出之术，而蒙天下之诟"，且"易世而未能湔"的彻骨之痛！历史很无情，章士钊未能摆脱这一宿命。1949 年之后，其在台湾几乎不齿于士林，陈敬之就曾在所著《新文学运动的阻力》一书中以"穷斯滥矣章士钊"为题，对其人品极尽谩骂之能事，说其"由自'试'充革命志士开始，中一变而为投机政客，再变而为帮闲文人，生平所行所为，诚可谓文人无行之尤"③。在大陆，章虽然贵为政协委员、人大代表，但在鲁迅的光辉照射下，"落水狗"这件紧身衣始终套在其身上，至死未能完全摆脱。

摆脱过往的恩怨，站在后五四的角度来看，章士钊平生所为，除参与制造三一八惨案一事不可原谅外，其他均在可理解范围内，且有不少闪光之处。综观章氏一生，带有许多戏剧性特点：首先是多变。早年秉持激进主义，激烈鼓吹反满革命；留学英国期间，醉心于英国宪政理

---

① 陈子展：《最近三十年中国文学史》，第 313 页，上海，上海古籍出版社，2000。
② 王森然：《近代二十家评传》，第 283 页，北京，书目文献出版社，1987。
③ 陈敬之：《新文学运动的阻力》，第 145 页，台北，成文出版有限公司，1980。

论；武昌起义爆发后毅然回国，继续鼓吹政党政治，并试图仿照英国两党制改造当时国内扰攘的多党政治；二次革命失败后转向调和主义，鼓吹为政有容、调和立国和新旧调和；欧战结束又回归文化保守主义，鼓吹以农立国，反对代议制和新文化运动，提倡尊孔读经。但无论如何变，章士钊有自己的底线，即不背叛国家、民族。抗战时期，其旧日朋僚乃至对手，如梁鸿志、殷汝耕、唐绍仪、周作人等相继沦为汉奸，而他几乎每次都能在危险来临前借机远飏，做到不立危墙之下。其次是自诩不党，追求独立。不党是真，独立却未做得到。章氏一生，不仅未曾独立，相反却先后追随岑春煊，依附段祺瑞和杜月笙。前者在某种程度上反映出章氏本人的个性特点，后者则揭示了近代中国社会一个规律性特点：知识分子在经济地位独立之前，不可能完全获得政治上的独立。

（八）

在中国近现代史上，章士钊是与梁启超齐名的文章家，尤其以逻辑文著称于时。他常常纵笔所至，动辄数万言。加之平生勤勉，笔耕不辍，上天眷顾，得享高寿，因此著作量极大。受篇幅限制，本书收录文字，时间上以 1903 年至 1927 年这一时期为重点，内容上以政治、文化等方面带有原创性的政论文为主，不求面面俱到，但求系统、深入，其中部分为《章士钊全集》所未收。除此之外，但凡关于外交、经济等方面的政论文章、时评、诗词、书信、公文、议案、回忆录等，概不收录。学术著作，仅收录几篇重要的书序。通过阅读本书，可以比较系统、深入地了解章士钊的政治、文化思想，粗略了解其学术成就，切身体会其逻辑文的写作技巧。

在编排上，所有文字均依出版时间排序，部分文章有转载、重刊，除个别难寻外，均以初次发表版本、时间为准。其中个别难以识别的文字，以□替代，明显排印错误或脱漏的，径行改正，不再注明。

在编选本文集的过程中，曾参考过章含之等人编辑的《章士钊全集》、白吉庵的《章士钊传》和袁景华的《章士钊先生年谱》，在此一并致谢。此外，曾经跟我攻读硕士学位的中山大学副教授於梅舫博士，在得知我遇到困难时，毫不迟疑地放下手头工作，伸出援助之手，帮助董理书稿，并点校近 10 万字，在此特致谢忱！当然文责自负，如果发现本书存在任何错舛之处，均由我一人负责。

论中国当道者皆革命党

公等亦知革命之为何作用乎？革命之说，中国则始于汤武。公等以为汤武之能革命乎？毋亦飞廉恶来之徒，自革其命也。

公等日日忧民党之谋革命，而公等日日筹商于密勿，序论于堂皇者，无在非革命之言，无件非革命之事，而猥谓人曰，革命革命，是何异己对于死刑之宣告自署其名，而反谓人之将杀己也耶！公等勿以此言为骇怪也，请言公等之所为。

公等之所以嫁祸民党之所谓革命，抑知革命之界说乎？非中国人者吾不论。若以为吾中国人，凡有害中国之治安者皆谓之革命，则中国之命之已革也，二百五十余年矣。公等皆为亡国之大夫，岂犹不知？如其知之，则吾所上公等之徽号，当必莫逆于心；若其不知，则自忘其所由来，而认贼作子，以自戕其同种而取灭亡，公等亦何所用其悔，即前言自革其命者也。

今暂不与言革命之界说如何，而即事论之，则今革命党之确为公等无疑。前所报搜获军械，一由金山出口，一由上海入口，一在粤省内地者，报纸纷传，以为皆中国顽固官党所购之物。公等购办此种军械胡为者？

荣禄者，革命之党魁也。其门生走狗遍天下，一呼而百应，其篡夺之谋，至今日已毕露。当时荣禄所据之兵，武卫、虎神及神拳义民，号数十万，而为列强之所干涉，不逞而西窜，遂空送京津无辜之民，及所谓神拳义民者数十万之头，而己仍据高位而无所于事。以公等拥一大学士之头目，手持数十万之军符，而竟不得实行其革命。而今日乃嗾及于二百人之留学生，何其长顾而却虑也。

留学生以只身远涉于外洋，较之公等护卫之众，果何如者？寒苦而求学，较之公等挥霍国帑，果何如者？无权无力，较之公等王公疆吏，果何如者？无器无械，较之公等制造枪炮，果何如者？公等中如某总督，且托德人输运军器，交通德政府，税务司赫德不敢言，公等得不知之乎？公等自为之，而反乘隙以媒孽学生，将谁欺？

王之春者，亦革命党中之魁杰，而公等之所袒护者也。己欲有所为而不能，乃假手于外人。留学生不过以王之春之将革命，大不利于中国，数人相与聚语而已，不料竟扰公等之清梦。语云，秀才造反，三年不成。公等抑何多虑如是之甚也！

呜呼！公等其无少见而多怪也。留学生真有革命之心则亦已矣，公等何必以己之所欲为，而奉敬于他人，得毋己将行其实而使他人受其名乎？吾知之矣，公等以为不杀留学生，必将有妨吾之革命。不知此非计也。人本无杀人之心，而尔必授以刀，则或一启狼戾之心，而蔽刃于尔，则今日公等之大索留学生于海内外，正所谓庸人自扰之，而公等自失其头之日将不远也。

德寿之杀杨衢云也，自以为得计矣，而第二德寿之李桂芬，越岁而乃首其罪，今将刑矣。吾知德寿闻之，其神魂之震荡也，固已久矣。俞廉三在湖南，有人戏以某日将摘尔首，俞廉三惧甚，乃调卫队防，夜无虚日。偶闻大堂之有声也，惊而索之，得一狗，乃曰，此狗亦革命党，立屠之。呜呼！德寿、俞廉三，皆公等之代表，而欲将来做番惊天动地之事业，而至如是之心虚而胆亏，是亦不可以已乎？

吾今一言以蔽之，革命者非他人之所能为也，其操纵纯在公等。公等今日欲革命则革命，明日欲革命则革命。不观之酿酒乎？酒为米所酿成也，果米自酿成乎？抑有所以酿成之药料乎？试问今日公等之所为，贪戾狠毒，横敛暴征，何在非酿成革命之药料？公等自备此药料，日施此药料，而乃归咎于此米之不应化为酒也，是何说也！

公等之欲严拿留学生也，是则实施此药料之手段也。其米之性质之或腐败不胜此药料，而不能造一种甘味之酒，或亦未可知。然公等皆贪生畏死之人也。留学生几次之聚语，已劳公等之飞电天下，中外互相知照，必欲得而甘心，则公等之胆肝如是。无论将来之结果如何，而公等今日必欲革命，可知也。公等之欲革命，夫复何尤？公等之欲自革其命，夫复何尤？二百五十年前，中国之命已革。公等欲重革其命，夫复何尤？吾故号公等曰革命党。

公等亦知俄国有所谓虚无党者乎？公等不读世界史，固无从而知之。吾今言之，公等谅未有不心悬而胆吊者。盖虚无党之性质，专以暗杀为事。一杀不得而再杀，再杀不得而三杀。以第一专制之俄国，第一专制皇帝之亚历山第二，卒以八次而刺死于车中。其他俄国政府以及外任大小之贪官蠹吏，几于无日不摘其头数颗，而虚无党之势力亦浸盛。

虚无党之所以盛者，非虚无党之自能盛也，有所以盛之者也。所以盛之者，即在俄国专制政府日捕虚无党而杀之之故。

何以知其然也？虚无党员有时亦要求政府某种某种之自由权，政府若许之，吾辈决不为粗暴之举；而政府不听，转行其专制，是政府不啻制造虚无党也。制造虚无党，即不啻自为虚无党，亦犹公等今日之制造革命党，即不啻自为革命党也。公等之所谓革命党，吾亦保无虚无党之手段之能力也，公等不必不释于怀。不过以公等制造之手段之能力，难保俄国虚无党之影片，不一放照于支那帝国之民间也，公等当熟思之。公等果何必为革命党之元勋，效死以开其幕，而妄欲享坐其第一交椅也耶！

俄国虚无党既弥漫于全国，官吏中有知其不免，遂入党籍以自保者，故今谓俄国官场皆虚无党，非妄言也。公等不忆庚子之役，两湖后党所搜勤王党之名册，有某某尚侍某某道府，后党惧株累其同官而付之一炬乎？故公等实不得不谓之革命党，亦无容深讳者也。

虽然，吾谓公等之革命，乃复杂之革命，非单纯之革命。有依附荣禄行其篡弑而革一人之命者；有依附汉人强满人亡之主义而欲革汉人之命者；有依附宁与外人、不与家奴之主义而欲革中国之命者。种种革命，皆公等之所欲拿之革命党之反对。呜呼！吾今痛告公等，公等不欲为此之革命，民党亦断不为彼之革命。公等必欲为此之革命，则好自为之，吾决反对党之手段之能力，不如公等。不过，公等之手段之能力，未始不足为反对党之手段之能力之一助。如得公等之此一助，而有反对党所谓革命之实行，则公等确为革命党效死之元勋，为群革命党之所崇拜，此所以号公等为革命党者也。

原载《苏报》1903 年 6 月 7、8 日。

读《革命军》

　　今日之有心人，虑无不言教育普及。教育普及诚善矣，虽然吾不知其所欲普及之教育，其内容果奚若？将曰求知识耶？练技能耶？非普通之人所不可缺者耶？顾其不可缺也，犹之目之视，耳之听，口之言，手之执，如器械之运动，受动者而非主动者也。主动之权，在乎其脑。其脑而野蛮与，其耳目手口与之为野蛮之举动；其脑而文明与，其耳目手口亦与之为文明之举动。知识技能之于主义也亦然。奴隶主义者，以其知识技能尽奴隶之职；国民主义者，以其知识技能尽国民之职。夫以奴隶主义之人，而增其知识，练其技能，则适足以保守其奴隶之范围，完全其奴隶之伎俩，将使奴隶根性永不可拔。是岂非教育界之罪人，而我国民之公敌哉！居今日我国而言教育普及，惟在导之脱奴隶就国民。脱奴隶就国民如何？曰革命。

　　虽然，革命者欧洲前世纪之产物，而近十年来始稍稍输灌其思想于我国者也。求之我国历史，自汤武以来，一切惨剧，或成或败，无不始于盗贼之计，持以噢咻之术，要以奴隶人为目的，无一足以当今之所谓革命者。以此奴隶根性深固之人，而骤更其地位，如戒鸦片，如劝不缠足，殆无不扞格者。呜呼！此其所以待教育也。

　　教育之术，在因其所以已知，而进以所未知；因其潜势力，而导之以发达。吾国乡曲之间，妇孺之口，莫不有男降女不降、老降少不降、生降死不降之谚。而见满人者，无不呼为鞑子，与呼西洋人为鬼子者同。是仇满之见，固普通之人所知也。而今日世袭君主者满人，占贵族之特权者满人，驻防各省以压制奴隶者满人。夫革命之事，亦岂有外乎去世袭君主、排贵族特权、覆一切压制之策者乎？是以排满之见，实足为革命之潜势力，而今日革命者，所必不能不经之一途也。居今日而言教育普及，又孰有外于导普通仇满之思想者乎？然使仅仅以仇满为目的，而不输灌以国民主义，则风潮所及，将使人人有自命秦政、朱元璋之志，而侥幸集事，自相奴畜，非酿成第二革命不止。又使艰深其文，微隐其旨，以供成学治国闻者之循玩，则亦与普及之义相背驰矣。

卓哉，邹氏之《革命军》也！以国民主义为干，以仇满为用，持扯往事，根极公理，驱以犀利之笔，达以浅直之词。虽顽懦之夫，目睹其字，耳闻其语，则罔不面赤耳热心跳肺张，作拔剑砍地奋身入海之状。呜呼！此诚今日国民教育之第一教科书也。李商隐于韩碑，愿书万本诵万遍，吾于此书亦云。

原载《苏报》1903 年 6 月 9 日。

驳《革命驳议》

昨读某报《革命驳议》，自谓主张维新，而不主张革命。大致以今日革命之难，一在外界干涉，一在内容腐败，故不如降心壹志，研究实学，以为异日辅佐君国，兴起宗邦之用。语多鹘突，未能分析明了。不知"异日获用"，将以立宪政体辅佐君国，兴起宗邦乎？抑将小小变法，补苴罅漏，而遂可以辅佐君国，兴起宗邦乎？若仅变法而已，康有为戊戌之事，成鉴未远。诚使胡牝就戮，明辟当阳，百日新政，延至百岁，而外人之侵犯国权，要求割地，果能御之与否？若言立宪，某报既知人心腐败，以凿井耕田为本分，输租纳税为常识，初不知何者为自由，何者为不自由矣。而欲其决议税则，规复权利，此又必不可得之数也。夫小小变法，不过欺饰观听，而无救于中国之亡。立宪足以救中国之亡，又非不知自由者所能就。然则研究实学，果安所用耶？

然而维新之极点，则必以立宪为归矣。彼所以侈陈维新、讳言革命者，非谓革命之举，必伏尸百万，流血千里，大蹂大搏，以与凶顽争命，而维新可从容晏坐以得之耶？夫各国新政，无不从革命而成。意大利、匈牙利之轰轰烈烈，百折不回，放万丈光芒于历史者，无论矣。英伦三岛，非以不成文宪章与宪政祖国之名，自豪于大地者乎？然一千二百十五年之革命何如？一千四百八十五年之革命何如？一千八百三十二年之革命又何如？使英人而不革命，则一土耳其耳！东睨日本，非以皇统绵绵，万世一系，贡媚言于其君主者乎？然萨、长二藩，尊王覆幕之革命何如？西乡南洲鹿儿岛之革命又何如？使日本而不革命，则一朝鲜耳！然则革命与维新，又何择焉？

某报言论洋洒万千，而莠言荧听，最足破众庶之胆，而短英雄之气者，则曰外人干涉而已。夫干涉亦何足惧，使革命思想能普及全国，人人挟一不自由毋宁死之主义，以自立于抟抟大地之上，与文明公敌相周旋，则炎黄之胄，冠带之伦，遗裔犹多。虽举扬州十日、嘉定万家之惨剧，重演于二十世纪之舞台，未必能尽歼我种族。不然，逆天演物竞之风潮，处不适宜之位置，奴隶唯命，牛马唯命，亦终蹈红夷棕蛮之覆辙而已。菲立宾前事，尤吾党所捶胸泣血、饮恨终夕者也。虽然，以阿圭拿度之英杰，菲国国民之义愤，今虽茹辛含苦，暂为强敌所屈伏，而仰视天俯视地，咄咄书空之情态，殆不可以一日已。黄河伏流，一泻千里，大地风云，朝不谋夕。吾敢昌言曰，十年以后，太平洋中无复美利坚人之殖民政略矣。即不然，而当日义旗一指，千里从风，西班牙九世之仇，亦既扫荡无余，不犹愈于伈伈伣伣，长为奴隶者乎？

彼谓乡村富户，值群盗在门之时，其主人与仆从，唯有齐心协力，抵御外侮。若两造同室操戈，先已筋疲力尽，迨至群盗破门而入，即更不复能抵御，此固一定之理矣。吾不知彼之所谓主人与奴隶者，将何所指乎？夫中国国民，固为全国之主人翁。若今之政府，不能尽公仆之天责，而反摧夷辱戮我民以为快，直群盗之尤无赖者耳。内盗不去，盘堂踞奥，而嚣嚣然曰，拒外盗！拒外盗！缚手足而与人斗，乌可胜乎？

且彼既排革命而主张维新矣，而维新终未可从容晏坐以得之，则仍不得不望诸民党之崛起。彼政府之仇视我也，见我民之稍有气节、稍有举动者，莫不欲得而甘心，又岂知革命与维新之有别哉！唐才常昌言勤王，而伏尸鄂市；日本留学生以服从政府为主义，而下诏大索海内。况维新、革命，相去不能以寸乎？吾知一旦宪政党出现于中国，而政府之追讨，外人之干涉，犹如故也。夫低首下心，以求所谓维新者而终不成，何如昌言革命，反有万一之希冀哉！

彼谓中国之民，未有怨政府之心，不可以言革命。夫我国民，岂生而具奴隶之性质，牛马之资格，任政府之食吾毛践我土而不动于心哉？毋亦智识未开，浸淫于四千年来之邪说。而号称提倡民权如某报者，复从而益之，上天下泽，名分等严，虽有怨尤，莫如之何耳！使有人决此藩篱，昌明大义，二十世纪之中国，何讵不如十九世纪之欧洲乎？然则彼所谓"明目张胆，于稠人广众之中，公言不讳，并登诸报章，以期千人之共见"者，正以中国国民未知革命，而求所以知之之道耳。彼谓联络会党，殊不足恃，而引拳匪为鉴。夫拳匪之事，岂可与革命党同日语哉？彼挟一"扶清灭洋"之宗旨，既可以皇汉之贵种而腼然自称大清之顺民，帖耳俯首受治异族无复廉耻矣，又何不可以为大英、大法、大日本之顺民乎？能为张氏奴，亦必能为李氏奴，性质如此，无足怪者。而遽以区区少数，并多数之未必如是者，而同类并讥之，亦聋言而已。

抑今日之主张革命者，虽词严义正，不必如某报所谓彼亦一是非，此亦一是非，而阳和之韵，不入里耳，逞臆为谈，犹多歧路。无已，请比较革命立宪之难易，还以商榷之义，与海内外人士质之可乎？革命之举，虽事体重大，然诚得数千百铮铮之民党，遍置中外，而有一聪明睿知之大人，率而用之，攘臂一呼，四海响应，推倒政府，驱除异族；及大功告成，天下已定，而后实行其共和主义之政策，恢复我完全无缺之金瓯，则所革者，政治之命耳；而社会之命，未始不随之而革也。若夫维新，则必以立宪为始基。立宪则必以人人能守自治之法律，人人能有担任宪政之资格，然后得以公布宪法，为举国所同认。今以数千年遗下懦弱疲玩之社会性质，俯首屏息于专制政体之下，一旦欲其勃焉而兴，胥人人而革之，以进于光明伟大立宪国之国民，吾恐迟之十年数十年后，仍不能睹效于万一，而中国之亡，已亟不能待。况满清政府之初无立宪思想乎？夫对此扞格不谋之敌体，出此迂远无补之希望，如醉如痴，如梦如寐。外人乃朝换一约，暮索一款，伺我内情之懈弛，徐行其扩张权利之计，使我膏涸血竭，财穷智绌，遍国人无能为抵御之策；而彼乃印度我，波兰我，支那大陆永永陆沉，吾不知行立宪主义者，尚足以救波兰、印度之亡否耶？无奋雷之猛迅，则万蛰不苏；无蒲牢之怒吼，则晨梦不醒；无掀天揭地之革命军，则民族主义不伸。民族主义不伸，而欲吾四万万同胞，一其耳目，齐其手足，群其心力，以与耽耽列强，竞争于二十世纪之大舞台，吾未闻举国以从也。

彼又谓中国一隅之地，往往彼焉怨咨，此焉讴歌，至证以科举之丑态，厘金亩捐之弊政。是真大惑不解者矣！科举者，愚民之术，有志之士，不入其彀中。即以常人言之，获者不过少数，而不获者仍是多数。是固讴歌少而怨咨多也。厘金亩捐，凿损元气，举国皆蒙其害，况于生物成物运物之农、工、商，随在有密切之关系。吾未闻工商受厘金之酷虐，而农者讴歌于野；农者受亩捐之勒派，而工商讴歌于市。虽有讴歌，亦如哭泣痛苦之中，暂而饮酒以慰无聊而已。及其既醒，则怨咨如故也。此何足为独倡寡和，不能革命之证哉？

总之，国民与政府，立于对待之地者也。革命之权，国民操之，欲革命则竟革命；维新之权，非国民操之，不操其权，而强聒于政府，亦终难躐此革命之一大阶级也。悲夫，放弃国民之天职，而率其四万万神明之同胞，以仰一异种胡儿之鼻息，是又昌言维新者所挟以自豪乎？无量头颅无量血，即造成我新中国前途之资料，畏闻革命者，请先饮汝以一卮血酒，以壮君之胆。毋再饶舌，徒乱乃公意！

原载《苏报》1903 年 6 月 12、13 日。

箴奴隶

奴隶者，国民之对点也。民族之实验，只有两途，不为国民，即为奴隶，断不容于两者之间，产出若国民非国民、若奴隶非奴隶一种东倾西倒、不可思议之怪物。今以反观之于吾同胞，其为国民乎？其为奴隶乎？是必有一定之真像也。而近时之知言者，涉及吾族，殆无不曰奴隶奴隶，仿佛奴隶之徽号，为吾族之所认受焉者。嘻，得之已。吾欲有以箴之，略于现象，而讨其原因。哀哀吾同胞！哀哀我奴隶！

奴隶非生而为奴隶者也，而吾族人乃生而为奴隶者也。盖感受三千年奴隶之历史，熏染数十载奴隶之风俗，只领无数辈奴隶之教育，揣摩若干种奴隶之学派，子复生子，孙复生孙，谬种流传，演成根性。有此根性，而凡一举一动遂无不露其奴颜隶面之丑态，且以此丑态为美观、为荣誉，加意修饰之。富贵福泽，一生享着不尽，于是奴隶遂为一最普通最高尚之科学，人人趋之，人人难几之。趋向既日盛一日，而根性乃日牢一日，至于近顷，奴隶成为万古不磨之铁案，无从推翻，遂乃组织一绝大无外之奴隶国。

奴隶国之构造，岂一朝夕之故，所谓历史、风俗、教育、学派数者，决非虚言。请征其例，是足知受病之原因。

（一）原因于历史　历史为进化之义，使国民日趋于高尚者也。而吾国不然，吾国之历史，乃独夫民贼普渡世人超入奴隶之宝筏也。夫凡契约之起，必得其平，如男女平权，而曰男贱而女贵，是必为男者所擅订之例也。今吾历史一握于独夫民贼之手，设立若干种奴隶规律，划成若干套奴隶圈限，以供一己之操纵，其绝无民义可知。卢骚曰："契约云者，相互之词。既为奴隶，则不得论列是非，惟供人驱策而已。"是故独夫民贼，视天下人皆草芥牛马也，乃专务抹煞一切奴隶之权利，而惟以保其私产之是图。用悬一一丝不溢之奴隶格式，号召天下，入此格式者，为忠为良，出此格式者，为傻为辱。胎孕既久，而奴隶二字遂制成吾国人一般之公脑，驯伏数千年来专制政体之下，相率而不敢动。每当承平既久，民气恬静之时代，乃实奴隶入神炉火纯青之时代也。易姓之交，天下扰扰，而奴隶失其主人，亦时骚动而不自安，是为奴隶之变相。时又有独夫民贼者出，复收此奴隶而聚于一圈。夫奴隶亦何常之有，彼一主人，此亦一主人也。故本种民贼之局，一变而为异种民贼之局，契丹、女直、胡元、鞑靼之类，更番入据，神州陆沉。吾民族之原质，既已死尽灰尽，而民贼者，仍恐久之失其主人之位置，乃搜集前朝遗事，号曰史记，设局以编之，置官以掌之。以当年之效死于我者，既感其德，复苛以罪，曰某某贰臣，某某叛逆；当年之抵死于我者，既遭其噬，复贡其谀，曰某某忠荩、某某节烈，意谓此种奴隶，吾先利用之以墟人国，今仍利用之以立吾义，毒鞭之更轻拂之，使人堕落奴隶，而毫不知觉，如调荡妇，始欲其背人向我，继欲其为我詈人也。此自汉刘季赦季布、斩丁公以来，历代之独夫民贼，殆无不用此术，以牢笼奴隶。而入此牢笼者，盲其目，曲其膝，磬折其躬，龟缩其首，朝叩头而夕稽颡，豺狼勿顾，胡膻勿顾，杀吾祖父勿顾，奸吾妻女勿顾，吾侪小人，只恭顺孝敬，表我奴才、狗奴才之赤心无他而已。咄！独夫民贼，果何由而得此？盖以三千年前订有贩卖奴隶之契约，彼此流转，而奴隶久之忘其本来，则确守认票不认人之牌记，相与纳奴税，供奴役，一若唯恐失吾奴隶之位置，有不暇问其主人之谁何故耳。嘻，中国三千年历史之功效，如是如是。

（二）原因于风俗　中国之风俗，一酿造奴隶之风俗也。三千年来，亦岂无一二公民之种子，间略传播，而外间万种之恶潮，随时熏染，则不啻芟荑蕴崇，绝其本根矣。公民之种子既铲尽，则单剩有至诚无二、纯一不杂之奴隶净质，相胚相胎，以至今日，而致组成一奴隶国之大集合体，盖风俗之趋势然也。夫风俗与性质，纯然为二，而终有翕合浑成之倾向，以性质转移风俗之力小，以风俗同化性质之力大。今自风俗窥其表面，自性质勘其里面，注射表里融合之一点，而奴隶原于风俗之案可定。夫风俗多发见于表面，则中国之奴隶仪式，当研究其起原发达。日本有贺氏之《社会进化论》有曰："遇优夫己之武力者，知不能抗拒，必摇尾伏地，以表服从之状，下至兽畜，亦知此理。太古原人，当其争果实于洞窟，必有强者与弱者相遇之时，使弱者逃走或抗拒，必增强者之怒，而遭其害；若表降伏之状，示谄谀之态，必可乞其生命。因自然淘汰之理，遂具一见胜己者即表降伏之性质，且传之子孙。此无古今东西，虽蒙昧无智、体制不开、秩序不定野蛮人之集合，而弱者对强者所必有各种之仪式也。盖为君主者，必立种种之制度，严密其仪式，以固其权力；社会之人，渐相习而重仪式，成为风尚。"斯言也，可谓善言奴隶者矣。世界之所以有奴隶，不外强弱之相逼也。强者凌制弱者，以为天则；弱者服从强者，亦以为天则。圣经载之，儒者习之，会典行之，官场演之，衍之千百年，而强弱之真形转不见。弱者蒙强者之虎皮，且可以凌制强者；强者居弱者之豕牢，亦必自甘服从弱者。颠倒迷乱，莫折其衷，而神圣不可侵犯之纲常主义，牢固益牢固，为之语曰："君要臣死，不得不死；父要子亡，不得不亡。"由是以君权之无限，虽日日杀人不为过。父之权固逊于君，而杀子其罪必减等。且乡俗父母得鬻其子女为人婢仆。是说也，虽极无量数狂宕不羁之杰士，而久蒙大逆不道之障面，从无敢以一针孔之力而攒破之。稍窥其真相者，叩头也，请安也，长跪也，匍匐也，唱诺也，恳恩也，极人世可怜之状，不可告人之事，而吾各级社会中，居然行之大廷，视同典礼。大臣之入朝，缙绅之上公堂，红员新进之夤缘于府第，此天下所仰望而不可得者，而举所谓叩头请安、长跪匍匐、唱诺恳恩之各种金科玉律，以为之倡，无怪乎相习而成风也。（崇拜有势力者之风既盛，涉于幻想，一转而为崇拜偶像之心，较崇拜有势力者为尤诚，其叩头为尤多。近由妇孺，已普及于全国，其原因在求享受奴隶之幸福。）吾闻官场中有口诀曰："多磕头，少讲话。"社会中有恒言曰："头上要捶得三把糯草"。又曰："不倾粪在我头上，我总不动。"（二者皆楚谚。）嘻，其出自士夫之口者如是。上有好者，下必有甚焉者矣。举国之人，皆奉此口诀此恒言而实行之，何忧乎奴隶出产之不旺。奴隶出产益旺，而制造奴隶之术益神，殆又非此口诀此恒言所能概也。风俗之弊害也又如是。

（三）原因于教育　教育尚已，而国民教育与奴隶教育，其所划之鸿沟为何如？夫我国之有奴隶学堂也，自十余年以来也，而谓即酿成一奴隶特别之瘟疫，传染于全国，吾保奴隶学堂之效用，不至如是之速也。盖我国前此卑污狗贱之教育，先入以为之主，出而接物，而应世，而奔走，而伺候，随在以扬其波，而奴隶一物，遂为全国教育部独一无二之输出品。无论中央政府，各省衙官，无不须此奴隶以支配之。不过奴隶学堂之奴隶，则固其输出品之尤优美高尚，而批发之价值较昂于各色奴隶耳。夫奴性之由来，既数千年也，则凡为人之父兄者，必皆秉有奴性之人也。父兄之奴性，或不得所以支配之好处所，不获为完全无缺之奴隶，则所以勉其子弟者当何如；或得所支配，享高等奴隶之幸福，则所以勉其子弟者，又当何如。东方朔之于子，马援之于侄，贤者如此，何问悠悠。颜之推曰："齐朝一士夫尝谓吾曰，我有一儿，年已十七，颇晓书疏，教其鲜卑语及弹琵琶，稍欲通解，以此伏事公卿，无不宠爱。"嘻，中国三千年来家庭教育之秘诀，其不经是语脱口而出者，盖几希也。卢骚曰："祖若父既甘为奴隶而不悔，又欲强其子孙联袂而奴隶也，直欲以奴隶世其家，而百年无以自拔矣。"奴隶教育，得毋东西一致乎？故通俗于儿童学语之初，即告以奴隶之口号，扶立之顷，即授以奴隶之拜跪，借口于佩觿佩鞢之训，而赠以奴隶之徽章，不曰"金玉满堂"，则曰"三元及第"，而童子者，乃奉此口号拜跪徽章，牢印于脑膜而不能去。未几而入塾矣，先受其冬烘之教科，次受其豚笠之桎梏，时而扑责，时而唾骂，务使无一毫之廉耻，无一毫之感情，无一毫之竞争心，而后合此麻木不仁天然奴隶之格。其受之家庭也既有然，而近十余年出现之学堂者，其效果又何如？则吾闻有所谓"请双安"者矣，有所谓"拍马屁"者矣，有所谓"接大人差"者矣，有所谓"送主人葬"者矣，有所谓"送县"者矣，有所谓"打军棍"者矣，有所谓"端茶"、"装水烟"者矣。咄！咄！！是何鬼蜮？是何妖孽？吾所谓高尚优美者殆如是乎？由此而一乡，而一国，而名场，而利数，无在不悬有奴隶之圈式，贸贸而入之，负此高尚优美之资格。三年卒业，领有奴隶凭单，挟之以要人者，果安往而不得奴隶也。掌教育者，其亦可以自豪矣。奴隶乎，其殆吾全国教育界精神之所注射，机体之所结集也乎。

（四）原因于学派 奴隶与学派，有密切之感召，盖中国士人向无宗教之迷信，觇士风之所宗主，殆无不归重于学派。而学派之力，实不及宗教之大，而中国人之奉宗教者，多在妇孺无知及下流社会之一部，其所奉又或涉及于户灶蛙蛇之类，其野蛮迷信，为数虽众，而只日见其堕落，何足与言转移社会之事。转移社会，而学派殆其重心点矣。夫中国人薄今爱古之性质最甚，以言学派，晚近以来，何尝无左右世界之一二家，而终不敌古之某某派者，而其受病，亦实自古之某某派而来。寻其蹊径，可得而言。盖学术盛于周末，而孔子为称首，孔子且不免微倾于奴隶。（孔子于君民一关太看不破。如拜上为泰，不驾而行，人言事君以谄，岂当时舆论一无足凭？孟子则讲出许多硬话。曰，视民草芥，视君寇仇；曰，闻诛一夫，未闻诛君；曰，民为贵，君为轻。此语在当时乃破天荒矣！惟童子将命，当仁不让，孔子于社会上颇能平等。）他何足言！其他学派，除孟子为孔派之后劲，无不可谓奴隶之学派也。周秦之学派，有反对极端者二：曰法家，曰道家，而儒实执其中。法家主干涉，道家主放任。惟干涉也，律之于奴隶，则为收买者也。惟放任也，律之于奴隶，则为贩卖者也。收买奴隶者，申、韩、商鞅惨核寡恩等学派代表之。贩卖奴隶者，老子知雄守雌、知荣守辱之学派代表之。夫国家之所以成立，无不有治者被治者之分类。收买者，治者也；贩卖者，被治者也。治者专取已成之奴隶，拣选之，锻炼之，其罪犹后。被治者，专务铸造奴隶之模范，以供治者之拣选、之锻炼，其罪实为之魁也。且学者不既昌言孔子之派乎？“圣人之道，不益于世用”（此语发于柳子厚，为前古之所未闻）。而况宋儒以来之谈孔派者，无不逃入于老派乎？静也，虚也，柔也，无为也，无动也，老派之玄妙也，即奴隶之教授法也。鄙夫也，乡愿也，学究也，伪君子也，老派之健将也，即奴隶之志望地也。夫孔孟考道德之本原，明出处之大义，由其道而无弊，可为公民，为豪杰，为义侠，为圣贤。乃老子浸淫而夺其席，易之以鄙夫、乡愿、学究、伪君子之名目，招告于天下，天下之人且以为真孔也，相率而效之，惟恐其不肖，于是孔子遂为养育各项奴隶之乳妪，生息而不尽。而独夫民贼之收买奴隶者，正思利用之以保守其产业，乃阳崇孔子，奉以文宣、成王、大成至圣种种徽号，而阴以老氏之暗毒，吸人血而涸人脑，故孔派推尊一度，而奴隶沉没一度。至于近顷，乃奴隶摩肩击毂贩买无主之时期也。伪孔之害，如此其甚，安得有路德其人，以改革宗教之手段，为我一改革学派也耶！

以上四端，略陈概略。大凡一果之成，必有无数因凑集之者也。奴隶之结果也，其造因殆不止四者矣，而以四者为之主峰，则其他纷纭蕃变，不离其宗。迨酝酿深纯，遂于不知不觉之中，而循此奴隶共由之轨道，此可以知奴隶性之牢不可破之有由也。

吾族人奴隶性之恶毒，中之如此其深，则其奴隶之演剧，当愈久而愈烈，此今之奴隶，所以有不可思议者也。近日人某以奴隶定支那灭亡案，其论曰：“支那人向以服从强者为主义，北胡南越，无半毫亡国之感，惟先得主家为乐，长乐老、杨三变，其代表之高奴耶！劝进表，符令颂，其特别之奴具耶？充其量也，无论若何之野蛮异族，稍长威力以压制之，支那人即赆金帛，献缯裘，割版舆，称君父，将神圣相传之一统大帝国拱手奉进。此半部灭亡历史，余东海小子，犹复饮恨切齿，疾首痛心，其奈无羞耻、无血气、无骨节、无脑筋之支那天然奴隶，欣欣然开门揖盗，卖祖宗栉风沐雨所开化之天府国，甘为人之羁轭，没齿无怨何也！”呜呼！奴隶之效果，殆无有过于此案之判断者，吾国人闻之，其一动心否也？当局者不动心，而旁观者为之警醒而谆劝，稍有人类性者，当如何奋迅激发，誓冲决其网罗。彼蠢如黑奴，一闻林肯释放之说，遂乃血战至八年之久，必图独立而后已，今讵种智之犹逊于黑奴也耶？虽然，无可望也，吾国之奴隶，虽百林肯，而救亡之策无可施，释放之说不可开也。

何也？外国之奴隶也，有一定之等级，自认其奴隶之目式，即服其奴隶之义务，其余皆自由民。而中国不然，举国之人，皆若奴隶；举国之人，皆若非奴隶。群视人之权势财力之所至，趋之奉之；群自视其权势财力之所至，践之踏之。践之踏之也愈甚，而趋之奉之者亦愈多。奴隶之交涉也，不外一侵一让，甲侵乙，乙即侵丙，乙以其可侵丙也，不妨让之于甲，丙以其让之于乙也，又可移而取之丁，如多人之上梯然，如累累之串珠然，互相为因，互相为果。尝观某说部载："有一国，其国之人皆于鼻梁之中作一间壁，只予人见其一面，和颜悦貌，逾于常人。其另一面则惟恐人之窥之，有突然窥之者，则深毛丛蔽，刀剑森立。遇逆己而可欺者，则尝持此面杀人者也。"此虽虐谑，其亦情之似吾奴隶也。是故吾国之人，皆沉酣于人己卑贱、权势强弱之间，所谓若奴隶若非奴隶者，一刹那顷，可以尽无数之变化。今若骤倡放免奴隶之议，则彼自称为小朝廷之大臣，与大帝国之顺民者，惟恐失其奴隶之袭荫，必龟缩而不敢出。嘻，今日之现象谓不然耶？若夫外国，视奴隶为天然一阶级，虽"喀私德"与"埃士梯德"之制立，待奴隶惨无人理，而天赋人权之声，大唱于世，而自由战争、同盟罢工之事，如风云之屯起。美洲买奴之苦战，固无论矣，即以专制酷烈如俄罗斯，于一千一百六十一年，亦不得不降心而下解放农民之诏。夫奴隶革命之风潮，自公理之发明而大膨胀，今何独至中国而不然？

盖外国之人不讳言奴隶，而吾国人则讳言奴隶，不讳言奴隶，则奴隶汇于一，而只占国土之一部居。讳言奴隶，则奴隶无界说，而潜势力愈大，遂至漫满于全国。惟其奴隶之别为一部居也，则为全国人眼光之所注射，鸿儒硕学，推究理由。初则以亚里士多德之贤，犹谓奴隶为天然不可逃之制，后公理渐明，集大成于卢骚，而奴隶不可别于自由民之案乃定。惟其奴隶之无界说也，则其视奴隶为祖宗相传之秘诀，蝇营狗苟，鬼鬼祟祟，支离缪辁，不可殚诘。其外国之所称奴隶者，中国亦自有此一部分，而其胞膜极厚，其锁钥极固，甘心服贱役、作苦工，而无所于悔。等而上之，稍明世界一二事，则近于圆滑一路，言及衣食问题，则无论至卑极贱之事，无不可卑躬折骨以赴之，今若骤语以君民一体、四民平等、民族建国、公民参政诸说，彼不独瞠然莫知其所云，犹必以其以言尝已焉者。在于官场，则必曰"大人栽培"，其在民间，则必曰"小的岂敢"。此犹可言也，有号称知新，口讲自由，檄书独立，而实阴煽其奴隶性，自私自利，不顾国民之公益，且破坏国民之团体，暗掣国民之肘力者。以此观之，极人间社会，殆无有出于奴隶之一点者。

昔罗马法视奴隶若禽兽，其所以然者，以二类皆不适于天演者也。夫禽兽之于人也，孟贲或不足比其猛，亥章或不足以方其捷，岂无能力，而卒被轭于人者，以无足以达其能力之思想之运用也。奴隶亦然。故奴隶失其能力，即与禽兽同居于一圈之内。虽然，殆又甚焉。禽兽之限于圈也，有投以石者，鹰必奋其爪；有掣其项者，犬必张其颤。昔者尝怪晋灵公从台上弹人，而观其避丸以为乐，揣当时之情状，台下之人，蒙首急足，极无限之可怜，贸贸然相与伏墙而钻穴，初不问此弹之从何而降。即如猎者，犹必防困兽突围而伤人。此辈果胡为者，以血肉之躯，甘于作献媚效顺之的，吾不知此根性之何日种来。此根性流传不失，以后排比奴隶者，皆晋灵之类也。其奴隶被蹂躏者，皆台下之人之类也。呜呼！吾奴隶至不能与禽兽立于同等之地位。西国前有若禽若兽之奴隶，吾国今竟有非禽非兽之奴隶，得非二十世纪之大怪物？谓予不信，其献媚效媚之种性，数千年如一日，何不请如晋灵者，更请君王猎一围也。

呜呼！吾国人奴隶之现象，竟至于此乎？庄子曰，呼我为马者，应之以马；呼我为牛者，应之以牛。吾同胞其忍抱此奴隶以终古也耶？抑谋所以改造之也？吾今为之分别其部居，而调查其实数，使国人之不甘为奴隶者鉴。如左表：

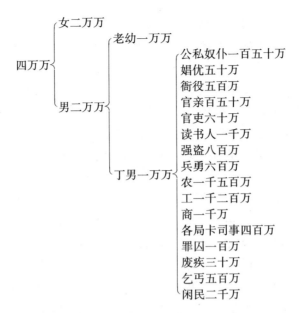

据表以观之，吾国人悉数尽于此矣。律之于奴隶当如何？女人者，米国某新闻家称为副产，而吾国人视为玩物者也。虽近来女界革命之声，稍倡于世，而倡之者不几人，人莫与为和，且从而败沮之。故从历史上现势上观察女界，女子二万万，殆无不可称为奴隶者也。是四万万者，已一半失其自由权。

老而无子，幼而无父，所称为独孤者也。是老幼者，不能不附属于人以为生。人至附属于人以为生，虽人对于我有应尽之义务，其权终在人。老幼一万万，殆不可不居于奴隶之别格者也。是四万万者，已一半之半失其自由权。

丁男一万万者，皆有主人翁之资格，可以担任国事者也。而废疾一类，罪囚一类，乞丐一类，则已如陈死之人，为奴隶且不足，数已六百余万。而明目张胆为奴隶者，如公私奴仆一类，优娟一类，衙役一类，其为数已七百万。穿长衫，怀短札，终日逢迎人，以图饭碗根芽，如官亲一类，各局卡司事一类，为附属之奴隶者，其数已五百余万。闲民一类，近二千万，其中种类极杂，是又奴隶之不可名状者也。至若农、若工、若商，自文明国视之，乃主人重要之部分，而中国四民问题，则士为贵，而农、工、商为贱。及考其真相，诚惨无天日。农之被轭于土著，工之被轭于雇主，商之被轭于资本家，数千年无以自拔。近此三类输出于外洋，遭白种之虐待，火其屋驱其人者，且数百万而未已也。则奴隶于农与工与商者，为数已三千七百万。若士一类，自命读书人者，宜有高尚特别之性质，而孰知鬼蜮之状，不可告人，直不如口老爷而膝顿地者，犹为迳情洒落也。其情弊吾言之详矣，是读书人一千万者，其不为奴隶者几何？其中有数千盈万之学生，数十百之知名士，有为中国之前途所希望者，岂一概抹煞？然亦在自命者之居何等也。若官吏，布满中外，握全国之所有权，营办最高团体之事，统持一切奴隶者也。乃官样文章，即奴隶之秘本。大小官衙，即奴隶出产最旺之地。其人数虽只六十万，而组织奴隶社会者，非官场之力不至此也。若兵勇，自恃其武力可以恣肆，与各色人等皆阻绝，自为一种。而中国向恪守"好子不当兵"之格言，其当兵者率无赖，对于国家无一毫之感情，只支领额粮，而服从军棍，否则时出一劫抢而已。而在守营，亦无敢者，甚至为上官服贱役，司搬运，守门而呵道，其数六百万，亦不得谓非武官之家奴也。而强盗则异是，无所隶属，出没于深林丛棘之中，打家劫舍、杀官焚署以为常，不幸就捕，则信"十八年仍为好汉"之说，毫不介意。自来天下恐怖之象，无过于杀人，强盗能勘破之，故视天下事无不可为者，为数虽只八百万，而人心思变，大有转移天下之势。夫强盗主义，与奴隶主义，绝相反对者也，是天下之能冲决奴隶之网罗者惟强盗。

统国人全数而计之，既纷纷戢戢而游于奴隶之一圈，则欲跳出此圈，而恢复其固有之人格者，其道何由？

英法自由之竞争，独立之宣告，以语吾国人，距此程度，尚不知其几千万里也。然则此颠扑不破之专制政体，其何日得解脱也。吾见夫专制之反动力，日甚一日，所谓强盗也者，燕赵齐鲁、黔滇楚粤之乡，到处毛起，扎寨屯粮，攻城略野，乡正不敢问，官兵亦不敢捕也，此信可以不为奴隶矣。推原其朔，则无非藐抗王法之故。其先若有极不自由，乃从奴隶圈中跃出而为此焉者，是中国有不为奴隶之一部分，即为王法之所不能容。然则王法果专以制造奴隶为事也耶！以此定中国奴隶之案，殆无毫厘差。

王法之不可不服从也，中国人之特性也。不良之王法之仅可以宰治奴隶也，又理论上之当然也。吾国人全数皆奴隶，而有不奴隶者即强盗。今日之强盗，徒为王法逼拶而出，而不规则，无远略，人益聚而益多，致生出种种妨害善良之结果，亦未可为革除奴隶之正轨也。不过逼拶者日益甚，则谋革除者亦急莫能择。自今以往，恐非至举世为强盗不止。

吾言强盗，吾奴隶之所骇怪也。试观世界中所谓"帝国"、"民族"、"民族帝国"种种主义，无一非自"强盗主义"胚胎而成。强盗主义者，粗用之则为强盗；精用之则所谓武装。和平无施而不可者也。欧洲自强盗主义之发现，而至有今日，故吾中国欲革除国体之奴隶，不可不用强盗主义；欲革除个人之奴隶，不可不用强盗主义。学生社会者，亦革除奴隶之大志望地也。吾言数千盈万之学生，与数十百之知名士，今之运作果何如？迩来社会党之风潮，其影响所被亦广矣。锲而不舍，异日革除奴隶之中心点，非斯人殆无与归。断而言之，中国之民族虽暗劣，在二十周之中坚，决不至仍守死奴隶之笼罩。以今日之现势而论，则有不为奴隶之倾向者，惟强盗与社会党二者而已。将来此关打破于强盗乎？抑打破于社会党乎？此亦骤难判定之问题也。夫破坏者，奴隶之所不敢言也。然吾料中国破坏亦破坏，不破坏亦破坏。破坏之破坏，将胥天下而为强盗；建置之破坏，则胥天下而转移于社会党。二者将来之所必至，顾视吾国民之运动何所底耳。

奴隶无数种，有钝根奴隶，有利根奴隶；有形式之奴隶，有理想之奴隶。奴隶者，文明国之所不能免也。近日人号天囚者，所著《奴隶世界》，其中分文字之奴隶、风潮之奴隶等目。吾国亦未始无之。然吾观察吾奴隶之程度，殊不足以高等之奴隶律之，其殆"钝根形式"之间者乎？吾今以《国民报》之余白，取对于国民之一点者，为吾国民箴，就奴隶之表面，言之一二。至其精微条段，与其改造方法，非累幅不能尽，吾愿不为奴隶者，无忘我工谏师箴，区区之微言也。

原载《国民日日报》第 2～8 号（1903 年 8 月 8～14 日），本文据 1904 年东大陆图书译印局版《国民日日报汇编》第 1 集。

说　君

第一　总说

"君"也者，成立于野蛮时代，发达于半开化时代，而消灭于极文明时代。野蛮时代者，即上古原人，竞争最烈，有一二负势力者，出而慑伏之，而即拥以为君之时代也。半开化时代，乃人类知识渐开，视天下为一二人专有物而崇拜英雄之时代也。极文明时代，乃群治日进，自由竞争，共和宪法，斐然成章，确见君主为赘物，纯乎服从公理之时代也。今之时，去野蛮盖亦远矣，其为半开化乎？抑有进于极文明之域者乎？吾知其必有界说也。

"神圣不可侵犯"者，立宪国所祝君主之词也。"君主无责任"者，亦立宪国所祝君主之词也。二者何相反之至于是耶？盖君也者，不过人类社会中之一分子，而独占人类社会最高之位置，营办最高团体之事，其意中之生杀予夺，常敢对于人民而为叛逆。自社会主义之范围益广大，而自由民之不愿羁勒于不道之君者，殆可得全国人民之合意。故急而思逞，恒对于一人而为非常之暴动，如英之于查理士，法之于路易第十四，号称革命之巨案者。质而言之，不啻以全国人民而与个人相交涉而已。故君位之危险，自近世纪以来，其以君世其家者，莫不知之，特以承袭既久，不肯逊让而退居民位，而温和立宪党亦恒欲借君主以为之媒，故美其名曰神圣不可侵犯，而又明订宪法曰君主无责任。君主无责任者，卸其过于政府也。文明之政府，为公民之所组织，如政治上有妨碍，可以公民之决意解散政府，而君主仍居于不可侵犯之部位。今日之君主者，其殆欲隐于募［幕］下，以政府为傀儡，持而舞之矣乎！

由是观之，则君主藏身之法，至为巧妙，而亦其畏革命之风潮，避之如未遑也。虽然，有此倾向，则今日之君，不至如前日之暴可知也。今日之有君，浸淫以至异日之无君，亦未可知也。呜呼！天下之苦于君者亦多矣，其可与君主划明权限，使之无责任者，地球上且未可屈指数也。何况君权无限，三千年来，喘伏不敢动，疲弱至于今之一国。居于其国者，向承其"媚于天子"、"媚兹一人"之学说，崇之奉之畏之敬之，若野狐之拜月，若群蚁之赴膻，不识此中之若何神怪，吾侪之若何溷秽，杀吾身勿顾，夷吾族勿顾，承袭之既久，而君遂为绝地天通神圣无二之一物矣。惟其矜贵之至于是也，而觊觎之者，亦恒沉吟于草泽，谋所以代之。而盗窃篡夺之局，史不绝书，仿佛"成则为王，败则为寇"之一语，即为"天王明圣，臣罪当诛"之被动词；且极之荆楚之鞭尸，南宋之掘陵，其君之被其惨毒者亦浸至。且有为之语曰："愿世世无生帝王家"，抑何其言之可哀也耶！无奈乎据君位者，不审己之无德以堪此，而膜拜之者，其迷信亦不可骤解，两点相并，遂以天下为其一家之私产，恒敢以不道之事，对公民而宣战。而为之鹰犬者，与之保护其私产，不遗余力，而君愈骄不可胜。试看古来英雄之传记，战争之历史，无一非自保王位，相王家而来，其中有无一毫之民义，此可验之今日三等奴隶之国而即知。嘻，不料君之为毒之至如是！乃者，立于二十世纪之潮流，旷观世界君民之组织，主张民约，而灼见君主之有以妨害神圣之自由，本之欧哲著明之学说，益以现今竞争之大势，序其起原发达，以及结果，详著于篇，为国民一解其迷焉。

第二　君之由来及为君之方法

君之为言群也，有群必有君，此无论何等国所必经过之一级也。然其由来，不可不察。社会党大家海林有言曰，任君主之若千若万，以吾观之，盖生于三源：一曰军事上之无强力；一曰政治上之无自治力；一曰宗教上之迷信。旨哉斯言！试伸详之。

战斗征伐，野蛮时代之生业也。无结合一致之力，尤野蛮人之特质也。不能结合一致，则失其强力。失其强力，是战争之所大忌也。盖有群必有争，争不能胜，必就强有力者，托以统一之权，于是强有力者，得为酋长，为元帅。以酋长、元帅个人之强力，为一群之强力，集日永久，酋长、元帅，自据为一群之主人公，而一群之人，皆趋拜之，以为保护吾群者，舍此莫属。因之加以皇帝天子之徽号，奉表劝进，甘心服从，积非胜是，颠扑不破。而酋长、元帅，恐久之不固其位，乃设种种藩篱以防家贼，立种种方策以督家奴，兵马之权，据于一己之手，务使天下无一毫之反侧，而己有不胫而走之威。迄今德国皇帝、日本天皇，犹领有海陆军元帅头衔。何也？积威之余，所以镇抚天下之术则然也。是君主之生，由于军事上之无强力者。

一群之人，即有一群之政治。野蛮人仅顾目前之衣食居住，别无所谓思想，亦无所谓能力。当其睢睢盱盱，一群相逐，亦时起而有争，争则必就能断曲直者而听命焉。于是，此断曲直者，居然为一群之领袖，可以垄断一群之人之自治权，而一切惟命。一群如是，群群如是，而群与群亦时有冲突，则其所以就能断曲直者而听命者，其结果亦如初集权之极，而人民无一毫之政治权，而徒为数人之家事，桃僵而李代，久之而即变成君主之胚胎。故曰有里胥而后有县大夫，有县大夫而后有诸侯，有诸侯而后有方伯连帅，有方伯连帅而后有天子。自有天子，而人民所有之自由权，一切抹煞，顺其意则曰视民如伤，逆其意则可杀人如草。有自鸣其政见者，则曰非圣无法；有为政治之运动者，则曰大逆不道。而蚩蚩者氓，亦甘奉其土地财产身家妻女，和盘托出，以献媚效顺于一人；而此一人者，亦若甘受之而无惭德，而民权遂万劫不能复矣。是君主之生，由于政治上之无自治力者。

宗教之迷信，文明国人之所不能免也。而人群初级之时，亦颇赖此种迷信，而国家始成立，乃种种弊窦，亦即由是而生。盖上世之国家，纯为神权政体，其握政治上之特权者，无非教徒。而以神为国家之主体，以政治为宗教之附属物，故视君即神之子，而君权即神权。因有此迷信，则未有君主以前，而其宗教思想十分圆满，先入以为之主，而欲求一实验之地，则皆注目属望于代神为治之君主之一身，如犹太、埃及以君为神之脱身，史拉夫人以君为希腊教主。其直接之神权政体无论矣，即中国此种之理想，亦甚执迷不可解。簧狐鸣火，鬼怪离奇，当涂典午，谶说恢诡，有一于此，即嚣然号于众曰，彼神人也，有君天下之象，天之子也，神之表也。而所谓君者，亦即腼然封泰山，禅梁父，祭天祭地矣，以为己独荷天之宠，承天之休。而下民亦即视为神圣不可测，觌其面谓为天颜，闻其语号曰雷霆，战战兢兢，不可终日。嘻，谁实为之，而至于此？是君主之生，由于宗教上之迷信者。

知斯三者，则世界之所以有君之故，甚恍然矣。夫君者，立于人类社会之中，丝毫无以异于他人者也。徒以人自于军事政治上失其能力，宗教上长其迷信力，而致酿造一至尊无上之君之一级。此乃甘心入瓮，无论盗贼戎狄，任便署名为其臣妾者也。虽然，君之为物，群视为大利之所在。利之所在，人必趋之。几人称帝也，几人称王也，其中大有生存竞争，为天所择之道，故为君之方法，亦可得言焉。

为君之方法有二：一曰承袭旧来之王家为君；一曰倒前朝而立新朝廷为君。

承袭旧来之王家为君者何也？即以君位为一家之私产，父死而子继，兄终而弟及，以为万世无疆之休是也。中国之君统，大半皆属此类。然世袭之君，率不过数百年，而一革命，其所以持盈保泰之法，惟恃其祖宗之所规划，弥缝敷衍，否则属望于中兴而已。盖其子孙虽不肖，有一贤者，而可保三世之不堕落，故其朝或致中兴，则运祚容延一二百年不等。其所以然者，中国人向具永静性，不愿时时有兵争之事；且其臣感受其开创一二之牢笼政策，誓与同休戚，而民之号称食毛践土者，语以当今天子，而即深其皇天后土之心，无论外来之攘夺也。即其家事弟兄宗支之间，以继续而有争执，而念及祖宗之正脉，其臣下类无不为当王者，杀身而致力，故子孙虽不肖，而非如桀纣之甚，未有遽失其位者也。何也？彼日翘其太祖高皇帝、太宗文皇帝之庙号，以为天下诏，若曰某者吾祖宗缔造之艰，若曰某者吾祖宗培养之厚意，一以祖宗公共之名词，混合天下之人类，使天下之人，各弃其本来之祖宗，而以其祖宗为祖宗。而天下之人，即遍领会之曰，此子我也，此我父母也，当如何之忠荩，以保其家产，然后对于列祖列宗而无愧。嘻，此吾中国所以有数百年之朝代也。倘中国人皆自以其祖宗为祖宗，则欲以祖宗之牌记，而取买若千万之义儿者，其能有一传之接续，而致三千年历史如此之溷浊，吾不信也。

倒前朝而立新朝廷为君者何也？一倒而一立，其中之作用有非凡也。然亦可分为二类：一由兵力自取之者，一由民意拥戴之者。夫以兵力取人国，此考之万国历史之所同也。而其唯一之目的，则无不在破坏万人之治安而图一人之淫乐，糜烂万人之血肉而保一人之身家。此其罪恶为何如，而人则反以此罪恶为神圣。君臣之篡夺也不论，草泽之崛起也不论，夷狄之盗窃也不论，而贸贸然顶礼而奉之，此固由人之不解天赋人权之理由，而亦取威定霸之者，强暴过甚。彼愈强暴，此愈放弃，久之故遂忘其本来。而乃公以马上得之者，即以马上治之，夷功臣之族八九，杀睚眦之民至数千万，而无所于恶，而民之恭顺效媚也，亦愈至。吁！此泗上亭长所以自鸣其皇帝之贵也。至由公民之合意，推倒旧政府，而拥立一新君，此于中国未见其例。舜虽暴之于民而民受之，而乃由尧之发表，非民党之所组织也。惟此种于罗马颇多见，如恺撒之为帝王，由民推戴是也。盖必庶民痛恶贵族之专横，而贵族必欲伸其虐制，一国之中生两党，以争竞而行改革，其结果也，或创君治，或变为自由政治，或为无纲纪无秩序之乱状。当是时匹夫立于其间，而被庶民或贵族之推举立以为君，则其材力智术，必迥绝流辈，而必非如以力服人者之横暴无理，其民虽出于崇拜英雄之魔力，而亦非如贸然盲从于草寇戎膻者之毫无人格。此殆为专制君体之进化期，而易姓之交之未数数觏者也。

综而观之，则其所以有君，与其所以为君之次第及其情状，可以知矣。知乎此吾然后敢更端进也。

第三　君祸

种种罪恶，惟君所造。何以故？以君能纳一切，吐一切，生杀一切，故国有一君，而国多百祸。世界有百君，即世界多无量祸。天骄乎君，恶魔乎君祸。

君祸有二类：一曰专制君祸，一曰立宪君祸。今先言专制。

专制君祸之大者，曰争位之祸，曰辱国之祸，曰战伐之祸，曰种族之祸，曰杀人之祸，曰愚民之祸。举其荦荦，持此以概之，可得其凡焉。

所谓争位之祸者，国之有君，犹鼎之有胾，群欲染指而食之。夫谁非人子，而独高牙大纛，以耀其居；锦衣玉食，以适其体。充下陈者数千，以纵我奸淫；有犬马蝼蚁数百万，以恣我涂毒。极无限之自由，羌万世而一时，人之欲得，谁不如我。始皇陈兵于浙江，刘季往观之曰，大丈夫当如是也。项籍往观之曰，彼可取而代也。于是争位之祸兴矣。因君争位，而变乱以起。凡有君必有争，有争必有乱，此各国历史之所同也。如英之蔷薇战争，英法之百年战争，法之约吉战争，德之三朝战争，俄之千八百七年之变乱，中国二十一朝代谢之变乱，风云惨淡，血肉横飞，何非为区区交椅之所致？此自外部言之也，以言内部，则以争位而破坏人道者，不可悉数。美丽之杀其姊，汗饮里西之谋杀其父，唐世民之杀其兄，明燕棣之逐其侄，此国人最习闻者也。呜呼，争位之祸，一至于此！

　　所谓辱国之祸者，国民之最耻辱者，莫过于被他族之侵略，而耻辱之耻辱者，莫过于被蛮族之侵略。以旧义言之，国君且有死社稷之责，己不能死，而糜烂其民而战之。糜烂其民之不胜，而己暗中通款，陷一国之民命，灰一国之体面而不顾，而只图保其殿前盈尺之地。呜呼，此贼君也，此罪人也！世界历史，何贼君罪人之多？八百四十五年，与同八十二年北人之侵法兰西也，乘轻舟由色脑河而上，沿岸放火，焚烧市府，极华耀之巴黎，全为蛮族所破坏。时法王查尔斯鲍德，不惟不设战备，而反俯首求和，奉贡北人。查尔斯肥满王，则更遣使求之曰，汝如去巴黎，则他处可任汝侵掠云。夫以法人最义侠、最爱国之民族，徒以劣君之压抑，而不能有所为，即此可见专制之毒。后当革命之中坚，而有路易第十八者，迎联合军入巴黎，而法人义侠爱国之气仍一挫。拿破仑第三者，由大统领而窃君位，妄动兵戎，终为德人所败，遗羞历史。而当法国革命时代之德国诸君主，当法兵之至也，德人皆愤疾死斗之不暇，而诸君主竟秘与拿破仑相通，戴拿破仑为其主权者，加以大君之号，灰尽日耳曼民族之声誉，德人至今恨恨不已。此数事者，可以见欧史之一斑。律之中国，晋之怀、愍，宋之徽、钦，啸傲石门以外，凄凉五国之城，若者失于羯胡，若者失于鞑靼，以黄帝神明之裔，而竟为一二竖子之所败辱，汉族之耻，未有甚于此者也。夫怀、愍、徽、钦之仅辨菽麦，以语专制君体，相去殆远。盖君者积威之渐，怀、愍、徽、钦之辱国，司马炎、赵匡胤之流毒也。呜呼，天下果何赖乎有君！怀、愍、徽、钦者，固汉族之贼君罪人也。虽然，羯胡之祸，岂啻东晋、鞑靼之祸，岂啻南宋汉族耻辱之弥天，犹有收其尾闾之一日。明庄烈者，限于怀、愍、徽、钦之境者也，而守死社稷之义颇坚，未至辱国而先自戕，中原之沦为异域，非庄烈之所得见也，则与晋宋之局，非可同日而语。惟然君也者，彼素以得之傥来之物，只图一己之淫乐，而无一毫之公意，则其断送天下者，乃辱人之国，而非己之国，则在彼亦无所不安。倘情势与此稍异，而确为吾民族之自写招状，以取奇辱者，则谁为贼，谁为罪，吾不禁仰天而呼负负！

　　所谓战伐之祸者，以人君不应滥用其权，破坏万姓之安宁，而供一人之操纵也。夫战伐者，人类不可少之生活也。推战伐之起原，莫不由于自卫，以自卫而用战伐，此自然之天则也。国于天地，必有与立，其先以一人之自卫而出于战，其继以一群之自卫而出于战，其继以一国之自卫而出于战。夫至以一国而与人战，则必甚有妨于国民之公益，甚有激于国民之公愤，国民全体一致以赴之，而统领将军者，不过为国民之一代表。如此而胜，则国家之福，败亦可以不恨者也。虽然，以此眼光观察世界之战争，其起原及结果，有几微之吻合者乎？无有也。陋哉，世界之历史家也。遇有略远好战之君，辄从而颂其后曰，此神武不测也，此天与人归也，而曾不问此战之主观何在？此战之所失与其所得，相偿之所归重何在？呜呼！古来战祸之多，盖无一不由人君之私臆所武断，此可验之民风而知之者也。夫"天下者天下之天下"，此义亦从来之所有，则凡有国家公利公害之事，必以国民全体之造化力，然后能显出种种光辉进化之现象。一人一君之所为，不过应时而为傀儡，即有圣君贤王出于名誉之热诚，为及时之设置，而亦人亡政熄，与进化之全体无关。况战伐者，乃须取国民之死命以决之，则岂有不视为全体痛痒之理，而竟为一人之所垄断，驱之不敢不赴敌，招之不敢不收兵，一毫之公意，不能行于其间，此民之所以流离怨苦，民气抑郁，上干天和也。读古来之歌诗，非河北，即辽阳；非榆关，即瀚海，从军之苦，非言可喻。所谓"爷娘妻子走相送，哭声直上干云霄"。所谓"一男负书至，二男新战死。存者且偷生，死者长已矣"。呜呼，何其悲也！夫以中国民族之性质验之，良非战斗力如此其缺乏者，毋亦以其战也，非由公民之合意，而出于一人之野心欤？以一人之野心，而至溃天下之全局，以恣其欲，此其祸为何如？夫战伐者，不过两方面，此为祸，反之则为福。君主用之则祸，国民用之则福。君主为君主用之则祸，君主为国民用之则福。法国革命时代，举法国之人，挟其勇往义侠之气，与各国君主宣战，蹂躏大陆，拯各国国民于涂炭，播自由之种子，各国民谢之，此国民用之而为福者也。甲午之年，日本国民军与我中国君主军战，日本卒胜，而其国威顿张，进而与欧洲列强平等，此君主为国民用之而福者也。当与日本开衅时，北京政府日以祖宗陵寝为言，而不求国民之协意；而国民亦无由激起其爱国心，名为十八行省，而实以一直隶而敌日本。而日本时则"祈战死"之声，震荡全岛，人人奋励，欲得而朝食，此其所以胜败之原因也。由此而谈，君主以私意而妄出于战伐，其祸天下不可胜言，且以阻国民进取之心，灰国民敢死之气。中国之至于今日，亦三千年历史之所酿造，夫复何言？

所谓种族之祸者，盖民与民之相接，与君与民之相接，其利害常相反也。君之所利者，必于民有不利。民之所利者，君亦必有所不利。二者之间已不能吸集，况又划出一分明之种界乎？夫此种之民与彼种之民，各守其自由之身，各营其自由之业，老死不相往来可也，胡越一家亦可也，原非有相恶不相容之道。乃至有行其干涉政策者，集权而至于君，乃至以此种之君，而压制彼种之民，而号称领地、属地、保护也者，则该地之土民，若皆生番红黑之种，毫无智识，失其竞争力，斯亦已矣，苟非然者，则未有不生出绝大之波动者也。小自饮食起居，大至政治法律；远自血液流传，近至风俗习惯，有一种界横于其胸，则无时不伏有杀机，无地不可为战地，是君民之问题未结局，而又有种族问题逼迫而来。呜呼，其以君毒与种祸之故，吾不知杀人流血几千度也！吾读十九世纪之历史，比利时之独立，全因荷兰君主之虐政。希腊之独立，全因土耳其君主之惨杀。使荷兰无君，土耳其无君，则断不至有此血战七年、苦斗五年之烈剧。即和兰有君，而与比利时何与？土耳其有君，而与希腊何与？倘非迫比利时、希腊之民以不得已之举，则亦何至暴动至七年、五年之久？吾敢断言曰，和荷之民，希土之民，非以民族主义之膨胀而致战争也，实以异族之无道暴君，残虐无地而致战争也。夫以民族而与民族战，揆之天演，亦所必至之势。然自近世纪以上之历史观之，各民族尚无此自然之能力，凡一戈一矛之所至，无不挟暴君之私意以行之，此非诳言也。瑞西以蕞尔之地，而有六七种之民族，杂糅而为一国，而未至决裂。倘瑞西有君以为之导火线，其不知决裂者几希。是故俄罗斯有专制之君，而波兰人虽被羁轭，而其独立思想终不能去。奥地利其君有特权，而匈牙利人分离之念日盛一日。呜呼！二十世纪以后之天地，以民族组织之力之所及，虽不能骤陷君主，一律改为共和，而欲以异族相钤束，昂然为其大君，奴隶惟命，牛马惟命，则除是已亡之印度、犹太等国，自外恐无如是之劣种也。虽然，种之优劣，无界说也，彼夜郎之自大，曷尝不以其种之冠绝也。当日耳曼森林中之产物之未发达，亦岂尝计及后来之衣被全欧。惟执一定之方针以测之，则当调查其被异族君主之压制之起原，及其变迁以至今日，其压制之度达于何点？其被压制之惨毒以何为最？其民之服从性质与反动力之比较孰多？一时之舆论与运动，以何者为归墟？由此而缕晰之，则可以得种族之真相。得其种族之真相，而后可议及君民之结构。呜呼！自人种问题出世以来，而至今仍有茫然不知其身之属于谁氏者，吾甚服君主之魔力一至于是也。

所谓杀人之祸者，盖天赋人权，无一毫之欠缺，充权利思想之所至，一毛不能拔，一毫之不能挫，然后足以养我浩然之气，而完全其人格，亦安有对死刑之宣告而自署名，就死刑之刀锯而自延颈也者。虽然，所谓人格者，乃一至高之悬的，隐而不见，当各随人之程度以定其格之高下。人虽至不肖，未有不视天下人皆出己下者，未有不预计得志时，将倾服某某、摧陷某某者，则野蛮权利之风之亦不可长，故于强弱曲直之间，因自然之天则，而明定一宪法，至万不得已而乃杀人。故曰："人可杀与？曰可。谁杀之？曰惟士师足以杀之。"盖士师者执杀人之法者也，权限既明，则虽瞽瞍杀人，则帝舜不能为之祖。何哉？专制之君出，竟据此法而私有之。夫三权之不确立（立法、司法、行法），此固由国家之无资格，流弊自不能免。而不料流弊之所至，竟以杀人之机关，视为人君意指颐使之一部分。夫曰"不用命，戮于社"，曰"杀人者死"云云，此犹出于文明专制之宣布，乃驯至"偶语者弃市"，"犯王卤簿者杀无赦'，揆之公理，岂复成文，而君主冥行之而不顾，其下顺受之不加察，几视君主为杀人之大立物，杀人为君主之大法门。呜呼！人果何苦以极不自由之身，而妄听屠者随时之宰割？吾观商纣之剖心刳腹，晋灵之弹人为乐，而欲掩吾历史而不观也。西谚有之曰："人之生也，半死于疾病，半死于君主"。岂西国亦遭君主杀人之厄乎？夫君主杀人之厄，乃专制国体万不可逃之一级也，法王查尔斯九世在位之时，共杀八十万人，此可见其一斑也。近时文明增进，宪法大明，至俄罗斯近年统计，每年犹杀二万人。甚矣，杀人之流之不可杀也！

所谓愚民之祸者，盖自天经地义之说之成立，而人之脑筋异常简单，以为吾侪小人，而元后之聪明，乃由天亶。因有此迷信，而愚民之术，因得行于其间。如曰："民可使由之，不可使知之"，则愚民者之秘诀也。夫不可使知，何尝非政治家之一方面，而无奈承袭此诀者，非有丝毫之民义，而无非利用其狼毒险狠之手段也。呜呼！吾不解有此一种自然软骨派之奴隶，而承其流，而扬其波，而贻其毒以至今日。秦政者，愚民之大魁领也。当其下令也，标其名曰愚黔首，而黔首无不为其所愚。其后不二传而天下分崩，秦祚以覆。人或以为民之反动力，而秦之愚民之无效。此大谬也。盖秦之暴政，诚足以激天下之乱，而愚民非暴政也，倘秦去其暴政之半，而专用此淟人脑海死人心志之术，而秦虽至今存可也。何也？彼愚民之最著者，如历法、郡县、燔诗书、禁诽谤种种，沿袭至今而不能去。历法、郡县无论矣，其后诗书虽不燔，而甚于燔。（人以明祖之八股，较秦皇之燔诗书，其愚民尤甚。）诽谤之禁，较秦为尤烈。（秦悬此禁而未闻杀人，汉除苛法而僇及颜异，汉唐及明之末流，其死于此者多矣。康熙、乾隆中，以文字微疑兴狱者百数十起。）则秦之非以愚民败也明矣。呜呼！以无量数自由之民，而服从于圈限我自由孤独之一人，伏魔之深，果何至此？吾知二十世纪以前之君主，皆恃有此伏魔以固其位者也。今伏魔之鬼，其略有一线之醒气焉否乎？

《国民报》发行之初，原意欲于社说中，阐明绝大之学说政见等，而时事评论则于短批评中见之。而阅者终以不宜于日报累促改良，当时社员亦以为然，故社说中所有大篇幅，多不能毕其说。《说君》一文未竟其半，原拟嘱社员补成完璧，而以此番编辑，仍宜从原报之体，故暂付缺如（他篇仿此）。编者识。

原载《国民日日报》第 9～15 号（1903 年 8 月 15～21 日），本文据 1904 年东大陆图书译印局版《国民日日报汇编》第 1 集。

《孙逸仙》自序

　　孙逸仙者，近今谈革命者之初祖，实行革命者之北辰，此有耳目者所同认。今中黄之译录此书，标之曰《孙逸仙》，岂不尚哉。而不然，孙逸仙者，非一氏之私号，乃新中国新发现之名词也。有孙逸仙，而中国始可为，则孙逸仙者，实中国过渡虚悬无薄之隐针。天相中国，则孙逸仙之一怪物，不可以不出世。即无今之孙逸仙，吾知今之孙逸仙之景与罔两，亦必照此幽幽之鬼域也。世有疑吾言者乎？则请验孙逸仙之原质为何物，以孙逸仙之原质而制造之，又为何物。此二物者，非孙逸仙之所独有，不过吾取孙逸仙而名吾物，则适成为孙逸仙而已。既知此议，则谈兴中国者，不可脱离孙逸仙三字。非孙逸仙能兴中国也，所以为孙逸仙者而能兴中国也。则孙逸仙与中国之关系，当视为克虏伯炮弹之成一联属名词，而后不悖此书之宗旨，且影响之及于中国前途者，当无涯量。通纪黄帝之子孙也，有能循吾黄帝之业者，则视为性命之所在。且为此广义以正告天下，以视世之以私谊而相标榜、主张伪说、迷惑天下者，读此书者当能辨之矣。

　　共和四千六百一十四年八月二十日黄中黄录竟自识。

据古今图书局 1906 年版《孙逸仙》。

《中等国文典》自序

去岁，吾乡有女士数辈东游，入下田氏所设实践女学校，国文一科，以属之予。时余方治英文，随治随思，吾国文者，固亦当以是法驭也。比既辞不获已，则以桐城姚氏之《类纂》，择授诸女士，而诠释之时，辄案之西文规律。诸女士固能行通常之文者，闻予说则大喜，益能触类旁通。未数月，遣词造句皆循定律，而为文益斐然可观矣。自是予益信教人治国文，文典之不可以已也。屡思以所授者，编之成帙，出为研求是学者之椎轮。既以其才识之不逮，复牵于校课，殊鲜余暑，旋辑旋辍，迄无杀青期。

乃者余忽病胃，居病院期三月，医者日眝予习静，所诵书寝废矣。而余乃得利其余间，整理旧稿，久之而成是书。旅居海外，所携书绝少，其引以证吾例未尽当者，以不及参考，亦遂仍之，读之意殊不善也。顾以为吾国学子，其入校者，于国文不必尽有根柢，而学课各科之配置，皆有定限。其国文一科，必不复能如吾辈当年之吟诵者，则不易辙以求其通，万无几幸。

夫所谓易辙者，当不外晰词性、制文律数者矣。而是数者，今之教育家尚未闻有议及此也。不学如予，亦何敢自匿，乃妄以是书与世公之，匪曰能循是而无弊也，亦前之说，为研求是学者之椎轮而已。抑吾有言以告当世之宏识：治国文者，小学尚矣，而小学实为专门之业。苏氏父子，小学家所嗤为不识一字者也，而苏氏之文，以之陈述事理，自足肆应。通"六书"者，其文自高，而为应用之文，固亦不必深娴雅诂者也。今之教人者，于十五、二十之年，学课纷陈之际，律以苏、王，且虞其不治；责为许、郑，不犹治丝而棼之乎？故小学者，当专科治之，不可以授初学。吾友仪征刘子，其文学当今所稀闻也。特其持论以教国文，必首明小学，分析字类次之（刘子著有《中国文学教科学》），余则以为先后适得其反。吾之是书，即先刘子之所后者也。世之读刘子书者，合吾书观之，以自审其后先之序焉可矣。是为序。……

　　丁未（1907 年）二月编者识于日本东京长与胃肠病院。

据商务印书馆 1935 年国难后第 2 版《中等国文典》。

告学部
——为撤西洋留学法政生事

前年御史俾寿奏请，自后留西学生，自农工格致外不得遣派。下学部议，部复陈如俾，于是以官费治文学、教育、法政、经济种种于西方之途绝，而尚未议及裁撤已派者也。今学部主者易人，复厉行此禁，乃举在留学生违反俾奏者，速之使归。嘻！此谬举也，不可以不辨。

留西之文科生（学部举各种学科强分为文实两部，实科其所尚，文科其所排也）皆违反俾奏者也。今作者之所知，则为撤去柏林大学法科生一事，故本论之范围，即就法政生言之，余可例推也（如文学、教育等）。

或曰，今之执政者，其所挟持，类不应于时；欲以不应于时者，而用于时，且以固其位，则将不敌应于时者。为执政计，有两途焉：一曰利用应于时者以为己用；一曰打消所谓应于时者也。夫应于时者，固出多门，而留学生要为显著。在执政者意，实科生者，应于时而可利用者也。设一局也，开一厂也，以巍然者领总办之名，西式之工程师，月二三百金奔走之，固俯首帖耳而服也。文科生者，应于时而不可利用，且为己害者也。就中以法政生为尤甚。彼识国家社会之原，为权利义务之说，诽谤朝政，妄冀非常，今日设一报，明日上一书，迄扰扰莫能休。执政者罗列事实，执归纳论理别异之术，推见莠言乱政之因，确为此辈，故一遇有可乘之机，即推翻之。是说也，毋乃待官吏以大不肖，且法政生东西洋皆有，学部果何术尽数铲除之。必欲为之，则学部愚顽无上，亦何所用其告诫？此非作者之意，故先提出而旁置之。

或又曰，东归之士，挟其日本制之法政全书，已得售于时，或且踞高位；虑西归者或出其上，与其相抟也，则设计抑制之焉。学部之盲举此辈，其亦有力。则应之曰，此尤非君子待人之意也，亦请旁置不论。

今作者之所欲辨者，则有习于时事一流，制为似是而非之说，颇为时人所称许。其在事实，即复援引其说，以定从违。学部之今举，或亦其影响也。此而不察，其为前途之障害，未可计量。兹请条举其说焉。

甲说曰，西方以实业立国，自实业外固无可学也。是说也，侯官严氏其前斥之矣。严之言曰："亦有一二巨子，诡然谓彼之所精，不外象数形下之末；彼之所务，不越功利之间。遑肛为谈，不咨事实，讨论国闻，审敌自镜之道，断断乎不如是也。"

今作者若条陈四方立国之道，实业非所偏重。在读者不历西土，或履西土而为物质文明所蔽，或且目笑存之。昔郭侍郎盛称西治，群指目为秦桧。今虽不必尔甚，而游词自衔之讥，未可逃也。今请先就说者之词旨，以论理释之曰，凡一事之成，其所以致之之成者，或则一因，或则众因。众因具而一果以成，缺一不可，是谓合因。此理至易明也。耶方斯（耶氏所著《论理入门》一书，已为严氏译出，曰《名学浅说》。论理学者，在西方为日用必需之品，吾国人多不解此，故寻常谬误，迭犯不已，诚不可不亟学。此作者所引，可于严本得之。惟作者未见其书，制词或未同也）曰，谓英国人之繁昌，由于民德，而妄举英伦煤矿之富与海军国形势之佳，是自陷于伪因之误也。其不置重民德者，误同。夫所谓伪因者，非必其因之果伪，凡因之不足以适成其果者，皆为伪因。盖合因之中，当有其一二章明易指者，其在俗目，辄取其章明易指者定之为因，此类是也。今日西方以实业立国，其得免为耶方斯所笑否？

谓实业外无可学者，其谬误乃根前说而来。虽然，更有惑焉，则为问为此说者，亦曾尽西方所有之学，悉研求而比较之未？是固非一人之力所能为矣。然亦或有可信，据之友朋，或著述论及此未？若曰未也，则强不知者而一切抹煞之，是何来之武断？此在论理谓之目论之误。目论者，谓目得见者则谓之有，不及察者乃谓之无也，亦谓之不察之误。

祖甲说者曰，合因说者是矣，但诸因之中，或有其最有力者。欧美物质文明，夐绝宇内，是虽不必为独因，谓之因之最有力者，谁得而议之？取法者亦法其上，吾谈西治而崇实业，乃取其上而法之，抑又何蔽？则应之曰，作者之意，绝非谓实业不当学也，且当亟学之。盖实业当求于西洋，已为前定之断案，不必置证。惟作者所欲推究者，则实业以外之学科，果当学于西洋否也？推说者之意，其为否定也彰彰明甚。则作者今当发一问，曰，此种学科，吾国更新究需之否？曰，须之。

曰，吾国所固有乎？曰，否。然则于何求之？曰，是有乙说。

乙说曰，西方政俗与中国太相悬殊，学之良不适于用；采道于日本，庶乎近之。是说也，若甚辨者。今且作一简单质问，曰，今之遣学及治学他国者，果欲其囫囵吞入归而吐之乎？抑欲其治某科即深入某科之奥博，习而精通之，极其取舍调剂之方，以求适吾用乎？非绝无识者，将不期而认后说矣。诚如是也，则留学者求知识也，求知识以供吾取材也；留学生者，非橐驼也，非留声机器也。留学者之事，非即用之事也。今之为言者，若曰西不足知也。西方原理精确，原理精确不足知；条理缜密，条理缜密不足知，则前提之假定虽误，而以之拥护其断案，尚于形式论理为不谬。今曰，西法不适用，则留学者明明非即用之事也。此欲竿也，而子所操者为瑟，是如齐王之不好，何也？英人有非难塾中之治希腊、拉丁文者，曰，诗家之商，仙人非可学也。希腊、拉丁、学之又何益者？此种论法，论理学者指为盲断之误。盲断者，谓断案不出于前提，两两无关也。盖治欧洲古文者，特以博文字之全失，考政俗之本原，非欲人白济而家丹第也。今以用攻留学，即坐此误。

今之主张借途日本者，以大体言之，吾莫能外其说；若本论之范围，则固未遑指陈及此。然且为问，所谓日本法者，果日本的乎？抑东西杂揉者乎？非绝无识者，亦将是后说矣，则请为言东京帝国大学之程，目有所谓德法者（谓德国法律），有所谓英法、法法及罗马法种种者，大率非其本国所自有。而吾国之留于东京者，不能舍去其德诸法之讲演，而株守其所自制之宪法、皇室典范种种，盖无疑义。则吾倘专德法于东京，是留东京以习德法也。专英、法诸法者亦然。夫英、德诸法之授诸本国，与授诸日本者，价值之比较何若，姑不具论；且假定之曰同矣。则以德法言之，同一物也，置之柏林，而说者曰，与吾相远也，不可学也。忽易其地为东京，则曰，与吾相近也，是可学也。嘻！是有异于朝三暮四而怒，朝四暮三而喜者乎？不但此也，如上所言，是德法者可学，而又不可学者也。正负二性，同时并具，是岂吾人所可思议者乎？论理学最严自同律。自同律者，谓甲必为甲，甲不可同时为甲又非甲。兹律也，为今说破败无余矣。

祖乙说者曰，日本法制固原于西洋，然日本者，实善取西洋之精神而治之者也。取精而用宏，吾间接求之，便莫甚焉。德法者，固无异于德法也，然讲师登坛相诏，为吾指陈东西相异之点，一二心得语，恒抵吾人数载之功，宁不足尚？是说也，作者无以难之，亦无庸难之。盖作者只主张留学西洋之是，并未主张留学东洋之非。（此点最希读者注意。如果主张甲说为是，闻者即从而武断谓，吾即同时主张乙说为非，此大为论理所不许。盖主甲说范围，即尽于甲说，至乙说、丙说或丁、戊诸说，皆非吾论职分所及也。）驳者之武器虽利，毋乃败前盲断之讥。虽然，东西洋留学者比较，至有趣味之论题也。作者亦请就于此点，稍以经验之谈进焉，未能详也。

日人常用以炫吾曰，同文同种。若事实也，无可没焉。西法既经其披拣，且有四十年之设施，规模略备，吾国师资诚不在远。故欲养成应用之人才，留学于东洋便；向学于西洋者，亦参考于东洋便。然日本之学问，终被动之学问也。在欧洲各国，本国文字无施而不可，而日本之大学生，动须一国或两国以上之文字为之辅，从课程表中抹去其名著研究一项，则如襁褓之子失其母焉。东京官私各大学之名教授，鲜有不从西洋归者，则吾欲研究专科而造其极焉，万万非西洋莫可。诸科皆然，此不独法政也。今吾国所需之才，应用与深造，两者不可偏废。海外教育未可久长，且为数有限，深造之才，国中固绝无育之之才。至应用之才，尚易问途于东海，且更俟深造者归途而反哺之。似此时派遣西生之鹄，当多置在深造一途。此储养大学教员之议，作者曾不惮大声疾呼也。（作者曾为此论以告学部，欲彼利用派遣美洲学生之机会为之。见去冬本报。）今京师大学七科，自经科及文科、医科之一部外，皆非本国所有。此种教授果何自来，终聘西洋人或日本人乎？则不自留学生求之，又于何求？今之东西洋学生，可胜教授之任者，直可谓无其人也，即有矣而亦仅也。为学部者，亦尝筹及之否乎？今京学设矣，各省以次当立省学，且京内外或更有私立大学。此等专门硕师，一科以一人计，欲求充三十大学之用，当数百人。此数百人，若欲求之官费生，吾国财力，固不足语此。然掌教育者，亦必尽其力之所能为者而为之，方不失职。乃今或有此机会而不知乘之（指派游美学生事），或转尽其萌芽而抉去之，是何心也？三年之艾，不蓄不得。吾书至此，未尝不太息痛恨于学部之无脑筋也。

则有袒学部者曰，学部之为此，非漫无抉择也。特见治文科者为功易，留欧者半习于安乐，尤乐趋此途，不有以抑之，非整顿学务之道也。嘻！此不知本之言也。凡治一学也，有浅尝深入之殊，浅尝之无不易，深入之无不难，夫文实一也。然今且以文实所含科目畸轻畸重之处，而假定其难易矣。文科者，学部以为易者也，则有志者即欲以难治之，其道末由。实科者，学部以为难者也，人则应之以难而自为其易。学部其谓之何？留西者合欧美数几及千，文科生殆不过十之一也，则以剧场酒楼为讲场者，实科生九而文科生一也。嬉游无度，以学费以供其缠头之实者，亦实科生九而文科生一也；入微积之班，而一次方程未几了解者，且不必为文科生。跳舞场无不到，试验室次之者，亦不必为文科生也。人欲自暴弃，宁能视其所习之科从末减焉。整顿学务之道，断断乎不在是也。且学部者，当统筹教育全局也。文科者，又学部所有事也。既有事矣，则不问其易治与否，终须治之；治之当以人得其人，当有道。兹道也，何道也？撤柏林留学法政生则断断非其道也。是则本论唯一之主旨，已反复言之矣。欲更端者，请俟异日。

原载《帝国日报》1910 年 6 月 28、29、30 日，7 月 1 日。

何谓不出代议士不纳租税

迩闻第二次请开国会被拒，而南洋华侨将不纳所认海军义捐。吾人闻而喜之，谓此足以为要求开会之后盾。是诚然，是诚足喜！吾人向不审财政与国会之关系，今乃审之，如之何不喜？上海某报论及此事，谓有合于西人之原则，曰不出代议士不纳租税。兹原则也，他国暂不论，若在英吉利，则宪法之髓也。英人无此原则，即可谓无宪法。今吾人乃能应用此种神圣之原则，如之何不喜？虽然，此原则者，非吾人所夙有也，吾人或未先明其义例。今以偶有类似之件，而用此原则为前提，倘有人问曰，此事件果与此前提相合否，则吾人何以答之？如答此问而有所迟疑，则必于此原则未尝明了。如以未尝明了之原则，为进行之标准，则所守或至动摇，而所画或至类狗。记者不肖，窃为此惧，敢以固陋所及，为此原则求一义例，冀幸请求国会诸君子以此自坚其信，或亦某报记者所不以为忤也。

今宜最先注意者，则华侨所不纳者为义捐，原则中所及者为租税。义捐与租税是否即为一物是也？夫义捐者，从人所欲者也；租税者，负有一定之义务者也。以吾侪小民，素怀"出粟米麻丝，作器皿，通货财，以事其上"为明训，今猝谓义捐与租税同一性质，闻者将不能索解。虽然，记者有言。兹原则也，非吾国所夙有也，则欲知租税二字为何义，当于他国文求之。吾闻英人蔡珊（Lord Chathan，十八世纪之政家及辩家）之言曰："征税者，非行政权或立法权之一部分也。租税之为物，不过下议院随意之赠送及承诺而已。"（Taxation is no part of the governing or legislative Power. The taxes are a voluntary gift and grant of the Commons alone.）由此视之，则租税者，亦从人所欲者也。谓义捐即租税之类，或谓租税即义捐之类，其谁曰不宜？

　　然则所谓负有一定之义务一说，为不确乎？曰亦确。特义务二字，不可以常人之识解视之耳。夫一国之用，率有常经，稳固之源，不容不有。民为邦本，而义务以生。惟义务者，乃吾人感于必要而生，非他人能加吾以负担也，非他人能强吾以所不欲也。故吾之义务，吾自欲负之。自其流体观之，则曰义捐，自其凝体观之，则曰租税，非二物也。英人者，以立宪祖国自豪者也，而其立宪之精神，即在"自征其税"四字。在稍治英史者，或不疑吾言之夸诞也。往古无论矣，千二百十五年之大宪章，有条文可读者也，此则明明剥夺英王加税之权，归之国民会议（National Council）。自是以来，代议政体日益完固，而 No taxation without representation（即不出代议士不纳租税）之原则，乃至应用无爽。最近英伦议院中本此原则之作用，致以租税案大起纷扰，论者至指为全世界财政问题。兹纷扰也，过于复杂，非本篇所能记及。惟记者所欲珍重记之者，则首在英国宪法上□习惯之大例。其例维何？则上院者，无能征民之税者也。英人之税，乃自举代表征之（即下议院之谓），非能以他种势力迫之者也。是故英国上院，例不得修正下院所提出之租税案。盖上院既不得征民之税，则不得修正租税案，乃论理自然之序也。倘修正之，则下院必曰："此修正案，非原案也。此与原案有异也，此汝之案也，吾人奈何准上院之案纳税？"（此语译自本年西七月十号《司佩铁特周报》。）是故上院不修正租税案，即为英人自征其税之精神。其自征其税之精神，即视租税为自由赠送物之精神。此精神流通于英史亘千年，而今乃愈厉。盖习惯上，上院虽不得修正租税案，而租税案例得上院之同意。今下院乃于并此同意之权而夺之，即此次之纷扰所由起也。诠释其理，乃须长幅。然英人者，自征其税之国民也，记者专欲敷陈此义，故本篇只及于此矣。

　　英人者，又爱自由之国民也。自由两字，诵习于吾人之口，亦既十年，今猝然问曰，自由者，何谓也？英人之自由又何谓也？则答前问者，或十之二三，答后问者，吾恐十不得一也。今记者若骤标其义曰，英人之自由，即租税之自由也，闻者或色然以骇。虽然，此非记者之谰言也，请诉之英之政家柏克（Burke），视其所作自由之界说也可。柏克之言曰："自由者，悬名（即抽象名词，此以严译悬名为佳）也。凡悬名，不能离物而自存，故自由者，亦必附物而始见。民族之嗜好既不同，则其所举以为国民之乐利者，亦因之而异。欲觅自由于英伦，则自前古至今，大都以征税问题为汇。在各国之争自由，或置重于官吏之选举，与阶级之平衡，金钱问题，乃不甚急，独吾英则否。吾英以征税事件，秃吾论家之笔，敝吾辩家之舌，已不知凡几，甚且以身命殉之。夫吾英前代之宪章及议院之盲习，亦既将承诺租税之权，揽之上院矣，而吾论辩家舍身以争之的，乃不仅在拥护此宪法上之特权，而在证明一原理。盖自原理言之，吾人本有天职，将此种用财之权卷之于怀也，而下院者，既以代表人民为职志，则以下院特殊之质而论，其必保守此权，乃理有固然也。至于前代法典中果含有此种真理与否，彼不论也。质而言之，彼之所不避难苦大声疾呼者，乃在建设一根本通则：无论居何政体之下，承诺租税之权，必直接或间接操于人民之手也。不然，自由之影且无幸存也。"是说也，可谓精深诱辟。当十八世纪中叶，英美以征税问题交哄，柏克此言，乃于此时发之于议院，谓美人者，英人之子孙也，英人之子孙以求自由，往居美洲，则其所怀之自由，即英人之自由也，即征税之自由也，英人奈何强征美人之税？此说一出，乃大为美人自由之保障，而美人乃至脱英自立。语见柏克《与美和亲论》（Speech on Conciliation With America），乃富于教训之文也。

由斯而谭，英美人之所以自尊其征税权，吾人可微得其崖略矣。不出代议士不纳租税一语，吾人可得其真解矣。是非谓出代议士为一物，纳租税又为一物，政府如以前物予吾，吾即以后物贡之政府，如贸易然，如鬻官然也。租税者，乃吾人之囊中物也，吾人何时欲之，即探囊出之。发扃而盗之不可，绗臂而夺之亦不可也。代议士者，吾人举之司吾囊者也。不出代议士不纳租税，鲁莽道之，则不问司囊员不能得囊中物也。吾人守囊，不谨是放失其自由也，失自由者为奴隶，吾人不知自守其囊，是奴性之民也。

吾人既崇拜英美人之理想而喜引用其原则矣，果视以吾国财政之现态参照之则何如者？虽然，此种风马牛之参照法，仆病未能也。仆忆吾家薄田数亩，曾以钱三千代银一两输之县官，老父之色悻然，此东方之秘事。今记者方读柏克之高论，忽一落千丈。涉想及此，大惧为柏克发而笑我，乃不敢深长思，且如此联想困难之思法，乃有害于脑筋，故病未能也。叙论及此，愿俟异日且质之筹开国会诸君，为记者一已其病则何如？

虽然，记者愿于篇末为读者诵豪长者之名言，其言曰："今宜略仿外国设会计检查院，钦派政务大臣及度支长官充之……以筹款委之，行政官、政府乃……"

原载《帝国日报》1910 年 10 月 22、23 日。

告代表团

代表团所交谘议局联合会议案，含有二项：一、限制民选资政院议员。此次资政院开院后，对于政府所提出增加租税之案，使不得议决；一、各省谘议局议员同时辞职。二者如得实行，可增民气百倍。甚盛甚盛！虽然，此中有可商之点，如不以记者为不肖，请得为指陈之。

凡提出一议案，其中所含条件无论多至若干，谅皆望其实行者也。则第一事宜注意者，乃条件不当使之互相矛盾，以致行其一不能行其二，若行其二，则于理不复可通，而全议案为无意识是也。今代表团告谘议局联合会曰："以上二项，对于政府，一方面为略清义务之界线；对于人民，一方面为争回权利之动机。若经贵会可决施行，吾人要求国会之举，必有一番活动。"则明明以两项同时要求联合会可决施行。然使之于二者选决其一，则所谓第一宜注意者，未可忽也。然略按之，此案之矛盾乃浮于表面。使记者为联合会，欲尽如代表团之意而可决之，乃不可。何也？第一项曰，民选议员（即民选资政院议员之略，后仿此）不得如此如此，是不能不假定民选议员之存在。民选议员，各谘议局所选出者也，则不能不假定谘议局之存在。而第二项曰，各省谘议局议员同时辞职，是乃以第二项与第一项相消也。夫不能不假定谘议局之存在者，乃谓谘议局者，非民选议员之遗蜕而本营也。民选议员之出于谘议局，非如复选之出于初选，而如政党议员之出于政党，或特别委员之出于政党议员也。必如是，然后代表团所谓"民选议员为贵会所选出，即不啻为贵会所组织"，其语为有根。今党员初被选为议员，而即议撤消其本党特别委员；始经上道，而即议解散其同僚，理不可通。党员既星散矣，又从而责本党中一特别机关（即谘议局联合会），"监督"得选之党员，则此机关似不赖基础凌空以施其作用，理不可通。而不止此也，否决政府之租税案，此议员积极之行动也；而议员辞职，则纯乎消极僻驰之性，同时并具，理不可通。行政官之"笼络"议员，督抚可施之于谘议局者，政府亦可施之于资政院。今谘议局无法避其笼络而辞职，独责民选议员冲锋而进，理不可通。政府之"假立宪"，无往而非假也。今明其为假，谘议局议员相率辞职，同时又不明其为假，民选议员奋争宪法上之权利，理不可通。兹二项者，富于矛盾之性如此，欲实行之，病未能也。

抑记者之如此词费，非欲为代表团揭示形式上之谬误也，乃欲盛言第二项之万不可尚也。虽然，记者请就两项次第分论之：

第一项曰："吾人若循文明国之先例，国会不开，即停纳一切租税，亦属正当辩法。今虽不忍遽为已甚，而国民既未有监督财政之权利，自应不任增重负担之义务。"此即千二百十五年英国大宪章（Magna Charta）之精神也。吾人若能得此，已达民权之第一级。甚盛甚盛！然该宪章曰：No extraordinary Scutage or aid should be imposed by the King without the consent of the National Council. 意谓非得国民议会之同意，英王不得征收额外之税也。今吾则曰，非得民选议员之同意，政府不得征收额外之税，则第一当问吾之民选议员之范围，与彼之国民议会，是否同其广狭也。此稍具常识者能立辨其为不然。盖国民议会乃一扩充名词，而今之民选议员则一偏及名词也。纵吾之成功，与英民无异，而吾所得终无一物。是何也？民选议员不过占资政院之一部分，而此部分，又为少数，则此部分所不画诺之案，其得以全院之多数通过，自若也，是之谓偏及也。然则代表团第一项之目的（即不任增重负担之义务之目的），仅实行第一项之条件，乃不得达果。欲达者，非更进一步万万不可。

所谓进一步者，即本纳税之原则，要求凡由民选议员所否决之租税案，即经全院议员多数赞成不得通过也。易而言之，则凡非民选议员，不得有议决租税案之权也。是乃英国议院之精神。吾人非有此精神，今即自甘认步，只求政府之不浮征，吾民亦无所施其计也。夫纳税原则者何？不出代议士不纳租税之谓也。不出代议士不纳租税者何？租税者，实吾人之"自由赠送物"（语本英人），非经己手或代表者之手，不轻易与人也。"吾有钱，吾自用之，此天赋自由之权。"（语本英人。）无论何种强横惨暴之政府，不可夺之者也。此根本之义也。遵斯义也，势必至推翻现今一切租税制度然后可，奚止浮征者？虽然，代表团有言，不忍遽为已甚，则记者亦将不劝人遽为已甚。特记者之所欲警告代表团者，乃不以纳税原则为导师，即此不为已甚者，亦不可得一语耳。故第一项者，非不正确之病，乃手续不全之病也。

第二项曰，各省谘议局议员同时辞职，是乃争权之谬著，万万不可者也。谘议局者，在各国宪法上虽无适当之比例，然固不可谓谘议局议员非吾之代表。既为代表矣，则议员二字所含之通义，谘议局议员当亦有之。则议员者，非由他人招请或委任者也，乃自往居之者也。吾为议员，非他人以不干己之事，就吾商榷，礼吾为仲裁，乃吾人有事，吾自董理之，或他人有所取求于吾，而吾当立应以然否也。于是而可辞职，是何异自毁其家？是何异自献其皮？各国议会史至少亦数尺矣，政府解散议会者不绝于书，议员以与政府宣战之难，全体辞职，大而一国，小而地方，谫陋所及，尚未之前闻也。夫吾民之主权被盗于政府既数千年，其积重难返，又何待问，今奈何初遇顿挫即华溃乎？果华溃者，此种顽劣之政，果何所惧，何所愧，而不继续其盗权乎？譬如为台九级，初升一阶，前进不已，极终可造。今奈何一级未终，遽尔倒退乎？退而不进，则永不达。退而复进，计程十阶。由前说则懦，由后说则不智，懦而不智，不足与言立宪也。吾人奈何躬蹈之乎？以立宪祖国如英，其宪政初未尝一蹴即几于完，代议政体亦经久始得巩固。吾人独奈何效小丈夫之悻悻乎？故第二项者，乃根本之误，无可拥护也。英人赞罗斯福实践之性曰："落麨（整面包之谓）难得，缕片亦佳。"斯言固不可据为科律，然足以示吾人曰，谘议局议员全体辞职之事，罗斯福必不恧恧之也。愿代表熟审之。

原载《帝国日报》1910 年 10 月 27、28 日。

欲利用吾国昏愦政府果外人之心理乎

伦敦《泰晤士报》之投函！

国会请愿者之当头棒！！

言之者无罪闻之者足以戒！！！

北京国会运动，近两周来，伦敦《泰晤士报》外务栏中，几于日有专电。其他重要之日报，亦迭纪录，大率无贬词，誉之者且谓，支那自有其哲理，行且组织理想的国家。今绝足而驰，实无足怪。盖支那国民初登世界舞台，而国民行动，虽文野程度尚无定评，其得借世界大报纸中之余白，有促起世界之注意，有足证也。然世界者藐支那久，以为向无国家观念，不解社会生活，今一旦崛起，求侧足于大国民之林，必使世界之毁誉，易失其实，不惹世界之狂赞，即受世界之辱骂，可断言也。顾毁者不过一时之浮瘴，实质现则浮瘴立消。倘吾人果有可赞者，则骂吾者将随而誉我。若吾人果有可骂者，则誉吾者且将为吾失色。故吾人当以实质与天下共见，毁誉不必顾也。然吾人者，学识疏，经验浅，此无可讳。吾人之行动，原欲达于理想地，而理想地乃不克骤达。其所以不得达，或当局者莫或知其故，此吾人所以又当欢迎中外人之批评也。良批评者，真吾人之导师也。吾人恒持此眼光，以读世界记者之评论，果誉我者，而当吾人以坚其信，果毁我者，而当吾人深以自惕。是故吾人虽求战胜于实质，不以毁誉易其念，而毁誉之来，乃不可不详察之。且欲达吾人之目的，当日日悬胆而尝之，与受浮誉，宁迎毒骂。虽然，有界说焉。吾人所乐迎之毒骂，至于促吾反省而止，其或批评者，挟有私见，或使读者发生误解，则亦吾人所不受也。今伦敦《泰晤士报》有一投函（见西十一月二号该报），颇有足以鞭策吾人之语，乃本前意，译告读者，其偏颇未当处，亦以浅见所及，辞而辟之。要之，二者皆可为吾同胞作一警钟也。

该函之言曰：

> ……代表团之行动，足以表示支那之一般政治热，新闻记者也，学生也，以及其他稍治"西学"者，皆加势于此团而助长之，且其行动尤足以表示其所得至于何度。盖彼等者，类皆生吞治术活剥法理者也……彼等又皆无经验之空想家及初生之民党，虽其中亦有爱国之士，真能改革之徒，而骤以国家置之彼辈之手，其果能胜任愉快否？及无危险否？乃是一大疑问。余敢谓支那之险象，数十年以来，莫愈于此时。何也？一方则政府而孱弱而腐败而植党营私；一方则未尝学问之政治家甚嚣尘上，其所要求之权利，乃非俟之若干年，万不适于己也。凡无偏见之外人，殆莫不见此险象。伊藤公爵即尝言之。且有一知支那最审之教士，至谓一切之国会谈，乃全无意识。且伏有至危之机……顾吾不解各国驻京公使，胡乃不以此警惕支那政府，此非熟视无睹，即持什匿克主义漠视一切也。吾又不解外国新闻之发行于支那者，胡乃盲拾内国新闻之绪论，不惜屈赞国会运动，以之为支那唯一之进征，实则彼立宪党其无知之度，等于其嚣腾。彼等以为救支那之危亡，莫国会若，是支那之疮孔多矣，彼等唯有此万应神膏一帖也……

资政院议员无提出财政案之权，彼所能为者，不过评议由政府所提出者。代表团知其然也，故限制政府之财政权。乃该团之一旗帜，如号称为民代表者，所受教育程度，足以养成其公德心及责任心，则该团所持之主义，允称协当。虽然，各省绅士及学生社会，于此两点，足以为人共信与否，吾不敢知也……支那有所谓"愚民"者，于此番之运动无与也。自昨年各省谘议局开局，其议员之嚣张，至于无上。乃筹备宪政第一年条目规定，平民教育当达地方自治之第一级程度，而各州县未闻议及。吾人若肯将议员之浮嚣及乡民之静寂一为比较，则不啻将此番运动之真相全体呈露也。（按该函甚长，所纪事实甚多，今仅译其著论处。）

《泰晤士报》投函者之言如此，吾人请冷静其头脑读之。记者有言，吾人当欢迎批评者也。是故彼所指陈无经验、未尝学问、公德心及责任心未足信种种，皆吾所乐受而深自策勉者，生吞活剥之诮，亦所不辞；即谓吾无知之度，等于其嚣腾，吾亦不辩。盖吾人种种缺点，有时实难自讳。且过度时代之现象，无论何国，万能求全。即以经验言，此二字者，吾人果何敢在英人所用字典中寻其意义。吾明知英人以经验自豪，其经验乃千数百年政治运动之成果，非由天赋者也。学理可离政治运动而治，经验不可离政治运动而得也。又明知吾人之要求国会，正初入试验之场，所以求经验也，而英人乃以无经验骂倒之，并谋所以求经验之道，是反果为因也，且执果倒因也。然吾以反省之诚，并不病人持论之刻。惟记者所亟欲指出为英人告者，则如该投函者言，彼实未尽批评者之责任，未尝圆满批评家之道德，其结果及使人疑其利人家国之危亡也。何以言之？支那政府之孱弱、之腐败、之植党营私，彼既明明认是之矣，如记者未尝误解其用意，则彼实谓孱弱、腐败、植党营私之政府，未足以谋家国也。此其所以为险也。彼以无经验种种责民党，彼固未尝曰，支那政府既有经验，既尝学问，无生吞治术活剥法理之患，公德心及责任心能与人以共信也。在他一面，彼又未尝指民党为孱弱、为腐败、为植党营私也。由是观之，则民党之罪，仅至于无经验种种而止。如彼所言，且其中或更有爱国之士，真能改革之徒，而政府者，则既孱弱、腐败、植党营私而又容或无经验，未尝学问，且至生吞活剥而又无公德心及责任心也。记者于此，愿得一稍通名理者，并不别搜证据，仅即该投函者所言，权之下一判断，以定支那政府与国民之优劣，并定以民党监督政府之为险，果孰与于任政府宰割支那之为险。愚以为欲得正当之断语，稍有常识，即无能自昧。而该投函者则曰："吾不解各国驻京公使，胡乃不以此警惕支那政府。"则是彼欲扶助孱弱腐败植党管私之政府，以压倒爱国真能改革，惟经验学问未足之国民也。记者不敢谓英人乃欲速支那之危亡，并不欲谓英人欲利用孱弱腐败植党管私之政府，以图取外交上之便利，然其言胡使稍辨理者，莫得其解也。且彼所谓险者，果胡指乎？支那帝国，掌于支那国民之手，吾知野蛮排外举动，断断乎无之也。从此着想，该字意义愈乃莫明。彼投函者，亦肯为吾人下一定义乎？虽然，吾人得因以深自警悚，是亦足矣。彼投函者之赐多矣。

原载《帝国日报》1910 年 11 月 27、28 日。

言论自由与报律

保押费果正当乎!

报律果有存在之必要乎!!

中国果容言论自由之发生乎!!!

报律既颁,万口同声,以訾议之。然訾论之者,谅皆以言论自由四字为旗帜,则记者请为先求言论自由之定义。不列颠者,言论自由之祖国也,法美号称共和,其国民之言论权,且逊于老英,则记者请为求言论自由之定义于不列颠。戴视(Dicey)者,今之英伦第一流法家也,今拉杂采取其言如下:

言论自由者,乃谓凡人可以自由发表其意见,不受国家之检阅也。故英伦全国未尝有一检稿官(检阅剧本不在此例),出版自由者谓无论何人,可以任意出版,无需国家之特许也,故全英报社未尝先事呈请,亦未尝一需保押费,必其出版物有违国法,被控于法廷,国家始出而干涉之。自是以前,国民有神圣之特权,无论何人,不得过而问之也。盖英国宪法中有一大原则,曰:"人非违法,不得受罚。"今言论出版两大自由,即由适用此原则而得。检稿及索取保押费者,皆民刑诉讼中之手续也,故不能妄以加之拥有天赋人权之国民。检稿者,乃有违法之问题呈于法廷,法廷从而检之之谓也。检而不实,原告当负其责。今报社无控者而受检阅检,二而不实,则侵削人权之责,果谁负之?如无人负此责者,则政府刻刻假定国民之违法,刻刻而检查之,是直狗马国民也,是直盗贼国民也。充其类也,则政府不难滥指某家为不道,出兵以捕之,妄指某人为通匪,发票以拘之。及证为不实,则又挥之使去。如此则人权之危险,何不思议?征收保押费者,亦先假人之违法,而没取其财产之一部分,备充罚款也。人未违法而预课违法之罚于其身,其恶果同前。英人拥护其私权，有如帝天，倘有不肖之政府，以此种法案提出议会，则惠司特敏斯特（英议会地）之瓦石，飞集总理大臣之头矣。（实则英人立法之权，操于国民之手，万万不至有此。今姑设譬如此。）在十七世纪以前，王权未衰，时见此种，而近二百年则英伦之言论机关，乃绝不受政府之羁绊。新闻督责执政，如日中天，执政未尝敢剔除异己，禁止何种新闻之发行。如新闻有违法事件，或损人名誉事件，乃已［以］普通手续受审判于普通裁判所，法官执法如山，未尝或以执政之意，出入人罪。故英伦新闻记者，虽守一定之界线，不得于界线外妄肆讥弹，而其言论神圣自由之权，则在环球各国中为最完满。何也？非至违法，则无丝毫法律上之束缚也。由是观之，则言论自由者，非肆言无忌之谓，乃自由择言而发，不受法律干涉之谓也，而检稿收费又即所谓法律干涉也。今吾国之报律果何如者？

报律遍载于全国报纸，其他要害处，大至为本报及他报所已论列，皆不更举，今仅请为指出第七条：每号报纸应于发行日选送该管官署、本省督抚及民政部各一分存查（此较出版前呈请检阅，百步五十步之别耳，而非也，乃直朝三暮四朝四暮三之术）。及第四条：发行人应于呈时分别附缴保押费种种，质问其命意何在？以法律原理绳之，是果为剥夺国民之特权否？国人方注全力争损害名誉之条，而此种锄除言论自由之大刀阔斧，乃熟视无睹也。政府或不解言论自由为何物，犹可言也。国民而直不解，此胡可说也？夫言论自由者，私权也，非公权也。人人可以自由与人通信，即可以将其信件或类似之物刊布行世，非两事也。（此英国法家之言，明此则立辩第二条限制发行人种种之资格为无意识。）今政府没收个人之私权，至于如是，则过此以往，倘政府颁发惩淫之律，则无论男女，皆当以前一夜床第之事呈报政府（由第七条推出），自非不能，人者皆当课以淫具保押费（第四条），无可疑也。读者勿以记者之言为过谑也，趋势之所至，稍具科学之头脑者，有以明其必然也。

读者如于吾言无所惑，则报律全体四十条，除第十一条当别论外，当拉杂摧烧之。盖各条皆由第四、第七、第十一三条推出，第四、第七两条既万无可以存立之理，而第十一条又当规定于普通法律（此理至明，无俟深论），则报律之名词，果当出现与否？凡以言论自由为前提者，不难立否定之。凡人论事，最易为近例所欺。日本有新闻条例，为论者最近之引针，而迩来国人于法律事宜，动征引他国以自解。而所谓他国者，乃似只一日本，以为日本所有者，吾国当亦有之，而根本上之怀疑，乃至无从梦想。嘻！此膏肓之病也。今请正告国人曰，世固有第一等法制国，其中乃不审报律为何物者，望国人幸能追步之。如或以西方法理不必适用于东方，则以报律言，记者颇亟欲闻不能适用之故。

今资政院已议准此律矣，凡为国民代表所认定者，吾人有遵守之义务。然请告吾代表曰，诸君此举，乃深有负于国民也。为今之计，当急起而直追之。夫议会之议事，不反顾者也。（此英国宪法中之精髓，读者幸深味此言。）凡议会所已通过之案，一旦与时势舆论不相应，当立废弃之，或并未废弃，而新法案之性质与旧法案相抵触，则旧者当立为废纸。今报律虽属通过资政院，如遇有第二次提议之机，幸为吾国民扫除此毒。吾国方略长言论之萌芽，不肖之政府谋有以摧折之，犹可说也，国民甘自为不肖，无可言也。

政府委员之解释法律，直令人喷饭。顾鳌氏受曾侯之质问（即问第三条编辑人印刷人何以不得以一人兼充），答曰："一人而为两事太忙。"以防人之忙碌而即制为法律以限制之，此大可提出于万国法学会，以一新原则，增近世界法学者之智识，而顾先生衣被天下矣。然记者无所滑稽，亦不深论。惟请重言以申明之曰，送报存查及缴纳保押费，乃锄除言论自由之刀斧也，吾人不欲言论自由则已，欲则不容有此律。陈树楷氏仅谓缴保押费手续多不便，宜免。乃只见其一面也。至雷奋氏谓缴保押费可以赞成，赞成之理由果安在者？

原载《帝国日报》1911 年 1 月 11、12 日。

国会万能说

宪政编查馆为吾人特制之立法机关（参观本报社说《宪政编查馆与国会》），既为吾人所不欲，则吾人之所欲者，果为何种？

今请正告国人曰：

君主（宪政编查馆、资政院或国会），协赞机关。

此式非所欲也，如有强吾欲之者，吾人当以相当之武力报之也。吾人之所欲者乃为：

国会（君主、上院、下院），此暂假定为两院制。

兹式也，非记者所臆造也，乃立宪祖国诏予者也。今欲说明此式，当先解释国会二字：

国会者，何谓也？凡字有内包外延两面，今且不问其内包之义，而先求其外延。外延之相，则人可得而答曰，国会者，上下两议院也。此种观念，施之他国，固有可通，若在英则未尝有此解也。盖英人所谓巴力门（Parliament）者，乃合三大种族言之。三大种族者，君主也，上院也，及下院也（Parliament-three estates, I. E. King House of lords and House of Commons），舍一则不成为巴力门。至法案经下院通过而达上院，经上院通过而达君主，此立法之程途有然，非能指何级为大权所独在也。

说者谓："英国实以国会与君主共同组织大权机关。"（见《国风报》第八期三十四页。）以君主与国会对待言之，此实未明英法之性质也。盖君主者，英人视为组织国会一分子，舍君主而言国会，在英文中之法律用语为不辞。明乎此，可以了然于前举之式矣。若作为图则非英国之式也，必始英国之式也。如读者至此而无所忤，请进言英宪之一绝大纲领：国会万能说（Omnipotence of parliament）矣。

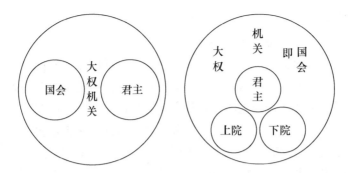

英人既以君主与上、下两院三大种族组成国会，于是国会之权力，乃至无垠。而国会万能之名词，以立国会万能之原则，曰："巴力门有权通过及废止各法案。惟其所欲，凡属巴力门已通过之法案，无论何种立法司法机关，不得取消之。"本此原则以论释巴力门万能说，于是从英人得三义焉：

一、无论何种法案，巴力门皆以同一之手续通过之，无重要与不重要一也。例如君主特权法案与市厅掘潜法案，在巴力门视之，乃无轻重之殊。

二、无根本法与普通法之别。今人之论宪法者，辄谓"宪法位于一切法律之上，为国家之根本法。"（参看《国风报》第八期三十二页。）此即成文宪法之国有然，若在英者，则断断乎不如是也。英法以有此特性，故其宪法为不成文。盖国会可以随时变更法律，无轻重大小，皆以同一之手续行之，未尝以何种法律为一切法律之试石，合此有效，否则无之，故无取乎成文。然吾人有亟宜注意者，英国虽以无根本法与普通法之区别，其宪法因无成文之必要而不必，以无此区别之故，其宪法乃至不可成文也。英之法家谓，如欲悉以英国宪法勒为国典（英国宪法非尽不成文者，此当注意。如王位之继承，必以长子，乃成文法也），亦无不可，特须留不作为根本法一语耳。英宪以含此特性，故当国家有大改革，不至以宪法死不可移，酿成内乱。论者谓，英伦千八百三十二年之改革，血不染刃而功倍于法兰西数次之革命者，乃不成文宪法之赐。良非虚言。

夫在无根本法之国，其宪法可成文，可不成文。若在有根本法之国，则其宪法万不可不成文。何也？以不成文则无标准，其根本法将不足以为一切法律之试石也。然以此故，其根本法必至异常固定，非万不得已，不欲使觉察摇动。其流弊则不摇动则已，一摇动则必至不可收拾，而全国流血之事，乃至数见不鲜。此征之法兰西而可知矣。法兰西者，成文宪法之国也，其宪法最为固定。凡号称根本法者，立法时即宣言永无更改。而宪法之运命，在环球各国，以法兰西为最不长。以此种宪法一日与时势舆论不相应，欲改变之，动牵涉国家根本问题。其道甚难。倘民心稍激，则政治之狂潮万无可避。法兰西之屡次革命，职是故也。英之法家戴视，分宪法为两种：一曰流性宪法，一曰凝性宪法。英伦属于前者，法兰西属于后者。此种分别，乃谈宪法者最要之着。在模仿宪法之国，尤宜穷极其利弊。中国之宪法自无不成文之理，然当采用无根本法主义乎？抑有根本法主义乎？此中须推论之力至巨万，非此短幅所许，今以论英宪之特性，纵笔及此，因愿以两点重言之，以警吾国人，曰：（一）此时编订宪法，智虑必不能周，难保向后必与时势相应。且欲制定一凝性之宪法，经久而无弊者，历史未尝有其先例，矧学识经验幼稚如中国而漫图此；（二）一旦与时势不相应，而变更之道过难，则必惹起政治的革命。此验之历史，未或爽者也。由此两点推得之，断案如何，或另觅有对消之因子若干，记者暂不暇问之。

三、无论何人及何种机关，不得以违反宪法之理由，宣言巴力门法案之无效。凡巴力门法案可以作为无效者，必其为巴力门自行废弃者也。此乃英国国会之最有精神处。盖各国宪法皆抽象的，而英国则实验的。所谓抽象的者，乃以悬空之理想，铸成法条，而运用之方，乃未曾有。凡在新兴之国，此种现象万不能免。故其流弊，或至法典等于虚文。若在英则不然。彼之法律无一从玄想中来，而皆应时势之必要，及人民之陈请，逐次著录者也。一言蔽之，英国如不觉有政治之痛苦，彼不轻立一法。故一法立而其用莫大，其力莫御。反而观之，则英国如觉有政治之痛苦，断无不即时立法或变法以苏之。至旧法之如何，决不反顾。法廷适用新律，断不得以旧律凿枘之也。故其法为全国人所愿守，而法制之精神，全球无两。然其所以能致此者，则国会万能之力也。

以上略标国会万能之主旨，以为国人告。记者主张吾国当采用此说也。（至全部采用抑分别采用，须俟后论。）日本立宪，仅有一日之长，西纸恒讯其日见退步。吾国造端更始，方有绝大之机会，博采众长，万不可为东邻之子所欺，制成一死宪法，使后人难于运用，而全国因起扰乱，小则洪扬之祸，大则波、朝（波兰、朝鲜）之续。呜乎，国人其味斯言！

或虑此说足以损害君权，此鄙夫之言，不足道也。英人以创设此说之故，君民日益相亲，议会未尝有与王争权之事。王位之巩固，既迥逾寻常，而人民之爱戴其君，以视吾国历史惯例二三百年而一易姓者，不啻天之与渊。夫君权之威重如英伦者，以言君主立宪，亦骎骎入于理想地矣。论者乃辞而辟之，剿袭"大权统于朝廷"之说，而不得其真解，则记者可因以得一断案，是论者不欲致其君于泰山之安，而冀幸汉高、明祖更一度起于草泽间也。

原载《帝国日报》1911 年 1 月 18、19、20 日。

论中国政党内阁当应时发生

自吾国有国会运动以来,最足以骇欧人之听闻者,则遇一问题,世族达官与齐民之声口乃一致也。此观于资政院之通过各案有然,而缩短国会期限,各督抚联名电促,尤为表著。吾忆资政院议杨文鼎案时,曾侯发问,督抚违法侵权,仅以疏漏二字了之,倘人民如此,又当如何?推曾侯之意,乃欲督抚、人民视同一律。薄责督抚,重惩人民,乃不可也。斯言也,闻者或未甚注意,实则此乃英国宪法之真精神也。在英宪自总理大臣以至乞丐,在法律眼中,绝无歧视。倘或违法,一是以普通诉讼之法处之。故英国无所谓行政裁判法者。今不图此言,乃闻之于曾侯,而尤足以使予不能忘者,则丁抚致李督一电中有云:"内阁负责任之人,须由国会发生,方能朝野一气,相与有成。"是明明谓以议员出而组织内阁也,是政党内阁也。吾知当世之知言者,能为此语,而以之应用之于今日之中国,尚未之前闻也。三年前,有闻国会二字,而骇走者矣,今谈政党内阁,亦或不无骇走者也。今不意此说,乃倡于丁抚之口。

凡记者之引此,非必有意推重曾侯与丁抚也。特以表示吾国立宪,在各先进国中,有一特优无二之点,则全国不闻有贵族主义之方论是也。今拥有如此优厚之资格,而政治能力不能完满,则国民之咎也。而记者之尤欲引入本论范围者,则在政党内阁一事。

记者言今日与人谈政党内阁,或不无骇走者,此非虚言也。何也?政党尚无萌芽,今则妄为时夜之求,即记者亦复不能自信也。虽然,苟谛审之,则中国不需内阁则已,苟须之,则必政党内阁,而非官僚内阁;或为一时之官僚内阁,而断非永久之官僚内阁。

欲证明吾说之确否,不必先求之吾国将来政党之有无实力,但略举内阁之性质，而指明吾国官僚之与此性质不相容，则得之矣。欲明内阁之性质，有可言者二事：

一、凡内阁，当有一定之政策。今日之官僚，其知政策为何物者，果有几人，吾不敢言也。或知之矣，其能将其政策以有系统的头脑联贯之，具为说帖，编于演词，在议院之演台上，累累如贯珠，训示议员，使知所抉择，议员口驳而答辩不穷者，又有几人？则吾敢曰，无有也。无此人则内阁不成。说者曰：此理想之内阁也。吾国之于宪政，今方发轫，何求之苛也。曰，不然。是非理想也。盖欲求其政策之必切时而光大，容或坠堕理想，至并无论何种政策而无之，或有政策而不知所以运用之，则内阁之谓。何也？内阁者，即运用政策之机械也。今不知所以运用之，又奚成为内阁也？斯时国会议员中无一二强有力之士则已，有则必鼓吹而推倒之，无所疑也。

二、阁臣当行动一致。此可由第一条推出者也。盖不行动一致，则政策万不能行，此所须于总理大臣之能力，乃至无垠。英国格兰斯顿四次内阁，乃以全副之精神贯于此著。今试问，以吾国只知利欲之朝臣，能以公义约束之乎？吾国官僚，固显然为一阶级，然此乃形式的阶级，非精神的阶级也。一旦欲其服从于一主义，与誓守之，宁可得乎？苟可得者，则总理大臣一席，又当属之何人？今试游目朝班，能仿佛于格兰斯顿之百一者，果有其人乎？如无其人，或有之而分子不齐，亦见其以内讧而败耳，奚云一致也。

今且不必进言其他，即此二者观之，可知吾国官僚内阁万无成立之理。然彼等之组织内阁者，固居之不疑，曰，此内阁也。虽然，彼既号称内阁，断不容长此借君王为护符，绝不出席于议院，亦断不能不对于议院有所提议。今且不言国会矣，即第二次资政院者，以现在之议员，不自断其锐气，予以一二次之毒攻，则彼等向卵翼于专制政体之下犬马寇仇国民者，一日为犬马寇仇所反噬，必悔恨至于无地。而在他一面，彼胸中既无一物，高坐堂皇之时，尚得颐使数□四时事半通之司员，为之进策。偶有危难，亦或能使彼等出为傀儡，而忝为阁臣，直接与议员宣战。政府委员不必尽时可遣，狭道相逢，援兵无所可用；即宿夜熟读司员代拟之稿，乃复前后遗忘，举日莫属。而议员中途之质问，尤为无法应肆。如稍有羞恶之心者，至此亦复不能一朝居也。如记者所陈之天演术不谬，而解散资政院之事复不发见，则不待宣统五年，以资政院两次精锐之师待之，此纸糊之官僚内阁至少倒两次矣。

伪官僚内阁必连倒矣，在朝之臣当为之一空。而吾国官吏向只以营利为鹄，未尝有政治之野心。所有前此退职之臣，一去位后，即与平民无异。以袁世凯之炙手可热，今乃绝不生政治上之影响，瞿鸿禨之流更无论矣。此种现象，在欧人几莫能解，而吾国则为故常。故斯时欲起用旧臣，而彼等已有冕裘，老餐之欲已满，未必更有李鸿章捞本之思。（李鸿章最后赴粤督任，至上海，语其戚曰，吾到广东去捞捞本。）即或有之，而前车乍覆，犬马寇仇，未必不择已而噬。则彼等万万无自信力，闻诏即起。然今且假定为起而继续组织矣，此种内阁，其旋起而旋倒，将亦若前也。当是时也，国民习于宪政亦既数年，舆论之健全，亦必增长数倍，而专制国之毒计，亦多洗去几分，而君主与议院之关系，亦必较为紧接，则议院中无政党则已，有则取而代之，无所容其客气也。于是政党内阁成矣。

政党内阁之必应时发生，此记者之所深信不疑者也。今之所欲问者，则国民果有组织政党之能力否？果有之，抑有意组织之否？又有之，果当以何法组织？答此诸问，顾以异日。

原载《帝国日报》1911 年 2 月 26、27 日。

帝国统一党党名质疑

记者方鼓吹政党内阁，而忽有所谓政党发见，其为欢欣以承迎之，此宁待问？惟吾国政党今初发轫，组织之不能完备，虽无可辞，而遇有可商之点，必尽其推究之力，以求底于成，又无可疑也。记者无似，今本斯义，敢以党名问题，就帝国统一党假定干事之所发表者，一质商焉。

本篇之主旨，在说明统一两字之不适用，而以政党之原理为指针。盖组织政党之要素甚多，而其最不可缺者，则为党见，必有与他党特异之点。而其异点，又必为政治上之实际问题，而不得于国家根本之组织有所变更，如革命之类也。例如，英国统一党以反对爱尔兰自治案，与自由党异其帜志，而爱尔兰自治问题，又为实际问题，而不变更英国根本之宪法是也。更详证之，请为言统一党之名所之自来。英国统一党，一名王党，一名保守党，而王党之名，最早以拥护王权为主旨。英后安连以前（二百年），其党即成立。与对待者，则民党也。库克之《英国党史》（Cooke, *History of English Party*）载有两党之定义，曰："主张民为贵，民约为国，国会万能，抵抗王权，即至废王而不惜者，腓格（Whig 即民党）也，与妥立（Tory 即王党）不相容也。主张君主世袭权神圣不可侵犯，一系相承，人民服从，抗王为大逆，王有特权者，妥立也，与腓格不相容也。"斯言也，英人许为善言两党者也。党纲既异，而其时君民之冲突接踵而生，党争极烈，而腓格卒胜英王位，卒为议会所操纵，载在法典，乃陷王党两字于无意味。然以该党之宗旨，乃在保存历史上传来之局势也，于是保守党（Conservatives）之名生。自一八八三年以来，该党乃以保守党知名，不甚言妥立也。至统一党（Uionists）之名，实始于英美冲突之时。美旧为英之领地，以课税过繁，美求独立，自由党赞助之，而保守党则极力主持联合。于是名主持联合者，为统一党。美洲独立已成陈迹矣，统一（统）之名义亦当随以俱亡。而其后格兰斯顿掌内阁，提出爱尔兰自治案。自治云者，爱离英自设议院也。保守党复反对之，而统一党之旧称复起，且其党方兴而未艾。故今之言统一党者，即谓反对爱尔兰自治案者也。英国政党中，现有所谓民族党（Nationalists，按此通译作国民党，于是人误以为民党也）者，悉属爱尔兰所出之议员，以爱尔兰为一民族，不合于英为党纲者也。统一党之名，实与之对峙。保守党者，则对于自由党（Liberals）而得名者也。二者之广狭不同，特以两主义同属于一党，言之者遂不暇分别之耳。要之，统一党之在英伦，其党名乃起于实际问题，且不变更国家根本之组织，而又与他党异其党见，可断言也。如读者不如予所记为不谬，则请观吾国政之采用此名义何所取。

欲观帝国统一党之何所取义，则据其干事之所诠译者，当无误矣。（见十二月初五日本报。）彼所取统一之义，盖有三端：吾国本合满、汉、蒙、回、藏五种族为一帝国，而今日种族之间时起猜疑，非协力一心，共谋对外不可，一也；造成一种有统系的政策，有统系的舆论，以贡献于国家，二也；破除省界，三也；此三端者，就中以第一端为最辩，表面似与英国之统一党取义相合，然本此以统一两字名其党，果为适当与否，请待比例前举政党条例言之。

夫政党者，以他党之存立为利者也。当帝国统一党之初出也，人误以为将统一全国之党派。虽其说至幼稚可笑，然以此卜之，国人当已晓然于政党不单行之义也。今不具论。特今日政党（其足称为政党与否，非本篇之职所问）起于蓬第之中，翘然独出，尚未见有他党与之齐驱，此在各国政党史中为孤证。然中国无奇不有，亦既有凌空之政党矣，则组织之者，不得不留他党之余地，使他日有党得就吾党之反对点，规定其党纲。有政治常识者，当解此也。今不幸帝国统一党之所发表者，皆无足以使他党异其旗帜之处，统一满、汉、蒙、回、藏，诚可比拟统一英、爱，而得其似。然英有统一英爱党，而即同时有所谓爱尔兰自治党。今试问帝国统一党发布其党见后，果得有何党主张满汉蒙回藏各各独立者否乎？若答者曰，中国即为之光怪陆离之国，而亦断不至有此无脑气筋之政党发生。则吾党纲虽正，而乃抽象的理想无从求得实际问题，而战于议院，从可知也。且也，提答者之意义，不啻曰中国将来之政党，将无不对于统一满、汉、蒙、回、藏而表同意也。则帝国统一党果何所表异于他党。党纲不实在，而又无所表异，则政党之条件不备，是谓无意识。吾知帝国统一党于兹乃有词矣。彼明明曰，种族之间，时起猜疑，排满排汉之说，随时有闻。革命党隐然为一绝大之团体，横行国中，不有讲统一主义之党以对待之，奚其可为？是说者，乃不解政党条例者也，记者前言之矣。政党者，不容变更国家根本之组织者也（今假定中国为立宪政体）。凡政党者，皆求于现行国家组织之下，相迭代用，以施行其政策者也。故凡政党，不得含有革命性质。今又试问帝国统一党，发布其党见后，果得有何党以排满为党纲，求掌内阁者否？其为无也，三尺童子可答。是可知革命党者，非政党也。革命党既明明立于政治范围之外，今组织一政党，乃默计一革命党与之对待，宁非无意识之尤？要而言之，结合满、汉、蒙、回、藏，相与戮力，此政治家之公言也。（今中国果有政治家与否，乃别一问题。）凡欲登政治之舞台，使其政策有效者，举莫能自外此政治上之公共问题也。非容如美洲独立、爱尔兰自治，政见纷歧，因之划为党见者也。质而言之，此直不成为政党问题也，又奚能以此名党也？

至所谓造成有统系的政策，及有统系的言论，为统一两字之所包含，则质之党名之所由来，颇有望文生义之弊。然此其小失也。夫所贵乎党见者，乃在以之为武器，足与他党战也。今徒哓哓然曰，吾之政策有统系也，吾之言论有统系也，人谁听之？且也政党必求异于他党，今吾党为此言，果有何党将出而自认曰，吾政策无统系，吾言论亦无统系也。如无他党自外于统一主义者，而统一两字又确作是解，则各党之政纲同也。将来中国之国会中，只一党也。政党内阁，乃一系相承之政党内阁也。是无怪乎外间误会，以为帝国统一党将谋统一国内党派，如彼干事所云云也。至第三端，所谓破除省界，其不成为党见，更不待问。吾敢言帝国统一党成立百年后，中国国会即极无聊赖，断断无省界议案，为统一党多数胜去之历史也。

凡此，记者乃就统一党干事所发表者论之。记者固不必即为反对统一两字之绝不可者也，特如彼干事所解释，则不可耳。然此两字，乃决非良字。吾人果何至枯窘若是，而必用？人或有讥其袭用他国党名为可耻者，如其果有当于吾也，此固不必避，特无如今乃绝不当耳。且用此二字，亦确有不利益处。盖以统一党之名词，久用为保守党，意同字异之语，吾人之取此，乃取其统一主义，非取其保守主义及拥护王权主义也。而在外人视之，最易以保守及拥护王权种种主义来相猜度。且凡国有保守、急进，或藩阀、平民两党，而其党名在英文无适当之学者，英人辄名其保守或藩阀党（或非保守、藩阀而质相近者）为统一党。如日本之政友会，英人即谓为统一党是也。今吾发起帝国统一党者，类为急进派，乃何必自冒保守藩阀种种嫌疑之名？虽成立稍久，实质当见。然当此外论纷歧，群以吾国政党良恶，定吾国运之时，而吾乃予之以不相当之印象，使其新闻纸大肆无谓之讥评，又何必也？

记者以为吾国之政党，断不至以君党、民党立名，亦复不至以保守、自由对峙。何也？在二十世纪中，君民之争，太不适时（此假定草宪法者之不过于昏愦），而以政治之潮流卜之，将复无人自居为保守党；即有之，亦复不能号召徒党也。其最似者，中国将以缓进急进两派分掌政衡。拟党名者，或自审其主旨，而于此加之意乎？记者之言，将止于此，自审实无干涉他党定名之权，帝国统一党或以滥用言论相责记者，谨谢之也。

《帝国日报》1911 年 3 月 1、2、3 日。

中国应即组织之政党其性质当如何

　　政治团体之组织有二：一立于国会之内者，一立于国会之外者。前者政党，后者普通政治结社也。政党者，有一定之党纲，党员占议席于国会，日伺现政府之隙而攻之，且谋倒之，取而代之，以实行其党纲者也。普通政治结社，则无组织内阁之野心，不过对于一定之政治问题发表其意见，且期其意见之发生效力者也。

　　今试求其例于英伦，则自由、统一两党，递掌内阁，吾人所习知者也。此政党也。若普通政治结社，则十九世纪中叶之查谛党（CHARTISTS），乃其最著之例也。此党所标之旗帜，为普通选举，为平均选举区域，为废除选举者财产制限种种，党人四五百万，迭送请愿书于下院，势倾全国，屡起暴动，卒为一八四九年革命之导线。此在政治结社中，虽为特例，而不过当时之政见，适足以激起国人之愤慨，遂至弥漫如此，其实质则与寻常之结社无以异也。

　　试更求之吾国，则前国会请愿代表团者，乃即英伦查谛党之类。其目的有一定之范围，其手续乃出于请愿，一旦得请，其团体即行消灭，此乃纯粹之普通政治结社也。其不如查谛党者，则激进之度大逊耳。他如由代表团改组之同志会，及维持新刑律会，皆属此种。是中国亦有政治结社，尚未尝有政党也。有之，则自帝国统一党之宣言为政党始。至此党之果得举政党之实与否，请进言之。

　　吾言中国未尝有政党，可从两方面察之：

　　一、中国未尝有国会，并未尝有政府。之二者，乃之所托命也，无二者，是无政党也。

　　二、政党者，何谓也？乃有特异之党纲，求取现政府而代之之谓也。中国现时所有之政治团体，未尝有以此为帜志者也。

前者为政党之用，后者为政党之体。政党之用，吾知其无矣。然此固不必谓政党之体不可自今立也。本篇之意，暂取后者，凡能具政党之体者，吾即谓之为政党。持此以批评帝国统一党，可不烦言而解矣。果帝国统一党为政党者，则彼党必有特异之党纲，求取现政府而代之者也。非有此准备者，非政党也，乃普通政治结社也。至彼党之地位果属何者，今暂不判定。要之，必具有政党之体，然后成为政党。此逻辑（此两字乃英语论理学之音译）之无可非难者也。且吾为此言，亦并非于政党、普通结社有所轩轾。吾国结社之习，吾方夙夜祝其发展之不暇，奈何阻之？特谓宣言政党如帝国统一党者，乃不可不知政党之性质也。

然则吾今日应即组织之政党，其性质从可知矣。今请不辞词费，重言以申明之曰，今之政党，当以今之政府为对立党，对于彼等之失策，尽力以攻之，不为要求之谈，不作悻悻之语（资政院议员恒自言解散，最奇），攻而或踬，踬乃复进，必使政治上之机会移而向我。于是彼而倾跌，我乃代之。

或曰，奈何必以政府为对立党？曰，是最易明。凡国家之能获政党之福者，必其国家内有两大党，而亦仅有两大党，政纲截然不同，相代用事者也。是故党派纷歧，非国家之福。今中国是否有多数党派发生，暂难决定，惟吾国人向有重人不重政策之弊。（按：此弊乃政治之蟊贼，欧洲之大政治家经百战始克治之者也。吾国政治生命之死于此者，将不知凡几，异日当著专篇论之。）有数个无意识之党派，同时混争，乃意中事。然此者，乃中国政治之灾也。数党自讧于野，而顽强之政府超然于议会以操纵之，此亡中国之媒也。如必至此，当别谋补救之法。今且为立论，使敢致希望于中国政治前途曰，中国只有两大党也。此两大党者，又一在朝，一在野也。今吾自立于野，乃组织在野党，则以在朝党为对立党，而因以自治其党纲，无可疑也。

或有虑今之政府之不足言党者，曰，此非吾之所问也。进兵攻敌，而乃谓敌兵之营制乃不如我，遽尔退兵。宋襄之愚，亦不为也。彼不自以为党，而吾必假定其为党而攻之。夫要求设立责任内阁者，此普通结社之举，非政党应有之师。彼负责与否，吾不诘之，吾直坐实其为负责任而猛扑之。彼第一次之散沙，内阁或见风即倒，然彼中稍有智者，必且谋所以团结之法，并买收议员，求与国会相提携，如现时日本桂内阁之交欢政友会之类，亦孰患其无党者，然政府党之果得成与否，及或未及成，而政党已得入掌内阁，皆暂不深论。今所当知者，则组织在野党，必集矢于政府，乃政治之常经也。

原载《帝国日报》1911 年 3 月 12、13 日。

论政党之作用及其进行之法

记者于政党，既微有论列矣。今演此题，故无取乎绪论，惟直于政党之作用及其进行之法，略指陈焉。

政党作用之最显著者，有二：

（一）建造政策。政党而无政策，是直无党也。此其意至易明，无取深论。惟记者尝缕陈之矣，凡一党之政策，必与他党有特异之点。其异点或在原则，如他党主保守，吾主急进之类；或在实际，如他党主保护贸易，吾主自由贸易之类。其所以必异者，在于使国人知所抉择，分集于两党之旗下。一党得国民之信用，即因而实行其党纳也。惟然，而政党之第二作用以起。

（二）运动选举。运动两字，吾人已视为滥恶之新名，而在政党，则为神圣之手续。盖欲政策之实行，既舍国会莫由，则必运动党员之得选，又奚待问？

作用既明，吾人如欲组织政党，当知所从事矣。

今试以政策言之。政策者，必求与他党异者。则今之所欲问者，他党者，果何党也？吾国人喜以客气用事，恒至重人而不重政策，难免不于同一主义之下，裂为数党。然此者，乃政党之灾也。记者且不欲推论至此，惟假定曰，今时政党之惟一对立党，则政府也。记者之言此，并不必有鄙夷政府之意。盖国家之赖有政党者，即在朝野对立，今即以英相爱斯葵斯掌吾内阁，而吾之政党计划，亦必惟反对爱斯葵斯是务也。如读者不以吾言为谬，则造吾政策，当先寻政府之政策何在。

兴言至此，吾人乃遇一绝大之困难矣。何也？吾人乃无政府也。如必曰有政府，而政府乃无政策也。如必曰有政策，则其政策之立脚处，乃贿赂也，昏愦也，敷衍也，颟顸也，植党营私也。（此种评语，非记者之臆造，乃自西报中抄来。）吾人既以两党政策对立为前题，于是从而得以断案曰，吾党政策之立脚处，乃不贿赂也，不昏愦也，不敷衍也，不颠顸也，不植党营私也。此论虽至可笑，然吾国事实如此，无可讳也。故当政党宣布其党纲时，即不啻直告政府曰，尔之政府，乃贿赂、昏愦、敷衍、颠顸、植党营私之政府。此种政府，非国民之所欲也。国民之所欲者，乃一不贿赂、不昏愦、不敷衍、不颠顸、不植党营私之政府。易词言之，则国民之所欲者，乃一适用最新适时之政略，对于国民之要求，直接负其责任，工商业勃兴，海陆军盛强，使老大帝国，立露其头角于二十世纪之政府也。此种政府，非吾党莫属也。（今之政党之能举其实与否，乃是别一问题。）本此转战而前，凡遇政府行动之为此昏愦敷衍种种原则所支配者，吾即鸣鼓攻之。如其问题有可诉之国民之价值，吾即因以树吾党纲焉。政策之说，此其大略也。苟进询何种问题，始足列入党纲，则非本论范围之所及矣。

今请进言运动选举。凡欲运动之有效，其最宜注意者，则吾之政纲果为国民所熟知与否也。易词言之，则吾所以说明吾政纲者，果得其道焉否也。于是为运动之先驱者，其为无数强有力之机关报。夫人而知机关报之多寡强弱，恒与政党之降替，有直接之关系。英之自由党，之所以未能克治保守党者，原因虽多，而保守党机关报之过多且强，乃其因子之最有力者也。惟此种报在阐发其主义，不必与他报竞新闻之迟速，故不必专取日报。如属日报者，又不当使他省专仰给于北京或上海之新闻。各省会必有独立之机关，使各省党员可以就近运用其政略。如经费不充，党员过少，不足分布，则机关报宁失之简陋，而亦不可缺少也。

运动之第二着，则为游说。游说之习，见于吾国二千年前，而在欧洲政治史中，乃为至近发生之产物。游说者，谓党魁出游于各选举区，而因以说其选民也。此种惯习，在英、美政党之剧争，乃最显著。有时选举之结果，乃决于党魁一场之演说。此为国民直接操纵议会之表征。在二十世纪，此种现象必且日盛一日。吾国之政治运动，亦必循此轨道而行，无可疑也。

运动之最后着，则在选举区中。凡举定候补者，查核选民登记簿，及防有漏票，皆是也。记者屡言之矣。吾国人喜重人不重政策者也，如是则两党各举候补者以相周旋，选民所投，率不出此二人以外。其法之能行与否，乃不可知，今且不深论。此惟属政党正当之行动，其必达于此着，有可言也。他如查核选民登记簿，乃恐有袒吾党者，乃未录入，妨漏票之作用亦然。夫党员运动于各选举区，在英伦乃非于法典者，其运动费若干，且有法定之数，此实政党堂堂正正之师。人或以运动为嫌，务避去之，则去政党千里矣。

今距国会之开特两年耳，此种运动法，亦非咄嗟可办者。政党诸公，其急起而直追之。

凡此，乃指国会而言也。国会未开以前，资政院尚当代行国会之职两年，则如见政党之组织有利于国会者，则资政院议员是否当矣，政党之纪律部勒之，此亦有趣之问题也。夫资政院之与国会异者，惟不承诺新租税耳。无论其法定之性质如何，而政治上之作用，必使之代负国会之职权，此议员应知之义也。明乎此，则资政院之应有严重之政党，始克举职，从可知也。惟议及此题，别须广幅，且俟异日。

原载《帝国日报》1911 年 3 月 17、18 日。

论资政院议员当采政党部勒之法

　　记者前于《论政党之作用及其进行之法》，曾主张资政院议员当有政党部勒之法矣。今请举其要点，略说明焉。欲求以政党规律适用于资政院，必先言议员党派之大势。今不幸议员中之党派，至纷纠不易厘别，是解决此问题者之最困难处也。夫政策，当朝野对立，乃记者之所强聒不舍者也。今试求之资政院。其所谓钦选议员者，吾谓之政府党，所谓民选议员者，吾谓之民党，似于理论无所亏也，而事实上乃大谬不然。有时极端反对政府，如弹劾军机，而钦选议员，乃复赞成，而政府所提出之新刑律案，民选议员之明达者，皆从而袒之。是何者为政府党者，何者为民党，乃未易明也。今且易其词曰，政策当分朝野云者，实不必于朝野两党有所轩轾，特谓议员中必有此种区别，然后政党有可言耳。今吾之所谓政府党者，固不必专指钦选议员。凡袒政府者，皆属政府党。所谓民党者，亦以此类推。于是，以新刑律案言，雷奋、罗杰之徒，皆政府党，劳乃宣、李经畲之徒，皆民党，亦自可通。然此乃只于新刑律案为然耳，若在他案，其必不如斯配置，可断言也。是吏、民两党，竟无从觅其界线也。其所以致此者，乃有两因：

　　（一）号称政府党者，乃非真正之政府党也。今之钦选议员，虽执役于政府，固不必为代表政府之主义而来者。盖政府尚未自明其责任之所在，并无意求其主义之发表于资政院。而钦议员中之智者，亦或以政府为不足代表也。是故弹劾军机，政府所出之议员，且从而草奏。

　　（二）所争者不必即为党派问题也。今试求之资政院议事日程，其议案之得指为党派问题者，果有几何？弹劾军机，乃确为党派问题，而以政府议员不自袒其政府，遂至党界漫灭，其他则吾未见有所谓党派问题者在也。新刑律案争持颇剧，两造先时各布其理由，并于新闻纸中发挥其意见，劳乃宣居然隐有反对党魁之目，似党派问题矣，而实非也。
何也？以其杂有社会问题也。凡政治问题之含有风俗礼教种种性质者，
乃政家之所视为最棘手者也。故非必不得已，万不可以此列入政纲。苟
列入之，其党未有不起内讧者也。（注意！英国之爱尔兰自治案中，即
含有此性。）盖一政纲之下，尽可网罗殊教异俗之人。若以风俗礼教为
试石，则与吾同政纲者，不难以殊教异俗而畔去。此理至易明了。今资
政院无党，故此种现象无从发生。然苟有党者，则此种问题断断不当付
之党争，无可疑也。何也？一时以袒新刑律袒政府者，固不必袒政府之
政纲者也，而反对新刑律者，又不必不能与赞成之者同最大之政纲者
也。当资政院议此案时，未尝确分党界，果准据政治之原则而为之乎？
抑偶然之结果乎？吾不深论。而记者主要之点，则在说明资政院绝少党
派问题发生，故党派因无由演成，使人有一定之界线可寻也。

由右观之，资政院议员之派别，既骤难区分，则欲施以政党之组
织，安能合拍？记者固绝对主张政党政治者也，宣统五年之国会，万万
不可不以政党之形式组成之，然此并不必谓资政院之必当达于此度也。
如议员中具有绝大之毅力者，从而造作党派，示吾人以政治之先型，尽
可为之。但分子过于复杂，甚难望有完全之结果。而当此一切草创之
时，议员不存在党见，合力一致，以谋进步，亦属佳兆。虽然，无论朝
野两党职能划分与否，党派问题发生与否，而有一点不容不注意焉，而
此点者，又属于政党部勒之事。故愚以为资政院即无党，而政党部勒之
法有可采用者，乃当采用之。不然，必至屡屡失败，而未有已，其弊且
必至失去为民代表之资格。此征之前案而可见者也。

此点孰谓？谓政党各设指挥员于国会也。请更不辞词费而说明其制
如下：

凡在一团体，其投票之结果，必望其能代表此团体之意者也。人或
异见，则欲其全体一致，固无由得，然必望其能发表多数人之意见者
也。苟不能者，则此团体立失去其代表之资格。凡会如此，在国会为
尤著。

如欲使投票之结果确为多数人之意见，则其要素，一在议员及时出
席，一在投票法极其正当，此至易知也。然欲得此，非诉之政党之规律
不可。政党之作用甚多，而在国会保全真正之多数，乃为其一。

在理论上，凡为议员，皆当出席者也。而实际上，乃不可能。英国
国会议员几六百人，而满四十人，例即开议，乃时有并四十人而亦不到

者。资政院议员二百人，列席者恒在百人以上。吾人方讥其中于惰气，则吾骤闻英人如此，吾几不解英人胡以能举政治之实。不知其有如斯之现象者，乃政党之组织有以使之然也。盖两党各求媚于选民，到处演说，前此议院为唯一发表政见之地者，今乃失重心，且非党派问题，党员亦无取乎必到。倘属问题，为两党所必争者，又以党中一定之手续，断断不至有缺席之虑。故平时英国议会之静寂，乃无足怪。今所欲知者，则党以何手续而使其党员无敢缺席也。

兹手续者，乃有专职掌之，名曰政党指挥员（WHIP）。两党皆设此职。其在英国政府，党之正指挥员，即为议会之秘书官，副指挥员三人，皆属度支部之次官，各食一定之禄。反对党之指挥员则否。以言其职，有如下述：

（一）指定表决日期。

（二）准备党员全体出席。当表决期既定，指挥员即通告各党员以其日期，如问题异常重大，则在通告内作三四横画，如党员得此有横画之通告，而不出席，则宣告其脱党。

（三）临时催集党员。议员虽恒不出席，而寓所率离议院不远，可以一呼即至。临时如或人数不足，指挥员不难立往催之。前罗士勃雷内阁，以指挥员于此时失于觉察，未及补催，党员遂改为少数党，以多三票通过一不甚重要之案，内阁遂倒。即此可知指挥员为职之重要矣。

（四）熟察议会之感情，以时报告于本党。如他党实力陡增，或本党有某部分隐有叛意，则该法案或暂不提出，或略加修改，随时由党领酌定。

（五）清票。

指挥员勤此五职，则多少数常得其真，而党纲不至堕于无意识之疏略，胜者非悻胜，败者亦非偶败。此政党之精神也。

明乎此者，今请以观资政院矣。资政院者，固未尝有党也，然有时其议案之所以失败，实由于无指挥员之组织，乃有可言。如表决无夫奸律，主张有罪者，得七十七票，主张无罪者，得四十二票，相去有三十五票之多，似非侥悻之胜负。然请发一问，曰：当未表决时，两派果确知其相去乃三十五票乎？或某派自料其必胜，而某派自审其必败乎？苟无明确之回答者，则为组织缺乏之咎，彰彰甚其。今且为负者立言，更制为问题，曰："祖新律者，今日可全出席乎？（资政院议员尝以人数已足与否互相争论。）即出席矣，可保无前日之祖新律者今日乃反对之乎？

（如提倡开党禁者，至表决时，乃不起立之类是也。）又可保无毫无宗旨之人任意乱投乎？（有填蓝白两票而莫知所投者。）倘有一于此，或数者并具，当局者未能先事罗致同志，或临时取径他法，以图迁就吾之目的，此失败之所由致也。

　　资政院之秘书官者，亦颇尽指挥员一部分之职，如院章所载议事日表，由秘书厅编制，及遇异议繁复时，由秘书官点唱议员姓名之类是也。然与议案所含之性质，了无关涉。故秘书官者，无可望其为指挥员之道也。而党派既无定式，即资政院承诺，另置指挥员，而乃无从发生。记者以为此种职员，暂不必拟之惟妙惟肖，惟凡遇有重大问题发生，可胜而不可败者，则必异常慎重，竟无妨专为一案，临时团结同意见者为一党，从而设置指挥员，使勤英国议会内指挥员重要之职。如斯者，或不至以无意识败也。

《帝国日报》1911 年 3 月 19、20、21 日。

问何种政府始能操纵议会

代议政体既发生于专制之古国，三千年之淫威，行且让道。然百足之虫，死而不僵。欲其当然授手于议会也，殆不可能。于是京朝中人发为政府操纵议会之说，此其说且见之宪政编查馆之奏牍矣，曰："议院政治之国，则议会操纵政府；大权政治之国，则政府操纵议会……我国宪法既采大权政治主义，则于议院政治决不兼容。"质而言之，则不啻曰，我国宪法当使政府操纵议会，不当使议会操纵政府。

吾书至此，读者或以予将反对京朝人，谓政府不当操纵议会。而乃大谬不然。二十世纪模范之政府，乃一能力绝强之政府也。美利坚近以求一强有力之中央政府，致起绝大之党争，此吾人所习闻者也。况中国政府素以孱弱闻于天下，百事之坏，无不源于政府之弱。吾国每有一恶现象出，外人之评我者，动告我以其故曰，此政府过弱之咎也。即如此次中俄交涉，读者试一阅伦敦《泰晤士报》之社论，即知记者之言之不谬。由是而谭，则吾人之所求者，实一强政府也。易词言之，即一操纵议会之政府也。与京朝人之意见，盖无不同也。虽然，何种政府始为强政府，何种政府始足操纵国会，请京朝人有以语我来。

兹问题也，吾知京朝中人——至少亦宪政编查馆人——之无以答我也。何也？彼之议院政治与大权政治之概念乃绝谬，而与事实不相应也。吾今且问彼所谓议院政治之国，则议会操纵政府者，究何所指？以吾揣之，彼盖指英吉利也。谓英吉利为议院政治之国，其命语之确与否，今且不论。至英吉利之政治，果议会操纵政府，而政府不能操纵议会乎？是乃一大疑问也。宪政编查馆号为一国宪政之源泉，馆人搜讨之勤，自不待言。然以谫陋所见，则与馆人适得其反也。盖今日英伦之政治，乃属政府权力全盛时代。政府向掌行政，而英伦之政府，则于立法事件，握有绝强之权。议会中之法案，由政府提出者，乃达百分之九十，议员几绝无发案之机会。议员发案，以竞争者多也，动需掣签，恒有议员挟一议经数年而不得提出于议会者。此种现象，自老雄格兰斯顿执政以来，即已如是，以议案率为政府所垄断也。故政府对于立法之手续，异常专横。偶遇繁复之案，在委员会辩论过久，而政府乃可以随时提议"讨论终局"。有时条目竟或未尝议及，而即通过。政府如畏议员之以特别问题攻己也，则选一类似而范围较大之题，列入议事日程中，其日期由政府自择，率择在闭会以后，使议员于会期内无由发议。（按此乃英国议会内之陋习，不足学也。）凡此种种，政府之所以操纵议会，果何如也？吾未见馆人所谓大权政治之国，其政府操纵国会之度，有能与英伦比者也。英伦之政府，既最足操纵国会，则欲操纵国会，必如英伦政府然后可，此逻辑之至易推者也。然英伦之政府究何种也？曰，政党政府也。天下惟政党政府，然后足以操纵国会。此可以代京朝人答吾问矣。

至何以惟政党政府始足操纵国会，则其理异常简单。盖惟政党政府，而政府才智始突高于议员；亦惟政党政府，而政府之行动始为议员悦服，始为议员多数所拥护。自非政党组织内阁，则政府谋制议会，未有不大破裂者也。其故如何，当专篇言之。

原载《帝国日报》1911 年 5 月 1 日。

论畸形内阁

西人恒喜为吾国政治制为新名词。昨见四十一号伦敦《泰晤士报》有一专论，痛指庆王与已死之李莲英伙同勒贿，因为庆王制一徽号，曰勒贿将军（SQUEEZERING CHIEF）。此虽近于滑稽，而实因中国政治之现象，动为世界之孤证。在他国文字中，万万无相当之语配之，故不得不出于杜撰也。今记者造作畸形内阁一词，亦如是说。

吾之所谓畸形内阁者，即指北京组织中之内阁。本论之意，并非以良内阁责望于现政府，亦非致怨于内阁之特恶，而莫谁何之，因以写其无聊之愤慨。凡此皆国民之劣根性，而即亡中国之鸩毒也。盖国家者，国民之公器，国民令谁管其机关，谁即管之。此在专制国有然，在立宪国愈有然。夫吾国前此得以行其专制者，亦仅恃刘季、朱元璋之不出耳。刘季、朱元璋不出，即算国民之默认。至立宪国之内阁，以时更迭，则尤国民意志发表之良征也。今吾国亦已号称立宪矣，则惟问此畸形之内阁，是否能尽国家机关之义务，国民是否须此畸形之机关。彼苟不能尽其义务，而国民复不欲此（国民之欲此与否，乃卜之于国会或资政院之意向），则直攻而去之而已，则国民自制一良内阁以代之而已，绝不与之虚与委蛇也。此记者之本旨也。至以何法始克代之，则涉于政党论之范围颇广，姑不具论。

国人竞谈内阁矣，内阁果为何物，或不必有最明之印象也。今为持论之便，先作一最普通之定义，曰，内阁者，国务大臣之集合体，而一国政策之所由出者也。兹定义也，实不过老生常谈，而以欲概括世界一切内阁，并日本之不具内阁而亦言之，乃不得不出此。（他定义当别著之。）然此亦实内阁之精神所寄，不能外也。今以绝对北京畸形内阁立言，请就此义推陈两点，其详待专篇也。

（一）内阁为绝对的国务大臣集合体，不得参加或设立他种官吏。此理由也，西方三尺童子能言之，而吾乃懵然，兹可羞也。盖内阁者，简词以明之，实为制造政策之机械。政策既定，则由国务大臣分行之。彼对于本部（如外务部、度支部之类），既有分行政策之责，而此政策者，又必各部不相冲突，则各部大臣因而集合为一团体，以制定其政纲焉。此逻辑之定序也。是内阁制度者，乃应于制定政纲之必要而生，万无疑义；亦仅应于制定政纲之必要而生，万无疑义。内阁之性质如此，则组织内阁云者，乃集合国务大臣而制定政纲之谓，非建立一种新官制之谓，彰彰明甚。则内阁自国务大臣以外，果何赖有他员？虽然，有两点须注意焉：

（甲）内阁率有总理大臣一人，不必即为管有专部之大臣。此似为例外，然此乃实生于事实之必要，与原则相成，而不相反也。盖无论何种团体，非得一主席者为之纲维，无以促其团体进行，惟内阁亦然。以理论言之，内阁既为国务大臣之集合体，其主席即可于国务大臣中推举，以专部大臣兼总理大臣，或既为总理大臣，仍得别管专部，皆非不可通。英之格兰斯顿，即曾以总理大臣兼度支大臣，乃一有趣之先例也。特总理大臣责任绝大，兼部则智虑必有不周，故以不兼为良。且总理大臣职在周察各部之行政，实亦一国务大臣也，特非专部之大臣，而宁谓为总国务大臣耳，终不得谓为凌空存在之物也。其在英伦，总理大臣恒兼大藏长官，至今犹是。以英人所下内阁之定义，乃实职官总汇，建议之所，非实职官，不得为阁员。以故总理大臣终有兼职，然其职乃不过一政治上之名义，无职权之可言。他人历史上之遗习，吾人不必效也。

（乙）国务大臣以外，间亦有他员，备位于内阁者。如英之枢密院院长，大审院法官，大藏长官等，皆为阁员。然此不过历史上之遗传物，未可骤废，非他人所能效颦。且于建造政策，此种阁员绝无影响及之。以实质言之，谈英伦内阁，直视此种为无物可也。

（二）内阁者，一国政策之所由出也。凡政策之定于内阁者，必当一贯。惟欲其一贯也，于是内阁有不可缺之一律，曰，谨守秘密。夫政策之必当统一，此尽人知之之理。然欲达此目的，在西人党规森严，人格高尚，犹视为难能。格兰斯顿毕生之力，多用于此一着。"国务大臣言当一致。"即此老所制之律。以此老之雄才，仅得行其律而无违，其所以得行其律，则内阁会议谨守秘密之一法也。盖一党之政纲虽同，而个人意见终有出入，但阁员发表之政见，并丝毫之出入而亦莫容。故当问题尚未解决之时，阁员不得以议事之程序宣布于外，所有阁员意见之不同处，务于秘密会议中尽力调和之，使无痕迹。其在英伦，会中所议事，惟总理大臣得手录少许，以备遗忘，他阁臣皆不得记载。以无记载，则形迹易泯，而意见易于从同，而政策因以一贯也。以此之故，内阁会议在英伦，乃绝无文卷之可稽，内阁之性质则然也。

右义既明，则北京组织中之内阁之为畸形，可不烦言而得矣。

（一）内阁者，国务大臣之集合体。散之则为各部大臣，聚而则为内阁。有各部大臣即得有内阁，无所容其组织，予前言之矣。组织内阁云者，乃援引同志，分为国务大臣，而因为会以制定政纲之谓，非建立何种官制之谓也。易词言之，内阁者，乃国务大臣之议政团体，阁员非独立之实职官衔，内阁非一衙门，实无官制之可言也。是故内阁者，非于各部之外，另设一部，制为若干级之官阶，因以吸收各部大臣于其内，而号曰内阁也。今北京组织中之内阁，即谋于各部之上，建设一部，颜曰内阁。他部有部丞也，内阁亦有阁丞，他部有主事、有录事也，内阁亦有主事，有录事，余类推，是之谓畸形。内阁者，其分子悉为国务大臣。一谈他国内阁，吾人立觉一国务大臣之集合体浮于脑际，而试想象北京内阁，则当并包阁丞之类在内，非驴非马，是之谓畸形。

（二）北京内阁之畸形，复可于阁员之职务上想见之。阁员者，国务大臣也。今设有阁丞等，则阁丞以下，是否称为阁员。不称为阁员，又胡以居职于内阁？是之谓畸形。内阁者，阁员会议，政务之处也（会议政务处究为一好名词）。阁丞以下是否出席于阁会，不出席则又奚赖有此职？是之谓畸形。内阁会议，尚秘密者也，在先进之国，部臣且不得有手录本，设书记何为？设录事何为？是之谓畸形，内阁乃纯粹一建设政纲之地也。政纲所在，动为原则，数十字而可达。至语其详，则刑名有专部，钱谷有专部，非内阁之所及问，设司员何为？是之谓畸形。

（三）内阁者，国务大臣之集合体也。总理大臣者，即总国务大臣也。其所以须总理大臣者，以欲保持政策之一贯，其政策必调和于一手也。三妇不能治一羹，三总理又何能治一内阁？且内阁以求政策之统一，其阁员愈少愈妙。英伦内阁在昔不过六人，后以工商业繁昌，国事日益复杂，不得不增加专部，今遂达二十人之多。是部臣之多，已增内阁之困难，则总理之多，其困难又宁可言？今北京内阁有所谓总理大臣者，有所谓协理大臣者数人，同超然于部臣之上，一缰而三御，是之谓畸形。

要之，彼所现之畸形，无论至于何度，吾皆不惊，以"母牛不能生马子"。今之政府，百易其形态，百变其手法，率不外以勒贿将军为之魁，以贪鄙、嗜利、顽钝、无聪之流为之从，又安望其产生良内阁？苟产生之，亦犹苏抚程德全言，以供他日推翻之资料耳。今以欲推翻之，乃不能不审其为畸形者何在。此本论之所由来也。

原载《帝国日报》1911 年 5 月 20、21、22 日。

政党内阁者政治自然之趋势而亦
将为中国政治自然之趋势者也

国人政治之生涯既极幼稚，居今日而谈政党内阁，较之三年前谈国会者，尤易贻不度不量之讥。夫三年前谈国会，识时之士且或阻之，而今亦竟有可观之果矣。记者且不欲拟以抽象的比例，谓政党内阁之距今而成，而将犹国会之距三年前而成。盖此种内阁，或较国会之成功为迟，亦容或较之为速，此非一言所能武断。惟记者所欲强聒于诸君者，则政党内阁，乃政治自然之趋势，吾人不可不有成竹在胸也。中国之政治，如独外于自然趋势则已，否则今日之谈政党内阁，万万非夸大之词也。

今欲表示政党内阁为政治自然之趋势，乃需繁重之词，然最好先蓄一成例于胸中，既得具体之例矣，持以御抽象之原则，其原则之真印象，乃不难立得也。

英之所以治殖民地者，乃此种成例之最显而有用者也。吾人皆知英之殖民地有两种矣，一曰自治殖民地，一曰直辖殖民地。自治殖民地者，其宪法固不一，然大抵有一总督以代表英王，有一议会议员尽为当地居民所选出，在议会占多数之党派，出而组织内阁，此其常经也。直辖殖民地则不然，行政官自总督以下皆由英王所任命，有时竟无立法议会。然有之，其议员全体或皆由英王指定，或由行政官与民选议员共组成之，而行政官且率居多数，至纯粹的民选议员，乃无有也。简而举之，自治殖民地者，有纯粹的民选议会，而议员中之多数党人掌内阁者也；直辖殖民地者，并纯粹的民选议会而无之者也。前者请观坎拿大，后者请观札美加（JAMAICA）。

现存之英领殖民地，既有右举之两制矣，而谓两制之为原来如是则大不可。盖此两制者，皆同发源于一制者也。当英有殖民地之初，盖莫不赘以立法之议会，总督由英王任命，掌一切行政，而议会议员，率由民选，于财政法案，议会尤有全权。英领殖民地之初制如此，无所谓自治与直辖之别也。此制既立，议会与行政部之冲突恒起，有时议会竟不承诺当地之租税，以困其总督，使总督无所资以行其政。英人于是谋有以救之，而得两法焉：一则行政部让步，总督委行政权于民选议员，使在议会控制多数之政党，出而组织内阁；一则行政部专横，削除民选议员之一部或竟撤销民选议会，使居民无法与政府为难。兹两法者，自为富于政治经验之英人所发见，乃历试之于各殖民地，于是各殖民地率沿此两线而发达，而自治、直辖之区分以立。前举之初制，乃无有一存者。凡居民程度富而为欧种之各地，今皆自治，凡居民程度低而为杂种之各地，今皆直辖。

右例既明，记者请得制为一原则，曰，凡一国有一民选立法部，与一超然之行政部并立，则冲突必起，冲突之甚者，或竟使国家之机关一时失其作用（如行政部不得议会承诺租税之类）。冲突既久，其天演之结果，一则元首（殖民地之总督，乃代表元首者，作用与元首同）假民选立法部，以行政权使议会之多数党建设责任政府，一则削除民选立法部之职权至于净尽，至其国之将得何种结果，则以其国民程度卜之。

读者如不以此原则为谬，则请实用之于中国之政治现状。吾行有一国会，全由民选。国会之职权今虽不可得言，而承诺租税之必属于国会，殆莫可逾。而今之政府，又方利用三权分立之囫囵的学说，图不许立法部干涉行政部，且惟操纵国会是务，拟以英领殖民地之初型，虽不必惟妙惟肖，大致当不远也。是政府与国会之冲突，万无幸免之理。国会今尚未开，资政院不过其一雏形，其议员又半由钦选，而案复由资政院议员核减。今以核减之数，不足资其行政，方且谋以政府之力变更已经通过之预算案，则将来两方行动之类此而更激烈者，何可胜数？冲突既烈，则其结果非立法部打倒行政部，即行政部打倒立法部，二者必居于一，无所逃也。由前之说，乃行政部不堪立法部之攻击，相率辞职，有继起者，其辞职亦如之。如有无耻之内阁，硬不辞职，而议会辄有法使之无从继续以行其政。于此谋有以救治之舍，联行政，立法为一气（此八字乃内阁政治之真精神，异日当有专篇论之），其道莫由，而政党内阁以成。由后之说，则行政部行其操纵议会之实，始而解散，解散无效，则直剥夺国民之选举权，使不复有立法议会，国政一反于专制。此后中国之政治，如无革命军起，则虽变态万千，大率不出此两轨道而行，可断言也。

记者于此请得发一问，曰，中国既将有国会矣。兹国会也，行且为政府收去，民政部发警兵数百，押迫议员，使之立出京师，并论之安分而乐业。果孰肯思议及此乎？世固有能思议及此，且又证明其说足凭者矣。果如此者，则一切内阁论、国会论、政党论，笔之于书为废纸，出之于口为赘谈，而本论亦当不逾此语。更缀一词，如或曰，吾国国会程度之劣下，不必即如扎美加之黑人议会，而行政部之长官，亦断不如不列颠政客之雄伟，吾国政治之终局，将不如英领直辖殖民地。则记者请得以逻辑之论法断之曰，吾国政治之终局，将如坎拿大之政党内阁。此可以证记者之说，曰，政党内阁者，政治自然之趋势也，中国将不外此，是在贤者好为之。

原载《帝国日报》1911 年 5 月 26、27 日。

政党政治果适于今日之中国乎
——政党政治论之一

政党政治近渐居舆论之中心，国民之进征，莫此若也。虽然，国人果于政党政治见之甚莹乎？此不敢信也。见之不莹而贸然行之，虽不必别有害，而当国家危急至于如此，倘迷途太远，国将谁与治之乎？此不可不深长思也。记者固亦一见之未莹者也，而为此惧，辄不敢自外，请得以所及见者，次第著于篇，号曰政党政治论。

政党政治果适于今日之中国乎？兹问题也，吾人所最怀疑而不能骤决者也。无论反对者以为口实，即赞成者亦欲得一明确之回答。此一问题不决，吾人即著政党政治论数千万言，皆同废语，其重要有如此。

问题诚重要矣，而所以解决之者，以记者之愚观之，则绝不俟烦言。惟有一前题不可不立。是何也？则现政府之脆弱无能力是也。（今以欲得朝野一致承认，故贪婪、顽劣等形容词，暂不加之现政府。）伦敦《泰晤士》恒著论曰，支那百险之源，乃在中央政府之无资格与其脆弱。此种恶现象，凡与支那有关系之国，莫不苦之。而不幸支那之于此恶现象也，乃似不能施以最捷之救治法者（见本年西三月十六号该报）。则以英人之意见卜之，已与吾前提不迕。今惟问读者之承认此前题否也，苟承认之，则记者敢大声疾呼曰，政党政治，即所以对现政府之弱病而针之者也，即泰晤士记者所谓最捷之救治法也。易词言之，政党政治，所以易弱政府为强政府者也，即所以对于国民绝对负其责任，而立拯中国之危亡，且谋最大多数之幸福者也。生当二十世纪，非有绝强之政府，不足以立国，而绝强之政府，非由政党政治，直不可得，此求之欧美政治史而不爽者也。是故吾人不欲得强政府则已，欲得强政府，则请从事政党政治。

夫今日之中国，须得一绝强之政府，始克转危为安，此无置疑之余地者也。惟欲得强政府，是否必由政党政治，或诸君仍不能无惑耳。吾闻政党有德，其德之最大者，则为听反对者意见之流行（此英伦政家梅依之言）。如反对者之意见，能得国民多数之同意，则吾党偃旗息鼓而去，无所容其悻悻。吾主张政党政治，自有绝强之理由，容徐徐陈之。今以尊重政治道德，则当问反对者之所以谋强其政府之策安在，请有以语我来。吾人之所同欲得者，一强政府耳，果以何道得之，吾人不当先有成心。吾国国势阽危亟矣，倘有他道能得强政府，以拯国家于阽危，则即牺牲国民之声誉，使其宪法仅得侪于日本之林，亦暂不惜。或并宪法之名而没之，使政府行其开明专制若干年，亦无所不可。究竟反对者之政策安在，请有以语我来。苟其策良而途捷也，吾将从汝游。不然，则吾惟信政党政治之足以救国，汝当从我游。攻人之恶而无善足以代之，此种什匿克之论派，今日不容有也。

卢斯福近以新国家主义，号召于其国。其标题曰："余之主义，其精要：（一）乃在使政府之作用，于大而一国、中而一州、小而一市，皆有无对之效力；（二）乃在使政府对于国民之欲望、之需要，负完全之责任；（三）乃在感动国民，使其自非一般人民，有高尚之德性，精强之能力，及平恕待人之志愿，虽有良政府亦莫能为。"斯言也，实为二十世纪政府之模范国，于今世纪不有此政府，将不足以图存。吾之所谓强政府者，即此种也。顾卢氏之言出，遇敌颇多，于是卢氏作文于《奥特洛克》周报（THE OUTLOOK，见本年西正月十四号该报），题曰《新国家主义与何》，谓："吾主张新国家主义，尔主张何物？今解决此问题，非以吾之新国家主义，即以尔之'何物'。请有以语我来。"记者之质问法，亦师此种。

美国中央政府之所以弱者，以其不适用政党政治也。盖美国墨守三权分立之说，行政部与立法部打成两橛，政局异常散漫，而政党政治之神髓，则在"置立法、行政两部之邮，使两部之作用互相联贯，关系日以密，而又各尽其当然之职分者也。"（此伦敦大学教授曼太格F. C. MONTAGUE之言。）故起政府之衰，惟有施行政党政治。今英伦宪法学之泰斗戴雪（DICEY，严几道作戴视）有曰："英伦之内阁，以前甚多缺点，英人旋发明一绝良之法以救治之。其法维何？则以任命阁臣之权，以甚迂曲之法，委之于议会是也。"是故欲得良政府，当由政党政治，乃历史节节予吾以成例，丝毫不容爽者。吾人不欲得良政府则已，否则当知所从事矣。

原载《帝国日报》1911 年 5 月 29 日。

何谓政党
——政党政治论之二

记者既略言政党政治之适于中国矣，闻者或曰，政党政治果何物也，果以何种作用而达其的也？虽然，欲知政党政治之为何物，不可不知政党之为何物。欲明政党政治之作用，不可不知政党之作用。请先言政党。

今之人竞言政党矣，若骤语以政党之为何物，鲜有不笑吾人之童骏者。然无庸笑也，在知之者，固以为陈言，在未知者，或仍得刍荛之益。今之谈政党者，固不必皆知政党者也，故吾言终不可以已。

十八世纪，英伦有绝世之政雄曰柏克（BURKE）者，常作为政党之界说，曰："政党者，乃本特异之政纲为全体所共认者，以一致之运动图国家之幸福，因而相与联合之一团体也。"又曰："无党之政治家，无从实行其政纲。"由柏克之言观之，则政党者，乃一实行政纲之团体，而政纲又必与人不同者也。此定义也，粗视之不过一老生之谈，而细审则本特异之政纲而实行之一语，实政党二字之精诂。举世界古今之政党，如属名副其实，举不能外此。惟在吾人，素不习于政事，又未暇勤攻党史，不审政纲之何以当异，并亦不了然于实行政纲之道，遂乃遇精义而不知提取耳。

何言乎政纲必异也？今为说明之便，请略条举其理如下，其分类固不必合于逻辑也。

（一）党争者，为国利民福而争，非为个人私利而争也。以政治上之用语言之，则党争者，乃为政策而争，非为人而争也。为政策争，则彼争一政策，而吾复争一政策，而政策必异，此不必知逻辑者能言之。倘政策不异，则所争者何事？是非为党魁之奴隶，即逞其无聊之客气耳，又宁得谓之政党？

（二）凡一政策，必有正负两面。政策一经介绍于国中，国民之赞同者有之，反对者亦必有之。政党者，即应于此现象而生。一党守其正，一党守其负。谁得国民多数之拥护，即谁胜利。倘两党党纲不异，则又何自代表国民之意见？又宁得谓之为党？

（三）英有政家梅依（E. MAY），尝曰："政党如属健全，终占胜着，此政党之德也。"梅依之意，乃谓凡立一党，即当任他党意见之流行。故惟在政党政治之下，国民始有机会得全出其意见，尽情讨论，以求最后之胜利，此代表政治之精神也。倘政纲不异，则政党失其德，此直贼民之党耳，政党云乎哉！

（四）以上三者，皆属理论上之障碍。而有一实际上之障碍，文明国之政党恒犯之而不已者，此不可不深加之意也。盖政党之作用，在保持其党真正之多少数，其要点在使旗帜鲜明，使人一见而知所走集。使两党党纲无异，或异而无多出入，则党员今日属于甲党，明日无妨迁于乙党，且或竟同时足跨两党。（前之政闻社、宪政讲习所及宪政公会之会员，即有此现象，特彼三会皆不足言党，故有弊而不觉耳。）而多少数之标准，最易动摇。其在政党内阁，则内阁必不稳。法兰西内阁不能久长，有时竟求一年之内阁而亦不可得者，议会之党派过多，而党纲又不必有绝异之点，乃其绝大之原因也。以此之故，法兰西议员恒有一人出入数党者。如所谓温和共和党、社会党、独立共和党、极右党及君政党种种党名，竟不妨以一人在一时兼而有之。党员之性质如是，则各党之多少数，及其势力之变迁，乃至莫测，而绝强之政党内阁无从发生。是乃言政党者前车之鉴也。

凡右所陈，略足说明党纲所以必异之道矣。至政党与实行政纲之关系，请亦得一语及之。

记者尝于本社说栏，作政党与普通政治结社之界说。其词有可述者，请为举之于下。

政治团体之组织有二：一立于国会之内者，一立于国会之外者。前者政党，后者普通政治结社也。政党者，有一定之党纲，党员占议席于国会，日伺现政府之隙而攻之，且谋倒之，取而代之，以实行其党纲者也。普通政治结社，则无组织内阁之野心，不过对于一定之政治问题，发表其见意，且期其意见之发生效力者也。

此数语者，虽甚简略，然政党之要素，亦具于是矣。是政党非图实行其政纲，则不副其名，欲实行其政纲，而不立足于国会，因以组织政党内阁，则无由达其实行之志。易词言之，则政党所制之政纲，必自其手行之，不望他人采用其主义，亦断不以其主义贡献于他人。惟开诚布公与国民，相见以心。一旦博国民之信用，其在政党政治未稳之国，其机又适足打倒旧内阁而代之，则直据政治最高之机关。就其政纲次第敷布之，无所于让也。所谓政党，如是而已。不如是者，则为普通政治社，非政党也。

读者如不以记者所言为谬，则于柏克所陈政纲特异与实行政纲二义，当无所疑矣。然以上所陈，乃仅就柏克之说推之，尚有余义，当著之他篇也。今北京颇有政党之组织，为中国政党政治之前途计，甚望其不悖于斯义，故辄忘其无似，而缕述之于此。

原载《帝国日报》1911 年 5 月 30、31 日。

何谓内阁
——政党政治论之三

内阁既认为沟通立法、行政两部之物，然果以何道沟通之，乃一实际问题，而大绞政家之脑者也。英伦政治有所谓连环说（LINK THE-ORY）者，即应于此问题而起。英人之论连环者有两派（实则英人之连环说皆归本于政党政治，今亦为立说之便，就其起源而分疏之）：一派曰，此连环者，当以立法、行政两部之共同分子为之，非如此不能达沟通之的也；一派曰，是殊不然。质而言之，一派主张以议员出为阁臣，而因以为其连环，一派则谓阁臣不当出席于议会，此连环当仅求之议会之中。且谓最良之连环，为议会之股员会，其股员又未兼行政之职者。盖政府有各部，股员会亦有各部，政府各部之全体对于议会负责任，而各部自体受股员会各部之指挥。凡此皆后说之所主张也。前说以格兰斯顿为之魁，后说则反对格兰斯顿者多主之。（有师列尔WE. SUELL 者，著有《内阁与政党政治》一书，即持后说，书发行于一八八五年。）如欲评定两说之优劣，其范围涉于政党内阁者甚多，本篇之职，不过欲以内阁普通之印象揭告读者，故暂不深论。惟请扼要以言之曰，言内阁者，持说无论如何背驰，而内阁国会之间，当有一连环，则为彼此所承认。易词言之，则其所承认者，亦犹前之说。内阁者，所以置行政、立法两部之邮者也，知此可以言内阁矣，可与言政党内阁矣。

此外之所当注意者，则吾前举内阁两要素：一为国务大臣，一为政策，以为豁清思路之便，先不问国务大臣之所从出，而推问政策何由得行，继以推究此问题，而发见行政、立法两部之关系。以有此关系，而英人之连环说以生。连环说者，何物也？质而言之，则直研求国务大臣之所从出者也。格兰斯顿之徒以为，国务大臣宜出于国会，非格兰斯顿之徒以为，国务大臣不当出于国会。是吾人提开国务大臣来源，以讨论内阁，其结果不得不归重于国务大臣之来源。是内阁问题，特一国务大臣来源问题耳，是又不可不知也。

原载《帝国日报》1911 年 6 月 11 日。

何谓政党内阁
——政党政治论之四

记者前举内阁之定义，及英人之连环说，读者如不以为谬，则进诘政党内阁，直无须烦言矣。英之政家白芝浩（BAGEHOT，亦生计学大家）者，言政党政治者之泰斗也。今请先介绍彼之内阁论如下（彼所论者，乃英伦内阁）：

立法、行政两部之密接，且几融成一片者。人以为英国宪法之神秘，实则事理之所当然。观于英国总统制度之不良，可以明其故也。（其故须长言释之，俟专篇——记者注。）夫两部之所以密接，其连环则为内阁。内阁者，乃立法部中一股员会被选为行政部者也。（细读之——记者注。）立法部中之股员会甚多，而内阁则为其最大者。立法部之选内阁也，异常矜慎，非其人之为全部所信仰者，不得与选。特其选法非直接而间接耳。易词言之，内阁者，乃由立法部选出之一团体，使之管理国家，而其人又皆立法部知之最深信之最笃者也。至阁臣如何选法（按：英宪习惯，乃英王选总理大臣，总理大臣自选僚属），阁臣何以号为王仆（按：阁臣为英王之仆，反对党为王之反对党，乃英宪之用语也），阁臣何以选途不宽（按：总理大臣选其僚属有一定之范围），皆于此定义无碍。其特质之不可不明者，则内阁必成于下院声望最著之人是也。（细读之——记者注。）阁员诚有时不尽出于下院，然不过偶然之现象，内阁之真解未尝为之所蒙。研究英伦之内阁，求一确切不移之界说，乃为第一要事。吾请重言以申明之，曰，内阁者，富于钩连性之一集合体也。有如衣钮，钮立法部于行政部，有如连字符，连立法部于行政部。语其本原，则在立法部；语其作用，则在行政部。如斯而已。（细读之！细读之！！——记者注。）

白氏之论，可谓直抉政党内阁之精矣。此论作于四十年前，而后之论内阁者，蔑以加矣。有不明政党内阁之印象者，得白氏之说饷之，可恍然于其故矣。

白氏之书，博深而切明。兹所举者，不过本记者之所能忆者，以意惯串之。读者如觅其原书观之，（书名 THE ENGLISH CONSTITUTION，记者所读者，可从第一至十四页得之。）其所得之教训当无量也。今之言内阁者，率举连带责任种种以为其精要，或且疑白氏所作定义，胡乃不及此。不知白氏之言，乃从本根上著笔，如准白氏之义行之而不谬，则所谓连带责任云云者，自不期然而然。譬之几何学，有原则，更有附则，附则由原则推出，莫能外也。白氏曰，内阁者，乃立法、行政两部之连环，以前部声望最著之人，出掌后部之机关者也，此原则也，连带责任云云，则附则也。

盖以立法部之人出掌行政部，则其人之为立法部所推，而徒党之占议席多数者，断无疑义。夫政党何以得占多数，是亦其政策为国民所信任耳。然则政党内阁之得久持与否，全视国民之信任心如何以为衡，国民之信任一旦失去，则全党当翩然下野，而内阁之责任者无他，特政策败则辞职云耳。然则连带责任云云者，一言政党内阁，势且联想及之，逻辑所谓定义中之含性，即此类也。广读白氏及他作者之书，于政党内阁为质之正从，必且无疑矣。

今且合白氏之定义及其他含性，列举政党内阁之特点如下：

（一）政党内阁必成于议会议员。此观白芝浩之说可以知之。

（二）政党内阁必控制多数党于议会者。英伦亦或有少数党之内阁，然每在政治过渡时代。且此种内阁除颁出印版之预算案外，不敢有所举动，盖全失政党内阁之特性矣。

（三）政党内阁之政策必一致。此格兰斯顿抵死持之者也。后有反此者，内阁罔不倒。前番英伦保守党内阁以关税改革案，裴尔福与张伯伦之意见不能尽同，致招党内外两面之攻击。

（四）政党内阁必成于一党。此特第三条之附则耳。盖求一贯之政策于一党，有时且难，遑言数党，固亦有人主张政党内阁当成于数党者（英人考克司 COX 即持是论），然直滑稽之谈，无讨论之价值。他如联两党以上之同政见者，组织联合内阁，亦无良果。日本大隈、板垣之内阁，尤吾人所习知者也。

（五）政党内阁当负连带责任。此谓如内阁不复为下院所信任，即当全体辞职，理由前略举之。

（六）政党内阁当在一首领指挥之下，而亦仅在一首领指挥之下。北京内阁有总理，而复有副总理，此所以为畸形。特彼非政党内阁，而亦并未自承为内阁，太觉拟非其伦耳。

明此六者，可以知政党内阁之为何物矣。特此六者有先后轻重之不同，第一条乃原则也，以下五条皆所谓含性耳。得一而五并具，得五而不得一，则于政党内阁仍相去万里。且不得一而所谓五者，皆如无基之屋，不能立足也。世固有官僚内阁而号称负连带责任者，然彼之所谓责任，与吾之所谓责任，乃全异其趣，此不可不知也。

本篇乃在求政党内阁之通义，至内阁何以必由政党成之始号健全，则当以专篇论之。

原载《帝国日报》1911 年 6 月 12、13 日。

政党内阁与非政党内阁之别
——政党政治论之五

记者前作此论，仅略说明政党内阁之性质而止。近有积疲，不得多执笔，以致立说未竟，良用歉然！今请赓续言之。记者持论之主旨，在痛陈政党政治之必要，而吾国当亟亟采用之。凡号称组织政党者，当铲除普通政治结社之恒性。（国人每不明政党与普通政治结社之别，此最宜注意。）何党制出政纲，即由何党求设立内阁自执行之。凡政党，万不求他人代行其政见；凡政党，亦万不许异己者倖立于朝。国中无内阁则已，一有内阁，必属政党。记者主旨所在，如斯而已。记者书至此，而觉有三问题，非以次解决之不可：

（一）政党内阁与非政党内阁何由分？

（二）政党内阁果优于非政党内阁乎？

（三）吾国何以必采用政党内阁？

兹三问题者，同时答之，将至累幅不能休。本篇请暂以第一题为限。

由记者之前说，政党内阁与非政党内阁之异点，实已具其崖略。盖两式之所由分，纯在立法、行政两部之关系也。凡以议员出建行政部者，谓之政党内阁；非以议员出建行政部者，谓之非政党内阁。前者英伦政家戴雪（严几道作戴视，梁任公作谛西）谓之议会行政部（PARLIAMENTARY EXECUTIVE），后者谓之非议会行政部（NON－PARLIAMENTARY EXECUTIVE）。今欲于此二者详求其异态，则其区别，惟此公说之最明。请杂取戴说以著于篇。（所引见 DICEY'S *LAW OF THE CONSTLTNTLON* 四四三至四八八页之间。是书名著也，不可不读。）戴雪所列之异点凡五：

（一）以行政部之异态区分各国，实予政治分类以新原则，而于政治之现象增一绝大光明。今试以实例征之。英吉利、比利时、意大利及法兰西皆属议会行政部，美利坚、德意志则属非议会行政部。夫采非议会行政部者，胡以只有美、德？（戴雪曾举法兰西第二次共和为非议会行政部，日本则戴未之言也。然法兰西内阁已成陈迹，日本之政治现象特怪，当别论之。当今非议会行政部之足言者，只美、德也。日本内阁，记者异日将有说明。）胡以美、德又同采非议会行政部？此必美、德政治有一共同之点，与他国绝异，而其点又正适于非议会行政部，从可知也。由戴雪之意推之，则凡非议会行政部，大抵属联邦国；凡非联邦国，大抵属议会行政部。戴氏又言，世界供此成例，实予吾人以政治上绝大之教训。

（二）议会之能组织行政部与否，当视议会能否任免行政部为断。英吉利者，其阁臣之任免，实质上议会握有全权，故谈议会行政部名与实副者，厥惟英伦。由是观之，凡议会能操纵行政大臣之进退者，其国有议会行政部；议会不能操纵行政大臣之进退者，其国无议会行政部。

各国宪法有视国会为最高权所在者，有视国会为非最高权所在者。凡国会拥有最高权者，其行政部出于议会，为势至顺。然不必谓行政部出于议会者，其议会必拥有最高权者也；亦不必谓国会拥有最高权者，其行政部又必出于议会也。易词明之，则议会行政部与非议会行政部之别，非即议会万能与议会偏立之别。英伦诚以议会万能，而有议会行政部者也。然此二者之合，乃属偶然，非必缺一，乃不可也。法兰西有议会行政部，而其国会即非万能。反而观之，德意志议会固拥有最高权，而不必有议会行政部。此种区别，不可不审。要之，议会行政部成立与否，视议会有任免行政大臣之权与否，斯言得之。

（三）议会行政部与非议会行政部之别，以实不以名。以名言之，英国之行政部，盖非议会行政部也，行政大臣号曰王仆（THE SERVANTS OF THE CROWN），授职由王，免职亦由王，与议会无与也。然事实上，则阁臣无不出于议会者。语曰，议会以迂回之手续任免阁臣，即为英吉利言也。

（四）戴雪至此，即以议会行政部与非议会行政部之优劣，区分两式。记者本有专题，推究政党内阁胡以优于非政党内阁，今以先竟戴说，即略举之。

记者言政党内阁与非政党内阁，而戴雪言议会行政部与非议会行政部，用名既异，范围之广狭亦微不同。盖政党内阁诚为议会行政部，而议会行政部则不必即为政党内阁。前法兰西议会选棣野（THIERS）及大将马麦韩为行政首长，即非政党内阁也。然戴雪于此为行文之便，亦且合议会行政部与政党内阁为一谈矣。以下所用政党内阁，乃戴氏之语也。

如戴雪言，则立法、行政两部不至有冲突者，则政党内阁之特色也。美利坚以两部恒相决裂，国务之进步乃不充分。前此法兰西有此现象，且酿成革命。英伦之得免此者，则政党内阁之功也。盖内阁之存在由于议会，于是议会中思潮之起落，内阁感之最灵。且无论事件之关于立法或关于行政，内阁必求厌议会之欲望，惟恐不及。英伦之宪法号称"软性"。（ELEXIBILITY，此字戴雪以前无用之者。所谓软性者，质而言之，即议会通过法案，无宪法与普通法案之别，宪法不作为根本法是也。）其所以如此者，固由于议会之法权，而内阁之性质亦一要因也。

虽然，于此亦得一弊。盖议会行政部，充其自然，性之所至，凡内阁一举动，必听议会之指挥。而议会之意思，乃至无定，有时中于感情，或激于狂想，多数之所赞同，不必悉衷于理，而内阁不得不随之而起灭。简而言之，凡代议政体之弊，内阁乃相与分受之，此其所短也。（按：戴氏此段，记者另有说明，本篇仅以完戴氏之说，暂不赘。）

非政党内阁之利弊，即政党内阁之利弊，惟适得其反耳。盖政党内阁，利在立法、行政两部无冲突，而非政党内阁，则此种冲突无幸免理。政党内阁，弊在不能保持行政之独立，而行政之独立，又非政党内阁之特长。今试以后项言之，德意志皇帝及美利坚总统，皆不受制于议会，行政首长如有健全之政策及强横之手腕，尽可反抗当时之舆论，一意行之。此种行政法，亦不得谓于国利民福无所裨益。前普鲁士王及俾士麦公行之于德而有效，美总统林肯亦尝为之，此非议会行政部之所长也。

至其所短，即在行政、立法两部之横决，此其例可于法兰西第二次共和得之。自鲁意拿破仑就职，以至颠覆，全部历史，自政府与议会冲突外，无他事可纪。此犹得谓鲁意拿破仑乃承拿破仑之余荫，法人有成心嫉之也。至美利坚总统章孙（ANDROW JOHNSON，第七代总统）与康格雷不相容，则其中并无皇位问题，而美人之法律思想又重于法人，此良足以证明非议会行政部之缺点，无俟多求他例也。

（五）戴雪之第五项，在说明一种政府，其组织在综议会行政部与非议会行政部之长，而两去其短。其法则行政部由议会任之，而不由议会免之，谓之半议会行政部。此种组织法，以历史证之，无成功之可言。法兰西一七九五至一七九九年之执政，即其例也。今之瑞士亦属一种半议会行政部，行政部任由议会，免不由议会。行政部员与议员任期各三年，相与终始，新议会开始，旧会行政部即告终。然例得重选，以故瑞士内阁之蝉联者，十居八九。此在欧洲政治为孤证，大有可以研究之价值，其详请他日语之也。

由戴氏之说观之，于政党内阁与非政党内阁之异点，可得其大凡矣。进而论之，请待他篇。

原载《帝国日报》1911 年 8 月 15、16、17 日。

政党内阁果优于非政党内阁乎
——政党政治论之六

戴雪指陈议会行政部与非议会行政部之异点，颇于政党内阁优于非政党内阁之处，略有说明。记者亦既引称之矣，今于此题之下，请更详述其理由。

政党内阁之何以优？乃以非政党内阁比较之而得。政治原理不如历史成例启予之多，斯言盖无以易也。而当世之非政党内阁，首推联邦诸国，故于相提并论之先，吾人已得一近是之前提，曰，非政党内阁，惟于联邦国为宜也。自非联邦国，以非政党内阁而治者，除日本颇违政治之常则外，世界历史尚未予吾人以前例也。于是论两种内阁之优劣，当先以国体为衡。

夫非政党内阁胡乃独宜于联邦国？此其理由，戴雪亦曾详陈之矣。盖联邦国之所由成，必具有两元素：一、各邦愿统治于共同之政府；一、各邦愿保存本邦之独立。非此两元素同时并具，则联邦无由成。然此两元素者，不兼容者也，调和之结果，于是以若何权贡之于总体，以若何权留之于本邦，二者于其范围以外，各不相越。夫此等权者，于何定之？于宪法定之也。于是国以联邦而成其宪法，乃其国之所托命。其视宪法为神圣不可侵犯，乃逻辑之所必至。夫宪法而神圣矣，则国中推宪法为万能，各邦日日防有异军特起，拥绝对之权，以变易州国相钤束之权利，国中所有各机关，遂乃亦立于宪法之下，用事之权，悉为宪法所分界，不相凌越，而三权分立之理想，竟得于联邦政治之国胚胎而成。且也国以宪法为万能者，解释宪法之最高机关，必托之于裁判所，而司法绝对分离，先已无置喙之余地；至立法、行政两部，以国中不容有最高权之发生，不得不为之画一鸿沟，而非政党内阁遂成为联邦国之模范矣。其中真诠，欲详述之，颇须广幅，今仅以谋吾篇得此，当已足也。

由右观之，当讨论采用何种阁制之先，宜先问国中是否容有最高权之发生。如容有最高权之发生，如英之国会万能矣，则非政党内阁之为劣制，不待问而知之；如不容有最高权发生，如美利坚矣，于是非政党内阁果适于用与否，始成问题。今之政家，颇以三权分立之说，在联邦政治之国，亦不必即为不可缺之要素。欲详论此，请略后焉。惟欲墨守孟德斯鸠之说，必在不容最高权发生之国，已有可言也。

联邦国有行君主制者，有行总统制者。前者为德，后者为美。德、美虽同为联邦国，又同属非议会行政部，而所以运用之者，截然不同。德国之政府流于专制，美国之行政部无能望之。"然德国之现象，乃全溢出政治之常轨。其所以如此者，半由于历史之根性，半生于暂时之变故。德意志帝国无论在何种政治，不能取为模型"。（此戴雪之言，见其所著《英国宪法论》一三五页。此语最须熟记。）是故为阁制之比较论者，率不言德而言美。白芝浩者（严译《天演论》导言十五中所谓计学家柏捷特，即此君也），始持内阁制（指政党内阁制）与总统制相较者也，戴雪虽讽白氏所谓总统制者为太狭，不足以尽非议会行政部之变，而戴氏自论两制之利病，又专取美利坚，故记者今进察非议会行政部之作用，亦请以美利坚为言也。

白芝浩者，英人言宪政者之斗星也。白氏以前，英国宪法之性质，果胡似者，即英人未能言之。故彼所作内阁制与总统制之比较，甚有价值，吾人不先察之，或且误入歧途。今请简举其词如下：

> 吾英立法、行政两部之融成一片，在不明政治学者，或以为历史上偶起之现象，以为英国宪法之神秘，未可效法。然若熟察政党政治之效果，并以比较与吾竞争之总统制，而后知吾英政治之有真价也。总统制之特色，在选总统与选议员异其手续（按：立法者之意，乃欲使总统超出于党派，实则此意全为政治习惯所消，近世之总领无一而非党人），而立法、行政两部之独立，为其精要，犹之两部之互相倚为政党政治之精要也。吾今试以冷静之头脑而两衡之。夫行政部之必得立法部之扶助者，乃近世文明之神髓也。而立法中之最要者，厥惟租税。文明政府求尽其义务，其政费时有变迁。今年所需甚多，明年则少，今年或少，而明年复不得不多，此在教育、监狱、工民百政有然，而于海陆军费犹为显著。于斯时也，果执政之人非即立法之人，则两种人之争论必起。课税者与纳

税者之心理，断乎不同，其结果，非行政部之所欲得者。不复可得，则立法部见迫，而通过不负责任之议案，于是行政部之所决行者，不能实行。行政部之名，有同虚设。其在他一面，则立法部不复顾念民瘼，自由承诺议案，而为民代表之道德荡然无存。此种情形，吾人一翻美利坚之政史，即知其为所困恼者不少。美人既感此痛，思所以补救之，于是于行政、立法两部之间，设为"半连环"。一有财政案，度支大臣就商于康格雷委员会长，欲由委员会长以感动委员会，更由委员会以感动全院。度支大臣无能出席于康格雷，自陈其所欲，直接与议员相论难也（以己非议员故）。而此种"半连环"之效果，乃至有限，纵于单纯之租税具有效力，而于复杂之预算案则全然无功。吾人几曾见两政治家而同意于一预算案者？

白芝浩论总统制之缺点，此为中心，而不止此也，欲尽举之，非本篇所能。而白氏之内阁论，记者颇以为有绝大之价值，行举其全而译之，以供国人之研究，故不详于此也。

以下请进述戴雪之见。戴雪以为，在联邦政治之下，其政府辄流于孱弱。质而言之，联邦政府者，弱政府之别词也。（此全指美国。迩来卢斯福之所主张，即为美利坚求一强政府。）其言曰：

> 三权分立之结果，必至国中无一部拥有用事之权，为一神政治之所有者。（按：一神政治，乃戴氏杜撰之词，意对于联邦政治言之，即单纯国之政治也。）其所持"政治抵衡论"，中央政府与各邦以之相抵而相衡，而耶勒辑（译言力也，中文乃无相当之字配之）之滥费者乃绝多，于是联邦国与国力同等之一神国遇，一有竞争，前者立陷于不利益之地位。持此以衡美利坚与瑞士，或且以为无的而放矢，殊不知美之得以幸存者，以无强邻逼处其侧也。今后之情形则将变易矣。瑞士虽为强邻所伺，而乃有与其宪法不相关之事实，使之存在（按：以政治组识言，瑞士实为半议会行政部，记者于前篇已述及之），非宪法能存其国也。且州国相猜，适以使瑞士共和国愈趋于弱。瑞士之阁员，必分配于各州之人，实为无理取闹。循此以往，势必阘茸者在朝，贤能者避路，国事之莫举，又焉可逃？（按：吾国满、汉分缺之结果，一至于是。）要之，联邦政治，实不容活泼有为之政府发生于其下，此容为联邦政治之长，而无奈与时势之要求不相应也。

戴氏之论联邦政治，亦不一其词，欲详述之而未能。其所著《国会万能说》，比较英、美之政治甚详，记者甚望能全译之，以饷国人也。今兹之所录者，乃在指明联邦政治之国多采非议会行政部，而非议会行政部者，易词言之，即弱行政部也。二十世纪之国，非拥有绝强之行政部，不足以图存。吾于政党政治论之发端，即于此三致意焉。而欲得绝强之政府，与群雄相角逐，非采用政党内阁制，万万不可。记者之重戴氏之说，即为此也。

细观白、戴两家之说，吾人于阁制之优劣，可无须判词矣。惟吾人讨论至此，颇有一成见亘于胸中，以为非政党内阁，惟于联邦国为宜。联邦国虽采此阁制，而不得良果，顾亦无能避兹问题也。戴氏亦曾论及之，而与吾人以极有趣之教训矣。吾人如觅得有力之论据，使政党内阁亦得用之于联邦国，则吾党之内阁论，将无坚而不破矣。

戴雪曰："联邦政府之所由弱，厥有二因：（一）权分于中央与各州。（二）权分于总统与国会。第一因也，乃联邦国之产物，自然而然，无可补救。若第二因者，则以逻辑言之，断断非与联邦政治不能相离者也。在联邦宪法之下，将中央政治之权萃集于一机关，毫无理论不健全之病。其所以不能实行者，则事实上各州之臆病多，唯恐中央政府之滥侵其权耳。"由是观之，则政党内阁之发生于联邦国，非不可行，联邦国尚能行之，则为非联邦国之国民者，于政党内阁复何疑焉？

吾知论者于此，必且以德、日两国为言。德意志者，记者已举戴雪之言证之矣。彼盖"全溢出政治之常轨……无论何种政治，不能取为模型者也。俾士麦以其扩张军备案不得通过于议会，遂解散议会，独专其政若年，正则之联邦国容有此乎？即正则之非联邦国容有此乎？日本者，模仿德意志而粗具其形者也。吾谓戴雪之所以评德，吾当用以评日。国人之谈宪政者，谓宜取法德、日，上之则得半近似之词，下之则未尝学问之论也。大抵宪法之得如德、日两国者，其执政必有异常卓越之才，复利用历史上之根性，事变之机缘，以与民更始。其所计划，虽于君民之权利不能持平，而其公正为国，鞠躬尽瘁之心，必与天下以共见。而又改革之动机，全发自上而不自下，而所以运用其机者，国民之参与力亦复不多。国民即或与政府抗争，而道德才智率远出于其下，无能制胜。苟此种条件有一不具，则德、日之宪法无由形成，而非政党内阁制，断乎不能存在。今之捧心欲效西子者，亦曾于此种条件加之意否？且变态之来，一日万千，在二十世纪，即横强如德、日，果更有非政党内阁之余席否？非所敢知。若日本之官僚内阁，近且骎骎不可支矣。德、日既不足以相难，联邦政治之国且不复有采用非政党内阁制之必要，而吾论阁制之优劣，乃可以踌躇满志以结尾矣。

原载《帝国日报》1911 年 8 月 18、19、20 日。

论反对清帝逊位条件事

优待清帝条件既经南京参议院通过，渐有著论演说反对之者。广东陈都督，至以官电抗议于伍代表处（伍复电见本日电报栏）。此足见国民拥护共和政体之决心，宁不可尚？虽然，此中有可细商者，请略陈之。

凡与人讨论一事，两方必有共同之一点，然后其说可进，此不待通逻辑者始明其理也。而有一部分人之讨论本问题者，记者苦于无从觅其共同之点。盖其人所主张者，乃无政府主义也。彼以为凡带政府之臭味者，其行事必不良。专制政府有然，共和政府亦有然。此条件乃成于共和政府之手，故不良，故当反对。此种极端之论，记者亦敬听之而已，不敢赞一词也。

人之反对逊位条件者，多为旁观无责任之词。当局者苦心孤诣以成其事，袖手者不惜以一二急激语破裂之。至破裂矣，果胡以善其后者，彼复不能道其所以然；能道其所以然矣，又决不能餍实际家之意。夫将事实上面面之现象剔除净尽，只求作一篇发扬意气之文章取悦于读者，宁属难能，而贤者乃骛为此。昔李陵转战艰难，深恶刀笔之吏弄其文墨；今之以偏激不切事情之词齮龁政府者，何以异是？

至陈都督之抗议，则决非无责任者矣。都督自统重兵，指期北伐，一切艰巨，躬自任之，此诚当别论。今记者所进词，则专为此派而设。

读者当知，今之优待清帝，非天下无事，满、汉以主客从容相见，而吾汉人无端议以尊崇之礼，厚遇之也。乃吾族以攻扑恶政治之故排满，以排满之故转战天下，糜血肉无量，耗货财无算，而今且其难未已。幸而满廷大臣天诱其衷，转而向我，彼等以逼退清帝，其数百年政治上之根据，骤不可芟夷，从而磋商其代价，谋有以赎之，吾乃协议优待条件也。今之所欲问者，则其条件果于共和国体有所妨碍否耳？（参看本日伍代表电。）果有妨碍，则律以不得已而用兵之义，吾诚当坚持到底。否则，当此生灵涂炭之时，又宁忍专尚意气者？苟大体无损，爱国者惟有力赞其成耳！一味破坏破坏，又伊胡底？妄议北伐之结果，人或骂其阻挠军帅，即全胜矣，而以无量之血肉，无算之货财，仅去一一文不值之虚君名号，奏凯以归，吾甚为智者不取也。伍代表者，国民之所信任者也，与言及此，记者惟有求国民详察代表之宣言矣。存帝号与共和不能相容，此皮相共和者之言，易动凡庸之听，而不必衷于理论。吾人素生息于专制政体之下，每过于重视共和，实则共和在人为之，政体无能自举。政治学者，至不屑细作共和与立宪之界说。共和二字，在吾文本非正译，律以欧文之义，特为国民求福祉而已。天下能为国民求福祉之国，固不独世俗之所谓共和也（详见英儒席黎《政治学杂论》）。夫能为国民求福祉者，单简言之，则多数政治（谓政治由国中多数人主之。），共和政治亦多数政治之一种耳。今之问题，在暂时虚存帝号，而又以外国君主之礼相待，王公虽不去其爵，而公权、私权一切与国民平等，果于多数政治有妨与否？如有妨也，记者请闻其理由。否则，吝此虚名而使政治上一绝难之问题骤不得解决，又胡谓者？英人重实利而轻虚名，政治能力遂甲于天下，而吾国人适得其反，此可为政治前途慨矣。

原载《民立报》1912 年 2 月 11 日。

共和略说

记者前日《论反对清帝逊位条件事》，曾谓政治学者，不屑作共和与立宪之界说。以限于篇幅，未能详加诠释。而读者于此果有攻诘之词，是不可以不辨。

人之疑难记者者，吾知必怀有定义，足以判分共和与立宪，使若鸿沟也者。记者读时贤名著不多，尚无一种定义入于吾目。偶检某杂志，略于此点有所陈述，此似足以代表时论，今姑引之：

> 政府者何？人民不能无统治，故设此机关以统治群生也。共和政府者何？其统治机关，合多数人之意见组织而成也。夫共和政府既由多数人组织，则组织者之利益，即人民之利益；组织者之志愿，即人民之志愿；组织之权，操于人民。共和政府，所以以人民为主位也。故民主立宪，不特与君主专制异，即君主立宪亦异。根本不同，枝叶自别，徒形式上有一二相似，要其精神，则全相反者也。约而言之，君主立宪与君主专制异者，一为无限之君权，一为有限之君权；民主立宪与君主立宪异者，一为有限之民权，一为无限之民权。准此，共和政府者，为人民而设者也。质言之，政府即人民也。

夫曰共和政府，其统治机关合多数人之意见组织而成，是同时必曰立宪政府。其统治机关非合多数人之意见组织而成也，是何以解于英吉利之国会万能？其曰共和政府以人民为主位。似又谓立宪政府非以人民为主位，吾闻以人民为主位之国莫如英，而英则非共和国。至谓民主立宪与君主立宪异者，一为有限之民权，一为无限之民权，此又不然。美利坚共和国也，而其民权即有限。准此以判别共和与立宪，是适自堕云雾而无能自拔耳。

然则共和与立宪胡以分？曰是全视国家元首之为何物。元首为君主者，谓之立宪（此指君主立宪），元首为总统者，谓之共和，如是而已。

虽然，以元首之性质区别国度，此以助历史上之资料则可，谓有政治学上绝大之价值则不可，果谁见何国学者，本此以定国制之优劣者？谓共和国必优于立宪国，此惟吾国未曾吸取共和空气者有此言。近世纪以来，英、美同以宪法之模范，主盟于世界，表面虽以元首之性质而分，实际乃以政府之形式而异。英采内阁政治，美采总统政治。国体虽同，政府之形式则厘然不同。此以知内阁政治与总统政治之别，非即立宪与共和之别。总统政治固仅属于共和国，而内阁政治则不仅立宪国能用之。法兰西共和国也，以论政治，则与英同为一系。白芝浩者，十九世纪中叶英国政论家之魁杰也，彼实痛论两种政治之得失。自是以后，论者率宗白氏之分类，以讨论时政，而注意于元首之性质者盖鲜，此论治者之所不可不知者也。

记者之持此论，非谓以元首之性质论，其在吾国，共和与立宪，可以无择也。吾党腐心于满洲政府之昏暴，何止一日，疾首于君主党之运动，而痛骂之，又何止万语。《民立》何报，读者宁不知之？惟既颠覆满洲矣，吾等作国家之长计，当并力于政府之形式，而元首之性质，抑又其次。记者之主张，则吾国虽属共和，当采内阁政治，而不当采总统政治，南京政府组织之不良，记者当有专论论之。既如此主张矣，则国内必不得已，有何现象，稍于元首之性质有妨，吾宁敷衍之，决不重有所牺牲以争其名。而况乎虚存帝号，以外国君主之礼相待之，不必有妨乎？

记者所以对优待条件之不反对者，此也。读者若仍不释然于记者之理喻，他日有隙，当语其详。

原载《民立报》1912 年 2 月 13 日。

新总统与内阁政治

本报停刊一周之中，吾国政海之云波，至为诡谲。其最足促吾人之注意者，则选举袁君世凯为总统是也。袁君之得举也，先由总统孙君之推荐，继由参议院一致投票。国民既感孙君之大公无我，即因于袁君属以厚望焉。此记者之所敢为代表言之者也。惟有一部分人对于此举，不甚满意。其不满意者，固自有其理由。记者亦不谓袁君必足以副总统之实，然天下纷纷，何时定乎？今幸有定之望矣，易一总统其事小；而因易一总统以致将定未定之局，转而不复可定，其事大。当此感情横决之秋，夙怨、成心与偏见，数者咸足为祟，每一问题发生，人或不熟察事实，则此数者，动居中用事。今之言治者，幸于事实上加之意也。一八七一年法兰西国民议会，举戴冶为总统，舆论亦或非之，而卒无以易。当时英之政家白芝浩，亲游法境，目击其事，归而著为论曰："戴冶者，乃时势之骄子，法人舍彼，殆无以为选。倘法人必不欲戴氏为其总统，而欲别选一人为之，事将莫举。惟其如是，而戴之位得以稍安。夫总统之易位，以法律言之，事本平常，惟因总统之易位，而政治上将受莫大之影响，事乃不可尚也。"（见其所著《英国宪法序》。）白氏之论戴氏，记者取之以论袁君，至两总统才能之比较，则非本问题所及。

记者主张内阁政治者也。其所谓内阁政治者，以共和国言，即如法兰西之今式。总统殆如英吉利之国王，不直接受政治上之影响，而当政治之冲者，乃其内阁总理；而内阁总理必属控制议会之多数党，阁员皆其党员，全阁对于议会负连带责任是也。但欲谋此，恐于临时政府不能为功，以秩序未定，而时期短促也。记者今论袁君，联想及于前法总统戴冶，于是戴治时代所有之现象，颇以为行复见于今也。法兰西政府今纯为政党内阁制，而戴氏之时，则尚未然。凡一政党之首领登朝，党员位置之支配仍有一定，党首回旋之地绝狭，而当时戴氏则实无此种拘束。彼之内阁，其分子极杂，各派之人皆收容之。此固绝非持久之态，而过渡时期，此状将无可免。今之临时内阁，大约必出于此。惟其如此，政治首长必赖非常之才。当法兰西新败于普，义愤莫堪，全国主战；而内阁且含有主战一分子，议会之叫嚣、无纪律，又无过于彼时；而戴氏卒能运其长腕，保其政策之统一，以维持和平，是固不能不责望于袁君者也。惟当时戴氏之所为，深有类于英吉利之内阁总理。白芝浩又曰："戴氏为议会所举，亦能为议会所移，彼之出席于议会，与吾总理同，彼对于议会所负之责任，亦与吾总理同。"于是问题起矣。今之袁君将使之全负政治上之责任，因不设总理乎？抑别设总理，使之负其责任乎？以总统负政治责任，非法也。然新旧交替之际，只求有益于事，政例原不妨孤零。设总理尚矣，记者以为袁君果能举戴冶之实，即循戴冶之例以行，亦无不可。惟有须记取者，则不设总理时，总统不当效今日美利坚之元首，而当效法兰西第三共和初成时之行政首长是也。是何也？总理当为议会所左右，无之，则总统当为议会所左右也。或曰，政府至为议会所左右，则政府行为议会之奴隶，吾有良议会则可，否则国事尚堪问乎？今议会之不能良，谁不知之。子倡为是言，宁非欲陷中国于无政府乎？记者曰，是言诚然，惟记者有说。盖记者之所主张者，内阁政治也；而内阁政治之精髓，不在内阁总理之有无，而在立法、行政两部之打成一片。所谓打成一片者，即立法部员出为行政部员，而行政部即视为立法部之一委员会是也。苟非如此，则政府为议会所左右，诚为莫大之危险。若如此而危险终不可免，则国民程度问题。国民多数欲自侪于牛，只得为牛；多数欲自侪于马，只得为马，非组织者之咎也。近世纪来，英、美各以立宪国主盟于世界，而所谓内阁政治，惟英行之，世几疑此种制度只宜于君主国，而不宜于民主国。后法兰西毅然行之，法之第三共和政府之足以研究者，正以其始行沟通立法、行政两部之邮。白芝浩曰："吾主张内阁政治之合于政治原理，人或疑之。吾英之久行此，此不待说。今由法兰西观之，则此制之行于共和国，断非不可能之事。有谓此制为英伦之特产，真腐儒之语也。"白氏此论，发于第三共和初立之时，此制之天演未深，而其足以倾服白氏已如此。而吾人由今持论，则当尽择其所长之适于今者，实力行之，亦宁待言？徒法固不能以自行，而吾人首当从事者，则必在此，是则组织者之责也。

虽然，骤以立法、行政两部融成一片，则非临时议会议员不能组织临时内阁，而政党尚极幼稚，英才果悉集于议会与否，尚是问题。而同时南、北两政府之分子，组织新内阁者，又必不能外之，而此种分子不必即为议员，则记者言内阁政治，宁有当乎？然记者之言此，非好高论也，实以救政治上之弊，非如此不可也。盖非内阁政治，则立法、行政两部之冲突必起；冲突甚而政无由行。数周之间，南京政府即累为参议院所扼，其明证也。纵完成之内阁政治不可骤得，亦当设法以凑成之。所谓凑成之法，即将阁员补选为议员，使并出席于议会是也。记者以为新内阁既成，即以各阁员之原籍，为其理想之选举区，以其名送至各选举区，倩其补选。此种阁员必当时之名人，而其乡所乐引为议员者，如此行之，决能当选。当选之后，即同为议员，侧席议会，阁员既为全院之精英，议员之佼佼者，必乐于联合，而多数可期；而政府之政策，以阁员同时为议员之故，解释辩论，审查通过，悉较易为功。此风既成，政党复有势力，不久即完成之内阁政治可见矣。此议记者前倡之于南京，人不敢深信之；于此次临时政府，则深望其急图之也。偶感为此，并著于篇。

原载《民立报》1912 年 2 月 21 日。

论行政裁判所之不当设

闽省法制局，最近有呈请该省政务院特设行政裁判机关一文，猥承不弃，寄示记者。大旨谓司法与行政，乃应区分明析。倘行政裁判不设独立机关，则权限纷淆；行政官吏，得藉公力以侵害人民之私权。行政裁判所之设，其理由与旧制所以置都察院者，大致相同。今各省业离满清独立，对于行政处分事项，既无纠察机关，则行政裁判所之设，自不容缓云云。其中区别法系，缕述利弊，皆非寻常涉猎和装书者之所能办，盖近来言法制颇精之文也。惟与鄙见略有异同，请得陈之。

大凡主张行政审判制度者，有一说最足以苦之，即三权分立是也。故其言曰："三权分立之国，司法与行政绝不统属。若以行政裁判委于司法官厅，是司法权侵入行政权，则行政权之活动必委靡不振。"（局呈原文。）此非闽法制局之私言，而实法国学派之公言也。然其言果当于理乎？是不可不深考也。按分权之说，倡于孟特斯鸠，而彼自以为得之于英伦，是最可怪。盖英夙取法律平等主义，自内阁总理以至贩夫走卒，一律受审判于普通法廷，毫无等差。行政裁判与民事裁判之分，为英律所不解。其理想，与法人所本以编制行政审判法者，判然如冰炭之不相容。而孟氏转谓其理想源于英伦者，何也？此其故，英人甄克思曾言之矣。甄氏之言曰："吾英固有分权之说，惟其所谓分权者，乃法廷独立不受行政大臣之节制是也。而在法兰西以及大陆政家视之，则分权云者，乃行政大臣独立不受法廷之制裁，其见解之谬如此。自法兰西革命后，大陆之政府率毁而再造者，而其适用英宪之原则，犹不改其旧形。甚矣，逻辑之为凶器也！"（参观严译《社会通诠》一百页。）由右观之，可以明分权之说之无据，且既主张司法与行政之独立矣，则是司法与行政之区域不得偏侵。今此方谓"以行政裁判委于司法官厅，是司法权侵入行政权。"安见彼方不曰，以行政官厅干涉裁判，是行政权侵入司法权乎？三权分立之原则，到处无可自安。今之谈法制者，其毋滥引此说也。

持行政审判论者，又有自蔽之一言曰，倘无此种裁判所，则官吏将藉公力以侵害人民之私权。而不知自有此种裁判制度，寻常法廷全然失其效力，不足为人民权利之保障，而私权之受侵，乃益甚。此明大陆法系者所能言，非记者之臆断也。须知此制既立，政府之官吏实享有一种特权，而规定此种特权之原理，与所以规定人民普通权利义务者，迥然不同。于此而言，卫护私权，直欺人耳！要之，平等之国，行政审判制度不应发生。法兰西之有此，乃历史上偶有之现象，非法人视为立法上万不可缺之机关从而设之也。美人李高客 Stephen Leacock 曰："行政审判制度起于法兰西。当时法人图君政之集权，尽废地方裁判所，即以王室之官吏代之，因有此制。其后复图行政部之自由，使不受法律之束缚，遂因仍不废，寻乃以三权分立之曲说自障矣。"（见所著 Elements and Political Science 二百十七页。）吾民国初立，首当注意者，即在法律平等。今奈何漫以不平等之法律自缚乎？夫讨论本问题，稍涉精密，乃须广幅，万非本栏所许。今姑发其端如此，闽法制局原呈中，尚有高义，未尽为之疏明，颇为歉然。进而论之，且俟异日。至呈中以旧制都察院比行政裁判所，记者颇觉儗不于伦。夫都察院衡以裁判制度，仅得列于告发者之林耳，彼实未尝有丝毫裁判之力，焉得为比？然此无关宏旨，不深论。局中贤者，幸有以教之。

原载《民立报》1912 年 2 月 22 日。

政党与党纲

今之贤者，竞言政党，且实行组织政党矣，是不可不于政党二字，加以最确之定义。然于欲图此，非菲材之所能，记者亦惟称述先贤之说而已。

政党者，英伦政海之产物也。十八世纪，彼中有绝世之政雄曰柏克，尝作政党之界说曰："政党者，本特异之政纲，为全体所共认者，以一致之运动，图国家之幸福，因而相与联合之一团体也。"又曰："无党之政治家，无从实行其党纲。"由柏克之言观之，则政党者，乃一实行政纲之团体，而政纲又必不与人同者也。此定义也，粗视之不过一老生之谈，然细审之，则本特异之党纲而实行之一语，实政党二字之精诂。举世界古今之政党，如属名副其实，率不能外此。惟在吾人素不习于政事，又未暇勤攻党史，不审政纲之何以当异，并亦不了然于所以实行政纲之道，遂遇此精义而无法提取耳。

政党不单行者也，故一党立而即有他党同时并立。记者所谓政党必异者，乃一党之政纲必异于他党之政纲也。倘两党之政纲未尝差异，则理论上实无两党并立之必要。如斯而有两党或两党以上，是直贼政党之作用耳。欲明其理，可分别举之如下，其分类固不必即合于逻辑也。

一、党争者，为国利民福而争，非为个人私利而争也。以政治上用语言之，则党争者，乃为政策而争，非为人而争也。为政策争，则彼争一政策，而我复争一政策，两方各求其政策之实行，而政策必异。倘不异者，又焉用争？此不必知逻辑者能言之。虽然，逻辑之至理，察之于事实，往往而牾。党争以政策，理也，而党史所告，则不必以政策。党人恒有为党魁之奴隶者，亦有逞无聊之客气者，政党至此，实失其政党之资格。是故，不欲组织政党则已，欲组织政党，则当志在重政策不重人之党，不当使为重人不重政策之党。夫重政策而不重人，则政纲自然异矣。

二、凡言一事，其理必有正负两面。使有人发言，其势力足以使之闻于国中，国民之赞同者必有之，反对者亦必有之，而政党者，即应于此现象而生。譬如，国中有一部分人主张中央集权，一党从而领其言曰，是吾党之宗旨也。如此主张者咸归之。国人又有一部分人，不主张中央集权，一党从而领其言曰，是吾党之宗旨也。不如此主张者咸归之。要之，国人无论有何意见，无不得一归宿，以期其实行，此代议政体之国之所以贵有党也。于是每一政策，一党守其正，一党守其负，谁得国民多数之拥护，即谁胜利。倘两党党纲不异，则又何自代表国民之意见？又宁贵夫有党？

三、二者皆属理论上之障碍，而更有一实际上之障碍，文明国之政党且恒犯之不已者，此不可不深察也。夫政党之作用，在保持其党真正之多少数，其要点在使旗帜鲜明，使人一见而知所走集。苟两党党纲不异，或异而无多出入，则党员今日属于甲党，明日无妨迁于乙党，且或竟同时足跨两党，党中乃至无固定之分子，则多少数因无一定。倘以此种政党组织内阁，则内阁必不稳固。法兰西内阁之运命恒以月计者，此也。美利坚政党之腐败，亦以此也。此为政党之致命伤，故组织政党，首当谋保持其党真正之多少数；而欲保持真正之多少数，首当制定特异之党纲。

凡右所陈颇关宏旨，今见国人之尽粹于政党者，颇于政纲必异之处，未深加意，乃亟以此篇进之，未能详也。

原载《民立报》1912 年 2 月 24 日。

上海何故发生多数之党派乎

　　向来上海之政客，多于鲫鱼，其已设立名字，号召从党者，亦未可一二数。此固不得谓非民国之好景象，然此即足为好景象哉？吾不敢言也。夫吾人之所欲得者，政党也。今且质问此若干党者，果足称为政党否？

　　政党者，以实行政纲得名者也。欲知一派之为政党与否，当先叩其政纲之如何。记者固言之，凡一党之政纲，必与他党之政纲特异者也。（参观二月十四号本报社论《政党与政纲》。）于斯记者请得略言政纲与政治主眼之别。此而不慎，人将误以政治主眼作为政纲，而党争遂至无谓矣。

　　政纲者，必其崭然立异，使人得就于相对之点，别制一政纲者也。而政治主眼则不必然。政治主眼者，乃政党所射之鹄，此鹄容或为各党所同射也。如曰吾党之目的在"整理财政"，此可谓之政治主眼，而不可谓之政纲。何也？以无余地可容他人之异议也。吾党曰"整理财政"，果何党将起而相持，谓其党将不主张整理财政也者？如一党之标题曰"整理财政"，而他党无从反对。换之他种标题，如"注重民生"、"融和民族"，而他党皆无从反对。则在此种范围内，党争当当然消灭，携手共济，否则为政党之贼，此一定之理也。

　　记者今为政纲与政治主眼之分，似甚狡猾，而乃不然。不明此别，而漫言政党，其党必粪土之墙。夫凡言党者，必具有一定之程度，其达此种程度与否，视有政治主眼与否以为衡。整理财政，吾所谓政治主眼也。设有一党不知财政是否必须整理，是无政治主眼也，如此可得谓之党乎？以故知政治主眼者，各党之所同也。惟政治主眼同矣，而达到此主眼之程叙容或有异，乃政纲出矣。今仍以整理财政为言，一派曰此政治主眼非由自由贸易政策不能达也，乃采自由主义。一派曰此政治主眼非由保护贸易政策不能达也，则采保护主义。于是，就其程叙之不同处，以定其标目，是之谓政纲。政纲者，一党所独也；而政党主眼，则他党所能同。此政治主眼与政纲之说也。一党之初立也，原不妨以政治主眼布告于天下，与常人言之，谓此即为政纲亦无大害。惟以此与他党争，则当不忘记者之定义矣。

如记者所陈不谬，则上海党派林立，宣言书亦盈寸矣。记者极其耳目之所能及，尚不见有足当政纲两字者，有之则所谓政治主眼而已，是故一党之所宣布者，余党几可全体赞同。如此，而尚扬镳分峙，记者诚欲为吾国政治前途危矣。幸而当世政家有见于此，亟谋为各党联合之运动。以记者所闻，中华民国联合会，共和党统一会，共和协会，以及国民共济会，以其政治主眼同也，将联为一大党，此甚盛举。记者甚望此大举之不以他故见阻，既合之后，并别制真正之政纲，以与他大党相恃。乃不揣昧，草为此篇讽之。

原载《民立报》1912 年 2 月 27 日。

国体与政体之别

　　国人之亟须理解者，盖莫如国体政体之别。虽然，为此别也，欧美之学者，且视为难能，不学如记者又焉能为役？今之所能为者，亦本前哲通俗易解之绪余，参以常识，略备论治者参考之一端而已。有能深论之者，记者所尸祝也。

　　欲明国体与政体之别，当先明国家与政府之别。而此别也，自亚里士多德以来，以至最近世，几无一作者怀有绝明之印象。亚里士多德分国家为三种：一君主国，一贵族国，一平民国。此果专指国家乎？抑并指政府乎？由前之说，则可曰君主国家，贵族国家，平民国家，由后之说，则可曰君主政府，贵族政府，平民政府。

　　亚氏果何指乎？夫国家者何？统治权之所在也。政府者何？领受国家之意思，实施统治者也。统治权之所在，与实施统治者，固不必同为一物。于是谓亚氏专指统治权之所在乎？而彼则时时涉及实施统治之一方面。其说曰："君主国者，由一人统治。贵族国者，由少数人统治。平民国者，由多数人统治。"是明明言政府矣。借曰言国家，则亦包含政府言之者矣。由今观之，果谁见君主国而必由君主统治者？贵族国必由贵族统治者？平民国而必由平民统治者？混国家与政府为一谈，实亚氏政论之不完处。虽然，此非亚氏咎，乃当时政治之现象实如此也。希腊各国之国家，实建设于政府之内，国家与政府合为一体。大凡政治之天演未深，此象必不可免。

　　自亚氏之后，虽国家与政府之概念逐渐分离，而组织上仍无鸿沟之可指。盖太初政府即为国家，厥后由甲种政府蝉蜕而入乙种政府，虽乙种政府，实不必即为国家，而蝉蜕之迹，极其无形，程叙又极迂缓，新旧两者之界线，殊难划清。于是欲在政府之外建立国家，使国家自国家，政府自政府，总不完全。虽然，此在古国而宪法有相承之系统者为然也。

若曾经革命，将从前之系统破坏无余，而别创一新统系，使新旧交替，有至明之迹不可掩者，则愈于此。若而国者，每有绝大之机会，建立国家于政府之外，盖革命既成，国家以立。于是，由国家编制宪法，宪法定而政府之形式始生。政府者，乃依宪法之条文，体宪法之法意，以实施统治者也。政府由宪法而生，国家乃非由宪法而生。国家者，造宪法者也。宪法者，非造国家者也。有国家而后有宪法，有宪法而后有政府。国家者，乃纯乎立乎政府之外，而又超乎政府之上。立国至此，而国家政府之观念，乃真分明矣。

国家与政府之别既明，则国体与政体之别，可不言而喻矣。以吾国言，吾国者亚里士多德之所谓平民国也。平民国是吾国体也，记者前言之矣。国家者，立于政府之外，而又超乎政府之上者也，有是国体，不必即有是政体。吾国革命后，统治权骤由一人移于人民，是人民即国家也。惟有国家矣，而政府尚无有也。有国体矣，而政体尚无有也。于是吾国当采何种政体，乃今之政家第一绞脑之题。讨论此题，非本篇之职所许，记者请得当徐徐论之。惟由是篇而使读者略具国体政体之别，则记者所愿望也。

原载《民立报》1912 年 2 月 28 日。

论平民政治

今讨论平民政治，首当严者，则国体与政体之界说。国体者，就统治权而言之也；政体者，就所以统治者而言之也。统治权在是，而所以统治者有时在是，有时亦不必在是。（参观二月二十七日本报社论。）吾之统治权属人民矣，今之问题，则所以统治之者，果即同物否？易词言之，则吾为平民国家，果当采欧美平民国之平民政治，而无所损益否？

记者之为此问，或竟大启世人之疑怪，以为吾初入共和，胡乃望之而不敢即。此诚似也，然解决此问题，首当熟于政治之原理，继当详察世界之政例，终当深体吾国之内情，鲁莽而下判断，殊未可也。

大凡国民程度未熟之国，实不宜于极端之民政，谅无人能否定兹言。美人柏哲士者，长于共和之邦，深探政学之秘，而鉴于民政之流毒，卒著为论，曰："国体与政体，合而为一，在政史自然之序，或亦宜然，然史例所垂则不恒尔。且二者全然合体，有时政家亦雅不欲之。以吾观之，政体之最宜于今日，而能获最大利益者，实以平民之国家而建立贵族之政府。世有诋吾此说者，吾殊未睹其所以然，特吾所谓贵族者，非以伪造之资格定之，乃全出于才能之异众耳。"（见柏氏《政治学及比较宪法》一卷七十二页。）以美利坚之作者，对于美人而有此论，吾对于中华民国，又当何说？

试更察世界之政例，则希腊之共和，实为世界文明之初祖。史家胡礼门曰："希腊人者，实政术之所从出也。国之自由而复文明者，实始于希腊各国见之，世界之有政家、辩家、兵家、史家，亦以希腊为纪元。要而言之，人类之知有政治生涯，乃自希腊共和始也。"（见胡氏所著《世界历史》二十二页。）希腊之食共和之福如此，至其政体果合于今日共和之意义乎，则一疑问也。英人梅因者，论治者之山斗也，恒言曰："世有一种平民政治，其贡献于文明乃至无垠。然彻底求之，则此种平民政治乃贵族政治之变形也。例如雅典之平民政治，号为文学、美学、哲学、物质学之源泉，实则贵族政治相与代兴而已。"（见梅氏《平民政治论》四十二页。）

政海之潮流，每一往而不可复。希腊之政体，人徒视为历史上之成迹，后之创造共和者，类以绝对的共和主义为指归，究之结果何似，吾人亦必深究之。英人戴雪者，现主恶斯佛大学之讲席，为英伦政论之星宿海。记者闻其言曰："谓共和政体有以愈于他种政体，政例上尚无此证明。法兰西之第三共和，差足抵制共和不可能之说，而谓足以餍人类之欲望，则尚不知何日。华盛顿与巴黎两都，有主张民政最急进者矣，谓能发明一理想之政府，吾未之前闻也。法兰西有一名家，曾为言曰，共和主义在今日诚非如异教之不可听，而亦不足为信仰之归。斯言岂不然与？"（见戴氏《法律与舆论》四百四页。）记者引戴氏之说，非对于共和政治故作诅咒，特以共和政治诚有流弊，不预防之，后来且至不可收拾，故发为危言于此。至共和胡以有流弊，则可以统括世界政史，而以一言蔽之曰，民德、民智之不进而已。

末请体察吾国之内情。欧美且以民德民智不进为虑矣，吾当何如？此在稍有常识者观之，吾国之不当采绝对的平民政治，似不待论。记者恒言之矣，国人初脱专制，每过于重视共和，吾虑其中风狂走，或至将国家托命于暴乱者之手，如法兰西共和之弊。今请正告国人曰："吾国诚为平民国家矣，而不可造一极端的平民政府。"（读者如不以词害意，此处直可如美人柏哲士言，谓当造一贵族政府。特贵族两字非如常解，而必如柏氏之解耳。）吾国诚属多数政治之国矣，而不可不运用少数政治之精神，吾人所以兢兢于国体政体之分，此乃其适用处。

原载《民立报》1912 年 3 月 1 日。

论统一党

三月二日为统一党成立之期。统一党者，夙为中华民国联合会，是日宣布政纲，改会为党，到者二百人，甚盛举也。吾国无政党，有政党自是日始，乌可以不论。

记者著论之先，有欲促读者注意者，则政治团体之性质是也。大凡政团之组织有二：一立于国会之外者，一立于国会之内者。前者谓之普通政治结社，后者乃政党也。政党者，有一定之党纲、党员，占议席于国会，日伺现政府之隙而攻之，有隙则谋倒之，且取而代之，以实行其党纲者也。普通政治结社，则无组织内阁之野心，无厕身议会之必要，不过对于一定之政治问题，发表其意见，且期其意见发生效力者也。

今试求其例于英伦，则自由、统一两党递掌国政，吾人所习知也。此政党也。若普通政治结社，则十九世纪中叶之查谛党，乃最著之例也。其在吾国，自保皇会以至同盟会，凡其团体之带有政治性质者，皆普通结社也。今上海之各会，皆普通结社也。以言政党，尚无有也。合各例而观之，政党者自行其党纲者也，普通结社则不妨出于请愿。（英国查谛党，即为选举权事，上书请愿于国会。）政党者，求选民多数之承诺，与反对党从容讨论于议会之中，多数得矣，则事无不行，行亦无激急之反动也。普通结社，目的恒不易达，达矣，又或惹政治上之革命。（如查谛党实引起一八四九年之革命。）政党者，为组织完全、含有永久性之法团，普通结社则随起随灭。要之，政党无不以议会为本营，而普通结社则随处结集，此其大略也。

前之中华民国联合会，不问而知为普通政治结社也。今之统一党，则明明号为政党，是由普通政治结社进而为政党也，然则必有政党含性，必有以示别于普通结社然后可。今者党派林立，将莫不自号为政党，而实则与普通结社相去不远。此种结社既多，行或扰乱政治之和平，混淆人民之耳目，而于国利民福，无益而有损。吾为此惧，故于统一党发生之初，深望其树一好型，划清普通结社与政党之区域，以作前导。惟记者言之矣，政党者恃国会为生活者也，今国会之开，为期长则一年，短或六月，运动选举时期乃绝不宽，急起直追，尚恐失时，吾知统一党于此必大有成算者。然在旁观者视之，彼党今后之活动，乃民国政海中大可集视之点也。记者第一之忠告，则慎勿以政党之名，而行普通结社之实。

政党活动于国会有两派：一美国派，一法国派。（此仅指共和国言之。）美国派者，不求入内阁者也，法国派反是。法国派之政党，果能控制议会之多数，其首领即为内阁总理，党员之卓越者，以次为各部总次长有差。此非求位置也，乃必如是，而政纲始可自行之也。熊君希龄宣布政纲时，曾谓："中国不能如美之分治，致使不能统一，故宜仿用法国之责任内阁。"是明明言统一党之行动乃宗法国派，而非宗美国派。此片言也，诚足以作统一党之指针而有余矣。法国之责任内阁，效法英伦，责任二字之意义，当求之于英文。大家戴雪曰："大臣责任者，乃指大臣对于议会之责任也。质而言之，即大臣不能保持下院之信用，即当辞职之责任也。"责任之所以作如此解者，则政党之作用也。议会中朝野两党之多少数易位，而内阁责任以生，多数党课其责任，乃起而代之，此法国制之精神也。记者主张法国制者也，前所作政党定义，皆本此制，闻熊君以此定为党纲，故特表而出之。然读者幸勿以记者此文专为统一党发也，有他党兴，记者之所贡献，将亦如是。惟记者之所信，则凡国家之能获政党之福者，必其国内有两大党，而亦仅有两大党，政纲截然不同，相代用事者也。是故党派分歧，万非国家之幸，吾国人向有重人不重政策之弊，以后之将有多数党派，相与混争，乃意中事，是用为之隐忧耳。

原载《民立报》1912 年 3 月 4 日。

论报律

　　本报对于报律之主张！

　　民国当求真正之言论自由！

　　中国报界俱进会昨接南京内务部来电，颁布暂行报律三章：（一）发行及编辑人，须向内务部注册，或就近向地方高级官厅呈明，咨部注册；（二）著论有犯共和国体者，停版外，发行及编辑人坐罪；（三）污毁个人名誉，当更正，否则科罚。

　　此电既达，同业者群起而抗之。其理由或在内务部之侵权，或在报律内容之失当。此诚然矣。惟记者之所主张，则殊异趣。内务部即握有定报律之权矣，报律之内容即甚当矣，此外尚有一问题，关于国民之自由甚巨，不可不论，是何也？即民国是否当容报律发生是也。

　　记者之为此问，必惹起世人之疑怪，以为报律者，吾邻日本所有也，吾奈何没之。而不知世界有第一等法制国而无此物，彼乃不之见；并不知世界有绝大之共和国，号称地球上之乐园，吾方捧心效之而极不肖者，亦无此物，彼乃未之见。诚未见也，吾无责焉，苟梦见之矣，其速谋排除此物，勿使污吾将来神圣之宪法。

　　记者所举之两国乃指英、美，英者言论自由之祖国也，法兰西号称共和，其国民之言论权还逊于英伦。而美者则承英国法系者也，故亦解自由之真意。今请略论之。

　　诠英伦出版自由最真切者，宜莫若曼斯福。曼氏者，英伦之名法官也。其言曰："出版自由非他，乃出版无预求特许之必要是也。必出版后有违法事件发生，始依律处理。"叶伦波者，亦名法官也。彼又言曰："英吉利法律者，自由之法律也。自由者，则特许之宾也。特许两字，在英、法实无用处。如人欲出版则出版而已，无他手续也。至出版后如或违法，须受法廷审判，则亦与他种违法事件等耳，非于出版独异也。"两家之言，可谓博深且明矣。（按：原文可在戴雪所著《英吉利宪法》二四四页见之。）持此以衡内务部所颁之报律，则该律尚有存在之理由否？

谤律者，非报律也。其得称为报律者，则惟特许、检稿、索保押费之类耳，前清廷之报律，举三者而有之。民国之内务部，则已突飞进步，仅标特许一项，故亦惟与之论此一项。

英吉利之宪法，乃建筑于个人权利之上，此虽似英、法之特点，实则宪法之为物，亟当如是。何以言之？如有人欲作一书与其友人，此固有之自由也。此人又欲行其书以公众览，此亦固有之自由也。又设此人欲日日作书与其友人，欲日日刊行其书以公众览，并多其数以至百千万亿张，其亦为固有之自由，又奚待问？前者谓之通信自由，后者谓之出版自由。此两自由者，非异物也。谓出版自由必待特许，通信自由又胡独否？推而至于甲欲向乙发言，此其自由也；乙欲向丙及丁发言，此其自由也，此不待特许也。甲欲向乙在某地发言，乙欲向丙及丁在某地发言，甲、乙欲向丙、丁同在某地发言，此果待特许乎？前者谓之言论自由，后者谓之集会自由，知此理者，则甲、乙欲向丙、丁、戊己以至千万人日日同在某地发言，日日同在某地刊行其言，以至千百万张，必为自由自然之序，是何也？即出报自由也。英人所持之原则如此。（欲得其详，可读戴雪《英吉利宪法》第六、第七两章。）

美利坚者，英吉利之高足弟子也。其法律之原则略与英同，不待详论。今惟引柏哲士一言曰："美利坚之宪法，未尝与中央政府以操纵言论、出版各自由之权，以此之故，美利坚此种自由极其完全。中央政府对于言论界，绝不得以何种形式施其干涉。"（见柏氏《政治法及比较宪法》一九〇页。）柏氏之言，其诏予矣。

以是理由，本报对于内务部之报律，其所主张，乃根本的取消，无暇与之为枝枝节节之讨论。以后并灌输真正之自由理想于国民之脑中，使报律两字永不发于国会议员之口。

原载《民立报》1912 年 3 月 6 日。

论同盟会

记者论统一党甫终，而南京来电，复以同盟大会宣布政纲见告。（参观本报昨日专电栏。）三日之间，大党朋兴，此民国之精神所寄也。且同盟会者，实为改造民国之元勋，今进为政党，尤为全国所集视，记者因复取而论之。

记者论政党，首严之例，一在政党与普通政治结社之别，一在政纲与政治主眼之别。兹别也，记者前屡言之，不复赘。今惟持此别以衡同盟会耳。

前此之同盟会，一绝大之普通政治结社也。此种结社，不含有永久性，目的既达，即行解散，不借国会为舞台，随处结集，出没靡定，凡此皆与政党之性质不相容。同盟会之运动，既告成功，则会名理宜消灭。会中领袖诸子有见于此，故汲汲谋改党，而有前日（三月三号）宣布政纲之举。从前之名称虽未易，而其实质则已消。今日之同盟会，乃异军苍头特起，字曰政党，谓为"改"者，特联想之词耳。

同盟会既为政党，则今后之所为，当谋避普通政治结社之行动，而力崇党德，实行党纲。政党者，与国会相依为命者也。故党员当为议员，否则为议员候补者，余则恃选民而已。普通政治结社，恒不惜滥收附和者，而政党则最贵纪律森严。同盟会既拥有非常庞大之团体，人物当不虞其不足，且彼戴孙君文为首领，与美利坚共和党之推戴罗斯福，仿佛相似。国会之开，期以一年，行见中华民国之议会议席，多为同盟会所占耳。

一言国会，而政纲乃为最要矣。记者所作政治主眼与政纲之定义，颇不为读者所同意。然诸政客者，意不在秩序之争则已，否则记者之说，未可厚非也。记者所信，则政治主眼者，各党可同，政纲则必一党独异。倘一党至无特异之政纲，而两党相争，又必有其所以争处，则所争者果何物也？美利坚共和、民主两党，夙有异纲，后乃党界漫灭。英儒戈文斯密，久于美洲，尝询共和党人曰，尔党果何以异于民主党也？共和党人不能答，久之乃曰，民主党人皆腐败人也，吾党则异是。戈文斯密归英著论，引为笑谈。苟吾国之论治者不审，注重政纲，则此种笑谈，必且迭见于民国之政史。然记者此言，并非谓各党之所宣布者，皆非政纲也，亦非谓必严格之政纲，然后可以宣布也；特谓持是以与他党遇，则不可不于此致谨耳。然此亦不必谓所有政纲，必条条与他党异也，特谓与他党遇，政纲之内必有异点在耳。若此种异点非常明显，常人可以了解，则运动选举之武器更精，而全国意见之何向乃愈确。同盟会之政纲，诚得其要矣，惟于别异他党之处，不得不俟其说明，故复漫言及此。

原载《民立报》1912 年 3 月 6 日。

平民政治之真诠

　　吾人初入平民政治，有如明珠发于黑夜，徒眩其光，而莫名其实，遂以为平民立国之精神，必有以大异于专制或立宪者。此感情宜然，亦无足怪。虽然，吾人若谋平民政治之进行，俾臻上理，则不可不于此致辩也。记者前于本栏微发其端倪，谓诠政体者，当求之于形式，而不当求之于精神，□以与国民之心理不相入也。来函驳诘，不可一二数。使投函者能以理由相饷，记者必以其书公之于世，相与商榷，以共求真理，记者决不自是也。无如发函伸纸，只闻漫骂，不见理论。使记者对于投函诸君，不能作正式之答复。无已，请更以此篇进。

　　平民政治一语，在欧文歧义甚多。法儒涂格维尔，言平民政治者之泰斗也。一八三一年彼亲游美利坚，详究彼中之政态。越四年，发行《美利坚平民政治》一书，轰动全欧，其影响较之英儒边沁之立法说出世为尤大。彼诠平民政治，实有二义：一基于政府之形式，一基于社会之情形。由前之说，则"平民政治者，乃一种政府之形式。在此形式之下，国家之主权乃握于国民多数之手也。由是所谓达到平民政治者，特谓主权由一人或少数人移于多数人而已。简而言之，平民政治，多数政治也。有时用语不必分明，则人民政治也。"由后之说，则"平民政治者，乃社会上一种情形。在此情形之中，一切权利平等，生活无甚贫甚富之差，思想情感趋于一致也。"之两说者，戴雪尝比而论之。彼谓："据涂氏之后说，则平民政治，实不必与平民政府有关，以社会之平等释平民政治，诚可示别于贵族政治，然有时不能示别于君主政治。何也？平等之社会，非共和政治之专产物，而容或发生于专制政体之下也。"（以上三节，语皆本戴氏所著《法律与舆论》第三章。）戴氏之言，察之吾国而即验。稍与欧人交通者，即知欧人有一恒言曰："支那者，乃真平民政治之国也。"此其所指，即在社会之情形。吾国之封建制度，二千年前，即已铲除，公卿成于白丁，考试出于竞争，贫富之度，亦复相去不远。其谓吾为已获平民政治也亦宜。信如是也，则吾已有平民政治矣，何劳革命？且彼既谓之平民政治矣，则革命后之所得，又属何物？是知脱离政府而言政治，纯以社会为标准，万无有当。涂氏以一代名家，不能为平民政治作一绝明之界说，以致法兰西之政客，骛为玄想，习为放纵，国本因以不固，兹可伤也。英之奥斯丁，法家而富于历史解析之力者也。其所论著，大足救边沁一派之流弊。彼于一八五九年，著《宪法辨》一书。其解释平民政治之词曰："平民政治一语，较之贵族政治，尤为暧昧。实则平民政治非他，乃一种政府之形式也；乃一种政府，其主治团体，属于全国人民之分子较大者也。"奥氏之言，后涂氏二十余年而出世，英人翕然从之，学说以定。久之影响及于欧陆。法兰西大批抨家奢吕，乃于一八八五年著《法兰西平民政治》一书，认奥斯丁之定义，以为圭臬。英儒梅因者，奥氏之徒也，常取而论之，谓："诂定平民政治为一种政府之形式者，在法兰西，奢吕实为先登，而欧陆政识之进步，即基于此……近世持极端共和主义者，每谓民政之异于君政，在于精神，此巨谬也，此死说不容有何种推论者也。民主国之职务，与君主国之职务，毫厘不差，惟所以尽此职务之机关不同耳。此形式也，非精神也。试验共和国之成功与否，与试验专制国之成功与否，其方法绝同。"（见梅氏所著《平民政治》第二章。）此透宗之谈，最须熟记。果梅氏之言不谬，则吾此次革命之所得，仅将统治者之主体，由一人而移于平民而已，至国家之所以存在，国家与国民所以相关（共和国民之当遵守法律，与专制国民同），则仍与一人政治无异。吾人其慎勿骛为玄想，习为放纵，以踏法兰西之覆辙。记者之言虽轻，而为吾神圣庄严之民国计，乃不敢不致此绝大之希望矣。

原载《民立报》1912 年 3 月 10 日。

《临时约法》与人民自由权

　　《临时约法》已于前日在南京参议院通过。全文见昨日本报。《约法》中含人民、参议院、总统、国务员与法院五项。合而论之，非本栏所许也，先论人民自由权。

　　罗列人民之自由于宪法，英吉利无是也。英固为不文宪法国，而法兰西亦无是也。有之，则美利坚宪法。夫法宪之不规定自由，其理由之最显者，则"高卢人种，制思简单，不能细作平等与自由之界说。彼以为政治上既获平等矣，则由普通选举发生之政府，理宜委以全权，处理百事，无取作自由之保障"（参观柏哲士《政治学及比较宪法》一卷二六三页）。吾人今于此点不取法兰西，而取美利坚，可谓善择。惟美儒柏哲士，曾举宪法必备之条件有七，而关于人民自由者有三：（一）划定自由之范围；（二）保证自由；（三）遇紧急时限制自由。（二六四页，余同上。）今《约法》于一与三者，已得之矣，至何以保证所划定之自由，尚缺如也。以例证之，《约法》曰："人民之身体，非依法律不得逮捕、拘禁、审问、处罚。"倘有人不依法律，逮捕、拘禁、审问、处罚人，则如之何？以此质之《约法》，《约法》不能答也。果不能答，《约法》不为虚文乎？

　　成文宪法，类多抽象之原理。至何以使此原理见之实际，解释宪法者，不任其责。此在各国宪法，亦已有然，亦何尤乎《约法》？虽然，此指溢乎保障法之外者言之，至万不可缺之保障法，缺之则大不可也。英吉利者，人民自由最巩固之国也，而其自由非得之于条文，而得之于法廷之例案。一遇损害，先例昭然，无所往而不得其补救。不文宪法，遂以此点独出冠时。论者每即以此诮英，而不知英人所享之自由，较之成文国尤为坚确。此一目之儒，所以难与论治也。夫英人果何由而得此也？曰保障之法周也。吾人夙无宪法上习惯，亦安可比肩不可学而能之英。记者之以为言，则彼中法意，有可采入吾人宪法者，吾乃万不可忽。今就人身自由权，请举一例。

人身自由权者，即民非违法，无论何人，不得拘执之、羁禁之，及用他法以侵害其身体之自由。如身体之自由无故而被侵害，则侵害者无论其为何人，被侵害者皆得控之，向索名誉金，或治以相当之罪也。然人欲滥用其权，中外一致。于是英人之保障自由，厥有一法。其法惟何？则无论何时，有违法侵害人身之事件发生，无论何人（或本人或其友）皆得向相当法廷，呈请出廷状（Writ of Habeas Corpus）。法廷不得不诺，不诺则与以相当之罚是也。出廷状者，乃法廷所发之命令状，命令侵害者于一定期限内，率被侵害者出廷，陈述理由，并受审判也。英人有此一制，而个人自由全受其庇荫。法官不得枉法，私人之有权势者，不得迫压其所属（各工头禁制其工人，家长妄拘其子侄，皆得往法廷请出廷状），行政官不得以行政上之理由，妄拘押人。凡侵害者一接出廷状，即当对于法廷作明确之回答，如期偕被侵害者对簿于堂，否则受罚。兹制者，诚宪法之科律也，吾当亟采之。

记者言出廷状之效力，可使行政官不得以行政上之理由，妄拘押人。兴言及此，又不得不叹息《约法》之有第十条矣。曰："人民对于官吏违法损害权利之行为，有陈诉于平政院之权。"兹权也，非吾人之所欲也，此似为保障自由计，而不知结果适得其反。平政院者，即行政裁判所之别词也。凡有平政院之国，出廷状之效力必不大。何也？人民之与行政官有交涉者，乃不能托庇于普通法廷也。于是英、美之自由，号称完固，而其最足供吾教训之处，即在两国皆不设平政院。《约法》罗列各种自由，以取法美利坚，独于美利坚保障自由之处，未遑议及，是亦可以已矣；而又设一不见于美洲大陆之平政院，使行政权侵入立法权，则《约法》所予吾人之自由者，殆所谓猫口之鼠之自由矣。昔罗马有一名王侮一女子，女子曰："明日吾将控汝于廷。"王笑曰："汝其往，吾即法廷也。"国之行行政裁判制度，而又同时倡言司法独立者，仿佛似此。是则《约法》之第十条，又非削除不可。（记者有《论行政裁判所之不当设》一文，见二月二十二日本报，可供参考。）

原载《民立报》1912 年 3 月 12 日。

参议院今日之地位

记者拟就《临时约法》中之参议院，讨论其规定之当否，而颇闻外间有不认参议院为正当机关，因否认《临时约法》者，乃先就参议院今日之地位一言之。

参议院之名称，吾人夙以诂德意志之 Bundesrath，乃德意志之上院也。其议员为州政府所选任，固代表诸州，而非代表国民者也。民国初立，当局者或有一联邦政策藏于胸中，又或同时有一两院制度浮于脑际，于是预计将来民国议会，必合代议院与参议院而成，而戎马倥偬，民院骤难成立。时又立法机关，正不可缺，遂本各省都督所派之代表集为一团，名曰参议院，近合时宜，远符德制，其意未始不善。虽然，思想变迁，至不可捉摸，断案具陈，而前提乃渐成谎说。中国果当采两院制否？虽尚无人议及，而联帮主义则确为多数所吐弃。故吾人评定参议院之地位，不可以造端者之眼光出之，惟视为国中之一种普通代议机关而已。今从一种普通代议机关而推求其地位，乃吾人所有事也。

或曰，参议院非国民之代表也。语甚暧昧。是果机关不足代表国民耶？抑议员不足代表国民耶？易词言之，果议员非出自国民，不足以代表国民耶？抑议员之所议，不能取悦于众，不足以代表国民耶？此二事者，中有至明之界线，固不劳以逻辑之头脑，为之区分。然论参议院，非先于此致谨不可。

由机关一面攻击参议院，记者不反对也。何也？议员非出自国民，事实本如是也。记者之所反对，则先鉴于事势之迫切，蒙机关以国民代表之皮，使一举行国民公意之事，事过则因议员之失职，复议其机关之不可，等国事于儿戏，同立制于奕棋是也。天下惟名与器不可以假人。机关既非，胡不慎之于始，而不假以国民代表之权？夫组织临时政府何事？选举总统何事？宁不诉之国民公意而可者，而乃假参议院行之。孙君膺选于前，袁君继职于后，未闻有人谓非民意所在。法兰西第三共和之总统，由国民议会举之。今吾无暇组织国民议会，乃使参议院摄行其事。设有过者，是造参议院之过，非参议院自身之过也。凡机关者，赋以何种性质，即属何种机关。参议院之所由来，虽不得谓为代表国民，而代表国民之法意，则实由种种事实造成之。是故否认参议院于总统之先，与否认参议院于其后，不可同日而语。天下有同一主张，以时异而本质全变者，此类是也。

由议员一面攻击参议院，记者亦不反对也。何也？议员亦容或无资格如议者云云也。记者之所反对者，则因个人之非，而议及机关之非。机关与人，两种概念，每为政客所混淆，而未有如今日之甚者也。参议院之受攻击，实始于议俄款，以俄款之不当议，遂疑及选举总统之不合法。昨湖南议会，竟发为不可思义之电，谓："此次选举临时总统，议决建都地点，虽事实不谬，绳以法理，实属逾越权限。"夫选举总统，非参议院招揽之贸易也，乃实国民畀以此权者也。畀之以权，而复谓为逾越权限，狐埋狐搰，岂非笑谈？是故议员有不称职者，可以迫其辞职；如认都督任命之非法，可以从事选举。议员自议员，机关自机关，不可混作一语。尤要者，议员未行改选以前，其拥此机关所决定之法律，国人不得不认之。必不认之，则是撼动民国立国之基础，论治者其熟思之。

原载《民立报》1912 年 3 月 13 日。

论参议院之职权

各国议会之立法权，有概括者，有列举者。概括者，谓所有立法概皆归议会也；列举者，谓有立法权若干种，归议会也。大凡联邦国皆采列举主义，非联邦国皆采概括主义。其所以然者，在联邦国，权分于中央与地方，国会不能揽尽一切立法权，而非联邦国则否也。吾国之当采何种主义，今且不问，惟问今《临时约法》，果采何种主义乎？彼第三章十九条胪陈参议院职权，猝视之似采列举主义，而乃子目芜要，与德、美宪法之所列举者大殊。且第一目曰："议决一切法律案。"则一切法律皆由参议院议决，又属概括主义。虽然，逻辑上分类最严之律，乃各目之含性不相入。所谓含性不相入者，乃各目同隶于一纲之下，同具其纲性，而各异其目性也。例如设生物为一纲，以动物、植物隶之，皆有生物之性，是纲性同也；而动、植之性又迥殊，是目性异也。倘吾设生物为一纲，下分隶以植物、动物、马、牛、羊等，则纲性虽同，而目性乃有不相异者。何也？马、牛、羊皆动物也，含性相入也，是谓破分类之律。今《约法》既标议院之职权为纲，而首四目曰：

（一）议决一切法律案。

（二）议决临时政府之预算、决算。

（三）议决全国之税法、币制及度量衡之准则。

（四）议决公债之募集及国库有负担之契约。

兹四目者，纲性同矣，目性果各异乎？以记者观之，则后三目虽与第一目并，实则第一目之目也。考德、美两国列举之法，可以知之。纵曰预算不关立法，而税法、币制等乃不关立法乎？起债条件乃不关立法乎？以此而骈载之，得不贻动物、马、牛、羊之诮乎？由斯而谭，谓《约法》为采列举主义，既属不能；谓采概括主义，终嫌不可。然则

《临时约法》乃采何种主义乎？至第六目曰："答复临时政府咨询事件。"第七目曰："受理人民之请愿。"则并其纲性而失之矣。何也？所贵夫确定议会之职权者，乃畏其权之旁落也。而第六目、第七目云云，则与权字之义相去甚远。且第二章第七条已规定曰："人民有请愿于议会之权。"今复谓议会一面，作同一之规定，是谓语赘。大凡同一事件，两方各主张其权利，必至冲突。而今则以两方主张转就和谐，此亦思之有趣者也。

大凡采列主义者，其职权易失之狭，其子目难求其尽。吾今无联邦问题，迫吾解决，不宜先狭中央议会之权。政事百端，亦非数旬之中，数十人之力，可烛照数计而勿遗。（如《约法》列举科法、币制、度量衡、公债等，而忘却银行，是银行条件将不为参议院所议决也。此其最显者耳，他类推。）是列举主义，两方面皆有所不可矣。

此外有可商者，则第二十条"参议院得自行集会、开会、闭会"是也。《约法》中关于开会、闭会，仅此一条。然则所谓自行集会云云者，果自由集会云云，绝不拘定何日乎？是则议会终年不开会，开或一二日即闭会，亦将任议会之自由矣！吾闻法兰西议会亦自行集会者也，而宪法上必规定其日期（即每年元月第二礼拜一日），开会时期，亦必言每年至少若干月（至少须得五个月），而美利坚宪法亦复明定开会之期。（集会在每年十二月第一礼拜一日，但康格雷可以法律易其定期。）法、美之异趣者，则法议会无力闭会，而须由总统令国务员为之；美议会则得自相适可之时，相率闭会是也，然表面虽有差别，实际则无异致。何也？法之国务员，乃控制议会之多数者，议会可自由影响国务卿使之闭会也。以此为衡，参议院即欲自保议会开闭之权，《约法》中亦宜规定开会日期，与会期之长短。

原载《民立报》1912 年 3 月 14 日。

论特设平政院与自由原理不兼容

昨日本社得有北京专电，谓袁总统拟特设平政院，以伍君廷芳为院长。夫国有平政院与否，影响于宪法之性质最巨。吾国当采用何种宪法，尚无人议及，而漫设一妨害人民自由之平政院，使吾国将来之宪法，必不得与英、美比肩，记者期期以为不可。请申论之。

平政院者，所以别于寻常审判院，凡行政官之处分，胥于是执行之者也。亡清宪政编查馆所拟筹备清单所谓"行政审判院，为救济行政违法处分而设，亦宪法机关之一"，即指此物。迩来贩卖宪政者流，八九取之日本之成规而盲从之，其事之果于原理当否，国情当否，彼有和装之《法规大全》，先入以为之主，不暇问也。以为日本所有者，吾必有之。平政院于是昂首于故纸堆中，遵例成立。噫，此可哀矣！

记者之所欲问者，则行政上违法处分，胡乃必以平政院救济之？讨论此题，是不可不议及行政法。法兰西法家奥考克曰："行政法者，所以规定国家行政各机关相互之关系，及行政官与私人相互之关系者也。"英之法家戴雪曰，奥氏所作定义终不明了。以彼所得于法人之各著述者言之，行政法之所规定，乃（一）行政官之位置及义务；（二）行政官以国家代表之资格与私人相交涉时，私人之权利及其义务；（三）所以实行此种权利义务之程叙。得此于行政法之概念可略具矣。

行政法果何为而生也？据戴氏之所研究，则立于行政法之下者，有两原则：

（一）法兰西人以为政府与政府之官吏，实为国家之代表，宜享有一种特权，为私人所不有者。而规定此种特权之原则，与所以规定人民普通权利义务者，当有不同。法兰西法家魏威阳曰："一私人与国家相交涉，其所立之地位，较两私人相交涉时绝不同点。"

（二）第二原因，则孟特斯鸠所倡分权之说是也。以为司法部不得干涉行政部之所为，故平政宜有专院。兹原则者，孟氏以为得之于英伦。盖十八世纪之中，孟氏及法兰西诸作者恒游英伦，归以英伦宪法中至德要道，称述于国人。司法与行政分权一节，尤为彼所向往，遂有平政院之结果，而不知彼所观察，纯在着色眼镜中得来。甄克思曰："吾英所食分权之赐，乃法廷独立不受行政大臣之节制是也。而在法兰西以及大陆政家视之，则分权云者，乃行政大臣独立不受法廷之制裁。其见解之谬如此。"戴雪曰："法人分权之说，乃指普通审判员虽对于行政部为独立，行政部欲免其职，虽不可能，而政府及其官吏，如以公人之资格有所行动，则应保持其独立，对于普通审判院之审判权，无服从之义务。"观两氏之言，可以知法人曲解分权之说矣。

由右观之，则戴氏所举两原则，其一乃由误解英人分权之说而生，所可言者，则行政官较之平民，当得一种特待之权而已。去年亡清资政院议员罗杰，曾提出议案，有曰："行政之违法处分，必有审判机关为之执行，然后可以防职权之滥用。"是诚然矣，顾何以所谓审判机关者，不属之普通审判院，而必属之平政院，则其答案，亦惟曰行政官较之平民，当得一种特待之权而已。易词言之，则行政官如或违法，须有特别机关保护之而已。此在亡清时代，图逞其君主之淫威，而有此制，犹可说也。今吾自立为自由国矣，自由国而沿袭君主之劣制如法兰西。（法兰西之有此制，乃君主淫威之遗蜕。记者前于二月二十日《论行政裁判院之不当设》已证明之。是法人之有行政院，戴氏所举二因而外，此为第三因矣。）不可说也。英儒勃拉斯所著《美利坚共和国》（今有译者题曰《平民政治》）有曰："自由国之人民，如确了然于行政官之命令，逾其法定之权限时，可以反抗之。是何也？以此种命令非行政官之命令，而私人假行政官所发之命令也。"（见千九百十一年版一卷二百十二页。）今惟问吾民须此种自由权否？又问如吾人不得此种自由权，宪法上所许之自由，其意味安在？

原载《民立报》1912 年 3 月 18 日。

再论参议院今日之地位

　　一周前，记者曾论参议院之地位，揭之本栏。大旨谓参议院议员，虽非直接出于国民，不得谓为国民代表，而代表国民之法意，则实由种种事实造成之。何也？选举总统，固国民议会之所当为，而国民曾两次假参议院行之者也。既有代表国民之事实矣，事后乃从而指摘之，因议员之不洽人意，遂议及机关之不正当，等国事于儿戏，同立制如弈棋。甚矣其惑也！凡机关者，赋以何种性质，即属何种机关。参议院在法律上既成为国民代表机关，则凡此机关所决定之法律，当然有效。至改选议员，则又是一事。议员自议员，机关自机关，不可混作一谈。记者前此之所主张如是（见三月十三日本报）。而今日著论，仍不离此原则，故重举之。

　　读者如不以前举原则为谬，则由此原则所生之附则有二：

　　（一）《中华民国临时约法》，国人当承认之。

　　（二）改造参议院，只能准据《临时约法》。

　　欲知此种原则附则之关系，所须几何之头脑至贫，而每为识者所滑过。夫只图变易议员之分子，不欲推倒参议院之机关，似已成为舆论。而乃同时有不认《临时约法》之说。第一附则破矣，第二附则随之。于是群欲于参议院之外，绝不依傍《临时约法》，而独立组织临时中央议会。嘻，先生之志则大矣，先生之号则不可也。国人正乏辨理之心，凡事属破坏，一言可轰全国。使此事而获成也，过此以往，国人将全不审所以立国之道。一波未平，一波复起，举法兰西革命之恶潮，行一一流动于亚东大陆。此果可漠然视之者乎？

　　记者之为此言，非为参议院议员辩护也。凡舆论之所以指摘议员者，记者姑具承认之。今惟商所以改造参议院之法。夫诸公之攻击议员也，谓其不足代表国民也。此国民意思变迁之表征，考之各国之宪政史，亦复数见不鲜。其在各国，议员忽被嫌疑，彼即直诉之于选举区，征其意见。迨复行选举，而议员如前，则议员之理伸，而舆论为不正确。倘议员更易者多，议会之多数党，复降而为少数党，则舆论直。而议员不足代表国民，乃为事实，此解散议会之原则，而并为惟一之原则也。今参议院议员之被嫌疑，解决之者，亦岂有异术？亦岂外诉之国民，问彼是否足为国民之代表？然不幸《临时约法》无解散参议院之明文，而参议员之所由来，复无选举区之划定。为今之计，惟有舍各国解散议院之法而师其意。语其办法则有二焉：

（一）参议员全体自行解职，任各省临时议会或咨议局重选。惟被选举者之资格，不得示以限制。有人言当以各省议会或咨议局议员互选者，然欲求真才，不当限制以地域，且留政党活动及参议院解职议员补选地步，亦甚紧要，故以无限制为妙。（详见三月十六日本报《改造参议院论》。）

（二）依第一法则，参议院之机关必致暂时停止，时势或均不许也。于是有第二法：由参议院议员电本省都督，恳其咨问本省临时议会或咨议局，（各省临时议会及咨议局现假定为代表国民之地，其所以必经都督者，以议员为都督所派出也。）是否追认参议院在职议员，视同临时议会或咨议局所选。苟得其同意，则某省参议员确为某省人民代表，谗慝者之口，无可复施。至有识者而唱道异论，则彼亦惟欲得国民代表耳。今既得之，彼必无所容心。苟不得临时议会或咨询局之同意，则某省参议员解职，电促重选。如斯行之，数日之内，电文往复，可以就绪。且机关无恙，国有要事，仍可交议。

查《临时约法》第十八条，参议员选派方法，由各地方自定之。此中伸缩之力至大，前举两法皆于本条无冲突处，望参议院议员亟行之。至苏、鄂两省人士，舍参议院之本营，异军苍头特起，组织所谓中央临时议会，否认《临时约法》，并破坏参议院之机关者，记者深望其为立国基础计，速取消之。

原载《民立报》1912 年 3 月 20 日。

再论国体与政体之别

国体政体之分，论治者竞言之，而于此具有绝明之观念者终少。连日以来，论坛之中颇复有不明此别者。如苏、鄂两省议会，迩以改造参议院事，往复通电。鄂议会电文有曰：

> 临时政府尚未组织完全，各种事项须待议会解决者甚多。如宪法、选举法，为立国之根本，无宪法则国本难定，无选举法，则正式议会及总统无从发生。而宪法与选举法，无中央政府，议会即无从出之矣。此就政体而论，民国议会之亟须成立者一也。大局粗定，各省皆各自为治，将来国体采联邦制度或统一制度，问题甚大，须即早决，统治之权乃定。此就国体而论，民国议会之亟须成立者二也。

右文中所谓政体与国体，皆含歧解。昨日本埠某报《共和进行之商榷》一首，亦以同一之歧解，指单一与联邦二制度为国体。夫国体政体之分，乃治国者之锁钥，万不可不于此致谨。记者既忘其不肖，有所论列，以待贤者之评骘（见二月二十八日本报）。今复略举所知，以资商证焉。

欲明政体与国体之别，不可不知政府与国家之别。记者前文有之矣："国家者？何统治权之所在也。政府者何？领受国家之意思实施统治者也。"由此推勘，则欲知一国为何种国体，问其统治之何在，即已得之。如统治权属于一人，则君主国体；少数人则贵国体；多数人则平民国体。此即亚里士多德之所分类也。其在他一面，欲知一国为何政体，问其实施统治者机关若何，是亦已足。夫实施统治之法，绝不一致，于是区别政体之原则，亦即繁多。如以政府国家合体与否为原则（此原则如难明之，请参观记者前文），则有直接政体，或代议政体；如以权力之分配为原则，则有单一政体或联邦政体；如以立法、行政两部之关系为原则，则有总统政体或内阁政体。余类推。一言蔽之，其国实施统治之法如何，即政体如何也。（其详请阅柏哲士《政治学及比较宪法论》第二册，商务印书馆有由日文重译之本。）由斯而谭，则单一制与联邦制，乃政体之事，非国体之事也。易词言之，则单一制与联邦制，乃谋权力分配实施统治之事，非统治权所在之事也。

于斯说者将有词矣，曰，单一制与联邦制，亦安见非统治权所在之事？单一国者，乃言统治权定于一也；联邦国者，乃言统治权分为二也。是明明言统治权之所在也。鄂议会之电文所谓"将来国体，采联邦制度或统一制度，问题甚大，须即早决，统治之权乃定。"即足以代表此说也。为此说者，病在不明统治权之为何物。统治权者，最上之权也。最上之权，不受限制。倘以联邦为国体，则限制统治权为其第一要素，此胡可通也？统治权者，么匿（一字之意）也，不可分者也。而以联邦为国体，则统治权必分，又胡可通也？在德儒伯伦知理精研国家学以前，颇有言国体非无复形者，伯氏辞而辟之，虽未必悉当，后经无数政家之讨论，统治权之真解，如日中天，绝无浮翳。复形国体一语，久视为政治学上一不祥之名词。柏哲士曰："不认复形国体真理安在？亦惟曰国家者么匿也，非么匿不可也。何也？统治权乃么匿也。如国家之组织，不成为一么匿者，则其组织必不完全。"（见柏氏《政治学及宪法比较论》一卷七十六页。）果尔，则统治权安受限制？安可分厘？果尔，则单一、联邦云云者，安言统治权之所在？果尔，则单一、联邦云云者，安与于国体？

记者于篇末有欲附及之者，则人既误以政体为国体，而所言政体，或不必即为政体。如鄂议会电文中之政体，乃政治进行之程叙，与政体相去远也。

原载《民立报》1912 年 3 月 23 日。

统一联邦两主义之真诠

　　吾国之政体当采统一主义乎？抑采联邦主义乎？此为吾国建设上一大问题，讨论之者，亦未可一二数。虽然，能灼知统一、联邦两主义之真诠者，吾见实罕。苟不于此致谨，则所敷陈之办法，累千万言，皆为枝叶也。

　　记者恒见主张统一者，其理想必与废行省制相联，以为废行省制，则中国可望统一，否则终为联邦。王君小徐者，精于逻辑之士也，且曰："不佞之所认为统一制者，必其全国村邑，悉直隶于中央政府，不复分省者也。"（见三月二十三日《神州日报·国体问题之商榷篇中》。）此种推论之法，若据欧美人士之所了解于统一或联邦主义者，以为前提，记者实不审以何因缘，而能得断案如王君所云云也。

　　大家戴雪曰，统一主义（Unitarianism）者，简而言之，中央集权之谓也。在此主义之下，一切权悉集于中央行使统治权者之手，而所行使者，能发生无对之效力，是不论其行使者为国会抑为君主也。联邦主义（Fedralism）者，简而言之，地方分权之谓也。乃政权分配于各从体，而各从体悉由宪法而发生，而并为宪法所控制者也。执戴雪之定义，求之英、美，英吉利采统一主义者也，故英伦之国会万能。凡巴力门所通过之案，无论善恶，其效力皆弥满全国。各处地方议会，虽亦有立法权，而其立法权乃为国会所赋予，范围有定，无敢畔越。苟畔越者，则其所立之法为无效。质而言之，各地方议会所立之法，非法也，特附则也。此统一主义之作用也。美利坚采联邦主义者也，故康格雷之权力有限。康格雷所通过之案，须无背于宪法者，始有效力。苟背于宪法，则议案等于废纸。而宪法所予康格雷之立法权，历历可数，余皆保存之于州议会。州议会之力，至为强大，租税之权，且不尽贡之中央。

此联邦主义之作用也。统一、联邦两主义之作用，如是如是，而亦仅如是如是，与行政区域之如何，无关系也。

虽然，国人群谓美利坚之采联邦主义，由于州制。苟无州制，则联邦主义无由成。由是有废行省制与采统一主义之联想，此真皮相之谈也。今试假定美利坚仍其州制，但将所保存于州议会之权，悉量贡之康格雷，议者将谓美利坚为采联邦主义乎？抑统一主义乎？法儒涂格维尔曰："前世纪之末，十三州同时抗英自立。此十三州者，宗教同、语言同、风俗同、法律亦无甚不同，此外则政敌复同。种种理由，足以使各州趋于联合，而蔚成一统一的国家。虽然，各州者，凤享有独立之位置者也，凤自行组织政府，而政府全由其州民所控制者也。以此种制度自然之结果，遂各有其特殊之利益与习惯者也。倘将各州融成一片，即个体之利害，全吸收于总体利害之中，而凤有特殊之利益与习惯，皆将不见。以是美利坚之政论，歧而为二：一主张统一，一主张分权。"由斯言推之，倘各州不惜以个体之利害，全吸收于总体利害之中，因不惜丧失其特殊之利益与习惯，则美利坚早立一理想的统一制矣。何也？以其宗教同、语言同、风俗同、法律亦无甚不同也。倘美利坚而行统一制，不列颠视之有逊色矣。何也？以英、苏、爱之宗教不同，语言不同，风俗不同，而法律亦复不同也。不列颠王国从体之不纯，远过于美利坚之诸州。英、苏、爱天然之区划，各成为一种行政统系，远非美利坚诸州可比。至今苏格兰在国际私法上，犹且位置独立，不与英并，而英不害其为统一国。不闻英以行统一制，而必将苏、爱之政事，与英吉利之政事，置之一手，废去苏格兰大臣，与爱尔兰留守。果孰是深谙英、美之国情，而谓其行统一、联邦两制，与行政区域有关者？

由是以统一、联邦两制，陈于吾前，使吾抉择，其要点安在，不待烦言解矣。记者以为谓吾国之政体当采统一主义乎？抑采联邦主义乎？是犹谓吾国之政体当采国会万能主义乎？抑采京省分权主义乎？世固有行统一制，而国会非万能者矣，法兰西是也。今让一步言之，则谓吾国政体，当采统一主义乎？抑采联邦主义乎？乃犹谓吾国国会之权力，当采概括主义乎？（谓一切法律皆由国会定之。）抑采列举主义乎？（谓国会所能定之法，有一定之范围，德意志与美利坚是也。）诠统一、联邦两主义，得是即足，无取谈及行政区域为也。

记者之为此言，非不赞成改组行政区域者也，待以为此别一问题，不可与行统一制混为一谈。今日论治者之患，在得一术语，而无正确之界说以拥护之，遂致歧义百出，是非浑淆，此逻辑之所以不可不讲也。

原载《民立报》1912 年 3 月 27 日。

北京之政情有何宪法上之意味乎

昨者北京参议院开院，袁总统出席宣言，言中所及者，若外交、若财政、若军事、若人民自由，范围绝广。此中华民国建造后政府劈头之政策宣布书也，此中有何宪法上之意味，细心察之，最饶趣意。记者于此，所先欲问者，则今日政府之负责任者，果总统乎？抑内阁乎？易词言之，倘此政策为议会所攻击，其责任果谁归乎？南京政府，实未设内阁总理，议者谓国家建设之初，总统不可不有实力，影响议会，故无须总理。今在北京乃设之，其设之者，果即以责任加之与否，吾人尚无绝明之概念也。戴野作法兰西第三共和国总统，以与议会恒起冲突也，人劝彼以责任推之阁员，戴野嗤之，谓民主首领，焉得与英伦之君主同其地位，乃不期年而为议会排挤以去，继之者遂与君主同一位矣。袁总统之野心，果能几及戴野与否，难待推论，而近时舆论，则确未尝欲为彼弛其责任。今幸而袁总统之政策，其正副之论，未闻于参议院耳，苟或闻之，则责任问题必起，此吾人乐为推想者也。

兴言及此，吾人当问责任问题胡乃不起？易词言之，政府之政策既提出于参议院，议员胡乃不一讨论之而始定其从违。大凡责任内阁之国，政策虽由元首提起，而制此政策者，则坐定为阁员提出之后，议员逐条尽情讨议，然后投票以表示全院之公意。苟反对之票多，而内阁即倒。否则议员作答词，致其元首，宣示赞成，而政府执其政策以行。此常经也。今袁总统演说后，议长即起而作答，其词又为夙构，则与总统所宣布者，针锋绝不相对，此真奇观。其言曰："苟有利于国者，措施虽有时以济权变，本院亦靡不东为赞助。"下一苟字，然则总统顷间之所言，其为有利于国与否，其为济权变与否，议员均茫无所知也。又议员果乐为赞成与否，亦不可得知也。如此即谓之答词，即了却政府宣布政策之一大手续，记者不得不叹吾人之太不解政治习惯也。方今缔造艰难，记者诚不忍视行政、立法两部之漫相冲突，而立法部竟不将行政部提出之政纲，一为讨论，盲从如此，则又期期以为不可。

原载《民立报》1912 年 5 月 5 日。

一院制之主张

前南京参议院提议院制时，记者即发为一院制议，颇得时论之赞同。而微闻参议员头脑不甚清醒，大为世界历史成例所束缚，幸未决议，而参议院北迁。昨本社北京特派员，电称今日参议院议事日程，首列国会组织法及选举法。夫参议院之议及国会问题，记者以为只能定一选举略法，使第一次国会有所凭藉以发起；至院制何似，此第一次国会应行议决之事，而参议院之权能，不能及之。盖在理论，参议院本不得为造法机关（说见本报五月一日社论）；而在事实，则第一期国会为两院，而两院之应否存在，即将讨论于该国会之中，已大足以障碍他种法案之进行。且若一院制论占最后之胜利，而所谓上院或左院者，旋立而旋废，国事又等于儿戏，故在理势两面，参议院俱不得妄定院制。倘此主张而能贯彻者，则记者今日之文字，都属为计过早。无如参议员不自明其本分，而外间又多为二院之言论，设淫词而助之攻，则记者虽不肖，本篇或亦不容已也。

记者主张一院制，所闻时流之谬说，已见本报者，乃有二端：一专横说，一轻躁说。今于此两说之外，又有两说，辄为时人所借口，今请以极简明之词并论之。

专横说者，乃谓一院则国会将流于专横，非第二院不足以救之也。此实于专横两字，未细心思之，而以团体之公意与个人之自由意，视同一物。（英儒穆勒且犯此病，语见前论。）殊不知个人之自由意，仅代表一人之意见，伸缩极其自如，而团体乃胡望者？凡团体中之议论，必有种种意见，杂陈于其中；必此种种意思相攻而相错，而后最后之公意以出。纵或政论垄断于多数党，然政党之德，乃在任异议之流行（此英伦名家之言），而少数党亦断不容易放过，此代议政体之所以为良也，乌得与个人之专横同日而语？且国会专制一名，在理论上无由成立。盖国会者，所以代表人民也。谓国会专制，犹谓人民专制，此实推翻宪政之根本，又何所据以为国会论之基础乎？（详见四月二日社论。）

说者又曰，子说是矣，然为人民之已有程度者言之则可，若人民毫无程度，而拥此专横之国会，又如之何？为斯言者，是不知政治之作用者也。自古明君谊辟，其所行动，诚悍然不以民意为意。彼得大帝之变法，未尝服从俄罗斯之舆论；弗烈得力之治普，亦未尝回顾普鲁士之思潮。其所以然者，则人民之识力，不敌政府，又未得相当之机关，使其意得以上闻也。苟识力俱强，又拥有相当之机关，则虽以俄、普两帝之强，亦不得不为屈膝，此理论之易见者也。故以民意野蛮为虑，则当阻之使不获□□。易词言之，则当不采代议政体，如误采之，则□速废除之。苟使其据代议机关以陈其意矣，而彼之能力足使其意获行矣，则其间实无余地容有程度问题发生。英人皮师立（现伦敦大学教授）曰："民者，统治权之所从出也。彼欲以何法治其国家，即以何法治其国家。善可也，恶亦可也。"皮氏为实验哲家，其言如此，而实主张民政者之公言，谁不审之。在代议政体之下，而欲谋民意野蛮之救济法，甚矣为专制污俗所染者之不可与言治也。

记者之言，论者或终不服，谓民意野蛮而不当救，诉之理论，究何可通？记者今让一步，请承认之矣。惟上院能救之否，此乃事实问题也。以英伦言之，彼下院不专横则已，如或专横，上院立为长物，下院通过之案，诚属为上院所弃鄙。然果以其案诉之国民，则一度总选举后，上院决不敢再行固执，下院当占最后之胜利，乃英伦祖传之习惯法。自格兰斯顿执政以来，上院之降于下院，未可一二数。最近下院通过巴力门案，将上院之否决权，尽行褫夺，而上院隐忍从之，谑者且笑为自宣告其死刑。自今以往，英伦上院特不过一种装饰品耳，谁见下院之专横而上院能救之者？

轻躁说者，乃谓一院立法易流于轻躁，须得第二院复核之也。是论者，假定上院议员为不轻躁，或比较的不轻躁，殆无疑义。夫上院议员，要为人民间接之代表。如论者言，是无异使人民举其次优之人物于下院，以为其直接代表，而留其最优之人物不举，储为间接之代表也。果合于理论乎？在理想之议院，实当合国内所有人才而抖擞之，使集为一团而议国事。歧而二之，又胡谓也？至谓德智尽齐，而意见容或不一，则两院之意，是否皆为民意？两院之意而有异同，是使民意自相矛盾，非政治之良相。苟至矛盾，则其矛盾处必利害冲突处，行见才智者多野心，富贵者重私利，边沁所谓最大幸福主义，决无余隙可通用之于上院。此轻躁说之不可用也。（详见四月五日社论。）且记者不信以近世立法之手续，轻躁之举动易发生于国会。盖凡一问题之成熟，动须数年或数十年，国会如有提议案，则人民之意旨，果何所向，稍明政治现象者，类能言之。案既出现，委员会之讨论，为候甚长，其中种种相克相治之法，异常完备。虽近世政府操纵议会，此非指官僚政府，不免滥用"讨论终局"之权，而遇问题之重大者，则亦不敢用此。穆勒曰："人恒主张二院制以防止轻躁，吾则不以其言为有价值。何也？如所议事件，并未经两回以上之思索，动须他人复核，则代议机关，必异常恶劣，尚何代议政体之可言。"夫穆勒主张二院制者也，而其排斥轻躁说如此，则此说之真无价值可知。

时人所持之第三理由，则抵触说也。抵触说者，乃谓第二院可以调和国会与他机关之抵触也。例如国会与政府相冲突，则第二院颇能执调人之役。其说似矣，然吾知立法、行政两部之争，莫切于财政，而宪法必以财政之优先权，让之下院，又属通义。于是行政部立一税目，下院掷去其提议案不理，而此提议案者，无法自荐于上院，则为上院者，将以何法调停之？以记者之愚，则诚环室中走三日夜，无从得其答案也。夫国会与政府常相冲突，诚有是言，惟补救之法，则决不在二院制。至何在者，记者常推论及之，其原则曰："凡一国有一民选立法部，与一超然之行政部并立，则冲突必起，冲突之甚者，或竟致国家之机关一时失其作用。冲突既久，其天演之结果，一则元首假民选立法部以行政权，使议会之多数党建设责任内阁，一则削除民选立法部之职权，至于净尽，使无法再起冲突。至其国将得何种结果，则以其民之程度卜之。"以此原则诉之阴达逻辑，记者有甚多之事实以证明之。本篇幅窄，将不能举。兹两法者，皆与上院无关，而自此两法外，别无第三法可免两部之冲突。时论云云，记者未敢苟同也。

时人复有第四理由以为后盾，则机会说是也。机会说者，乃谓采二院制，可使优等之少数者，得机会以发其能力于政治上也。此说也，适用之范围，亦至狭隘。此在君主政治之国，上院既立，君主欲行使其特权，植势力于国会，而因以此为口实焉，犹可言也。至本此以为建设上院之论据，则绝无价值。须知当世强国五六，其国行两院制者，如德如美如法，皆无优秀人物之说，一律以选举为基础，而其成效且良于英。

英之上院，则甚多优秀人物者也，说明其故，固绝不难。盖所谓优秀者，优秀于君主及权贵豪富之目，而容或不优秀于国人之目。其在英伦，则国王增造贵族，使得列席于议会，其事等诸投赠。然谓此中乃无真优秀者，亦非平情之论。诚优秀矣，惟所谓优秀者，其定义当如何作法？吾知论者必不谓下院不能得优秀之人物也，则上院之优秀人物，是否与下院之优秀人物同等？苟同等矣，是赘院也；苟不同等，则是以何者见异？是非移气移体身分不侪于平民，即多材多艺学问不同于余子。由前之说，恒与最大幸福主义不能兼容；由后之说，独到之学，又恒无所影响于立法事件。盖功用主义，非有深意可寻，"此不须商之于柏拉图，亦不须证之于亚里士多德。苦乐者无论何人，皆同感之。自王公以至农庶，自鸿儒以至白丁，一也。"（此功用派泰斗边沁之语。）人欲知幸福何在，断不须此种优秀之人物，谆谆相告。且此种优秀之人物，既位于上院，经验之示吾辈者，则人民直接之代表，为全国之幸福，成立一案，呈之上院，彼恒咬字嚼字以破坏之。固不必尽然，而大抵如此。欲明此者，取证正不在远，前清资政院之硕学通儒，非所谓优秀之人物者耶，其所发挥政治上之能力，乃胡似者？

四说皆无据如此，作二院制论者，其亦知自返矣。凡此，皆就对面之理由而排斥之者也。至本方面之理由，如二院制议事迟缓，国费增加，有少数压制多数之弊，及立法缺统一种种，皆颠扑不破者也。以须幅多，不具于篇。

原载《民立报》1912 年 5 月 6 日。

总统责任制

记者所取之标题，乃一极不规则之名词也。而不幸此名词，日来屡出现于上海之大报中，记者忘其不肖，亦欲于此贡一言焉。

总统责任制者，论者乃取以与内阁责任制对论，意谓各国之责任制有两种：一曰总统，一曰内阁。则逻辑家第一欲问者，责任两字之意义，是否两方一致也。质问至此，吾人立见责任之属于总统者，乃对于人民负之，如美利坚。责任之属于内阁者，乃对于议会负之，如法兰西。此责任云者，在用语为一文，而在逻辑为两字。然则用此以笼罩总统内阁两制，颇有术语不精之弊。记者夙于今之所谓总统责任制者，仅曰总统制 Presidential System，今之内阁责任制，仅曰内阁制 Cabinet System。四十年前，英儒白芝浩 Bagehot（白氏所著 *The English Constitution*，其《序》及首章《内阁论》，发明内阁制之理绝精，乃不刊之鸿文也。）分此最精。记者所用之名，即取于彼，而以为世有作者，颇难易吾译也。内阁之不标明责任者，则以责任实为内阁之涵性，犹之辨理为人类之涵性，举其物而性即与之俱存，初无取夫语赘。至若以责任与总统联缀书之，则实为不词。日本书中，容或有此，欧美人则确未为此言也。盖对于人民所负之责任，不过政治上之理解，决不成为一种政制。专制皇帝亦何莫非对于人民负责任者，使总统责任制而成为各词也，则皇帝责任制，亦断无逻辑上之理由使之不成术语。是故责任云者，通常乃指行政、立法两部之关系言之，范围不及于人民。准此论思，则总统制实一无责任之政制也。何也？议会可自由移一内阁，而不能自由移一总统也。然议会能操纵总统之进退者，非必无之，法兰西第三共和初成时，戴冶为总统，彼即对于议会负责任。白芝浩曰："戴冶为议会所举，亦能为议会所移。彼之出席于议会，与英之总理同，彼对于议会所负之责任，亦与英之总理同。"此说可以证也。但此制行之两年，戴冶即为议会排击而去，后此即不复行此。故总统责任制云云，指历史上孤零之政例言之则可，至用为政治上通常之术语，则殊未安，此可断言者也。

原载《民立报》1912 年 5 月 14 日。

中央集权之真诠

　　吾友林君万里主张中央集权，其方法特不过"都督、民政长各司，皆由中央委任……官吏参用外省人"，是之谓"绝对集权主义"。（原文见本日电报栏。）吾友所得于政治学至多，而不解斯言，胡乃失慎至此？记者惧其言之生恶果也，辄不敢自外，作此篇以匡正之。

　　记者尝论中央集权，当分行政与立法两方言之。人言中央集权，每联想及于统一政体，以为统一国者，乃中央集权之国；反之，联邦国者，非中央集权之国也。此中央集权云者，仅及于立法范围，而不及于行政范围。此而定某国之行集权制与否，即视立法之源为一与二以为衡。（统一国立法之源一，国会是也。联邦国立法之源二，中央议会与地方议会是也。）至地方行政长官是否由中央委任，非所问也。必欲问之，则实由立法范围走入行政范围矣。行政上之中央集权，世界之统一国尽有，不采之者，诚以不行行政上之集权，初无害于立法上之集权也，此观英吉利可以知之。二者之界线如此。今林君所谓集权，指立法乎？抑指行政乎？以记者观之，其为指后者无疑。果尔，则正记者所欲执而语之者矣。

　　记者主张统一政体者也，故立法上之集权，鼓吹之不遗余力。记者所主张之统一制，乃英制而非法制也。故行政上之集权，反对之亦不遗余力。其理由则（一）集权过甚，人民政治之能力无机发达；（二）集权过甚，中央机关将不胜繁重而弊；（三）集权过甚，国费重而他种不便亦缘而生。以今例证之，民政长由中央委任，即所以委顿人民之政治能力者也。盖寻政治能力发达之迹，莫显于人民可以操纵行政官之进退，否则社会将日见麻木。不仅麻木已也，有时以官民之感情过于隔阂，误解一生，人民不平之声，悉无责任，或竟诉之暴动焉，此不可不察也。驳者必曰，此种制度施之于人民程度已高之国则可，否则习为嚣张，选举即无公是非之可言，又复视选官如奕棋，或则肆行其要挟，未必可为训也。此说颇含有一面之真理，非可弁髦视之。然须知人民程度无一定标准，此物只闻以磨练而增高，未闻以闭塞而自长。且民情如川，防川宜导而不宜壅。调和民情，自亦有然。今民气诚嚣张矣，然不设为范围而善导之，徒夺其所以干与政治之具，吾未见嚣张将以是获戡也。

又有陈者，集权之性质不明，倡言之者，每舍其本而取其末。立法本也，行政末也。立法之集权未得，徒从事于行政，则前清督抚以至州县，任命皆出中央，在林君或以为集权之极则矣，是果可救省自为制之弊风否乎？今之言集权者，类不明立法、行政之别，愿后之论治者，其于此注意焉。

原载《民立报》1912 年 5 月 15 日。

再论北京之政情有何宪法上之意味乎

北京参议院开院，袁总统出席宣言，当时记者曾以是题著为论说。（见五月五号本报。）今各国务员复有到参议院宣布政见之举，请得而再论之。

注意此题，其最先起吾人之疑问者，则参议院开院已两旬，胡乃至此始闻政府之政见也。大凡议会之召集也，必有其所由召集者，故议员齐集于议院。其第一事，则听执政者宣布政纲而批评之。在理论上，政权实付之行政官，代议士之职，仅在考验行政官施行政权之是否有当。惟欲知其当否，必由于政府首先陈报，此政府宣布政纲，必与开院同时并举也。而今乃不然，此可开各国议会之先例矣。

或曰，子说是矣，惟宣布政策，果当以何种形式出之？易词言之，是果当由国家元首宣布之乎？抑由国务员宣布之乎？如属后者，则子说诚当。如属前者，则开院之日，袁总统不曾有宣言书乎？记者曰，此问也，诚探骊得珠者也。记者前言，正在表明吾国政治现象之奇特。盖在责任内阁之国，议员初集，开宗明义之政策书，例由元首宣示，然虽由元首宣示，而负其责任者则国务员。此在原理，固由责任两字之定义有以致之，而实则此种政策书乃成于内阁会议，非如袁总统之宣言书，大约成于总统秘书之手，初不必与国务员相谋，故国务员当然负责也。以是推之，则袁君当日出席一言，各国务员当视为责任之所在，而议员亦怀同一之理解，迎机而评骘之，如以为拂多数国民之意，即至推倒内阁，亦所不惜焉，然后可也。乃皆不出此，国务员以为总统之宣言，特不干己，而议员对于国家建造后政府之劈头政策，视作应酬帐，绝不表明议会之是非，而惟以凤构官式之答辞，来相敷衍，意谓欲求政府之真政策，当俟下回分解。国务员与议员，既悉同此见，遂致迟回又迟回，至昨十三日，始传国务员到院宣布之事，而前此十数日参议院所议，全陷入无意识之地位。此离总统与国务员而二之，破责任之原则，议会与政府不相联属，养成麻木不仁之政象，记者以为莫此举著也。

此点且不进论，而略即事以论之。大凡一政策之宣布也，必有多点足容异议者，然后足资讨论，此与政党内阁并立之议会，所以论潮独高也。今兹内阁之政策，可以容异议者不多。唐总理所谓军民分治，虽不无对点（江西、云南、福建各都督，皆立于对点），稍一迥思，亦实无对点之可言。统一军队、整理财政、振兴实业云云，又何人将不赞同？熊总长之演说，条理极明，惟其中仅列大纲，亦未多示人以可攻之点。彼主张设立国家银行，采用虚金本位制，及筹划盐烟专卖种种，其中可以讨论者虽多，而似已成为一致之舆论，议员或不欲漫为无谓之攻击。夫政策之无可立异者，原不必特为矜奇，且吾国尚无旗帜鲜明之党派，政府能鉴别舆论，其所主张能得多数之赞同，固不可谓非良现象。然议员一安缄默，仿佛不审所以置喙也者，又焉可尚？议长问各议员有质问否，议员至于互相推让，是何怪象？议会者实国民政治能力之试验场也，吾人夙痛不得所以试验者，今得之矣，公等其好自为之。

原载《民立报》1912 年 5 月 16 日。

吾国政治现象之怪特

记者卧病半月，百事莫治，中间紧要问题至多，悉未能以议论与诸君子相见，歉仄无似。今力疾补述一二，冀于阽危之时局，稍有补救。黄花之诮，所不辞也。

现任内阁之名，噪于士夫之口者，亦已数月，责任两字，且见诸《临时约法》，宜夫能知责任之为何义矣。今观于国人攻击财政总长熊希龄，而熊自行辞职一事，颇于记者所解于责任者，深相刺谬。记者非有所祖于熊也，以忠于素信之政见，而冀幸责任内阁之归诸实际，乃不能默尔息也。

责任内阁云者，乃阁员集为一体，所有行政方针或机密要务，皆在内阁会议（内阁会议全是秘密会性质）定之。一经制定，其中所含阁员之意见，即属同量。如或为议会所攻击，其责任乃阁员全体负之，所谓联带责任是也。如承诺垫款条件，此何等重要事件，岂有不开阁议，不经阁员之同意，而财政总长一人能独断行之者？诂责任者，虽亦谓阁员对于全体政策负联带责任，对于部务独自负其责任。（法兰西宪法有此明文。）然如借款问题，断断不能视为部务，其当属内阁全体之政策，无可疑也。英伦财政总长雷得乔治，前提出一国民保险案，颇为国人所议弹，倘此案不见容于议会，吾知受其影响者，决非一雷得乔治，而全阁将随同倾倒。此点不明，虽日日言责任内阁，而事实与之相去日远。且责任不明，于政治之道德，尤呈恶象。阁员号为一体以进行，而一有蹉跌，而举国之恶潮，惟蹉跌者受之，同谋者反若隔岸而观火。主持舆论者，必去蹉跌者以为快，而又同时声言保全内阁。政象至于如此，记者诚不能不号为怪特也。

凡右所言，乃假定攻击者为国会，而今乃不然。垫款条件，安然通过于参议院，而起而抗议者，乃地方行政官及其他不负政治责任之人，此又政象怪特者也。夫政成于中央政府，承诺于中央议会，苟在法制之国，全国实无一人敢议其后者。在私人之不负责任者，容许以此等言论自由之权，而置身政务者，断断不能滥用其反对。盖反对者，当先计及其结果。夫一国政治之所出，即一国统治权之所在。统治权者无上者也，而地方政府终属政治之从体，倘无上之权，以此数被动摇，则居中央者，全失其国人之信用，甚者惹起革命，否亦其国陷于无政府之地位，行以秩序扰乱而致亡，此记者所敢断言也。又新闻记者，其所有政治上之主张，事前无妨出以极激烈之态度，至其事已为中央议会所规定，则立论当立归于和平，此自可仍用批评之词，而万不可出于煽惑之态。非畏葸也，其职则尔也。当英人反抗国民保险案，记者正居英伦，伦敦有一势力最广之新闻曰《每日邮报》，数周之间，自认为反抗该案之总机关，全纸所载，几于字字含有怒骂雷得乔治之质。迨其案为巴力门通过，该报即立复其常态，论点全易。其所以然者，议会中之行为不得不取资于舆论，故其案未定，吾人可视能力之所至，谋以己之所主张者影响之，而议员所处法律上之地位，非至总选举，又非国人所能变置。议员在任期以内有所立法，其法案即如恶臭，国人亦惟有隐忍受之。苟不受之，则中央议会之权力应即取消，而其事等之推翻宪法，非煽动革命不足以餍国人之意。故国人苟习于法制，断断不对于中央政权轻起反对；党人苟有党德，尤不乱用其感情，掊击已成之法案，此先进各国政争最烈而国中秩序井然者，由此道也。而吾人乃不知此，妄解人民主体之说，以为凡属政府之行为，义当反对，而当国基未稳，此种旁观笑骂之议论，又往往有一种潜势力阴掣政府之肘，使不能尽意以行其事。号为政府，对内全失其施政之功能，对外几不能自承为一独立之政治团体，长此以往，吾惧其将影响于国家之存在。世之贤者，幸体记者之狂愚而自察之。

原载《民立报》1912 年 6 月 5 日。

论吾国责任内阁制之难速成

近知言者，咸鼓吹责任内阁制。而断其即时难成者，则吾国政党之建造，尚未完全。内阁不能由一党组织，且时势所诏，混合内阁颇为今时必不可少之过渡物。又内阁之所由成，运命虽操之议会，而立法、行政两部之邮未全打通，议员果可出为国务员，或国务员果可列席于议会否，无人能言之。凡此诸端，皆责任内阁制所以迟滞不得立之故。而诚不料今又发见一新因。

兹新因者何？即国务员之不肯负责任是也。此因为欧美人之所不解，而为吾人所不及料。盖政治潮流之所至，责任之所在，委身于此途者，只有求负之而不得，未闻欲其负之而不得者也。美利坚国务员，为宪法所限，不能出席于康格雷以为大苦，每提出一财政案，议员以独断之意通过之，深厌财政总长之与其事。而财政总长，务求通其意于议员，百迂其途，亦无所惜。而吾国不然，议员要求国务员之说明，而国务员避不肯出，惟以委员搪塞之。而号称委员者，又慑于议员之气，往往其说不具。此视英伦之国务员，日日列席于议会，与议员上下其议论，百质而百答，因应不一穷，且国务员之所发言，又恒操纵全院者，真如天之与壤也。其所以如此者，实由于不负责任。其在他国当事者之不负责任，每出于强项，敢于拂众意而不惜。而吾之不负责任，乃出于敷衍退让，毫不敢与舆论挑战，诚政治上之怪象矣。

不负责任又或以他途出之，则一不如意，即悻悻以求去是也。熊总长以垫款条件为一部人所反对，乃声言解职，职不获解，而不视事，部中之组织迄不完全。唐总理黄夜赴津，其中必有甚秘不可得闻之关系，其关系处或即其负责任处，而表面上则颇犯不负责任之嫌。要之，责任内阁制所需之条件甚多，而顾名思义，责任两字之涵性，断不容昧。今若此，吾知此制成立之难矣。

原载《民立报》1912 年 6 月 19 日。

政治之新经验

迩以唐、熊不睦，吾人于政治上又得一经验，则内阁中总理与财政总长，实相依为命之二分子。在政党内阁，此二人必政见意气最相契合者；在混合内阁，又必政见意气差相契合者也。

此其理由，乃至明显。总理主持全国之政务，其重要自不待言，而全国之政务，又无不与财政有关系，故财政总长一席，在内阁中实次于总理而为最要者也。此两人而有冲突，则于政务之进行，必有非常滞碍。故组织内阁者，在势必首为财政部择人，此不易之理也。

虽然，组织内阁之难，难于配合七巧板（此英儒白芝浩之言）。配合此板，固恒苦于尺有所短，寸有所长，而以其为死物也，较之内阁人物之变动不居，此猜彼忌，配合者之技能，犹为易施。且也组织内阁者，在名义上虽有全权，任意择人，而实际上则大不尔。有一定之人，为万不能择及者（如反对党是）；有一定之人，为万不能不择及者。（如本党领袖人物，及前任本党内阁之退职而尚从事政治生活者是。）于是总理独立选择之权以窄。英儒白芝浩曰："所谓总理独立选择之权，与其谓及于选任阁员，宁谓其及于分派职务。"由是观之，总理欲为特别一部，位置特别一人，恒属困难。此非自有一相当之人，而为同僚所不认，即为自以为不甚相当，或相当矣，而于己意不洽，徒以党势之所趋（此包政党内阁及混合内阁言之），其位置已有一定之人，非总理所可动摇。于斯时也，总理及某部总长之意见，不必相洽，有问题起，而争端易见，争端见而内阁因以动摇。其在总理与财政总长不相得，动摇当益甚，此诚政治上不幸之现象也。其在英伦，财政总长之上，财政部当设一绝高之职，号曰财政部第一长官。此长官例以总理兼之，其用意则一以杀财政总长之势（三十年前阁员在下院之声势，财政总长实在总理之上），一以通总理与财政部之邮。此诚感于前举不幸之现象，而有此制也。今吾北京之政剧，即此种现象所演成，此不足以深注意乎？

然法制之防范，果何若道德之防范？道德之防范，又当辅以政党组织之完全。故欧洲最近之内阁，总理与财政总长，最能互相提携，此证之英伦之爱斯葵斯及雷得乔治为尤信。吾人于此，诚得一好教训矣。

原载《民立报》1912 年 6 月 21 日。

唐总理出京之真相与民国宪法之前途

唐总理忽而离京，颇惹起世人之疑怪，而沪上所得之京电，材料悉不充足，无从予以适当之评论。本社昨得北京特派员电，纪此事之真相甚详，今以公之读者，记者且于此赘数言焉。

如电意，则唐总理之所以乞假，其最近原因实为王君芝祥督直问题。唐之政策，乃欲以王督直，调和南北意见，而利统一之进行。袁总统不可，转命王赴宁接收军队，唐乃不肯副署。又总统府关于兹事所拟答复参议院之书，颇涉曲解，唐复不肯副署。不副署则亦已耳，唐亦似有余地可以自行其志。然以势察之，总统实无降心于内阁政策之意（以法律言之，总统有降心之必要，见后自明），唐遂决然引去。简而言之，唐之去也，实为元首与内阁，以政策相持，而不能下之故。果尔，则诚为吾国宪法史上之一纪念，而不得不劳政家之大注意矣。

欲讨论此题，有当先晓然者，则内阁责任之作用是也。美儒罗伟尝著《英伦政治论》，体大思精之作也。其言曰："内阁既对于议会为元首负完全之责任，则凡事内阁不以为可者，彼必拒之使不得实行。凡事内阁以为必要者，彼必坚行到底。质而言之，号称内阁，则必实施其自有之政策，元首即不同意，亦必屈服于此政策之下。在事实上，元首自可以个人之影响，多方诱致内阁，使弃其政策而从己。但诱致之术既穷，而内阁以议会之多数，为其后援，坚执其政策不动，无论如何元首必自行让步。人恒曰，元首必与内阁以信任心。而吾谓，元首必服从内阁之计划，实为较确之词。自议院制度日益进步，此习益觉巩固，内阁之权愈大，元首之退让愈速，此固不必恐惧结果之恶也，而习惯力已足迫之使然矣。"（见千九百八年版《英伦政治论》一卷三十一页。）读者果不以罗氏之言为谬，而以适用之于袁、唐之争，则唐总理所主持之政策，袁总统如自明其地位者，当不与之相抗。何也？责任之所在，义则然也。今袁总统与总理相抗之故，致总理为自护其责任计，不得不洁身以退。此在政治夙有秩序之国，其破坏宪法之习惯果为何如？吾之政策习惯既未养成，自不得言破坏，而谓袁总统此举之摧折此种良习惯，则不失为知言矣。

或曰，唐氏之能力，终属薄弱，彼拒绝副署，总统如未公布其未经副署之命令，不得谓总统之违反《约法》。苟唐氏始终坚持，安见总统之不从己，出走胡为者？为此言者，是不明政情者也。大凡政治基础未稳之国，元首每不肯轻弃其权。时则政党之组织未底完全，内阁政策之果为国民多数所拥护否，在机关上乃无绝明之印象（即谓国会之多少数无准）。且当此政权蝉蜕之秋，人或谓内阁既为元首负责任，则内阁政策之不如己意者，己必能罢之，而代以能如己意者。以此之故，内阁之果能与元首抗争到底与否，此全是时势问题，初无不易之原则可守。据经验之所告，则此种时代之内阁，实以自寻退步者为多。千八百三十四年，英王维廉第四，与总理梅尔朋有争，梅尔朋自行辞职，而以免职之形式出之，其明证也。吾国政海有此不幸之现象，在此过渡时代，或亦无可解免者。然他国经此种天演一次，政治进步一次，记者于此慨叹之余，又致其希望矣。

记者于袁君得选之时，曾提出责任问题，著为一论（题曰《新总统与内阁政治》，见二月二日本报）。时总理之设否未定，记者以为果设总理，则总统之地位当如英吉利之国王（即如法兰西之今式），一切责任悉使总理负之。否则不设总理，如法兰西第三共和国之戴治，自负一切责任，亦无不可。该论之要点，乃在责任分明，其隐以为忧者，即在设一总理不使之负完全责任，而总统隐于其后以掣其肘。今不幸而言中矣，论治者其盍于此点加之意乎？

原载《民立报》1912 年 6 月 22 日。

总统与总理权限问题

记者于二十二日，陈述唐总理出京之原因，即提出总统与总理权限问题，以为依内阁责任之作用，总统不宜干涉内阁之政策，内阁以为可者，总统可之；内阁以为否者，总统否之，非扬总理而抑总统也，总统政治上之地位则然也，履行内阁责任之结果则然也。此非记者之私言也。凡国之采内阁制者，其国之政家学者罔不作是语。幸也国人之见及此著者，亦尚有人。据今日本社所布北京特派员电，执政者颇复以此为言。记者于此，诚自喜同调之有人。其在他一面，记者前文之影响，致上海新闻记者，漫发其不解政治之谈，倡为总统兼为总理之谬说，又引为言论界之不幸矣。

副署者所以表明责任之所在也。号为责任，则循名而课其实，必其政策为己所同意者，而后可以负之。是故元首不能强内阁施行不同意之政策，而内阁自施行其政策，因为政治上之一格言。既守此格言，则凡内阁不与总统之命令同意，理宜拒绝副署。拒绝副署者，正所以保障其责任也。《神州日报》民父君不解此，以为唐总理对于总统所发王芝祥赴宁接收军队之命令，"无拒绝副署之必要。何也？总统之权，宪法所赋与，非总理所得而增减之者也。"夫彼所谓总统之权，在本事件，必指任免文武职员之权。（《临时约法》三十四条有之。）彼以为此权即为宪法所赋与，总统欲任免谁者，即任免谁，总理果从而置喙焉，即属增减总统之权。果如是者，则听总统帝制自为可耳，何劳阁员之副署？吾审民父君所中之弊，乃在法文中寻行数墨，而毫不顾政治事情。曩者民父君曾论内阁制惟英行之，法兰西非行内阁制者，记者质之，则彼答以法兰西宪法无设立内阁制之明文。此不为知言者所笑乎？是可知法律政治之两种观念，民父君绝未明晰，而因拘泥条文，以为总统既由宪法得有某权，无论何时何事，总理不得对之而生反抗。尤可异者，则民父君漫引美儒拘哲思之言，其言曰："总统所发布之命令，——须主务大臣之副署，行政上之实权，皆以委诸内阁之掌中。而其所以委任之者，则宪法之条文，而非元首之命令也。"如记者释其意不谬，则标明委任政权于内阁，由于宪法而不由于元首之命令者，乃所以限制元首，使不得自由驱使内阁行其私意，而内阁因宪法之保障，得以拒绝副署也。（记者或有误解，亦未可知。民父君幸举示引语出于何页，俾记者复按其释语焉。）而民父君转谓"唐氏拒绝副署，即为违背宪法"。同一语也，而读者之会心背驰如此，诚不可解。然原语具在，安可欺人？有第三者以真诠见告，此诚记者所欢迎矣。

原载《民立报》1912 年 6 月 24 日。

论参议院与行政部之关系

昔英儒白芝浩,于法兰西未采内阁制之先,比较内阁制与总统制之利害而痛论之,其结果则后制不胜其弊,而前制之利,以相形而益明。然当时采内阁制者,惟英吉利,英吉利君主国也,此制之果推行于他种国体而无弊否,白氏亦无甚把握。夫内阁制之要义,简而举之,不外行政首长(此不必为元首,宜注意)之进退,其权操之议会而已。未几,法兰西之总统,出于国民议会,是行政、立法两部之邮,在共和国而亦可通。白氏大喜过望,遂于前书重版时作为序曰:

自千七百八十九年以来,法兰西历出其政治之模形,与天下人以共验,法人己虽未甚得益,而为益于他国则绝多也。吾今所欲指明者,则法人今正取英伦宪法在己之政治试验场而试验之一事。当吾书之初出版也,人见吾主张内阁制可移用于非君主国,易词言之,无论何国,其实际之行政首长(即内阁总理,君主乃名分上之行政首长也),可以议会之投票进退之,恒瞠目而不敢信,吾欲服彼,而苦无佐证。美利坚及效法美利坚者,乃唯一之存而相习之共和政体也,而吾所提倡,则适与之相反。盖内阁制之行政部发生于议会,而总统制之行政部发生于人民,其用意在使行政、立法两部,皆由人民所选出,两两独立。当是时也,兹为共和国绝无仅有之式,以他式进,人为现势所束缚,颇难遽信。而今何幸,法兰西供吾人以他式矣,法兰西第三共和之戴冶,正实际上之行政首长,为吾书所写照者也。彼被举于国民议会,而亦可为议会所移,彼之出席于议会,与议员相讨论,正如内阁总理之所为。于是,共和国之行政、立法两部,不能钩连,而此种钩连之法,为君主国不移之特质,乃无人为此说矣。

读白氏之书当注意者，则法兰西当时之政治，去内阁制甚远。白氏为之踊跃者，则立法、行政两部既经打通，而纯粹之内阁制，乃其不可逃之结果也。记者不辞，觍缕译述白氏之言，其意亦即在此。今国中之知言者，既群言政党内阁，而完全之政党内阁，一时或难成立，而已得之效果，可为完全政党内阁之阶梯。吾人当为之踌躇满意者，即实际上之行政首长（即内阁总理，如无总理时，元首即为实际上之行政首长），进退之权，操之于参议院是也。而上海新闻纸，迩日对于唐总理辞职事，出言无择，有如中风。记者且见《共和日报》发为参议院当抛弃其选举总理、承认阁员之权之说。夫参议院之有此权，载之《约法》，共和报之论，是直使参议院抛弃《约法》，事岂可行？惟从此着想，读其报者当直觉之。故记者此文，稍迁其途，而从根本上著论，冀读者晓然于政治上所当宝贵者为何物也。

原载《民立报》1912 年 6 月 25 日。

再论总统权限问题

有自署镜冰者，于二十四日送稿于《民报》，驳记者六月二十二日之论总统权限者，以其能主张似是而非之政谈，请为辨正之于下。

镜冰君首引美儒柏哲士之说曰："国家当危疑震撼之秋，行政部（指元首及国务院）与立法部，断宜行动一致。"兹语也，实于本问题无直接关系。且镜冰君读柏氏之书，似未尽了然于其所言，否则故作欺人之语。盖本问题者，乃总统与总理意见不合因而拒绝副署之问题，非行政、立法两部之问题也。今即就所引语释之，柏氏于此，亦实纵论政党内阁之利害。政党内阁者，即行政、立法两部联为一气，能行动一致者也；非政党内阁，则无此效。柏氏之原文曰："凡一国历史，其中必有时期，以行政、立法两部意见一致为利者，如草创时代是也。然亦有时期，不必以此为利。盖草创之际，政治活动，最形急剧，故须一致之行动，以期不失机宜。至承平之时，则凡政治法律，务求完美，则政府能从长讨论，利益最宏。以是行政、立法两部之意见不齐，转较齐者为愈。"（按柏氏所谓行政部未包举元首，言之如镜冰君所云。）易词言之，则国家多事之时，实以政党内阁为宜，否则以非政党内阁为宜，乃柏氏之旨也。实则政党内阁，最宜于国家多事之日，其说亦非柏氏所创。英儒白芝浩于其英伦宪政论，即先言之，惜此处幅窄，不能具引，惟读柏氏此段最须注意者，则彼所谓行政、立法两部行动一致，乃指政党内阁，断非指混合内阁。（柏文具在，当多读数行，始能观其通，仅窥其一二句焉，未必悉有当也。）混合内阁当然无行动一致之可言。此由柏氏之言，可以推知今镜冰君引柏氏之言以自护者，乃在证明"混合内阁之功用……在调和党见，以求行政之统一。"而唐氏之混合内阁，失此功用，而国家又直危疑震撼之秋，故当为柏氏所讥，何其穿凿附会之不似也？即让一步，而如镜冰君所证明矣，而此乃指行政、立法两部之关系，非指总统与总理之关系。行政、立法两部相冲突，与总统及总理相冲突，是两问题，镜冰君必并为一谈，何哉？

凡此皆与本题无关，其有关者，则镜冰君谋驳记者元首名分说是也。（元首名分说，前此未见记者文中，今以行文之便用之。此说乃创于白芝浩，以元首为名分上之行政首长，至实际上之行政首长则总理也。）其言曰："当内阁与立法部同时有乖张之主动，而大总统之干涉，乃愈见紧要。"彼引以证之者，则法总统于议会决案不同意时，得却还令再议。（美利坚非采内阁制者，当别论。）镜冰君之为此言，其所证明，则彼之所最关心者，只宪法之条文，而政治事情，则似未暇注意而已（国人之不明法律、政治之别，而因持论不正确者最多），余物则无所证明也。法兰西千八百七十五年七月十六日之宪法第七条诚有曰："在法律应行公布一定期限之中，总统可以教令说明理由，请求两院复议，两院不得拒绝。"但法总统虽拥有此权，而未尝一行之。美儒罗伟所著之《大陆政治论》与《英伦政治论》合称双璧，其言曰："法总统对于法案，无不裁可之权，虽可以请求议会复议，而此权从未一施行之。"（见上卷二十七页。）须知法总统之未一施行此权者，断非立法部绝无乖张之举动劳总统之干涉也，而未一干涉之，可见政治事情实发展于宪法条文以外，条文之效力以政治事情对消之者，往往而有。此固非墨守宪法类纂者之所能知。而如镜冰君能读柏哲士之书，亦不了然，殊不可解。此乃言总统不能控制立法部也。至总统能控制内阁，在采用内阁制之国，亦为闻所未闻。镜冰君之所引例，既遗其质，而取其皮，则其所立干涉紧要之说，乃骤失其根据矣。然镜冰君之大误，犹不在此。

镜冰君之大误，则在曲解《临时约法》。其言曰："依法理论之，法国总统于行政上几于不负责任，而负完全责任者，为国务院。吾国不同，《临时约法》第四十四条云，国务员辅佐临时大总统负其责任；第三条云，临时大总统代表临时政府总揽政务，公布法律。曰辅佐负责，曰总揽政务，则临时大总统不能不负责明矣。"质而言之，镜冰君乃欲吾临时总统负行政上之责任也。记者敢谓当时设立总统之意，决不如是。贼《约法》者，必君之言也。按国务员辅佐临时大总统负其责任一语，乃谓国务员辅佐总统，为总统负其责任也；乃谓总统原有责任，而今由国务员负之也。于是副署之制以生，副署者即所以表明国务员之为总统负责任也。《约法》中之文理，按之甚明焉。得如镜冰君之强解，

至谓总统代表政府总揽政务，公布法律，即为总统自负责任之征，此以
镜冰君自造之逻辑释之则可，以记者之愚，实无从发见因果之关系也。
法兰西总统不负责任，此镜冰君所承认者也，而何以法兰西千八百七十
五年二月二十五日宪法第三条亦有总统代表国家总揽政务、公布法律之
文？此以镜冰君逻辑施之，不几不负责任之法总统，忽变而为负责任
乎？草法兰西宪法者，其能矛盾如是乎？要之，吾国之总统，其地位等
之英吉利之国王或法兰西之总统，乃《约法》中所订，已属事实之无要
变更者。谓为不当，而大错亦已铸成，非俟第一期国会编制宪法有所更
易，不得不作如是解法。至离事实而言理论，则罗伟有言曰："法兰西
总统之地位，曾排除总统之野心，使不为拿破仑。其在他一面，总统对
于议会为独立，不随议会之更变而有动摇，因使共和国品位之高、国本
之固，为法兰西前所未有。"（《大陆政治论》一卷二十页。）诵此，庶几
可解非难法国制者之疑矣。

原载《民立报》1912 年 6 月 26 日。

组织内阁谈

今之主张混合内阁者，大抵以人材消乏，为一绝强之理由，谓当今人材历历可数，而此仅可数者，乃分布于各党，合为一团已虞其不足。内阁若属于一党焉，又安能为国事择人乎？是说也，自含有一面之真理，而混合内阁之弊，此理恐不足以对消之也。苟此"人材内阁"而毫无意见冲突之可言焉，或有冲突而不至妨碍政治之进行焉，则主其说者得胜利。而无如经历之所告，则此种内阁将至以感情横决而破裂焉，百不爽一也。反之，政党内阁，则收行动一致之效。夫至感情横决，有才亦何所用之，则混合内阁之材虽多，而相钤者相消，其得数或等于零。反之，政党内阁以步伐整齐，有才一分即得一分之用，于是材之量虽小，而用转宏，此不可不深察也。

主张混合内阁者，又有一说，则艰难缔造之秋，吾辈贵消除党见，和衷共济，以救时危是也。此说之不能成立，有如前说。盖政治经验之所告，党见万无可消，而时危终不可救也。夫混合内阁之第一弊，即在聪明材力大半用之无谓之国争，而国事即濒于危殆，转不暇问。（观于今日蒙藏之警闻，无人注意，可以知之。）是组织混合内阁之初意，欲以救国难者，而国难终于不可救。反之，政党内阁以阁员无内部之抵衡，而同时复得操纵议会，朝建议而夕可见诸实行，一切机宜悉不至失，故西儒颇以政党内阁为最适于国家多事之秋。（自英儒白芝浩多言之，特彼对于总统制立言，非对于混合内阁立言耳。）此其理想与时贤所怀抱者，颇有异同，此亦有价值之论题也。

有第三说属于事实问题者，此于政党内阁之原理，绝无所非难，惟现在应于时势，而有混合内阁之必要。盖现内阁中，实有数人，其所占者，为不可骤易之位置。吾观其所举者，率不外陆征祥、熊希龄、段祺瑞、赵秉钧四人。夫政党内阁中，海陆军两部独立者，在欧西不乏其例，故以陆军总长易人为虑者，似可无庸。赵、熊皆有党籍，则内阁属于同盟会，或共和党，二者必留其一，是其所牵制以阻政党内阁之进行者，二人而已。吾揣外交决非自陆总长外，无相当之人者，于是斟酌赵、熊之去留，而政党内阁当有可商矣。

原载《民立报》1912 年 6 月 29 日。

论国务院官制与内阁制

参议院所修改之国务院官制案，袁总统已于六月二十六日公布之。其中足使吾人注意者，则由第三条以至第七条，规定国务总理之权，颇为详密，范围非常广大。苟本此而实行之，则内阁政治之精神，实于此寄。

夫行内阁政治者，首言英、法。而英为不文宪法国，总理之权，纵属庞大，而从无法典以规定之；即总理之一名词，且不见于法典。法兰西之宪法，言及国务员者殊罕，其言及者，又偏于责任（如副署及受国会弹劾之类），而略于职权，且亦并国务员而混称之，未尝特标总理。是可知英、法两国内阁制之完全，得之于政治方面者多，而得之于法律方面者少，此固不必薄法律而尚政治也。英之宪政，一切基于习惯，此不独在国务员而有然。而法兰西在千八百七十年以前，宪法最称美备，起草者每欲以此组织一理想之政府。而此种政府，颠覆至无数次，法人厌之。普法战争以后，国家待治甚急，故当事者只求有法，足适一时之用，而又鉴于徒尚理想之无用，益不欲过事推求。以故法兰西宪法破碎不全，枝枝节节而发布之，较之美利坚宪法之缜密，有如天渊之别，初不必特于总理有所略也。是故英、法之以政治力巩固，其内阁制全出于事实之偶然，后进国安可妄效法之。夫效一国之臻于上理，固非国民之政治力莫行。而政治力之发达，实以依赖法律而愈速。记者论列此事之欲国人注意者，则人以独立之政治力，范成一内阁制供吾取法，而吾之贤参议员，复编为法律，贤总统公之天下，深假吾以凭藉。倘吾不能于最短之时期确定内阁制，以固国本而立政基焉，真可以羞死矣。

官制第三条云："国务总理为国务员首领，保持行政之统一。"参议院议此时，议员彭君允彝提议加入"定大政方针"一语，以为国务员当负政治、法律两方责任，则总理职权实不独保持行政统一一端。反对者以为，定大政方针，其权当属总统，国务总理实无此权，不过副署而已。争持良久，彭君说卒失败，似甚可惜。然大政方针于何定之，亦曰国务会议而已。第九条胪列事项之应归国务会议者，几于举大政之全部而消纳之。第十条云："国务会议事件以国务员之同意定之。"又："会议时以国务总理为会长。"是总统之影响，全不能及于内阁会议，并法兰西总统形式上可出席于国务会议者，而吾且排除之。所有大政之方针，一以国务员之同意定之，所须于总统者，画诺而已也。由是观之，则定大政方针一语，虽不得明列于第三条，而由第九、第十两条推之，则尽举其实。记者之推言及此，非欲表示议员中反对彭君之说者，为堕于朝四暮三之术，特喜内阁制之成立，而不能已于言也。

原载《民立报》1912 年 6 月 30 日。

政党政治之唯一条件

迩日之党争，可谓激烈矣。甲党之誓词曰，乙党不得出而组织内阁，而机关新闻之宣言又辄曰，本报断"不许一党独握政权，遍布私人于重要之地"。党争至于如此，大足为政党政治之障碍。记者曰，此不知政党政治之唯一条件者也。记者于此条件已屡有说明，今以吾人需此教训最切，再珍重述之于此。

兹条件者，即英儒梅依所言，"听反对党意见之流行"是也。昔政党之制，行于英伦已三百年，而欧洲大陆尚无此物。欧陆学者恒为推究英伦养成此制之原因，则其所得者非他，即下院议事法程，恒设法保护反对党，使得尽情攻击政府是也。在他国，或以反抗元首为不法，而英伦则"王之反对党"一言，乃或为党争之习语。知言者谓英伦政术之进步，实在此语发见以后。盖不认反对党为合法之团体，则其争执必走于偏私，或流于暴举。十七世纪之中，英伦之政争，且或杂以阴谋，志在流血，有时退职之总理，得安然亡命以去，且称为幸事，即以此也。是故欲谋政治上和平之改革，两党相代以用事，非认反对党之所为，为有益于国万万不可，且政党不单行，凡一党欲保其势力之常新，断不利他党之消灭，而亦并不利他党势力之微弱。盖失其对待者，己将无党之可言，他党力衰，而己党亦必至虫生而物腐也。以故两党同活动于政治范围之内，谁得国民多数之信用，即谁主持国事，失势者则立于其下而监督之，并准备完整，随时可以居中用事。而政党亦自明其地位，国民之拥护，一旦失去，则飘然下野，无所用其踌躇，亦无所容其惭阻，其所持之态度亦如前之反对党焉。如是互相更迭，而国政即其道而进步。不然，则政党政情，不足以治国，且徒扰乱国家之秩序。善哉美儒罗伟之言曰："认明反对党为正当团体，如彼能诱致议会之多数，并认明其有权用事，此政党政治所以成功之第一要素，而即平民政治所以成功之第一要素也；成功之他要素虽多，而皆自此流出。"（见《英伦政治论》一卷四百三十八页。）吾今日之须牢记此言最切，敢为国人三复之。

此条件之适用处有三：一在竞争时，一在得势时，一在失势时。竞争时而守此也，则不至有暴举，诉之选民外，不至使用他种卑劣手段。得势时而守此也，则不至以势凌人，谛听反对党之忠告，而保持己党固有之力，且加淬励焉。失势时而守此也，可以释然于党势之消长，嫉与忿两无所用之，且并了然于己之所以失败者无他，特本党党纲，未为国人所共喻，由于鼓吹未尽其道，此后惟当整顿第二次旗鼓而已。

此次共和党本部，公然排斥同盟会，使不得出而组织内阁，实有背于此条件。同盟会主张政党内阁，赞成共和党出而组织，其所立之地位，诚较共和党为高。惟同盟会人郑师道，噪于参议院，标明自同盟会外，不认他政党，举动之不规则，亦非寻常，虽非出于同盟会之负责任者，而此种举动，有妨党誉，同盟之健全者，亟须诫之。今混合内阁，仍然继续，同盟会之主张，骤未得行，在共和党或因以长其骄风，机关纸之出言，愈益无择，而同盟分子，偏于感情者，或复取郑师道之故智，漫图一逞。凡此皆党德之贼，所以摧折政党政治之萌芽者也。记者有忧之，乃贡其愚于此。

原载《民立报》1912 年 7 月 1 日。

法律改造论

　　迩者刑事法草案已提出于参议院，其理由曰："方今各国法典日跻于大同，非速制定新法典，则条约上之领事裁判权，永无收回之望。各种法典中，如民法、商法、诉讼法，均宜速行编纂，而维持秩序，保护人民之生命、自由、名誉、财产，尤以刑法为切要，故将刑法草案一种，先行提出。本案编纂大旨在于折衷各国大同之良规，采用近世最新之学说，而刑罚轻重之间，一以求合于法理为断。盖保罪刑之适合，持审判之公平，胥于是系焉。"夫曰采用近世最新之学说，曰一以求合于法理为断，是编纂者深明于学说法理，最可尚矣。虽然，记者以为，改造或创造法律，必有一最初之理想以立之基，此理想者号曰主义，主义正则法律良，主义不正则法律恶，如影随形，不之或爽。记者于此，甚愿为吾国介绍一主义，以资参议院之讨论焉。记者所欲介绍之主义，乃英儒边沁造于十八、十九两世纪之交，号曰功用主义。（人译作功利主义，或实利主义，此沿日人之移译，皆有歧义，非良诂也。功用二字，较为近是，以云良诂则犹未也，姑用之以俟良者。）功用者，一悬名也，凡事之能止恶而生善者，其涵性曰功用。功用有时为个人之利益，凡事与此功用相合者，将以增个人幸福之总量。（语本边氏下目。）边氏以为立法者，正当之目的乃在本此功用主义而实行之。换词言之，立法者正当之目的，乃在增进最大多数之最大幸福，是故功用主义，一曰最大幸福主义。

　　凡事之能止恶而生善者，其涵性曰功用，是欲知功用之为物，不可不知善恶之为物。边氏以为："天之生人，即置之于苦乐两关之下。人类一切思想，无不起于苦乐，一切生涯，莫不定于苦乐。人若离苦乐而有所言，则其所言必且不词。人生唯一之目的，即趋乐而避苦。趋避之形式尽有不同，有时且若反乎人世之所谓苦乐者，而目的终无以异。苦乐既束缚人如此之甚，而人所指为善恶者，可不辨而自明。善者，乐也，或为乐之因。恶者，苦也，或为苦之因。功用主义，既所以止恶而生善，即所以纳天下事物于苦乐二感之内，极其思辨力之所能至，推算之，比较之，而因以定道德法律之指归。苦乐外之感情，几不使之厕入也。"边氏又曰："予主张功用主义者也。予对于人间一切动作，无论为公为私，悉视其所生之苦乐如何，以为予赞成与否之标准。予所用公正、不公正，道德、不道德，善、不善形容诸字，皆其字之含有若干苦乐之成分者也。予所谓苦乐，即常人所谓苦乐，绝无武断之定义，谓当排除何种乐、何种苦，吾义始立，而亦无绝精之理，骤难了解，此不须商之于柏拉图，亦不须证之于亚里士多德。苦乐者，无论何人，皆同感之，自王公以至农庶，自鸿儒以至白丁，一也。凡人服膺功用主义者，其所谓不德即其由之而乐者，其所谓德即其由之而苦者也。德与不德，一以苦乐为衡。道德上之善如不能发生体魄上之善，不得谓善；道德上之恶如不足发生体魄上之恶，不得谓恶。惟吾所谓体魄，乃包精神与官能言之。是故用学之徒（功用之学，略其名曰用学），如见常人之所谓德，其所生之乐不偿其苦，将决言曰此伪德也。即举世盲从，而彼将不更为此伪德所束缚。愚夫之政策，每在假伪德以卫真德，用学之徒，深鄙之也。又当世号称罪恶者，其中尽有无瑕之乐，如此为用学之徒所见，将立宣言曰此伪恶也，此小人儒之所谓恶也，此奚害为合法之行为也。是故世有罚非其罪者，大为用学之徒所怜，而故入人罪之科条，用学之徒，必歼除之而后已。"边氏之所以诠释功用主义者如此。

边氏初提倡此说于英，英人不甚信之。有法人狄蒙，凤执赘于边氏，尽得其稿，以法文编之发刊于巴黎，于是边沁之名首噪于大陆，大陆之法家，悉欢迎之，而反响遂及于英。十九世纪英律之改良，其源悉出于边氏。而边氏没后未久，美人之主张改造法律者，亦翕然宗之。边氏之为功于世界，如此其巨，吾国果独自外，不虚怀以承其教乎？边沁学说之初见于吾国，实由《新民丛报》，浅识者流，以其竞言功利也，（功利二字非确诂，致起皮相之纷争。）辄起非之。而当世有宗颜习斋之学说者，诋尤至，而介绍其说者，复未能作强聒不舍之词。边沁之名之不道于国人之口者，已数年矣，而今者正当改造法律之时，失此明星，且入歧路。吾国果独自用，不虚心以承其教乎？记者以为边氏之说，实

人类自由之保障，而共和精神之所寄。吾国如学问发达，边氏之说与近
世社会主义之利害比较，必成为一绝大问题。记者姑发其端于此，以俟
国人之研究。

原载《民立报》1912 年 7 月 3 日。

政党内阁谈

记者夙主张政党内阁制，此次唐总理辞职，实由于混合内阁之不胜其弊。记者以为实行此制之机，或在今日，遂以己见公之天下。卒之混合说胜利，而吾说归于无效。客有过记者而问曰，陆君为总理，子意云何？记者曰，甚善。客诧曰，子非主张政党内阁者乎，胡混合内阁而亦善之也？记者曰，吾所谓善，非对于吾之主义言之，乃对于国家前途言之也。盖政家（记者之得为政家与否，此别一问题）主持一说，必自以其说为善，此诚不能并反对说而亦善之。虽然，人之欲善，谁不如我？吾之自善其说，特在吾说之范围内言之耳，非谓吾说以外举国不得有善说也；非谓吾说以外，举国不得有与吾异其说而同止于善者也。易词言之，吾善吾说，特自信吾说之足以治国耳，非谓吾说以外，他说举不足以治国也。记者著论言党德，不下数千言，简而举之，党德云者，即认明他党为合法团体，而听其充分活动于政治范围以内，以期相与确守政争之公平律。所谓认明为合法团体者，又即认明其党纲或政见，为有益于国家也。凡一党出其党见与他党争，在理论并不得先有成心，谓己意必优于人，特吾所见如是，殊不能自己，而必以公之天下耳。故党争者，与其谓争之于政纲，宁谓争之于国民之决心。两方各陈其所见，以待第三者之所择，吾策得选，而吾执政，他策得选，而他执政，所谓党争，如是而已，初不当有芥蒂也。吾谓不当有芥蒂，而谛审之并不得有芥蒂。何也？吾之政纲，非在无何有之乡制之，当其出也，必假定他人亦从事于同一之制作。惟其如是，吾制吾政纲，可以尽吾理想之所能至，而一一列于条款，盖恃吾之政见发表，将有相攻相错之机会，相寻于无穷。吾且深幸吾策不至一往无前，置国家于孤注之地位，遂可尽力代表一方之论也。信如斯也，则吾策之不获行，亦终在求仁得仁之列，又焉得有芥蒂。

虽然，此并非谓一党有时当放弃其政策也，果尔则乌合之众之所为，否亦出于普通政治团体，宁足称为政党？政党之所主张，必始终一贯，一度不见用于国民，而以吾深信其策之善之故，终以为吾鼓吹未尽其道，国民之多数未解吾旨，有解之者，亦或未尽。故凡有法使吾鼓吹之尽其道者，吾必用之，而党争转烈。反对者以吾鼓吹之力，恐或失国民之信用，而其尽瘁于国务，必益加甚。此党争之所以福于国、利于民，而呈近世政海之大观也。

记者答客问如此，而妄度党人或有不释然于他党之偶胜者，漫为广其意于此。

原载《民立报》1912年7月7日。

论政纲与运动选举关系

迩者参议院赶修国会组织法，而各政党亦谋为运动选举之预备，此类文字日渐出现于新闻纸中。记者亦复利用此机，略为论列于此。

夫政纲作用之最显著者有二：一即建造政纲，一即运动选举。盖政党而无政纲，是直无党。此其意至易明，无取深论。惟记者尝缕陈之矣，凡一党之政策，必与他党有特异之点。其异点或在原则，如他党主保守，吾主急进之类；或在实际，如他党主保护贸易，吾主自由贸易之类。其所以必异者，在于使国人知所抉择，分集于两党之旗下，一党得国民之信用，即因而实行其党纲也。惟然而政党之第二作用以起，此第二作用者，即运动选举也。运动两字，吾人已视为泛滥之新名词，而在政党则为神圣之手续，万不可缺。盖欲政策之实行，既舍国会莫由，则运动党员之得选，乃逻辑一定之序也。明此二者，请略言二者之关系。

大凡一党之成立，每一选举区必有其党之支部以直接选民。该选举区之议员候补者为何人，乃由党中指定而宣布之。一党如是，他党亦如是。故如有两党或三党竞争选举于一区者，其选民之票，必划作两起或三起，曾不于候补者以外乱举一人。此其大略也。

吾知读者于此，必且自讯曰，选民胡乃不自由举其所欲举者，而必任政党指定一人使之举？倘政党之所指定者，其人为选民所不屑意则奈何？记者曰，此各党纲之所以必异也。倘政纲异矣，则选民必不自外于议员候补者而图别举。何以言之？凡号为政纲者，必其与选民休戚最相关者也。如英之统一党，主张关税改革，此商人之所最想望者，亦为富室之所乐从者，于时此两种人决不泛投一票，可以推知。自由贸易主义之利于平民，而平民之不肯泛投一票亦然。倘泛投一票者，则与之同系之候补者，必至少得一票，即或因此为反对党所胜，乃未可知。从他一面观之，在此党争甚剧之区，无端牵入不党者之名，或党而未为机关所指定之名，冀分其票，是宁有幸？则彼所泛投之一票，直无意识耳。在欲一己之政见见之实行者，又孰肯为也。

更繁词以释之。譬如有两党于此，一主保守，一主急进，各举候补者于一选举区，以求当选；而选民之中，亦复恰分两派，而每一派皆欲以其所见得代表于议会，则试思选民之票，当如何投法？夫政党之候补者，代表其党纲者也。倘吾之政见与其党纲适同，则吾举之，而吾意惬。吾更有友者，其人亦富有议员之资格之才识，而其所见亦复与吾同，则吾举之而吾意亦惬。倘吾任举其一而皆有效，是吾投票可以无择，而吾友与吾谊厚，吾宁以彼当之，此人之恒情也。于是政治之常识来相告曰，子毋然。子若以子友充选，子投一票，是子友仅得一票也，子友无从得为议员，而子之意见亦终无能由彼发表。而同时与子同见之候补者，失去子一票，与子意见相反之候补者，行或以一票多数当选以去，彼且在议会立法，以攫子之利，子其慎之。选民果如此反省，则其票之不悉集于候补者，未之有也。

其所以然者何也？曰党纲异也。党纲异者，其利害恒相冲突，选民非为左袒，即为右袒，无中立之余地。故选民不共其利害则已，诚共其利害，则其票万万无旁溢者也。今之人好言政党，而乃于制造说明与推广党纲一层，未尝与以相当之注意，此记者所为大惑而不能解者。今运动选举之事，在目前矣，岂尚可懈？或曰，以吾国民之程度，党纲即鲜明矣，果能得良结果如子所期者否？记者曰，此别一问题也。今吾所论者，仅及于二者相关之理而止，至适用此理时之困难，请异日论之。

原载《民立报》1912年7月8日。

政党政治与新闻

迩日新闻之失其职甚矣，不能作正大之主张，以拥护其所隶属之党，徒于异己者之私行，寻垢而索瘢。偶一得之，至少以供十日之材料，所有市井无赖之口吻，不难于数百字论文之中，尽力堆砌。甚至夙所主张之主义，恐反对党资之以为利，且不惜牺牲之，而移其自杀之锋以向人。如内阁政治，在亡清之末，北京之政客且提倡之，民国既建，而此论益畅。迨唐总理辞职事起，党人有主张混合内阁者，有主张政党内阁者。果前派仅以为临时政策，自亦不失为知言，乃党报中竟有根本上反对内阁政治之论，视国事如儿戏，爱民国转不若爱满清。甚矣，新闻之失其职！而循此种党争之潮流，即有人能建造百民国，亦将不足亡也。

虽然，新闻者与政党政治相依为命者也。记者既痛吾国新闻之不德，不足以促进政党政治，而转以贼之，而益想象大国新闻之风概，低徊不能已也。盖记者尝读英儒白芝浩之书矣，知英伦政治之精髓，全在付反对者以批评之全能。政府之政纲一出，议会内旋起绝大之论潮，主张者以全副精神，拥护其案，凡单词只字足助己者，罔或遗焉。反对者亦以全副精神，评骘其策，凡单词只字足以助己者，罔或遗焉。议会论潮之高，世未有如英伦者也。而此种论潮，惟政党政治有以奖进之。盖凡事不切身，言不切事，事不应时，其论每无力。而有政党政治之国，则议会一言，动关政府之兴废。而其兴废也，又当时而验，绝不容假借。故凡立说于议会者，非以求国民之好意，图建未来之政府，即以固国民之信用，而使现在之政府不失其位。两方之立论，皆恃国民为后援。国民既隐操选置政府之权，于是不得不就两造之说而详察之。于是有一政家在议会作一雄辩，其所以唤起国民之精神，推进国民之智力者，其力为无垠。国民之政治热，以此日进而已，而握其机者厥惟新闻。在政党政治之国，其新闻之言论，恒不期而分为两党。党员与选民交通声气，每恃新闻为机关，有时政府之命运，且于新闻之论态决之。当两党相持不下之时，胜负决以数票，选民之从违，未易揣知，于时大新闻中有一绝明无翳之社说深中于人心，则内阁必随此新闻之主义而成。（伦敦《泰晤士》者，即号称制造内阁最多者也。）吁，此伟观矣！政府与国民呼吸相通，新闻从而切其脉，非政党政治曷克有此？亦非新闻之有价值曷克有此？

右段皆据白氏之书言之。新闻之职既如此其重，今举国新闻，率操之无常识无公德心者之手；而政党政治，又一政争无可逃避之结果，可不惧哉！记者之为此文，颇自以为忘分，然若同业者因此文而供职有愈于前，则寻记者之面而唾焉，所不辞也。

原载《民立报》1912 年 7 月 9 日。

政党组织案

　　吾国初有党，而不数月已不胜其弊。举全国大部分之聪明才力，悉耗之于调和党见。夫号称为党，自不得不有党见，果党有其正，其见又安取调和？今昌言曰调和，即可以断言党争之不当也。当南北军事乍停，国人骤得政治上之自由，相竞言党，以为中国将非党莫治也。未几而党德党誉，悉败坏于躁妄无识者之手，于是谨愿者畏党如蛇蝎，方正者恶党如溷渠。党事至此，前途尚可问哉？记者窃不自揣，发为宏愿，愿以三寸不烂之舌，说各党领袖人物，使将所有政党之阻碍，摧陷而廓清之，重筑政党于新基础之上。易词言之，将现时各党之构造，悉举而毁坏之，一若民国尚无此物发生也者；而因而集其魁侣，相与商榷政见，决为可否，从其可否处树党帜焉，使以后所有党争，尽本之于党纲，而倾轧之私，期于绝迹。又以后所有党派，非万不获已，必划为二，而小党之生，期于绝迹。明知此愿过宏，非不肖所能荷，而见之既莹，望之尤切，窃不自己，作为斯案，以资当世贤豪之讨论。知我罪我，是在读者！

　　记者执笔之时，觉有理想数端，必先与读者共喻者，请列举于下：

　　第一，当知政党之特性。此又分为两端：

　　（甲）当知政党与徒党之别。此议时贤亦既有言之者，无取赘述。简而举之，徒党之主动力为私，政党之主动力为公。徒党不惜牺牲国家以拥护个人，而政党则不重人而重政策。徒党恒欲置反对者于死地，政党则听异己者意见之流行。徒党者国家之隐患也，而政党则能造福于国家。二者之别如此。然兹别也，至近世始明。政党之含有今日之意义，视为政治生活中一不可少之物者，亦仅近世著述中有之。十八世纪英伦有柏克者，政雄而文豪也。挟最锐之眼光，敢为非常可喜之论。彼实始作政党之定义，于政党正当之作用，亦颇有发挥。然其书中，亦或偶随世俗悠悠之口，称政党为徒党。盖当时人之所谓政党，实目为徒党而鄙夷之。其所以然者，则论者已无政党之观念，而当时党人实未脱徒党之行为也。凡徒党自行写照之真影，莫如以暴力压服反对党，此观于英伦十七世纪之党争，可以知之。时排击一异己者去位，动诉之阴谋，稍甚则出于流血。去职之国务员，得保其首领以窜于他国，乃称幸事。其后王朝既异，新政治问题复以次发生，党争乃得由徒党而进于政党之域，渐为欧陆各国之楷模。自十九世纪中叶以还，觇英伦者于以叹政党政治之大成矣。是可知英伦之得有此物，乃自无穷之经验奋斗而来，其所耗之时日与精力，何可计量？吾人生于今日，获睹他人之成绩，从而效之，并不须耗同等或大部分之时日与精力，而结果可同焉，岂非快事？苟不善取法，并人所吐弃诟病之陈迹而蹈之焉，非愚即癫矣。

（乙）当知政党与普通政治结社之别。此别已迭见于记者之文中，亦不取赘述。惟可得简括之曰：普通政治结社，恒有政治上一定之目的物，必得之而后已，目的物得或不得，而为他力所排，则团体散。政党则不必欲得一定之目的物，而其所志，乃在全国一般之政策，而其生命，不以他力之强否为衡也。普通政治结社，无意总揽国家之机关，而政党欲之。普通政治结社，活动于议会以外，而政党则与议会相依为命，为议会中一独立之政治团体。普通政治结社之行动，每不嫌于偏宕，时或诉之暴动，而政党则步伐贵乎整齐，态度贵乎稳健。普通政治结社，欲达目的，必倚赖他政治机关，其手段或出于请愿，而政党则自策自用，其政权唯一之源，则选民也。二者之别如此。兹别也，在他国乃无比论之价值，而吾以政党之习未深，往往以政党之名，而行普通政治结社之实，故此当注意。如同盟会，在未改党以前，实一普通政治结社也。改党以后，始得称为政党。如共和党，在中华民国联合会时代，实一普通政治结社也。改党以后，始得称为政党。然前沤续后沤，界线分明，殊未易言。苟不分明，则其党非行为失之偏狭，或不中程，即其秩序为不健全之分子所扰乱。甚矣，此别之要也。

第二，当知政党为以政纲结集团体。柏克曰："政党者，乃团体之以国民福利相集合，其福利实基之于特异之政纲，为本党全体所赞同，而谋以一致之行动促进之者也。人笃信己之政见，而又以其政见为有价值，则谓彼不欲设法以实行之焉，大属不可思议。是故规定适当之政治方针，哲家之事也。而奉其方针，以相当之方法，使之见诸施行，政家之事也。"夫政党之起原，有本诸历史者，有本诸逻辑者。柏克今言逻辑之起原，数语尤为论宗矣。柏克之意，以为人之有国家思想者莫不有政见，有政见矣，尤莫不谋所以行之。继见实行政见，非拥国家之最高权不可，而国家之机关，非一人所可举也，于是相与结合团体，各出其政见而讨论之。先本其哲家之态度，沉思渺虑，共定国家之大计，旋出其政家之手腕，使其计划一一获行焉。此真政党之所由生，而政党之所由进行也。所由生，生于政纲；所由进行，进行以政纲。政纲者，政党之所托命也。由是知先纲而后党，其党固；先党而后纲，其党瘵。今吾国之党，皆先植党而后缘附政纲者也，宜其瘵也。欲有以固之，非改造奚其可？

第三，当知政纲必异之理。此理记者迭言之，而以为最足定政党之荣瘵者也。盖政党者，为政纲而争，非为人而争也。为政纲争，则彼争一政纲，而我复争一政纲，必彼之政纲为甲，而我为乙，而后选民知所选择，曰甲曰乙，吾知必有异处矣。苟不能异，则党争之结果，必至驱选民为党魁之奴隶，堕党员之道德，使从事于机械变诈，以侥幸取胜，甚或暴乱无秩序，以武力取胜，是直政党之贼也。且旗帜不甚鲜明之党，不能保持党员真正之多少数。盖两党党纲不异，或异而无多出入，则党员今日属于甲党，明日无妨归于乙党，或竟同时足跨两党，而党中固定之分子，乃不可多得。法兰西者，于此最示吾以好例者也。彼中所有党名，如共和急进党、极右党、社会党、温和社会党、君主党种种，多至十余，而其所以自异者殊少，以故党员之出入，恒至无定，而挂籍两党以上之议员，所在多有。因之内阁今日以多数之拥护而组织，明日可变为少数而动摇焉。法兰西内阁其运命恒以月计者，此也。两党党纲不异，则党争失其集中之点，而全陷入无意识之境地。其在美利坚，共和、民主两党，夙以中央、联邦两主义相衡争，迨宪法大定，而党界稍稍漫灭，有时竞争过烈，其集矢之的，渐由政策而移于私行。英人戈文斯密，尝询共和党人曰，民主党何以异于子也？党人曰，彼腐败而吾则否也。是可以知其弊矣。今不幸法、美之败象，已悉集于吾国，此统一党员，今日不难异其帜曰共和党，明日又不难易之曰统一共和党。又或其人为各党所集视，则不妨以其名分挂于各党册，以谋得其欢心。尤妙者，则尽国中所有各党，竟不妨合一炉而冶之，使为一党，此观于各党倡言联合，可以知之。等入党如酬应，视合党如调羹，此可谓尽党事之奇观矣。其所以然者，则党纲之无见异处也。以此之故，同盟会之攻共和党，只得以官僚杂糅、卑鄙龌龊为口实。共和党之攻同盟会，亦只闻以分子复杂、躁妄无识为口实，此何其似戈文斯密之所讥也。以如此形同儿戏之党，全不审所以托命者安在，忽纷纷于南，忽扰扰于北，而谓国将由此而获治焉，夫谁信之？呜乎，此非彻底改造之，不足与言治矣！

第四，当知政党之异点，宜在实际而不在根本。戴雪有名言曰："政党当以真正之异点而分。而所谓真正之异点，必属之重要问题，而不属之根本问题。"兹所谓根本问题，即关于国家组织诸问题也。例如在共和政体之下，有党以君政自异，是其政策行而国家根本立见动摇，此即所谓根本问题也。此其异点，虽与他党皎然分明，而在现政体范围以内不能图其实行。诚重要矣，而不落实际，此政家之所最排斥者也。是故政党制定党纲，当以在现时政治范围以内所能活动者为标准，而其与他党相周旋，持以定为适当之政体与否，其标准亦如之。亡清之季，北京之政客，有统一党之组织，其干事发布之宣言书有曰，种族之间，时起猜疑，排满排汉之说，随时有闻。革命党隐然为一绝大之团体，横行国中，不可无讲统一主义之党以对待之。当时记者即有论驳之，谓政党者，不容变更国家根本之组织者也。凡政党皆求于现行国家组织之下，相迭代用，以施行其政策者也。革命党之政策，果安能求掌内阁以施行之？故革命党乃秘密党，非政党也。今组织一党，而视为对待者，乃在政治范围以外，岂非无意识之尤？其后南北战争，清帝求所以自全之道而不可得，乃许革命党入京组织政党，其无意识亦同。凡此皆举极端之例言之也。其或以国家民政之过于发展，如法兰西，如意大利，革命党亦恒入议院参政，其手段虽不必出于暴动，而目的要在变更现行政体。法、意两国以此之故，政海每多风波。各政党求以和平之更迭，相代用事如英伦焉，在所不能，此政家之所最悬为殷鉴者也。今吾国革命既成，亟宜求泯从前所有之猜嫌，相与从事于实际政治之改进。苟有争焉，亦争之于此而已，万不当视国本为儿戏，相率以行事或言论动摇之也。记者历观各党，凡党纲意在变国是者，尚无所见，而其绳论他党之标准，乃或在政治范围以外。如此次北京报界冲突事，《国民公报》之"南京假政府"五字，虽有他法解释，而其不认同盟会之所为，在适当之政治范围以内，实可推知。信如斯也，则北京现时之政局，由南京蝉蜕而来者，皆在此语笼罩之内，几至使闻者对于现政府之组织而怀不平。其在他一面，同盟会会员之攻击该报者，则又加以意图煽惑叛逆民国之罪。此案之曲直，记者不论，而至少两方必有其一制思发论，皆溢出实际政治以外，颇影响于国家之根本，则不待言，此诚政党前途之险象也。且同盟会者，本革命党之改体，务在保守三民主义之精神，而始终贯彻之，此宁不可尚？惟论者或谓多危险之分子，而共和党人多本前清之立宪派，其入民国，又或易受反对民政之嫌疑，本此暗潮，演为政争，国家之受祸，将更烈于法、意两国革命种子明明出入于议会者，此岂可长也。如记者前举之言不谬，则欲打消此种恶潮，是诚在各党持以壮严合度之态，而运以大公无我之心，革命、立宪等名词，视为历史上之泡影，不一为芥蒂。而相与争持者，一以实际政治范围为断，始终认定反对党为合法之团体，一切杯弓蛇影之谈，屏之至净焉耳。各党其可不好自为哉！

第五，当知政党贵分为二之理。大凡一问题之发生，必有正负两面之答案，而两面之利益，亦必有互相冲突之处。苟国人政治思想非全不发达，其舆论必分尸两面之主张，进而本此舆论，形成团体，则可字之曰政党，其数为二，一党用事，他一党从而批评其政策相与可否焉，以是更迭为之，而国治以进。是政党之分为二，乃内阁政治经常之结果也。美儒罗伟且曰："此不仅为内阁政治经常之结果，而并为内阁政治成功之最要条件。今试假定两党之外，发生第三党，而该纲挟有特别目的，为前二党政纲之所莫及（如英国之爱耳兰党之类），无论何种内阁，彼如不应其要求，即恣意反对之。又假定该党议员，颇足以操纵前二党之多少数，则前二党不与提携组织混合内阁，议会之多数，永不可得，即内阁无由成。纵或有成，亦复随起随蹶，而内阁政治乃陷于不可能之地位。今更假定第三党甚易与，如果现内阁不与为难，不反对之，似此，内阁政治非不可能，而以阁员当同时控御两马，其困难有不可言者。盖两党者，意见本不融和，则一政策而欲两党悉行同意，阁中惨淡经营之功，迥非寻常，偶一失当，一党示其敌意，而内阁之生命即不克保。以故执政常存五日京兆之心，不敢直抒所见，以制为政策，而行政常留为有余，国治因以莫进。此种困难，如两党混合之数愈大，愈觉显著，而内阁不稳之度，亦愈有加。于时邀各党领袖共同入阁，此于取悦党人一方容或有效，而欲图行政之统一，则阁议中所生之障碍，殆又甚焉。此混合内阁之所以由来称弱也。由是观之，内阁恃议会之投票为生命者，既非得坚实不二之多数，无从行其有统系之政策，使之发生效力，则欲内阁政治供给吾人以强有力之政府，非多数成于一党万万不可。此固不仅为政府党发也，即反对党亦然。当少数党在野时代，其党之成于一党与否，固不成重要问题，但一旦变为多数，果非独立一党，则混合内阁之弱点，乃随之而至。于是吾人可作一断案曰，如欲内阁政治之有良结果，议员当分为两党，而亦仅分为两党，乃唯一之条件也。"

罗氏之言，乃以证明法兰西内阁政治之不良，其词有足供吾人之教训者，故详举焉。吾第一次临时内阁，即混合内阁之一种也，不两月图穷而匕首见，已不胜其弊矣。于是同盟会倡言一党内阁以矫正之，须知此所谓一党内阁，以现时察之，仍属混合内阁也。盖同盟会与共和党，皆不能控制参议院之多数，如由一党组织内阁，非与统一共和党提携莫行。此由罗伟之言察之，持较唐少川之内阁，直百步五十步之别耳，况乎吾国之新党方兴而未有艾，将来得割议院之一部，以为其本营者必且不少。吾国果决采内阁政治者，其结果之恶，或更甚于法兰西，此安可不速筹善后之方也。所谓善后之方无他，亦将国中所有党派，悉举而破坏之，然后举全国之聪明才力，在理想之政见商榷会中，就正负两面之政策，立为两党焉耳。间尝论之，英伦君政国也，而民政为新潮，与之抵触，于是保守、自由两党，实由君党、民党蝉蜕而来。是英伦之有二党，而亦仅有二党，其政情有以致之也。美利坚联邦国也，政权之分划，为第一绞脑之题，于是立国初之联邦、共和两党，实应于政权集中与否而分。是美洲之有二党，而亦仅有二党，亦其政情有以致之也。苟其国无特别政情，则能否效法英、美之所为，乃一疑问。虽然，此非疑问也，无特别政情，谓为失去分党自然之便利，此自不为失言。若谓政党因不能准理想而划分焉，此适足以证其国人政治能力之薄弱也。美利坚联邦、共和两党之界线，在立国初固属分明，后宪法大定，党界遂灭。而其后卒能形成两大党，旗帜之鲜明，虽不若英伦保守、自由之别，而足以博社会之鉴别，迭主盟于政府，而政策终有异者，则政家造党之力宏也。吾人于此，当知所以自奋矣。（其详有法儒涂格维尔之说证之，见后。）

原载《民立报》1912 年 7 月 15、16、17、19 日。

论同盟会员坚不入阁事

唐总理辞职后，同盟会主张政党内阁，其策卒未行。而凡同盟会阁员，一体辞职，以示忠于党议。总统准免本官之令昨已发布，而闻总统谋以补其缺者，仍属同盟会员，而同盟会之党议仍如前。兹事也，颇于时局有绝大之关系，记者敢有所论列，以忠告同盟会焉。

记者鼓吹内阁政治者也，故于同盟会政党内阁之主张，极力赞同之。至此策不行，本党党员一体辞职，其果得为促进内阁政治之正因与否，记者夙有所疑，以其中不必即有逻辑相从之序也。盖凡一政策之行，全在得议员多数之拥护。今同盟会之主张，未能如意者，特以本党参议员占少数耳。则欲达其初志，其惟一着手法，舍谋于第一期国会中多得票无他也。今日决然舍去，虽直接有廉顽立懦之功，而于第二期国会之准备，除辞职数国务员可以亲身下野，积极运动外，无甚他效，此记者所敢言也。惟当时以党议既成，又冀幸总统及参议院诸君，或有把握，能于同盟派外，组织一稳固之内阁，久怀此而未以著诸篇。而今见以党争之故，阁务悬而未理，亦既弥月，国中之才智，悉量耗之于调和敷衍。而外交以至军政、财政，举未能与以相当之注意，启外人之猜疑，酿国内之变乱，而总统以及参议院诸君，终未能别筹一法，可以不劳同盟会员组成一独立内阁。是可见同盟会无论何时，皆与国家相依为命矣，而同盟会至此，果忍终示以决绝之态乎？故复不能已于言。

政争者，和平之竞争也。适用此竞争时，其中有一不言而喻之条件，则国家秩序最稳，无甚内忧外患是也。苟国家秩序不稳，或有内忧，或有外患，或二者一时俱集，则党争当由和平而进于激急。向之当争以数年者，至此则以数日而定，其手段不妨出于决裂，而国本或因以动摇。否则党争由和平以至于消灭，国人悉急公义，各本一己之良心，以出国家于危难，一切党派问题，举使之退听焉。和平之竞争，一失其和平之国家，非进即退，无中立之道也。故和平之竞争，只宜于和平之国家，此理至确，无可非难。否者内讧未已，国鼎已移，此不必征之西史，即吾之史家，亦屡以此见告也。今吾国果何时乎？非至愚者，不以为和平而有秩序矣，则所留和平竞争之余地，有亦绝少。于斯时也，吾人当自揣以吾之国势，可再胜一度激急之竞争否？如不胜也，则吾人惟有先国家而后党见；即适用党见，充其适用之量，亦只得与国家保有和平之量相齐，越此必危害及于家国也。今吾国所保有和平之量，记者以为阁务搁置至于一月以上，当尽之矣，过此以往，恐非吾力所能胜也。同盟会最受国人之崇敬，其幸勿河汉斯言！

原载《民立报》1912 年 7 月 18 日。

党争中宪法问题

知识者，得之于经验者也。今之党争，无论其影响何似，要足与吾人以新经验，故记者际此，颇欲得一息之暇，商及宪法问题焉。

袁总统以陆君征祥为总理，求参议院之同意，参议院几于一致赞同之。乃赞同后总理所提出之第一案，即遭否认，其效力等于不信任。（凡对于内阁提出之重要案件而否认之，即不信任之谓也。今参议员于否认后，别倡言不信任投票，误。）院意之反复，至于如此。此不仅不能使政府施其稳健之政策，而并使其政策无从得施。国有代表机关如此，又焉能国？是故国人于此，相与忧之，而谋所以补救之焉，乃固然之理也。

欲得此种补救之法，首当求之于《约法》。今即以任命国务员一事言之，《约法》第三十四条曰："临时大总统任免文武职员，但任命国务员……须得参议院之同意。"夫院意于何见之，亦于投票见之耳。是总统任命国务员，参议院须以投票之形式可否之，无可疑也。而或可或否，又属参议院绝对自由之权，则参议院此次否认国务员，在法理上无可非难。是求之《约法》，《约法》不能供吾人以方药也。虽然，记者有说。

记者于立说之先，拟一问题以导之。其问题为何，即《约法》中国务员三字，果集合之名乎？抑分配之名乎？从集合之名，则国务员实视为总体，而总理以代表之。（《约法》第四十三条云，国务总理及各总长，均称为国务员。）举其代表，即不啻举其全体。从分配之名，则国务员实以各分子而得称，举国务员即运思及于总理或某总长之个体也。兹两说也，请察之先进国之政例，果以何者为当。

英吉利者，国王操有任命国务员之权者也。而任命国务员，必得下议院之同意，而得其同意之式，乃出于抉择控制下院之多数党，而付以组织内阁之权。但英王之所命者，惟一总理，而下院之所知者，亦惟一总理。(多数党之首领,当然为总理,故某党一言组织内阁,总理即立为议院所知,行内阁政治,乃无取乎票决也。)至其僚属,全由总理邀集之,英王不过问,下院不置议也。是在内阁制之下,国务员云云,实取集合之义。而国王任命国务员,实任命总理以概括,其余国务员,必得下院同意,亦实同意于总理以概括其余也。美利坚则反是。美总统任命国务员,亦必得康格雷之同意(但只须得元老院之同意)。而兹所谓同意者,则实以国务员之个体,提出康格雷,逐一通过之,与吾参议院通过国务员正同。盖在美制未设总理,总统即为行政首长,无他职以代表国务员,故结果如是,是在总统制之下,国务员云云,实取分配之义。而总统任命国务员,乃一一任命之,议会承认国务员,亦一一承认之也。国务员既有两种解释法,今吾所当取者乃属何种?

吾之《约法》,效法法兰西,乃政党内阁之基础也。故吾国之采内阁制,无人疑之,特迟速成一问题耳。倘政党内阁成,则如前举英吉利之例,国务员当然作集合之义解,无容他说之余地。假如同盟会今与统一共和党提携组织内阁,今之首领,虽不甚明晓,而要不难于最短时间,拟定一人,使总统任命之。而此种任命,断乎只及于总理而止,配置部长,则总理之事也。此时而曰得参议院之同意,乃自然之同意,无取乎投票也。是国务员在政党内阁之下,乃取集合之义,无可疑也。今之所欲问者,则在今式混合内阁之下,国务员亦当同一解否?

以记者观之,国务员取分配义,厥惟美制,而吾制非美制。美利坚无总理,而吾有总理,美内阁无责任,而吾有责任,是总统制之手续,即在混合内阁时代,亦非吾所得取法也。然则一言以蔽之曰,《约法》中国务员三字,无论何时,当取集合义,而不当取分配义。惟集合义之见于政党内阁,总理当然得议院之同意;集合义之见于今式混合内阁,总理得参议院之同意,须出之于票举,是其异点耳。

果取集合义,而不取分配义,则《约法》中所谓总统任命国务员,当得参议院同意,乃无异言。任命总理,当得参议院同意,至阁中之僚属,一任总理配置之,无须逐一提出参议院,求其承认也。如此始合乎政治之常规,而不失为宪法之正当解释,而今番无谓之纠葛,可不发生。记者不敏,敢冒天下之不韪而为此主张也。世有疑言者,请赐以严正质问,以期真理之得。幸甚幸甚!

原载《民立报》1912 年 7 月 22 日。

论议会与法廷之关系

记者主张以集合义解释《约法》中国务员三字，但参议院以分配义解之者已久，实例已得二次，则从而矫正，诉之参议院之自身，万不可能。记者曰，是宜诉之最高法廷也。盖其国之议会，既为立法机关，非造法机关，而视宪法为根本法，其原则非议会所得自由变易，则议会之行为，有服从法廷之义务，故此次收回参议院表决国务员之权，只出以法廷严重之解释，斯得之矣。前论之大略如此，而读者颇疑鄙说无稽。吴君小枚，且不惜辱书下问，今请依吴君书答辩如下。

当世立宪国，有成文与不成文之分。不成文之宪法，其范围靡定，议会之能力，因至无垠。成文之宪法，其范围有定，议会之能力，因而受拘。不成文宪法之国，宪法与普通法不分，议会之立法手续，无宪法无普通法一也。成文宪法之国，宪法视为根本法，议会立一切法，当一依宪法之精神，修改宪法，与修改普通法，大异其手续。此其大略也。前者如英，后者如美。如大宪章，人民权利案及践祚令种种，皆英伦之宪法也，而巴力门欲作为无效，无论何时，皆得为之，其手续一如减轻烟税等案也。是故言英伦之宪法，离去普通法，即无此物。至美利坚则不然，美利坚之宪法，乃十三州结合之始，其人民假十三州之议会定之，非康格雷定之也。易词言之，康格雷乃由宪法而生，非宪法由康格雷而立也。故宪法为根本法，康格雷之所为，当视宪法为圭臬，而有形或无形之变易，皆为法律所不许。倘康格雷之举动，一越乎宪法所规定之范围，姑无论其出于有意抑或无意，而要不可不有法以匡正之。今匡正法果何似乎？康格雷误解律意，董正之者谁乎？

兴言及此，其正当之解释法，惟有将议会之所为置之一方，将宪法置之又一方，两两比较，以视两方果有差异否；以视议会今案之目的，果即宪法中含有之目的否；以视今案实行，于宪法之精意，有所违反否。质而言之，兹问题也，乃一解释宪法之问题也。此种问题，有时甚为简单，为常人之所能解决，而偶或困难，则老吏有不能即断，法家大叹为纠纷，此非属之严重高尚之机关不可。是何也？即法廷也。凡言法律，即有法廷之意存乎其中。法廷者，不仅施其强制之力，以加于个人，而实同时持律意与事实之衡者也。易词言之，即详明法律之真意，而因以其真意适用于特别之事实也。此法廷果即属之康格雷乎？而康格雷实为诉讼者之一方，以诉讼者而为裁判者，乌乎可？否则以属之总统乎？而总统非法家，且抑或即为诉讼之关系者，乌乎可？由是而司此役者，当然为普通法廷也。以议会将受其裁判，又当然为最高之普通法廷也。

凡右所举，乃美利坚现行之法意，而以解释宪法诉之法廷者，其例不可一二数。英人勃拉斯详著之于《平民政治》一书（见千九百十一年版，第二十七章），记者拉杂译之。吴君之质问曰："所谓最高之法廷，而议院当服从之者，须根据何种法律而成立，各国有无此种法廷之先例？"不审此足以解其惑否？至问吾国之最高法廷，能适用于今案者何在，则殊难言之。北京之大理院，宜为最高法廷也，而吾裁判制度未确定，法官之智识未完，尊严未立，其即能以此重役属之与否，尚为一问题。苟舍此者，则惟有本参议院之同意，组织一特别法廷以应之。故记者云，手续尚待斟酌也。

至吴君之第一问，关于政党内阁与议院表决国务员之形式，记者昨日著论已详言之。吴君发此函时尚未及见，故今不再答。然无论何点，吴君或更有疑团，请严质之。凡记者持一论，绝无自是之心，且深愿无坚不破，免致吾策获行而反误国也。

原载《民立报》1912 年 7 月 25 日。

说本报之态度

数日以来，论者对于本报之态度，多所误解。记者不敏，请得而说明之。

本报主张政党内阁最力者也，而数日来忽易其论调，似并反对派所主张之混合内阁而赞同之，宜人之反唇而相讥也。虽然，凡事有径而成者，有纡而成者，此皆视随时发生之事情以为断，不能有成心也。是故吾作一事，始以为可径而成也，继知其不能，则从事于纡。纡者非委弃其事之谓也，乃欲速其成之谓也。盖事既非可由径而成，吾必硬通之焉，则亦惟费时与力而已，通否尚不可必也。即或通焉，而其基础未固，旋受他力而窒，其效果与未通等。若当初舍径而从纡，则通也久矣。是故纡者有时竟为求通最径之径也。以今日政争例之，记者在唐总理辞职后，主张政党内阁，以为可以一举而成，此径之说也。继见陆总理以超然之资格，受参议院全院之欢迎，而内忧外患复相逼而来，国家和平之量，能容党争者甚少，乃有以知径之不可。而忠告同盟会，使暂释手焉，此纡之说也。夫纡者非委弃其事之谓也。故本报非自弃其政党内阁之主张，亦非以不相容之主义，为同盟会劝。反之，纡者求通最速之径也。故本报实欲速政党内阁之成，而望同盟会舍小而就大，于第一期国会内组织一完固久长之内阁。盖今日同盟会所志之政党内阁，亦混合内阁之一种也。第三党之意志莫明，忽东而忽西，而普通人心，又复厌急进而喜因循，所志即或有成，亦建屋于砂砾之上已耳。夫内阁既成而不稳，而党中之长材硕望，以有所稽迟，不复能从事于选举正当之竞争，国民之所见者，徒为政海之恶潮，此于收拾普通心理之道，未免背驰。半载以后，无基之内阁告终，而正式国会之中，或仍不见同盟会员多数之席次，失计之甚，未有如此者也。语云，欲速则不达，此之谓也。记者有见于此，即直为同盟会告，不少假借。当世之能爱同盟会者，未有如本报者也。盖细人之爱人也以姑息，而本报不敢尔也。当世之能策同盟会，便于百尺竿头更进一步者，亦未有如本报者也。盖徒逢迎一党之所为，而不能自贡其所见，而进以逆耳之忠言，非党之良友，而本报则妄以良友自居也。

党争中有一至要之诀，则审认何者为党派问题，何者非党派问题也。苟不明此，则遇反对党之政策，到处抗之，而自诩为忠其党焉，则非至国中之政象异常纷乱，而其国亡于党争不止。而两种问题，又非有绝明之界线，与一定之标准也。故同一事件，有时党派问题，有时则否。能随时分别此种而得其宜，是为党智，而党争以高尚而政治以进步。此诚吾党宜书诸绅之词也。如组织政府问题，在唐总理辞职后，宜视为党派问题，在陆总理通过后，以记者之愚，则当视为非党派问题。既视为非党派问题，而一党之持论，当然溢出党外，有时或竟与他党合辙，此何足为政党病。今英之自由党，与工党提携，组织内阁，已越六年，而自由党政策，又实采取社会主义，与工党无迕。而近日以铁道国有案，激战于巴力门。此案者志在增加佣率，为工党所主持，在法自由党宜祖之，而爱斯葵斯，则转为反对党张目，主张资本家之利益，不可以过于侵犯。而工党，不闻舍政府而他去，求与保守党相提携，合力以倾倒之。此无他，自由党与工党，皆能认此案不当属于党派问题而已。本报以认内阁问题，为非党派问题之故，其论调或稍与他报相同，本报又何容心焉。

本报最尊重《约法》者也。而今倡言解释《约法》，论者遂谓破坏《约法》，与前之主张不符。此何说也？夫法律之禁人解释，秦始皇帝或能为此言，断非自由国民之所宜出也。大凡实际问题，根于法律，骤不得解决，则从事于法律之解释。其所以然者，则法律之不当破坏，而冀于其文义之出入处得其体，以求与时事相应也。此非尊重法律而何？

本报之论态之为读者所误解者多端，今举数点，已书之累幅，今暂止于此。

原载《民立报》1912 年 7 月 26 日。

毁党造党说

毁党造党，乃记者著《政党组织案》之主张，为新闻体所困，未及终篇。今以吴稚晖先生辱寄之《政党问题》，颇涉兹点，请略说明于此，望先生更进而教之也。

记者于政党救国一语，有所致疑。非致疑于政党之为物也，乃致疑于今吾国之所谓政党也。亦非致疑于吾政党之本质也，乃致疑于吾政党之作用也。民国成立，亦已半载，党派之生，同其岁年，宜已略具规模矣。而成绩之能告人者安在，则殊不易言也。他国有二党，吾亦有二党。人之党分自由、保守二派，吾亦分急进、稳和二派。形式似矣，而语其实，则号称急进者，特攻人者不择人，骂人者不择言，狂躁无识之士多归焉；号称稳和者，特附会以抵人之隙，造谣以持人之短，阴贼险狠之士多归焉。如是而已。此虽仅写其黑暗面，而当此光明退听之时，吾言不可易也。由是国基未稳，外侮迭乘，所需聪明才力之量以奠之御之者至无垠。而此种聪明才力，悉量耗之于意见之相轧，内而朝堂，外而报纸，皆同一轨以进，未之或爽。如此而兴党争，且长此不已，百民国又安足亡也。其所以然者，则此种党争以私见而不以政纲也。

然则如之何而后可？计亦惟速造政纲而已。虽然，记者尝言之矣，政纲者与政党相依为命者也。先纲而后党其党固，先党而后纲其党窳。何也？党见既存，政纲或由牵强附会而立也。涉思至此，而造党之念生矣。昔柏克尝语政党之起源，乃哲家澄思渺虑，定国家之大计，而政家从而实施之。今言造党，正如柏克所言，由政家而上溯哲家，谋以后者之态度定为纲领，而后运以前者之手腕也。故一政纲立，必有一对立之政纲，亦可见诸实行。吾之择此一方也，或生于智虑之不周，而未闻反对者充分之理解。苟聚两方相与讨论，各无所容心，其分派之结果容或不同。苟党义坚而党界明，其为福将来之党争，乃无涯量。涉思至此，而毁党造党之念生矣。毁党造党云者，乃今之政党悉自毁其党，相与共同讨论，以求其适于己之政纲，而因就政纲而再造为党之谓也。其法则今之党人绝不自以为党人，各党出其才智若干辈，开一政治研究会，本其哲家之态度，举国中所有政治财政种种大问题，一一彻底而研究之。为期多则一年，少亦六月。研究之结果，每一问题必有可否两面，问题愈多，可否之数愈多。最后核讯，果可者否者，统系悉不紊，则就此统系而分为两派焉。或可者否者，两派互有出入，又或问题有轻重大小之不同，则舍轻而取重，略小而言大，亦即因以分为两派焉。在此政治研究会中，一以当时之政见为前提，从前之党见一丝不容扰之。新党成而旧党之分子，大相互易，或竟无易者，皆不可知。而新党要纯粹建筑于政纲之上，以后所有党争，悉于此争之，诉之意气，有所不屑，尤有所不暇也。且新党乃融合各党讨论分配而成，苟或有成，则近百年应兴应废之大问题，自非绝无线路可寻，必已尽情探讨。国中得此坚而且大之两壁垒，小党将无发生之必要，而亦断难有能力，而两大政党相迭代用之利，吾乃得而享焉。以记者之愚，如当世贤豪，肯发大愿，颇不以此策为绝不可能也。

记者毁党再造之说，大略如右。先生疑记者将自作党纲，以与他党，或自植一党。此不然也。记者之毁党再造说，非能以党纲与人也，特示人以党纲将以何道得之而已。执吾说而询人有何种党纲，始得言党，吾说不置答也。故先生谓记者所作政党组织案，包有理想之党纲与党规，大失记者之意也。吾组织案特示政党之当如此组织，由此组织可得理想之党纲与党规而已，本案非能供人以此物也。故先生虑及为人造党纲之困难，而因断定毁党再造之扞格实多，乃记者未及说明之过也。又记者毁党再造之说，全生于政纲有无之问题，而不生于分子稳健与否之问题。又记者所言，非头痛医头脚痛医脚之谈，乃根本解决之法，绝非即党而改党，如先生所谓毁共和党，造共和党，毁同盟会，造同盟会之类。故先生所言，记者但服其理至而已，与本说无直接之关系也。谬妄之谈，幸先生谅而教之。

原载《民立报》1912 年 7 月 29 日。

毁党造党之意见

昨日天遂先生，取此标题，著为社说，所以矜宠记者甚至，且相商榷者，皆实际问题，意气甚为勤恳，此诚记者所求与讨论者也。

先生问记者，所谓毁党，毁一党欤？二党欤？抑举所谓党者尽毁之欤？又所谓毁者，毁其名？抑毁其实欤？此记者可得直截答之曰：毁党乃举所谓党者而尽毁之。毁又毁其实，非仅毁其名也。此答案先生亦早料及之，于是筹及解散之方法，而叹为难能。谓一党分子之中，必有赞同毁党与不赞同之二派。是毁党之效果，充其量不过得一部分人之脱党而已，而他部分之不赞同者，仍保存其本党之势力。一党如是，他数党亦如是。夫新党既立，而旧党仍存，只可谓之分党，而不可谓之毁党。且合各党之赞同毁党者，聚于一团，手续既繁，复贻驳杂不纯之诮。章太炎先生在共和党合并之时，所倡逼奸之说，不难再现。是于各党之外，徒造此一貌合神离之党而已，与倡毁党造党论时之本意，相去千万。是故不可得而已乎？是说也，诚似与吾以实际上之困难。虽然，记者有说。

夫以造党之目的而毁党者，必深恶夫现在之党，不以党纲之异而得名，而徒以私利相逐，纷纷扰扰以乱国是也。当记者发为此论时，实举所有各党而一空之，以为党纲之为物，实未尝出现于中华民国，必从毁党之日起，澄心渺虑，群策群力，以胚胎焉，以分配焉，而后有可言。是故毁党者，毁不纲之党也。造党者，造有纲之党也。其关键纯在党纲，非贸贸然而毁，贸贸然而造也。使各党能从记者之大愿，尽下其党帜。或仅分子之强有力者，下其党帜。则记者有一理想之政见商榷会出现。各党之贤豪长者，将去其政家之面目，而以哲家之资格出席于兹会，举吾国所有政治、财政、社会、教育种种问题，至短以五十年之眼光，至少以一年半岁之时期，相与尽情讨论之。讨论之结果，各问题总体核算，必致正负两面，各各有人。于时，正面者就正面之主张，制为党纲，而立一党；负面者亦就负面之主张，制为党纲，而立一党。政海中发生纲领不紊、壁垒绝坚之两大党，同时号召天下。天下之欲置身于政治生涯者，最易以己见相印证，非入于此，即入于彼。其分投之也，有如众鸟之返林，必不自误其枝。此诚极政海之大观也。苟能举此，则于两党上必发生无数之小党，或保存旧有之政党，此可谓之无意识，而亦等诸爝火之明，不足置意而已。今之所欲问者，则各党之领袖人物，是否肯牺牲党见，从事于根本之改造否耳。天遂先生所谓一部分人之不赞同，记者以为不足虑也。

读吾右说之当注意者，则所计划之政见商榷会，特造党之广场，非即党也。盖以党纲尚待商榷，何有于党？且商榷之结果，必致有两派之主张，世又安有集两派之人于一团而号为党者？此会既不为党，则欢迎固有各党之人入会，实无取乎磋商，与章太炎先生合并各党为共和党之事，大异其趣。天遂先生所虑手续之繁，始于造党一语，有所误会。须知造党者，非毁各党而合为一党，乃毁各党后，经严重繁复之研究，而分为两党也。重言以明之，造党者，乃合各党而杂糅之，全泯其党迹，继以讨论之力，譬而分之也。合时非党，分时始得为党。合既非党，即不得以驳杂不纯讥之。而此合也，且正以驳杂不纯而为之，必由合而再分，而纯诣始至。先生所持貌合神离之说，亦堕同一之误解。此误解除，先生之论调或将有变，此记者之所深望也。

原载《民立报》1912 年 8 月 4 日。

民选各省行政长官之讨论

吾见当世论者，有两政治上术语，绝无明白之概念：一为内阁责任之为何物，一为中央集权之作何解也。内阁责任，有政治法律之分，中央集权，亦有立法、行政之别，界说不明，人遂并为一谈，以是解决问题，动滋纷扰，此诚不可不慎也。兹两事，皆近日新闻论争之烧点，本篇暂就后项略言之。

近人作国家之分类，有以中央集权与非中央集权为标准者。前者思英，后者思美。英者统一国也，美者联邦国也。所谓统一国，乃指法制出于一源，而巴力门之议案效力无限也。所谓联邦国，乃指立法之权歧而为二，而康格雷议案效力有限也。

迩者，美洲政雄卢斯福痛资本家之强横，而国民不能同享立法之福也，创为新国家主义。其精要首在使政府（此政府字乃包括康格雷而言）之作用，于大而全国，中而一州，小而一市，皆有无对之效力。此所以谋救分权之弊，而其论点，当出于立法范围以外也。由是英美政体之异，乃立法权分合之异。集权、分权云云，仅以立法为论域，与行政无涉也。

苟论者于斯有不释然，则请一查英吉利之行政系统可也。夫行立法分权之国，行政之分权自不待言。而行立法集权之国，行政上果同采集权与否，乃一问题。法兰西之集权，兼二者而有之，而英吉利则否。英吉利盖以立法集权之国，而行行政分权之实，治臻上理者也。行政分权之表征，首在地方行政长官之所自出。法兰西地方长官由于总统之任命，而英吉利则一出民选。英以号称统一之国，而民选地方长官之不闻与统一制有冲突者，则以两事分隶于立法、行政之域，各不相妨故也。明夫此，可以谈吾国各省行政长官问题矣。

今之言统一政府者，动言行政上之统一，似不审统一字中含有立法之意味，否则不知所以重之。有清一代，承元、明之旧，号曰集权。而夷考其实，则亦仅于官制之示以羁縻，于法制上全未注意。终清之世，督抚悉由帝简，宜可以昭统一矣。而同光之季，军政、财政以及民政种种，有不省自为制者乎？以此而云统一，在东方之政制，容或中程，非所论于世界之通制也。今不幸此种谬解不可爬梳，以是集权、分权之论，见之于新闻及公牍者盈尺，而愈辩愈纷，问题终不获解决。同盟会人主张地方分权，既未划清立法、行政之界限，而攻之者，以为同盟会人夙主张政党内阁，谋造强有力之政府，不应又倡地方分权之论，以弱中央政府之力。其地方分权之有害于强有力之政府，乃似无论何人不能动摇之也。凡此自蔽也。记者以为讨论集权、分权问题，当首严立法、行政之别。吾人非恶于持联邦论者，非恶其危害及于行政，乃恶其危害及于立法也。故吾国立法制度之万难取分离主义，已成死案。至行政系统，尽有可商。今之行政长官之所自出，果立法上事乎？抑行政上事乎？由是主张地方长官当由民选者，至少于法理无所背也。论者于此，乃以实际问题进。

北京法制局案，定各省行政长官为简任。其通电所列理由有四：（一）民选则轻易更迭，利少弊多；（二）民选则被选举人不能不听选举人之请求，事权纷歧，治化不进；（三）民选必选本省人，牵于交游戚族，不能为治；（四）乡人为官，省界之见将益烈，不至分全国为数十国不止。（原电有第五项，然仅列先例，无甚要点，故不列。）此其议论可以动听矣，而记者终以为去真理甚远也。第一项以为民选之弊在长官之轻易更迭，而不知更迭之轻易，在中央简任或且较甚。盖此种简任，虽嫁名于总统，而以政党之作用，其权必操之于内阁。此证之法兰西而可知也。法兰西各州知事，悉由内务总长以总统之名义委任之，何党为政，何党之人即分途出守。地方官既沾有党派臭味，内阁更迭一次，各地方官亦随之更迭一次。此种更迭，必且较之民选之更迭，轻易有加，纷扰益甚。且民选长官而可随意更迭，此惟吾国光复时代而有然。秩序既复，则任期将有一定，任期未满，人民无从行使其选举权。而长官之责任不同内阁，非有大故，无中途辞职之必要，又焉得漫为比拟乎？第二项则法制局所谓弊者，正吾人之所谓利。英儒席兑尝谓，欲求人民政治能力之发达，莫如使之操纵行政官之进退，此无分于中央□地方，其理一也。盖人民不能显此作用，则社会将日见麻木。不仅麻木已也，有时以官民之感情过于隔阂，误解一生，人民不平之声悉无责任，或竟诉之暴动，未可知也。席氏之说如此。是被选举人必听选举人之请求，乃政治常经，是为病，则代议政体之根本翻矣。

吾知法制局所谓选举人者，指个人非指全体。所谓请求者，指私欲非指公意。此种当设法排除，与排除他种行政障碍等，不足以难民选制也。第三项交游戚族之说，较之昔日之官幕官亲，直百步五十步之别耳。此弊不得言无，而以庶政各有所属，各需才能，干薪既绝，情面复不尽行，亦非不可求治者。况民选亦不必即选本省人乎？至第四项省自为制之虑，是鉴于前清末叶之弊而生。一言立法之集中，疑云可去其泰半矣。

证之实际，排民选之说者，不必有绝强之理由如此。诉之法理，民选之说之不必有害于集权制又如彼。记者此论，当可略供论治者之参考矣。

> 按：民选行政长官，以地方人民程度为先决问题。今本部各省或能行此而无弊矣，而东三省以及蒙藏等处，必当别论。持论至此，问题乃极复杂，非本篇所能解决，容后论之。要之，记者主张民选，乃主张民选之精神，在形式或有变通，亦无不可。此语最须记取。

原载《民立报》1912 年 8 月 6 日。

毁党造党之意见二

同业中之肯诱进不肖，而节节与以机会，使得尽其词者，未有如天遂先生者也。昨日先生复本右题，发为崇论。佩服之点至多，惟恃先生不以记者为不可教，乃"索性尽情为怪诞之说"，（本吴稚晖先生语，见昨日本报。）以待后命。

先生之所最致疑者，则各党之领袖人物，是否肯牺牲党见，从事于根本之改造也。且所贵乎党者，在有一定之政见，政见而可牺牲，则亦何贵夫有党。谓各党商榷之结果，必致有两派之主张，则亦各还其党，而多此一主张耳。此说也，若甚辩者，然与记者之说大异其趣者，则先生承认各党已有一定之政见，而记者则否认之也。果政党而有一定之政见，是诚不可牺牲；若犹未也，又何牺牲之可言。必曰牺牲，亦私见耳，非政见也。欲明此者，取证正不在远。同盟会者，号称与共和党异其党纲者也。共和党之党纲何在，记者无从知之。同盟会党纲之可知者，有实行民生主义与男女平权二项，为人指目。此诚政见矣，而得谓为一党之政见与否，未可知也。记者尝从孙中山先生问民生主义，偶谈及土地单一税。记者询以今日是否可行，先生曰否。是犹有待。夫党纲以现在能实行者为范围。今曰有待，是岂实际政争之武器？闻所谓民生主义者，将改为国家社会主义。是民生主义非党纲也，而国家社会主义亦不得谓之党纲。何也？党纲者，一党所独，而国家社会主义，吾未见共和党不采用之也。至男女平权，在同盟会确已不能保其意见之一致。昨参议员杨君廷栋南旋，为言女子要求选举请愿书，同盟会议相戒不为介绍，而允介绍者转属共和党人。如同盟会必实行此条，其党且见破裂，此与英伦自由党对于女子参政之态度略同。是男女平权，亦非纲党也。间尝论之，凡一党政纲，必与他党之政纲特异者也，于斯政纲与政治主眼之分，最不可忽。政纲者，必其崭然立异，使人得于相对之点别制一纲者也。而政治主眼则不必然。政治主眼，乃各党所同之鹄，而一鹄容或为各党所同射也。如曰吾党将整理财政，注重民生，融和民族，振兴实业。此政治主眼也，非政纲也。何也？以无余地可容他人之异议也。以故知政治主眼者，各党之所同也。惟主眼同矣，而达到此主眼之程叙容或有异，而政纲出矣。如振兴实业，此一政治主眼也。一派曰，此主眼非自由贸易主义不能达。一派曰，否，是当诉之保护贸易主义。于是就其程叙之不同处，以定其标目，是之谓政纲。易词以明之，政治主眼者，政治之目的也。政纲者，政治之手段也。立党当于手段求异，不当于目的求异。盖从事于后者，将求异而得同也。今之政党之弊，正坐在是。其纷纷扰扰以政纲相号召者，八九皆政治主眼也，非政纲也。目的也，非手段也。因是党员之籍，可以出入，各党离合，极其自由。质而言之，今日之党，皆无成党之必要而成之者也。党界既不分明，私意横生，扰乱政局，长此以往，国政之败坏，将无可收拾。今日之现象，特月晕础润已耳。记者无似，见此甚明。以为各党之态度不改，不即从事于政纲之创造，则党争亡国一语，将不幸而言中。而政纲之创造，条理甚颐，需时绝多。与其听各党自行演进之难为力，不如当各党不纲之日，组织一大政见商榷会共同讨论之易为功。此记者主张之所本也。至谓商榷之结果，两派将各还其党，在理论容或如是。果如是也，则两派虽同前未变，而今为政纲上之新产生物，则与前迥乎不同。形式上之合体，偶然之事实耳，而记者则以为此种合体未必可期也。天遂先生又谓政党为有欲性之物，权利势位之事，无时或免。诚然诚然！然有纲之党相争，与不纲之党相争，一则直接间接促政治之进行，而有利于国；一则直接间接阻政治之进行，而有害于国也。此不可不辩。

原载《民立报》1912 年 8 月 7 日。

集权分权论者之第一谬误

英伦者，行政分权之国也。其证为分权者，则在地方行政官之由民选，此欧美政家之公言也。记者漫引之，以为吾人讨论政制之助。昨日老圃君忽著一最辩之论，谓行政分权，仅得以指不列颠之一部（即英格兰），若爱尔兰总督，苏格兰事务代办，皆隶属中央政府之官。推之各殖民地官吏，亦悉由中央政府任命。则英国简任之地方长官，亦数见不鲜，是即谓英国行政集权可也。是说也，记者从而逻辑之。老圃君实以爱尔兰、苏格兰及各殖民地与英格兰之各地方如伦敦、如伯明翰者，纳之于同一甄诺斯（犹言总纲）之下，相提而并论，使之含有同一之作用也。（果尔，则记者之论或迥乎不同，宜乎不能合也。今请列为表以明之。）记者所谓地方分权者，以不列颠言，乃指不列颠之全部，固非独指英格兰也；乃指英、苏、爱之各地方，非单指英格兰之地方也。英之地方有曰伦敦，爱之地方有曰达布林，苏之地方有曰爱丁堡，记者悉指之，非专取伦敦而遗达布林与爱丁堡也。列为表，有如下式：

$$\left.\begin{array}{lll}\text{不} & \text{英格兰} & \text{伦敦} \\ \text{列} & \text{爱尔兰} & \text{达布林} \\ \text{颠} & \text{苏格兰} & \text{爱丁堡}\end{array}\right\}\text{分权}$$

而老圃君曰否。不然也，英之伦敦固分权，而不列颠对于爱尔兰、苏格兰固集权也。对于各殖民地，亦集权也。苏、爱之各地方，其为分权与否，非吾论点所在也。吾之所欲骈举者，乃伦敦也、伯明翰也、孟鸠斯特也、爱尔兰也、苏格兰也、各殖民地也。前三者诚分权，而后三者则集权，是谓英伦为行政分权之国，决乎不中事实也。列为表，有如下式：

$$\begin{array}{l} 不\\ \\ 列\\ \\ 颠 \end{array} \left\{ \begin{array}{l} \left.\begin{array}{l} 孟鸠斯特\\ 伯明翰\\ 伦敦 \end{array}\right\} 分权\\ \left.\begin{array}{l} 爱尔兰\\ 苏格兰\\ 各殖民地 \end{array}\right\} 集权 \end{array}\right.$$

准此论思，宜与记者无共同之点可寻也。记者之所谓英之分权，谓为合指英、苏、爱之地方言之可也，谓为单指英、苏、爱中任一国之地方言之亦可。于是记者所拟之中国分权制，谓剔除英、苏、爱联合之形式，而以全英之地方为模范可，谓单取英、苏、爱中任一国之地方为模范亦可。至以一国之各地方，置之一方，以他数国之总政府置之又一方，相对勘论，因发见异点，以为攻倒记者之武器焉，记者不敏，诚未见其可。

按：本篇不过略提一纲，其中应发生之疑问甚多，记者当以次解决之。如有先记者之说而赐以诘问者，最所欢迎也。即老圃君昨日论中，尚有他点未答，以俟他日。

又：记者此文，非敢与老圃君快一时之口舌，而实为吾国政制上提出一绝大问题。读者幸勿滑过，而以所疑者互相讨论焉。

原载《民立报》1912 年 8 月 14 日。

再论分权集权

老圃君谓国会操纵内阁任命之权，为立法集权，而兼行政集权，记者未尝非之。惟以为此言集权，未尝针对地方言之。盖任命内阁之权，可一而不可二，有合而不可有分，从未闻或以此权乃由地方吸集而来者也。老圃君以为集权、分权为比较相形之词，苟言集权，对面即立有分权之义。在逻辑训释名义，是岂不然？须知驱使名义与训释名义，心理上之作用全然有异。训释恒用全义，而驱使则就其适用之范围，恒用偏义。内阁任命一层，谈政治学者，绝罕以入之集权论。老圃君必以为集权之好例，则驱使时仅用偏义而已。以内阁任命之权，固可以脱离地方，而想象其存在，非若课税权种种可由中央地方分划者也。英儒穆勒曰，凡名词不必以对立之词见意者，则非比较相形之词。集权字如此用法，记者且直以为非比较相形之词。若以为既非比较相形之词，则不当用集权两字以表其义，则记者亦欲承认表义之法本拙。盖国会操纵内阁任命之一义，本不必以集权两字表之。以此表之，记者实首闻于老圃君也。

老圃君不解记者主张分权为采美国制，抑英国制。而彼所谓美国制者，乃指美之各州为地方，此实误也。记者之所取法，乃合英、美而一之。盖英、美同采地方分权之制，施行之深浅虽有不同，而大体则一也。特美之地方，记者乃指诸州之地方，非即指诸州也。人以美之诸州为地方，一方置诸州之地方于不问，一方又以英、法之各地方作用适如诸州之地方者比论之。宜乎分权论毛起，而偏治丝而益棼之也。老圃君前日论英国之行政制度，以爱尔兰、苏格兰及各殖民地与英格兰之各地方并论，即中此病。此病不除，本问题无从得正当之解决也。

原载《民立报》1912 年 8 月 15 日。

地方分权与逻辑

老圃君前论，以爱尔兰、苏格兰、各殖民地与英格兰之各地方如伦敦、伯明翰者并论，定为前者集权，而后者始为分权，以破英伦行政分权之说。记者驳之，谓言地方则言地方，不当以非地方与地方相对勘论。盖爱尔兰、苏格兰乃联合王国中之国名，非地方也。爱尔兰之达布林，始得为地方。地方之名，非爱尔兰总政府能尸之也。苏格兰之爱丁堡，始得为地方。地方之名，非苏格兰总政府能尸之也。至各殖民地，明明为殖民地，尤与地方之义相去远也。此节记者自信陈述甚明，而不足以促老圃君之注意，彼仍本前词制为司洛辑沁即三段式以坚其说。其式为：

凡不列颠各地方皆行地方分权，

爱尔兰为不列颠之一地方，

故爱尔兰行地方分权。

此式之谬误在小前提不正。盖爱尔兰政府在国法上有特殊之位置，非地方两字所能概之也。不列颠各地方，乃平指伦敦、伯明翰、孟鸠斯特、达布林（在爱尔兰）、爱丁堡（在苏格兰）种种也，非次第伦敦、伯明翰、孟鸠斯特、爱尔兰、苏格兰而平指之，以贻人兽马牛驹之诮也。（此语乃穆勒以诮亚里士多德之分类者。）如欲使前式不谬，当改为：

凡不列颠各地方皆行地方分权，

爱尔兰之达布林为不列颠之一地方，

故爱尔兰之达布林行地方分权。

如是，则地方一名，在两前提中始无暧昧之义。盖地方一名，媒词也。媒词暧昧，乃司洛辑沁之一戒。更详言之，一名而有两义，在形式上为一名，在逻辑上则为二名。司洛辑沁以用三名为合格，如前式（一）不列颠地方，（二）行地方分权者，（三）爱尔兰。此三名也，两见于断案，一重见于大小前提。此重见者，号曰"媒词"，必意义全行合辙，始于式无悖。果此媒有歧义，则一名立化为两名，是式中含有四名也。四名之戒，乃恒人最易犯者也。老圃君不幸犯之，故前篇皆误。老圃君更列一式，无取论列也。

记者之不以苏、爱为地方，自信足为解决分权问题之度针。明知不甚合于时贤之理想，故篇末欢迎疑问，拟从问答中说明所根据之理论，较易醒目，而不料老圃君之据以相攻者不在此，而在极粗浅之形式逻辑也。此记者对于深明法理之老圃君，颇为失望者矣。

原载《民立报》1912 年 8 月 16 日。

总统责任问题

自张振武案发生，而总统责任问题，随之而起。千目共视，千手共指，以为杀张振武者总统也。参议院且将据此以为质问，质问无效，更将以为弹劾总统之资焉。夫此事果由总统负其责任，其足以证明弹劾之合法与否，乃有可议。今则总统对于此事在法律上是否负责，尚为一大疑问。记者兹篇之欲促读者注意者，即此点也。

欲明总统负责与否，当先明总统责任之性质。总统之责任，可得言者有三：

（一）狄克铁特之责任。狄克铁特者，乃行政首长拥有无限权力者之称也。古罗马时代，恒设是职，或限以一定之任期（通常为六个月），或限于一定之事项。此在国家存亡危急之秋，诚为必要，然非所语于今日之中国。当昨年袁总统之发彰德入北京也，西人诚以狄克铁特目之，而得其似。惟南北统一后，此号久不见称。今张振武案起，其名又复见于西纸，以为袁之戮张，非狄克铁特不能有此行为。在西人旁观无择，有触而即发，是固宜然，若吾人亦随而作此无择之谈焉，甚非所以爱国之道也。夫国之容有狄克铁特者，必具两条件：（一）全国实陷入危险之境，非有武断之行政首长，不足以转变而救败；（二）全国实明认此种行政首长之发生。第一条件之存在与否，表面似有讨论之余地。然吾干戈久寝，实行《约法》已逾半载，行政上之纷扰，虽亦与外人以口实，缓吾承认之期，而欲以此证明狄克铁特之当应时发生，在记者观之，实属不成问题。且讨论此题，必须牵及第二条件，吾参议院果已通过一案，于一定时期明加袁总统以狄克铁特之头衔乎？抑将为之乎？凡此皆非吾人思议所能及者也。故谓袁总统之责任为狄克铁特之责任，信乎其为无根之谈也。

（二）法兰西总统戴冶之责任。此节之所谓责任，与内阁之责任，适同其意义。乃凡总统之行为，如或不满意于议会，总统自挺身担负其过失也。此在法兰西第三共和国初立，戴冶为总统时有然。当戴冶被举于国民议会，人颇以施行议会内阁制诱之，使总统之行为，悉由国务员负其责任。戴冶拒之，其言曰：“不负责任之元首，只宜以世袭君主为之，以其品位相称也。余则一市民而已，乃欲跻之于君主之地位，此实不成问题。”以此之故，彼声明已实对于议会，负行政上之责任。议会何时欲其去者，彼即襆被以行。卒之千八百七十一年八月三十一号之法典有曰：“内阁对于议会负责任，总统亦然。”而不二年，戴冶为反对票倾之下野矣。今吾袁总统之责任，果与戴冶之责任相似否乎？法兰西法典有总统负责之明文，而吾《约法》则明定责任仅由内阁负之。总统之教令种种，至少须经国务员一人副署。且袁总统亦从无明白宣言表示元首负责之意。是以戴冶与袁总统相似，记者亦以为不于其伦也。

（三）美总统之责任。此节之所谓责任，与英、法人之所谓责任意义不同。盖前者对于人民负之，后者对于议会负之也。因是负之者之地位，法、美适得其反。在法（此指平时之法兰西，有别于前举戴冶时代之法兰西。）总统不负责任，而内阁负之，在美则内阁不负责任，而总统负之。在法凡总统之行为，无不有阁员为之副署，在美则阁员适为总统之私仆，凡阁员之行为，皆视为总统之行为。在法以责任对于议会负之，故议会可以操纵内阁之进退，在美以责任对于人民负之，故议会于总统之失政，莫如之何。此其大别也。今袁总统之责任，果得比于美之总统否乎？此一言以答之曰，《约法》已规定责任内阁制，责任之系实从法而未从美。故以美总统之责任拟吾总统，亦大反现行法制之真意也。

由右观之，狄克铁特之责任，既为时势所不许。法总统戴冶及美总统之责任，又为《约法》所不载。于是，吾人研究总统责任问题，其得数适为零也。质而言之，总统实无责任也。既无责任，而漫以责任加之，乃为紊乱法制之尤。参议院手创《约法》，而忽昧昧于《约法》之意，欲以弹劾之手续施于总统行政上之过失，既不顾总统在法律上无行政过失之可言，复不顾弹劾只能用之叛逆等罪，断无用之行政过失之理，尤觉失其意识。甚矣，求人了解法意之难也！

然则，杀张振武者谁乎？其责任果安归乎？则记者昨已于短评中言之矣。曰："张振武案之责任，当归之于陆军部，而不当归之于总统。盖总统在责任内阁之国，当然不负责任，而此次军令，实由段总长署名，故责任当归于其身也。"兹篇之作，即所以释此段也。

原载《民立报》1912 年 8 月 21 日。

再论总统责任问题

自记者所作总统责任问题出现，颇为一部人士所不喜。攻诘之声，顿盈于耳。此派议论，颇诉之于感情，而不中于法理。吾人已不谙法制，使此派议论而有力也，必将动摇吾法治国之基础焉，请为此文答之。

在近世之国家元首，实无使之负责任之道。此举哲家、政家之智力，积数百年之讨论经验所得之一原则也。其所以然者，国家拥有国际上之尊严，为之代表者，其品位必与之相副，而表示此种品位，非元首位于政治潮流之外，不为其所冲荡不能。此就对外言之。以言对内，其所须尊严之度，亦复相等，盖非此不足以保国本之不摇也。而责任云者，质言之，即将此品位纳于人民喜怒之下是也。元首之地位，至以人民之喜怒为去留，其危及国本，又矣待论？其在他一面，责任之所至，威福随之。元首而至有滥用权力之自由，则立宪政治又何异于专制？此不课元首以责任者，表有所尊崇，而里实有所禁制也。此种政体，在各政体中，最为稳健，吾人立国于二十世纪，殆亦莫能自外。此吾昔之主张之所本也。论者如以记者论张方案不当，当于此主张上商榷之。讨论及此两面，容各有成理之言，至以作总统者为袁世凯，将无往而不攻之，而因疑解除元首责任者，为袒护尸元首位者之个人。甚矣，有成心者之不可与辩理也。

或曰，子言诚是矣，而无如总统隐于不负责任之幕下，而实际上滥用权力，破坏法律何？戴君天仇者，即持此论者也。其言曰："《约法》所定，明明当副署也，而袁世凯之行为，不必以副署为重要。"此言记者决不否认之。盖一政制所由成，固非能不经波折者。苟其鹄既立，群山万壑，悉驱以赴荆门，则经一波折，而其制之基转固。若困难一生，吾遂自去其鹄，以迁就之焉，此适求前而反却耳，宁足与谈政事哉？以总统责任问题言之，苟吾人以总统应无责任，则总统或以个人之力，排除内阁之责任而自尸之，吾人惟有扶持内阁之责任，以救正之，决无取内阁之责任，加之总统之身以自紊其政制之理。而况乎此番事件，陆军部总长明明副署，在形式上，总统并未尝尸内阁之责任乎？戴君曰："袁世凯……令段祺瑞副署之，是非副署，特允黎元洪之杀人，而又使段祺瑞为杀人之同意耳。"夫副署者，本阁员同意于元首之行为之谓，戴君之释副署，已无遗恨，而同时又谓为非副署焉，是何说也？在戴君之意，或以为总统杀人，不当使他人负其责任。此道德上之谈，记者亦深然之，而无如今日之篇幅，无余白供吾伦理之研究。在创为元首无责任之说者，亦必能计及元首或有杀人等事，然副署之制既立，必遇事实直接与此制之条文相冲突者，而后能谓此制之有动摇，至法律外之思索，不许其直接影响于法制也。

戴君之言之最无择者，则以袁氏为犯叛逆罪是也。其所据以为叛逆罪之理由，则仅侵犯国宪四字。夫侵犯国宪，其范围之大小无定。若以张方案之所谓侵犯国宪者，与叛逆两名词骈列之，各各觅其定义，是果大小合体乎？抑彼此相涵乎？此不待深明法理者，而有以见其不然，岂以戴君而不知之？知之而故言其反，则扰乱民国之和平者，必此言也。戴君且主张以武力为最后之解决，当下笔时，亦曾思及此言之责任否耶？

又林君学衡谓责任内阁，总统不负责任者，有对于内阁不负责与对于议会不负责任之别，其结穴则以为总统对于内阁诚不负政治上之责任，而对于议会则当负法律上责任。因咎记者不知政治上与法律上作用之区别。夫总统对于内阁有何责任，以记者之谫陋，实未之前闻。记者只知所谓政治上责任者，对于何机关负之，即随何机关之喜怒以定其职之去就之谓也。苟总统对于内阁有何责任，则总统去留之权，直操之于内阁。林君发为此论，实于政治学上放一异彩。林君全盘议论，皆托根于此点。记者于此点既不了然，实无所用其愤悱以待林君之启发也。林君更加以详细之说明，幸甚。

记者颇咎《约法》未尝规定保障人民自由之手续，读者疑之。戴君天仇且至不解出庭状之为何物，记者当以专篇详细解答之。

原载《民立报》1912 年 8 月 23 日。

《独立周报》发端

英伦有周报曰司佩铁特，乃记者最爱读者也。而此报之名，有三百余年之历史，相与存之至今。初发刊时，实在千七百十一年三月一日，主持论坛者，为当时文家艾狄生。司佩铁特者，袖手旁观人之谓也，艾狄生实以自况。其第一文，即叙司佩铁特之为人，且言曰："欲深知作者之言，当先知作者之为何如人。彼果黑人耶？抑白人耶？温文人耶？抑躁妄人耶？有室耶？抑鳏者耶？如此类者，皆为读者所亟欲知，不及知之，则读书恒不乐。"艾氏既名重一时，出其凌空之笔，描写政治社会种种状态，语语为人所欲出而不能出，其文遂深入人心，为人人所宝贵。记者何人，文才宁足以梦艾氏？而秋桐二字，又曾出现于满清季年，在伪立宪潮流之中，腾其口说，致为时贤所谩骂。今复用之，取辱已多，焉敢妄自表著，以重罪戾。故记者虽慕艾氏之所为，且欲自荐为东方司佩铁特，而于以自序为开宗明义之文，不取苟同。而环顾当世发行报章，日盛一日，类无不有发刊之词，公诸读者。其词既肤泛不切事情，又易习为浮夸，不足征信。记者不敏，亦雅不欲出此。郑燮云，板桥为文，向不求人作序。今秋桐作报，亦不求人致颂词。且更进一步，并废去寻常出版之词焉。号曰独立，了无深义。虽记者痛当今舆论，囿于党见，窃不自料，随同人之后，欲稍稍以不偏不倚之说进之。至此义或不见容于今日之社会，因招巨恶极骂，人人挤排吾说，使无容头过身之地，亦未可知。天下滔滔，又谁与立？闻美洲有周刊物，名仿佛与独立相近，所谓隐棣攀顿是也。其取义未审视吾报何如，读者试妄以隐棣攀顿呼吾报焉，或亦避狙怒之道也。

原载《独立周报》第 1 期（1912 年 9 月 22 日）。

章行严与杨怀中书 *

怀中学长左右：

得书知由瑞士复抵柏林。此行饱看山水，得诗几何，以为念也。公见《神州日报》与弟论战，颇觉不快，以为政争中之生涯，如是如是，恐弟以此灰心。想公决不料新闻记者之卑劣，日甚一日，在今日望公所见之《神州日报》，转在天上也。《民立报》夙为革命党机关，光复时声光最烈。南京政府既立，同盟会人执政，南方之新闻，群以立宪派之嫌疑，遇事不敢有所论列，《时报》至数周不刊社论。当时惟《民立报》有作铮友之机会，于右任复以言论独立颂言于人，弟以此入该社，冀于同盟会炙手可热之时，进以稳健之论，使不失天下之望。此种设想，本不自量，至其心则无他也。自后《民立报》与同盟会提携之道，不出于朋比，而出于扶掖，有时持论，不得不与党人所见，互有出入，而卒以此伤同盟会人之心。伤其心，宜也，弟决不以为彼等咎。盖弟本非同盟会人，彼毁弟借该会机关，倾轧该会，非在情理之外。故彼辈造为诬词，百计伤弟，弟皆不问，而独此语不得不听，以嫌疑所在，道德上说不过去也。弟既去《民立报》，彼辈之谤词，复连载十余日不休，若谓中国可亡，而章行严之名誉，不可不毁。公当不料行严返国，胡乃陡增如许声价。夫天地之大，何所不容？弟涵养工夫，虽不如公，此类流言，尚能包含下去，故彼等毁弟之词，无取为公述之，以污吾笔墨。惟笃生遗书一通，近发布于《中华民报》，其中多诋弟之语，彼等遂以为口实。弟读之疑信参半，不得不有所质于公，冀得公一言以祛烦惑。笃

---

* 编者按：此文 1926 年在《甲寅周刊》以《与杨怀中书》为题再次刊出，作者对原文作了较多删节，文字亦有所润色。

生于公为至亲，于弟为至友，在英时吾三人形影相吊，始终未离一步。苟弟有愧对笃生处，公必知之。笃生暮年，感慨过多，好持极端之论，与吾二人议论，不能尽合，此当为公所能忆。弟于笃生，风义本在师友之间，有时持论，故避其锋，冲突亦不甚烈，次数亦不多。今所忆者，惟废汉字问题与惩继问题耳。当论争时，公皆在座，弟至今追忆，敢以自誓，实无所容心也。今据笃生与某君书，则弟与笃生，累持异议，实疑笃生与王侃叔有秘密交涉，而故媒孽其短，以他词饰之。其又一因，则弟欲随意假款，于彼未遂，乃以他语窘之。此种归罪之法，弟在苏时，实未梦见。笃生曾为公言否？笃生数年来混迹于官场，用心绝苦，知笃生之内幕者，方且痛悼之不暇，宁忍责备？况王侃叔乃弟与笃生共引以为友者也，笃生出监督处后，颇思与弟共为侃叔司译事，分其译费，以补旅费之不足。此事之发原，则在笃生约弟同游北京时，且面与侃叔言之，侃叔尚可询也。后笃生如何与侃叔淡漠之处，弟不能言。笃生死前数月，弟旅况极窘，尚与笃生提及远东社翻译事，弟何尝强笃生与王绝交？今笃生谓弟疑彼不与王绝交，因持以为不忠于革命之据，设他词排之，造语离奇如此，公能不信为笃生脑筋变乱时之言否？至款项之说，弟有负于笃生，此不待言。笃生谓弟负彼七十余磅，中有四十余磅，通融于来苏以前。笃生书中亦言之。弟在苏称贷于笃生者，前后不过三十磅之谱，实则弟之受窘，当时凡与弟为友者，皆为通缓急，固不仅笃生也。公处前后约五十磅，李瀛丞、王茧庐、丁树伟诸君，皆十余磅不等。则以弟与笃生之交情，其有债务关系，弟知笃生断不相责。彼之不慊于怀者，乃学费除账之说耳。弟于英文，较笃生有一日之长，以知识贡之朋友，此何足算？且弟尽此种义务甚多，公知之审，胡乃于笃生转吝之？而笃生重过节，必以为须送学费，于心始安。弟不以为然。苟弟在英，始终无与人通缓急之必要，则弟拒其学费，可以表弟意之无他。而无奈弟有待于笃生，复同时拒其学费，颇犯预留机会任意取携之嫌疑。弟明知之无法可避，而不料笃生竟以此为言，此今日言之有余痛者也。在沤北淀时，笃生提议送费，弟坚不允。笃生置一磅十先令于棹，不肯收回，势将决裂，时公亦在座。弟因谓前此通融甚多，即欲送费，宁复须此？此语公实闻之。笃生必欲过甚其词，谓弟将与除账，此实笃生多疑之咎。至笃生谓弟每月向彼索取五磅，亦属有意归过。盖笃生假款于弟，一半由彼见弟窘迫，自携资与之，一半由弟向彼通融。笃生必欲总其成数，按月摊派，以为月修云云，此语殊不似彼平日所言。

又笃生谓弟知其月只津贴八磅，而弟索五磅。夫弟之敢有渎于笃生者，以知有余金二百余磅也。果如书中所言，是岂有人心者之所能为笃生过？以不肖待友，若弟不了然于其言，发于激刺过甚时，不能以其既死而不恨之也。实则笃生与弟有金钱上之嫌隙，弟绝不知之，知之则在昨岁暑假初，彼偕公与弟算账始。述此事之近因，亦至可笑。弟授笃生以英文，每日皆按时至彼寓。暑假前数日，弟困于试事，未能如时往；且有两日，竟未告假，而亦未往。此种形式，乃笃生最能遵守之者，弟竟破坏之，彼遂以弟为忤。彼时维以他种激刺，乃挟公与弟为严重交涉，逼弟与之核算债务，应除学费若干，应偿彼若干。当时所言，悉失其常度，予妻吴弱男，至为之骇走。弟以笃生忽有此意外之举，中心痛之，而又生于弟之失检，尤难为怀。譬说之余，至为之雪涕。弟生平未尝为人流泪，独此次不能忍，此景公亲见，必能忆也。后数日弟致笃生一书，推言同志相疑自种荆棘之道，词旨恳挚而严切，笃生颇感动，报书言将存之以自励。弟挟笃生遗箧以归，未忍发之，异日当请性恂，一寻其稿，弟将留以哭笃生也。要之，笃生责弟，弟尽能恕之，弟绝无他长，惟自信性情尚不十分凉薄。今哓哓言此，非欲为亡友争曲直，而特以弟与笃生晚年之交际，惟公知之最深，欲得公一言，以定弟词之真伪，而因以觅路自新耳。

以上所言，尚非同盟会人欲发表笃生遗书之意，彼辈之意，乃在证实弟为保皇党耳。笃生书中曾谓弟疑彼不忠于革命，借词责之，而己乃徘徊于梁卓如、杨皙子之间，既在《帝国日报》投稿，《国风报》上，复有大作一首，又安足以服其心云云。凡兹所言，实为笃生末日偏狭之态造一肖像，弟实哀之，决不以其言为过，特未许小人窃之以詈人耳！弟与康长素未一谋面。自弟稍解政治，康之足迹，即不见于本国，此并非仆以识康为可丑，事实如此，不可诬也。即笃生书中，亦并未言康。以为言者，则《国风报》上曾有"大作一首"，遂以为依傍梁卓如耳！所谓"大作"者，乃《论翻译名义》，见《国风报》二十九期中，公熟知之。此事弟并未以为可讳。在《民立报》略谈逻辑，首及译名，并累引前论为证。有蔡君尔文者（名或有误），至据《国风报》之原论，与仆辩论，其书亦列《民立报》"投函"栏中。此在彼等，诚以为最可攻处，而在弟则夙未以为病也。至何以作此文者，则弟在东京时，曾撰《双枰记》小说一种，谋鬻其稿，由友人携其前半至梁处，梁欲得之，仆遂复由友人支取稿费百元。乃稿未成而弟西渡。此事逾年未理，而弟在英时，艰窘甚于在东，复议以此稿售之陆咏仪，而前半在梁处，不得不以此告之，而别筹偿前百元之法，以此与梁通书一次，而以"大作一首"寄之，此其大略也。此外与梁有关，则在东京曾晤面一次，仅寒暄十数语，未尝谈及政治，以其时弟方绝意政治也。余则绝无纠葛。此种关联，较之某君（即笃生以书与之者）与《新民丛报》之亲切，实无可言，即较之笃生与梁卓如之纪念，亦无可言。（此非翘笃生之短，实则笃生与梁卓如之关系，为中国革命史上一大纪念，大可表著笃生革命之精神。弟为间接与此事者之一人，而知其事亦不独仆。此事忆在英曾为公言之。）笃生以此责弟，由于激刺过甚，举社会而厌恶之。自闻黄花岗失败后尤甚，与其政见不合者，自首受其影响。涉思及此，弟安忍以为笃生过也。至某君以此责弟，出何心理，则未易言矣。

由是观之，弟与梁卓如，并无密交，事实固如是也。然为此言，决不许彼辈妄测弟意，以梁方为民国不屑之人，而弟必望望然去之，前此交情，一切不顾，世风凉薄，此种随处皆是，弟夙昔痛恨之。弟果与梁有密交，虽难解浮薄少年之唾骂，断不肯以夙昔所痛恨者，举而效之。岂仅不效，且将表出之，以为翻覆小人激劝。夫梁自丁酉以还，于举世醉梦之中，独为汝南之晨鸡，叫唤不绝，且十余年，国人之迷梦为彼所叫醒者不少，此今日之革命党扪心而自知者也。虽彼未尝加力于革命，急激派对之，自不无恶感，而平心论之，彼昔年开导社会之功，决不为过所掩；以彼之学之才，移为民国建设之资，其所成就，仍非余子所能望。急激者心欲排去之，此社会之恶心理，断非民国之好兆。此弟与公言之，可共相慨叹者也。推彼等之用心，以为弟与康、梁有秘密之交谊，而特畏为人所发，故阳与同盟人交好，以掩其迹，今其秽史出于与弟最昵而道德最高杨笃生，弟必无颜更立于社会。此种浅薄卑鄙之见，宁不令人喷饭？弟自上海失败后，审实行非己所长，绝口不谈政治。窃不自量，欲遁而治文学，此凡与弟习者，皆能言之，弟并未以自讳。十年来之革命事业，与弟无关，此自事实，弟并未图以此自异。弟苟欲挂革命党招牌，则昔年谈革命于东京，较谈革命于上海，尤属太平，何章太炎、孙少侯闭弟于一室，要弟入同盟会，而弟不入？然犹得曰热心利禄，作革命党，终有不便处也。今民国既立，革命已成，危险之质，变为荣华，依附末光，此其时矣。胡以吴稚晖、张博泉、于右任之敦劝，而弟不入同盟会，以黄克强、胡经武之推挽，而弟复不入国民党。弟始终如此。弟自有一人之见解。人尽议其刚愎，而要以证明不借革命党之头衔，以自矜重则有余。当彼辈骂弟为保皇党时，革命党中之知弟者，每举弟昔年革命之实，以间执其口。无论彼等可曰，弟始革命而终保皇，其口终不可以间执也。即间执之，而弟终以为隔靴搔痒之事。夫民国者，民国也，非革命党所得而私也。今人以国民之资格，自活动于其国，宁得以非革命党之故，而受人无理之排斥？弟固非保皇党，今退一步言之，即听为保皇党，弟固非政闻社员。今退一步言之，即听彼硬指弟为是，弟亦决不以此故生其惭怍，而缩小其运动之范围。且已以革命党自矜其功，对于稍异己者挟一顺之者生、逆之者死之见，行见中华民国陷于此辈"骄横卑劣"者之手，愈不得不设法以消其焰。吾舌可断，斯言不可毁也。

至弟在《帝国日报》担任文字，弟且时在《民立报》提及，亦绝非不可告人之事。弟识杨晳子，乃由笃生介绍。盖弟与笃生在上海组织秘密会时，笃生为会长，弟副之。笃生于是时，邀晳子入会，弟始识之。胡经武即在会中，尚可询也。自后弟与晳子之交情，决不隆于笃生。笃生去国时，尚与晳子握谈，笃生亦未能与晳子作形式上之绝交也。留欧之年，笃生与弟相等，内地友明，概未通问，是弟与笃生与晳子之关系，在此点实无等差。笃生之为弟病者，特以《帝国日报》与晳子有关，而弟为该报撰文耳。实则当时此着，笃生亦颇为弟决之。盖弟当以鬻文为活，了无疑义，时则有两报馆可供抉择：一为《民立报》，一即《帝国日报》也。弟及笃生，皆与于右任有旧，于笃生虽亦与陆咏仪为友，而嫌其鼓吹立宪，乃促弟为《民立报》寄稿。《民立报》发行时，弟寄稿于《帝国日报》，已有日矣，遂中道析寄《民立报》，亘两月余，而右任以内部艰窘，无寄款至，终不得不兼乞援于咏仪。此笃生所熟知，当时并未尝以为非，即今日将此事实，发露于五色旗下，弟丝毫不以为愧怍者也。呜呼！笃生留英之年，神经较前愈敏，往往小故，在他人当绝不经意者，而笃生视之，绝大之刺激以生。卒至使彼含吾两人之亲交，而密布腹心于存心叵测之人。想公闻之，当不禁为之长叹也。偶有所触，书之不觉累幅。若以此书有累笃生之盛德，公责言至，乃所乐受。笃生手写遗诗，尚未付印，以正觅旧友题跋，欲并印为一册。今谤言日至，弟之此举，或不足传笃生之名，而转以败之，故弟颇复踌躇也。余不白。 士钊顿首。

原载《独立周报》第 1 期（1912 年 9 月 22 日）。

变更政制之商榷

　　吾国之现行政制，乃内阁制也，乃内阁负政治上之责任，其进退纳之于参议院喜怒之下也。而议员之意志，至难捉摸，评论政治之能力，亦不充足。每一问题发生，往往感情横决，恣意捭击，内阁弹劾之声，不择事而发，以此内阁迄不得稳固，识者忧之。因致疑于现制之不良、欲谋划分立法、行政两部之权，使各不相侵，以救其弊。此美制也，对于内阁制言之，则曰总统制。兹闻总统府秘书，颇议及此，而《时事新报》老圃君，近亦著论，致意于美制之良。吾友金君鹤望，凤助内阁制张目，亦复表示其思想之变化，主张美制。以大势推之，《临时约法》期满之后，吾国之政制，果从法乎？抑当从美？其为一绝大待决之问题，无可疑也。吾人于政治学凤乏研究，而吸取平民政治之空气，为日极浅，经验亦无可言。则欲解决百年大计于数日之间，乃极危险事。《临时约法》之不善，即中此弊。今政制问题，关系绝巨，吾人鉴于往辙，又安可以此付之偶然之取决，及今讨论，诚要图矣。

　　记者主张内阁制者也。半载以还，在《民立报》屡屡发挥此制之精神，当为读者之所能忆。说者谓此制难尽行于吾国，证以半载中所得之实例，良不得谓其说之无据。记者虽不如金君鹤望，遽以此易其所信，而一洗成见；就此题而细论之，使两面之理由，各如其分以出，则固记者之所属也。夫内阁制之所长，即在立法、行政两部，联为一气。此制演进既深，表面上虽似议会操纵政府，而实际则政府操纵议会，以内阁不啻议会中最强之一委员会，居政府者，率为控制议会多数党之魁杰，政府而欲行其计划，直行所无事也。于此而有政治或财政上之改革。在他种制度之下，黎民视为非常之原，因之代表机关横生阻力者，而内阁制则处置裕如焉，是之谓强有力之政府。行总统制者则反是。此制之特质，在划定立法、行政两部之权限，立法部不得以行政过失迫行政部辞职，行政部亦不得解散立法部。质而言之，两部之名，各副其实，立法部立法，行政部施行之焉，如斯而已。议会讨论时期，行政部无从加以影响，以是两部之情感不通，问题稍大，即无协和一致之望。政府以行政上之经验，以为非如此不可者，从而制成法案，提出议会，议会率置之脑后焉，政府无如之何也。此种政府，其弱无对。在美洲宪法神圣之国，权力之分配，至为严明，政府只求其守成，而无取乎有大作用，故能行之至今。若新造之邦，需中央大开大阖之力至巨者，运用此制不善，行至自毙。此记者之所信也。

虽然，总统制亦有一大利，即政府自审在职时期之确定，得从容尽其所长，规划可久可大之伟业。而议员无入居政府之野心，头脑既清，类能准据公理，以相讨议，党见虽不获除，而为量终较少焉是也。以此国中无极热之政潮，各种机关，不至仓卒停其作用，而国政平流而进，颇呈雍容高美之观。此其所长，即内阁之所短也。且总统制之弊，仅在立法、行政两部之不沟通。美利坚之习惯，国务员不出席于康格雷，有提案不能说明，有误解无从解释，是以有弊。然美利坚宪法，并无禁制国务员出席议会之文。千八百八十一年，元老院之委员会，且曾决议两院当为阁员设置议席，使之日临一院，惜当时为康格雷所不欲，议不果行；行之则总统制之流弊，早去其最大者矣。吾今若取法斯制，首于钩连立法、行政两部一点，特别注意。议如瑞士之阁员，虽不为两院之议员，而出席无阻，以势度之，今之国务员，每畏缩不敢临院，参议院方求一面而不可得，此点似不至为将来宪法会议所不欲，如美之康格雷焉。果如此者，总统制又何尝不可行乎？

平心论之，两制各有偏至之理，任取其一，皆足以治国。果何取者，当凭一己之所信，而当时国民之感情，及特别之政治现象，为决定此题所必忆及者焉。且记者以为政府之责任，如何课之，亦题中之要点。兴言及此，记者终宁取内阁制，而舍总统制。其说颇繁，请待专篇。

原载《独立周报》第 1 期（1912 年 9 月 22 日）。

《约法》与统治权

《临时约法》第四条有云，中华民国以参议院、临时大总统、国务员、法院行使其统治权。论者颇于此条生异议，其故则统治权者，不可分割者也。今如本条所云，实将统治权分割之以分配于数种机关，于国家之原理不可通。卢君尚同著《〈临法约法〉驳义》一文，即能代表斯说。兹问题也，需辨理力至多，以记者之谫陋，焉望解决？然出其所见，以为来年制定宪法之资料，亦未始不可，敢取而略论之。

讨论此题，第一当问统治权作何解。记者行文取用此字，纯依从习惯。而论坛中有此习惯，大约从翻译东籍而来。记者每用此字，意中默喻相待之英字，为萨威棱帖（Sovereignty）。萨威棱帖者，美儒柏哲士所谓，加之国内人民及各种机关最初绝对无限及普及之权力也，故谓之统治权。而此权在柏氏目为么匿（一之义），不可割裂。果《约法》第四条所谓统治权即指此也。信乎如卢君之言，于国家原理，不复可通。虽然，犹有疑焉。

萨威棱帖，通常译作统治权，而译作主权者，亦复不少。今之不善述卢梭之说者，动以萨威棱帖，并人民为一谈。斯时也，八九言主权，而不言统治权。《约法》第二条明载中华民国之主权，属之人民。草《约法》者确为人民主权说所左右，而所谓主权者，其为萨威棱帖无疑。本报专论栏中，有朱君芰裳所作《国家主权论》一首，亦足以代表此派时论。姑无论主权与统治权二语，孰为妥惬，而择语者要有不可不守之一条件，则译作主权，不可同时作统治权。译作统治权，不可同时作主权，不于此致慎，将与解释者以无穷之困难，而立陷原文于无意义。此在前后不相联属之二文用之，犹可言也，现之于一文中，不可言也。在寻常论事之文，犹可言也，在法律文字，不可言也。今《约法》不幸而犯此弊。第二条言主权，第四条复言统治权，迷惑如此，似草《约法》者不应如斯陋劣。准此以谈，颇令人致疑于第二条之主权，固指萨威棱帖，而第四条之统治权，或非指此。然非指此，则所指者又为何物？为之解说者，亦正难得相当之词。《约法》之不完密，于斯可见一斑矣。

记者且置译名问题不论，就言统治权者与言统治权，就言主权者与言主权，而冀得一正论之鹄焉。卢君之言曰："通常分统治权之作用，为立法、司法、行政三种，各设一特定之机关以行使之。于此三种机关之上，又设一统治权之总揽者，以保其意思之一致。"又曰："至总揽统治权者之何属，则在君主立宪国为君主，在民主立宪国为大总统。"此说也，意在说明统治权之不可分割，《约法》第四条，以之分界于各机关为无意味。此点诚足以说明之矣。然统治权果当何属？卢君所言，似尚与近儒所主张者相反。夫统治权位置问题，在国家学中，最为纷纠难解，约略举之，有三说焉：一说以统治权属之人民，一说以属之编制或改订宪法之团体，一说以属之立法机关。今请分别论之如下：

（一）人民说　是说也，起于十八世纪后民权之发达，以天赋人权说为之基。法兰西及美利坚之革命，乃此说所鼓荡，成功后复以此著之册书，誓之广众。然国家秩序既定，感情轻而理论重，又群觉此说为未安。德儒黑格尔，力驳卢梭之民权说。[1] 大致谓国家者，乃国民总意之结晶体也，非总机体不足以发其意。因之萨威棱帖，决不在国家组织中之一原素，如以萨威棱帖归之人民，人民特一原素耳，是发表总意之机体之上，尚有所谓人民之一物，此之谓无意识。此外诸家之排斥人民说者，随处皆是。朱君所引，亦略见一斑，（朱君所言，似是本之美儒祁特尔。）兹不具引。

（二）宪法团体说　是说也，乃人民说之反响。盖萨威棱帖不属之人民，以人民非有特别之组织，不足以表示其总意也。则苟其特别之组织，足以发表其总意者，法当以萨威棱帖属之。夫"国家者真理之象形字也"。[2] 而予此真理以形者，厥惟宪法。则编制或改正宪法之法团，当然为发表总意之特别组织，故宪法团体说因之发生。其在美利坚，康格雷或临时会议，以三分二之多数，辅以州议会或州临时会议四分三之赞成，乃可以改正宪法。此种康格雷或临时会议，即萨威棱帖之所寄

---

[1]　即以萨威棱帖属之人民之说。

[2]　此黑格尔语。

也。其在法兰西，元老、众议两院，可开联合会议，以改正宪法。此种联合会议，即萨威棱帖之所寄也。

（三）立法机关说　此说也，惟国会万能之国可适用之。盖萨威棱帖既为无对之权，则惟拥有此权之机关，始可寄托。美之康格雷，其职权皆列举于宪法，越此则无效，其权非无对者也。法之议会，其为宪法所制限，亦与美同，其权亦非无对者也。其所以然者，法、美皆以宪法为根本法，立法机关亦同受其制裁。反之，英之巴力门，不解所谓宪法与普通法之区别，巴力门欲何作者，即任其意为之。践祚令之与盗猎案，大小轻重殊也，乃可以同一之手续通过之，亦可以同一之手续废止之。故惟英之巴力门，可言萨威棱帖，立法机关说，即为英而设也。

三说既明，于统治权之位置，当可了然。其最当注意者，则统治权之所在，除人民说为无根据外，有二者而亦仅有二者也。国家之元首，在成文宪法之国，则受制于宪法，在不成文宪法之国，则消纳于国会，断断不为统治权之总揽者。知此可以为卢君供一参考资料矣。卢君谓在君主立宪国总揽统治权者为君主，此决不适用于英。盖英之巴力门，成于君主、贵族、平民三大种族，君主早消纳于国会也。黑格尔曰，君主之所为，乃以个人之意思，完成国家之行为，如作字，缺其末点，倩彼点之而已，非有他也。卢君谓民主立宪国总揽统治权者为民主，此固不适用于美，亦决不适用于法。盖法者其视宪法为神圣，与美无异；总统之受制于宪法，亦与美总统无异。柏哲士曰："权之有限制者，非萨威棱帖也，加人以限制者，始为萨威棱。① 吾人不得无限制或仅自为限制之权，不得谓达于萨威棱帖。"总统之权，明明有限制也。受人限制者，安得握有无限之权？加总统以限制者，明明宪法也，总统既下于宪法而受有限制，同时又安得上之？而代表创造宪法者之意，果得握之代表之，是国有两萨威棱帖也。

由是而批评《约法》，则第二条主权属之人民之说，在二十世纪之国家，不应作此夸张无据之谈，宜删之。第四条机关平分统治权之说，如统治权与主权同其范围也，则大悖于统治权不可分割之义，否则第十六条、第三十条、第四十九条，已规定参议院行使立法权，临时大总统行使行政权，法院行使司法权，本条与之相复，亦宜删之。至第十三条载总统总揽政务，并无纰缪处，卢君谓当改作总缆统治权，实不必

① 去帖音成为形容词。

尔也。

朱君之言主权，乃本之近世最普通之说。惟其所以辟君主主权说曰："国家永久团体之意思，而以时生时灭之君主发表之，得毋国家之意思，亦随之而时生时灭乎?"不必可训。信如斯说，又何以解于以主权属之制定或改正宪法之机关。盖此种机关，决非常存者也，倘不存而国家之意思即灭，此说又安可成立? 美儒李高客曰："改正宪法之康格雷，非一继续为会之集合体也。但在法理，彼所享法律上无上之权，较之英巴力门所享者，固同达于完全之域。"斯言颇可诵矣。

原载《独立周报》第 1 期（1912 年 9 月 22 日）。

政府责任与议会解散权

　　记者前周作《变更政制之商榷》一首，推言美制与法制之短长，以为两制各有偏至之理，任取其一，皆足以治国，惟宜问当时国民之感情，及特别之政治现象如何，以为抉择之方耳。然吾国国民之感情，乃至无定。当南京政府成立之日，论者颇以谓今为民国，为民共选之首领，理宜付以全权，于是特设总理一条，遂为参议院所否认。不转瞬而政府移于北，而前之全权首领之说，忽焉退听，转思致总统于英王端拱无为之地焉。非英非法之内阁制，遂由此说胚胎以成，国民心理之变换，既如此之速，安知今日主张法制者，明日不返而主张美制如前。是国民之感情，乃至不可捉摸也。且发表国民之感情者，其机关决不为完全，而强横者二三人，复从而垄断法权，形成今制。舍律而言理，是又安足为训。虽然，凡革命甫成，最强者决为最少数，国中善良分子，不能应时尽呈露于议政机关，乃事势不得不然，非吾国独有之现象也。是所发表者，果得称为国民之感情与否，本未易言，然则国民之感情何在，且当从事确定者也。至言现时特别之政情，则内阁制属于已成之局，议员之躁妄者，不必解责任之意，惟日谋所以课责任之道，叫嚣之声，不绝于耳，意谓中国可亡，而彼所了解之内阁制，神圣必不可废。同时政府厄于此种政制之下，日且伺议员喜怒之不暇，集中统一之政策，无由一气呵成。论者至以此厌薄法制，而为之总统者，复负其雄才大略，不肯多降心于议会。长此以往，冲突必屡起，总统之雄心，似终不随议员之哄声以去。是在一方，内阁制必行，在他一方，内阁制必不行[①]，此

　　[①]　此言不行者，乃指精神上不行也。国有雄才大略之元首，内阁制必不行。即或行之，亦在形式而不在精神也。美利坚不采内阁制，虽由于笃信三权分立之说，而华盛顿之伟略，亦实足以制之不生。观于法兰西总统戴冶，设辞排除总理，益可见其故也。

并为现时政情所表示者也。是言政治现象，尚须费绝精之衡鉴力，熟权二者，视谁方之质重，始得以谁方为择定政制之标准焉。

记者前周又言之矣，政府①之责任，如何课之，亦讨论变更政制之要点。今暂舍前举两项②，而就此项申论之。

行政部之责任，在内阁制，则由议会课之。易词言之，则行政部如有过失，议会有权纠问，甚者投不信任票以倾之，此票如得通过，行政部不得不辞职是也。③ 在总统制，则由人民课之，与议会无关。易词言之，国务员视为总统之私人，黜陟举无与于议会。国务员所为事，皆承总统之意旨，责任悉由总统负之，而总统在任期以内，即有失政，议会无法以干涉之。总统一意孤行，其所冒唯一之险，则任期满时，人民不复信用而为投连任之票而已。是总统之责任，仅于改选时课之，故曰人民课之，与议员无关也。

凡此乃指议会对于行政部之作用言也，反之行政部对于议会之作用，亦因政制而各有不同。盖行内阁制之国，行政、立法两部，相倚为命，内阁诚可为议会不信任票所倾，而内阁亦可挟元首之令，以时解散议会。解散议会者，乃起于议会谋推倒行政部，行政部自信其政策之良，可以质之国民，乃宣言议员仅蒙国民代表之皮，不足以发其真意，因以却还选举区，而质问选民，是否以此种人代表其意者也。行政部拥此权利，遂能使议会与人民之思潮，时得其平，议员重违人民之意，不敢放肆。④ 人民以此不生误解，扰乱秩序之运动，可以无有。此内阁制之伸缩处也。其所以有此伸缩力者，则在内阁先自以其命运，纳之于议会，然后从而操纵之。由是以知，总统制之国，其内阁决不具有此种伸缩力，何也？以其行政部虽立于立法部，两两无关，行政部有失，且非立法部所能纠绳也。行政部之所为，既非立法部所能过问，立法部之所为，当然不为行政部所控制。代表民意之机关，既不能责难政府，则此机关果得代表民意与否，自非政府之所能置喙。质而言之，议会既无法推倒内阁，政府即不能解散议会也。且前言之矣，解散议会权者，即由议会推倒内阁而起者也，今议会既无法推倒内阁，则因之不存，果于何

---

① 此政府专指行政部言。

② 即国民感情及政治现象二项。

③ 此所谓责任，乃专指政治上之责任。至行政部法律上之责任，此无论内阁制总统制，议会皆同课之。故弹劾之文，亦见于美利坚之宪法也。

④ 如前次张、方案起，鄂议员之所主张，大反鄂人之公意，鄂人致发公电以责之，可见议会与人民隔阂之一斑。

有？是政府之有议会解散权，与言不能，宁曰不必。美利坚之宪法，不载解散康格雷之文，职是故也。

由是观之，国采内阁制，政府可以解散议会；国采总统制，政府则不能解散议会，而亦不必解散议会。理论最确，无可疑也。乃吾国号称采用内阁制，而《临时约法》，竟如美利坚之宪法，不载总统解散参议院之权，此既不合于法，复不合于美，折衷为制，亦不见有理论之根据，草《约法》者之无识，于兹为最。往事且不论矣，今之言宪法者，于加载此条，类无不同意，而同意矣，颇似以为政制无论为美为法，皆当如此。此则亟须剖辨，而本论之所以不可已也。

更申言之，谈内阁制者，主张总统必有解散议会之权。此诚然矣。今之论锋，稍稍由法而移于美，而美制则实为吾指明议会解散权之无根，于是前此问题，分为两式：

（一）吾国采内阁制宜乎？抑总统制宜乎？

（二）总统果当有议会解散权乎？抑不当有乎？今则并为一式，即：

吾国采内阁制，总统因有议会解散权宜乎？抑采总统制，总统因无议会解散权宜乎？

讨论政制者，其于此加之意焉可。

原载《独立周报》第 1 期（1912 年 9 月 22 日）。

主权与统治权

《临时约法》第二条，言中华民国之主权，属之人民。第四条复言中华民国，以参议院、临时大总统、国务员、法院行使其统治权。是主权与统治权者，是否即为一物，于斯实起一大疑问。姑无论草《约法》者之用意如何，而当世之混用此二语者，确乎不少。记者前作《约法与统治权》一文，迎新术语之潮流，推言二语乃同出于英语之萨威棱帖（Sovereignty），因以评骘《约法》第二第四两条之无当，而《时事新报》之老圃君，《民立报》之重民君，颇起而纠正记者之失。此记者最幸之事，惟二君之所言，终与记者所见，未尽吻合。窃本孔氏盍各之义，再出己见，以就正于两君焉。

记者持论，以世俗所用之主权、统治权两语，其意义纯乎无别，而老圃、重民两君，则以为有鸿沟之可寻，是讨论二者之区别安在，乃本文之要义也。

老圃君之言曰：

> 主权者，国家最高之权力，不受他力之羁束者也。统治权则不必尽为最高权，在统一之国，统治权之上，更无所谓统治权，则统治权即等于最高权。然如德、美联邦国，奥匈双立君主国，及往者瑞典脑威等国，则每州每邦，既有每州每邦之统治权；而每州每邦之上，更有中央政府之统治权。则各州各邦之统治权，即不得为最高权，故所谓最高云云，固非统治权之要素，易言之，即无主权之国，亦不妨有统治权。盖无主权之国，其为国则一，特不能谓之独立国耳。此统治权与主权之区别也。

记者读老圃君此文，有不得不假定者一事，即文中所谓国家最高权，乃英语萨威棱帖之定义也。果尔则与记者以主权为萨威棱帖无忤。

而统治权者，如在统一之国，老圃君谓即等于国家最高权，果尔则以统一国为范围，与记者以统治权为萨威棱帖亦无忤。苟仅以此点为衡，老圃君实助记者以核论《约法》之不当也。盖吾国统一国也，主权与统治权，在他国容有区别，而在吾国则不当有。何也？吾统治权之上更无所谓统治权也。信如斯言，则统一国之《约法》，歧主权与统治权为二，徒予解释者以困难，不谓为无意识，不可得也。

今且进论老圃君所谓非统一国之统治权。此种非统一国，以德、美联邦为好例，此既有各邦之统治权，复有中央政府之统治权，故君谓统治权实未尝含有最高权之意。记者于此，请问是种统治权，在英、德语果为何名？以谫陋揣之，将仍不出萨威棱帖一字，特对于此字之观念有不同耳。盖各邦既各有统治权，而其统治权又非最高权，则觅之欧文，其相当之语，当是"半萨威棱帖"①。半萨威棱帖云者，特体察萨威棱帖之眼光不同，而加以两种之解释，非能于萨威棱帖之外，别造一物，而求与之分道扬镳也。十九世纪初期，美之法家师铎立释萨威棱帖曰："萨威棱帖一字，有两种用法，以广义言，此诚为最高绝对无限之权力。易词言之，即为绝对统治之权利。以狭义言，此实依其邦或国之实在组织，而指一定范围以内某种机关所行之权力，不受限制。"此言实为老圃君之说写照也。夫曰一定范围，则萨威棱帖之不完全可知，是即老圃君之第二统治权也，亦即半萨威棱帖也。然则老圃君所作主权与统治权之别，在统一国一方已全无区别之可言，在非统一国一方，而其区别仅在论者观念之不同，而非实质之有异。是老圃君之所争得者一"半"字而已，所谓主权与统治权之别，亦萨威棱帖与半萨威棱帖之别而已。而半萨威棱帖者，译作半统治权可，译作半主权亦无不可，且此语用之国际法，与言半统治权国，宁言半主权国。是主权与统治权，在译语上又信乎其无择也。况乎老圃君所作统治权之界说，曰："统治权者，乃国家对于国民可用命令强制之权，而其权之性质，则单一而不可分者也"。以记者之愚观之，又明明一主权之界说乎。

至老圃君所主张半萨威棱帖之说，于法理有当与否，亦最有趣之问题也。按半萨威棱帖之说，创于德之法家马瑟，是语之出世，实在千七百七十八年，其适用处，即在德意志各邦公法上关系。十九世纪，乃寖用于国际法焉。当今英伦大国际法家魏斯吕克，犹持萨威棱帖可分之

---

① Semi-sovereignty.

说。而同时比利时大家李斯，则曰萨威棱帖者，不可分者也。萨威棱帖之概念，实为绝对无限之权力，半萨威棱帖云者，字面上已自相矛盾，乃无理之杜撰语也。李斯此言，实足以代表当世法坛有力之论。吾知老圃将曰："吾固主张统治权不可分割者也，吾特谓德、美诸邦各有统治权，而不为最高权已耳。此岂即为分割统治权也？"欲答此问，一转语即得。盖谓诸邦各有统治权，而不为最高权，反面即谓中央政府有统治权，而不为最高权，是将统治权分寄于中央与各邦，而为持联邦说者最易蹈之误解。老圃君既反对分割说，而又主张各邦皆有统治权，两说以何法相通，尚非记者所能解也。郭丰者，十九世纪美利坚之政雄也。其言曰："剖分萨威棱帖，在逻辑为不可能，在字义为以矛攻盾……剖分云者，直不啻绝灭之也。盖萨威棱帖，可有可无，有则必为一。有与无也，两言决耳。谓以半萨威棱①之诸邦，半萨威棱之政府，结为一国，此理想不可通之政治结集也。"郭氏政论，颇流于偏宕，而斯言则信乎不可易矣。老圃君一面赞同郭氏，一面作主权与统治权之别，其结果竟至分割萨威棱帖，为郭氏所讥，记者甚望老圃君有以完其说也。

老圃君之说，既未餍人意，而重民君所言，亦觉纷纠难解，此诚不得不再请益也。重民君曰，统治权在德文为 Herrschaftsrecht，权利之谓，非权力也。又曰，萨威棱帖者，至尊无上之谓，乃国家权力所不可缺之性质，非权利亦非权力，此其所以别于统治权也。②虽然，以记者所闻，则不必然。耶力芮克者，重民君尊重其说者也。耶氏所作公权论，即有时以统治权为权利，亦有时以统治权为权力。盖重民君之以统治权为权利者，实以德文统治权之字末，结以 Recht，则倘字末不结 Recht 而结以 gewalt，以重民君之逻辑绳之，其为言权力无疑。而耶氏之书，实 Herrschafts-gewalt 与 Herrschaftsrecht 并用，是重民君权利权力之标准，恐不必为铁案不可移也。至萨威棱帖非权利亦非权力之说，记者亦未能深信。伯伦知理者，言国家学者之中枢也，其所作萨威棱帖之定义曰："国家者以国家权力范成之人格也。③此种权力，从其

---

① 见鄙著《约法与统治权》。

② 最怪者重民君名为作主权与统治权之区别，通篇未尝主权为何物。萨威棱帖彼既以为不得译作主权，而主权在英德文果为何字，乃未提及。今以其篇曾以萨威棱帖与统治权对论，故引为论据。

③ 国家（State）者，即国家权力（National power）也。国家权力乃其用，国家乃其体。自其流性观之，为国家权力，自其凝性观之，则为国家。故国家者，实以国家权力，范成之一理想人形也。

最高之品位及最大之强制性着想，乃号曰萨威棱帖。"由伯氏之言，是萨威棱帖，乃权力也。柏哲士曰："国家必有强迫人民使违反其本意之权力，苟无此权力，是谓无政府。夫此强制人服从与惩罚人不服从之权力，即谓之萨威棱帖，或原于萨威棱帖。"由柏氏之言是萨威棱帖，亦权力也。前举师铎立之言，谓萨威棱帖为最高绝对无限之权力。易词言之，即为绝对统治之权利。① 是萨威棱帖为权力，亦为权利也。魏斯吕克曰："国家享有两种权利，一为财产上之权利，国家得私有财产，一如个人；一为处分财产之权利，凡私人所有财产，如在其国境以内，国家皆得有权处分之，与以相当赔偿与否，在所不计。此种权利，即谓之萨威棱帖。"② 由魏氏之言，是萨威棱帖为权利也。伯伦知理又曰："萨威棱帖者，总权利之谓也。"由伯氏之言，是萨威棱帖亦为权利也。间尝论之，凡一物有体亦有用，非权利则萨威棱帖无其体，非权力则萨威棱帖无其用，故权利与权力者，乃萨威棱帖之两甄诺斯，可以各随作者之意，分纳其下。至萨威棱帖至尊无上之品性，则其自然含义，不待列之普通定义之中，可以执理推出者也。此在逻辑，为波罗普利安。以波罗普利安诘物，自不失为一种界说，然其重要，则远逊于立于甄诺斯之下者。重民君泥于至尊无上之说，取波罗普利安，而排除甄诺斯，殊未敢以为法也。

然重民君深于德文者也，其解释萨威棱帖之态度，必自精研德文而来。盖萨威棱帖，在德语实无相当之字，犹之重民君谓德文之统治权，在英、法文无相当之字也。萨威棱帖之理想，中古以还，始于法而流于英，德人初未之审也。德字之与此近者曰 Obergewalt，而萨威棱帖之言力，乃贯彻内外，Obergewalt 则指内而不及外。Staatshoheit 似亦可用，而只示品位，未言权力。至 Staatsgewalt 一字，则又表权力而略品位，以是德文中殆无一字可以恰当萨威棱帖，而惟有骈两字 Staatshoheit 及 Staatsgewalt 以译之，此伯伦知理之所言也。重民君专以品位诘萨威棱帖，其心目中必仅浮一 Staatshoheit 之影，而未晤英语法语中之萨威棱帖，固兼权力品位二者而有之也。虽然，重民君之言主权与统治权之别，虽全然抛掷主权未问，论态绝奇，而于统治权，则较老圃君，为多一概念。盖老圃君所谓统治权，即等于主权或半主权，而重民君所

---

① 见所著《宪法解释论》。
② 见所著《国际公法》。

谓统治权，乃德语之 Herrschaftsrecht，与英语之 Sovereignty，究有殊也，然重民君之成功，终只一半。盖彼分统治权为两种，一为固有之统治权，一为非固有之统治权[1]，而未晓所谓固有之统治权，即等于萨威棱帖，乃犹之老圃君所谓无限之统治权，等于萨威棱帖也，此其说非记者之私言也。耶力芮克之言曰："以法学上之观念言之，国家者基于领土而组织之共同体，有统一继续确定之目的，而为法学上之一人格者也。以其为国家也，兹人格者，不可不有固有之统治权，换言之，即统治之时，在法律上不可独立。盖国家者，乃拥有最高权[2]，决不服高出于己之威力，一切以自己固有之意思确定，而负担其义务者也。是故有最高权之国家不立于有较高独立意思之组织下。"由耶氏之言推之，则固有之统治权者，即最高权也。最高权，老圃君谓之主权，重民君虽不尽同意，而为术语所困，当亦不得不承认也。是重民君所谓统治权，一半实与主权合体，而余一半者，老圃君谓之有限之统治权，仍与主权字面相混，重民君谓之非固有之统治权，而字面能与主权不同；故曰重民君较老圃君多一概念，然此概念，与本问题固无涉也。

议论既累幅矣，用意究安在乎？记者以为主权与统治权二者，实无法使之截然离立。持论者因得一定不移之观念：盖德语之Herrschaftsrecht，英译为 right to rule or govern，其意乃与萨威棱帖相通。前举师铎立之言曰，萨威棱帖者，绝对统治之权利也，其原文为by sovereignty is meant the jus summi imperii, the absolute right to govern. 是其所异者：特萨威棱帖含有绝对之意，而 Herrschaftsrecht则否耳。惟其然也，仅言统治权，其意绝不明了。欲明了之，非如老圃君之加以有限无限之形容词，重民君之加以固有非固有之形容词不可。今为问《约法》第四条之所谓统治权，有限乎？抑无限乎？固有乎？非固有乎？依老圃君言，统一国之统治权，固无限也，而吾为统一国，则统治权当然无限也，是即主权也。依重民君言，"固有为国家统治权之特性……城乡市镇，有统治权而无固有之特性"，则《约法》所载，一望而知为国家统治权，非指地方统治权，则其统治权，当然含有固有之性质，是即主权也。老圃、重民两君，尽能于主权与统治权之别，辨析毫厘；在《约法》上之主权与统治权，即老圃、重民两君之说求之，尚

---

[1] 重民君此别，乃祖述耶力芮克之说，盖耶氏最严此别者也。

[2] Souveran.

未见有异点可指也。故前并曰，重民君即于统治权多一概念，与本问题无涉也，要之记者前论，合主权与统治权而一之，特因世俗而混称，就言主权者与之言主权，言统治权者与之言统治权耳，本非有所主张也。此文亦终出其所疑，质之两君，以待其解答，两君倘亦有以餍吾意乎。

原载《独立周报》第 3 期（1912 年 10 月 6 日）。

主权无限说

记者前作《约法与统治权》一文，颇主张主权无限说。《民立报》重民君驳之曰："秋桐君举美儒柏哲士之说，是乃完全承袭十六世纪法儒 Jean Boden 之说。十九世纪以来国家学者，沿用此说者盖鲜，以主权无限制说，不适用于近世国家故也。"此所须辩论之力至多，亦且略与重民君商榷之。

记者前所引柏氏之说曰："萨威棱帖者，乃加之国内人民及各种机关最初绝对无限及普及之权力也。"此语实以诂萨威棱帖，而萨威棱帖，从重民君之说，不得译作主权。[①] 今重民君又以攻主权无限说者攻记者，不审此处所谓主权，是否即萨威棱帖，记者不解重民君之逻辑，无从判断。今且假定为同一之语，以资讨论。

重民君鄙夷柏氏，以为承袭法儒薄丁之旧，此不知柏氏者之言也。十六世纪，在法兰西，实为君权最高时代，萨威棱帖之理想，乃应此现象而生，薄丁际此，倡为国权无对永久之说。Puissance absolue et per-petuelle d'une republique. 虽不言君而言国，而所谓国者，其观念绝不明了。此观念者，后经数世纪，国家学者仍未能予以无翳之界说。至柏哲士，而国家与政府之别乃大明。柏氏所贡于政治学者，此点实一空前哲之理障。居今日而言国法，不明注意于此，而漫以十六世纪之理想抹煞之，此重民君之偶尔疏漏处也。夫驳主权无限者，莫著于伯伦知理。其言曰："萨威棱帖，对于他国之治权而独立者也。然此种独立性，乃相对的而非绝对的。盖国际法总各国而钳束之，当然与萨威棱帖相冲突，犹之宪法制限公权之行使，与萨威棱帖有时不相容也。"柏哲士驳

---

① 君文谓萨威棱帖作主权为谬妄。

之曰："谓萨威棱帖为国际法所限，则倘有犯国家之威信，而援国际法以自解者，其解释国际法者谁乎？谓不求之国家之自身得乎？……夫一国有一国之自觉力，国际法者，固本世界之自觉力以对抗一国者也。于是国际法中规定自觉力之法条，常较规定一国者宽，此点吾见之甚明。然吾人当知若而法者，苟国家不认为有效，即无所谓法也。"柏氏此段，乃以详释自限①一语，其言曰："权力如为物所限，不能为萨威棱，必加限于物者，始为萨威棱。易词言之，吾人若不得无限或仅自限之权，不得谓达于萨威棱帖。"所谓自限者，犹言限物也。盖己亦物也，是萨威棱帖始终限物，而不为物限者也，故曰无限也。至举宪法上之拘束，以为主权无限之说病，为问先有宪法而后有国家乎？抑先有国家而后有宪法乎？由柏氏之言观之，则国家者创造宪法者也，国家非为宪法所造也。宪法之所造者，乃政府也，非国家也。由是宪法之所能规定者，政府之组织，非国家之组织也。国家自国家，政府自政府，二者决不可混而一之。伯伦知理所谓宪法制限公权之行使，与萨威棱帖不相容，即国家与政府之概念未清也。此其故柏氏尝慨乎言之曰："以予思之，论者之终致疑于萨威棱帖之原理者，以其不甚了然于国家与政府之别也，彼等曾见政府拥有无限之权，人民当受同一之侵害，欧洲大陆之作者类怀此见，而德意志作者为尤甚。盖欧陆所有国家，悉组织于政府以内，彼辈仅见此种组织，故思想力量亦甚高，而终为物质界之现象所欺，不能自拔。至若美利坚，则解决本问题，占有绝大之利益。盖美之政府，非国家之最高机关，立于政府之后有宪法，立于宪法之后，有最初萨威棱之国家，是政府与国家，吾人已得实质上之区别。吾人若以数分钟排除欧陆之政象，至于净尽，而起吾独立之想象，则于此别可以得一严明斩截之观念，此公法之所以独发达于美洲者，正以有此机会也。"由斯言观之，可以明主权无限说不甚有力于欧陆之故。德儒如重民君所举拉庞德及耶力芮克之流，固柏氏称为了解国家较胜前哲者也，而终为现象所梏，不能为独立之论。今吾初经革命，有绝大之机会，判分国家政府为二，两两组织，如美利坚焉，为重民君必欲抛弃美儒集成之说，而取厄于帝政之下者以为法，且颂言主权无限说，不适用于近世之国家，卒之所谓不适用者，亦特于帝政之国为然，记者殊未敢以其言为满足也。

---

① Self Limited.

按：老圃、重民两君，近周以来所讨论者，范围颇广。记者就一二点论之，已累篇不能休，以恐为读者所厌恶，暂止于此。余点俟更论之。记者。

原载《独立周报》第 3 期（1912 年 10 月 6 日）。

政　本

　　为政有本，本何在？曰在有容。何谓有容？曰不好同恶异。欲得是说，最宜将当今时局不安人心惶惑之象，爬罗而剔抉之，如剥蕉然，剥至终层，将有见也。

　　往者清鼎既移，党人骤起，其所以用事，束缚驰骤卤莽灭裂之弊，随处皆有。国人乃皇皇然忧，以谓暴民终不足言治，群相结合，肆其抵排。有力者利之，从而构煽，鬼蜮万状，莫可究穷。党人不胜其愤，暴起而蹶，如黔之驴，卒为眈眈者断喉尽肉以去。由今计之，国中不见党人之迹，几一年矣。此其得失功罪，自非今日所能认定，惟前之所衔于党人，而以为暴者，至今宜无有。反之所属望于党人以外，而以为治者，至此宜稍稍见端倪焉。此吾人应有之觉心也，而今何如者？

　　一年以前，似闻人之恒言曰，有强国之宪法，有弱国之宪法，有亡国之宪法。所谓亡国宪法，即指《临时约法》而言。当时四方之所争执者，在总统大权一点。右之者以为总统而有大权，国即强，否则弱且亡。愚为平情论之，谓彼以大权与强国，并作一词，意在权朝至而国将夕治，此亦必无之理想，特曰权者为所以强国必由之道耳。然迩者国会灭，宪法草案消，《约法》之效力久停。今方一如政府之意，以增以削，是元首大权，全然无碍，已非一朝一夕，所谓强国，其效果何如者？虽曰元气过伤，百端待理，期年三月，断难有成。然君子之观国也，不于其治而于其意。一载以还，风声所播，大略可见。今不言效果而言希望，又何如者？且漫云强国，妄人犹病其夸矣，即自保其弱，懦夫且嫌其难。今只求其仅免于亡，止矣尽矣，则又何如者？

　　兴言至此，最易流于悲观，发为过激之论。愚且极力自镇，除客气务尽，而唯质之内籀归纳之方。事实既详，然后著为概说。夫夙昔以为忧者，非外力之深入乎？而今则有加无已也。有加无已，而吾惟解所以媚之。于是媚外之道，亦与之继长而增高。前清之外务部，宜望尘而莫及也。夙昔以为忧者，非财力之困乏乎？而今则有加无已也。有加无已，而吾惟知借债以弥缝之。愈弥缝而愈困乏，愈困乏而愈不得不弥缝。坐是外人益益持吾短长，国款日见押，国产日见消，路矿日见失，甚且土地日见蹙也。夙昔以为忧者，非人民生命财产之危险乎？而今则黄河以南，长江以北，数千里之地，悉蹂躏于豺狼，焚烧淫掠，无所不至。政府倾南北劲旅数万众以合围之，卒莫能克。不仅不能克，时乃兵匪交通，共肆荼毒也。前者南京不毁于所谓乱党，而毁于所谓国军，而今则西北之元元，困于匪而又困于兵也。夙昔以为忧者，非行政不能统一乎？而今则内而部自为政加甚也[1]，外而省自为政加甚也，地方财政之不可理加甚也[2]，人民之感其痛苦又加甚也。夙昔之以为忧者，非革命之子，起自田间，粗鄙近利，不解政治乎？而今则方镇大员，莫或识丁；清流之士，四方屏迹；其他贩夫、走卒、刁生、恶胥、革员、废吏之蝇集蚁附，俨然操几万万人之生命于其手而惟所欲割，其势日进而未有已也。夙昔以为忧者，非天下不定，商工失所乎？而今则"兵乱日闻于郡县，盗贼遍扰于城乡，商贾不行，农机停业"[3]，又烈于前也。而且武夫屠伯、奸绅猾吏，日借法律以为杀人之具。人不自保，何意谋生？因之企业愈停滞，利子愈下落，诚不知伊于胡底也。[4] 夙昔以为忧者，非党祸之烈乎？而今则无京无外，暗斗弥厉。掌政权者非某派不能，掌兵权者非某系莫可；大派之中，又含小派，正系之内，复分旁系；派派相牵，系系相抵。恍若国家可亡，派若系不可乱，见象之恶，又非可以言

---

　　① "一商埠。农商、内务两部，已准自辟商场，财政部以款无所出，饬其暂行停办。一承垦荒地。农商部已颁垦荒条例，奖励佃人垦荒，而财政部饬其照旧章缴款后，方准承垦。一自治机关费。自自治会停办后，其所腾出之款，内务部饬各省另存，储为办理巡警之费，财政部又饬其即日解京备用。"见三月廿二日上海《时事新报》。

　　② 广东兵费之繁，过于胡陈时代，梁启超、梁士诒两君电粤民政长官言之。

　　③ 此《不忍杂志》所以骂倒党人者。

　　④ 康君宝忠有《今日之经济现象》一文，言此甚详。见上海《正谊杂志》二期。

语形容也。① 凡此种种，随笔所之，已至满幅。读者试思之，此其为说，容有未然者乎？

以是之故，社会心理，乃随其人之贤否，心之冷热，力之大小，位之高下，应于时势以呈其印象。分而验之，可得言焉。一派则不贤而得势者也。此将充其欲心与强权之所至，以朘民膏脂而自肥。国家之危亡，彼果知之与否，乃视其不贤之限度以为衡。大凡不贤之尤者，其知之弥真切焉。是故不知者仅以经常之贪量，肆其所图，而知者转以犹太富人之思，坚其倒行逆施之志。一派则贤而依势者也。兹所谓贤，亦有数等。其上自审其政略不能见容，而又不欲遽舍政权，免至时会之来，无能骤进，以故虚与委蛇，俟时而动，此自其光明面言之者也。若黑暗面，则明知天下将乱之机，终不以易其目前荣乐之计。强暴之为，以法律文之；立乎公庭，居然以之指导天下；私居论议，则又抱头太息，痛陈其不得已，以冀收清议于无形。其在习为奸智者流，则又造作语言，抵排异己，回护乱政，矜为通识。举凡贪势近贿纵欲败度一切之计，几无不可张皇粉饰，以号于众。谓从政乱邦，在理宜然，相习成风，了无愧畏。② 一派则不贤而失势者也。此其设心，与不贤得势者，了无以异。今虽失之，而终日蝇营狗苟，正谋所以复之，而倏得倏失，又小人之所恒有也。又一派则贤而无势者也。此其人一旦得势，其行径亦将与前所谓贤者，宜无不同。然以其失意也，所以昏其智者不烈，而夜气之存较多。见夫政治污秽，道德沦丧，外祸环迫，武夫横行，其不持消极

---

① "政界之别，向分新派旧派，又曰袁派非袁派。袁派之中，最要者为北洋派、宪政派。北洋派又分文治、武治二系。武治以冯、段二督为代表；文治派以徐东海、张馨菴、杨杏城兄弟及已故之赵智菴为代表，而杂以李文忠之旧系。宪政系为杨度、曹汝霖、陆徵祥、汪荣宝、章宗祥，加以施愚、顾鳌等。梁士诒非能素有系统者也，实力资望在武治、文治之下，学识在宪政系之下。而至今日，居然独自构成一系，即所谓交通系是也。"语见三月十六日北京《亚细亚报》。

② 此两种人，前者可求之姚姬传《李斯论》，后者可求之欧阳永叔《与高若讷书》。姚之言曰："小人之仕也，无论其学识非也。即有学识甚当，见其君国行事，悖谬无义，疾首频蹙于私家之居，而矜夸导誉于朝廷之上。知其不义而劝为之者，谓天下将谅我之无可奈何于吾君，而不吾罪也。知其将丧国家而为之者，谓当吾身容可以免也。且夫小人虽明知天下将乱，而终不以易目前之富贵，而以富贵之谋，贻天下之乱。固有终身安享荣乐，祸遗后人，而彼宴然无与者矣。"欧之言曰："足下家有老母，身惜官位，惧饥寒而顾利禄，不敢一忤宰相而近刑祸。此庸人之常情，不过作一不才谏官，虽朝廷君子，亦将闵足下之不能，而不责以必能也。今乃不然，反昂然自得，了无愧畏，便毁其贤以为当黜（指范希文贬官事），庶乎饰己不言之过。夫力所不敢为，乃愚者之不逮。以智文其过，此君子之贼也。"愚读二文，至于垂涕泣矣。

之见，以为中国必亡必亡。而已得过且过者，又十无一二也。之四派者，虽不足以尽天下人之心，而以概政治上之人伦，大抵不甚相远。就中不肖而冥顽，全不知国家为何物者不计，只求其有犹太富人之思想以上，则无论贤愚智钝，穷通上下，又有一共通之觉念，主于其中。是何也？即莫明其故，諲諲然常恐天下之久不安，以为变乱之至，无方无时。吾人既求所以治其国而不得，其次之所当为者，亦惟全吾躯，保吾妻子，艳吾姬妾，华吾舆马，乐吾樗蒲，纵吾酒食，并充其力之所能至，以攫其报所万不应得之财，预为亡国后之生活计而已也。

夫至全国人举为亡国之预备，是其国有亡征，无可疑也。所谓亡征者何也？亦如前言，外患益益迫，财政益益穷，盗贼益益横行，地方政治益益紊乱，工商业益益衰败，官僚私斗益益急激是已。夫国之盛衰，古今时有，转危为安，例亦不鲜。如是种种，竟酿成国亡无日之通感焉。抑又何也？此童子可得而答曰，为国如为医然，得其方则治，否则亡。今兹国有亡声，必也未得其方也。惟治道百端，规缕莫尽，所谓方者，又何方也？自愚观之，为政在人，人存而政即举。政治之得失，无不视人才之得失为比例差，故政治为枝叶，而人才始为本根。今曰为政未得其方，亦以用才未得其方一语概之足矣。

愚今言用才。所谓用者，易生误解，今请以说明之。用人曰用，自用亦曰用。天之生才，而适有相当之职分以发展之，举曰用。用才云者，乃尽天下之才，随其偏正高下所宜，无不各如其量以献于国，非必一人居高临下以黜陟之也。人恒曰，吾国人才消乏。是则然矣。然愚谓苟悉其消乏之量，以致于用，国事断非不可为，此本论之前题也。昔者英儒穆勒，尝以人才譬之货栈，必使一国之才，尽趋于栈，则栈力厚，否则贫。意谓国有一分之才，即当使之自觅其途，以入于政，而政始良也。此在人才最富之英伦，其学者犹以为言，才难之国如吾，又焉待论？夫吾国史家，最恶奸妄，而奸妄之著，首在蔽贤。反之君子登朝，其所急务，乃在进贤而退不肖。而贤才之一进一退，恒不必有时地之不同，往往今日权奸当国而群贤退，明日儒臣在位而群贤复进。人才不出此数，而一为翻覆，政之清浊形焉。是可知用才不得其方云者，易词言之，人才不得所之谓也。

不得所有二象：一用事者失其才，一不用事者失其才。用事者之才，其义古；不用事者之才，其义今。用事者之才，譬之于人为魄；不用事者之才，譬之于人为魂。用事者云云，意至明了，无待申说。① 不用事者，首推议会。议会者以监督行政为务。监督行政，虽不与于行政之事，而政府以此无敢失职，其有功于政治，与用事者固无殊也。故两部者，有若辅车，相依为命，一部丧其德，病在麻木，两部丧其德，立得死亡。今吾人日闻呻吟之声，其或将至死亡之候乎？然前言之矣。无才云者，乃比较之词，非绝对之义。一国之才不足治一国之事者，世固有之，而吾尚不欲以此自咒，惟语有之。绳之绝也，必有绝处。吾今困顿至此，其受病处究安在乎？愚尝为彷徨而求之，得四字焉，曰好同恶异。

好同恶异者，披其根而寻之，兽性也。治生物学者，言鸿荒之初，万物俱生，以同残异，渐遗今数，故生物争存，律曰同化。读者亦知前此张勋纵兵南京，今者白狼横行西北，遇物辄掠，遇屋辄焚，遇女辄淫，遇人辄创，千年以前，欧洲异族相残之所不忍者，而吾之兵若匪悍然为之。是何故耶？此无他，好同而恶异也。恶人之财产身分，不与己同，必毁灭之，使尽同于己而后快也。此以知吾之野性，至今未除。显之则用于兵戈，隐之则施之政治学术，而数千年治乱循环，社会机能，卒无一日可以发达如欧美今日者，皆为此野性所缚之故，读者其勿骇吾言也。前世纪中叶，英儒梅因以研求古法有重名，曾谓印度未逾宗法社会一步，而吾国刚逾一步，遂乃永远不进，因断定"社会沉滞不动，本人种之通则，而奋发前迈，乃其例外"。② 夫通则者何？同也。例外者何？异也。社会化同以迎异则进，克异以存同则退。是故哥白尼之言天，奈端之言动，达尔文之言天演，欧人迎之，遂成为新旧世界相嬗之枢机。当时立说之不合于群众心理，殆过于为我无君兼爱无父之说。倘

---

① 前岁愚倡为毁党之说，理由多端，而有一节曰："……盖若而国者，智识既然贫，而所需之智识，其量乃与他国相等。且在草创时代，或较他守成国，又有过之。是其唯一办法，则萃集全国聪明才力之总量，悉加力于政治，不一投之闲散而已。夫以现有之量，与所需之量相较，此差即行，国事尚虞丛脞，况其现有之量而分之乎？必欲分之，分者将各成不具之体。既不具矣，而用事之机关，形式必备。一方用智之量以灭，一方阗茸之量以增，国事尚可问哉！前清季年，政治腐败之总因，在用人不当。则革命后吾人以为殷鉴，不可不办到之第一事，则本国仅有之才能，大者大用，小者小用，各得其逻辑上之位置以发挥之。而政党者，其作用首将国内之人才，厘为数体，各党皆以不具为病。且一党视他党之人物，恒不适如其分以相与。本党之驾驭，在党首之眼光，其价值有逾他党之上乘。苟一党用事，国家即托之不具之体，而一部分之才智，乃见摈斥。其缘此不具之体以攀升者，不具又加甚焉。如此国政又安能举？"见为程都督德全所作《政见商榷会宣言书》。

② Maine, Ancient Law, 二八页，一九〇九年本。

欧人视若洪水猛兽，亦如吾之所以排杨墨者而排之，则欧洲之文化，至今无过于吾可也。间尝论之，吾之学术，莫盛于周末，西方几何逻辑以及其他物质之学，为诸子发其萌芽者，不少概见。苟能适如原量，布于人寰，善用其攻乎异端斯害也已之术，不以利禄之途，迫人尊孔，则以吾东方神明之胄，推导籀证，至于二千余年之久，而不群制高华，国力膨胀，与今日欧美诸邦，齐驱而并进焉，愚未敢信也。而不幸苟简之思，单一之性，牢固而不可破，遂至凌夷至今，莫可救药。推原其朔，则此种苟简之思，单一之性，乃自原始社会迤演递嬗而来。无他，好同恶异之野性也。

其在政治，尤有甚焉。专制者何？强人之同于己也。人莫不欲人之同于己，即莫不乐专制。① 故专制者，兽欲也。遏此兽欲，使不得充其量，以为害于人群，必赖有他力以抗之。其在君主独裁之国，抗之以变，则为革命；抗之以常，则为立宪；抗之于无可抗，则为谏诤。由三代以迄前清，立宪之议，非吾所有，有之亦惟革命与谏诤已矣。欧人之言革命者，咸信革命一度，人民之政治力，必增一度。卢梭之流，信之尤笃。而吾乃不然。吾历史上之革命，非能有良政略，必搭其恶者而代之；非能创一主义，必出其无者而以行之。徒以暴政之所驱，饥寒之所迫，甚且阴谋僭志之所诱，遂出于斩木揭竿之举，以遂其称王称帝之谋。其成也，彼乃复为专制如故；不成则前之专制者，又特加甚。首难者死，余戢戢如犬羊，伏不敢动，惟所践踏。举数千年之政争，不出成王败寇一语。其中更无余地，可使心乎政治者，在国法范围之中，从容出其所见，各各相衡，各各相抵，因取其长而致于用，以安其国，以和其人。无他，专制好同之弊中之也。各方意见，既无法自由表示，以施于政事，而于无可如何之中，微有郁而必发之象，则于谏诤见焉。谏诤者亦隐消同势所由生，非专制之所欲也。于是谏诤与专制，其势力相与消长，而吾之学者，每以君能纳谏与否，卜世运之隆污。称美重臣，每曰正色立朝；指斥奸佞，则曰阿谀取容。伊尹、周公，谏其君者，言至深而事至迫，存之于书，以著太甲、成王为贤君，而伊尹、周公为良相。即汉高、唐太，号称英主，亦不能有违于张良、魏征之言。桀、纣、幽厉、始皇之亡，其臣之谏词无见焉，非其史之遗，乃天下不敢言

---

① 孟德斯鸠曰："夫专制之国，其性质恒喜同而恶异。彼以为异者乱之媒也。"见严译《法意》卷二十五十六页。彼虽指宗教言，然专制与喜同相连，到处可通。

而然也。① 夫谏者何？不肯苟同于君之谓也。是故有时天子与宰相相辩可否，天子曰不可，宰相曰可，天子曰然，宰相曰不然。有时谏官与天子争是非，天子曰是，谏官曰非，天子曰必行，谏官曰必不可行。② 甚且槛可以折，麻可以坏，簿卤可以遮，中使可以杀。幸则受者改容而迁善，不幸则施者浴血而陈尸，皆无非一同一异之辩也。其在欧洲，则进而立宪。立宪云者，以法律遏君之欲，使不得为同以乱政也。英伦千二百十五年之《大宪章》，为条六十有三，是乃民与君约，此六十三事者，有如此书，自非然者，尔不得强吾同于尔也。千六百八十九年之《人权宣言书》，两部共为条二十五，是亦民与君约，此二十五事者，有如此书，自非然者，尔不得强吾同于尔也。英人于世界民族中，诚不愧为先觉。彼既认明王权不当绝对，即创为根本大法，使国中贤智，得所准据，以发抒其意气。而若政若法之因仍变化，举在种种意气相剂相质之中。而极端之民政，转得养成于君政之下，且为他共和国所莫能及，非偶然也。今人艳称英之内阁政治矣，亦知此制胡自而生乎？白芝浩者，旷世寡俦之政论家也。尝着眼于巴力门论锋之烈，谓英伦政治，实先天下而以评政为政。其所以致此，则以内阁政治之故。③ 愚谓白氏此言，微有倒果为因之弊。盖必国家先容有反对者之发生，而后有内阁政治，断非异军苍头特起，创造一内阁政治，以期反对者潜滋暗长于其中也。要之英伦政治之成功，其因在反对者之得力，无可疑者。其政府党，在政治用语曰"王之仆"④，在野党曰"王之反对党"⑤，以王为标准而反对之，是以王当天下之冲，与君主不能为恶之原则，不期而相叛。故此语初出，人颇骇之，而英人卒奉为科律，用臻上理。梅依曰："政党之德，首在听反对党之意见流行。"⑥ 穆勒曰："一国之政论，必待异党相督，而后有执中之美。"又曰："二党之为用也，其一之所以宜存，即以其一之有所不及。而其所以利国，即在此相攻而不相得，乃有以制用事者之威力，使之常循理而惺惺。"⑦ 皆此物此志也。

由是观之，好同恶异之为贼于政治，可以明其故矣。今更略而言

---

① 杂采曾子固《书魏郑公传》。

② 杂采欧阳永叔《上范司谏书》。

③ 见本期《白芝浩内阁论》。

④ King's servants.

⑤ King's opposition.

⑥ 忆英儒梅侬 May 所言。仓卒求之梅书，乃失其所。姑志于此，以待后考。

⑦ 严译《群己权界论》六八页。

之。专制之国，君诚至尊，而亦专欲难成，众怒莫犯。其能持盈保泰不致陨越者，亦必首有立朝侃侃之臣，次有敢谏直言之士，以折其同而表其异。以言立宪，则最初严制其君，使不得为同，次由一党代君以执政；而所以摧其同者，亦主于一党，堂堂正正，交绥于议会之中。此外新闻著述，又各以自由而为同异。此所以为政治之大观也。读者明辨乎此，可以进语共和政治矣。

昔者法儒奢吕，著《民政与法兰西》一书[1]，倡言君政、民政之分，不在精神而在形式。英儒梅因和之，称其所言为政治学上一大进步。就此细论，本篇实无余幅，惟愚敢言曰，奢吕之说，实为精确无伦。今依彼立言。共和之与他国体异其形式者，不外元首之不由世袭。元首既不由世袭，则凡历史所传，民之以革命、以立宪、或以谏净，谋制其君之同势者，至此举无有。在法宜若国中各方面之势力，最易寻其逻辑上之途径，充类至尽，以达于政治。而孰知证之事实，竟有大谬不然者。大凡共和之成，每由革命。旧制初覆，首难者即欲出其理想上之组织，施之国家，势将与国中旧有之利益，方方冲突。于斯时也，一国最强之权，握于少数之主动者。彼恒易滥用其权，强人就己。殊不知物之不齐，乃物之情。独裁无上之君，且不能执一以驭万，何况以共和之名相号召乎？其极也，必至反动大起，国本以摇。时则反对中之强者，又每能收拾人心，翻而覆之，一国高权收于其手。以理言之，彼目睹前用事者之失败，宜力反其所为，而急以调和情感为务。而史证相告，则殊未然。彼之逼拶国人，使之附己，较之彼所受于前用事者，必且逾烈。其极也，遇反动而取灭亡，又与前同。如是展转，如环无端。民不堪其扰，国不胜其惫，而人之视共和，遂若蝮蛇之不可近。法兰西革命史，其所以诏吾，以兹为最有益之教训。千八百七十一年所谓第三共和，其不复返于君主，盖亦仅矣。[2] 其所以致此者无他，皆好同恶异之一念误之也。

满清乍倒，愚执笔于上海《民立报》，见夫举国若狂，一往莫复，曾将奢吕梅因之说，反复说明。意在促革命者之注意，使不怀极端之见，视政质为前清所有者，悉毁之而不顾，人物为前清所重者，悉拒之而不接，以致酿成反响，更生政变。由今观之，吾说未尝有力于当时，

---

① Scherer, *La Democratie et la France*.
② 当时议会，君主党实占优势，以各有所拥戴，不肯相下，故迁就共和。

可以想见。虽党人失败，是否全由新旧社会之不兼容，尚待推论，而彼未能注意于利益不同之点，极力为之调融。且挟其成见，出其全力，以强人同己，使天下人才尽出己党而后快。又其中有所谓暴力分子者，全然不负责任，肆口谩骂，用力挤排，语若村姬，行同无赖，因之社会之情以伤，阴谋之局以起，则事实具陈，无可掩也。党人既败，而败之者又惟恐历史其或欺予，谨循前例而加甚焉。宋教仁演说于南中，斥及中央之失政，此在欧洲，特寻常之寻常，而枢要以之通电天下，指为奸国。盗贼乘之，以丧其身，国卒以乱。夫暴徒诚可以除，而议会中反对借款质问俄约之为，既曰议政，亦安能免？而亦称为断送国家，残民以逞，列于文告，声罪致讨。政无古今中外，断未有百贤在位，中无一佞。满清季年，江春霖、胡思敬之流，严劾权贵，扬其直声。而民国三年，民直荡尽，独吾家太炎，一建议屏四凶，则中央钳其自由，举世目为狂易。近且灭议会，禁党派，废自治机关，用纯乎政府系之议员以修订大法。一载以还，清议绝灭，正气销亡，游探满街，道路以目。新闻之中，至数十日不著议论，有亦只谈游观玩好，无关宏旨之事，或则满载陈篇说贴尘羹土饭之文。犹且禁锢记者，颁订条例，既严诽谤，复重检阅，欧洲中古之所未闻，满洲亲贵之所惮发。毁及乡校，智下于子产；禁至腹诽，计踵乎祖龙。自古为同，斯诚观止。则又暴民专制之所不敢为，而今之君子以为安国至计者也。惟防民之口，甚至于防川。其抑之也至，则其暴发也愈烈。望前路之茫茫，曷隐忧其有极！愚书至此，盖已为掷笔三叹，流涕而被面矣。不图为同之弊，乃至于此！

愚之草为此论，非敢有一毫成见也。说者谓国基未稳，民志未安，政府所为，纵越乎常轨以外，而为国家计，似未能责之过苛。是诚然也。盖共和之名，非国莫傅，国如不存，体于何有？是政府所为，苟可以由之而国固，而民安，虽无当于共和之道，吾又何求？无如以愚观之，正如孟氏所言，以若所为，求若所欲，犹缘木而求鱼也。此泛览乎古今治体而可知也。论治之家，所以深恶夫同者，非于同而必有所恶也，恶夫同之不足为治也。苟足为治，则专制政体，至今可留于欧美，彼中人士，决无取流血断胫以求去之。前举穆勒之论二党曰，其一之所以宜存，即以其一之有所不及。此不啻曰异之所以宜存，即以同之有所不及。惟不及云者，人皆以谓同之为物，本质未良。愚则退一步言之，同而失其为同，斯为不及，质之良否，暂不计焉。何以言之？凡为同者，非一手一足之事也。是必托乎朋类，而朋类以恃其为同之故，恒从其意而不从其令。① 语云，其父杀人报仇，其子必且行劫。倡为同者，本不喜法度，则为之子者，宜恶法度也尤甚。至是而欲以令齐之，此必不可得之数。是将有暴戾恣睢，坏法乱纪，而以其为同也，主者莫能问之者矣。夫至国有暴戾恣、睢坏法乱纪者，而莫能问，他非愚所知，以云为同，已不能副其实矣。凡为同者，所隶之人材，必也君子少而小人多。君子之同，盖同其道，小人之同，则同其利。② 同其道者，以同而异，③ 同其利者，以异而同。夫至有小人之异，伏其所以为同，则奸悍倾巧，相贼相害，无所不恣，无所不至。主者将坐视其威福下移，而莫如何。至是能为同者亦罕矣。又凡为同者，其必至之势，首为蒙蔽。故古之善为同者，莫如始皇，而李斯、赵高二竖子耳，足以持而舞之。蒙恬将兵三十万，扶苏以太子之贵，亲监其军，斯、高矫诏杀之，彼乃不敢复请。何也？慑于始皇之同也。赵高陈鹿于廷，强指为马，群臣莫不马之。何也？摄于秦廷之同也。蒙蔽至此，必非为同者之本心矣。由此而言，同且莫达于真同之域，遑问良否？苏子瞻曰："天之亡人国，其祸败必出于智所不及。圣人为天下，不恃智以防乱，恃吾无致乱之道耳。"此诚深通治道之言。所谓恃智，犹言恃同；智有所不及，即同有所不及也。

　　此观于吾之外交而可知也。前清之末，当局无能，识者訾其媚外，攻之特甚，而吾权利之未尽丧于满清之手，未始非舆论之功。又当时封

---

　　① "人臣事君之常情，不从其令而从其意。今朝廷之意，好动而恶静，好同而恶异。指趣所在，谁敢不从。"见苏子瞻《上神宗皇帝书》。

　　② "大凡君子与君子，以同道为朋；小人与小人，以同利为朋。此自然之理也。然臣谓小人无朋，惟君子则有之。其故何哉？小人所好者禄利也，所贪者财货也。当其同利之时，暂相党引以为朋者伪也。及其见利而争先，或利尽而交疏，则反相贼害。虽其兄弟亲戚，不能相保。故臣谓小人无朋。其暂为朋者伪也。"见欧阳永叔《朋党论》。

　　③ "君子和而不同，小人同而不和。和如和羹，同如济水。故孙宝有言，周公大圣，召公大贤，犹不相悦，着于经典，两不相损。晋之王导，可谓元臣，每与客言，举坐称善。而王述不悦，以为人非尧舜，安得每事尽善。导亦敛衽谢之。"见苏子瞻《上神宗书》。又欧阳永叔论杜衍、范仲淹等罢政事状有曰："昔年仲淹，初以忠言谠论闻于中外，天下贤士，争相称慕。当时奸臣诬作朋党，犹难辨明。自近日陛下擢此数人，并在两府，察其临事。可见其不为朋党。盖衍为人清慎，而谨守规矩；仲淹则恢廓自信而不疑，琦则纯信而质直；弼则明敏而果锐。四人为性，既各不同，虽皆归于尽忠，而其所见各异，故于议事，多不相从。至如杜衍欲深罪滕宗谅，仲淹则力争而宽之。仲淹谓契丹必攻河东，请急修边备。富弼料以九事，力言契丹必不来。至如尹洙亦号仲淹之党，及争水洛城事，韩琦则是尹洙而非刘沪，仲淹则是刘沪而非尹洙。此数事尤彰著，陛下素已知者。此四人者，可谓天下至公之贤也。平日间居，则相称美之不暇，为国议事，则公言廷诤而不私。以此而言，臣见衍等真得汉史所谓忠臣，有不和之节。而小人谗为朋党，可谓诬矣。

疆大吏，率多老成，与满廷旨趣，不必划一。每当国有大计，机至迫切，颇能径出所见，慷慨上争，与朝旨忤，所不计也。满洲末运，赖此而维持者不少。庚子之役，刘、张二督之保卫东南。今总统袁公之遮蔽齐鲁，明明与政府立异，而举国食其赐，其大证也。而今又何如矣？愚知外人之敢于要求，远过于前，政府之画诺唯恐或后，亦远过乎前。至舆论何在，则转飘忽一无所闻。夫清政府以铁道国有政策，酿起人民之抗争，以取覆亡。由今思之，国有云者，犹唐虞三代之治耳。乃前则张脉偾兴，今而奄奄欲死，虽曰彼此时有未同，而性与习移，亦不至如此其速！此得毋风尘濒洞之秋，国中有大力者，方负国民而趋，使其耳目无自而彰也耶？夫民气嚣张，诚不可尚，而正当有力之公论，亦大足为国际谈判之后援。政府不知所以用之，而日以抑之为得计，是不谓之政治自杀，焉可得乎？今既议会消矣，新闻死矣，所谓封疆之吏，政府皆视同鹰犬，有事需其口舌，则嗾之言之，又安敢望其抗议？而吾国人无远识，无毅力，薄于爱国心；加以贪鄙近利，敢为小人无忌惮之事。倘外交当局不得其人，全国之生命财产，不难于冥冥之中断送于一二卖完用其人之手，国人至死且莫知其病症。读者其勿以愚言为过激也。国政至专出一门，小人敢于买怨于国人，其术必足以弥缝于首长，同僚知其隐者，其贪势嗜利之心，大抵相同。又各有以关其口而夺之气，事势至此，彼果胡所惮而不为？孙子曰，善用兵者，无赫赫之功。愚为此论，虽逆探未然而以为必然，亦诚不愿不幸而言中。然纵览古今，横观中外，此种倾向，息息而来告，实迫愚不得不表而出之，以警其国人。呜呼！其所以有此倾向者何也？则好同恶异之一念酿之也。

此又观于人心而可知也。昔者国人惟以党人为忧，以为党人不亡，中国即不可治。于是踊跃奋迅，联为一气以排之。愚知赣宁不乱，党人亦将无侧足之地。何也？千人所指，无病而死。一国之人，共厌此物，则其物必无法以自存也。今党人已蔽其辜矣，则国人之所当务，在仍然踊跃奋迅，联为一气，移其对待暴民之心，以整理国事。此应有之心理，亦当然之逻辑也。夫吾夙昔理想中之中华民国，非革命后国人共矢其天良，同排其客气，无新无旧，无高无下，无老无壮，无贤无不肖，悉出其聪明才智之量，投之总货栈，如穆勒所言，以安而邦，以定而法乎？今既不可得，革命党以不胜其排而去矣。然国家者，非革命党之国家也，革命党可去，国家终不可去。虽曰国中一部分之聪明才智，势将随革命党以出吾栈，但若其余者，共矢其天良，同排其客气，如上云云而进行焉，国事亦奚不足为理？无如政象之来，又与吾人以反感也。盖前之排革命党者，乃集合无数互相排之人，群排一共通之大敌。公仇未消，私斗自已，迄大敌去，而其互相排之局立成。数月以来，政情纷扰，大率由此。夫人而至于相排，有天演之公例，运乎其中焉。是乃新进孤立者常去，窃用威福者常留，不然，则前者被吸于后者也。洁廉自好者常去，顽钝无耻者常留，不然，则前者依违于后者也。为政有方者常去，黩货乱政者常留，不然，则前者软化于后者也。而窃用威福、顽钝无耻、黩货乱政者之中，其势力资望，又各有其等差。自兹以往，少窃用威福者常去，尤窃用威福者常留，不然，则前者被吸于后者也。少顽钝无耻者常去，尤顽钝顽无耻者常留，不然，则前者依违于后者也。少黩货乱政者常去，尤黩货乱政者常留，不然，则前者软化于后者也。展转相排，展转相胜，最后而国家赖以支柱者，亦惟此窃用威福、顽钝无耻、黩货乱政醇乎醇者数辈而已。国政既出于彼，彼乃推类引朋，棋布而星罗，四周于天下。其窃用威福顽钝无耻黩货乱政之质，有一不肖己者，则陶而冶之，使之悉合。于是据尽天下之公家机关，以临吾民者，无往而非所谓醇乎醇而已。读者又勿以愚言为滑稽也。以达尔文之说，施之政治，其例未可逃也。至吾国人相排之局，已至何级，尚非吾人所忍细认。其秉国成者，即当目为窃用威福、顽钝无耻、黩货乱政与否，亦属问题。然政之所出，确系数头，余则被吸者、依违者、软化者，与夫为其陶冶者而已，无可疑也。若而辈者，相与为容头过身仰事俯蓄之计，亦食其禄，不忠于事。设官千万，悉同废料。此外之受排者，愤国事之无可为，又多出于消极自暴之想。美人、醇酒、舆服、赌博之好，与日而俱增，纲纪益隳，道德日腐，父兄不能约束其子弟，师长不能导领其生徒。非惟不能，抑又不欲。仿佛已入于日暮途远之境，只得共为其倒行逆施之谋。加以外交无能，利权尽丧，债如山积，而政府舍其饮鸩自杀之图，别无他计。步武埃及，胡以为国？虽至愚者，亦能数日而知死所矣。以是不平之声，满乎天下，亡国之叹，闻于街衢。而又盗贼横行，饥馑荐至；商工废业，物价踊腾；不逞之徒，至死于炮烙；[1] 九空之室，更毁于官兵；新闻指斥武夫，则记者横被桎梏；行军一遇工厂，则佣女悉被奸淫。[2] 触目皆可伤心，无往而非戾气。而党人

---

[1]　各省讯供，闻用烧油香、跪火炼、藤鞭、马棒诸刑，异常残酷。

[2]　《大汉报》记者胡石庵记征狼军之不力，被鄂督段芝贵所逮。龙济光军至乐从，一丝厂工女数百人，尽被淫污。

之远瞷于海外，潜伏于田间，抚髀而太息，乘间而即发者，尚不计焉。以是种种，凡居国中者，终日皇皇，不知祸变将以何时而至。斯诚乱亡之象也。其所以致此者无他，苏子瞻之所谓智勇辩力未得其养也。智勇辩力未得其养，以相排者众也。然相排者，其初又非敢直以己意为之。必其国有可依之法律，有可承之意旨，然后因缘为奸，相与劫持而出于是。是又无他，政治所从出之地，有以好同恶异之术，操纵天下者也。语曰，涓涓不壅，终为江河。不图一术之差，为害竟至于此！

凡右所陈，乃在证明为同之弊。果为同也，有国会不足以为治，无国会亦不足以为治；有《约法》不足以为治，无《约法》亦不足以为治。易而言之，立宪既非所期，专制亦无能为役。其极也，国不能保，民即于死，而己身若子孙，亦或与之俱殉焉。甚矣术之不可不慎也！有疑愚言者曰，国势至此，非人力所可挽回。子言诚是，然悉如子意而矫其弊，吾亦未见其可。愚曰，不然。盖国势至此者，必有所以致之者也。苟吾一旦见其真因而芟夷之，则其目前之效，纵不能挽现状而进于良，亦必能障之使不更趋于恶。于是集天下之聪明才力，大公而至正，戮力而同心，以谋所以救弊而补偏焉。谓国事终无可为，未必然也。盖国中无一有大力者，欲以其术一天下。因举天下之人才而钳束之，困毁之，则贤者无同流合污之嫌，而用其愧怍，智者无逢君张宠之目，而劳其粉饰。凡所谓才，必能自觅其经常正当之径途，以入乎政事。向之新进孤立者，洁廉自好者，为政有方者，将不至受人之排以去。且君子小人之道，互为消长者也。国中多一分正气，即少一分邪气。此种端方廉直之士，既有自由发展之地，则窃用威福、顽钝无耻、黩货乱政者，亦将不至敢行无度，而绝无所顾忌。且人之欲善，谁不如我？彼之不逊而好利，固非自有生而然也。苟政治清明，无所容其贪诈，自暴之心既除，立功之意自正。则因材器使，功绩或较小廉曲谨者为尤多。语云，蓬生麻中，不扶自直，是之谓也。[①] 至如被吸者、依违者、软化者、为其陶冶者，本多饱于经验长于技术之徒，前之隐忍而不即去，无非屈交游服食之所自出，不得已而为之，非所欲也；则一转瞬间，去其不得已者，而为其所欲为者。是能吏万千，亦待即其地而求之耳。人才既回复其本能，第二要着，乃在假以相当之位置，使之发挥以至于最大限度。

---

① 当蔡先生元培，以南京使命入京，与唐绍仪、汪兆铭、宋教仁、李煜瀛诸君，在舟中发起六不会。同时汪、李又与吴敬恒、张继两君，在上海发起进德会。当时社会，颇有从风而靡之势。民国之朝气，惟于是时见之。可见矫正弊风，正非无法。

于是若者居政府，若者在议会，若者为新闻，若者办学校，有一分之才，务得一分之用，毋投间，毋猎进，用为所学，学为所用。① 于是天下之智勇辩力，各得其所，太息之声，不闻于陇畔，责任之重，尽肩于匹夫。至是而外人不加敬，权利不可复，民间不知义，国债不可募，工商不知劝，实业不可兴，生徒不知奋，教育不可期，愚不信也！愚不信也！！然何以致此？曰国人悉除其好同恶异之见则致此。读者或终疑愚言过于迂阔，当世之人，不必能行，则愚亦谨藏以有待。黄梨洲所谓如箕子之见访，或庶几焉。愚诚无似，亦妄希此。君子曰，为政有本，不好同恶异。斯诚政之本矣，因论政本。

原载《甲寅杂志》第 1 卷第 1 号（1914 年 5 月 10 日）。

---

① 梁任公先生归国以来，颇感人才之不经济。其言有与愚说互相发明者，并取证之。其言曰："大抵凡物之在宇宙，各有其功用。而以时间空间配置之得宜，能发挥其功用至最大限度，斯谓之经济。反是则谓之不经济。……吾非敢谓今日全圈之人才，尽投诸不经济之地。然其患此者，已什而八九。即所余一二，亦程度问题耳。以不经济之故，于是举国殆无一人能发挥其良能。其在客观方面，则相消以无用。其在主观方面，亦人人渐自觉其无用。不知天地果何为而生我，而我果持何鹄以生于天地间也。以此言之，人才虽欲不消乏，又安可得？此其故，由社会之形格势禁者半，由个人之自婴狼疾者亦半。个人方面之恶因，宜以个人意力自袯解。社会方面之恶因，宜以多数个人之合成意力共袯解。苟非尔者，恐全国皆骂无用之人，而才不才更于何用？"此数百言者，其面貌以平淡出之，自愚观之，以为梁先生伤心之语矣。夫所谓社会之形格势禁，果何谓也？得毋与愚好同恶异之说有合者耶？梁说见《庸言报》二十五、六期合本。

读严幾道《民约平议》

严几道近作《民约平议》一首，揭于天津《庸言报》①，以痛诋卢梭，大不满意于自由平等之说。其言诚辩，而可以进论之处，究不为少。愚辄忘其无似，而以此篇与商兑焉。惟先有一言以告读者曰，愚非醉心于卢梭之共和说者也。且虑国人过信此物，驰于空想，而因瞒其所以立国之基，恒为称述西哲名言②，谓自专制以至共和，乃有共通要素，非此不足以图存。而立宪之国，民意流通，有时且较之共和，愈形活泼。③ 是故平等自由者，非共和国之特产，而卢梭之所能发明也。此立宪国有之，即专制国亦不能谓其无有。④ 由是吾人之于卢梭，亦证其所持之理为何如耳。理有通于此不通于彼者，吾取此而舍彼，通于彼不通于此，吾取舍则反之，斯为善读古人之书，而不为所苦。初不宜挟一先入之成见，硬坐卢梭之说，邻于虚诞，遂视为洪水猛兽而排之也。即如天赋人权之说，得卢梭而始大张于世，法兰西学者和之，此无足怪也。而德意志法家，亦取其说以为一切法律之基，初不以其为卢梭所倡之故，虑有妨于君主国体，废而不讲，何耶？英吉利之作者亦然，又何耶？苟吾不能字英、德之士为狂易，则必有至理存乎其中矣。夫吾共和国也，而主张一说，必先为之辨曰，此非共和之说也，斯诚可笑。惟今居反动时代，名为共和，一切惟还乎专制是务。于是有无论何国所不能不备之质，而以为貌似共和，不免挟其雷霆万钧之力，以挤而去之者

① 第二十五、六期合本。
② 所谓西哲，如法儒奢吕，英儒梅因皆是。愚作《民立报》时，屡为称述。本期鄙著《政本论》，亦言及之，可以参看。
③ 如英吉利是。英国凸透象之活泼，乃远逾美利坚也。
④ 中国社会，所存自由平等之质本甚多，特其意义不必如西人所云耳。

焉。此愚所为读严先生之论而有感，先表而出之于此。读者必谅斯意，
而后观愚所以驳严先生之言，庶乎能得其平。

严先生之平议，全出于赫胥黎《人类自然等差》一文①，所列"民
约之大经大法"三则，亦即赫氏所举。其比论郝伯思、洛克两家，与夫
诠释自由平等诸议，并皆本之。故对于严说而加驳义，与直造赫室而抗
辩焉，无或异也。夫赫氏为生物专家，近世寡其辈流，岂不可敬？愚学
于沱北淀大校，彼曾领该校总长之职，学风所被，愚亦为私淑者之一
人，岂有菲薄先贤之理。然赫氏毕生精力，用于专科，特以天资妙敏，
文词剽悍，喜以刀圭余暇，纵谈教育社会诸务，揭诸杂志。其文可诵者
固多，而以拘墟于科学之律特甚，扞格不易通，且有时互相抵牾而不自
觉者，亦自不少。是故以言物理，赫氏诚为宗工，以言政理，时乃驰于
异教。术业专攻，势使然也。自有《民约论》以来，论者百家，名文林
立，持说无论正负，要有不尽不竭之观。严先生作为平议，体亦大矣，
乃皆外而不求，略而不论，独取一生物学者之赫胥黎，先入以为之主。
即其平日所最崇信烂习之斯宾塞，徒以为说与赫氏不同，至此亦不欲引
以自广，惟以"治群学者深知其学之不然"一语浑括之焉。② 愚诚顽
钝，乃不得不叩严先生之门而请其说矣。

愚熟观严先生之论，而见其最为惺惑者，则民约之所自起也。其言
曰："草昧之民，其神明既为迷信之所深拘，其形骸又为阴阳之所困厄，
忧疑好杀，家相为仇，是故初民号为最苦。……卢梭之所谓民约，吾不
知约于何世也。"此即生物学家所以窘卢梭者。实则初民相争好杀之相，
郝伯思立说，已想象及之，并非生物学者之所创论。即在吾国，柳子厚
作《封建论》，已能言其梗概，此先郝伯思又近千年矣。惟有当注意者，
则二子之所推论，虽与生物学者，约略相通，而后者以证民约之不可
能，前者则转以为民约之所由始。郝之言曰："民之始犹禽兽也，离群
处独，狞毅犷愚，人以其一而与其群为战。当此之时，其小己之自由固
甚大也，然而弱肉强食，昼夜喘喘，无一息之休居，不得已乃相约为群
焉。"③ 是所谓约，即约于弱肉强食之时也。柳之言曰："彼其初与万物
皆生，草木榛榛，鹿豕狉狉。人不能搏噬，而且无毛羽，莫克自奉自
卫。荀卿有言，必将假物以为用者也。夫假物者必争，争而不已，必就

---

① Huxley, "On the Natural Inequality of Man"，见赫氏文集 *Method and Results*。
② 后幅说明。
③ 此依严译。

其能断曲直者而听命焉。其智而明者，所伏必众。告之以直而不改，必痛之而后畏，由是君长刑政生焉。"兹虽未明言约，而争者皆愿听命于能断曲直者，非有约胡能？是所谓约，即约于假物相争争而不已之时也。卢梭之所言约，质虽不同，而起源大率如是。严先生尝评郝说而以为似矣，顾乃不知卢梭之民约约于何世何耶。

愚知之矣，赫胥黎所刺取于卢梭，而以为大经大法者，其首条曰："民生而自由者也。于其群为平等，而皆善，处于自然，则常如此。①是故自由平等而乐善者，其天赋之权利也。"严先生必视卢言初民之性，与郝伯思有殊，而因未能以郝说概之。殊不知卢梭此段，乃指生民之始，有此一境，而非即据以为民约之动因也。郝、卢之于人性善恶，诚各有其主张，然在逻辑，不得谓发点既违，由是而之焉，必无合辙之处。盖言性为一事，言民约又为一事，未可混也。是故攻卢梭者，以为初民无此境焉。是非暂不论，而要不得谓无的放矢。若夫执是为推，仿佛卢梭曾谓人类自由平等而皆善，因相与为约，造为一理想之社会焉。此攻之者闭门而造之，卢梭未为是言也。不独未为是言，愚尝勤攻而熟考，见其所言，且适得其反也。卢之言曰："自然之境，人求自存。久之而接触日多，随处而见障碍。且障碍之为力，足以直袭其求争之性，使之处于自然，无计自保。苟非别求生存之法则，人类将无孑遗。初民确至此一境而见其然焉，此吾敢断言者也。"② 之数语者，正以说明约之所由生。其所写原始社会之状，衡之郝伯思而同，质之生物学者，亦不必有异。③ 而毁卢梭者辄曰，上古者直一残忍好杀之境也，胡得谓善？而不知残忍好杀，实卢梭业已揣得之见象，笔之于书，与人共见。而人熟视无睹，转执作武器而攻之焉。是诚近于顽童之所为，而通人硕士辄不免焉。何也？无他，感情之所中，成见之所封，不暇深求其书，而以道听途说自满假也。英儒鲍生葵④尝病卢梭之书，为人妄解，为之

---

① 此处当作："处于自然，人口不增，争存不烈，则常如此。"乃无语病，观后自明。

② 见《民约论》一篇四章。

③ 或谓卢梭言初民有善境，生物学家反之。此终是异点。愚曰然。生物学家谓初民无善境。其所以然，则人以相仇而好杀也。其所以相仇而好杀，以人口日多，资生之具，为其分所应有者，日见不足，不得不侵人之分而夺之也。然则人口未繁，资生各足之时，其不至相仇而好杀，可以推见。卢梭之所谓善，亦正于是时云然尔，非至善之谓也。此与生物学者之言，不必有绝对不容之处。

④ Bernard Bosanguet，引语见所著《国家哲理》（*Philosophical Theory of the State*）一四页，据一八九九年本。

言曰："凡伟人之意见一入常人之口，其所留意戒备，视为不可犯者，辄犯之不已，甚且假其名以行焉。"此诚慨乎其言之，而愚以为深中学者之弊也。[①] 是故目论之士，不加深察，以为卢梭曾虚悬人生最初之善境，而因武断其民约说，径由此善境而生，初未经争存互杀之一级，宜乎不知卢梭之所谓约约于何世也。严先生博通西籍，其亦偶为道听途说所蔽也耶！

严先生挤排民约，又发为绝奇可骇之论曰："今如有万分一，一日神州之土地物产，其宜归吾人永保与否，听大会之表决于海牙，异时之事不可知，或乃贸然以吾人为篡。当此之时，公等将俯首帖耳，以为此实民约之至平乎？"是说也，愚以为兼犯二病：一曰遁词，一曰误解。何言乎遁词也？大凡逻辑论法，首严范围。本论之范围，乃国家也，而国家舍民族则无意味。故政家之恒言曰，民族国家。[②] 夫民约者何？约为国家也。约为国家，则断不出乎一民族以外。今吾中国尚不得称为民族建国乎？如其然矣，则如严先生言，为约不为于一国以内，而与他民族共为之，至听海牙大会之表决，岂非怪事？而严先生图逞其词锋，不顾而作此譬，是民约言人与人之事[③]，而严先生以国与国之事诘之。使民约而能言，必不置答。其在逻辑，病曰"逸果伦楷"。逸果伦楷者，犹言忘其论点也。[④] 今且置逻辑不论，从严先生之譬，以为论思，而其所以释民约者，亦属误解。何以言之？夫约此何？卢梭曰：约以意不以力，"屈于力者，乃势之事，非意之事也。"[⑤] 此其定义固甚明。而后之滥言民约者，则为之推广，谓凡两造所立之契，无势无意，皆称为约。赫胥黎者，即其一人也。其言曰[⑥]：

> 民约之理想，虽近于谑，然社会之结构，无论其为何式，而分子之间，或隐或见，实有一种契约存焉，则又事实之不可掩者也。盖社会全以武力维持者，既未曾有，亦不可能。如有人曰，黑奴之

---

① 严先生亦尝举拉哈布 La Harpe 之言曰："甚矣世俗读书之不审。俗尝谓必民主而后有道德，犹之必君主而后有尊荣。此言出于孟德斯鸠，乃相与訾议其不审。不知孟氏原书具在，彼固未尝与此言也。"见严译《法意》三卷三章。

② Nation-State，惟卢梭书中，乃言市府国家 City-State，意义稍别。本文针对严先生之说，就吾国立论，故云。

③ 卢梭严此别。观《民约论》一篇四章自明。

④ ignoration elenchi.

⑤ Ceder a la force est un acte de necessite, non de volonte. 见《民约论》一篇四章。

⑥ 见 Administrative Nihilism 文中。赫氏文集 *Method and Results*。

佣于其主，由约不由力。乍闻之似谬，而究含有真理，无容致疑。其约也，苟表而出之，当如下式：奴，汝为工若干，吾食汝，衣汝，室汝，否则杀汝，鞭汝，虐待汝；奴视其约将无良于此者，乃忍而受之。又余苟遇盗于途，创余立死，夺余货以去。是以力盗余，名实不爽。惟或以枪拟余，命与金惟余所择。余又宁舍金而取命，则余惟有献金于盗，取其约中之轻而能为者为之而已。于斯时也，苟余仍不免为盗所杀，则人得从而断之曰，彼既犯盗与杀，而又取得一违约之罪也。是故专制政府，大都不过综贩奴者与路劫者之行事而集其成。然治者与被治者之间，终含有一种有意识之盟约。自专制以往，政府之式，递进于良，其为有约，更不俟论。夫约者非他，乃两造各就一定之条件，而制限其自由也。路贼舍去杀余之自由，而以余之舍去财产自由为条件。余舍去虐遇黑奴之自由，而以奴之舍去游惰自由为条件。由是可见社会组织，或繁或简，而精神基础，要在所有分子，在某某方面，各抛弃自由权何许，而以与他分子共同生活所得之利益以为偿。质而言之，若而宪法，若而律令，若而风俗，其所以明言默认，某事可为，某事不可为者，无往非成文或不成文之约也。

约既有此广义，人遂以为卢梭所言，即属如是。严先生今以产业见夺于人，吾无力与之相抗，因俯首帖耳，从其条件，疑即卢梭之所谓约，反词以诘之，冀崇拜民约者无敢置对，词穷而去。是殆先熟赫胥黎之论于胸，偶不加察，遂有此蔽也乎？愚今请得更诵卢梭之言曰：约以意不以力，"屈于力者，乃势之事，非意之事也。"必明乎此，而后可与言卢梭。

凡右所陈，意在指明严先生所为，在平反民约之说，而于民之所以为约，与约字之义解，未能求之卢书，细加体会。故虽号曰攻卢，其实于卢无与。今且进辨其所以论卢梭经法者。

赫胥黎举卢梭之原则共三条。第一为天赋人权。其词已前见，不更举。夫卢梭曰，人生而自由者也。此特以示自由之性，出于天生，不出人造已耳。犹心学家之言良知，言直觉，言凤慧，于生育之事无与也。今赫氏攻之曰："吾为医，所见新生之孩为不少矣。累然块肉，非有保赤之勤，为之时有寒饥，历十二时寡不死者。是呱呱者，安得有自由之能力乎？"[1] 是由天生之生，转入生育之生，并为一谈，以欺

───────────

[1] 语依严译。

庸众①，在逻辑论法，谓之"媒语不明"②。不图赫氏大家，而犯此病。
间尝论之，良知之发见，必始自孩提之童，直觉之来，尤无定年。英儒
穆勒号称夙慧，而亦六岁始受计学于其父。如赫氏言，吾人悉以医家之
术，即呱呱堕地之儿，而验其有无，亦俱不外"累然块肉"而已，宁有
他也？今质之严先生，吾人因谓孟轲为邪说，约翰乃痴儿，可乎？愚谓
赫氏拘墟于科学之律特甚此也。

赫氏之论平等，其说从体智身分而入，谓智愚强弱贵贱贫富之不
同，自然而然，无法齐之。其言不为无理。然当知此种不同，卢梭非无
所见，且尝标题著论，说明其所以不同之故矣。③ 然则以此间执卢梭，
宁非无谓之尤？卢梭撰《民约论》，论产业终，结以一语曰："吾今此
语，当用以为群制之本源。是何也？是乃民之初约，在不违反天然平等
之性。④ 而以道德法律之平等，取体质之不平等而代之；以体质之不平
等，乃造物以加于人，无可解免着也。由是民力民智，纵或不齐，而以
有约之故，其在法律，乃享同等之权利。"是则智愚强弱之不一，卢梭
已有说处此。至贵贱贫富之所由异，有时乃属贤愚勤惰之结果，卢梭宁
不知之？故其言曰："以言平等，其慎勿以为若权若富，吾人皆当保持
同等之量。斯语之所谓，不外有权者不当使之为暴，其行权也，务准乎
位，依于法。富者不当使之足以买人，反之贫不当使人不足为存，至于
自鬻。如斯而已。"⑤ 是卢梭所以配置贵贱贫富之道，亦不如俗论所云，
彼于权位财产，必芟夷蕴崇，绝其本根然后快也。呜呼！世人一耳卢梭
之名，几相惊以伯有矣，乃夷考其实，言之平正通达如此，且时时戒人
勿作极端之思焉。宜乎鲍生葵为之太息也。

至卢梭谓人处于自然而善，赫氏以脑浆不结意影，无善不善可言驳
之。此关乎心理、生理两科之斗争，范围至阔，非本篇所能议。即吾国
性善、性恶之辨，亦聚讼至今，迄无定论。惟有可言者，卢梭追想初

---

① 赫氏之诋卢梭，本为护惜资本，冀动佣工之听者，文中自言及之。
② 三段法论，当作（1）人生而自由，（2）婴生儿，（3）故婴儿自由，此得结语不通，
故赫胥黎以证卢说之谬。然须知生字凡两见，谓之媒语。在论法媒语必意义相准，而后结语
不误。今两生字形同而义异，名为一字，实则两字，两字安能作媒语？故曰媒语不明。Am-
biguity of middle term 亦曰四字之误，Fallacy of four terms 以论法只取三词，而今四词故也。
③ 论题为《人类胡为不平等乎？不平等果合于自然法乎？》Quelle est origine de L'
inégalité parmi Les hommes, et si elle est autorisé Par la loi naturelle?
④ 兹所谓天然平等，仅指无特权无高位种种言之，意在消极方面也。
⑤ 《民约论》二章十一节。

民，而字之曰善，特指争存好杀之前一境，犹吾言浑浑噩噩，并非至善之善也。且当知以此掊击卢梭，首当其冲者，实为吾邦之孟轲，又非可滥"以惨刻少恩恣睢暴戾"加之者也。

严先生又述赫氏之词曰："吾闻雅里士多德之言曰，人生而奴。此诚诐辞，顾以比卢梭之言，犹近理耳。"此则卢梭已自为答矣，曰："雅里士多德之言，诚属事实。虽然，彼倒果为因，乃巨谬也。人苟生而为奴，则终身为奴。说之确凿，无逾此者。奴既受梏，无复自主。即欲逃亡，亦不可能……但如有天生之奴，在于今日，则必有非天生之奴，在于往时。盖第一奴者，必其以力成之者也。惟其惬怯，无以自脱，遂奴奴相嬗，以有今形。"① 以愚观之，卢梭之言，甚平情而近理。赫胥黎图其文之通俗而利己，所以攻卢者，乃至窃其题而没其说。严先生亦贸然而从之，窃有所未解也。

严先生既宗赫胥黎，以天赋人权为非，于是有不得不然之断语曰："自由平等者，法律之所据以为施，而非云民质之本如是也。"则请问严先生曰，既云"所据"，必有所据。自由平等，非天赋矣，今之法律据以为施者，胡自而来？持论至此，惟有引英儒边沁之语以相答曰："一切权利，皆政府所造者也。"夫政府造之，非法律无由见，是不啻曰法律造之也。惟自由平等，既为法律所造矣，而法律复据之以为施，此种论法，得非丐词②之尤者乎？斯宾塞拥护天赋人权最力者也，尝排边沁说而有言曰：

> 造有二义：一从无生有，一即原有之物而营构之。或谓即以天主万能之力，欲于无物之中生物，恐亦未能。至人为之政府，而谓其力足以胜此，尤决无是事。无已，所谓造者，亦惟曰即前有之物，政府从而范之而已。于斯问题起矣。前有之物，政府即而范之者，果何物耶？明明有物，安得曰造？是之曰造，纯乎丐词。此可以欺不求甚解者流，不足为通人言也。曩者边沁于立言作界，极其慎重。尝著一书，指陈逻辑诸谬③，而于用字之妄，尤有专篇。而

---

① 《民约论》第一章二节。

② 此依严译。拉体诺文作 Petitio principii，英文作 to beg the question. 凡一物尚待证明，而即囫囵用以为证，旋求证彼，复以所证之物证之，谓之丐词。如吾以老训考又以考训老之类，彼此相求，故曰丐。

③ Book of Fallacies.

其妄也，至此乃躬自蹈之。奇矣！①

严先生慎于作界，又特致谨于丐词，可称吾国之边沁。② 而乃适同
一病，得毋文字中有因缘乎？

严先生又曰："大抵治权之施，见诸事实。故明者著论，必以历史
之所发见者为之本基。其抽取公例，必用内籀归纳之术，而后可存。若
夫向壁虚造，用前有假如之术，立为原则而演绎之，及其终事，往往生
害。"此其藏理之确，无待讲明，惟非所论于天赋人权也。盖驾驭此题，
不幸所谓前有假如之术，严先生自用之而不觉，而攻人之用斯术者，彼
实非无史事以为之基。斯宾塞群学宗匠，旷代老儒，不得谓彼于史学无
所知也。今请更以其说进：

> 吾观于世界种族，有以知未有政府以前，人事悉准乎习惯。贝
> 楚纳人，全统于久存公认之俗。荷腾图虽有首领，而不甚服之。有
> 时行事，俗中不见先例，则以己之所谓善者行之。亚纳坎利安所以
> 为治，古习默例以外，无他物焉。黠戛斯之酋长，听讼一本俗情。
> 撒拉瓦之土人，以俗为法，违俗科金。大凡初民视俗，每不忆其所
> 自来，其当奉信与否，决无人敢发斯问。政府后起，权力为俗所
> 缚，莫能自由。其在马达加斯加，君所发命，惟在无法无俗无先例
> 时，始得有效。爪哇亦然。证之苏门答腊，君欲变例，民必不许。
> 即在阿商提，以变俗始，每以废王终。夫所谓俗者无他，即所以认
> 明个人权利者也。而所谓个人权利，又不外在于何种范围而能行
> 动，主于何种事物而运用也。即或财产制度，未之萌芽，而武器用
> 具饰品种种，亦必各有其主。况夫社会繁复过于是者，往往而然
> 也。北美之红种，如斯雷克人无所谓政府，而马为私有。齐蒲魏阳
> 人亦无所谓政府，而私阱所得之野禽兽，即属私产。此外关于草屋
> 器具，与夫日用之品，类于是者。在埃斯奇摩，或巴西之红人，以
> 及其他土著之族，随处见之，颇不胜述。恒见蛮族之惯例，垦地而
> 种，谷视为己有，而地则否。妥达斯无政治组织，其所为畜与地之
> 别者亦然。阿拉呼拉之人，尊所有权特甚，非长官依祖宗之成例，
> 下以判断，无论何人，不得处理其产。此固不仅未开化人然也，吾
> 疑边沁之徒，几忘己国之通行法，全胚胎于习惯。盖吾之所谓法，

---

① 见 The man versus the state，八九页。
② 可参阅严译《穆勒名学》卷首。

其能事不过本固有者而条理之而已也。于是边沁之徒曰，财产者法律所造者也。吾得以一语折之曰，有法以前，财产久已为国人所公认矣。①

为边沁之言者，苟即此而熟思之，已可废然而返。然尚进而论之。边沁曰，政府造权利以加诸人。信如斯也，各政府将各本其所欲造者造之。假非有法驱其所造者，出于一途，则所谓权利者，行或因政府而异其致。虽然，此等权利，实乃无乎不合也。凡属政府，禁令大抵相类。社会上之要求，亦大抵从同。若故杀，若盗窃，若奸淫，皆习惯之所不许。社会愈进，个人之受保护者愈多。如违约，如诽谤，如伪证，欲取偿焉，率有方术。一言蔽之，法典条文，尽不一律，而本根数义，莫或外之。此由比较而知，异常确凿。然果何由而得此？谓为偶然，不如是之巧也。平心思之，是乃人类生而为群，彼我相接，各有愿欲。根于愿欲，各有要求。既有要求，自不期而成俗，以交相主张。交相容许，势出自然，无能牵强。所造之法云者，亦就于主张容许之事，规之文书，诠为定义而已，非有他也。

（斯氏尚有三证，以避冗未录。）……由斯而谭，历史之相诏者，可以显人权之真理矣。吾敢断言，凡社会现象，剖晰至于微芒，苟非导吾入乎人生自然之法，则为无物。不反之是法，而谓已了然于社会现象，是谓自欺。②

斯氏之言如此。此而护持天赋人权之说，人尽以他语攻之，究不得讥其缺于内籀归纳之功矣。昔者王安石论礼有曰："礼始于天而成于人。天则无是，而人欲为之者，举天下之物，吾盖未之见也。"今以斯氏之言参之，自然之说，诚所谓放诸四海而准，又可为吾儒喜者也。

惟于此有当注意者，斯宾塞用其天赋人权之说，以主张放任，而德意志学者用之，颇偏于国家干涉之为。愚虽引斯氏以张人权，而于其过于放任之处，究不敢附和。以故严先生曰："今所急者，非自由也，而

---

① 此节所用各族各名，原语如下：贝楚纳 Bechuana，南非洲地。荷腾国 Koranna Hottentots，喜望峰之土人。亚纳坎利安 Araucanians，美洲土人。黠戛斯 Kirghizes，俄罗斯游牧种。撒拉瓦 Sarawak，在婆罗洲。阿商提 Ashantee，非洲一王国。斯雷克 Snakes，齐蒲魏阳 Chippwayans，近密西西壁河。埃斯奇摩 Esquimaux，美洲北岸土人。妥达斯 Todas、阿拉呼拉 Arafuras。

② The man versus the state，九〇至九五页。

在人人减损自由，而以利国善群为职志。"斯语也，愚不敢非之，惟必举例以实之。何项自由宜减，何项自由宜损，然后有异点可商。今兹一茫乎无畔岸之词，可否未易言也。虽然，愚有数言，必以告读者，则利国善群，首重风俗。吾国风俗之恶，全球无对，故政治之恶，亦全球无对。试观今之政象，杂出于声色货利赌博无赖之中，即可概见。其所以然，则所得小己之自由过多，而国家制裁之力未至。在文明诸国，此种恶习，虽不得言无，而于社会风纪，尚无大碍。故彼中法家，尊重社会秩序，不轻以干涉为言。① 而吾又宁在此例者？吾之政客，直为博徒；吾之勾栏，即为政海，他国宁有此耶？他如广置姬妾，滥吸鸦片，穷奢极侈，纵欲败度，财贿公行，棍骗满地，纪纲堕地，廉耻荡然，他国宁有此耶？愚尝谓吾人治国，首当以国家绝对之权，整齐社会风习之事。《王制》曰："变衣服者其君流。"《酒诰》曰："厥或诰曰，群饮，汝勿佚。尽执拘以归于周，予其杀。"王安石曰："夫群饮变衣服，小罪也。流杀，大刑也。加小罪以大刑，先王所以忍而不疑者，以为不如是，不足以一天下之俗而成吾治。"又曰："昔周之人拘群饮而被之以杀刑者，以为酒之末流生害，有至于死者众矣，故重禁其祸之所自生。重禁其祸之所自生，故其施刑极省，而人之抵于祸败者少矣。今朝廷之法，所尤重者，独贪吏耳。重禁贪吏，而轻奢靡之法，此所谓禁其末而弛其本。"② 夫群饮变衣服，当禁与否，即禁而加以流杀大刑与否，在今日已不成问题。惟今之恶俗，万倍于此而未有已，愚不惮举之，乃在证明群俗之不可听其自坏。而严先生之用心，良有可师耳。吾苟未能于此致谨，以国家束缚之力，大减人民之行己自由焉，恐国事未可言也。惟不审严先生所谓减损自由，与此说亦有合否？

严先生排斥平等，旋又曰："须知国有疑问，以多数定其从违，要亦出于法之不得已，福利与否，必视公民之程度为何如。"③ 此其为说之精，颠扑莫破。惟须知平等之事，出占投票以外，尚有多端。自愚言之，资地平等，置爵授勋之制宜除；裁判平等，普通行政之别宜废；信仰平等，国教不宜定；婚姻平等，姬妾不宜有。凡类于此者，可以推

---

① 参阅严译穆勒《群己权界论》篇五，惟其中有曰："窃谓为恶之人，常有主从之分。今者挟邪之游，呼朋之博，彼躬为此事者主也，而设勾栏、具场馆者，则从而已矣。乃今之法，不问其主，而独严其从，其于理果为平乎？"似穆氏于社会恶习，亦有拨本塞源之想。

② 两段俱见《上仁宗言事书》。

③ 语本赫胥黎。见《人生自然等差》篇中。

知。以参政言，亦不得借口于公民程度之低，而废多数取决之制。吾人亦定制限，使人民不得滥有选举之权耳。此而尚疑国会议政之不可行，则愚敢言，公民程度至此，立宪不能，专制亦将莫可。无已，惟有从南海康先生迎他国人为君主之"奇异说"，稍变通之，而自侪于波兰、印度耳。此其理由甚长，非本篇所能畅论，有疑吾言者，愚以异日更为申说可也。又严先生于此，更征一例，谓"少尝于役海军，稍知御舟之事。假使波兴云谲之际，集舟中水手，乃至厨役火工，使之议决轮帆针向之事，则此舟前路，当为何如？"① 此说也，庸耳听之，将以为辩。惟稍一沉思，其拟于不伦，可以立见。盖平等云者，乃言平时之法制，无与于变时之风云。国家苟至存亡危急之秋，而不许政府以权，便宜行事，自非狂易，莫为此言。读者须知政府便宜行事，恒与平等之制，风马牛不相及也。如信仰平等、婚姻平等云云，至以国有大故而废除之，愚未之闻也。

赫胥黎所举之乙款以攻卢梭者，则曰："天赋之权利皆同，无一焉有侵夺其余之权利。是故公养之物，莫之能私。非人类以同认公许者，不得据之为己有也。产业者皆篡而得之者也。"② 所谓同认公许者，盖卢梭理想中之民约，在组织国家之时，民各举其所有，纳之萨威棱帖③之下。再由萨威棱帖，视其所须，举而畀之。于是人各自足，无有等差。自非然者，则悉由豪强兼并。社会不平等之原，确由于此。其所言与吾国井田之说，颇互相发明。是乃偏于理想，非今日生计世界所能行，自不待论。然须知是乃卢梭依理立训，使为国者得其最正之准绳以作法度，非必铲除社会已成定局，而以绝对之平等为期也。故其言曰："恶政府之法律，皆利富而害贫，于是所贵乎社会国家，④ 务使人群中无甚贫甚富之别。"⑤ 是卢梭之于富，亦特恶其太甚而已。此观于欧洲封建之弊，地主之横，遽谓其说之不当有，未免过当。故严先生亦曰："因时立义，各有苦心。"其在吾国，封建之制久废，资本之患未生，国中贫富之差，原不过远。诚如严先生所云，卢梭此说，"悬而不论"可矣。

---

① 此段亦本赫胥黎。语见《人生自然等差》中，惟赫未曾谓其少尝于役海军耳。

② 末语仿佛卢梭竟不认有产业然者，此与赫意稍失。赫原语乃谓"产业由他道而得者皆篡也"。即产业非经人类同认公许而得之者曰篡。

③ 犹言一国最高权。

④ 社会国家，为一合成名词，犹言基于社会公约之国家也。

⑤ 《民约论》一篇九章。

丙款曰："群之权利，以公约为之基。征服者之权利，非权利也。凡物之以力而有者，义当以力而夺之。"① 严先生驳之，以为征服者不得谓其无权利。欲明夫此，当先就卢梭之书求之。卢之言曰：

> 以力服人者，自谓有权利矣，吾且暂认之以起吾说。惟吾曰，即而求之，空无一物。如曰有之，直梦呓已。何以言之？如权利可由力造，则果随因变，彼为后之有力者所倒，权利亦彼所承。于是人之暴力，足以相倾，彼即倾之而无所虞其违法。夫至最强者恒拥其权利，人之所为，亦惟为其最强者而已。一旦失其所以为力，即失其所以为权利。此而谓之权利，果复成何意味乎？② 大凡以力服人者，当其服时，纯乎由力。苟可不服，决无必服之观念驱之而行。是力之所止，义务即随而止。可见权利之为物，以加于力，并于力毫无所增。故此而曰权利，亦一无义之词而已。③

卢梭所以说权利者如此。严先生求反其说，论锋似当向此。然严先生拥护征服者之权利，首以汤武之征诛为例，谓吾人将不得谓汤武革命，顺天应人之事，其权利尚在不应得之列。不知汤武之革命，可曰光复，而不可曰征服。征服者以力服人之谓，非所论于汤武也。严先生此言，又蹈"逸果伦楷"之弊矣。

欲明汤武征诛，在民约说之位置何似，首宜质之英儒洛克。盖洛克理想中，有一自然之境，纯浸于自由平等之中。然解释自然法而施行之，其事绝难，且断不尽如人意。民乃相与为约，割其天赋之权若干，属之首长，其未割者，即藉首长之力以保持之。兹约也，首长与焉，其不得有违，与平民等。如或所托人权，未之能保，则前约当然消失，而人民有权立复其原有之自由，重创政府。此洛克之大旨也。由斯而谈，汤武征诛，乃正桀纣违反民约蹂躏人权之罪，而回复人民之自由，以创造新政府也，故曰顺乎天而应乎人。顺乎天即本自然之法以用事，应乎人乃谓民意所归，犹言约也。此与卢梭之所谓征服，相去千里也。且又可以吾儒之说证之也。孟子曰，得乎丘民而为天子。何谓得？此如约然，得其同意也。天子不以约治其国，则民心失而约废，人民恢复其自

---

① 语依严译。惟征服严作战胜。愚以易生误解，而赫胥黎原文，又为 Right of conquest，故妄易之。

② 法文权利 Droit 含有正义公道等意在内，他国文字，无相当之语译之。

③ 《民约论》一篇三章。

由。若而"变置",若而"诛一夫",惟所欲焉。此曰变置,曰诛,与卢梭之所谓征服,相去千里也。宋苏轼言于神宗曰:"……人主所恃者谁欤?《书》曰,予临兆民,懔乎若朽索之驭六马。言天下莫危于人主也。聚则为君臣,散则为仇雠。聚散之间,不容毫厘。故天下归往谓之王,人各有心,谓之独夫。由此观之,人主之所恃者,人心而已。"此其说如前,曰聚乃相约而聚,曰散乃毁约而散,意尤明显。于是民散而仇雠其君,因颠覆之焉。此与卢梭之所谓征服,相去千里也。

又赫胥黎曰:"假如商舶忽逢海盗,舶中有备,因而禽盗,并取其船。如卢梭言,将谓彼取此船者,乃以力不以约,所以为不应得之权利也耶?"① 没收盗物,而以征服为例,未免不伦。此其误与前段所举无异,推之国际,理亦相通。严先生更举两国宣战之条,兹不具论。

读者当忆赫胥黎所举丙款共两节:一曰,征服者之权利,非权利也。二曰,凡物之以力而有者,义得以力而夺之。严先生驳其一而遗其二。即以严先生驳其一者推之,而知其于次节,不但无以为驳,反为之加一铁证焉。此又思之最有兴味者也。夫所谓"以力而有",原含两义:一积极而有之,篡窃侵掠之类是也;一消极而有之,凡非以约而有,或先有约而后背弃之皆是也。由是桀纣显违民意,用肆荼毒,虽承先业,而所以承之者大非其道,是与以力而有者同在一例。由是汤有诸侯三千,资以黜夏,武有诸侯八百,资以胜殷,正所谓"义得以力而夺之",光复旧物,正指此也。吾中华民国之所由来,亦惟此义足以自立。是严先生汤武征诛之说,卢梭之所乐闻也。商舶之证亦然。盗之所有,皆为不顺,商舶禽而有之,义所在也。推之两国相争,权利致为胜家所享,此种权利,亦待败家回复其力,以时夺之,无所谓"永享",如严先生所云也。然严先生之言,与卢梭相表里者,犹不止此。彼既设譬,以吾国土地,受裁判于海牙而失之,旋谓"吾当制梃揭竿,奋空拳,竭余力,以争一旦之命。"又谓"返本复原,必以气力为断。"是尚非义得以力而夺之之所有事耶。

愚驳严先生之说既终,敢赘数言以自警,并以进诸读者曰,大凡人著一书,得享天下后世之大名,影响及于一二百年,名儒硕学,笃信其说者,绵延至今而未有已,决非出于偶然。即欲攻之,亦当慎所从事。昔斯宾塞纵论天赋人权之说,深慨英儒之浅尝,辄为言以讽之曰:"倘

---

① 语依严译。见赫著《人生自然等差》中。

吾英学者，早知大陆法家，其所主张，与彼正成反对，则其发言，或且较为矜慎。吾知德意志之法典，悉以天赋人权①为之基。凡治彼邦哲学者，无论其所见何似，而决不能以浮浅目之。以德人为学之勤，制思之密，凡为学者，莫或逾之。则一说为彼所共持，决不当视作泛常，不顾而唾。"② 此老之言，可以书诸绅矣。愚何人，宁敢谓于卢书有所心得？又宁敢妄于严著，肆其讥评？特以吾国方深学绝道丧之忧，谓当有以养其慎思明辨之趣。抹煞之论，无端厓之辞，非所宜也。严先生持论，微偏于此，故愚辄忘其不肖，冀以狂悖易其教训，因使读者得自发其为学之方焉。兹篇之所由作，如是焉而已。

愚草此论既终，以付手民。手民谓有余白当补，乃更书此段于下：

严先生引赫胥黎之说，以攻卢梭之民约，至谓其约不知约于何世。不知赫胥黎固非不认民约之说者，特其所谓约，不如卢梭作界之严耳。卢梭曰，约以意不以力，而赫胥黎则曰，无意无力，两造相要，举谓之约。此两家不同之点，既已详陈于上矣。然赫胥黎究非能坚守己说者，今更得其所以言约者一说曰：

> 自群事既兴，人与人相与之际，必有其所共守而不畔者，其群始立，其守弥固，其群弥坚。畔之或多，其群乃涣。攻窳强弱之间，胥视此所共守者以为断。凡此之谓公道。泰西法律之家，其溯刑赏之原也，曰，民既合群，必有群约，且约以驭群。岂唯民哉，彼狼之合从以逐鹿也，飚逝霆击，可谓暴矣，然必其不互相吞噬而后行。是亦约也，岂必载之简书，悬之象魏哉？隤然默喻，深信其为公利而共守之已矣。民之初群，其为约也大类此。心之相喻为先，而文字言说皆其后也。其约既立，有背者则合一群共诛之。不背约而利群者，亦合一群共庆之。诛庆各以其群，初未尝有君公焉，临之以贵势尊位，制为法令而强之使从也。故其为约也，实自立而自守之，自诺而自责之，此约之所以为公也。夫刑赏皆以其群，而本众民之好恶为予夺，故虽不必尽善，而亦无由奋其私。私之奋也，必自刑赏之权，统于一尊始矣。尊者之约，非约也，令也；约行于平等，而令行于上下之间。群之不约而有令也，由民之各私势力，而小役大，弱役强也。无宁惟是，群日以益大矣，民日

---

① Natur-recht.
② The man versus the state，八七页。

以益繁矣，智愚贤不肖之至不齐，政令之所以行，刑罪之所以施，势不得家评而户论也。则其权之日由多而趋寡，由分而入专者，势也。且治化日进，而通功易事之局成，治人治于人不能求之一身而备也。矧文法日繁，国闻日富，非以为专业者不暇给也。于是有业为治人之人，号曰士君子。而是群者，亦以其约托之，使之专其事而行之，而公出赋焉，酬其庸以为之养。此古今万国之通义也。后有霸者，乘便篡之，易一己奉群之义，为一国奉己之名，久假而不归，乌知其非有乎？晚近数百年，欧罗巴君民之争，大率坐此。幸今者民权日伸，公治日出，此欧洲政治，所以非余洲之所及也。虽然，亦复其本所宜然而已。

右说者，乃严先生取赫胥黎之意而敷陈之，以入乎所译《天演论》者也。愚于斯说，取数点焉：一曰民既合群，必有群约。一曰其为约也，实自立而自守之，自诺而自责。一曰尊者之约非约也，约行于平等。一曰民权日伸，公治日出，亦复其本所宜然而已。兹数说者，皆不啻为卢梭之书，下以铁板注脚，与赫胥黎他日之所以攻卢者，其意决不符。何以不符？读愚论终篇，亦可得其大略。愚谓其文恒互相抵牾而不自觉者指此。严先生挟赫以排卢，或亦忘怀于十年前所译同一作者之论也耶！

原载《甲寅杂志》第 1 卷第 1 号（1914 年 5 月 10 日）。

国家与责任

今之人竞言国家矣，政治一呈险象，群相语曰亡国亡国，士夫矜其策略，动相励曰救国救国。究其实国家者何物也？亡国云云，亡之何为而可惧？救国云云，救之胡从而着手？此以询之当今师尹，与夫政社名贤，必且瞠目不知所答，蚩蚩者氓，更不俟论。即愚小子发愤自效，欲为读者诸君，稍稍陈述近世国家之义蕴，亦骤不辨何者为吾人已具之理想，何者为吾人必守之定义。是举国之人，皆不得其为国之道，而漫言为国。宜乎吾建国三年，而日在梦中，全不知所为何事也。于斯而望其国之几于治焉，此诚韩退之所谓航断港绝潢以望至于海之类也。

国家者何物也？以吾旧义推之，实视为一私人之产业。孔子曰，天下国家可均。此言均国家，殆与墨子所谓厚于货者分人以禄，[①] 同一义解。语云，窃钩者诛，窃国者侯。国而以钩为喻，货之之意尤显。汉高帝曰，某业所就，孰与仲多。黄梨洲谓逐利之情，溢之于辞。[②] 大抵以国家为逐利之资，实吾国数千年来治乱兴亡之恒轨，无可讳也。以是人之为国宣劳，谓之与人家国事；为国尽瘁，谓之食人之禄，忠人之事。岳飞所谓精忠报国，义实同于为君复仇。进征他例，疏举莫遍。一言以蔽之，吾国盖实行以国为货之说。兹说至满清既倒而始冲破者也。

货国之说既破，势将别求所以释国家者，以为立国之本。于是民

---

① 见《墨子·尚贤中》。
② 见《民夷待访录·原君》。

国已三年矣，今之国家，其所以异于前清者，究安在乎？愚为此言，非谓君主国家。其国云者，必如吾历朝之所为也。稍通欧史者，即知自法皇路易十四倡言朕即国家以来，欧人视为不祥，已绝口不复道及。今之君主国如英如德，其所以诠国家者，未尝与法美殊科。英人之国家观念，开发甚迟，故其学者多取美人所言，奉为圭臬。美之大理院尝为国家立义曰："国家者，乃自由人民，为公益而结为一体，以享其所自有，而布公道于他人者也。"① 此其为义，英人以为至当。愚习宪于英伦，颇熟闻之。即此而详晰之，且待后幅。今兹所当知者，亦即在君主国，且无人敢私其国以为己有已耳。苟前清之季，宪政修明，美洲大理院之定义，早坚植于吾邦，如英伦然，则愚敢言今日之国家，其实质与理想中之君主国，并无二致。反之，苟号称民国，而前举货国之念，其根不可爬梳，阳奉共和之名，而一切惟返乎专制是务，则愚又敢言，今日之国家，其实质与独裁体之君主国，并无二致。于是民国已三年矣，其国家所以异于前清者，究安在乎？

答此问也，若将三年以来之政象，之舆论，条分而缕晰之，以内籀之方，寻其所作国家之界，则区区短篇，不能为力；且伤时之说，或亦非读者所乐闻。惟最近政府所颁《新约法》，其第三章第四条有曰："大总统为国之元首，总揽统治权。"条文至简，又为国人所共见，愚试准以为说可乎？愚闻统治权出于欧文萨威棱帖。萨成棱帖者，犹言一国最高之权也。国而无此最高之权则不国，此最高权而无国则不词。是故国家与统治权，合体者也，从其凝而言之为国家，从其流而言之为统治权。之二物者，非二物也，一物而二象者也。今曰总揽统治权，是不啻曰总揽国家也。国家而有总揽者，是别建一人于国家之上也，是世主可得而均，权奸可得而窃，刘季可得以夸于仲，路易可得以同于朕者也。是吾为民国立法，其结果乃至货国家于一人，而所谓民者，将自屠毒其肝脑，离散其子女，以博一人之产业外，可无他事也。吾知约法会议诸公，勤求古训，熟察往事，于"微言大义深入人心"② 之道，与夫"历

① A State is a body free persons united together for common benefit, to enjoy what is their own and to do justice to others.

② 约法会议咨大总统文，有云："《春秋》著大一统之文，孟子重定于一之训，微言达成谅解，深入人心。"

史地理风俗习惯"① 之成，守之而不失，衡之而不爽，始有此适合国情之作。昔者罗马改为帝政，政事犹准乎共和。今吾国初入共和，立法宜未能离乎专制。据京沪各报，大总统闻约法会议将以统治权总揽者属之，即示意该会，不得以此列入大法，滋人疑虑，而该会不听。属草既定，会员庄君蕴宽争之不得，致以辞职，而该会不顾，可以见其所信之坚矣。今若首课议者以逢恶张宠之诛，② 次数其曲学阿世之罪，彼必且怫然不受曰，此吾儒之微言大义也，此吾国之历史地理风俗习惯也。此而当诛，则吾儒之微言大义当诛，此而有罪，则吾国之历史地理风俗习惯有罪。若然，则愚可得以答吾之问曰，今之国家，他非愚所敢知，由《约法》观之，则实与历朝之所货者，无甚差别。于此而民国云云，《约法》云云，亦梨洲所谓"周旋于此胶彼漆之中，以博宪章之余名，此俗儒之剿说也"③ 已耳，安足贵哉！

说者曰："国之元首，总揽统治权"，日本帝国宪法第四条之所规定也。吾邻有之，吾安在不可效法？于此愚若遽曰，日本者帝国也，吾非帝国，自当别论。闻者必能设辞以答曰，苟君主国一切皆非，美之法制，法之政制，胡乃俱有取于英？吾人亦问其真理何若耳，初不当先设成心，吐弃君主国所有政质。兹说也，乃愚持论之所夙守，敢不拜嘉？惟君主国之政质，吾不当吐弃云者，亦谓若而质者，无论何种国体之所必备，或皆可通者耳。如司法独立，此必备者也，故美承英系，而美之民政转强；内阁负责，此可通者也，故法承英系，而法之共和无碍。其所以然者，则是种种，俱无关国体之本问题也。国体乃已定之前提，不容置议，其所参酌古今，衡论得失，亦限于在此国体之下，何者为宜，何者为不宜而已也。如其不然，美之康格雷，以英之君主为可羡，议行帝政；英之巴力门，以法之民主为可羡，议行民政，则事关国体，其性与革命无异。此必不得以采用他国法制为词，漫图囫囵吞过也。是故政党之运行政治，制为党纲，与他党立异，有最要之规律曰，

---

① 又有云："制定国法，而与一国之历史地理风俗习惯过相违反，则毕雨箕风之未协，势将南辕北辙而无功。"

② 庄君上总统书云："增修约法，初意不过欲就其束缚政府过甚处，为排队之耳。乃一般议员误会意旨，妄事揣摩，概以矫枉过正行之，至于变本加厉。国人纵不欲议政府之后，然若有外人著论及之，恐于政府名誉，大有妨碍。总统亲书感谢两字答之。"见五月十三日《顺天时报》。

③ 见黄黎洲《原法》。

其异点宜在实际，而不宜在本根①，即此理也。今为问日本宪法，以统治权属之元首，乃法性为国国之所必备，或国国之所可通乎？抑为日本之所独有乎？果普通法制问题乎？抑国家根本问题乎？果政体之事乎？抑国体之事乎？吾知日本君主国也，君主国之统治权，以史迹所赐，当然属之元首。然若无死法以叫破之，则颇有自由解释之余地，而其国政治之运用，转以圆融。是故君主国之盛强，首推英德，而英之学者谓其统治权在巴力门，英王无与也；德之学者谓其统治权在国家，德帝亦无与也。是故日本所谓元首统治之说，不仅非国国之所必备，而亦非君主国之所必备，不仅非国国之所可通，而亦非君主国之所必通，是其为一国独有无疑也。日本学者，欲将其所独有者，傅会法理，间执人口，而

① 愚前在《民立报》立政党组织案未竟，中有一节，于此点颇多发明。以其切要，请得举之："戴雪有名言曰：'政党当以真正之异点而分。而所谓真正之异点，必属之重要问题，而不属之根本问题。'兹所谓根本问题，即关于国家组织问题。例如在共和政体之下，有党以君政自异，是其政策行而国家根本立见动摇是也，此即所谓根本问题也。此其异点，虽与他党皎然分明，而于现在国体范围以内，不能图其实行。诚重要矣，而不落实际，此政家之所最排斥者也。是故政党制定党纲，当以在现时政治组织以内所能活动者为标准，而其与他党相周旋，持以定为适当之敌体与否，其标准亦如之。前清之季，北京之政客，有统一党之组织。其干事发布之宣言书有曰：种族之间，时起猜疑，排满排汉之说，随时有闻，革命党隐然为一绝大之团体，横行国中，不可无讲统一主义之党以对待之。当时记者即有论驳之，谓政党者不容变更国家之本体也。凡政党皆求于现行国家制度之下，相资代用，以施行其政策者也。革命党之政策，果安能求掌内阁以施行？故革命党乃秘密党，非政党也。今创立一党，而视为对待者，乃在政治范围以外，岂非无意识之尤？其后南北战争，清求所以自全之道而不可得，乃许革命党入京，建设政党，其无意识亦同。凡此皆举极端之例言之也。其或以国家民政之过于发展如法兰西，君政过于发展如意大利，革命党亦恒人议院参政，其手段虽不必出于暴动，而目的要在变更现行国体。法意两国以此之故，政海每多风波。各政党求以和平之更迭，相代用事，如英伦之所为，乃不可能。此政家之所最悬为殷鉴者也。今吾国革命既成，亟宜求泯从前所有之猜嫌，相与从事于实际政治之改进。苟有争焉，亦争之于此而已，万不当视国本为儿戏，相率以行事或言论动摇之也。记者历观各党，其党纲意在变国是者，尚无所见，而其绳论他党之标准，乃或在政治范围以外。如此次北京报界冲突事，《国民公报》之南京假政府五字，虽有他法解释，而其不认同盟会之所为，在适当之政治范围以内，实可推知。其在他一面，同盟会会员之攻击该报者，则又加以意图煽惑叛逆民之罪。是两方制思发论，皆溢出实际政治以外，牵及国家所以成立之基础，自不待言。此诚政党前途之险象也。且同盟会者，本革命之改体，论者谓多危险之分子，而共和党人，本多前清之立宪派，其入民国，又易受反对民政之嫌。本此暗潮，演为政争，国家之受祸，必且有更烈于法意两国之革命种子明明出入于议会也者，此诚大可危惧者也。如记者所言不谬，则欲消弭此种恶象，亦惟在各政党持以壮严合度之态，而运以大公无我之心。革命立宪等名词，视为历史上之泡影，不一为芥蒂。而相与争持者，一以实际政治为断，始终认定反对党为合法之团体，一切杯弓蛇影之谈，屏之至净焉耳。"此其为说，今日观之，诚一无谓之陈文，而在当时，则不失为有益之文字。使此说而有力，国事诚不至败坏至此。而已至此，吾言惟以儆将来，不必以咎既往。今之不惮举之，亦在阐明为政不当伤及国本一点而已。

明辨之，而护持之，所费之曲说，不知何许。疑之者为美浓部达吉，信之者为上杉慎吉，审其说之难通，而诿为无用之宪法论，不与深究者，为浮田和民，[①] 而要有一同认之点，本之以发论。是何也？则以统治权属之君主，乃国家根本问题，而非普通法制问题。易词言之，关乎国体，而非关乎政体也。而关乎国体云者，是谓统治权之规定，乃日本之君主国体所由立也。今吾不察，亦漫以此种规定，移而植之《约法》。又为问吾之国体为共和乎？抑君主乎？果共和矣，而吾窃取人之以别其君主国体者，列入大法，用意安在？而且窃取人之以别其独有之君主国体，为他君主国所吐弃者，用意又安在？诸约法议员者，诿曰不知，吾犹恕之；苟知之而故为之，则今之共和固不值一钱，而堂堂国体，乃竟若芒若昧，而由数十刀笔之吏，舞其文墨，潜销暗蚀以去，则恐梨洲俗儒剿说四字，尚未足以尽其罪也。

兴言及此，不得不略作国体与政体之别。然欲明此别也，当先严国家与政府之分。国家者何？亦如前言，统治权之本体也。政府者何？领受国家之意思，以敷陈政事者也。统治权之本体，与敷陈政事之机关，在法理绝非同物，较然易明；而有时人莫明之者，则为历史陈迹所拘之故。盖古来国家，实建设于政府之内，国家政府，合为一体。后虽逐渐分明，而由甲种政府，折而为乙种政府，前者混乎国家，后者实与国家有别。而嬗蜕之迹，极其无形，程叙又极迁缓，新旧两者之界线，殊难划清。于是欲在政府之外，建立国家，使国家自国家，政府自政府，终不完全。虽然，此在古国而宪法有相承之系统者为然也，若曾经革命，将从前之系统破坏无余，而别创一新系统，使新旧交替，有至明之迹，不可掩者，则愈于此。若而国者，每有绝大之机会，建立国家于政府以外。盖革命既成，国家以立，由国家编制宪法，宪法定而政府之形式以生。政府者乃依国宪之条文，体国宪之法意，以施行政事者也。政府由宪法而生，国家决非由宪法而生；国家者造宪法者也，宪法者非造国家者也。有国家而后有宪法，有宪法而后有政府。国家者乃纯乎立乎政府之外，而又超乎政府之上。立国至此，而国家政府之观念，乃真分明矣。[②] 此种观念，美洲人士，自以为得之最明，观柏哲士之书，即其代表。其所以然者，则以曾有机会，先创国家，而后立政府也。当其离英

---

① 日人星岛二郎，集日本各家所论宪法诸说都为一册，以美浓部、上杉两博士为主峰，题曰《最近宪法论》，足见日本最近之思潮。

② 此段本愚旧作《国体与政体之别》，乃初入民立报社时为之，说多本柏哲士。

独立之时，全洲自由人民，经一定之组织，集为一体。此组织者，统治权之所寄也，即国家也。至政府当作何式，尚不可知也。乃相与议之，因字其体曰宪法会议。宪法出而政府生，政府生而机关备，敷陈政事，一准常经，至此始有可言。此理想也，而以美人政治道德冠绝人群，竟能循此阶梯，一步而不紊，宜乎其永葆此别，而矜矜自喜也。是说也，其在吾国，果何如者？

今吾号称民国矣，今之人尤群作国体政体之论矣。以愚观之，吾之以革命而建国，其机会颇不让于美。苟吾之政治能力，亦等诸美，则将不至道旁筑室，三年不成，国情扰攘，以有今日。但在今日，而吾为民国如故，人之倡言保存国体如故，即大总统亦宣示决不使帝政复活如故。彼其所以释国体者，愚诚未求其说。惟解释日本帝国宪法者，谓统治权之所寄者曰国体，《约法》既以统治权属之元首，如日本之所为焉，则欲求一说与此相应，而又无背于所谓民国者，果安在耶？此曰国体矣，所持以别为政体者，又何物耶？易词言之，何以谓之国家？复何以谓之政府耶？吾闻之，凡以物与人者，必其物为己所自有。约法会议，既慨然以统治权赠之一人，则约法会议，不将自有其统治权乎？凡有统治权者，即为国家，是约法会议，不将自命为国家之本体乎？然实则此团体也者，由大总统召集之，由大总统解散之，其所通过之法，由大总统公布之，与美洲之宪法会议，独立无对为一组织体者，犹天之不可阶而升也。人之度量相越，不亦太远乎？嘻，号称根本大法，未能笼罩一行政机关，转能操纵根本大法。易词言之，是国家未能造政府，而政府转以造国家，惝恍迷离，骤难思议。究其实何也？彼约法会议者，己身未存，漫言造法，宜乎尸不可居之名，而冒大不韪之嫌，隳两体之别，以贻百世之劫也。是又何也？彼约法会议者，与于国家组织之事，而实未尝一与国家谋。宜乎《约法》成而国家远，举头见《约法》，不见国家也。或曰，《约法》生于事实，事实如此，又奚论《约法》之有无？曰然。然无《约法》国家不过虚悬而无薄，有《约法》国家乃至公然而退听，是乱国家者，终不得不曰此《约法》也。曩国会所为宪法草案既出，日人有贺氏方大鬻其学于吾邦，悍然以第三次革命字之。今之《约法》，至由之而国体坏，国本摇，不识有贺见之，又将何以为言矣。

愚颇闻最有力之说曰，国苟不存，共和何益？国苟以存，不共和又胡害？吾人亦问国家将借此以存否耳，初不宜先问符于共和至何度也。约法会议咨大总统文有云：“改造民国根本大法，首在力求实利，而不

在徒饰美观；首在为多数人谋幸福，而不在与少数人言感情。救国但出
于至诚，毁誉实不敢计及。是以此次增修《约法》之结果，名以隆大总
统之权，实以重大总统之责。"盖即斯说之代表也。此骤观之，亦复言
之成理。即愚持论，亦夙耻陈共和之美，而长国人虚骄放纵之风。就于
斯言，决不绝端反对。俟至后幅，重与细论。惟斯时愚不得不为一语，
以破约法会议之迷梦者，则准此立言，欲以明其效颦东邻之故，而护其
元首统治权之说，乃实自陷于绝地而不可通也。盖议统治权之谁属，乃
国家之事，而课责任于谁某，以施行政事，则政府之事，二者为界分
明，有若鸿沟。是故日本以统治权属之天皇，因定其国体为君主，而政
事所出，则别有一政府在焉，无与于天皇，天皇惟高拱而已。上杉博士
曰："所谓君主国，乃以一人而为统治权之总揽者，完全纯粹，到处皆
然。"美浓部博士驳之，谓"以日本之历史言之，藤原氏之擅权时代，
与武家政治时代不论。即在今日立宪政治之下，统治权总揽云者，果得
称为皇上一人之意，而无他人之意，入乎其中哉？"① 愚揣美浓部之言，
即在表明国家自国家，政府自政府。日本虽以历史上之事实，不得不以
统治权归之一人，② 致招近世法学之讥评。而实际上能厘国家政府为
二，不以天皇之尊，横干国政，法治国因得确立，人民遂亦安之。学者
偶然之论争，固无所影响于政治也。今吾效法日本，果何如者？革命既
成，史例悉破，全无日本所谓"瑞穗国""大八州天皇"之古典，萦绕
国民之心胸，而亦窃其万世一系之言，定为至尊无上之位。同时复称民
国，帝政永不发生，负总统之初心，淆民间之观听，错乱恍惚，莫可究
穷。果胡谓耶？夫亦既追摹日本，有所规定矣，而又刻鹄不成，转而类
鹜。盖彼邦宪政，本一大原则，中分两部，一以统治权归之天皇，一使
天皇不负责任。其所以然，则国家者，无责任者也，③ 而政府不得不有
之。今若以国家之本体，起而负政府之责任，则为之首长者，势将行其
绝对无限之权，而莫能制止之；苟制止之，其事即等于革命。由前之

① 见星岛氏所集《最近宪法论》第一篇。
② 日本井上密博士有《统治权之主体》一文，谓："据日本皇室祖先之历史，自神武天
皇以来，历代之天皇，实为统治权之主体。"见星岛氏所集《最近宪法论》。
③ 国家无责任，是一有益之定义，最须记取。愚曾在《独立周报》作《国权与民权》
一首，有曰："国家者必具有最初绝对无限及普及之权力，否则不成为国家，此无间于国之为
君主为民主也。在君主国，国权之量不加多，在民主国，国权之量不加少。"兹即统治权也。
所涵四性，曰无限，曰最初，曰绝对，曰普及，乃柏哲士列举之。就无限一性思之，可知其
无责任也。

说，是无政府，由后之说，是危国家，二者皆大不可也。唯厘国家政府而二之，使各守其防，不相侵越，而后国政可得而理。兹理也，稍治国法者可以知之，而不审约法会议诸公，故乃茫然无所通晓。既以一国之萨威棱帖寄之总统，同时一则曰"以重总统之责"，再则曰"对于全体国民负责"。① 他义请更端陈之，以云为总揽统治权下一义解，则愚唯有见其进退维谷、丑相毕露也已矣。

责任何谓也？是亦不得不为读者诠释之。然诠释此语，诉之常识已足，初不待高谈法理。盖无论何人，所为何事，皆自觉其有不可不守之常经；并知苟不守之，人之于我，轻将加以恶感，重且科以严罚。前者谓之义务，后者即谓之责任。是故义务者自守者也，责任者人加诸我者也。义务可自修之，至一言责任，则必有相对之个人或团体，始生意味。私人如此，政府亦然。盖政府者国家所创置者也，国家之权无限，而政府之权，则不得不有限。苟无限焉，则惟有通国家政府之藩，而返乎专制无艺之实。若而国者，并非绝无可以存立之道，惟宪法一物，不当存在。何也？宪法云者，其在欧文，首以限制为义，而政权所使，举有一定之范围，不得逾越；设或逾越，而即有法督乎其后也。由斯以谈，国家自有宪法以上，则政权无论大小，要有限制。既有限制，要当建法以绳之。斯法无他，即号责任。但此种责任，以从政治与法律两面观之，为象不同，因分两种，闻之英儒戴雪。政治上之责任，乃国务员失去议会多数之拥护，即当辞职。其字以政治，则当是时也。倘或国务员忘其廉耻，硬不去位，无人能控之法廷，科以罚焉是也。至法律上之责任，则关于国务员副署，凡政事所行，有国务员署名其上，其国务员即莫逃法廷之纠问是也。② 如此分之，特于英宪为然。苟或他国，以内阁经国会投不信任票而得通过，即当解职一节，在英伦为惯习，号称名誉律③者，而亦勒为条文，著之典册，如法兰西宪法④，以及吾宪法草案之所为焉⑤。则戴氏所谓政治上之责任者，亦即法律上之责任。惟戴氏持说，有一不可破之例，则责任无论何往，要不出于政治与法律两类也。夫法律者何？法廷所得据以判事者也。以故以责任规之于法律，必

---

① 《新约法》第三章第十六条。
② 见 Dicey, The Law of the Constitution，三百二一页。
③ The Law of honour.
④ 千八百七十五年二月二十五日之宪法第六条。
⑤ 宪法草案第八十一及八十二条。

其可由法廷纠问之者无疑。法兰西内阁责任问题，未尝一涉诉讼者，乃其内阁严守英人之名誉律，初不待法廷干涉也。苟不如是，则属诸政治事情。凡政治上之救济，必以政治手腕出之，非法家咬文嚼字者可比。惟语此手腕，非可作为概括之词，亦不能预设必由之路。大抵其所施之程度何若，当视民力之强弱，民智之文野，为比例差。以言其极，在民主国，美利坚总统约翰孙之自退，林肯、麦荆来之被杀，皆其所以负责之道也。何也？彼在职之期，载在宪章，一成而不可易。苟或于此期中，其所行政，大不满于人民之所欲，而在法人民无如之何，势唯有出于驱之杀之之一途也。在君主国，其例尤伙。法皇路易之断头，英王查尔士之授首，吾国自桀纣幽厉，经历朝迄前清之死之流之灭之亡，皆其所以负责之道也。何也？革命者专制之产物也。横暴者之执政，有神圣而无责难，国民不堪其虐，非暴起而死之流之灭之亡之，不足以自救，而少缓须臾之死也。政治责任，此类是也。今《约法》曰："大总统对国民之全体负责任。"兹责任者，果属于法律方面乎？抑属于政治方面乎？由前则法律舍法廷便无物。今之起而纠大总统之责任者，果何种含有法性之机关乎？而其文明明有曰国民也。国民至无一定组织，散处如泥沙，又安所执行法律乎？法律之说，既未可通，势不得不走入政治。惟以政治上茫无畔岸之事，漫然定为法文，张皇号召，其为绝无意识，又不待沉思而得。彼作法者，亦何尝不抗颜以立说曰："以总揽统治权属之国家元首，以重大总统之权，而又不能无所限制也。于是有对于全体国民负责之规定。"① 是责任生于限制，彼亦似有所知。惟问限制云者，为之于事先？抑为之于事后乎？吾闻事先定其行权之范围，斯谓限制；事后课其所行，合于所限与否，斯谓责任。今《约法》不规之于事先，而谋之于事后，是当其行权时，已无限矣。明明无限，而犹装头盖面曰："不能无所限制。"岂非欺人自欺之尤！兹且姑如其意，以限之于事后矣。吾又闻行权无限者，而最后必有所以限之，其权亦与之为无限。易词言之，权利无限，其责任亦无限。此无限之责任何也？即约翰孙之所以见劾，林肯、麦荆来之所以见刺，路易之头所以斫，查尔士之首所以悬，桀纣幽厉经历朝以迄前清之所以死、所以流、所以灭、所以亡也。读者如嫌所引例为不祥，须知此不祥之例，《约法》实始之。愚虽欲自讳，病未能也，而不言又胡益也？呜呼！约法会议诸公，谓为未

----

① 见约法会议咨大总统文。

知而偶为之，是为无脑筋；谓为知之而故为之，是为无心肝。自今以往，瘵民国之本基，召未来之巨变，蹈梨洲非法之法之讥，[①] 启项藉彼可取代之欲，吾知非他，即此责任两字也。

说者曰，总统对于国民负责任，此美利坚宪法之精神也。吾国体同于美，准美制而立为法，焉可厚非？愚曰，美诚有之，惟非所论于今之《约法》也。曩者有一派之政客，意在取消内阁责任制，因倡为总统责任制以抗之，愚当时即指陈后制不成名词。其说曰："对于人民所负之责任，不过政治上之理解，决不成为一种政制。专制皇帝，亦谁非对于人民而负责任者？使总统责任制而成为名词也，则皇帝责任制，亦断无逻辑上之理由，使之不成术语。是故责任云者，通常乃指行政、立法两部之关系言之，范围不及于人民。准此论思，则总统制实一无责任之政制也。"[②] 斯说虽简，亦殊著明。然总统对于人民负责一语，究不脱于美洲学者之口者何耶？则以总统制之特性，在选总统一法，选国会议员又一法，使立法、行政，各各独立[③]，而同溯其源于人民。以谓总统也者，乃人民选之，于国会无与。故其责任，乃对人民负之，而亦于国会无与也。易词言之，总统与国会议员，同受命于人民，以治国事，各守其权，不相凌越，此中非有主从之关系也。此以表示三权绝对分立之精髓，而非所论于权限之大小也。其言总统对于国民负责，与言国会议员对于国民负责，无二义也。何也？美人之所以释总统责任者，不外总统任期既满，国民可不选之。是犹议员责任，不外议员任期既满，国民可不选之也。于斯有最须记取者，则采用斯说，必行政、立法两部之权限，较然分明，国会发令，总统唯行国会之令以致之民，如美利坚今制焉，然后可也。美利坚之政府，得谥曰弱，大陆法家诮为六头政治。[④]立法、行政两部之首长，平分宰国之权，相衡相抵而不相容者此也。今约法会议诸公，不此之悟，既以大权寄之总统一身，首与美制之精神相畔；同时复窃其用语曰，此对国民负责也。嘻，彼中创宪名家华圣顿、哈密敦、亚丹、曼狄生之鬼，岂歆其非类者欤？

本篇之职，本非为诸君漫作法制之谈，尤无意评论《新约法》之得失。觇缕如此，已嫌词费，今请舍法律而言事实。假定大法已行，民无

---

① 见《原法》。

② 见《民立报·总统责任制》篇中。

③ 参看本志第一期《白芝浩内阁论》第六页及第八页。

④ 六头谓总统、国务卿、两院议长及两院财政委员会长也。

敢言，枭雄不生，大权无碍，为问稽之往事，诉之史识，一国之责，集之于一人之身，此一人者，究能举其责焉否乎？以愚观之，必不能也。此政术之趋势有然，非必负责者之甚不肖也。此其故前作《政本论》已详之矣，无取赘言。约而举之，一人负责者，专制之别称也；专制者，强天下人悉同于己也。其自然之序，则为四贼。以为同者必有赖乎心腹，心腹以恃其同也，恒敢于抑扬威福以为己私，而不使主知，是为蒙蔽。即知之矣，而太阿既已倒持，主者亦将末如之何，是为恣肆。凡为同者，奉主之令，不如奉其意。所谓意者，又宁有限度？以是假威济奸，坏法乱纪，皆由于此，是为刺探。法既坏矣，纪既乱矣，彼辄从而为辞曰，此主者之所命也，是为诿卸。兹四贼者，犹陷阱也。专制则犹文绣覆于其上，人而好同，立见陷入。由是一人负责云者，特日居阱中，而与所设机械为战之谓耳，民生国计，果何与焉？四贼之次，又有曾涤生所举四病：曰退缩、曰琐屑、曰敷衍、曰颟顸。"退缩者，同官相推，不肯任怨，动辄请旨，不肯任咎是也。琐屑者，利析锱铢，不顾大体，察及秋毫，不见舆薪是也。敷衍者，装头盖面，但计目前，剜肉补疮，不问明日是也。颟顸者，外面完全，中已溃烂，章奏粉饰，语无归宿是也。"① 兹四病者，有如霉菌，好同之治，则招菌之媒，人行专制，菌立飞入。由是一人负责云者，行见身为菌塞，日为所以清血杀微生物之计，而不暇给耳，民生国计，又何与焉。此外唐之魏征，本《说苑》之说，别臣类为六邪："一曰，安官贪禄，不务公事，与代浮沉，左右观望，如此者具臣也。二曰，主所言皆曰善，主所为皆曰可，隐而求主之所好而进之，以快主之耳目，偷合苟容，与主为乐，不顾后害，如此者谀臣也。三曰，内实险诐，外貌小谨，巧言令色，妒善嫉贤，所欲进则明其美，隐其恶，所欲退则明其过，匿其美，使主赏罚不当，号令不行，如此者奸臣也。四曰，智足以饰非，辩足以行说，内离骨肉之亲，外构乱于朝廷，如此者谗臣也。五曰，专权擅势，以轻为重，私门成党，以富其家，擅矫主命，以自显贵，如此者贼臣也。六曰，诏主以邪佞，陷主于不义，朋党比周，以蔽主明，使黑白无别，是非无间，使主恶布于境内，闻于四邻，如此者亡国之臣也。是谓六邪。"兹六邪者，又集四贼四病之成，其邪初中于主专制者之一身，后乃浸淫蔓延，满乎天下。所谓亡国，实又收六邪之大果。虽若贼若病若邪之所行，其状亦

① 咸丰初应诏陈言疏。

或以主者性分之有强弱而偶异，要而言之，"齐主懦弱，政出多门，上下相蒙，遂至亡国。周主立性凶强，威福在己，亡国之事，皆在其身。"其必至于亡国而后已，无二致也。如此则一人负责，其效亦可睹矣，又焉在其可贵，而必以著之典章，悬之象魏也哉？

或曰，子言专制而例周、齐，亦太有辱乎政体矣。专制者有开明而博爱者也，汉唐盛时，即能希此。何子未或一思及乎？愚曰，然。惟问汉唐之盛，果恃有文帝、太宗其人乎？抑仅恃两代之制乎？昔柳子厚作《封建论》曰："夫天下之道，理安斯得人者也。使贤者居上，不肖者居下，而后可以理安。今夫封建者继世而理。继世而理者，上果贤乎？下果不肖乎？则生人之理乱未可知也。"此以掊击封建，固精警无伦，然愚不解以论君主世及之制，其理胡独不尔？荀子病不通伦类，子厚诚犯之。而亦由君权绝对，等诸天经，废君改制之事，圣哲相望，举莫思议，又不独子厚为然也。惟然专制之效，或有可观，特亦所谓赌而偶赢者耳。"赌而偶赢，非能以之称赌德也"。或曰，在君主制诚然，若易君主为总统，则非能者无以与选，吾知其弊可以免也。愚曰，然。兹又当问总统果立于法制之下？抑仍独操专制之权？由前则客说是，由后则客说非也。盖总统而以专制为号召，势必以专制为护符，以大错既成，骑虎莫下，非此不足以全躯保妻子也。于时苟非有他力忽起，抗而胜之，则其易选举而为世袭，似又当然之事。是故拿破仑入法，迫而称帝，苟己身不囚，必传位无疑也。克林威尔治英，号称护国，积威过甚，惟其子足以继承。苟王政不复，长英伦者，至今为其子孙可也。其弊又安在可以免乎？或曰，吾惟问其身，不问其子孙。苟主者一时得人，则一时称治，是专制终未可厚非也。愚曰，然。惟愚知既称专制，政情所演，实无间于其为君主抑为总统。总统吾无其例矣，试问君主专制之最良者，果有当于近世国家之理者乎？贞观之盛，可以称矣，而究其实，乃魏征之对太宗，所谓"人在困危则忧死亡，忧死亡则思化，思化则易教，犹饥人易食"而已，非有他也。昔者尝怪黄梨洲博极群书，深通治道，独不解于孟子一治一乱之言，而信胡翰之说，[①] 谓有十二运者，起周敬王甲子以至清初，皆在一乱之运。向后若干年交入大壮，始得一治。荒怪无稽，可笑已极。至于今日，人口之理既明，生计之义日显，遂乃了然于孟子之所谓治，皆大乱以后，人口顿减，豪猾既尽，良懦安

---

① 见《明夷待访录·发端》。

枕，初非谁家治术，足以望此也。迨生聚二三百年，人口复殖，求食不
足，铤而走险，孟子之所谓乱，又因以生。如此展转，如环无端，吾国
二十五朝之史义，可以此尽之矣。从而称述治道，衡论宪章，皆梨洲所
谓周旋此胶彼漆之中，并非于立国根本问题，有何痛痒。不然，宋初之
治，亦极盛矣，胡乃开国几及百年，尚未为民间兴学？既稍稍兴之，逾
年而其学复废。是学且不兴，国于何有？教育如此，其他可知。① 可见
彼所谓治，纯乎消极。民出粟米麻丝，野无揭竿斩木，太平之世，即于
是期。国民之真正福祉，果于何在，非所计也，亦非所知也。试问今日
立国，果于斯而即足矣乎？尝论专制之政，无论其文明达于何度，而要
于养成民力，增进民德，开发民智，无几微之实效。而况乎达其所谓文
明，又恒在万不可得之数也。此不独于吾国为然。蒙孙②者，德意志之
大史家，尤精熟于罗马政事，而称其帝政为高贵无上者也。彼之史识宏
通，见闻博洽，自有史氏，号称绝伦。独其崇拜势力，好以成败论人得
失，颇为学者所诟病。然且发为论曰："宪法之不完全，任至何度，惟
若准斯法也，国民之多数，可以自由意志，定其政略，则以衡之最开明
而博爱之专制政治，其为优越，至无垠焉。何也？立宪政治，进取者
也，富于生机；专制政治，停滞者也，几于死体。"英儒哈蒲浩者，病
欧洲近持国家主义过甚，其势趋于官僚政治，而去责任政治将日远，遂
诵蒙氏之言，以讽其国人。本斯旨而发明之，枝叶扶疏，其说至为精
邃。愚既取而译之，别为一篇，以资参考，不更征引于此。惟上述数
语，最宜潜玩。专制者死体也，有何发育？愚为同说有曰："论治之家，
所以深恶夫同者，非于同而必有所恶也，恶夫同之不足为治也。苟足为
治，至今可留于欧美，彼中人士，决无取流血断脰以求去之。"③ 其言
虽简，亦可以深思其故矣。

由斯以谈，专制恶矣。苟攻其恶，而谋复以专制代之，是以恶济
恶，国政断无改善之望。鸡不可攘，日计不可，月计亦不可；兄臂不可

----

① 欧阳修《吉州学记》曰："宋兴盖八十有四年，而天下之学，始克大立。"曾巩《宜
黄县学记》曰："宋兴几百年矣，庆应三年，天子图当世之务，而以学为先，于是天下之学乃
得立。而方此之时，抚州之宜黄，犹不能有学。士之学者，皆相率而寓于州，以群聚讲习。
其明年，天下之学复废，士京皆散去。"

② 蒙孙 Theodor Mommson 生于一八一七年，卒于一九〇三年。在德意志各大学讲学最
久，著书至九百二十种之多。于学无所不窥，无所不精。英之史家胡礼门，称为前无古人，
后无来者。其博殆非吾之船山所能望也。

③ 见本志第一期《政本》第一二页。

绉，急之不可，徐徐亦不可。何也？以其主义之差，非救治于其本根，不可为也。所以然者，人莫不自私，而有权者尤莫不欲滥用其权以自恣。以是一国之人，较然划为治者被治者两极，其中绝无连环，可以交通情感，互调利害。则以全国之福利，供一人或一团体专欲之牺牲，实人类劣根必生之果，无可疑也。其因既明，则欲解除专制之毒，惟有还求之被治者之身而已。英儒席兑①曰："代议政体之所求者，乃利用被治者加于治者之反动以改良政治也。易词言之，乃被治团体之利益，必治者随时可由被治者直接或间接以影响加之，而后能充分保全也。"寥寥数言，已破政治之的，苏张之舌，莫能降之。于时有一实际问题起矣，兹问题者，非驳吾说者之所特设，而亦愚频频自叩者也。其问维何？即代议政治之成功，基于多数国民之智识。今吾多数国民，果足以言代议之事否乎？愚请决然答之曰，否，不足也。不独在吾国为不足，盈地球之国，皆于此有未足也。盖参政限于男子，尽男子而有是权，已非多数。况乎选举上之制限，男女性以外，尚有多种，靡国不有之乎？以民智最高之美洲，其有选举权者，尚不过全人口五分之一，遑言其他？是多数云者，本非绝对之义，而为相对之言。既相对矣，则其所以为相对者，程度何若，亦视其选举法如何立耳，初无定衡也。以吾例之，苟其有选举资格者，不能有全人口五分之一，而为八千万焉。所有者不过八千万五分之一，而为一千六百万，于吾说无碍也。即一千六百万而亦不可得，所有者不过一千六百万五分之一，而为三百二十万，于吾说无碍也。即三百二十万而亦不可得，所有者不过三百二十万五分之一，而为六十四万，于吾说无碍也。甚至六十四万而亦不可得，所有者不过六十四万五分之一，而为十二万八千。止矣尽矣，无可再减矣，于吾说仍无碍也。要之吾之所谓多数，乃有选举权者之多数，非全人口之多数也。吾知富于什匿克之思想者，或且谓吾国之有政治常识者，将不足十二万八千人，则以中国之大，一人首出而称帝，其所赖以奔走庶政，位于百僚有司，以及里胥乡正者，其数至少亦在十万以外。苟此十万人者，毫不足与于政事，将见责任政府莫立；官僚政府亦莫立，立宪政治无能为，专制政治亦无能为。是将吾人建国之资格，从其根而拔之。凡吾人一切言谈，悉归废止，而愚兹篇之作，尤属多事可嘘。想说者之意亦不如是也。于是其国自足施行专制以上，则本其人民固有之思

---

① H. Sidgwik 引语见所著《政治学》。

想能力，而以专制与他种政体相较，在政治眼光，稍形平直者，无不立觉彼善于此，不可以道里计。何也？史例来告，历历可证，内籀所得，不可毁也。简而言之，则良专制首赖有良官僚，官僚而号为良，必也"集若干人居之官府，而其人皆经验富有，实力充满，持躬整饬，处事公正，足以捍卫国家，导领社会者也"。此其人之不可得于专制政治，而转得之于责任政治。哈蒲浩又与吾人以铁证，使吾无法足以难之。其言曰：

> ……盖此种官僚，如其有之，必也自由政治之结果，而非可由官僚自求得之也。必也，先有改革之家，先觉之士，倡庶民议政之权，谋公平选举之制。用力既多，经时复久，渐见政府之责，课自国民，庶政之行，公诸舆论，而后相冲相荡，相责相望，而大政治家可出，非官僚自荐，而即可冒其名以行也。历察往事，勤求实例，吾见行平民政治而知所慎，才行俱备公诚双擅之夫，有乘之以出者矣。未闻民意衰退，舆情不彰，而寡头当国，其才行公诚之量能保其应有而尽有也。[①]

之数语者，在政治学中，实为铁案，罗马大帝，且莫移之。愚百诵之而不厌，故于他篇既举哈氏全说，而仍赘称于此。吾知好作什匿克之言论者，或且更谓吾国之"地理历史风俗习惯"，与欧洲不同。政则有验于彼，良不必有征于吾。是于哈氏之言，仍不能无疑也。愚曰，善。今请为君更征一说。

英儒有边沁者，喜言功用之学，以谓凡物必切实有用，然后可贵，学术政治，一切皆然。吾柳子厚有曰："圣人之道，不益于世用。"此在闻者，举为彷惶，若入边沁之耳，彼将立曰，弃之可也，虽圣人何伤。其说斩切类如此。彼说初出，英人不甚信之。其徒多法人，以其书刊于巴黎。大陆之法家，首被其影响，而英亦渐取其说而理之，边氏之学乃浸盛。十九世纪，英律之改良，悉渊源之。边氏没后未久，美人之主改造法律者，亦奉为宗主。今其说在两陆，虽稍稍衰歇，而数十年前，人民权利未甚巩固之时，曾若狂澜巨浸，弥漫全世界。盖其深入人心，有不可磨灭者存矣。往者《新民丛报》，颇称引其说，浅识者流，以其竞言功利也，辄起非之。实则功利二字，乃从日人译语，并非确诂。皮相者因而纷争，甚为可笑。即吾家太炎，未明边氏所言，趋重法律，而罕

---

① 见本期哈氏《权利说》第三页。

涉于伦理，亦颇引吾邦理学，以诋諆之。至今能举边说者，几绝无矣。愚之叙此，在本篇实属骈枝，而以寓其珍重介绍之思，遂亦不辞椳缕。究其所谓功用者，果何说乎？边氏以为凡事之能止恶而生善者曰功用，于是欲知功用之为物，不可不知善恶之为物。其说曰：

> 天之生人，即置之于苦乐两关之下。吾人一切思想，莫不起于苦乐，一切推论，莫不因于苦乐，一切生涯，莫不定于苦乐。苟若离苦乐而有所言，必且不词。人生唯一之的，即趋乐而避苦。虽趋避之形式，尽有不同，有时且反乎人世之通感，舍至乐而求至苦焉者，究其最终之的，实无以异。兹感情也，无穷而不可抗如此，诚论道之士，立法之子，所宜覃精钻研者也。功用主义无他，亦纳万物于苦乐两感之下而已矣。

> 凡苦之谓恶，凡乐之谓善，由是而之焉之谓功用。功用之学者，不外即天下之苦乐而推算之，比较之。又凡此外之感情，绝不使之羼入是也。

> 在崇信功用主义者，于一切公私动作，悉视其所生苦乐如何，以为赞成与否之标准。举所用公正不公正，道德不道德，善不善诸形容字，皆其字含有若干苦乐之成分者也。且所谓苦乐，即常人所谓苦乐，绝无新生武断之义，谓当排除何种苦，何种乐，其界始立。而亦无至精极玄之理，必须商之柏拉图，质之亚里士多德，其蕴始宣。盖苦乐者苦乐也，无论何人，皆同感之，自王公以至农庶，自鸿儒以至白丁一也。

> 用学之徒之所谓德，即其由之而乐者。所谓不德，即其由之而苦者也。如见常人之所谓德，所生之乐，不偿所苦，将决然曰，此伪德也。即举世盲从，而彼将不更为此伪德所束缚。鄙夫之政策，每在利用伪德以达其所图，用学之徒，深鄙之也。又当世号称罪恶者，其中尽有无瑕之乐。如此为用学之徒所见，将立宣言曰，此伪恶也，此小人儒之所谓恶也，此奚害为合作之行为也。是故世有罚非其罪者，大为用学之徒所怜。而故入人罪之科条，彼必尽歼除之而后已。[1]

自边沁之说出，是非之者，聚讼不能休。而非之者率在伦理一面，谓以其说作为道义之准绳，不无流弊；至用以为立法原则，因由常人之

---

[1]　说见 Bentham's Theory of Legislation。

所谓苦乐，以求最大多数之最大幸福，[1] 则无所容其非难。今愚郑重引之，乃在表明政治之作用，不外创一组织，使同一社会之人，其所怀趋乐避苦之感，有共同之法以通之。苟无法以通此，则其所谓组织，决无一顾之价值。惟其所谓苦，乃己之所谓苦，非他人所能想象也；其所谓乐，乃己之所谓乐，非他人所能代谋也。又其所谓苦，乃人人之所谓苦，非法家拂士感之而悲，匹夫匹妇感之而不悲也。其所谓乐，乃人人之所谓乐，非大人先生得之而笑，庸童小夫得之而不笑也。古之贤君，亦或游台榭而思民宫室，被黼黻而思民衣服，享珍错而思民饮食，御妃嫔而思民嫁娶，然思其所思，非吾之所思也。吾思之，吾重思之，非吾不能出吾之所思实行之也。哈蒲浩曰："近世国家之所以高于中古及太古者，以其于人民能力之发展使得充其量也。"[2] 愚为之释曰，近世国家之所以高于中古及太古者，以前者人民之苦乐，悬诸一人或少数人之意志，而后者人民自定其苦乐，且自应用之于政事也。今之为言者曰，中国人民，不足以与于立宪政治也。易词言之，是中国人民不自知其苦乐而定之。既不能自定，惟有烦政府代为定之而已也。欲明是话之当否，暂不问人民能否自定，最宜先问政府能否代定。有如前言，"人莫不自私，而有权者莫不滥用其权以自恣"。是知政府代定之理，决不甚长。然惟折以理论，说者不服，以为吾国饶有特别情形，与他邦不同。故愚取边沁之说，讨论至此，审其更无持理之地也，乃进而衡论所谓特别情形者何如？夫当今吾民之所苦者，非外力之侵入，而国将不保乎？政府知其然也，乃竭力讲外交，唱同盟，遣密使，聘顾问。彼市我以恩惠，吾报之以疆土，彼假我以颜色，吾施之以路矿也。果也四境安堵，边尘莫惊焉。吾民之所苦者，非财力之困穷，而国将破产乎？政府又知其然也，乃竭力结交资本家，磋商银行团，今日一小借款，明日一大借款。挥霍不足，继以贿赂，贿赂不足，继以赌博。国富至此，初未尝蚀及小民焉。吾民之所乐者，非工商之发达乎？政府知其然也，为之多发纸币，以扩充其资本，为之多纵兵匪，以分销其货品；悯盐商之疲困，则假手于洋监督以苏息之，痛商办公司之无利，则盗押于外国银行而不使知之。[3] 吾民之所乐者，

---

① 功用主义，亦曰最大幸福主义。

② 见本期哈氏《权利说》。

③ 北京自来水公司，商办者也。闻政府以之抵押于中法实业银行。该公司后始知之，而已莫救。

非生命之安全乎？政府又知其然也，为之遍设侦探，民不良不被逻察；为之四纵军队，女不美不受奸淫。偶语者不得不弃市，为治安也；有党者不得不炮烙，告将来也。凡此种种，皆今之政府，定人民之苦乐，而求所以避之趋之者也。是非暂不论，惟若人民或其代表自为定之，自求所以避之趋之，其见象将有以异于上所云云乎否乎？愚于此恕不更征他例，亦不为下转语矣。

兴言至此，愚请简单直截，以一语告我读者曰，国民者宜享权利者也。何也？无权利不足以自行避苦而趋乐也。苟无权利，则贱种而已矣，国民云乎哉？国家者宜建之于权利之上者也。[1] 何也？无权利其所含分子不足以避苦而趋乐也。苟无权利，则奴圈而已矣，国家云乎哉？欲明此也，详审上述吾国特别情形而已足，初不待广征学说，堕入理障。必欲征之，愚已将哈蒲浩所为权利诸说，稍稍述其颠末，别为一篇，以资考证，兹不赘也。惟亦闻人之言曰："改造民国根本大法……首在为多数人谋幸福。"何谓幸福，请有以语我来？斯则边氏功用之说尚矣。[2] 而哈氏一言，尤须记取："人群幸福云者，非以其分子所享权利之程度计之，不成意味。"[3] 准此为推，思过半矣。目论之士，以为权利过张，而义务将没，殊不知求权利正所以尽义务。英人有恒言曰，不出代议士，不纳租税。是求代议之权利，即所以尽纳税之义务也。若曰税所当纳，议则无庸，则唯有从昌黎韩氏之说，民不出粟米麻丝作器皿通货财以事其上则诛而后可也。此盗贼之主义，焉能施之近世国家矣乎？必欲施之，则哈氏又言："凡妄侵人权者，必受惩创，私人如是，惟国亦然。惩创自然之势，则解义务之环，脱关系之锁。环也昔结之绝艰，今解之绝易；锁也昔联之极困，今脱之极顺。"[4] 此其味深长，最宜潜玩。昔者民国初立，《约法》告成，权利虽未坚牢，而已粗具形式，人民生命财产，乍获安全，急公好义，颇复自励，故伏莽潜滋，尚不虞其暴发，散兵满地，尚不见其劫掠。今则豕狼奔突，民业荡然，人怀即死之心，家挟流亡之叹，国纽不解，尚复几何？平情论之，此宁非政府剥尽人民权利阶之厉耶？今且不必深说。要之国家者何？前言之矣，

---

① 本哈蒲浩语，见《权利说》第三页。

② 参看本篇第八页。

③ 本篇第八页所引《约法会议咨总统文》有曰，力求实利。其所谓实利，或即指边氏之所谓功用。

④ 见哈氏《权利说》第三页。

"乃自由人民，为公益而结为一体，以享其所自有，而布道于他人者也。"享其所自有，谓权利也；布公道于他人，谓己之权利必以他人之权利为限也。若者为己之权利，若者为他人之权利，非人民自为其界说，决不适用也。故宪法者，质而言之，一权利书也，人民总意①之所发表，以求协乎公道者也。美之老儒吴汝雪②，毕生之精力，用于政学，著为训曰："国家者宜有公道者也。国家而无公道，非适于人类社会之组织也。勉强称之，辱其名者也。此种国家，直无存立之资格，亡之可也。"夫公道者何？与人以相当之谓也。与人以相当者何？各有其应有之权利也。故吴氏又曰："国家之基础，权利也。欲求一合乎公道之国家，非于权利之精髓，见之绝莹，殆不可能。仅本权利，以之树立国家，固不完全，惟若舍权利不言，则禽视鸟息斯可矣。至谓国家为人类而设，则不称其名也。"读者勿以此老之言，失之偏宕，其实有至理存焉，不可毁也。吾人有倡为国家主义者，意在损个人以益国家。此说之可取，亦视夫所为损益之界说若何。若漫无经界，犯吾人权根本之说，愚敢断言之曰，此伪国家主义也。此曲学之徒，软骨之士，奉为禽犊，以媚强权而取宠利者也。又有提倡爱国心者，意在栖牲所有，以为国家利。闻之鲍生葵曰："爱国决不在牺牲所有，而在致其所有者于相当之位。"③ 斯言精透，旷古无伦。于时有主张抹煞人民权利，举而奉之一人或一机关，以恣其蹂躏，而又美其号曰救国，蚩蚩者氓，从而和之者。愚敢断言之曰，此伪爱国心也。此鄙夫利之以行其政策，独夫民贼利之以愚其黔首者也。愚固非能笃信边沁之学者，间尝即其功用之说，深思而熟考，而敢以应用至于斯度，不自疑也。说者终以虑或亡国，来相恐惧。愚又仿佛吴汝雪之灵，越太平洋而来告曰，国家存乎公道。公道既亡，国家又谁与存？斯则言者虑或亡国，而国之已亡，彼乃不觉。呜呼，吾文至此，尚何言哉！昆山顾氏曰："有亡国，有亡天下。亡国与亡天下奚辨？曰，易姓改号，谓之亡国；仁义充塞，而至于率兽食人，人将相食，谓之亡天下。……保国者，其君其臣，肉食者谋之。保天下者，匹夫之贱，与有责焉耳矣。"顾氏君与国家之观念未清。彼之所谓国，乃今之所谓君，彼之所谓天下，乃今之所谓国。由是保国之责任，终不

---

① 哈氏《权利说》第五页。
② General Will 说本卢梭。
③ 引语见所著《政治学》第一卷第一章。

得不归之匹夫之贱。愚本篇所标责任，颇涵多义，今正告国人，请窃取顾氏之说以终吾篇矣。

原载《甲寅杂志》第 1 卷第 2 号（1914 年 6 月 10 日）。

政力向背论

今执一人而问之曰，吾国国基可谓大定矣乎？此非绝无常识之人，将不以为然也。即在以戡乱自诩，颂言神武者，亦将不曰，此真子孙帝王万世之业也。是何以故？

其故有最明而无翳者，则第三次革命之不知将以何时而起也。此种感觉，自以其人利害深浅神经敏钝而异其度，而要不能推定革命事实之不发生，则人人所同。闻之丁君佛言曰："赣宁乱后，元勋伟人，流徙丧亡。国之人方以为季氏既去，鲁难或已，而不知彼辈固非能绝迹国中忘怀政治。即云失败，彼在前清时之失败，已屡见而不一见，而卒有辛亥之大革命。故吾谓彼辈将来苟有机会，必仍思得当以报。"① 此殆可以代表国人多数之心理矣。然革命者，则又国人之所厌恶。故丁君又曰："处今日共和之下，若有图谋帝制复活之人，固为不赦之叛逆。然欲更为第三次之革命，亦必为亡国之乱民，而厥罪维均。"② 革命既为所深恶痛绝，而又灼然见其无可幸免，以是人无乐生之心，家乏一年之计，工商不进，学业不兴，侥幸之心，流为盗贼，偕亡之叹，闻诸荐绅。呜呼，此尚可以为国乎？此尚可以为国也乎？！

今且不问革命之果起与否，亦无暇推究起后之现象何似，惟问吾国胡乃独有革命之恐慌，而他国无之。此或有人为之答曰，吾国乃特别国家，非可以政治常道论也。迩日外邦学者，作吾顾问，以大鬻其学于吾，尤竞倡此说，谓革命不足虑，唯赖有以制之。国人不察，群然以和。斯则黄君远庸曾痛斥之，谓外人之为此言，乃"中国之大耻，不当

---

① 《中华杂志》第四号《敬告政府及倡第三次革命者》。
② 同上。

引为佐证……斯言果信，即等于谓中国人在天演上当永劫为奴，惟治奴当以特别法耳。"① 斯诚深通治体之言，可以发人深省。由是吾苟在不当"永劫为奴"以上，则其所为政治生活，决不能外于他国所经之恒轨，而别有所趋。果他国有道焉，使国中不含革命分子，人民安居而乐业，社会因以平和而进步，而吾乃无有，则自人谋不臧以外，决无他故，可为吾归咎之墟。呜呼，国人果真无悔过之心，而一平情察其咎之所自出耶！

愚请先言革命不见于他国之道。昔者英儒奈端，治天文称宗匠，断言太阳系中，有二力于焉运行。日者全系之心也，一力吸行星而向之，一力复曳行星而离之。前者曰向心力，后者曰离心力。斯律既著，质学大进。后蒲徕士覃精史学，深明律意，以奈瑞之说可通于政治，乃专篇论之，② 极言作政当保持两力平衡之道。名言精义，旷世寡俦。其说曰：

> 凡社会号有组织，必也合无数人无数团体而范围之。其所以使此人若团体共相维系，则向心力也；反之人若团体因而瓦解，则离心力也。国宪者乃集若干法之大成，而其法之若则若规，皆所以构成一社会而宰制之统合之者也。以是二力之作用，不期然而表著。向心力见，分子密著，而社会日强；离心力见，分子背驰，而社会必裂。理有固然，无可疑也。凡曰社会，无不有前力为之主宰，此至易明。然谓后力可以悉量免除，自有社会以来，完美亦决不至是。盖社会者，乃由小团体组织而成；而小团体中之个体，莫不各自有中心，环之而走。无论何之，不尽离宗。此种趋势，对于团体及其个体，其为离立，决非调融，可不俟辨。且也，社会过大，人人之意见希望，利益情感，断无全归一致之理。彼之所以为康乐，此或以为冤苦；彼受如斯待遇而以为足，此或受之而不能平。缓则别求处理，急且决欲舍去。社会之情一伤至此。久而久之，势且成为中坚。所有忧伤疾苦，环趋迸发，群体不裂，又复几何？是故生民以来，有若社会，有若宪法，综其历史，率不外此二力之争衡，其一集之，其一散之，其一合之，其一分之。③

---

① 《庸言》第二十九期《论衡》。

② The Action of Centripetal and Centrifugal forces on political Constitutions，见 James Bryce 所著 Studies in History and Jurisprudence 上册。

③ 见原著上册二五六及二五七页。

夫所谓群体裂者何？即革命之祸之所由始也。然则欲祸之不起，惟有保其离心力于团体之内，使不外奔，断无利其离而转排之之理。苟或排焉，则力之盛衰，原无一定，强弱相倚，而互排之局成。展转相排，展转相乱，人生之道苦，而国家之命亦将绝矣。由是两力相排，大敌之道，两力相守，治平之原。此读蒲氏之书，稍一沉思，即可深明其故。虽然，两力相守，于何守之？则"国宪者……所以构成一社会而宰制之统合之者也"。观其宪法，可以卜其政治组织之安否矣。夫宪法者有硬性软性之分。① 硬性宪法，谓其法视为根本法，一成而不可变，即变而程叙异常繁重者也。软性宪法，则抉根本法与普通法之藩，其法随时可以变易。二者与政力之关系，颇复深切著明。蒲氏曰：

> 今试从宪政上以观人国，而问其适于软性宪法？抑硬性宪法？则即二力而详较其实质，乃开宗最要之为。其国向心力较强者，或软或硬，皆足以维持于不敝。二者胡择，可决之于他问题，而不置重于此。惟若离心力潜伏其中，且信其滋长而未有艾，是建一硬性宪法，诚为要图。然其事甚艰，其基尤不易稳。苟若而宪法偏于集权，则设制时预想必须之向心力，必突过于仅有见存之量。其制一行，将渐见竭蹶，甚且崩坏，莫可收拾。且政事所之，日呈变态。宪法过硬，其所代表者，乃过去而非今兹。苟国中分子，为时势所移，趋于离析，而宪法适未豫为之地，任其自由施展，则其法已敝，不复能行。其在他面，一国厘为若干部，为象绝明。各部皆欲求所以自治，而其国之成，本由于各部之相集合。因是自治之事，谋以法律认之，且防护小部之被侵于大部，或见压于全体，则创为硬性宪法，为之一一规定，乃理想之所宜然。联邦宪法，即其例也。凡国中离心力过强，各部决不欲统于一尊，而又见有制限之联合，大有益于实用，此种宪法最为适宜。②

愚引斯说，在习闻宪法之名而不加深察者，或且不信宪法之为性或软或硬，影响乃如斯之巨，则请为两项言之：一为性之所之，一为性之所由赋。

以言性之所之，乃纯在宪法逻辑上之作用着想，其他问题，皆屏勿论，是则戴雪言之最明矣。其说曰：

---

① 硬性软性之分，附戴雪之名以章，实则倡其说者蒲徕士也。
② 见原著上册二五九及二六〇章。

即两种宪法比而观之，惟问硬性宪法，果能历久不敝，使所谓国家根本大法，不生变动矣乎？以史例证之，乃知其未必然也。六十年来，英伦之政治改革，悉行以渐。程叙既简，人因游其中而不自觉。其在他国，有若何法律，高高在上，表而出之，不容置议者，则无能望此。比利时之宪法，形式上未生变换者，已五十年以上。美利坚之宪法，寿命且逾百年，而未尝有一变迁，可与佐治第三以来之见于英伦宪法者，同年而语。但如有时以宪法失其圆融，凡无形渐进之改革，为国家根本大计所关者，俱因而见阻，则必有时以宪法之性过硬，而激起革命之风潮无疑。法兰西号称不变之宪法，多至十二，而平均计其运命，每次不足十年。且所以毁灭之者，恒出于暴力。涂格维尔大儒也，鲁意菲立之君主立宪既成，彼为宣言，无人拥有法权，变更此中条目。乃不足七年，即成灰烬。尤有一例，颠覆宪法，即以厥性过硬，充为理由。若即法兰西革命史而深求之，如此类者，当复不少。其例维何？即一千八百五十一年之政变，其最良之口实。乃法兰西人民赞成总统连任，而为宪法所格，非有国会议员四分三之同意，不能改正。此四分三者，今不可得，而主权国民之意，因不流行，非毁此宪法不可云云。倘若法兰西国会万能，如英之巴力门焉，鲁意拿破仑必且无从借口。彼之恶行，固多以他因而成者矣，而十二月二日之罪，则又能以其所据口实自为辩解也。①

法兰西诸政家，以千八百四十八年之革命，创立宪法，誓不变易。未几为独夫所毁弃，此诚为非常之事。然此种祸变，实硬性宪法之缺陷，有以酿之，不必即为例外也。盖立为不变之法，无异制止萨威棱帖之作用，使莫能行。于是法律中之文字，与人民最高之意思，易流于冲突。盖在宪法，法兰西选民之多数，乃真主权者也。而条文禁制总统连任，多数选民乃欲之，则硬性宪法自然之趋

---

① 法兰西千八百四十八年之革命，成功者工人居其大半，以鲁意拿破仑夙为政治论著，颇市惠于工人，遂得以五百余万票举为总统。是年十二月二十日，彼宣誓尽忠共和，逾年即与国会大肆冲突。多数议员恨其专横，鲁意审人心之不与也，乃专意买收军队之势力。羽翼既成，即以修护国民生命财产为名，陈兵四出。国会抗之，势以少挫。彼乃自抉其共和立宪之假面，于十一年十二月二日紧兵力解散国会，毁灭四十八年之宪法。其所托词，则戴雪之说宪法不能适如民意云云也。同时问罪之师，四处蜂起，而以力不敌，悉遭惨戮。其他党人之囚者逐者，不计其数，鲁意既全以兵力压倒全法，遽于此时举行大选，彼复以七十万票，继为总统，明年称帝。

势，必至使国法中之文字，与主权者之精神不兼容也。如法兰西宪法，以其性过强之故，激起革命，则运用软性宪法之英伦，其行大改革，独能免于暴力，宜有可称。学者试平心而读史，即知千八百三十二年之大改革案，全国之秩序不乱，而卒以法律平和之序，从容过渡者，则巴力门万能之为功也。

要而言之，在硬性宪法之下，稳和渐进之改革，有所难行。惟其如是，一为事势所迫，革命之祸，所不能免，此可断言者也。[①]

由右观之，戴氏于硬性宪法所以惹起革命之故，可谓言之有物矣。愚知闻者必且自叩曰，英伦之不文宪法，此不可学而几者也。一立宪法，如法如美，而皆为硬性，硬性乃适为革命之媒。然则宪法不可立乎？立宪法则革命终无可避乎？愚曰，此当先于不文宪法与软性宪法之间，加以界线。愚为《民立报》时，曾一驰论及此，说曰：

软性宪法，乃非与不文宪法同物者也。英宪之不文，以不必要耳。倘必将所有宪法上之规律，汇为一册，颜曰宪法，如法兰西，如比利时，亦何所不可。于斯时也，吾知英宪之精神，仍为软性。成文与软性，两质同时并具，今世虽无其例，而在政治逻辑，实为理想中无上之结构。但人多为近例所缚，不敢过泛政治上革命之思潮耳。反对此说者，必且如罗君[②]所言，谓此固为"世界最上之宪法。然非国民之政治习惯久远，罕能行之。"然须知无政治习惯之国民，运用软性宪法而不可者，运用硬性宪法亦同为不可。不可之量正同，而以变易宪法甚易，故其激急之冲突，转或可免（中引法兰西例不备录）……以记者之所观察，倘法人不以其宪法为奇货，使人民之意思，得随时与宪法相调和，则革命之惨剧，数量二者，皆可略减。

或曰，软性宪法尚矣，然法兰西拥其硬性宪法，以前虽时见颠覆，而自千八百七十五年以来，为时亦非不久，而革命之事乃不更见。何也？至美利坚之宪法，成于千七百八十九年，为时愈久，革命之说，尤无其梦想。又何也？愚曰，此问题也，不宜仅决之于硬性之所之，而当详质之于硬性所由赋。请得进而言之。

法兰西宪法之所谓硬性，非可比论于美利坚宪法者也。后者之改正，

---

① 戴雪《英伦宪法论》一二四至一二六页。
② 其文乃与罗君鸿年辩论之作。

须创设宪法会议，手续异常繁重，而前者则唯以两院合议行之。同一硬性，而此中差别，不可以道里计。且也，后者乃为庄严灿烂之文，而前者则成于因陋就简之意。此其关于本说，尤为切明。美儒罗伟恒言及之矣：

> 近时政治，宪法为要。但在法兰西，虽亦有宪法一物，而有两点，与吾人平昔所见，颇不相符：其一，宪法不包举于一案之中，而散见于各案之内。其二，各机关之作用，未严制限，而人民权利，国家所当保护者，亦未列举。此不仅与美利坚宪法有异，即与法兰西之习惯，亦决不同。以其昔年宪法，类为长卷，且尽全力以胪举权利。虽无实际上之保证，将来效力何似，终以政府之意志为衡，而权界森严，则固尽宪章之能事也。今之宪法则不然，仅于国家权力之所以施行，粗粗组织。即重要如每年预算及法官任期，且无规定。彼之所为，只为政府成其虚构，而明定高级公共机关之为何为何。至国政胡以行，一听后来者之便宜而已。……其所以然，则当时控制议会之多数者，为君政党，以创设君政之无望，乃与少数党联合，共议共和。虽采共和之名，而迥不如前此法家，视为理想之一组织。今政府之所由成，其精要在于调和。调和者固政制成于仓卒，而又传之永久所必具之性也。从法人所有政想之中，共和一名以外，所假借者，几仅属行政首长出于选举一事。凡元首不负责任，及第二院之设立，则由君主立宪而来。基本之观念，既如斯之不齐，宜无从创为高贵无伦之制。且各党视兹大法，俱不以为最后大定之文，君政党欲乘机而复其君政，共和党亦欲乘机更建民政之新基。国会之止于迁就一时，造一政府，简单圆活，使合于当时实际之用者，职是故也。[①]

观罗氏之言，宜以法兰西宪法过于简陋，不足取法。此如何作答，非一言所能了。今兹所宜申论者，则法兰西之革命，不再见于今日，乃深食其宪法简陋之赐，而决不当为法人病。何也？以其于政力向背之间，能保其平衡也。自拿破仑第三乘千八百四十八年革命之机，入为总统。旋复剪灭共和党，自为帝制，国中急激一派，已积不能平。惟以可乘之隙不多，拿破仑第三复能施行善政，保持国人信用，以是帝政能持二十年不衰。未几而与普鲁士构衅，师丹之役，固不独以决普、法之胜负，而并以卜法兰西帝政之存亡也。故败耗朝闻于国内，而共和夕布于巴黎。于斯时也，久郁不伸之共和主义，方得当以报，其势自不可侮。

---

① 见 Lowell's Governments and parties in continental Europe，上册七至十二页。

然民间习于帝政既久，亦复安之。所谓百足之虫，死而不僵。而国民会议，号称宰制国政之中心，以致议员之多数，仍思帝政。苟过为共和党所逼，法不亡于外患，或且亡于内讧。吾人试一熟察当日情形，共和党之志，不得尽通，帝政党之势，亦大有所厄，僻驰已甚，其中至无可联之环。则假定法兰西宪法，不为今形，愚敢决四十年来，法人之转于沟壑以死者不止其半，此可以推见彼中建国诸贤之智虑为何如也。虽曰以图一时之安，而长图大念，断无逾此。前述罗伟之名言曰："调和者……政制成于仓卒而又传之永久所必具之性也。"法人卒明此性，故最后之成功，远迈前古。此其智计，与其归之君政党，毋宁归之提倡共和大义诸君。盖其时君政党跋扈于议会，国家之运命，彼实操之，帝政之不复苏，其间不能以寸。幸而其党自有内讧，所拥各异，未能即决。苟民政党过张其理想，迫之以不能堪，则反动立成。彼惟有自泯其争端，相携以制共和之死命已耳。倡共和者知其然也，相与让之，只须保存共和之名以上，一切制度，自审其无可抗议，即惟其所欲。法兰西者，主权在民说之产地，以故所为根本大法，恒诉之国民总投票，以为最终取决。而兹乃不然。蒲徕士曰："法兰西千八百七十五年之议会，不以其所制宪法，质之人民者，以各党均虑其结果之不如己意也。就中共和党尤甚。彼虽勉使帝政之名不出于议会，而一般国民，是否与彼党悉同意见，乃不可知。以故在千七百九十三年，法兰西已独先他国，坚以萨威棱帖，植之人民。而自千八百七十五年以还，乃生息于一国法之下，初未经人民批准。而当时制定，仅以临时急就视之者也。"① 此其故即共和诸子，善养帝政余孽之锋，而待其自挫，至不惜牺牲其相传笃信之道以殉之。忍而有谋，可以概见。且彼辈蓄意假一机缘，重创宪法，使民主理想之基，几于不坏。自时厥后，亦卒未为。其在于今，君政虽如已死之灰，不可复燃。而君政反动之徒，不无从容活动之余地，居于议会，为势犹不可轻。听其自然，卒未闻于共和有害。于以知偏狭者不可以谋国，浮浅者不可与议法。此诚观于法兰西之往事，而著为炯戒者也。

简而举之，法兰西前乎千八百七十五年，恒不已于革命，乃昧于政力向背之道。掌力者惟司向以摧背，罔识其他。由是一党既兴，非尽杀他党之势不止，他党复起，待亦如之，报复相乘，乱乃无已。后乎千八百七十五年，未尝一革命，乃明于政力向背之道，掌力者惟使两力相待，各守其

---

① 蒲氏原著上册二一四页。

藩。由是一党既兴，决不过用其力，以倒他党。他党以能尽其相当之分，遂乃共趋一的，而永纳其国于平和有序之中。此其关系，最可深长思也。

说者曰，法兰西宪法之不召革命，实以其性本不过硬，而性所由赋，且全出于仓皇迁就之故。既闻命矣。至美利坚，则宜不在斯例。彼其宪法，最难改正，已非法兰西所可比拟。而费拉德费亚会议情形，复与法之第三共和建立时迥异。以法有其可以迁就之道，而美则无之。何也？美乃组织联邦，中央政府，当自无而之有。只须有中央政府以上，则其本身结构，与夫各邦及人民之权利关系，不得不一一胪举，切实而严明。是美利坚国宪乃一治具毕张之死法，与法兰西之零章断牍，不可同日而语。则在法不以宪法酿成革命，在美容或未然。然南北之战，乃起于实际问题，初未闻以此攻及宪法。宪法之祸，美卒未受，是又何说？愚曰，法、美宪法疏密弛张之处，尽各各不同，而其所以定宪之根本原则，则所共守，故内容大殊，而成功则一。是原则者何也？即政力向背之道也。求之蒲徕士，则又有说以处此：

> 美宪之成功何耶？以其政府组织言之，三权离立，近乎机械，世俗誉之，实为过情。且总统之选举，康格雷之作用，法俱未善，不足称许。然其宪法有两优点，皓然分明：一则制宪之时，社会中所存向背两力，悉量衡之，铢两靡遗；且坦然认定离心力之存在，而任其自然发展。当其收合所有向心力，施以准绳，制为规则，亦惟以不至惹起分崩之反动为限。匠心所至，并使联邦与非联邦两党，皆踌躇满志以归，以是向心力转增高度。向使定宪之初，满持向心力而发，所得之多，犹不抵此。其所以然，则在第二点矣。彼规定中央政府之职务，其所用语，富于弹性，解释之也，从其广义可，从其狭义亦可。易词言之，中央政府行政之范围，扩而张之也可，画而小之也亦可。其初数年，州权之声，高于统一之说。所谓范围，乃守其最小之限度，以其行政、立法两部，皆欲如此，而法院所下解释，亦惟以此为界域也。自时厥后，各州交通，益益发达，商业激进，及于全国。且州权之论，已大挫于南北之战，群晓其非，于是行政范围，日渐恢廓。且其所以恢廓，出于自然，由于缓进，于宪法中之文字，不相冲突。而惟一准当时思想情势变迁之度，加以弘阔之新诠而已。①

_____

① 原著上册二九七至二九八页。

　　由蒲氏之言以观，美宪之成功，决非偶然。戴雪曾谓美洲联邦制之日起有功，为瑞士所莫及者，在其人民法律观念之重。[①] 是则然矣。然法律观念重者，绝非谓不择法律之美恶，而悉奉为神明。美恶固无定衡，而亦决非谓不问己意之愿否，而悉惟法廷之命是听。戴雪曰："在审判最终之级，判词亦容为纰缪。凡国民不能默认此种纰缪而容认之，决不适于创立联邦制而为其分子。"[②] 斯诚透宗之谈，莫能颠扑。然容忍法廷最终判词之纰缪可也，倘或法廷所据以为判之最初法律，而亦见为纰缪焉，则将不在必当容忍之列。不能容忍，则组织之体裂矣。今美洲宪法，以其所留离心力活动之地甚宽，凡情感利益不同之人，俱游其藩而无所于碍。故其尊重法律之天性，始有所寄以为施。是戴氏之言，又待蒲氏之说足之，始予吾人以中边俱彻之象也。愚尝细窥蒲氏之书，觉其所论美利坚创宪名家，先为州权论者留其有余之地，而离心力转日减，向心力转日增。此种归纳所得之例，实可立为通义，放之四海而准。是就向心力而论之，为先弛而得张，就离心力而论之，欲取而先与。物情治道，往往相通，一语道破，万惑都解。愚见世之主张集权论者，至恶分权论如蛇蝎。推其用意，乃在创一纯一不杂之集权制，不使有一点分权之影存乎其中。此其有违于政则，自不必论。[③] 吾人且不深非其用心，而惟问其目的是否得达。以势推之，行见其溃烂决裂，不可收拾已耳。

---

　　① 《英国宪法论》一七五页。

　　② 《英国宪法论》一七六页。

　　③ 两年来论集权分权者，唯见王君宠惠有得于蒲徕士之书，持说颇中肯綮。所著《宪法刍议》论省制一节曰："夫绝对主张集权，而排斥分权；与夫绝对主张分权，而排斥集权者，同为昧于政治之原理，均无有是处也。不观夫物质上之原理乎？有向心力焉，有离心力焉，此二力者，或推之，或挽之，相杀而相生，相反而相成，天地以此而运行，日月以此而照耀，寒暑以此而往来，万物以此而生活，宇宙之大，机缄之妙，何莫非此二力莫大之作用乎？且此二力者相需而行，不可须臾离也。使有向心力而无离心力，则机缄止，止则万象俱寂矣。有离心力而无向心力，则机缄解，解则一切俱坏矣。世界将变灭，而何有于天地万物乎？惟国亦然。一国之政治，有集权之趋势焉，有分权之趋势焉。此二种趋势者，一张而一弛，一阖而一辟，国家以此而强盛，地方以此而发达，政治以此而进化，人民以此而振兴。是二者亦相需而行，不可须臾离也。是故世界各国，无论何种政体，其实行集权者，必同时而有分权之事。其实行分权者，亦必同时而有集权之事。若夫绝对集权及绝对分权，则断断不可。即使有所偏重，然物极必反，其结果终必归于各得其平而后已。是以今世各国，对于过于集权及过于分权之制，莫不以为不当。以法德两国而论，昔见为集权者，而今其国之政治，乃有分权之倾向焉。又以英美两国而论，昔见为分权者，今其国之政治，乃有集权之倾向焉。然则或集或分，不过从一方面观察之情状耳。而主张集权及分权者，眼光岂非各有所蔽耶！总之，集权分权之说，皆是也，亦皆非也。盖此问题，不在乎集权分权之本身，而在乎集权分权之界限，与夫集权分权之方法如何耳。"论本蒲氏。

是故欲集权者，不当于集权求之，而当于分权求之。天下之路，有似纡而实径，非真径也，以其径者，由之不可通。不可通再折而入于纡，耗时与力无算，卒之最径之路，不得不让此纡者，此类是也。然兹理也，又不独施之联邦国而有然。蒲氏曰："美与瑞，联邦国也，法、比、荷、丹，则统一国，而俱拥有硬性宪法，两两相衡，吾于此得一公例，是即以硬性宪法扶植向心力，而扶植之最有效者，必其国之采用联邦主义者也。盖在斯时，组织国家之各社会，其所有权利，悉受相当之保护，无所恐于国家权力之滥用，而拥护中央政府之意，始出于诚。由是此种社会，如或存在，是乃离心力之表见。对于国家日欲脱其羁罶，非详察曲谅，有以位之，国必不安。必也范其力使不外奔，而又保其力使能自育，立宪以纲维一国，至此始有可言。真统一国，自不须乎此。但有时号称统一，而统一问题，尚在筹画，则其法之最良者，固不若诉之联邦诸原则，而以硬性宪法卵翼之也。"[1] 往者法家论宪，绝严联邦统一之分，以为统一之邦，不可稍染联邦之质。理想之蔽，一至于此。蒲氏湛深史学，博通国故，发为宏论，良非偶然。沽丐后人，断推此种矣。统一主义，在英曰酉力帖良沁。[2] 直译之当作一神主义，谓国法统于一，犹之神道统于一也。此字戴雪用之，颇自矜重，著为说曰："吾英政治之原则，一言蔽之，即一神主义也。[3] 易词言之，即由一种中央权力，行使最高立法权，成为习惯是也。"[4] 此其树义之坚，迄无驳论。惟事势所之，不囿于学者所为界说。爱尔兰自治问题，一经解决，而所谓一神主义，不得不容异教之联邦主义，渐渍其中。斯可知政力之一向一背，有其自然，不能拘于成法，冀幸强制。而蒲氏独到之言，其价益与人以共见也。

以上乃言法美两国，未尝以硬性宪法酿成变乱之道。则如英伦之运用软性宪法，其不至酿成变乱，在宪法范围内言之，宜无烦吾人觇缕。惟白芝浩论内阁制有曰："吾英自宪政成熟以来，国中初无大难。以是自为一制，其中赋有最良之潜性，竟不易觉。"[5] 白氏之使之觉之，乃在表明人之不采斯制者，其害为何若。则欲证英宪软性之善，莫若假定英宪不为软性，其结果为何若。且以所食软性之赐衡之，其比较又为何

---

[1] 蒲氏原著上册二九九页。

[2] Unitarianism.

[3] 原注一神主义一语，词意虽稍离宗，而引用则颇便利。

[4] 《英伦宪法论》一二七页。

[5] 本志第一期《白芝浩内阁论》十七页。

若也。英人自诩其宪法之良，而以为幸免于革命者，实指千八百三十二年来之各改革案。诸案者，皆在扩充选举资格。质而言之，乃贵族与平民之剧争。苟巴力门为宪法所格，无力通过此案，则革命必起。革命一起，而首逢其厄者，必为贵族。虽不必若巴黎暴动，辄称杀尽贵族二十八万人，而将骤失其安富尊荣之乐，断无疑义。是为贵族者，即逆料各案通过后，将大有妨于其利益，犹当以此易彼。而况乎所妨之度何似，当时固无人有绝明之概念也。由今观之，则可以了然矣。鲁西烈[①]者，当今学者谈英宪最具锐眼者也。其言曰：

> 选举权之以次扩张也，论者颇深病之，且危惧焉。凡好学深思之士，属于中流康乐之家，无不执笔瓶甀，以为政权落于群氓，患且不测。据其所揣，则自彼以往，国本必且动摇，而社会秩序，亦且大乱。行政方针之所取，将不以国民全体利益为的，而止为多而且贪之一部分，力图其私。财产一宗，行为流氓之意所左右。彼视何者有利于己，即以何者入之法律而制定焉。举凡老成多识之夫，博学达才之士，将见放公众生活以外，取而代之者，悉为轻浮寡信疏慵贪黩之徒。此种戒心，不独保守派之老宿，如梅因、雷启之流有之，即自由急进派，向以拥护民权为生命者，至此亦不能不生疑惧。白芝浩曰："选区中无识一哄之徒，吾甚畏之。"自由党之当局者，虽未宣言有如白氏，其意亦大抵类是。千八百六十七年之案既决，识者咸谓政海之大变局，将伴以俱来。不仅政治原则不同，即登场人物亦必大异。
>
> 不谓二者俱不如其所期。新享选举权者，其无意于横厉无前之改革，及极端孤注之政略，与其前辈无殊。若谓彼辈志在权位，必以己党之人，掌握政权，举华贵殷实学高行修之人，迫而远之，尤为不实。以言工党内阁，与夫议会多数，属之工党，惟当于澳洲殖民地求之，英伦无是事也。平民首领，亦自有政治生活。然十九世纪之前半期，即已有之，以今衡昔，并无绝异之处。自千八百六十七年改革以来，保守党实与自由党平分政权。且千八百八十五年选举权复加扩充以后，亘二十年之久，保守党在朝在野之势，又皆如日中天，为从来所未有也。[②]

由是观之，可见英伦贵族，坦然以选举权公之平民，于己党势力，

---

① Sidney Low，见为伦敦大学教授。
② 见罗氏所著 The Governance of England 一七五页。

并无所损。其所以然，则英国民性，本偏于保守，其历史上之政治中心人物，无论何时，社会率重视之。身分才华学问经验，草茅之子，群自审其不及，即怡然以政权让之，无所于妒。且其所信平等自由诸说，皆求之实际，不如法兰西人骛为空想，热乃如狂。故彼激厉之余，仍不失其矜慎之态。此其特质，毁誉之者不一，而以明释改革案后之政象，要自不差。鲁西烈之书，即本此以立说。惟本篇之引鲁说，用意乃不在此。愚以为英人沉着之性，固属天生，而亦犹水性就下，激之可使在山。苟非导之其故常，则和气不难变为乖气。盖英人之于巨室荐绅，致尽敬礼，亦谓当由我自致尽已耳。敬礼为物，非可由自号巨室荐绅者流，强征之于民间也。柳子厚《送薛存义序》有曰："凡吏于土者，若知其职乎？盖民之役，非以役民而已也。凡民之食于土者，出其十一，佣乎吏使司平于我也。今我受其直，怠其事者，天下皆然。岂唯怠之，又从而盗之。向使佣一夫于家，受若直，怠若事，又盗若货器，则必甚怒而黜罚之矣。以今天下多类此，而民莫敢肆其怒与黜罚，何哉？势不同也。势不同而理同，如吾民何？有达于理者，得不恐而畏乎？"此其持论之正，在吾国诚所罕觏。然所以保障民役，使为之吏者，勤于厥职，惟在吏之自达于理，恐而畏之，不在民之自奋，怒而黜罚。此是柳州限于吾邦儒术，不敢过为非常之谈，亦不足怪。惟由今思之，吏之受直、怠事、盗货器者常八九，反是者无一二。果吾民终莫敢肆其怒与黜罚也耶？抑怒与黜罚之道，有为子厚本文所未及言者耶？以愚观之，子厚他时有谓"杀守劫令而并起"[1] 者，是即怒与黜罚最终之式。特此式不恒用，颠顶者遂以民为可欺，日怠其事盗其器而不一反顾。殊不知不用者，非无之谓也。怒与黜罚之事，虽不常见，而其力则日日蓄之。蓄之既久，今年不见其用，明年或见其用；甲吏不当其用，乙吏或当其用。不用于常，必用于变；不用于缓，必用于急。吾惟不解其常与缓之坦途，而止侥幸其变与急之不及吾躬而发。故民权之说，自治之理，未经一人梦见，遂赔数千年强豪篡窃之局，以至于今。若夫西方之政则不然。即柳子之说反证之，一言可以破的，是即灼然见夫人民储有"怒与默罚"之力。惟因势而利导之，无蹈束缚驰骤之弊。以故代议制度确立，而人民之聪明情感，乃得平流而进，国政以呈平安稳渡之观。席兑曰："代议政体之所求者，乃利用被治者加于治者之反动以改良政治也。易词言之，乃被治团体之利益，

---

① 《封建论》语。

必治者随时可由被治者直接或间接以景响加之，而后能充分保全也。"①
席氏此说，乃以证明地方政治独立之必要。所谓以景响加之，即民佣乎
吏，将不听其受直、息事、盗货器而不问也。即此数语，可据以划分中
西政治之鸿沟。前者玩于民情，而不晓其郁久将别求一泄；后者审夫民
力，而任其纾徐以达于用。政治之清浊，国家之险夷，社会之苦乐，悉
于是见焉。愚为此言，乃在说明中外民心，非有异同，逆而堵之者罔不
凶，顺而导之者罔不吉。吾惟欺民之不敢怒而黜罚，而有时怒而黜罚之
者倍酷。彼惟假手于民，俾得怒而黜罚，而民了然于怒而黜罚之权存于
我也，其所以用之者，转出于矜慎，留为有余，或竟不用，亦所时有。
此在人情往往如是，诉之政理，何莫不然？英伦之保守党，以选举权公
之众民，而其保守之势，未之或动。其在他一面，众民争选举权时，愤
懑不堪，及其既得，卒未一滥用。此固宜归之英民特性，如鲁西烈所云，
而就政力言之，则非于向背之道能得其平，其效决不至此也。

由上述法、美、英之例观之，可因以得一共同之点焉。盖法共和党
之欲战胜君党也，则先于宪法表示让步以养其锋，卒之共和之义大昌，
而君党之存于今，较前十不得一。② 美联邦党之主张统一也，则先于州
权论者，使有以尽其说而安其分，卒之结合之情，日以巩固。其度较之
草宪者之所推想，且有加焉。英保守党之得以保其厚势也，则由于宣导
民权，使之得所。此固非其始念所及，而政象如此，较然不欺。于是所
谓共同之点者，乃政力之向背，本无定形，而无论何种国家，两力又必
同时共具。则欲保持向心力，使之足敷巩固国家之用，惟有详审当时所
有离心力之量，挽而入之法律范围之中，以尽其相当应得之分而已。易
词言之，使两力相剂，范成一定之轨道，同趋共守，而不至横决而已，
此外无他道也。他道者，皆政治自杀之愚计也。

凡右所言，乃在陈明政力向背之一大政则，尤在使此政则，得有机
会，以适用于吾邦。至何时可适用之，何由以适用之，则惟任诸读者见
仁见智之情，无庸过于词费。故本篇结尾，止于略及近三年来之政情，
以表其与此说之关系，不欲详也。闻之丁君佛言："中国共和而后，扰
攘不宁者，两年于兹。溯厥原因，大抵由于新旧势力之冲突。换言之，
即理想派与经验派之相争不下。质言之，即国民党与袁政府之互不相容

---

① 数语参阅本志第二号《国家与责任》一八页。
② 今法兰西议会，仅有君党二十六人。

是也。"① 丁君此言，自不能无语病。盖以新势力全属之理想派，旧势力全属之经验派，已不尽然。以国民党代表新与理想，以袁政府代表旧与经验，尤属不当。然就事实上论之，则丁君所断，尚是大致不差。兹姑就以人论，则"冲突"之所由来，以愚观之，即两方皆不解政力向背之道也。夫以数千年之古国，一旦以共和之义，来相号召，旧势力之不能尽倒，童子可以知之。而民党设心，必以尽倒为期，此其根本大误。发点既谬，综其所为，悉背于反敌为友之方，而并力于为丛殴爵之举。当民军一呼，满廷解纽，昔日之主张君宪者，转而表同情于革命。此较之拿破仑第三既败，共和政府已宣布于巴黎，而君党之声威，尚公然扬于全国，国民会议，以君党名义而得选举者，至居多数；因日在共和议会，昌言恢复帝政者，其为势顺逆难易何似，不难想见。而法兰西共和先烈，有道以立于楚歌四面之中，而吾首义诸君，乃不知利用众山皆向之势。责以不明政理，其又奚辞？十三省代表集于汉口，议创临时政府，其中多昔日主持立宪之徒，遂大为革命党人所齮龁，鸟兽散去。实则此诸人者，为执役民军而来。亡友黄君可权，高才笃实之君子也，亦与于是役。当其倡言君主立宪之时，确信以为非此不足以救国；及其赞助共和政治之日，亦确信以为非此不足以救国。② 主义因时变迁，果何害其为君子？而以为党人丑诋，不得行其意，至沪呕血而死。非愤不见好于党人也，愤国事之将以此不可为也。其后唐君绍仪南下议和，从行者百余人。其中居心叵测者，固有其人，一时俊髦之士，多与其选。而俱以昔日党见未同，接洽未遑，即欲仇以白刃，致彼仓皇投止，狼狈北归。保皇党者，乃过去之名词，当事者以欲张其鼓吹革命之功，乃日寻敌党之宿慝，以相媒孽，仇杀之事，且见于广东。吾家太炎，闻之大惧。③ 即愚

---

① 见《中华杂志》四号《敬告政府及倡第三次革命者》。

② 闻黄君由河南赴鄂，曾哀痛迫切之书，告其京中同志，有吾辈昔日所见，虽与革命党不同，而至今日，果尚存敌视彼党之心，图存君政，是无人心等语。

③ 太炎以同盟光复两会相仇事，移书南京总统有曰："兼闻同盟会人，有仇杀保皇党事。彼党以康、梁为魁帅，弃明趋暗，众所周知。然附和入会者，尚不能解保皇名义。赤子陷阱，亦谓无罪于人。今兹南纪肃清，天下旷荡。虽旧染污俗，亦当普与自新。若以名号相争，而令挟私报复怨者，得藉是以为名，无损于虏，徒令粤东糜烂。此亦执事所当禁饬也。"又太炎与张季直曰："海隅近状，令闻者时有戒心。曩者武昌倡义，未盈百日，南纪已清。谓法兰西山岳党之祸，必不见于今日，然未敢断言也。款款之愚，每以老子常善救人为念。苟有寸长，以为不应记其睚眦。昔于仪征刘申叔尝伸此旨矣。何图先事建义之人，尚蒙憯祸。弹丸剡注，布在市间。所谓民多利器，国家滋昏者，其祸殆非数年不解。虽有保全善类之心，而乏饮醇餔糟之用。身非在服，不能遂其所怀，是则下走之罪也。"

亦不解嫉视康、梁，胡乃于共和已立之后，乃愈加剧。偶于《民立报》端，发为疑问，即大遭议者白眼，一切蜚语，转中愚身。凡此数端，求于前举政则，乃离心力之可转为向心力者，既为所排而去，而国内所有一切离心力，更不识所以位之，使得其所，而日以独伸向心力为事。卒之离心力骤然溃决，全体以解，己竟陷于绝地而不自觉焉。丁君以袁政府与国民党相待言之，不知亡国民党者，袁政府而非袁政府也。吴稚晖先生尝推言其故，而归之于人心。其说曰："政府借人心以肆其志，人心不过为之傀儡而已。然乐为之傀儡，必有至理存乎其中。故此次民党之失败，虽原因多端，而正因必为守旧反动。"① 是则然矣，惟吴先生当知反动云者，即离心力失其轨道之谓。而使离心力失其轨道者，又非离心力之咎，而使之失之者咎也。所谓"至理"，宜于此求之矣。

以言今政府之所为，则尤有令人心意灰绝者。以彼既利用国民党穷追离心力之势，悉收之以向己，而人心以得，而同时乃不审筹一相当之地，以置不可收之离心力，使运行于法制之内，借图政治剂质之用，而措国家于平和进步之域也。夫国民党之不慊于政府，固众所周知，而第二次革命之起，则不必即其本意。此观于孙、黄不入政界，各省自裁军队，可见一斑。猥与时会，实逼处此，遂出万死不顾一生之计耳。事至于此，无论从法律、伦理何方立论，革命党之咎，自无可逃，而当事者之酿成此局，其咎又居何等？丁君佛言谓政府不无"惭德"②。惭德二字，界说苦于难立。而自愚观之，谓其不谙政治通义，彼必无词。盖在社会，可号为国家以上，其所以处置反对党者，决非自迫其背畔草薙禽狝以外，别无他道。哈蒲浩曰："人竞言政府当准时势以立策，而不知其词换位③，转含真理。是何也？即政府不当自陷于一时势，因而见逼，以致行事不见容于较良之主义也。"④ 此类名言，可书万遍。当南北相持急时，中立者颇欲以调和之说进，而时论大詈之，以为兹番不可更坏于敷衍。此种谬论，果有强而言之者耶？抑由衷而出也耶？由前之说，愚欲无言；由后之说，则吾人乏于政治常识，亦至于此，斯诚可悯。西方三尺之子，无不知社会之中，与接为构，无不有调和之意，行于其中。团体愈宏，意尤切要。前引罗伟之言曰，调和者政制所必具之

---

① 本志第一期通信。

② 见《中华杂志》，惟仓卒不忆出于何篇。

③ 换位者，谓一句之中，宾主两词互换其位也。如甲为乙换为乙为甲之类。

④ 见本志第二期《哈蒲浩权利说》五页。

性也。英之大家莫烈①，且专著一书，名曰《调和》。十七世纪以还，欧洲所有政治运动，殆可以此二字尽之。今我方极力背此而驰，宜西人之以特别国家辱我。闻者或曰，吾惟不调和，故有今日之安。则惟问以武力驱一敌党，使暂不得安居于国内，果即谓之安矣乎？此自官吏、侦探及亡命客以外，有耳目者，举不谓吾民之获一日安也。其所以然者，政力未得其平也；政力未得其平，虽有圣者不足以为治也。

愚所谓政力未得其平，非为革命党人抱屈，而欲平分政权以与之也。苟革命党尽受驱逐，而当事本其公心以行其政，因得厝国于理，岂不甚善？事惟有济，成之者不必在我。革命党之真爱国者，至此亦将乐睹其成。而无如政例相告，此不惟不可望，而又适得其反也。盖其以力殄灭敌党之本意，乃在不认政治上有合法之抵抗力；而此种抵抗力之不能不有，又由于政治之本性而然。当革命党既去，政府所见为敌者，又呈他式，则余威所至，疑忌将加于昔时附己之徒。以故国会既熸，进步党亦奄奄一息。近日南昌大戮，其党支部人员，且拉杂其中。丁君佛言自述其党之苦心曰："对于政府，既失其法律上所依据之机关，已立于忠而见疑之地位。"② 此在政府，虽与对待革命手段有殊，而为不置离心力于相当之位则一。彼逐时演进，将来成何见象，乃不可知。其在他一方，革命党之首领，虽悉亡去，而种子则到处仍在。且素不附于革命党，而并为党人所唾弃者，至此亦假托名义，啸聚为乱。间阎冤苦，西北骚驿，乍报肃清，旋又蜂起，多方亟肆，奔命维艰。长此不已，社会不悉归糜烂，势且不止。由是观之，舆论付之躪躁，政党亡其根据，民心即于麻木，伏莽肆其凶顽，正气销沉，乖风扇发，民生涂炭，道路怨嗟，种种败征，皆于国民党失败以后而始见。丁君谓"结局统归于报复致死之一途"③。此其报复致死，丁君乃专指国民党而言。愚则虑其如蒲徕士所谓"社会之情一伤至此，久而久之，势且成为中坚。所有忧伤疾苦，环趋并发，群体不裂，又复几何？"夫至群体以是而裂，虽有扁鹊，无以为治。若是者何也？曰，当事不明政力向背之道所致也。一念之差，误国乃至于此。所谓作始也简，将毕也巨，岂不然哉！

愚书至此，辄叹奈、蒲诸贤所立原则，关于吾民国之废兴存亡，如此其重也。实则兹原则者，推之古今中外而皆准。吾惟一国，故亦同

---

① John Morley 所著曰 On Compromise。

② 《中华杂志》二号《民国社会之大危机》。

③ 同上。

之。今之人辄曰：吾邦特异，宜以力治。惟问其力是否亦有穷时？苟或有穷，其则即验，设辞抵谰，只形其拙。为斯言者，又不必谓力既穷而则始效也。以《约法》言之，若而法者，国命之所托也，国中所有意见希望利益情感，皆当于此表之。由是硬性、软性之分，政权、人权之界，当经极严整之战论，极审慎之调和，而后其法可与人以共守。而以愚所闻，则大异是。南京政府时代之所创者，乃成于革命一派之手，由起草以至通过，不闻有意见之相轧，利益之莫容。苟天下之力有存于革命一派以外者，则其《约法》宜不二年而毁。何也？离心力之作用则然也。北京政府时代所改造者，乃成于官僚一派之手，由起草以至通过，不闻有意见之相轧，利益之莫容。苟天下之力，有存于官僚一派以外者，则其《约法》亦宜若干年而毁，虽欲讳言，亦不可得。何也？离心力之作用则然也。于兹两《约法》之异点呈矣。前《约法》者，虽为革命军之所胚胎，而掌而行之者，乃属异党；一方视《约法》为圣神，而一方视之如土芥；一方日骇汗流涕以相告曰，尔胡破坏《约法》？尔胡破坏《约法》？而一方日行其破坏之实而不顾。是保之之力，本有未至，宜其速毁。后《约法》者，则在凯旋之余，本全盛之势以立之；且己立而己行焉，于他人无与，与革命派之不能始终其事者迥异。是保之之力周匝无遗，宜无从毁。此今之为言者之所衡论也。虽然，愚请以内籀归纳之术，从中抽出一义曰，《约法》者以力保之者也。易词言之，《约法》者与力并存者也。此正面之说也。从其负面言之，《约法》者与力俱消者也。夫法者权利之所存也，愚尝闻之卢梭矣。[①] 彼曰："有最强者之权利。"[②] 又曰："最强者之权利，以力守之。"此与吾正面之说同者也。其所作负面之说曰：

> 以力服人者，自谓有权利矣。吾且暂认之以起吾说。惟吾日即而求之，空无一物，如曰有之，直梦呓已。何以言之？如权利可由力造，则果随因变，彼为后之有力者所倒，权利亦为彼所承。于是人之暴力，足以相倾，彼即倾之而无所虞其违法。夫至最强者恒拥其权利，人之所为，亦惟为其最强者而已。一旦失其所以为力，即失其所以为权利。此而谓之权利，果复成何意味乎？大凡以力服人者，当其服时纯乎由力。苟可不服，决无必服之观念驱之而行。是

---

① 诸说皆见《民约论》一篇二章。
② 卢说愚驳严幾道《民约平议》引之，见本志一期。

力之所止，义务即随而止。可见权利之为物，以加于力，并于力毫无所增。故此而曰权利，亦一无义之词而已。

卢梭此段，乃言民约，而说明"约以意不以力"之道，其言精透，圣者莫易。以吾《约法》衡之，则号称为约，实乃无当于法。以须与力共其存亡，息息存时，息息可为亡候。故必待其亡而始知有可亡之道。斯诚大愚不灵，吾末如之何者也。然天下事往往有至易明，而若至不易明者，即是此种。故今之政府若民党，俱无望其深喻斯旨。且国事败坏，至于此极。惟有俟其劫尽，徐图转圜。正如已倾之乳，守而哭之，其又奚益？是愚之此篇，亦留以为箕子见访之用。读者若以第三次革命之风谣，加以诠说，末矣。

原载《甲寅杂志》第 1 卷第 3 号（1914 年 7 月 10 日）。

调和立国论

　　愚曩居英伦，目击其爱尔兰自治案之发展。自由党柄政既久，爱尔兰国民党与之提携，此案日日有成为法律之势。保守党抗声而呼，訾为垄断。此其政情得失，非本篇所宜问。惟反对者之词有曰，兹问题也，关乎国本至巨，宜由各党和衷讨议，彻底筹画，不由一党一意孤行。是则含理之真，无可诘难，固不仅保守党人云然。即自由党中之贤明者，亦复深明此义。昨年有自由党议员，发行一小册子，题曰《宪政危机》①，即就此点反复指陈，警其同党使勿专擅太过。格兰斯顿者，英之政家最称公明强毅者也。千八百八十五年，爱尔兰问题初兴，彼即言于沙侯②曰："如斯巨政，不可决之于寻常党争。必由是决，是诚不幸之尤者矣。"其言卒不见听。此小册子者，即本以起论，谓"自格兰斯顿发为斯语，中经二十七年，爱尔兰问题，仍然未决。今则决有日矣。……但若视为党派问题，以力争之，则其所酿不安之象，必重而远；且所生险状，将至何度，不可前知。须知吾人共同生活，与夫共同利益，各各有本基，远在党派问题所当回旋以外。纵令诉之党争，不必即有格兰斯顿所称不幸之事，在法亦不当行。盖于此种事件，非收合各派之聪明才力，冶于一炉，使其所定全由同意，不假强为，不足以安国本而善国俗也。……格兰斯顿往矣，及今奉其言以行，犹且不迟。读者其果无意也乎？"由议员之言，可见文明国之党争，将不尽恃多数专制之力。其所以然，愚执笔斯志以来，已屡有陈说。简而举之，则一国以内，情感利害，杂然并陈，非一一使之差足自安，群体将至迸裂，不可

───────────

① The Constitution Crisis，伦敦 T. Fisher Unwin 发行，未列作者姓名。
② 时沙士勃雷为侯相。

收拾。故凡问题领域，及于是焉者，非以全体相感相召相磋相切之精神出之，不足以言治国之长图也。

愚论发端，即絮述他国久悬不结之案。或疑其不类，然愚意所取，乃谓党派者，其策源地实为选区，国民明明以己意相托，其或相畔，并可随时解除其代表权，犹且于国家重要问题，不宜以多数凌轹他党，则如有拥权自恣，国民之监督作用，本根已绝，其为不可，更不俟言。爱尔兰自治问题，虽于国本有关，而其范围，亦只属于国家组织之一部分，犹且非全国一致，通盘筹度，不足以消隐患而奠邦基，则如有大政所关，其深且广，伯什于一地方自治事件，其不可为一人或一派人武断擅行，尤为无斁。愚读书观政，偶有所触，信笔所之，以起吾说。本事之切于今情与否，不足深论。亦惟问读者诸君，吾国今日政象，其为大权垄断，一切披靡，民志抑塞，无可告语否也。果尔则惟一解决之法，正在觅一机会，使全国人之聪明才力，得以迸发；情感利害，得以融和。因范为国宪，演为国俗，共通趋奉，一无诈虞，无可疑也。顾其所以致此，或者诉之武力而出于革命，或者诉之政治而由于进化，此别一问题，非本篇所能为之抉择者矣。

读者当知愚今执笔作为此文，正欧洲战局云诡波谲之候。此战之影响吾国，迥非寻常。债源已竭，国政莫举，中立失实；内地被兵，平时不逞之徒，且持政府之急，而谋捣其虚。将来祸之所至，良未易测。于时有为爱国之说者，谓外患方深，内讧宜解。英俄之宣战也，其爱尔兰、芬兰、波兰各自治案，或则停议，或则速决，而要以和衷济变为归。吾国所谓外患，虽与交战国有殊，而国中险象百端，更无余地容有同室阋墙之事，见于今日。苟政府听从民意，于政治施其相当改革，则革命之举，允当鉴于时势，知所止焉。是说也，又不仅稳和派主之，即急激者亦多以此自克。由表面以观，似愚前文所谓机会，不难于此求之；求之而得，宁非绝大幸事。无如稍有政识者，略一沉思，即决其所愿有如泡影。何也？以其名托调和，而实与调和之真性，相去万里也。

有驳爱国说者曰，国有外患，举国之人，一致赴之，理势皆所宜然。但今之所谓外患，果居何等，吾国岂有与人宣战之实力，政府又岂有是决心？二者不存，患于何起？昌言爱国者，非好事之徒，漫取一说以为名高；即自鬻之士，窥探政府之意以图见好，无足取也。愚于两方，不能为左右袒。惟国内民生凋敝，匪乱如麻，不胜兵戈，乃为事实。于斯苟有免除三次革命之道，有人心者谅无不乐于闻知。故人以免除革命之说，颂言于众，愚决不疑其理由，而惟询其方法。今其条件，在"政府听从民意，于政治施其相当改革"，则惟问"民意"将以何种形式发表？复何道能使政府"听从"？具其形矣，有其道矣，所有改革，又何者始为"相当"？凡此种种，皆劳审慎。若其答案，乃打一电，或上一书。书电既往，即无余事。则质言之为告哀，文言之请愿而已，调和云云，又谁欺哉？愚闻调和生于相抵，成于相让；无抵力不足以言调和，无让德不足以言调和。今革命党八九居海外，进步党亦奄奄无生气。自力不生，不足言抵；己之权利，剥蚀净尽，本无所有，更胡言让？抵既无从，让复莫傅，本质皆去，名将焉存？故今之人士，漫言调和，愚以为皆童稚可笑无关痛痒之谈也。

然则调和之义，其即废而不讲矣乎？曰乌乎可。调和者立国之大经也。美儒罗伟谓为政制传之永久所以必具之性。愚前论政力向背，已珍重而介绍之。① 实则此乃政家公言，初非罗氏一人之说；其理由内籀归纳而得，更非一时迁就之谈。吾国惟懵于此义，故共和三年，徒尸其名，而远漓其实。吾民之厄于淫威，失其自由，舆情不彰，冤苦莫诉，较之前清末季，专制未改，万万有加。受弊既有自来，则系铃解铃，救其弊者终属是物。故吾国唯有顿即于亡，否则社会迤演日进，迟速不可知，而要归于调和之域而后已。然英儒莫烈，言调和最知名者也。其言曰："进步者非能自动也。倘若吾人沉睡若干年，忽焉自醒，决不见群情国俗，焕然大进。世界之所以日趋于良，必人类之求其良，且多方以促其良者也。"② 果尔，吾人观国，苟见无调和之要则已，否则大声疾呼，冀幸国人之察于斯义，不致一误再误，毁坏其国，无可收摄，正吾人莫贷之责也。此而不谬，可见实行调和，是为一事，提倡调和，又为一事。吾调和之说，何时可见实施，愚无从知。惟斯说也；举国之人，今日即当深深印入脑际，则了无疑义。莫烈又曰："调和论者，恒趑趄而不前，非畏独为举世之所不为也，乃虑时机未熟，虽信己说之终张，而特以今时之未可也。虽然，是有辨焉。所谓时机未熟，果指坐言起行，世间一切制度文为，立随吾理想而一一迁变乎？抑仅指发抒新想，创设舆论，以声相求，以气相感，使同志卫道之士，日多一日，以俟一与时会，着实改革，险巇之量以减，成功之期可速乎？二者厘然分野，

① 参阅本志三期《政力向背论》第七页。
② 见 John Morley's On Compromise 第二百十页。

不得并为一谈。以言前者，时不我与，自难强为，理论独高，而群情未附，相时而动，吾亦韪之。但若而理论，树为大义，昌言于众，以证同心，则息息为之，皆是时机，决无所谓熟不熟也。"① 愚诚无似，窃取斯义矣。

顾当时有似是而非之说，与此正成反对，不可以不先辨。政府党曰，民国初立，首误于优容。束缚驰骤之《约法》，不得不勉遵之，放辟邪侈之元勋，不得不敷衍之，暴厉恣睢之都督，不得不容忍之，故以袁总统之雄才大略，从政期年，而一事莫举。一旦决裂，将假面悉行抉去，虔刘乱党，至于净尽，始有今日之统一可言。此一说也。革命党曰，吾党之第一失着，在与袁世凯言和。其次则在南京政府之引用旧官僚，以致本党藩篱，不期尽撤，迨南北统一以后，袁氏行其阴谋，政党从而扰乱，吾人降心俯首，与之提携，迁就愈甚，横决亦愈甚。故今后吾党如或成功，非尽所有旧势力摧陷而廓清之，使无遗孽，不足自保。此又一说也。之二说者，皆与吾调和之义不相容。使吾说而有可存，必先使两派人皆明其妄，庶足发生效力。愚何人？拳勇不足以服人，才辩不足以炫世，漫欲图此，谈何容易！然莫烈又有言曰："凡一理想之见于世，决非偶然。苟其已至吾前，必将次第往叩他人之门，而求其采纳。吾冥行而得见光明，亦必有他人暗中摸索，去吾不远。吾之发明，特其的耳。"② 信如是也，则愚即轻微，无足比数，或其所言，亦有不容已者存乎？

调和者实际家之言也，首忌有牢不可破之原则，先入以为之主。吾国调和事业之无成功，病即在此。今政府成为今形，彼有根本原则焉。是何也？即大权总揽主义也。革命党舍死奋斗，彼亦有根本原则焉。是何也？即共和建设主义也。大权总揽者，独裁帝制之精神也。其中不容有何种机关，分其权能，限其作用，此在庸童小女，可以辨其与近世民主政治，若冰炭之不相能。由共和建设以谈，其与大权政治之不相融，更不待反证而得，以原则之本体言之，无论根据若何，要无言不成理之虑。共和尚矣，专制亦非不能主张，且主张专制，而以皇帝与狄克铁特③，等量齐观，亦复自成一说。惟本调和立论，欲知原则之通不通，惟问施行之适不适。必严此界，而后愚说得以入焉。

---

① 见 John Morley's On Compromise 第二百十六页。
② 见莫氏《调和论》第二百十七页。
③ Dictator，危时窃政专制长官之名。

　　凡施行一原则而定其为适与否，观念每由人人之见解而殊。如今政府之所为，人宜以为不适者也，而彼毅然行之，是必以为最适。等一物也，人之所见，相差至此，或者疑之。不知此乃所谓适者，其想境各有范围，并非一物而呈两象。由此勘入，合点可求。今试问政府号为适者，果适于一人及少数人之利权乎？抑适于多数人之幸福乎？又试问政府号为适者，果适于现状之维持乎？抑适于国家之进步乎？吾之于一原则而字之曰适，必其不背于后者两宗，而政府则惟悬前者二事为衡。苟合于兹，他非所计。所见异致，实质大抵在此，并非政府不能为二者之别也。试推政府之用心而语之，何者为多数人之幸福，何者始适之，政府曰然，惟其事与吾利权有妨，吾不为也。又语之，何者为国家之进步，何者始适之，政府曰然，惟其事与吾现状有妨，吾不为也。如此推论，虽近滑稽，当局诸公，或且不认，而三年来所演政象，剥肤求之，其底蕴确乎若是。此在偏激者流，将立生两不并立之想，而自愚观之，则方哀政府之蒙于政情，并深叹其自私图存之不得其道。盖善保利权者，未有不明两利之术者也。苟多数人之幸福，于焉安全，则吾之利权，决能守其相当应有之域。善全现状者，未有不同时计及久远者也。苟久远之策，于焉讲求，则自通前后而合为筹。所谓现在，即为将来发轫之点；反之，舍国民福祉而专言利权，其所保存，必有溃决不可措手之日。舍未来进步而专谈现态，其所支持，必有傺焉不可终日之观。是知政府之所谓适，由吾人易地以观，乃即不适之尤者也。何也？以其昧于调和之理也。

　　大权总揽者，君主政治之涵义也。然在近世纪，即以君主言，亦安见守此原则，不加变通，而能安富尊荣自若者。愚于英、法，而得正负两证，请得述之。英儒边沁，昌言最大多数之最大幸福者也，而彼生长君主之邦，深观君制之利，颇于君权民福二者之际，著其调融无间之方。盖英之君主，虽有萨威棱①之号，而萨威棱帖，则存于巴力门。巴力门者，实合君主贵族平民三族而成，与他国政家之言国会，外君主而别为一体者，大异其趣。于时边氏立为论曰："吾英国宪中之萨威棱帖，即寄于此；而其所以寄之，乃为国民求福，穷极其致者也。盖政府中之三大质，求其配置之均，毫无遗恨，如今制者，此邦而外，殆绝无之。假如三者之中，有一负大权以去，则或为独裁君主制，或为贵族制与民主制，吾将势不获已，择一以从，而若策若德，若智若力，平时所恃于

――――――――――――――

　　① Sovereign，即大权总揽者之称。Sovereignty（萨威棱帖），大权也。

二以济其一者，至此举无有。假如三者之中，有二共负大权以去，而负者适为君主与上院，则法律容亦出之以慎，行之有方，惟以言为益民生，或不必时时在意。如负者适为君主与下院，则察势相时，居中审度，凡贵位老成之人所优为者，吾均失之。如负者为两院，而立法之中，君主不容否决，则皇室特权，时虞侵夺，甚至废除王位，亦非必不可行。于是行政者非全失其机能，必且异常孱弱。但吾英宪法，乃聚三质范而成之，相剂相调，极其合度，此其所以可称也。"① 在熟察英伦最近宪况者，或以其上院之力，日趋衰弱，英王否决之权，虽有其名，断无其事，因疑边氏三质调剂之说为未确。欲详论此，非本篇所许，惟就王权而言。说者所论，乃指民权十分成熟之时，而边氏立言，则在君民两权递擅之际。愚意有取于氏，乃在证明古初以来，君主首出庶物，号称至尊，一切法权，本归独擅。徒以与近世民政潮流相抵，不复可通。或则厌恶民直，多方摧抑，而己转即于亡；或则坦然与他质相投，自为体合②，因得保其固有尊严之量。至其量之多寡强弱，则政力消长天演深浅问题，一视时势为转移，初不与权力调融之说相背。执此以论英事，无可疑也。

英事然矣，法兰西则适得其反。盖法者昔为君权无对之邦，路易十四发为朕即国家之言，即与民权宣战之牒。大革命不起于他国，而独起于法，决非偶然。间尝浏览法史，探讨古制，审其自中古以迄十八世纪之末，"法王者实集一切权力于一身。惟彼有行政权，任用官吏权，甚且指定神父权；惟彼有宣战媾和权，缔结同盟权，惟彼有征兵与国民军权，彼更有立法权，所有行政司法诸制，王之一令，足变更之。何也？令即法也。质而言之，治法兰西者，惟习惯与王令两物，此外无所谓法。为司法之源泉者王也，裁判悉以王之名行之，判吏名则法官，实为王仆。王有不慊，任意黜之；王有特案，随时招来，设庭审之。全国财政，亦王自掌。岁出若干，何税当课，征收之方，何者为适，皆由彼自定，人莫谁何……至千七百八十七年，巴力门宣言，自后非得三族会议③许可，

---

① 见 Bentam's Fragment on Government，ed. By Montague，一八三页。

② 体合者，物自变其形以合所遇之境之谓，本生物学中语，侯官严氏如是译之。

③ 三族者，指贵族、僧侣、平民而言也。此坐创于菲立第四之末。时当十四世之初，王权无上，菲立尤英骛，固毫无发展民权之思，徒以与教皇争衡，欲国之助己，又俗稍借平民之力，以动贵族僧侣深固不拔之基，故有此举，凡以夺示己之威力也。后法人乃渐利用此物，主张政治改革，卒遭扼抑，并机关而废。故在十八世纪之末，已几二世纪不设矣。三族会议之名，南海康氏《法兰西游记》如是译之，王侃叔作《共和宪法三大模范论》译为各州总会，康译较当，仍之。

不得增新税目。三族会议者，当时计之，已有百六十五年未之召集。路易十四、十五两世，迭增新税，均未一与之谋。今议院忽有宣言，实为对抗王权之新主义。是年冬，宰相导王临院，祖述君政诸原则以抗之。有曰惟王有最高无上之权。有曰王行此权，惟对于上帝负责任；有曰立法权惟属之王，不分诸人，亦不惟人是赖。此种大义，乃法人世世所遵，政事万端，惟王听之，无取他力特为助理。民之代表，聚于王前，亦犹臣僚聚议，特形式稍为恢廓。所陈疾苦，或有讥弹，均待王言，以成定谳。宰相所赍王训，坚强若是，宜议院不能服。而路易不顾，径发借款策令，交院备案。疴尔良公①宣言，此不法之案，必欲存册，当声明王命为之。路易十六低声答曰：'声明可耳，于我胡择?' 旋曰：'此案断非不法。何也? 以吾意为如是也。' 实则当时王意以外，本无国宪。路易之言，谓之虚诞，固不可也。"② 然王与议院之情，以此大伤。时全法人心激昂，学说大盛，小册鼓吹之书，满街飞如蝴蝶。③ 新闻集会、激论日有所闻。地方暴举，亦或时有。王至此时，始允召集三族会议。千七百八十九年五月一日，此会遂成于微赊喇④。微赊喇，王宫所在地也。夫三族会议之所以异于国会，以后者本身，有自由讨议之权，而前者则衔有特别固定之使命，职在陈情，而不必由其发策。故其被选时，选举团体，已缮有说帖，历述所求，令其携呈，以备采择。此种说帖，无虑数千，若而个人，若而团体，皆就其所涉范围，指陈时政得失。诸帖并陈，汇为三集，贵族为一集，僧侣为一集，平民为一集。旋经法定程序，捧呈于路易十六之前。读者须知此会议者，意在和平改革，初未敢集怨毒于王也。"吾人手诸帖而读之，立见忧伤憔悴之民，其不堪虐政，呼求援手，精诚一致之气，感人肺腑。彼其所欲得，一近世之新组织耳，而所欲之范围，无一与尊王之旨相背。且矢忠王室，情见乎词。由表面观之，包本主义⑤之幻想，当时固全未叫破也。"⑥ 尤足异者，路易设为兹会，意在贵族僧侣助己张目，并抑平民。乃"二族之

---

① Duc d' Orléans' 当时主张民权颇激，以与王忤被囚，后为山岳党所杀。

② 见薛纽伯（Charles Seignobes）所著《Historie de La Civilisation》第四章首，薛氏法之生存史家最知名者也。

③ 如疴尔良公，即大出其私财，经营此事。小册子中如席治思（Sieyes）之所谓第三族（Qu'est-ce'que Le Tiers-Etat?）乃流行最有力者也。

④ Versailles 路易十四所营之新都也。

⑤ Bourbonism 包本，当时王家之称也。

⑥ R. M. Johnston French Revolution，四九页。

人，多数寄同情于第三族。彼皆爱国多智之夫也，尤服膺于福禄特尔、卢梭、孟德斯鸠之书，以为包本主义，为人道计，为法兰西计，即为其自身计，均当改造。"① 苟当是时，路易俯从民意，坦怀与三族提携，稍稍牺牲威权，以屈己而伸民，求一适中相应之点，以期法兰西全体幸福，建之于上。愚敢决王室尊荣，不难与英比烈，而革命之惨祸，可以不经。无如路易昧于大势，不解图此，未能推诚与民党相见，徒怀复仇之心，日以小机小智相应付，务终持王权，慑伏民党，而后释于怀焉。此其根本之误，不可救治。时三族会议，已由平民一部，把持用事，号曰国民会议②。以其创立宪法，又号造法机关。③ 此中所布自由平等诸义，自与积世君权，不相融洽。然其温和缓进之态，与暴民心理不合之处亦多。且两两相衡，与言近民，宁言近王。盖当时全法意见，裂为三派，而各相仇，以兵戈自卫，有犯之者，宁为玉碎，不为瓦全。王与民立于两端，居其中者则为国民会议。王之所志，报复也，反动也，绝对专制也；民之所志，革命也，根本破坏也，无限自由也。极端之见，两相背驰，其间连环，厥惟国民会议。以其目的乃在和平之改革，与有限之民权，固不徇王，亦不徇民。王不知与会议提携，转乘巴黎市民暴乱会议止之不得之时，调外兵入微赊喇以胁会议。芮克④者时掌财政，号能和缓君民之冲者也。王既欲与国民会议宣战，乃放逐芮克以示决心，更广集兵官，置酒高会，誓保其累朝无上之威，俾勿失坠。此风既播，国民会议与暴民者，遂忘其夙嫌，一致结合，以与王抗。此千七百八十九年七月十四日之变所由来也。迨十月五日，乱民拥王自微赊喇迁于巴黎，白龙鱼服，蝼蚁欺之，王之本身，已全失其作用。然当时有精于调和之术者二人，乃心王室，复得民心。苟得王与后推诚相见，假以全权，极其所为，未始不可返于和平之局。无奈事实来告，又得其反。兹二人者，一为米拉波⑤。米氏曾游英伦，究其政术。尝发为论曰："英伦！英伦！一宪法耳，此外吾无见也。"⑥ 又曰："英伦者模范之无尽灯，而自由之祖国也。"⑦ 彼既服膺此邦，一本其温和调解因时作计之道，以应于政。革命之初，彼为主动，凡于暴民失纪之事，无不节节维

———————

① R. M. Johnston French Revolution，五一页。

② Assemblée Nationale.

③ Assemblée Nationale，此与平时立法机关（Assemblée legislative）相对。

④ Neeker.

⑤ Mirabeau.

⑥⑦ Tallentyre's Life of Mirabeau.

持，声名既宏，谤亦蜂起。千七百九十年春，大乱之生，已经两载。米氏与王通款，冀有万一之当，可以已乱。乃王不信任之，转加愚弄。五月与后约会于园中，互筹良策。后竟"挟持私意，不肯以诚相见。米拉波则坦怀雪涕，谓彼爱王，尤爱自由，非兼营并救，策终莫出。后深恶之，而阳假词色。米氏既出，后即贻书驻德近臣，告其招米，特欲利用，并非深托。时国民会议主张媾和宣战之权，惟已有之，于王无与。米氏审此可以挟王与国民携手也，出席争之，至于名誉扫地刺客环伺而不恤。卒以其平日高才雄辩公心正义之力，已说仅乃通过。王则以隙大可乘，顿起阴谋，思昔年对待三族会议之法，急掩会议，将其所有议决案悉取消之。"① 种种槎枒，米氏之谋，全归失败。智尽能索，逾年即死。此政雄去而王之死日亦可数矣。一为拉飞咽②。愚读法兰西革命诸记载，作者于拉氏之毁誉，不一其说。最近美人约翰嗣同③，著《法国革命小史》，其论拉氏，愚以为颇得其平。其言曰："拉飞咽之为人，易毁易誉，惟不易知。革命初起，彼有助美独立仗剑成功之历史，惹人怀想。其笃信自由，持理一贯，尤为先登。朝贵之相仇者，于斯以浮妄短之，宁虑无隙？实则拉飞咽之自由主义，谛认之不外有容，既不走于极端，亦非邻于空想。彼之政敌，固属茫然，即其知好，亦未深察。拉飞咽以为自由者，非听他人之意见流行，义乃不备；凡政治号有建设，非以合理之调和为鹄，基乃不真。此种教训，逾一世纪，法兰西人始有知之。彼在当时，已能深通其意。"④ 约翰之言，真能尚论古人者矣。自乱民直捣王宫以来，凡有急难，非拉飞咽至不解。护国军⑤者，巴黎市厅之所置也，拉飞咽领之，上以卫王，下以制暴乱。其势虽张，而已为民党所忌。王且不知倚之，于其拱卫之下，仓皇宵遁。拉飞咽以此益见恶于民，攻之者益有所借口。自是以后，护国军盖无能为矣。由斯以谈，路易之死，基于不信国民会议，不信米拉波，不信拉飞咽。其所以

---

① Michelt，Histoire de la Revolution，第三卷第六章。

② Lafayette.

③ R. M. Johrston，美国哈佛大学历史助教，所著 The French Revolution 小册子，详简得宜，眼明词达，为初学佳本。

④ La Fayetta had already learned the lesson it took France a century to learn，that liberty implied，freedom of opinion for others；and that reasonable compromise is the true basis of constructive politics. 原著七二页。所谓逾一世纪法人始知，当指第三共和成功。参看本志二期《政力向背论》七及八页。

⑤ Les Gardes nationales.

然，则迷于王朝绝对之淫威，而无迁就调融之美意。南海康先生著《法兰西游记》，谓："路易固仁厚，能开议院，听民权者，而即以开议院听民权死。施而不报，且以囚戮报德，民心之难与亦甚哉！"① 是乃未然。路易非能开议院听民权者也，如其能之，又何至身死家亡，为人儌笑？今之论者，每以法兰西第一次革命过于暴烈。不知当时国民会议，悉由中流深稳之士所集而成。千七百九十一年之宪法，乃君主立宪中之理想组织，于王权民权二者，调剂颇得其宜。所谓暴民，则别为一体，立于会议之外。会议之所为，大为暴民所痛恨，而王之痛恨之量，尤有加。由表面以观，王为势迫，亦恒让步。然其让步，等诸降卤所为，势尽而降，稍起则又翻覆。以云调和，去之行里。调和云者，贵有公心，尤贵通识。"凡人聚而为群，其事成于相剂相质，其习行于相与相让。当割之利，不割不可，当低之求，不低不可也。"② 当其可而割之，应于时而低之，是谓调和。当割不割而卒割，当低不低而卒低，其割其低，必非寻常应与之量，所能餍敌之意。路易身为刑戮，职是之由。遽以能开议院听民权称之，未为知言也。何也？开议院听民权，非深解调和之义者不能，而路易非其俦也。前清之季，满洲政府逞其强顽，请愿国会之士，致受囚放，亲贵内阁之争，置若罔闻。卒之武昌一呼，势不可当，信条十九，无异废纸。由今思之，兹信条者，其精神可比法兰西千七百九十一年之宪法，施而有效，吾国足与英吉利齐观，岂不甚盛？乃不许之于和平竞争之际，而誓之于暴动四起之秋，等一物也，时势未同，则圣神化为豺虎。今据十九条以论满清，谓其听从民权，信誓旦旦，而卒以此覆其宗社，其不为知言，与康先生之惜路易殆同。何也？听从民权，信誓旦旦，非深解调和之义者不能，而满洲非其俦也。

说者曰，此君主之国则然也，共和之邦，或当别论。盖国而共和，人民可以自由运其意志。其奉为元首，宰制一国者，必其最称德高望重之人，以视世袭童昏骄汰之君，观念迥乎有别。于斯委以全权，民实委之，用力过专，半由时势驱之至是，未必可厚非也。为此论者，意在拥护民主专制，谓其不失为一种政制。愚固论之，欲知原则之通不通，惟问施行之适不适。今阳奉共和之名，阴行君权之实，所谓不适，莫此为

① 《法兰西游记》一一七页。

② 本哈蒲浩语，见本志二期《权利说》。

甚。盖以学说欺人，谓元首之来，由于人民自由推戴，则此自由云者，印之事实，恒极不自由；如其自由，元首之性质，又决不如是。虽事变之起，国民中亦诚有一部分，甚愿若而人者出，以非常之手腕，济一时之艰难，一至权假不归，流于横恣。即前之尸祝者，亦不得不诅咒之，本属仇隙，尤不俟论。此观于拿破仑第一而可知也。当彼行其苛叠达①，而尽灭共和党也，法人受革命之痛苦已深，群以为大难非彼莫救，虽恶其恣肆，亦颇安之。好持极端之见者，至以为苛叠达之行，与言拿破仑之胜利，宁归之共和党之罪恶②，此亦可见当时之心理矣。乃其称帝以后，情势大异，前之推崇惟恐不至者，渐至去之惟恐不远。时共和之理，已入人心，然鉴于拿破仑之专横，社会中渐露追怀君主之想。王党乘之，潜施运动，人遂益畏班拉巴主义③，而转以复辟后稍得自由为可亲。④ 观其败后，王政复古，不成问题，可见盛时其机早伏。伯伦知理曰："千八百十四年六月四日路易十八之宪章，精要在于调和。时旧朝归自窜地，而人民方经革命及拿破仑专制之余，此适足以调和之。君主制有其所必存，新政制有其所必守，此适足以调和之。宗社与革命，两体相厄，此亦适足以调和之。"⑤ 由斯以谈，路易十八所假以收拾人心者在调和。可知拿破仑为治之所缺乏，即为此物。然此固不必谓拿破仑之专横，至于酷不可耐也。史家执笔，且称其权以僭生，尚能正用。秩序既复，凡嫌疑党锢之律，并皆解除。亡命咸归，四民乐业，法令确定，财政绰然，政潮所趋，或生对抗，亦非不能让步，稍餍其意以归。惟大力所之，莫能自屈，百事皆可，一损及己之权力，则不允行。伯伦知理曰："以拿破仑初政观之，如其帝运不斩，君主立宪，容或可成。然凡事彼欲以绝对之意行之，他体有权，彼皆视为有妨己意，此其受病之本。一旦失败，所有制度，亦与

---

① Coup D'etat, 以非常手腕处置事变之称。

② Dangin 所著 Royatists et Repablicains 有此言。

③ Bonapartism, 班拉巴，拿破仑名也。

④ On ma assure que des hommes tels que M. de Villes e. ainaient plus le bonapartism que le liberalisme pour Ietablissement de la Restauation. 见巴禾（E. de Parieu）著《政治学指要》Principes de la science politique 四一三页。

⑤ Die Charte Ludwigs XVIIV 4. Juni 1814 war ihrem Western nach cin Vergleich zwischen der alten koniglicher Dynastie, welche aus der Verbannung zurückkehrte, und dem französischen herrschaft durchleft natte, cin Vergleich zwischen der Recht sansprüchen des früher absoluten Köenig thums und den neuen politischen Gewalten, zwischen der Legitimat und dem Besitzstand aus der Revolution-Bluntschlis Allgemeine, Staatsrecht 卷首四百七页，千八百六十八年本。

之俱倒矣。"① 伯氏之言如此，以证所以称路易十八者。拿破仑不能调和，即其政败之由，益灼然可见。求之英伦，克林威尔之亡，亦同此例，请并征之。

千六百五十五年，克林威尔解散国会以后，英伦全土，在彼一人掌握之中。租税如何征，法令如何立，军警制度如何编，外交政策如何出，皆由一手擘画，人莫迕焉。论者辄谓克林威尔暴主也，实则彼之所为，与古代君主之暴者，又异其趣。盖后者为暴，基于一己之私；克林威尔则信教绝真，纯以天吏自居，欲以所受诸天者，强致诸民。谓以崇己身之权威，非知言者也。惟克林威尔自信之力过强，以为己之所行，有百正而无一曲，人有持论稍异于己者，决不容之。若谓己禀天性独全，故所见独真，余于服己之令以外，可无他务也。此其根本误处，宜其及子而亡。穆勒恒有言曰："人不能无过者也，其所得真理，往往偏而不全。故非听反对之议论，尽量流行，往复比校，从而折衷，意见之统一，不足尚也。其在事为，抑又有然。须知言论之庞杂，与生活之多歧，非至人智大进，可以认理靡遗。兹乃佳征，决非恶象。"② 克林威尔不解此也，妄谓己乃知理独至，备道而全美③，尽坏一国之制度文物，以己意代之，语之于理，宁复可通？证之以情，宜不相入。彼既以横厉之策，尽收民权，而自为清教徒，宗教之遭其强制者尤至。民心离畔，何怪其然？且彼讨不服也严，窘异己也迫，厌苏爱，制王党，显之草薙而禽狝，隐之月朒而日削，欲不溃裂，安有幸焉？卢斯福著《克林威尔传》，尝论及此曰："吾美南北之战，格兰特④既胜，彼之所以遇敌党者绝宽，此固不能望之克林威

---

① Die Charte Ludwigs XVIIV 4. Juni 1814 war ihrem Western nach cin Vergleich zwischen der alten königlicher Dynastic, welche aus der Verbannungzurückkehrte, und dem französischen herrschaft durchleft natte, cin Vergleich zwischen den Recht sansprüchen des früher absoluten König thums und den neuen politischen Gewalten, zwischen der Legitimat und dem Besitzstand aus der Revolution—Bluntschlis Allgemeine, Statsrecht 卷首四百七页，千八百六十八年本。

② Mill's On Liberty 第三章首段，参阅严译《权界论》八二页，民国二年版。吾国墨子尚同，荀子讥之曰，墨子有见于齐，无见于畸。又曰，有齐而无畸，则政令不施。此荀胜于墨处，语见《天论》篇。

③ 卢斯福论克林威尔：…he was too impatient of difference of opinion，too doggedly convinced of his own righteousness and wisdom，to be really fit to carry on a free government. 见所著 Oliver Cromwell，二一二页。

④ Grant，当时战将，旋为总统。

尔。独立之役，美之王党，一败涂地，其败后之受逼捽，与查尔士第一既戮，克林威尔之逼捽王党者略同。惟华圣顿及当时政家，以为大非。秩序一定，敌党之自由，同时恢复，所享公私各权，一律平等。克林威尔时代则不然。政敌既败，仿佛败之一事，即为彼终身受罚之符，参政既没有其权，所有重税，皆强征诸彼，是惟恐其不畔而保证之也。"① 克林威尔既大失王党之心，人民厌其专擅亦寖至。尤怪者附己之军队，并乃与己示异，习为谨敖，致使克林威尔遣其亲信之尤者，分置各军，日不暇给。蒙克②者，诸将之雄，克林威尔之股肱也。而复辟之日，首按兵出迎查尔士第二者，即为蒙克。以彼倒戈，余将皆望风解刃。王政之复，不假流血，职是之由。当查尔士入都正位，卤簿所之，万民迎泣，此岂故君之足怀，殆由克林威尔之操切过甚矣。平心论之，当时民智未纯，大刀阔斧之为，未必尽可非议。且克林威尔操心制行，皆有精诚。其过激之为，由于信道之笃，与权谋幽险悖逆无道者，又不同科。徒以不谙治术，不解调和之道，遂至身死名裂，尸且受戮，良足惜也。

凡右所陈，乃以证明大权独揽主义，未能以逻辑之道行之，使之名实相印。易词言之，前主义者，其在事实，抑在理论，皆无余地使之自存。事实一方，既历历以史迹相证。请得更就理论，约略言之。昔荀子说威有曰："威有三：有道德之威者，有暴察之威者，有狂妄之威者。此三威者，不可不熟察也。礼乐则修，分义则明，举错则时，爱利则形。如是则百姓贵之如帝，高之如天，亲之如父母，畏之如神明。故赏不用而民劝，罚不用而威行。夫是之谓道德之威。礼乐则不修，分义则不明，举错则不时，爱利则不形，然而其禁暴也察，其诛不服也审，其刑罚重而信，其诛杀猛而必，黯然而雷击之，如墙厌之。如是百姓劫而致畏，嬴则敖上，执拘则最，得闲则散，敌中则夺。非劫之以形势，非振之以诛杀，则无以有其下。夫是之谓暴察之威。无爱人之心，无利人之事，而日为乱人之道。百姓谨敖，则从而执缚之，刑灼之，不和人心。如是下比周贲溃，以离上矣，倾覆灭亡，可立而待也。夫是之谓狂妄之威。此三威者，不可不孰察也。道德之威，成乎安强；暴察之威，成乎危弱；狂妄之威，成乎灭亡也。"③ 他日又论汤武曰："天下者至重

---

① Theodore Roosevelt's Oliver Cromwell 二一六及七页。

② Monk.

③ 见《强国篇》。

也，非至强莫之能任；至大也，非至辨莫之能分；至众也，非至明莫之能和。此三至者，非圣人莫之能尽。故非圣人莫之能王。圣人备道全美者也，是县天下之权称也。"① 苟两说非无关也者，则愚谓礼乐修，分义明，举错时，爱利形，不赏而劝，不罚而威，非至强至辨至明者，莫之能为。道德之威，非圣人莫之能及也。愚搜讨未勤，史识弥暗，不审书契以来，此类圣人，曾否有之。论者动称尧舜汤武，然五帝之事，若存若亡；三王之事，若芒若昧；尧舜汤武之治，是否与此合符，亦苦无左证。兹亦不深论矣。惟二千年以还，地无论东西，人无论黄白，凡史家所纪，文士所传，可以今日人类通性证之而决其不谬者，于其帝王君长之中，求一至强至辨至明，能为天下之权称，如苟卿云云者，果有之邪？抑无之邪？谓曰有之，则谁举其例以告？虽在百里以外，愚且裹粮挟赘以从。谓曰无之，则言治必翘一不可有者以为之的，此诚柳子所谓圣人之道，不益世用者矣。是亦不可以已乎？愚曩论克林威尔，请即其人思之，有以明吾说未过甚也。卢斯福曰："世俗之为说者，辄曰开明专制，信为良政府，是不然。三五坐谈，漫造原则，岂有合于治道？克林威尔之覆亡，即所以施教于此坐谈者也。凡一国民智，差足自由，于时有大力者出，奋臂攘之，代以己力，以为己力所致，远胜自由制之所能为，心诚求之，功亦逾奋。自有专制以还，未有盛于克林威尔者也，而且无成，其他又何足论？"② 其所以然，则前举人性不全一语，可以蔽之。笛卡尔曰"人类生而不全者也，全者非彼所能思议之物。则民之秉彝，虽有等差，未能绝远。备德全美，信乎未能。如其未能，一人政治之论据，岂不立为赍粉。"穆勒曰："夫人道不知何日乃进得于最隆。惟今日之人意，与理少合而多乖。故其言论云为，莫不利为同异。"③美人李德曰："统而观之，为多数人之幸福计，多数人之平均意，要愈于一人之最良意也。"④ 斯皆透宗之谈，圣者莫易，信如斯也。苟卿曰："道德之威，成乎安强。"道德之威，既无其物，所谓安强，何所自来？由是奉苟卿之言以往，非为暴察，即为狂妄，而天下之治，乃展转于危弱灭亡之间。且克林威尔曾以道德之威自期者也，兹不可得，宜为暴察。暴察之效，在于危弱，然克氏所得，实为灭亡。是苟卿所计效能，

---

① 《正论篇》。

② Roosevelt's Oliver Cromwell，二三六页。

③ 语本严译，见《权界论》八十二页。

④ Speaker Reed 之言，卢斯福述之，见所著《克林威尔传》。

初无准的。以英伦护国之贤，犹且如此，今之颂言神武者，奈何自蹈于灭亡而不自知也。

且荀卿之言三威，以概专制，犹有未尽。盖其所谓威者，无论德暴，要发自一人，致诸民众，中无间断者也。必如是也，而后其威之效，始有可言；且必如是也，而后主张斯制者，有其立脚之点。惟问自来专制之朝，其能达于是域，命由君出，一丝不紊者，果有几乎？间尝考之，为专制者，必有赖乎肱［股］肱手足。亦既赖之，其病首中于蔽。一有所蔽，威则下移。威之下移，专制胡有？是专制为物，实含有自贼性于其中，其制一行，性即自动。《韩非子》曰："夫虎之所以能服狗者，爪牙也。使虎释其爪牙，而使狗用之，则虎反服狗矣。人主者以刑德制臣者也，今君人者释其刑德，而使臣用之，则君反制于臣矣。故田常上请爵禄，而行之群臣，下大斗斛，而施于百姓。此简公失德，而田常用之也，故简公见弑。子罕谓宋君曰，夫庆赏赐予者，民之所喜也，君自行之；杀戮刑罚者，民之所恶也，臣请当之。于是宋君失刑，而子罕用之，故宋君见劫。"① 实则释其爪牙，宁虎所愿？徒以政性如是，实逼处此，不释不能。简公之失德于田常也，有不得不失者在也，虽至弑身不可避也。宋君之失刑于子罕也，有不得不失者在也，虽至见劫，无所逃也。何也？君者出令者也，臣者行君之令而致之民者也。君不能自行其令以致之民，而有资夫臣，非至失刑，必且失德，或则兼失刑德而使之用之也，韩非之为此言，是知其一而不知其二也。彼之于此，岂不有审合刑名之说，以为之基？然其基不位于人性之所同，亦美于言词，而不中于事实。其言曰："……审合刑名者，言不异事也。为人臣者，陈事而言。君以其言授之事，专以其事责其功。功当其事，事当其言，则赏；功不当其事，事不当其言，则罚。故群臣其言大而功小者则罚，非罚小功也，罚功不当名也。群臣其言小而功大者亦罚，非不说于大功也，以为不当名也。害甚于有大功，故罚。"② 此其为说，非无合于近世法治之精神，岂不甚善？然今之文明国所有法者，其性公，其质固；审判有定员，解释有定义。所用者法也，而非用法之人。人惟用法，而不能自用，故行之而无弊。专制国之法则不然。举所谓法，不越一人之意。即意即法，莫能明之。果兹一人者，亦落形气之中，则意决无衡，而法因靡定。好恶者人之恒情也，由非之言，君人者且不得有

①② 《二柄》篇。

好恶。故其言曰:"……越王好勇,而民多轻死。楚灵王好细腰,而国中多饿人。齐桓公妒外而好内,故竖刁自宫以治内。桓公好味,易牙蒸其首子而进之。燕子哙好贤,故予之明不受国。故君见恶则群臣匿端,君见好则群臣诬能。人主欲见,则群臣之情态得其资矣。故子之托于贤以夺其君者也,竖刁易牙因君之欲以侵其君者也。其卒子哙以乱死,桓公虫流出尸而不葬。此其故何也?人君以情借臣之患也。人臣之情,非必能爱其君也,为重利之故也。今人主不掩其情,不匿其端,而使人臣有缘以侵其主,则群臣为子之、田常不难矣。故曰,去好去恶,群臣见素;群臣见素,则人君不蔽矣。"① 夫创设一制,首责行之者去其好恶,则必假定其人对于斯制,初无所容心于其间。以无所容心之人,施行一制,其制必不成。韩非能言名数,不当立说矛盾如是。若有容心,是用好也,又安得去?为非之言者将曰,如专制者,以其为专制而好之也,吾情不动也。则既不动情,实得言好。又曰,情诚动矣,而乃集中,惟好斯物,余俱弗顾。于是有利吾专制者,吾虽恶必取;有害吾专制者,吾虽好必舍。是又不然。好恶者生于人心,不出于法术。人之好专制也,其好乃由人心而之于法术。今欲其好著于法术,从而绝其心理,是犹一木既长,枝叶扶疏,拨其木根,而冀枝叶凌空不坠,无是道也。夫好者何?乐也。以其所好,能发生体质若精神之欢娱也。欧洲功用学者边沁之伦,至以好恶为一切善恶之准。愚兹持说,姑不务为高远。惟人君以专制为善而好之,必其事足乐,体质精神,均因之呈一快感,断无可疑。而专制之爪牙,厥惟刑赏,此非所已言也。用刑赏而无妨于乐,必也刑其所欲刑,而赏其所欲赏也。今其言曰,尔欲专制,当刑其所不欲刑,赏其所不欲赏,是拂其情也。拂情者,天下至苦之事也。以图天下至乐之人,而律以天下至苦之事,此大反乎人情,其说必不可通。苏轼《上神宗皇帝书》曰:"……陛下虽严赐约束,不许邀功,然人臣事君之常情,不从其令而从其意。今朝廷之意,好动而恶静,好同而恶异。指趣所在,谁敢不从?"斯说也,歧令与意而二之,则真知君心者也。人臣事君之常情者,相待言之,即人君使臣之常情也。君非以是来,臣将不敢以是往。以情召情,遂成此象。令之所在,或为成规,意之所在,始为所欲。故得君之专,为君所亲爱,大臣廷吏,不若左右近习;循吏按法,不若优笑侏儒。何也?"此人主未命而唯唯,未使而诺

① 《二柄》篇。

诺，先意承旨，观貌察色以先主心者也。"① 韩非不明此理，遂造为"去私行公法"② 之谈，以干人主，宜其所如不合，身且不保。当其穷时，发为《孤愤》，辄谓："……法术之士，欲干上者，非有所信爱之亲，习故之泽也。又将以法术之言，矫人主阿辟之心，是与人主相反也。"③ 彼至斯时，犹以己说不行，乃无党孤特，为当途贵重之人所格，无由自进，反复说明，使人主反乎阿辟之为，而遵其法术之道。何其惫也！夫阿辟之心，性也，非习也；习可移，性不可移。性即可移，亦移于习，而所习者，则专制也。以言莫予违之习，加诸乐谀近佞之性，是犹以水济水，安言移也。由斯以谈，专制之政，首生蒙蔽，乃万不可逃之公例。一有所蔽，则荀卿所谓威者，非复人主之威。道德既有所不行，暴察亦有所不许，有时即欲自为狡妄，亦莫能为。此其结果，固不越乎灭亡。特其灭亡，与荀卿所言异趣。故曰荀卿之言三威，以概专制，有未尽也。

尝论专制之威下移，成于人主之意者半，成于当时之势者亦半。韩非任法之说，未通其意，亦未明其势。前者略如上述，后者请得约而论焉。夫古来最足害专制者，莫如封建。柳子厚作为是论，首立大义，谓："封建者，更古圣王尧舜禹汤文武而莫能去之。盖非不欲去之也，势不可也。"势不可者，易言之，"是不得已也"。故复曰："盖以诸侯归殷者三千焉，资以黜夏，汤不得而废；归周者八百焉，资以胜殷，武王不得而易。徇之以为安，仍之以为俗，汤武之所不得已也。"夫以不得已之情，而生不可之势，则其中于专制之利害得失，不言可明。请更举子厚之言实之。夫尧舜禹汤之事远矣，及有周而甚详。周有天下，裂土田而瓜分之，设五等，邦群后，布履星罗，四周于天下，轮运而辐集，合为朝觐会同，离为守臣扞城。然而降于夷王，害礼伤尊，下堂而迎觐者，历于宣王，挟中兴复古之德，雄南征北伐之威，卒不能定鲁侯之嗣。陵夷迄于幽厉，王室东徙，而自列为诸侯。厥后问鼎之轻重者有之，射王中肩者有之，伐凡伯诛苌弘者有之，天下乖盭，无君君之心。余以为周之丧久矣，徒建空名于公侯之上耳。得非诸侯之盛强，末大不掉之咎欤？遂判为十二，合为七国，威分于陪臣之邦，国殄于后封之秦，则周之败端，其在乎此矣。"愚读至此，觉其所见，有不敢尽同之

---

① 《八奸》篇。
② 《有度》篇。
③ 《孤愤》篇。

者。是何也？即子厚著封建之失，乃欲以明郡县之得。失者有叛之谓，得者无叛之谓。愚则曰，论有叛无叛，不当拘于制之本身，而忽视其作用。苟吾不能以此绝天下之叛，徒使其叛由甲点移于乙点，则挖肉医创之道，未见其为得也。子厚曰："秦有天下，裂都会而为之郡邑，废侯卫而为之守宰。据天下之雄图，都六合之上游，摄制四海，运于掌握之内，此其所以为得也。不数载而天下大坏，其有由矣。亟役万人，暴其威刑，竭其货贿，负锄梃谪戍之徒，圜视而合从，大呼而成群。时则有叛人而无叛吏，人恐于下，而吏畏于上。天下相合，杀守劫令而并起。咎在人怨，非郡邑之制失也。"是不然，果非郡邑之制失者，则人怨之祸，胡乃不易起于封建之时？战国之际，诸侯之虐用其民，莫减暴秦，豪强之不满于其君，何让陈涉？然侯者顿剑一呼，民无不应，伏尸满野，民无敢尤。夫强者之所深恶，亦叛耳，初不论叛于何起。郡邑之制，有叛人而无叛吏，封建之制，有叛国而无叛人；叛地不同，有叛则等。右郡邑者，谓无叛吏为得；右封建者，亦将以无叛人为得。彼亦一是非，此亦一是非。愚揣秦政初帝，衡论及此，决策必难，徒以前此皆食封建之毒，未受郡邑之灾。故以后者定为大计。不知其计一行，祸变立起。谓天下大坏，由于暴威竭贿，此亦似矣。实则秦政不失，失望亦随之。失政之力，仅以速乱之成耳，以为乱之全因，因信乎无当，此其故亦不待智者而明也。专制之效，首在民怨，民怨既众，乱象四萌。平时文恬武嬉，可云遥制，一旦有事，非变生之地，自有重镇，足相摄制，则土崩瓦解，理有固然。秦郡邑制者，中央集权之极则也，事事尽收于中央，所谓守令，本以供天下之劫杀，事果如此，以论本制，可谓得仁。秦事然矣，欧洲之霸主，处心积虑，有与秦皇相类，曰法王路易十四者，所收之果亦同，南海康氏尝论及此："革命共和之事，不始于他国，而必出于法者，以欧洲各国侯权甚大，群侯并强，民能小动一二，不能全动之也。惟法国削侯权，夺侯土久矣，自路易十四后百余年，诸侯未闻有称兵作乱者，皆奔走后宫以希王宠，其小侯食邑，不满千户，几致饥寒，故尔时惟一王独尊耳。巴黎乱民，一夫夜呼，乱者四应，围王宫，撤卫兵，而迁王于市。王权一失，诸侯无力以救之，只有遁逃，故罗伯卑尔等得恣行焉。假令法不尽收侯权，强侯四布，则一有内乱反兵，定之至易。故革命共和所以独出于法者，即缘法尽收侯权之故也。……凡物之患，常出于所备之外。法累世英君哲相，专志于削侯权，而不知民变即从此而生，犹宋艺祖专削藩权，而狄祸由此而盛。得失相寻，阴阳互根，故君子不可不知阴阳消息之盈虚也。"① 准是而谈，郡邑之制，不足以制天下之乱，章章明甚。行郡邑制，同时又蕲专制之运勿失，非别建大节不能，唐之方镇是也。子厚谓唐制州邑立守宰为宜，而以虐害方域，归罪叛将。不知将之能叛，即足以证郡邑之未宜。叛等耳，今徒自州而移于将，此朝三暮四之说也。自唐以后，皆可作如是观。愚为此论，绝非于封建郡邑有所轩轾也，乃谓封建之存，全出于势。明知其叛，莫能去之，必欲去之，变且立起，说在汉之七国、清之三藩也。或则本变刚终，民变即起，说在秦之胜、广，法之段敦、罗伯卑尔也。其后封建之根已绝，而强藩悍将相继而起，其理亦同。于是以专制之故，保留是物，是物之反响，即中于专制之身，太阿既已倒持，顺逆将惟其所欲。故苟强藩悍将一日不去，专制之道一日不完，果去之不可能也，即专制之道不可能也。专制既不可能，则所谓道德暴察狂妄诸威，举无所用。故曰荀卿之言三威，以概专制，有未尽也。

上述种种，凡以明大权总揽主义，以韩非审合刑名之道推之，宇宙间初无是物。本论多陈原理，尽举往事，读者或且疑之，请更以今之政局证焉。数载以前，即闻有开明专制之论，施行未果，而满洲亡，君制既摧，共和以起。共和者本非一二年所能收效之物，以举国皆不欲之，不与深试，试未期岁，殄灭无余。自是以后，政出一门，威驾清室，凡胜国之所欲为而不敢为者，俱为之无所于恐。故乘时游说之士，争以开明专制归之，而当途之人，亦复以此自许矣。② 其实果何如乎？夫言开明，宜莫若荀子道德之威，此其断不可得，前已详证，即质之时彦，亦未必敢证其然。拿破仑、克林威尔，乃吾人之所怀想，而以颂祷当局者也。此两人不解政术，自取灭亡，束缚驰骤，尤无民福，兹亦不论。惟以拿翁爱国之诚，克氏操行之正，谓当局者足相伯仲，答者然否已不一其词。是开明者本不可期，有之厥惟专制。然一言专制，韩非之说，实据逻辑不拔之基，苟或不然，即为自杀。专制者不可以意乱者也，能以意乱，即不成为专制，而今何如者？洪述祖之杀宋教仁也，刺探政府之意而为者也，而政府不能以制正意，至甘为儇人受谤而

---

① 《法兰西游记》百五及六页。
② 昨年解散国会之时，北京《亚细亚》诸报群称总统为克林威尔。总统对路透社员言，以墨西哥爹亚士自居。

不恤。专制云乎者?[①] 专制者不可以势挠者也。能以势挠,即不成为专制。而今何如者? 张勋之掠南京也,逆料政府无如己何而为者也,而政府果惮其势,数十万生灵之众,至不能易一武夫。专制云乎哉? 夫专制之主,不能自司其意,使人不窥,则主必壅蔽,下且无忌惮,各私其私,而主者一人孤立于上。韩子所谓亡国之廷无人是也。专制之主,不能善处其势,使己不让,则外必有挟,而内不能行其令;既纵之后,收摄无从,贾生所谓天下之势方病大胂是也。兹二象者,凡有目者皆所共见,初不待广搜近例,而后可明。[②] 苟大变猝生,专制以此不保,乃所自求得之,其又何怨? 惟长此已往,或倒专制不得其法,国且鱼烂而亡,中其祸者,终在吾民全体。忧时者徘徊审顾,以为时至今日,非有统筹全局之计画,不足以救吾国之急难者,凡以此也。

然而如之何而后可? 苟在十八世纪以前,民政未萌,学说未转,则吾惟有从申韩法术之谋,采李斯督责之论,志在君权,期于绝对,虽不可得,亦且为之,而无如今非其时也。大凡一意之生,生必不灭,一象之进,进必不退;有时见为灭为退者,非真灭而退也,乃正其迂回宛转,所以为生与进也。今者吾以一人政治最古之邦,被以多数政治最近之号,为生与进,遽至终端。于时旧势尚存,则促其生与进者,就于迂回宛转之途,乃题中应有之义。惟若抹煞新机,一意复旧,则大背天演之道,必且绝脰断脮而亡。斯宾塞曰:"盖蜕嬗之群,无往而非得半者也。其法制则良窳杂陈,其事功则仁暴相半,其宗教则真妄并行。此杂而不纯者,吾英之所有,正如是也。其冲突龃龉,自乱其例,上自国政,下洎学术,所樊然日多者,即以演进方将,损益之以与时偕行之故。义理法制,古之所谓宜者,乃今世变之更新,而适形其不合;且是之世变,往往即为前时义理法制之所生。特世变矣,而新者未立,旧者仍行,则时形觥觟。设图新而尽去其旧,又若运会未至而难调,此所以常沿常革,方死方生。孰知此杂而不纯、抵牾冲突者,乃为天演之行之真相欤。"[③]

---

① 韩昭侯醉而寝,典冠者加衣于君身而得罪。韩非为之言曰:"明主之畜臣,臣不得越官而有功,不得陈言而不当。越官则死,不当则罪。"今越官杀人以僇辱主,且不得加衣者之罪,近且倘徉京津之间,与贵人游宴,道路侧目,法司不敢问,此实言专制者之辱也。

② 丁君佛言,于《中华杂志》第一期《论最近政治上国民心理之变相》举例甚伙,愚于本志二期评论之评论中所作《开明专制》篇亦可参阅。本志三期时评中,洗心君《官国与总督制》一首,谓今之总统其权力不敌昔之北洋大臣,亦可证也。

③ 语依严译,见《群学肄言》三四六页,商务印书馆三版,原文见 Spenser's the Study of Sociology 三九六页。

斯氏之言，即所以著调和之精要也。① 然则救专制之弊者，其惟调和乎？调和者两利之术也，愚曩论之，法兰西未革命以前，彼邦贤者，腐心于包本主义，谓即为包本自身计，亦当改良，今于专制主义，愚亦云然。

抑调和者两让之谓也。前言吾国共和，不能筑于调和之上，有两原则为之梗焉，一曰大权总揽主义，一曰共和建设主义，是宜双方并议，而讲其所为调融和合之方。乃本论至此，皆所以掊击前主义，使失其根据，而于后主义且未一论焉。知且为读者所诮责，顾论之非一二言所可了，本篇幅窄，吾病未能，专篇究之，请俟异日。惟于此请以一言告读者曰，愚言调和，凡以立为国之大经，非于何派何人，有所粘着。人或以愚条举近政，谓以是业望之现政府，稳和者以为可行，激进者从而诅咒，愚均笑之。夫苟现政府自审其病，从而转圜，冀有合于悠久可存之道，固非吾论所能拒；若谓现政府恣睢太甚，罪恶将盈，吾惟厚其毒以速其亡，断无为之借箸使得自脱之理。因谓本论为不当有，未免太愚。愚言调和，论其理也，未著其方也。吾惟问调和之理，是否可通，并不问调和之方，将于何出。前者逻辑之事，后者医术之事。愚此论乃慕倍根，并不自称扁鹊也。吾惟论调和之道，于今为宜，并不谓调和之机，即今已熟，前者乃学者之事，后者乃政家之事。愚诚愿为斯宾塞，而不愿为米拉波、拉飞咽也。且前言之，调和生于抵力。今之抵力安在？以政府之道推之，又岂容人以此迂阔不近事情之谈，扰其意志，而未已也。调和首义，在发见新旧之媒，使之接构。其在吾国，现政府未足代表旧，革命党亦未足代表新。一言调和，运思近及于口耳四寸之间，亦何其隘！现政府为自存计，固利于调和，苟不知焉，终于自覆。革命党起而代之，以史例证之，此代之者专制未必不如曩日。时则吾调和论之有用，亦犹是也。不然，而见夫国内情感之未融，利害之不一，由悟横厉无前之策之未可遽用，尤吾调和论脱颖而出之时也。愚言调和生于抵力，而抵力无定式，其所自出，复无定向。苟于革命党以外，若而力者，忽也异军苍头特起，见于国中，排大力者以去，而将所有政象，规之使正，国基以稳，民困差苏，亦非绝不可有之事，是亦吾论适用之处

---

① 原文本明著调和字样，严译以他字代之。It can not be too emphatically asserted that this policy of compromise, alike in institutions, in actions, and in beliefs, which especially characterises English life, is a policy essential to a society going through the transitions caused by continued grouth and development.

也。愚固言之，今日政局惟一解决之法，乃在觅一机会，使全国人之聪明才力，得以迸发，情感利害，得以融和，因范为国宪，演为国俗，共通趋奉，一无诈虞。顾其所以致此，或者诉之武力而出于革命，或者诉之政治而由于进化，此别一问题，非本篇能为抉择。斯乃愚之深望读者留意及之者也。

原载《甲寅杂志》第 1 卷第 4 号（1914 年 11 月 10 日）。

联邦论

三年已来，国中颇多消极之说，以指驳联邦论。究其实主张联邦者何人？其说又何似？愚亦颇留意论坛消息，迄未有闻。吾友康子率群，恶联邦尤至者也。其言曰："南方始奠，民国既基，三五浅尝之士，辄倡异议，谓当卜宅金陵，改制联邦，……纷腾报纸，哗叫于时。私心未安，不敢妄同，乃与二三同调，首发诘难，以为国家上治，当贵统一，共和之实，无取分立。"① 又曰："联邦制度也，二重政府也。官吏之选举也，不特与人民希望者无毫厘之关系，且更舛韦国情，徒生扰乱。卒至新纲未布，旧纪已斁，举国愁苦。若逢大祲，梦梦者氓，乃大悔昔日行为之非。彼又宁知倡言共和者之罪，亦直以为共和之罪尔。"② 由前之说，仿佛联邦诸义，已有正式宣言。由后之说，又似二重政府，已见施行。至全国被其苦痛，愚诚无似，不敢以阿好友朋，遂右率群之说，而谓与事实无迕。盖当时南京政府，实主张统一者也。宋教仁之徒，信之尤笃。其后政事不修，道路怨叹，北京政府，当分其咎，何独尤南京？纵尤南京，亦与联邦无与。选举官吏，彼以为共和固当如是，非从美之州制而生。英非共和，官吏且多选举。果尤北京，又实行统一未善之故，去联邦益远。至于报章鼓吹，同盟会之重要机关，皆言统一。愚在《民立》，诸记者实未尝外此立言，率群与焉，宜知之弥审。其他激烈锐进之徒，亦不闻公立言说，以相号召。有之亦毫无责任不知谁何之人一二辈，又为激烈锐进之徒所不齿者耳。凡兹所言，非谓联邦之制，必可以倡，特以其时固未倡此，不可以是为共和失败咎也。

---

① 《雅言》第一期率群宣言。
② 《雅言》第七期《共和真精神与人民之自觉心》篇。

平心论之，革命之业，发于诸省。诸省独立，已如北美群州。在都督军事者，岂不乐就联邦，为拥权自恣之便，而顾不敢发。盖当时束瀛承学之士，旧朝习政之夫，倡言统一为中华唯一必采之途，反此即为不韪，闻者和之，习为一谈。舆论专制之势已成，自由讨论之风莫起，强顽者有所惮，自好者亦默尔而息。探厥真因，则由未辨联邦之道，以为联邦果徒便私图，而无裨国计；以为联邦惟革命党人受其赐，非革命党人皆受其殃。前派以此自疑而不敢言，后派以此自励而张其讨伐。《传》曰，郑人相惊以伯有。联邦者殆三年来之伯有也矣。

此外尚有一说，民国而行统一制，事仍为因，改行联邦，则纯乎革。革命自不惮夫革，而革中有可因者，仍当因之，此稳健者之心理，应如是也。且统一、联邦，两制并立，各有独至之理由，互相是非，是不知务。谓吾行联邦而有利，亦不当谓行统一而绝有害。政制死物，非人莫举，民国实始发轫，安知行统一而即无成功？苟或成功，此有慊于言联邦者之心，焉有二致？故当时明者，亦持统一之说，职是之由。

《易》曰，无平不陂，无往不复。凡事有然，言政亦不外斯例。国人之厌恶联邦，可谓至矣。而由近象观之，颇有至极而返之势。此与言求理有得，宁言经验教之。盖年来统一之失政，使人发生恶感，较吾率群所以蔽罪联邦者，殆又过之。人心反动，何怪其然？愚于联邦，赞否何似，本篇不著其义，惟请于本制不加可否之词，而为介绍诸说如下：

张君东荪在《中华杂志》七号，作《地方制之终极观》一首。其文甚有价值，最要之词曰：

> ……由政治言自治之本位，在地方制，本位立而后发展可图也。……吾以为欲举自治之精神，非改正现行制度不可。
>
> 今之主张废省者多矣，殊未虑及废省之害。省废为道或州，直辖于中央。中央之权力，压制此道与州，自较省为易，则民权之蹂躏，自治之扑灭，正如反掌。其害一也。且区域之分割也，必出于自然。自然者，人民心理之所产也。今省制亦有数百年，人民心理之结合，已成固定之形式，除一二省内部不相融洽外，概为相生相养，敌忾同仇。今一旦使结晶体为之融散，非徒于自治之精神无益，且足以隳人民之气，使皆奄奄一息，受治于人而已。其害二也。地方既缩小，则自治与官治，必同属一机关，今全国方迷于非民选主义，则以中央委任之县知事、道尹或州观察使，而兼理自治，是不啻自治全灭。其害三也。以现今之政象卜之，废省必为政

治上之大害，可断言也。

……吾故以自治精神，为今日解决"地方制之终极问题"之匙，徒争制度之形式，则失之矣。简而言之，今日解决地方制问题，当绝对采取能发展自治精神之制度。此制度初与省制无涉，故存废皆非所问。特省制既存，则不必更张，徒增纷扰耳。

此能发展自治精神之制度，果何物乎？……请以存省为例。于省组织省议会，及省参事会。参事十人，举一人为长，其职守等于昔日所谓民政长，今日所谓巡按使。省之下即为县，县之组织，如上所言。省参事长为执行自治事务之一人，同时亦管理中央委任事务之官吏，事无巨细，由省自办，于是自治之精神，得以发展矣。

更详言之，所以设参事会以为执行之机关者，取其精神在合议制。盖合议制之发生，后于单独制。单独制有历史上之习惯，故人皆拘于成见，以为单独制之优点实多。殊不知任何机关，皆以合议为宜，集思广益，利一也。个人不得藉作威福，有同职者之牵掣，利二也。遇事必慎重于始，讨究于未执行之先，利三也。苟其中有少数道德高尚之人，亦足制阻其道德卑下者之妄为，利四也。同负责任，无所推诿，则遇事必各视为当而后行，利五也。此五利正单独制之五弊，兹不复赘矣。

凡一省之事务，无分巨细，悉归省自理之，惟外交归于中央。全国军队，减至现制六分之一，专为国防。其费视各省之富力等差，为之分担。中央行政经费，亦由各省分担。凡此款项，均规定于预算，各省依预算缴款。至于国债，由中央筹出一定办法，编为条例，由各省承认。司法经费，虽由本省负担，而司法官吏，则须由中央委任。此各省与中央之关系也。此外则各省自治，中央不得干与矣。各省得自练民兵，以防匪盗。各省不得违背中央所立之法，而于法律之内，得自由议决法律，及增减租税。其他如警察、教育，咸由省自办，其程度不必一律也。

以上即自治之机关言之者也。请一言其监督。监督权有二：一曰立法，二曰司法。国家之立法，省不得违背之。省之行政，须一依国家之法律，遇有争执，则由司法以解决之。曩者《民立报》记者行严君，曾有行政分权、立法集权之说，余颇韪之。盖英、美行政，必取分治主义，立法必取集治主义，已成一行不移之现象，初非新发明之学说也。夫立法集治，而行政分治，则立法足为行政之监督。虽然，立法静的，行政动的也，动者虽受静者之范围，然一旦有事出其范围，静者不能自动，于是失其救济矣。故司法之监督权出焉。凡有争执，不问何事，概由司法以处断之。司法所以为行政之监督，而足以补立法之不足也。既有立法与司法之监督矣，则行政自身固不必再有监督。否则非但监督之机关，迭床架屋，足以消灭自治之活气，抑且监督过甚，反致诸事不举，全趋于消极，其为害莫此过也。

论至此，请先自消极方面为之总括曰，吾人不主张集治主义，不主张一省有中央委任之长官，不主张行政有监督权。更自积极方面一言以蔽之曰，吾以为中国欲图存且强，非采用英美派之自治不为功也。论者必以为吾之说有类于联邦，当革命未成之时，联邦论大倡，不佞当时亦为反对此制之一人。当时谓联邦之要素，在先有邦而后联为国，决不能先有国而后分为邦也。及今视之，此理初不为误。特以为自治与联邦二者，精神上实无甚差异，而名义上则绝对不同，由来上亦复不类。何者？自治者以民为邦本之公理，本于政治义务，自行执役于国家之政事，其与联邦国之人民自治于其邦内者，固无以异。第于联邦国，邦先存而后结约为国，国者不啻同盟而已，此与自治绝不相同也。至于联邦之名义，源其由来。由来不同，则名义自异。故以联邦之说，应用吾国，则必不可。且吾以为联邦之害，不在联邦之实，而在联邦之名。夫今人之抨击联邦主义者，其借口第一非外交乎？联邦之外交，诚不如单一国，然其弱点，半存于名义上。蒲徕士①谓外交之弱点，在联邦国，归于多数特别势力之政治团体。蒲徕士所谓团体，意即指邦而言。然有历史之邦，始有特别势力，后有特别名义。以此之故，外交多有迟钝之虞。实则联邦之目的，在自由自治，初未尝绝对不可让步，而必以特别示异于人。故外交之困难，仍在名义上，而非实质上也。蒲氏列举联邦之弱点凡六，所谓内部不齐，行政迟缓，内乱难平等。其中内乱一层，为非寻常必有之事，可不必论。至于内部不齐，行政迟缓，大凡土地广漠之国，莫不如此，初不必联邦为然。吾国非联邦，而内部之不一致，行政之迟钝，想亦为国人所共见，又于联邦何尤？蒲氏评联邦之弱点竟，更为回护之词曰："以上弱点，不仅

---

① 原文作勃兰斯，今改从本志习用之名，作者谅之。

可以国政府不扑灭纷争，反以此而强为答，且可言联邦制而发生纷争，但使此为联邦契约上之法律争执而已，于经济复杂感情激发之时，则纷争之生也，实出于势之自然。若此纷争生于中央集权之国，其猛烈决不视此稍让，且足贻害于后世也。"（原本《平民政治》第一册百四十八页）由是观之，联邦制之弊，实不尽然。即单一国亦未尝无之也。

且联邦制之精神在自治，吾人但求自治，不必有联邦之名。论者疑吾言乎，将以为联邦与自治绝不相侔。吾请以加拿大为例，以证吾说。加拿大本有四省，后又加入四省，此省即等于美国之州。盖加拿大虽为属国，而实为联邦。加拿大之为联邦制，世界所共认。然加拿大各省之性质，则不类于美国之州。其权限列举，规定于法规，凡此范围以内，为省之权，此范围以外，则悉属之中央。美国则反之，各州之权限，不列举于宪法。宪法所规定者，为中央之权限，此范围以内，属之中央，此范围以外，则咸归各省所有矣。且加拿大各省，于行政固为分治，而立法之高权，则由国会操之，即前所谓立法为行政之监督是也。由是以论，即联邦之中，亦未尝无程度之差别。以加拿大与美比，其相差不为不远，而人名之曰联邦则一也。实则若加拿大者，不过自治而已。故自治与联邦，精神上固不必强为分别也。王君宠惠曾倡中国省制取法于加拿大之说，吾当时惑于废省论，颇淡然未为注意，及今思之，其说殊有价值。……实则加拿大谓之为联邦，毋宁谓之为自治，今以提倡自治为主义，则去其名存其实可矣。

凡右所陈，实一篇联邦论也。作者虽极力掩之，而其真愈露。往者英儒白芝浩，论政最具只眼，其观察所至，往往揭明与时论相反之象，而谓反者为真，时人惊而自察，竟不能不认。如三权分立之说，发自英伦，孟德斯鸠亲游其邦，归而称道于大陆，著为良法，英人自是更不自疑。洎白芝浩出，大非此说，以谓英伦政象，实立法、行政融成一片，而内阁为立法部中之一委员会焉。闻者大惊，即而谛认，则又叹其言为不可易。白氏当时仅一普通新闻记者耳，而乃骤享广誉于著作之林，至今谈英宪者犹归之，其以此也。愚之征此，非敢以明锐窃比白氏，惟以今时竞言统一，举国上下，文人谈士，莫不依此而扬其声。即或怀疑，亦不敢外于斯名，更立新号。盖吾人之于联邦，久已视若异教之不可听矣。不谓反对联邦之中，乃有真联邦说，忽焉流露。为斯说者，初不肯以其名自居，苟白芝浩生于吾邦，必且大张反射社会心理之论，是则真相所在，无所逃于天地之间。特在白氏时为事实，而今则仅为言论耳。今请由此以入吾说。张君主张自治，同时谓自治之精神，与联邦无殊，是张君所主张，实联邦之精神也。此乃张君自道之，且其精神所寄。又复具体胪列，蒲徕士所著联邦之弊，更词辟之。本篇全为征引，读者必有会心，实不待论。惟就联邦名义言之，张君曰："……联邦国邦先存而后结约为国，国者不啻同盟而已，此与自治绝不相同也。"张君果故为是言，以欺庸众耳目乎？抑真以为若是乎？联邦者先有邦而后为国，历史中数见之例，固不相差，然政论真值，存乎理不存乎例。联邦者中土之词，强入邦字，欧文之 Federation，初不必指邦。今于宗教、学术、工商诸事，以戮力并进为约，大抵皆曰 Federation 矣，此亦得以邦字泥之乎？间尝论之，国由个人及团体结构而成，此个人及团体，初皆各各独立，而必有法以联之而国始成。故宪法者联法也[1]，州若省者，特团体中之较大者耳，本来存在，何分后先。今以组织略异之故，而乃以此组织为一分点，从而先之后之，岂复知理者之言乎？即以例论，而先后之说，亦不足破。法兰西统一国也，而千七百八十九年之革命，及伦之党诸名士，曾有法兰西联邦之议，虽为暴民所持，未获实行，而原议具在，可以复按。又英吉利亦统一国也，尤戴雪所谓一神主义之国也，而自爱尔兰要求自治以来，联邦之思想，逐渐发达。两三年来，为说益盛，杂志论文，名流著述，以为标题，详细讨论者，屡有所见。请征最近一说实之。威廉孙曰："吾国今后宪法，不久将成为世俗所谓联邦者，乃绝对可能之事。盖大多数之自由党，咸信兹义。惟变迁之迟速与其程度，容不同意耳。保守党人亦信之，甚至极力鼓吹，此数虽不必过半，而决其为多。爱尔兰国民党，所求如遂，焉有异议？工党见夫社会主义，可以自由活动于地方议会，影响法律，此种政策，亦所欢迎。"[2] 是法曾创联邦之议而未行，英且正坠其议之涡中，而莫能自拔。持此以证张君先邦后国之论，其无根据可知。愚为反复推寻，惟决其以欺庸众耳目，其说始可通也。张君又谓："联邦之害，不在联邦之实，

---

[1] 联法之名，创于吴稚晖先生。癸卯先生主上海爱国学社，编学生为若干联，联各置长，由票选，别为规条，号曰联法。此其组织，实一美洲联邦之雏形，而固可曰联，不可曰邦也。以其事可记，特附志之。

[2] 见本年出版之 Proportional Representation and British Politics by J. Fiseher Williams 五一页。

而在联邦之名。"联邦之实者何？由张君之言，盖自治也。本文之意，如愚解释不谬，无异"自治之害，不在自治之实，而在自治之名"，字义相斗，骤难施解。夫名者实之宾也，名之所以可弃，正以其实之未安。今实既安，名之害何所自至？且也，外交弱点，如张君言，不存于联邦之实质，而存于其名义，以实质上之困难，可以让步而消之。夫既实际之困难获除，外交之弱点已归乌有，所谓仍存于名义上，存者又是何物？果无物者，张君联邦之害在名一说，殊难圆也。加拿大者联邦也，张君曰："联邦之中，亦未尝无程度之差别。以加拿大与美比，其相差不为不甚，而人名之曰联邦则一也。实则若加拿大者，不过自治而已。故自治与联邦，精神上固不必强为分别也。"以此为材，出之逻辑之式，则张君之自治，等于加拿大之自治，而加拿大之自治，实与北美之联邦共一范畴，此童子可得其断案曰，张君之自治，亦实与北美之联邦，共一范畴，加、美人均"名之曰联邦"，张君之自治，亦将比肩北美，而得联邦之"名"，似不待沉思而得。是张君之文，实无形中告人以联邦之名可采也。复曰："去其名存其实。"名果得去，亦朝三暮四之术已矣，不亦众狙我国民乎哉？张君谓"当革命未成之时，联邦论大倡"，愚则殊无所晓。张君之所以"反对"之，亦未或闻。盖愚当时尚留欧洲，宜未之知。惟南京政府成立，愚已归来，则两方议论之影，无可辨认，故在愚殊不能追溯此段历史也。惟如张君今日所云："当时谓联邦之要素，在先有邦而后联为国，决不能先有国而后分为邦也。及今视之，此理初不为误。"愚则曰，此中是非，殆非一言所能尽矣。

　　张君之论既出，丁君佛言从而和之，撰《民国国是论》揭诸《中华杂志》九号，其言多可称，请并征之。

　　愚读丁君之文，觉其发端数言，最足注意。有曰："张君之主张地方制，既非附和政府，又不偏倚于激烈和平之论调，虽非自我发明，而要为共和以来言政治者所未道及。且其说在今日，恰应民国之需要，又为彻上彻下统括一切之根本主张。"此在稍明三年来之政象者，有以领其言之趣意。革命初发之时，激烈者主张联邦论[①]，既成之际，主张自治论，而皆为丁、张诸君一派人所反对。此属事实，决无可讳。今张君所主张，实联邦论也，已与革命前之激烈派同科，即忌其名不言，亦不能不与革命后之自治论合辙。谓为共和以来之所未道，恐未必然。稍以

---

① 此从张君所说。

例实之。国民党主张地方长官民选，进步党訾为暴乱，极力排之。而今张君论中，"不主张一省有中央委任之长官'，实为精要。在昨年为扰乱民国，在今年则恰应要需。在他人言之，为争权争利之符号，在我言之，则彻上彻下之主张。然则昨年之反对民选论者，非反对民选论也，乃反对国民党也。亦非反对国民党也，乃反对国民党之所以为国民党也。苟其论不出于国民党，不出于当时之国民党，则或保其逻辑应有之价，而为设从容讨论之方。愚其时力倡毁党之说，职是之故，姑不具论，论丁君国是论之本质。国是论者，乃推广张君之意而作者也，故曰："张君对于地方自治与联邦制之论辩，极为痛快，特只限于地方一面，而未阐发我国地方与国家之特别关系，故仅及其当然，而未及其所以然。"然则丁君之所谓"所以然"，吾人当谛听矣。其言曰：

何谓国家之特别彩色？即所谓国基是也。……吾之所谓国基，不愿利用浑默不可解之人心之说，且更除去国体政体诸建筑物，及不相干之政府，今虽无十分切当之定义，以为解释，然可暂用今日最流行一语以说明之曰，国基者其内容虽广泛，而其大部，则惟国情二字足以当之。其最好适例，如美、法、德、日，当未决定其国体政体以前，美先有自由殖民十三州之市府，德先有日耳曼之诸小邦，日先有与人民无政治上恶感之一系君主，乃得于此基础之上，建设平民政治，联邦国体，君主立宪诸事业。彼三国者，其开始改革，亦非遽能自认定其国基，中经若干纷扰，然后发明其本体所在，着着进行。故其改革也，势如破竹，而其建设也，如土委地，否则其国基未之发现，则一切设施，皆为无效。

中国之国情，万不能于政府及国民两方求之。然又非无国情，无国情则国家直无从建设。然则中国国情果何在乎？曰在地方。中国之地方，实于国家有最多组织之意思，而又于政治上占最大之势力者也。他国之地方小，中国之地方大。他国之地方，仅为政府划分之行政区域，中国之地方，则含有自治之人格。他国之地方，无论如何变动，国家自身不受影响，中国之地方，一有变动，国家本体，即有动摇。他国之地方，仅能承受国家之法令，以执行其区域内之行政，中国之地方，则更能本其独立之意思，使表现为国家之行为。故中国之地方者，非地方，乃组织国家之主成分，自接构成国家之单位也。通常之国家，皆以人民为分子，而中国之国家，则先以人民组织地方，而后乃以地方组织其国家。通常之国家，必人民背叛，国家始有变革，而中国之国家，地方若有崩离，国家即为解体。通常之国家，地方托命于政府，而中国之国家，政府托命于地方。故他之国家，恒虞人民叛变，而中国之国家，则惟忧地方分裂，凡以地方为有意思有势力故也。

吾所谓地方者，非指通常地方而言，乃指中国之各省而言。吾国省之为物，在世界各国中最为特别。其地理之窎远，区域之广阔，人情风俗之歧异错杂，强为比例，若英吉利之各殖民地，美之各州，德意志之联邦各小国，大抵皆有部分之相同，而全体又似不类，即历史上亦有差异。然若直认为同于奥大利之各州，日本之府县，则无论谁人，不能承认。国有如此特别地方，其与中央有何种关系，究适用何种制度，二年以来，当大建设时代，未见政府有何筹议，民党有何主张。国民党只知利用其势力，以为竞争政权之武器①，当局者只知巩固其地位，欲尽数消纳之于中央政府。今者前之失败，已有目共观，后者之办法，亦恐无甚把握。其根本错误，皆在始终未认定地方有若何之真价。

中国省之地方，其由来姑略而不论，要至今日，谓其为物已有历史的根据，习惯的效力，为中央政府所承认，地方人民所自觉者，当为全国人所首肯。前清中兴而后，督抚政权放大，几与古之封建藩镇相埒。说者谓前清政府，驾驭失策，而咎督抚之窃柄弄权。殊不知此有特别地方之国家，无根本良好之组织，只能勉强羁縻，敷衍于平时，一旦有事，无论效顺与反抗，同时皆有脱离中央之现象。咸同军兴，举凡募兵筹备，皆出自地方，防堵御寇，皆由于自卫，未见中央政府有何种之补助。观乎此则知非前清政府之放弃权力，实由地方本自有权，而中央政府之本无权也。其前之名为有权，亦表面上之虚饰耳。中央政府尚且如此，彼督抚者，亦不过因地方之权力，邀功己有，又乌得而窃之弄之。……前清末年，知地方势力之不可侮，行一政必征求各省同意，立一法必下之督抚签注，卒不得已，而设各省咨议局，使参与地方政治，更取地方代表主义，以各省咨议局选出之议员，组织中央资政院，更令督抚派遣

---

① 此当分别言之。盖争政权为一事，有无主张又为一事。前者可不置辩，后者则不禁为国民党呼冤也。盖地方分权及省长民选种种，久为彼党之政纲。宋教仁之《意见书》，王君宠惠之《宪法刍议》，今尚可考，焉得谓民党全无主张？

委员旁听。于时国家构成成分之主要意思，乃得稍稍表现，而国家之组织，亦似得其要领。徒以当局不识大体，贪迷无条件之中央集权。宪法未定，地方制度不明，各省之权限，无所遵守，亲贵揽权，举兵与财欲收集于政府，而嫌疑所在，促成土崩瓦解。识者早忧中国变革，上不在君，下不在民，而在中间之各省，此论政者所由致恨于前清光宣之际也。武昌起义，各省响应，拟以美利坚十三州之联盟抗英，决非虚誉。而乃误认一时纷乱之现象，举国上下，视地方分权如洪水猛兽，谋所以削夺收集之者，不遗余力。然而事实所在，虽神圣不能变男为女，卒之省有议会，前参议院取地方代表，国会上院议员，仍选自各省议会，而省制提案，至三易稿，试行道制，终议废省，卒无能动地方丝毫。此其事不重可借鉴，而国情不大可知乎？

去秋至今，国乱削平，省议会作废，外官制施行。各省文有巡按，武有将军，地方上极尽彼此牵制之妙。中央文有参政院，武有将军府，政府极尽控制内外之能。说者无不谓大权统于一尊，宇内晏然，从此可幸无事矣。而不知此特皮相之空论，理想之虚言也。吾非不知政府存道，含有废省之寓意，特中国大势，外重之形已成，有巡按使以分将军之权，尚可保旦夕之安。否则废省存道，而以百万陆军，散布各区，无他之有力者旁为牵制，意外之变无论矣，即平素无事，仅此无限的饷械要求，有挟的势力把持，当局者度难供其所求。而此斗大北京政府，虽日夜仰武夫之鼻息，亦恐不能得其一顾，更何论节制调遣乎？夫废省既有不能，而视此现行制度，即为已治已安，其谁信之？且说者犹未知今日中国政治上内外关系之真象也。今日中央对于地方，非命令的，而协商的。地方对于中央，非从属的，而对等的。一财政也，分明为中央预算所制定，而不得各省财政委员之承诺，则不能有效，前之财政会议即是也。一军事用款也，分明为大元帅之全权，而不得各省都督之同意，则不能削减其丝毫，本年冯督之首倡减少军事费即是也。故吾谓中国中央政府与地方之关系，乃契约的关系，感情的关系，面子的关系也。契约不协，感情有伤，面子一失，则分崩离析之形，即时出现。曾见国于天地，而有此等滑稽之组织，儿戏之政治乎？此予所为对于今之民国组织及行政之统属，而惶惑不得其解者也。……中国之地方，构成国家之主成分也，而强抑之为客体，此所以地方重为中央之累。……世无无意思无主权之国家，而为中国求意思之所在，主权之由来，则舍着眼地方，无他法门，以今日中国，惟地方有为国家之意思与组织国家之势力，合各地方为国家之意思，以成国家，则建设巩固。集地方势力以监督政府，则政治改良。今之民国，举凡练兵筹饷，中央为之乎？抑地方自为乎？则必云地方为之。今之中央政府，去一兵则某省曰时未至，索一款则某省曰办不到。此其中固不无为把持对抗者所借口，然所谓某省时未至，某省办不到，亦的有时未至、办不到之真情。而此意思之表示，谓为某省之官意不得，目为某省之民意亦不得，只有浑指为某省之意思而已，所谓地方之意思是也。而时未至即不能无待，办不到即不能强行，所谓地方意思之势力是也。然此意思虽为地方人格之现身说法，而不善用之，则永为对立反抗之祸根，一旦有事，即形四分九裂之怪状。苟善用之，使得立于国家机关之地位，为国家直接发表其意思，一转移间，而国家乃得根本巩固，政治乃得彻底改良。换言之，不善用之，地方即操纵中央，善用之，中央乃得命今各省。吾前云勿恃中央强制各省，要贵地方效顺中央者此也。

依吾人所见，中国之国情，既非个人主观上枝枝节节新旧观念之别见，而为客观的确凿有证之事实，则民国之国基在是，而民国之组织，亦即不外左之三要点：

第一，制定宪法，注重中央与地方之权限。其大要中央取列举主义，地方取概括主义。但中央须保有一层之高权，为其自由活动之余地。

第二，各省置行政首长，亦无须拘定简任。设省议会，为地方立法机关，并监督地方政府。

第三，中央置国会，上院以各省首长派遣之委员，及各省议员选出之代表组织之。下院以全国人民选出之议员组织之。

由上三法，第一，可免去今日中央与地方权限之淆乱争执也。第二，可除去今日各省之官僚政治，而地方得有自由发展也。第三，有上院代表地方，则立法有效，政府行政，无须得各省同意。有省议会下议院代表人民，则人民可逐渐得为政治之训练也。此其积极之利益也。至于消极之利益，国人不日忧共和之不巩固乎？国会之再被取消乎？总统制之将来有危险乎？若依此三法，则吾敢担保国人之所忧者，皆不成为问题。而国基一定，举凡国体政体诸事，一并解决，并彼激烈、和平各派，皆可融化一炉，携手同行，而谋国家之利益，必不至如今日之仇雠水火也。且二十世纪之政潮，虽不容有个人冒称国家意思之政府，而国家旧势力之所在，决不能不承认之。中国人民之程度，组织国家，不无勉强，而大势所趋，要不可不使其参与政治。有地方代表补助调和于其间，则大体成就，而后起可望有功。夫依平民立宪之原则，英、德、日、美，仅有一下院足矣，更何须贵族院、元老院、参事会乎？在彼诸国之初，盖亦有所不得已也。即国会议员选举，直接选举足矣，而何为又有复选一说。复选制度之发明，盖亦彼国人民程度不及之明证。民国而果行吾说也，又乌在不能为共和，不能为立宪乎？

丁君之文，关于本论点者，既为全举如上，读者其勿即谓愚悉赞同丁君所言也。其中所持，尽有与鄙见不尽相合之处，惟本篇之职，乃在证明丁君国情说之性质，而非品题其价值。故出其内容，相与析论，愚病未能。至性质何若，则愚敢为宣言曰，此一绝明无翳之联邦论也。其于省制委细申说，无非屈曲盘旋，以明联邦之必要。最后提出组织三项，曰制定宪法，中央取列举主义；曰行政首长，无须简任；曰国会上院，代表各省，则美利坚立国之精神，举不外是。所谓结尾一点，破壁而飞，丁君之梦想联邦，可称功德圆满矣。然一篇之中，意在联邦，而不标联邦字样，是又何也？其殆以为不言而喻乎？抑故避其名乎？皆不得知。惟愚读之终篇，觉其与张君之文有异趣者，乃即在此。盖张君惟恐人以联邦议其后，而仅以自治为名，丁君则不暇为联邦自治之分，而极倡吾之诸省为地方特别制度。其论国基，以"美先有自由殖民十三州之市府，德先有日耳曼之诸小邦"为譬，是美、德我民国也。其论各省曰："若英吉利之各殖民地，美之各州，德意志之联邦各小国，大抵皆有部分之相同。"是殖民地我省，州我省，小国我省也。其论革命，"拟以美利坚十三州之联盟抗英"，是又明明美利坚吾支那也。结论有曰："彼美利坚之建国也，固始于离英独立，然得形成今日之合众国者，则出于波多因、哈密敦①二人之倡议，吾安知今之中国，无波多因、哈密敦其人乎？吾又安知有其人而必可有其功乎？"是复明明波多因、哈密

---

① 原文作汉密尔图，今改从本志习用之名，谅之。

敦诸政客或己身也。丁君之摹拟联邦，惟妙惟肖，同时更不声明己说，与联邦论有何差别，则愚漫以是论字之，丁君或不以为迂也乎？丁君或不以为迂也乎？

原载《甲寅杂志》第 1 卷第 4 号（1914 年 11 月 10 日）。

学理上之联邦论

联邦之论，初起于国内，正副两面之说，弥引而弥长，非本篇所能馨其百一。故以学理为题，读者当知其一定之界，至于本制赞否何似，仍待他篇。综计本文所谈，皆关于联邦自身观念，欲知联邦之为何物，兹或不无小补。至物之为美为恶，终俟读者自为权衡，故今番所陈，亦由之而赞否可得以施，非欲垄断他人思想之力也。

愚畴昔著论曰："联邦者先有邦而后有国，历史中数见之例，固不相差。然政论真值，存乎理不存乎例。"或者病之，谓理由个别之事归纳以得，"事实自个别散立观之，名之曰事实，自其证明真理观之，则名之曰例，实则同一物也。且事实已然也，理当然也，当然必在已然之中，离已然无当然。"由斯说也，先邦后国，既为联邦已然之事，当然之理，即在其中。自后凡为联邦，苟邦不先存，时曰非理，与愚例外别有理在之说，不能相容，今请得而辨之。

理有物理，有政理。物理者绝对者也，而政理只为相对。物理者通之古今而不惑，放之四海而皆准者也。政理则因时因地，容有变迁。二者为境迥殊，不易并论。例如十乌于此，吾见九乌皆黑，余一乌也，而亦黑之，谓非黑则于物理有违，可也。若十国于此，吾见九国立君，余一国也，而亦君之，谓非立君则于政理有违，未可也。何也？立君之制，纵宜于九国，而未必即宜于此一国也。或曰，自培根以来，学者无不采经验论。此其所指，似在物理，而持以侵入政理之域，愚殊未敢苟同。善夫英之论者鲁意斯①之言曰："人谓政学之精，盖存乎验。但所谓验，若视与科学之试验同科，则相去万里。以验加之政学，亦惟谓详

---

① Lewis 语，见所著 Methods of Observation and Reasoning in Politics，一七八页。

察之试行之而已。"其所以然，则科学之验，在夫发见真理之通象，政学之验，在夫改良政制之进程①。故前者可以定当然于已然之中，后者甚且排已然而别创当然之例。不然，当十五六世纪时，君主专制之威，披靡一世，距此以前，政例所存，罔不然焉。苟如论者所言，是十七世纪后之立宪政治，不当萌芽矣，有是理乎？

如右所陈，联邦之理，果其充满，初不恃例，以为护符。"即以例论，而先后之说，亦不足破。法兰西统一国也，而千七百八十九年之革命，及伦的党诸名士，曾有法兰西联邦之议。……又英吉利亦统一国也，……而自爱尔兰要求自治以来，联邦之思想，逐渐发达，两三年来，为说甚盛。"此愚前论之所言也。驳之者曰："法兰西之事，已属过去。况及伦的党人专崇拜美利坚者，其主张联邦，尤出于模拟，为不切实况之空想，无一足证。至于英吉利，即使他日竟为联邦，又安知不为例外乎？"兹亦请得细论。

人类者富于模拟性之动物也，世有良法，从而拟之，本不足病。惟以谫陋所知，及伦的诸君子之倡言联邦，乃事势迫之使然，非必出于豫立之理想。盖当诸君与山岳党人，同据造法机关②，宰执国政，颇兢兢以法兰西统一为心。千七百九十年七月十四日，国民会议举行诸省同盟祝典，意在坚诸省之志，使勿与中央相离。及伦的人并无异说。其后两党交哄，温和诸子，不敌山岳暴乱之为，一国政事，掌诸暴民屠伯之手，及伦的党计无复之，乃翩然下省，骤翻联邦之帜以抗巴黎。巴黎群凶，宣言拥护唯一不可分之法兰西，以割裂邦家之罪，嫁于彼党，举而歼之，联邦主义，亦随而息影。或谓兹之主义，乃一不切实况之空想，以愚观之，实应于当年时事之要求。及伦的之败，虽由山岳之凶顽逾分，而其时法人思想幼稚，政习拘挛，于单一联邦，早持入主出奴之见，坐使横逆者隐操默契人心之利，乃其巨因。假使共信此理，一举成功，愚敢决而后八九十年间之革命流血，可以全免。即不然，而亦不至如彼之烈，此诚论世者所不可不知也。大抵当时误解联邦，辄谓国而有此，无异割据。其后法人自为定义，特曰："凡一政制于各地方共同利益所关，建为总体以营之，使之支干相联，其他则入乎自治者，联邦主义也。质而言之，联邦主义，分权主义也。特其分权兼夫立法、行政，

---

① 参阅 Garner Introduction to Political Science，二二页。

② Assemblee Constituente.

而其度又特高耳。"① 且其推论及伦的党之所为，谓彼有意分割法兰西，如山岳党之所蔽罪，断乎不可。苟最后成功，终归及伦的，其将无害于法兰西之统一，无可疑也。② 且论者其毋谓法兰西之联邦主义，特偶发于第一次革命之顷，自后即不复能殖也。蒲鲁丹③前世纪中叶社会学者之斗山也，尝著《联邦主义》④ 诸书，鼓吹斯义。其言曰："法兰西联邦，当以独立之理想，树为组织以成之。于斯时也，其第一步，乃在以最多之自治权，让之诸县。以萨威棱帖，让之诸省。"⑤ 夫蒲氏之著述，价值何似，非兹篇所能评骘。其所当注意者，则此公之思想，印入法人之脑蒂至深，虽曰千八百四十八年之革命，彼身为议员，且无能为役，而千八百七十一年之共和，巴黎政府，亦欲试行而未果。今后何时可以实现，或竟永无实现之日，俱不可知，而最近法学大家，则颇远绍蒲氏之说，懃懃论列。狄骥⑥与叶斯曼⑦，方今法兰西学者以善谈法理名闻天下者也，其所著书，皆大于联邦原理，有所发挥⑧。且谓二十世纪之新思潮，咸集于此。⑨ 其言精深奥博，非可悉举，愚异日当为专篇以介绍之。

至于英吉利之为联邦，已渐由理想而入实行时代。或字之曰例外，愚谓此一例外，已足证明邦不必先存于国而有余。夫邦先于国，其例多，邦后于国，其例少。据此少例以护其先国后邦之议，此非于先邦后国之多例，有所抵排。或谓愚以己说"否认"其说，实则无所谓否认也。闻之蒲徕士曰：

> 迩来吾英主张联邦组织者有二说：一将全英裂为四邦，从而联之；一将全英视作一邦，与各殖民地共为联邦，而己属于其下。之二说者，固不必今日即见施行，而真值所存，足资论究。盖以彼表显宪法将以何时而易性，由何式而变形也……

---

① 见 Block Dictionaire de Politique 九八九页。

② 参阅同书 九九〇页。

③ Proudhon.

④ Du Principe Fédératif et de Ia Nécessité dé Reconstituer Ie Parti de Ia Révolution.

⑤ 语见蒲氏所著 De La Capacité Politique des Classes Ouvieres 二三五页，愚见叶斯曼引之。

⑥ Dugnit.

⑦ Esmein.

⑧ 狄氏 Le Syndicalisme 一书，颇祖述蒲氏之说。

⑨ 见叶氏 Droit Constitutionnel 序论。

苟后说而将行也，必也先以法案创造联邦宪法，与夫联邦议会。此种法案，由巴力门通过之，以其声明为全帝国而立也。法律上之效力，母国所被，与各殖民地同。苟此法案列举若干事，如帝国国防与夫商船法、版权法之类，取之于巴力门以及各殖民地立法院，而归之联邦会议，因是巴力门于各殖民地之所为，不能自由取消变易，则今之所谓巴力门万能主义，将至减其效能……其又一说，则联合王国，立英伦、爱尔兰、苏格兰、威尔士为四邦，自化为一联邦之制。各邦既自有其政府与立法院，以处理其地方政治，而凡共同事业，则以巴力门为联邦议会而属之，如美利坚之有康格雷，坎拿大之有道密议会①，澳州之有康芒议会②焉。由斯道也，势将以地方政务，绝对属之地方议会，使巴力门无由干涉。于是刚性宪法，将代今之柔性宪法以兴矣……

更有人焉，合前两说于一炉而冶之。其法则将联合王国离为四邦，与各殖民地并立，共遣议员于"全不列颠联邦议会"③。此其宪法之成为刚性，亦与前同④⑤。

夫不列颠，自其本部言之，曰联合王国。自其全体言之，曰不列颠帝国，而皆国也。无论其为联邦之道何出，而非将其分子先树为邦不为功。此于蒲氏之文，可以一览而得。反对斯说者，类于计之不便置词，初未闻以邦不可后国而立相诋诃也。且由蒲氏之言，单一与联邦递嬗，一宪法之变迁耳。此种变迁，当然属之国法范围以内，邦国之关联，果何后先之足分也。

凡右所陈，不过于英法所以为联邦之道，珍重而更道之。或终以其未为实例，不足取证，虽不列颠之联邦，以爱尔兰自治之故，成其小半⑥，以非全豹，仍有恨焉，愚因请得进言中南美诸联邦。

中南美诸共和国，大都由单一进为联邦。千八百五十七年墨西哥联邦成。逾年哥仑比亚邦联成，六十一年而联邦成。六十年阿根廷联邦

① Dominion Parliament.
② Commonwealth Parliament.
③ Pan－Britannic Federal Legislature.
④ 见 Bryce Studies in History and Jurisprudence 二四五至二四九页。
⑤ 自爱尔兰案通过后，爱尔兰四省中之一省曰威尔斯德，起而抗议，至于用兵。政府出为调人，曾提议以爱尔兰四省立为联邦，意在使其各得自治之权，不以教派之别，互相凌践。此又于上述三说以外，别具一证，最饶趣意者也。
⑥ 爱尔兰自治案，一曰联邦自治案，Federal Home Rule.

成。九十一年巴西联邦成。千九百三年委内瑞拉联邦成。就中巴西尤为
著称。巴西者王国也，千八百八十九年，革命军起而逐王，随而变易政
体，"在王政之下，巴西乃一强有力之集权国，自千八百八十九年革命
以至于今，则为联邦共和。其宪法取法北美，惟恐不肖，故其国以'巴
西合众国'① 为号，决非欺人"②。夫联邦先例，类先有邦而后结约为
国，自南美诸国反其道而行之，国家组织上遂别开生面，而大为法家探
讨衡论之资。耶律芮克，奥之公法学者言联邦有重名者也，于斯特为注
意。其言曰：

> 夫联邦之各邦，或者于建国之时，既已先存，或者于建国之
> 后，始行加入。而后例之中，复有二别：一新入分子，至今立乎联
> 邦之外，……一联邦以其所有之权，在邦权所许之范围以内，让于
> 所属之地方。其地方无论为省为州，因以造为政情，使其组织含有
> 独立国家之性③。在第二例，邦之于中央也，其服从性不出于创，
> 以其夙为一般之服从者，今特承其流而用之也。以此之故，其在单
> 一国，亦得化为联邦，如最近巴西之所章示是也④。斯时之所当为
> 者，亦新造各邦耳。以言乎国，本来存在，今之联邦组织，特使宪
> 法蒙其变迁，无余事也。联邦之发生，与夫法理上之可能，有如于
> 此，此诚最饶趣意者矣。⑤

由耶律氏之言以观，单一国之转为联邦，绝无不合法理之处。其所
以然，则联邦所需服从中央之性，乃有定量。不及其量，而使进而求
之，与夫已逾其量，而使退而就之，途虽有殊，而其归则一。譬之三
带，邦联为寒带，惧其太寒。单一为热带，有时惧其太热。惟联邦温
带，清燠适中，果见某甲自寒带移入，复见某乙自热带移入，以常识推
之，人将不是甲而非乙。今也自寒带至者日多，而来自热带者不数数
觏，主奴之见，遂因以生。甚矣政习之拘人也。大抵由邦联改作联邦，
其服从性为创，由单一改作联邦，其服从性为因。耶律氏树义之坚，洵

---

① The United States of Brazil.

② 语见 Denis Brazil 一一八页。

③ Eine selbständige staatliche Organisation，谓各邦有国家性，此耶律氏之见，鄙意不
以为然，后当细论。

④ Auf diesem Wege kann sich auch ein Einheitsstaat in einen Bundesstaat verwandeln wie
in jungster Zeit die Vereinington Staaten von Brazilien gelehit haben.

⑤ Jellinek Allgemeine Staatslehre 七七九页。

足一空理障。创者能之，因者宜尤易易。谓曰不能，愚实惑焉。世之论者，或视单一为政体之终级，联邦特其过渡，因谓化单为联，乃群治退化之征。讨论及此，当诉之实在国情，非玄理所能毕事，姑不具说。特人之怀挟斯见，以为改制有所未安，断非谓事实有所不许。柏哲士即微偏于是者也，然其言曰："单一国家，准夫联邦或二重政府之原则，施其组织，乃绝对可能之事。"① 故夫先国后邦之说，就而细论，惟有政情合否之问题，决无本身能否之问题，此愚之敢于断定者也。

于斯有当为读者警告者，则单一国之创设联邦，本蒲徕士、耶律芮克、柏哲士诸家之说绳之，盖属于宪法变迁之事，而非国本破坏之为。在势革命之后，其制易成，然必革命而其制始有可成。其说亦无根据。是故千八百九十一年之巴西，诚乘革命之机，千九百三年之委内瑞拉则不尔。至英人盛倡联邦论，其与革命思想风马牛不相及，尤不待言。然今之为言者曰：

> 吾素谓中国非不可造成联邦，但在今日，则有所不能。使当革命之时，各省依独立力量，能自制成根本法与统治机关，然后再集合组织中央政府，则联邦成。或过此以往，有非常巨变，再演辛亥八月之活剧，而使各省有为邦之实际，则中国亦可成联邦。准此为例，美之得成为联邦，亦由各州有离英独立一事，始确实取得邦之资格，否则彼依据免许状所定之宪法，恐至今不脱英皇命令之性质。反之法未能成为联邦，与英欲行联邦而犹病未能者，亦由未经此程序之故。今日中国各省有无自立之根本法存在，依此现状为设施，其地方权限，无论为概括为列举，是否皆赖国家为赐予，秋桐君若非取第三次革命手段，使各省先建为邦，则无论如何设定条件，谓中国宜于联邦之组织者，……其实终不是。

愚审此说之受病处，乃未暇细为联邦与邦联之分。苟彼主张邦联，或主张由邦联政体之联邦式，多少尚存其旧有邦联之质②。愚未敢以其说为不然。若夫纯粹联邦，或保有若干分单一性之联邦，则实无取经过革命之一程序也。大抵一国政权之分配，不外邦联、联邦、单一三级。

---

① It is…possible that a single state may, as a matter of fact, construct its governmental system upon the federal or dual principle. （参阅商务印书馆《政治学及比较宪法论》上册九二页）

② 现在德美皆不得称为完全之联邦式，而德尤甚。晰其内容，盖介乎邦联与联邦之间，名家论此者多矣。参阅 Garner Introduction to Political Science，一五二页。

而三级之中，邦联、单一，两俱离立，如甲乙二圆之不相关。惟至联邦，乃邦联或单一之所迤演而出。自来二独立国以上，依平和之序，准原有之法，苍头特起，树为联邦，历史中尚无其例也①。惟其如此，联邦之为物，视其何所自出，政性莫不微毗于彼焉，欲求醇乎醇之联邦，盖犹理想中事。善夫史家胡礼门之言曰："联邦政府者，钩其玄而言之，乃所以调和两极端制者也。两端之间，为地至广，其所容联邦之式，亦至伙颐，有时竟或倾入其所近之端，不可骤辨，此乃理有固然，无可疑也。"② 胡氏史识绝伦，其言遂于政学中独开蹊径。盖彼著联邦史时，在千八百六十三年，北德联邦，犹且未立。史例之足资左证者，悉介

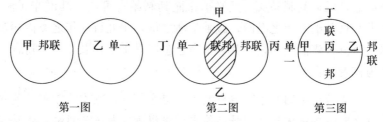

第一图　　　　　　　第二图　　　　　　　第三图

乎邦联联邦之间。联邦之邻于单一，或由单一而成者，未或一见，而乃独树真诠，创为两端调和之义，使联邦单一，有道以通其藩，学者之言，斯为可贵。愚所作第二图，即所以表其说也。甲乙丙毗于邦联，甲乙丁毗于单一。所毗虽异，而所以为联邦则同。反而言之，所以为联邦虽同，而所毗难于易位。何也？事势使之然也。是故时势有其要求，凡政治组织，皆可改施联邦之制。惟改施之时，不可不注意其所毗者乃为何端。毗于丙第一图第二图第三图者，不可强效甲乙丁之联邦；毗于丁者，不可强效甲乙丙之联邦。必欲效之，其事必至大督。言者之心目中，似乎只有甲乙丙式，而无甲乙丁式。故一谈联邦，即望德、美而却步，非必谓德、美之不可为也，乃为德美，必首创邦联，如欲得邦，必由革命，而革命又其所不欲出者也。须知凡事亦问其理如何耳，理果充实，如无他种障碍，即可立见施行。人谓联邦必依革命始得造成，愚谓革命云者，不过一种排除障碍之手段，果有他法，其排除障碍之力，等之革命，谅亦人所乐从。特其力何因而至，未能立证，人或不之信耳，然愚敢言斯力不至，即革命亦不为功。辛亥之役，吾尝有为联邦之机矣，而卒不成。何也？斯力未至也。法兰西千七百八十九年之役，与夫

---

① 参阅柏哲士商务译本上册九十二页，柏氏谓史无此例，乃政治学之福。

② Freeman，History of Federal Government，一页。

千八百七十一年之役，不仅有为联邦之机，而且有为联邦之事，而卒不成。何也？斯力未至也。言者谓法之未能成为联邦，乃由未经革命程序之故，愚诚固陋，未敢以其言为有征。斯力者何力也？曰舆论力也。麦克支李曰："不列颠各岛之行联邦主义也，似仍属未来之事。何也？以舆论之未熟也。"[1] 是则联邦之成否，惟视舆论之熟否以为衡。舆论朝通，则联邦夕起，舆论夕通，则联邦朝起，初无俟乎革命也。若夫舆论终不可通，联邦即永无由起，虽革命无益也。以第三图表之。丙为联邦，无论由甲点单一，或乙点邦联，以至于丙，皆非舆论之力不行。而由甲经丁以至于乙，则破单一为各邦，属之革命以内之事，苟革命之力，已至于乙，而舆论之力，不导之由乙以达于丙，联邦终无由成。时则革命之力已达终点，惟有复经凤程，由丁以反于甲，吾国辛亥与法兰西前事，章章明也。由是观之，可知创造联邦，与革命程序初无逻辑必联之关系。吾人亦从事于甲丙半径已耳，舍正路不由，而怀疑于甲丁乙半周为道之过迂且险，因不敢竟其词说，且不悟道行至乙，所须乙丙半径之力，其量仍与甲丙同。甚矣其惑也！

其次之当辨者，论者于联邦之邦字，颇多拘泥。如所谓地方权限，赖国家赐予者，不得谓之联邦，即为邦字所缚之故。愚请得往复论之。

讨论此题，有德派美派之别，吾人当两者并论，视何者于法理尤合，于吾国国情为尤适者从之，不可先主一说以奴其他也。言者之病，似在墨守德人之论，而未悟德人在德言德。吾不为德，即难生吞其说，而无所变通。其所引拉庞德之言曰：

> 单一国土地及人民，皆属国家统治高权之下，而于联邦则有二重，即土地人民属于邦权之下，此邦又隶于国权之下是也。国权之直接客体为邦，邦者为单一体，为公法上之法人，乃国之直臣属也。邦之疆域，间接为国之疆域，邦之人民，间接为国之人民，故联邦者邦自屈服之谓也，非压制及解散其邦也。邦上戴国，下复驭民。

读者第一当知拉氏此言，乃其所著《德意志帝国国法》之一段也。戴雪尝悬为戒律曰："联邦主义，以美利坚式，发达较为完全。……瑞士、坎拿大，大抵宗美，至于德意志帝国，无论取为何种政制之代表，

---

① Mekeehnic, The New Democracy and the Constitution，一八五页。

皆为畸形。此种畸形，盖生于历史与夫临时种种事变。"① 此种事变，今不暇陈，惟一念及普鲁士之强横，已足证为联邦之变则。大凡由邦联改组之联邦，原有邦权，不肯轻让，原有名号，亦不肯销，况如普者，更不待论。故拉氏曰："联邦者……非压制及解散其邦也。邦上戴国，下复驭民。"质而言之，各邦者仍得保有其国家之性质也。若夫美人之说则不然。柏哲士曰："联邦者非复合国也。极而言之，联邦之名，吾且不承②。所谓联邦云者，亦两种政府立于同一萨威棱帖之下云耳。……原有之各国家，在新国家中，仅成为政府之各部，非有他也。以邦名之，绝不正当，所以云然，亦中无所有之荣名而已③。自来事物，新陈代谢，旧名每沿而不改，别创新名以诂新质，盖非一时所能为也。"④ 美人之有此说，亦其特别事实，驱之于是。如拉氏言，联邦者诸邦不被压制解散者也，而美洲南北之战，林肯直接压制解散之邦，无虑十数，此其所谓邦者，意味果何如乎？柏氏又曰："再造诸邦，其钥乃在为联邦制之所谓邦，下一精诂。……吾知单纯国家之根本原则，萨威棱帖也。萨威棱帖者，权之最初无限，可以致人服从，否则加罚者也。至联邦制下之邦则异是。若而邦者，地方自治机关，立夫共同宪法最上权威之下，而保留其余力者也。……邦之性质如此，人谓联邦之邦，不能解散，是何理也。"⑤ 由斯以谈，美之国情，不同于德，即不能适用拉氏所定义。而吾之国情，且不同于美。人见德人讲其国法，如是云然，因以概括联邦一切之制，谓吾不能如彼，联邦之名，有所未安，愚殊未敢雷同其说也。

且德、奥法家之中，其说亦不一致。耶律芮克即恒与拉庞德抗论者也。拉氏曰："邦之疆域，间接为国之疆域，邦之人民，间接为国之人民。"所谓间接，耶律氏则不谓然。其言曰：

> 联邦者合诸邦而为一体者也。易词言之，凡联邦权限所能到达

----

① 见 The Law of the Constitution 一三五页。

② …that this（federal state）is no Compound state；that there is no such thing as a federal state…

③ …the old states become parts of the government in the new state，and nothing more. It is no longer proper to call them states at all. It is in fact a title of honour without any Corresponding substance.

④ Political science and Constitutional Law 上卷七九及八〇页，商务译本上卷 九一及九二页。

⑤ Burgess，Reconstruction and the Constitution（1866—1876）一及三页。

之处，诸邦所有各别存在之点，皆当消除。以是之故，诸邦之土地人民，皆收入联邦权限之中，凝为一体。邦之疆域，即国之疆域也，邦之人民，乃统于一尊之人民也。①

耶、拉两家所见之差，亦有大故。耶律氏主张国家要素，存乎萨威棱帖，而拉氏则否。由拉氏之说，纵无萨威棱帖，仍不害为国家，故有邦国同体之论。耶律氏反之，故如上云云。言者于此，主拉不主耶律，故曰："联邦之邦，实为国家，不过无最高权耳。"愚尝譬之，最高权之于国家，犹理性之于人，舍最高权不得言国家，犹舍理性不得言人。邦非国，以无最高权，犹动物非人，以乏理性。今仿言者"不过"之说，则所谓不过者，又何所不至？是亦得曰，"动物实人，不过无理性耳"，其将许之否乎？愚见柏哲士、韦罗贝诸氏于此致辨綦审，请征柏说如下：

拉庞德博士，既欲为诸邦保存真国家之性格，同时复颂言是种国家，未尝赋有萨威棱帖焉。既恐此之国家，无以别于他种奉令承教之机关，又为之言曰，大抵国家之特性，不在萨威棱帖，而在有力强迫自由民众，服其命令。吾因之愈惑矣，苟其此类强制之权，独立而不出于界予，是非他物，即萨威棱帖也。不然，苟其稍有界予之意，杂乎其中，则博士所恃以分别邦之于国，与夫地方之于邦，两种关系者，立至坠地。何也？其在地方，彼之权力明明有所自出，而又何尝不能强迫自由民众从其命令也。故苟在联邦制中，萨威棱帖绝对存于总体，则惟总体为真国家。其各邦与地方异点所存，亦惟地方承权于邦，由于训示而有定性，邦承权于国，由于容许而无定性而已。②

由斯以谈，邦非国家，可以立辨。说者曰："联邦与地方分权……其间有一界限，于此界限以下，任何程度之高，皆为分权，于此界限以上，任何程度之低，亦为联邦。英吉利之自治与分权，固不亚于联邦……而英仍为分权，非联邦也。故联邦与分权之界限，为地方团体有国家之性质与否。如其有也，是为邦，无论命名曰州曰省，总之为非主权国也，当为联邦。如其无也，则仍为地方。"此论虽辨，而以何者为国家之标准，乃为先决问题。若谓主权者非标准也，则国家云者，特吾

---

① Daher sind in ihm（Bundesstaatsgewalt）Gebiet und Volk der Gliedstaaten Zu einer Einheit zusammengefasst. Das Land der Gliedstaaten ist sein Gebiet，das Volk der Gliedstaaten sein einheitliches Volk. Jellinek Allgemeine Staatsleher，七七一页。

② Political Seience Quarterly，III NO. 1，p. 128. 愚见罗韦贝引之。

漫字之为是物已耳，即善为说辞，亦不过如拉氏有力执行命令之谓。今其言曰，自吾号为国家以往，无论其执行命令之力，至何程度之低，皆为非主权之国家，则一铁路公司亦非主权之国家也，一小学校亦非主权之国家也，岂独曰州曰省之地方也哉。

论者又引耶律芮克之说曰："联邦国者，多数国家所组织之一主权国也。其国权乃由于结合一体之各国家（即邦）而生。"以此证明邦为国家，非若地方任国家之编制或解散。兹其不足证明，读拙论至此，已可知其梗概。请得更详言之。

耶律氏之说，仅就本文观之，与谓为联邦之定义，宁谓为邦联之定义。故不通观耶说之全，而仅执此段，施其评骘，未为当也。耶律氏之论邦也，仅于其权力之独立运行处而国家之，至于服从国权之处，则不认其有国家之资格也。[①] 故本耶律氏所言，而断定邦为国家，亦为相对而非绝对。耶律氏一则曰，国家之所以为国家者，以其能统治也。[②] 再则曰，联邦之破裂，与夫诸邦之脱退，法理上不可能。何也？以其为国家也。[③] 遵是诸说，则倘有如美洲南北之争，起于所立联邦之内，而谓国家不可行其最高之权，以解散而编制之，如林肯之所为焉，愚未敢以为逻辑应有之断案也。

即以耶律氏本文论之，谓国权出于各邦，其所取证，乃以德意志联邦为重，施之美洲，将立见其说之未安也。美洲宪法之开端曰："我合众国之人民，为欲组织最完全之联邦，……制定宪法如左。"[④] 波因哈克曰，此之所谓人民，指各州之人民耶？抑指联邦全体之人民耶？斯为一大问题。[⑤] 易词言之，此宪法者，乃诸邦之所制定耶？抑总体之所制定耶？然若而疑问，德人诚未易决，而美人则未见其艰。试检其同盟公约条款观之，彼其开始，即列举诸州之名，可见千七百八十九年之宪法，不曰州而曰民，乃为自邦联进为联邦，国权不基于州而基于民之

---

① … der Gliedstaat hat daher anch nur, insofern er der Bundesstaatgewalt nicht unterworfen ist, Staatscharakter, verliert ihn aber … Soweit er der Bundesstaatsgewalt unterworfen ist. Allgemeine Staatslchre 七七三页。

② 同上。

③ 同上书七九页。

④ 民友社《平民政治》译本。仅译作我合众国……而略去人民字，此精要所存，万不可略。

⑤ Bornhak Allgemeine Staatslehre 二四九页。

证。① 此亦谈联邦者不可忽视之点也。

且耶律氏此说，泰半由于历史观念发生。凡联邦自邦联迤逦而来者，尚能勉强置之此义之下，至非然者，与其说风马牛不相及也。此即以耶律氏之言证之足矣，其说曰：

联邦基于宪法，而不基于条约。如联邦组织，起于散在之诸国，此自先立条约，而宪法缘之以生。至由单一国或属地改为联邦，如委内瑞拉、墨西哥、阿根廷、巴西诸合众国焉，则异是。何也？此之所谓邦者，必经联邦宪法之许可，而后能施其组织也。②

由是可知耶律氏国权发于诸邦之言，彼并非以之遮蔽所有联邦之制。吾国若为联邦，国情同于委内瑞拉诸国，而不同于德美，奈之何睹人半面之谈而自阻也。或又引蒲徕士之言，以证邦先于国曰："诸州宪法……决非自联邦宪法所赐。且不特法文如是也，最初之十三州，为各别之共和国，其起源甚古。自亚美利加殖民之初，以达革命战争之时，早已成立。……若使诸州仅为联邦政府所创造，则决无是也。"愚曰，此史家之言也。蒲氏本以史识见重于时，故其所言，往往历史臭味过重。此其为说，美人之驳之者多矣。韦罗贝曰：

或曰，诸州权力，本来有之。吾直不解所谓本来，乃何义也。如诸州者，不能外于联邦，别有政治团体之资格，则本来权力一语，亦仅含有历史上之意味，谓创造联邦之时，彼或为独立国家而已。至言法理，彼之得为合众国之一员，其法权纯出于联邦宪法之畀予，无有他也。或曰，诸州政权，不同法律义务。苟吾诠之不谬，盖谓权之行使与否，以及行使之方式，大抵由诸州以意为之，无法律为之制限也。虽然，有若市府，有若郡邑，仅得字为行政小区者，亦何尝不有此种自由伸缩之权乎？或又曰，诸邦发号施令，义同法律，故不失为国家。易词言之，彼于法权以内所布政令，效力乃与法律同科。然此种定义，推之所有一切行政机关，无不相宜。综而言之，从法理上以观联邦之诸邦，与诸邦之地方行政区域，其权力之不同，特一程度问题，至根本上之异点，自诉之史迹以外，直无从觅也。③

---

① 参阅 Harrison, The Constitution of the United States 一四页。

② Allgemeine Staatslehre 七七四页。

③ Willoughby, The Nature of the State 二五〇页。韦氏现充北京政府宪法顾问。

韦氏之言，博深切明，最近美洲政学诸家之言，大都类是，此可以结吾论矣。

本篇所谈，未尝自立条段，特就时贤所论，略以己意相与参稽，而亦未尽也。异日有隙，请更论之。综计所谈，归于三点：（一）组织联邦，邦不必先于国。（二）邦非国家，与地方团体相较，只有权力程度之差，而无根本原则之异。（三）实行联邦，不必革命，所需者舆论之力而已。至于此制是否宜于吾国，宜矣，利害如何，皆非本篇之所问。兹所讲明，亦联邦自身观念而已。前固言之，欲知联邦之为何物，兹或不无小补，至物之为美为恶，终俟读者自为权衡。故今番所陈，亦由之而赞否可得以施，非欲垄断他人思想之力也。愚因之有感矣，联邦之说，微露于辛亥革命之际，徒以倡统一者专制舆论，说乃不张。偶有言之，辄指目为暴乱。甚者追论，至今犹觉断断。愚为此言，非叹息斯说之见杀于当日，纵令不尔，施行之结果，亦未必良。特近顷以来，统一之失，日益章明，智者发策以虑难，贤者虚衷而求治，怳若联邦之制，行之有道，容足奠民生于安利，拯国命于纷纠。愚也政识不周。实际上此制是否可行，愿闻贤豪长者之教，但在理想上，联邦之论，必当听其独立发展，政府不加禁斥之词，社会不表闭拒之态，乃愚所绝对主张。凡在一国，政治之事，有两领域，广袤等焉，一即实际，一即理想。无实际政治无由行，无理想政治无由进。前者政家所为，后者哲家所为。政、学两派，融和而并迈，固最足尚，苟不可得，即一时之舛迕，亦无所防。要之一国有政而无学，举所施厝，皆苟且颟顸之为，而无辨理析义之士盾乎其后，其国将不足以久存。是故史家记政，政治史与政治思想史并重。盖舍思想而言政治，亦如无本之泉，涸可立待已耳，不足称也。

愚更忆及英之论家莫烈有言，欲持以告倡联邦论者曰：

凡造一意，欲以行之，苟无害于而邻，即造即行，无所于碍。惟事关改制易俗，非广众同心，并命戮力，莫能举者，则人之肯以心力相向，其数是否足举吾事，诚为问题。然吾固言之，实行为一事，提倡又一事。诚改诚易，此固须时，至就改之易之胡以为要，切实陈说，息息可以为之，初无时机未熟之忧。纵其说未尽安，亦可不虑。盖人能造作新想，即其新想业经圆满之征。正如雨后之笋，其芽自生，已熟之瓜，其蒂乃落。夫革新者流，实与保守之徒，中分运命。异教之士，其为时势所孕育，与正教之子无殊。

善夫培根之言曰，真理者时代之骄儿也。以知新想者，非履空桑巨人之迹以生，亦非若明珠黑夜之投而至，此有其自然之境，不爽之因。苟其已至吾前，必将次第往叩他人之门，而求其采纳。吾冥行而得见光明，亦必有他人暗中摸索，去吾不远。吾之发明，特其的耳，彼他人者，未能自觅新理，及其由吾觅以相示，其受之也，必且不啻若自其己出焉。纵或多数之人，不肯自觅，我觅之而亦不受，是亦决非有力之前提，可据以匿理不告。譬犹有烛在手，其光已然，吾必藏之深林，使人莫见，非义之正者也。时会未至云者，特在他人为然焉耳，在吾则明明至也。人之意向，决非可知。与人为邻，邻之政治思想，将以何时而变，抑或不变，吾不能断。其所能断者，则此种改革，吾所决然为之者也。吾以为是而获行，足以善群而福众也。备预者苟无其人，事将无成功之望也。吾果不欲备预，安知人之不欲，不正如吾？则成功之望，将自无而之绝也。凡兹诸点，见理明切之夫，万不可忽。如或忽之，是其所为，为害于所信之理，与暴者之所为，为害于所恶之理，其度适同。何也？其为拔本塞源之道一也。[①]

莫氏之言，美矣备矣。客惧联邦论不与社会兼容，请视此矣。

顾愚于今之谈士，有大惑者，则彼不免为政象群情所局，而又不肯自弃其论也，乃倡为采联邦之实而讳其名之议。荀子之论名曰："同则同之，异则异之……知异实者之异名也，故使异实者莫不异名也。不可乱也，犹使同实者莫不同名也。"此逻辑之通义，而吾儒发之者也。今其言曰，存联邦之实，去联邦之名。去其名亦必有名之者也，是同实而得异名也。又尹文子曰："形以定名，名以定事，事以验名。"今以联邦之形，而被以非联邦之名，是定之说可废也。非联邦之名，而行联邦之事，是验之说可废也。二说俱废，逻辑为墟，由是"奇辞起，名实乱，是非之形不明"。吾儒之所谓乱，将由是而起也。愚闻学者制名未谨，或见地不同，恒有名存而实不至之事。如胡礼门著联邦史，自以史家之态，异于哲家，凡后派正名定界，以为未达于联邦之域者，彼均认之是也。至实存而名不至，未之前闻。如曰闻之，则是其人之识，未足以名。如苏子瞻之记石钟山，所谓渔工水师，虽知而不能言者也。若识足以名之，而辄避其名不取，无是道也。荀子又曰："名闻而实喻，名之

---

① Morley, On Compromise 二一七页。

用也。"是故名闻而实不喻者有之矣,未闻实喻而名不闻者也。此逻辑之说也。

至言事实,今人之于联邦论,相惊以伯有也久矣。今诡其辞曰,吾言联邦之实,不主联邦之名,则惊者必且愈惊曰,果联邦之实可言,何名之不可居?名不可居,其实必且大悖。且夫名之所以见恶于人者,以其实也。故强者之于虚名,犹愿宽假,独至其实,一发不肯让焉。今言者惧人之不悦于其说也,或则始终讳其名不言,或则语以吾名如是,而实则非,犹近情耳,独奈何先翘是名,且告以将举其实,继又宣言惟实是务,不存其名乎?大凡一说见怪于人,出其本相而章显之,怪将不见;而闪烁其词,枝梧其意,是适所以重其怪耳。未见人之信我也,即信矣,亦不为利。盖马有马之用,橐驼有橐驼之用。今橐驼而告人以马肿背,则人不知所以用橐驼者,马以畸形,又复乘走皆非,其结果又焉如告者之所期也。且愚以为人之丑诋联邦,特由于未识联邦之真相耳,苟或识之,安知其不易丑诋而为狂赞也耶?黄公有二女,国色,以其父好谦,力言其丑,人莫敢娶。有偶娶其长女,而见为殊色者,次女之美,因噪于时,人争问名。今联邦之论,安知其不为黄公之女也耶?故知论者无所用其辞让,唯坦然布怀,明白昭示之为贵矣。

原载《甲寅杂志》第 1 卷第 5 号(1915 年 5 月 10 日)。

复辟平议

本文乃复辟论起时纵笔成之。以本志停版数月，未能及时发布。虽事实已过，无取论列，而其中所谈共和原理，原非沾滞一事而为之。世之君子，以览观焉，于共和之道，不无微益。故并存之。失时之诮，所不辞也。作者识。

迩者刘廷琛、劳乃宣、宋育仁、章梫之徒，昌言复辟，政府悬之，几兴大狱。舆论排之，指为邪说。波流所及，久之人心尚为不宁，国本攸关，诚非细故。虽然，斯说也，果以悬之排之如是，其即泯焉渐灭矣乎？如其然也，固为大幸，若犹未也，宁非隐忧？愚尝勤求其故，觉主复辟者固有蓬心，攻之者亦违正轨。所谓楚则失矣，齐亦未为得也。长此不已，将至人心失其正鹄。所斗悉在意气，戾气所迸，大难以生。愚也不才，深为此惧。敢布此篇，以征同气，邦人诸友，其详审之。

大凡一说之起，必有其所由起。譬犹物必先腐，而后虫生；人必先疑，而后谗入。防虫不防物之所以腐，忧谗不忧人之所以疑，其为徒劳无当，童子犹能辨识，独奈何于隐中一部分人心之说，不深惟其终始，不熟察其变迁，而徒以束缚驰骤之思，发为虔刘蕴崇之论，诋为叛逆，詈作禽兽，恣怒极骂，不留余词。易而言之，独奈何不务以理与事解其惑而折其心，徒务以力与势关其口而夺之气。此种乖气，积久必泄。吾国历史所传，先贤所论，若暴主之禁腹诽，庸君之防民口，其后不至溃裂不可收拾者几何？今之论者，率以国已粗安，当局者尤有宏图大力，琐琐复辟之论，何异已死之灰，不能复燃。是强辞以挑之，极论以辱之，信笔所之，举无不可。此其居怀鄙倍，且不深论，即其所恃无恐者求之，乃亦子瞻所谓庸医以为无足忧，而扁鹊、仓公之所以望而惊也。愚之是论，岂得已乎？

　　愚于著论之先，请以一言告读者曰，愚非能赞同复辟者也。十余年前，愚主上海《国民日日报》，即唱无君之说。词繁旨博，连载十余日不休。其时人言革命，未讲共和。即吾家太炎，词犹惝恍。愚著革命小册，乞其题字，且以掩迹郑洪为词。独愚与沧洲张溥，力辟君说。虽其言稚弱偏宕，在所不免，自尔学力略略有加，与前论异趣之点，亦弥不少，而语其大体，则自不违。今共和已成，宁有复持异说之理？惟愚不尚苟同者也，自律律人，悉本是道。此其理由，前作《政本》及《政力向背》诸论，已详言之，兹不赘。惟其如是，故愚苟当国，必且于复辟论曲为之地，而不以力禁制，以令诋諆，如今政府所为。往者刘廷琛致书徐相，丑诋共和。愚当时即本此意，造为评论，拟揭于《甲寅》四期，继以恐乱人意去之。初不意劳、宋诸人，再接再厉，政府竟以此兴党狱也。事已至此，若复多所顾忌，不以真实理论，收纳感情，祸且不测。复观前论，词虽未尽，未始不足为时论之箴。请得先述以为发端。其言曰：

　　自愚为尚异之说，议者纷如，有谓共和圣神，理不可渎。如议国体，即为叛逆，则倘有为君主之说以进于子者，子亦将许之乎？愚曰，奚为其不许也？客大骇。曰，子毋骇，愚有说：

　　近世立国，不外将国中所有意见情感利害希望，维持而调护之，使一一各得其所。此其义愚已屡陈，无取觌缕。惟所谓各得其所，其所必异，异则党派以生。君政者亦党派之得以为帜者也，苟吾守异说至坚，断无禁其存在之理。于是有为事实之谈者曰，国体何事，既云确立，复容他说以叛之，视国家如弈棋，又焉可尚？愚曰，此正所以固国本者也。盖对抗国体之论，张之则为顽词，闭之则为秘计。顽词之张，谁则听之？而一部分之孤怀野性，有所寄托，反侧之志，既销于言词，宽大之名，复归于民国。名曰张之，其实弛之，非失计也。反是，叛国之辞，悬为厉禁，感情既郁，诡秘横生。国基纵不以是而颠，而觊觎时闻，大有害于和平进步之序。议者得毋谓吾为共和，有倡言复辟者，即当执而戮之，肆之市朝，以警有众，则法兰西之山岳党，曾为之于百余年前矣。不仅王党被戮，即有通王之嫌，或温和而可被以是嫌者，皆上断头台。彼岂不曰王孽既绝，共和之花，当百年不凋。乃死事之血未干，王政之基复起，中经数王，往复数十载，至师丹败后，拿破仑第三被卤，而共和始庆更生。时则建国诸贤，深明治体，对于尊王反动之徒，不加压迫，转与提携。议会之中，君政党公然列席，初为多数，逐年递减，至今日仍存二十余席焉。如此优容，转不闻共和为该党所坏。此诚一孔之士所不可解，而明理之夫以为自然者也。

前清之季，君主立宪党盛称于时，民国胚胎，党即灰灭。其有号称强顽，不服新治者亦惟托庇他国，偷其余生，从未见有创为政论，号召同人，以诉之国民心理者。有曰宗社党，乃属秘密团体，非公开政社之科。此自民国政纲，异于法兰西，形格势禁，不能发表；亦由国人暗于政情，对抗力之不能用得其正。且即而求之，情偷而质脆，并亦无对抗力之足言也。愚之言此，岂复叹息君政党之不生，特以所谓宗社党者，时有隐谋露于军队，京师之兵，以此受戮者，动数百人；各省兵士，染有斯质者，亦复不少。将来酿何变乱，不可预料。伤本邦之前途，思先进国之往事，是固不若因势而利导之。于政治运动之场，假以自由言论之地，使之仰首伸眉，论列是非，与当世论潮相抵。因洞见民情之所向，转或翻然戢其桐官返政之谋也。是故当世无为王政复古之说者则已，有之即宜许以相当之域，使得从容以竟其词，闻者之观察何似，自各有其权衡，而言者无罪，则确为真共和国之所保障。且对其所言之自成一说者，不加以揶揄轻蔑之意，尤为共和国民道义所关。至谬妄之词，辱人过甚，此其咎彼自当之，吾惟一笑置之可矣。此区区之意也。

近传前清大学堂监督刘廷琛氏，有书抵共和相国，大倡尊君之说，且责备今大总统至严且重。其中腐朽不成理论之处甚多，且诋排革命，至称曰贼。其乏于政治观念，可见一斑。条列而驳正之，非本篇之意。其以为言，乃谓此书确足代表殷顽，陈其胸臆。书中有谓："沉观三载，灼见病源实在于此。蓄之久而不敢轻发，惧不知言者将诬以反对之罪。"又曰："如谓淆乱国是，声其罪以暴之天下，亦所不辞。"此虽简牍推宕之辞，要亦不无以身尝试之勇。苟吾共和诚立，无论何种反对之说，只在所谋不涉军政范围以上，要当认为合法言论，听其尽量流行。兹书其一例也。人或有恶夫今日之伪共和，以其切责当局，比之渔阳三挝而称诵之，此其设心，自不为正。愚则谓在真共和之下，兹亦当于闻者足戒之条。愚之所见，不肯苟同时流，此类是也。知我罪我，所不计矣。

右说所陈，愚虽信其有当于理，闻者必且以为走于极端。欧陆各邦，容行之而治，而特非吾国所能仿法。愚苟坚持前说，是与时贤背道而驰，失其共同之点。相与议论，本篇之作，可称多事。今且让步，不主复辟说之当流行，而主其说之当剿灭。惟剿灭之道，有当有否，当则绝之，否则转而滋蔓。兹篇所商，此点其最要也。

愚前言之，一说之起，必有其所由起。今复辟说之所由起者何也？此在稍明时势之人，可以一言断之曰，伪共和也。伪共和者何也？帝政其质，而共和其皮者也。质不异矣，我之质胡乃独贵于人之质？人求其质，而我必自贵，强人以从我，此安足以服之？且在他物，贵不贵尚无定说也。若夫政制相较，质苟不差，新者必劣于古，此有史例，不容诋谰。英伦论家白芝浩尝言之审矣，曰："苟诸事不变，仅即政制而论之，则昨日之制度，实远优于今日。何也？彼其已成者也，彼其最有力者也，彼其最易致人服从者也，彼其袭有国民之敬惮心，而他制尚待求之者也。"① 倡复辟者果以此为言，吾将何词以答？此以帝政抵帝政，直截言之者也。尤妙者今人痛排帝政，并不自认帝政之嫌，而辄翘共和以对，意谓共和之名，一出吾口，即有鬼神呵护，帝政邪说，法当退听，则拿翁设祭，华圣顿之灵，翩然来格斯可耳。不然，则我露其质，乃朝四而暮三，我蒙厥皮，亦朝三而暮四，名实未亏，而冀其喜怒为用，狙公诚智，刘、劳、章、宋之徒，未见有若众狙如庄生所称也。《传》曰，尧舜率天下以仁，而民从之；桀纣率天下以暴，而民从之。其所令反其所好，而民不从。今所令者共和也，而所好则不在是。凡民且为离心，焉论俊秀？董子曰："诘其名实，观其离合，则是非之情，不可以相谰已。"愚固共和论中之走卒，而兴言及此，对于复辟论者，盖不知所以为情。由斯以谈，复辟论非其本身足以自存，乃伪共和有以召之，明白甚矣。其因既得，攻复辟者，惟有证明今日之共和非伪，或促进今后之共和，使不为伪而已，此外皆支离破碎，虚骄麻木属托干进无足比数之谈，非愚之所敢称也。

证明今日之共和非伪，无论何人，殆莫不以为非可能也。虽然，共和何物，伪乃何状，质之谁某，皆未易答也。是不可以不先辨。

劳氏《共和正解》之言曰：

......宣王即位，共和罢。《索隐》云，二相还政宣王，称元年也。此共和一语所自出也。其本义为君幼不能行政，公卿相与和而修政事，故曰共和。乃君主政体，非民主政体也。故宣王长，共和

---

① 见本志一期《白芝浩内阁论》五页。

即罢。伊尹之于太甲，霍光之于汉昭，皆是此类。今日东西各国所谓君主立宪绝相似，而不学之流，乃用之为民主之名词，谬矣！夫君主立宪，有君者也；民主立宪，无君者也。古之共和，明明有君，恶得引为无君之解哉？

此乃就吾国共和本字施其义解。即字论字，谓之无误可也，而特于今之国体问题无涉。盖今之国体，固非以周召共和为鹄，刻之而不肖；乃别有所仿，事遂之后，而假其名以名之者也。庄生曰："道行之而成，物谓之而然。恶乎然？然于然。恶乎不然？不然于不然。"今之共和，所谓谓之而然者也。谓之而然可，不谓之而不然，自无不可。周召之共和，非今之民主立宪，此事实之不可掩者也。今之用共和为民主之名词，所谓然于然也，非必使二者之实相同。词穷而假用，凡物皆然，文字之相孳乳，即以此故，无所谓不学与谬也。劳氏谓民主立宪，非即周召共和，所谓不然于不然也，于二者之实仍无伤也。劳氏欲别创一名，以字民主，而独留共和以诂二相之政，将无人得而议之也。故劳氏之病，在逻辑谓之逸果伦楷。逸果伦楷者，犹言外于论点也[1]，则幸而吾名民主适以共和耳。庄生又曰："物固有所然，物固有所可。无物不然，无物不可。"苟吾不谥民主为共和，而谥以他物，他物之名，适与周召共和相去万里，劳氏又将何说之辞？庄生又曰："以指喻指之非指，不若以非指喻指之非指也。以马喻马之非马，不若以非马喻马之非马也。"愚于兹亦曰，以共和（周召共和）喻共和（今之共和）之非共和（真共和），不若以非共和喻共和之非共和也。[2] 劳氏之说，在其本文，颇足自立，其在吾论，不与置辩可也。

吾友康子率群以为未足，必与抗争，谓共和之名，律以民主政治，并非不通。"厉王奔彘，国已无君，周召行政，是曰共知。是共和者，由行政之官共同行政，而无君主制裁于上，非沾沾于周召二相。假使周召二相，或有薨殂，别求贤义，代职其事，吾知共和之名，必不因此而易。共和者其政之称，而非其人之称也。"[3] 为劳氏者，于此岂无异议？盖厉王奔彘后之无君，乃放其君之人也，非废其君之制也。周召行政，诚无君主制裁于上，康子有何古本，足证其非假天子名号以行。劳氏所

---

① 参看本志一期《读严几道民约平议》五页。
② 以共和喻共和之非共和，第一共和字可作周召共和解，亦可作近世共和解，言非一端，读者自为会心可也。
③ 见辟劳之书，康子既单行印布其说，复载之于《雅言》杂志。

引《史记·十二诸侯年表》："庚申共和元年，以宣王少，大臣共和行政。"苟无君主，安得称臣？君苟不存，言少胡取？至共和为政而非人，亦未见可为定论。昆山顾氏即以《史记·周本纪》共和属之二相为非，谓"汲冢周书厉王十二年出奔彘。十三年共伯和摄行天子事，号曰共和。二十六年王陟于彘，周定公召穆公立太子靖为王，共伯和归其国。此即左氏王子朝所谓诸侯释位以间王政者也。"斯言而确，则劳氏所为伊尹霍光之比，未便谓为不伦。康子谓："太甲之时，何不傅以共和之称？"由周书说，乙不得被以甲名；由本纪说，又伊尹一人而周召二人也。持论如斯，终无安处。故康子所言，皆争其所不必争者也。

要之劳氏所谓共和，非吾之所谓共和也。吾之共和，有名有质，质乃先至，而名为后起。劳氏攻其皮傅之名，究何碍于本来之质乎？

然则所谓质者何也？曰，吾无字以表之，无已仍假用共和字。惟兹之共和，乃逻辑之符，而视作欧文 Republic 之译，与周召共和崭然不同。夫共和者有形式，有精神。何谓形式？曰，共和对于君政而言者也。君政有君，而共和无君。凡元首为世袭者，谓之君政，元首为选举有定期者，谓之共和。兹义虽浅，而以有一定不移之界，较之以统治权为标准，易致淆乱者为优。愚执笔论治以来，即持此说。[1] 此形式之说也。然形式徒存，又安足贵？果其足贵，则方寸之木，可使高于岑楼。吾今有总统矣，是不已驾美凌法，而不虞其不足乎？此在束发小儿，有以知其未然也。是则形式尚矣，尤重精神。善夫英之法家梅因之言曰："立国精神，自君主制以至共和[2]，盖无不同。"虽然，以言国家观念，斯说诚精，若质之国家概念，则仍有辨。美之学者韦罗贝曰："观念为凌空之想象，概念乃实验之思维。前者起于玄，后者起于察。……观念者乃国家之存于最大通象者也。凡属国家生活，无论何式，其质之所必不可少，与夫亦既咸备者，皆为此一念所涵。以故此之国家，内包最简。至于概念，则必征诸实际，而有涉于特殊政体，历史表而出之者焉。此其别也。"试泛举一说以实之。苏轼之《策略》曰："所贵乎朝廷清明，而天下治平者，何也？天下不诉而无冤，不谒而得其所欲，此尧舜之盛也。其次不能无诉，诉而必见察。不能无谒，谒而必见省。使远方之贱吏，不知朝廷之高。而一介之小民，不识官府之难。而后天下

---

[1] 参看《甲寅》四期"通信"五页。

[2] Willoughby 其人方在北京充顾问。所著《国家本性论》（The Nature of the State）乃有价值之书。

治。"苏氏立于专制之朝，故其言如此。然即而察之，立国之要素，果有过于平人之冤，厌人之欲者乎？吾恐造说如卢、孟，未见其能易之。征例如美、瑞，未见其能外之也。此所谓观念者是也。观念者，国无君政无共和一也。至此种观念，印之政事，乃为何状，则所谓"征诸实际，而有涉于特殊政体"概念之说也。精神者，非贯乎观念概念，以求其通，未易言也。用梅因之说而未善，将见视国过重，强者以为口实，不恤屈政体以从之。今之国中，亦既广播此种言论矣。人相与议，辄曰国为前提，官交为勉，亦曰尽瘁事国，恍惚国苟存者，一切牺牲，皆所不顾。此其说，甚为唐皇，愚有肺肠，敢生异议？然有叮咛为公等言者曰，国家者，质而言之，乃政治学者所用之符，以诂某种社会者也。其本身价值，殆与图腾番社同科，轮廓仅存，有何足重？是必有物焉，相与立之；尤有法焉，使立之者各得其所，然后其名不为虚称。兹物者何也？人也。法者何也？权利也。国为人而设，非人为国而设也；人为权利而造国，非国为人而造权利也。自政治学成科以来，作者每树义曰，政治学国家学也。愚则病其略，曩徇某社之请，作《政治学指要》一书，首陈是义。其言曰："夫斯学职在原国，有何疑义？惟国家非徒存者也，必有所以存者也。亦犹前言[1]，国家者非人生之归宿，乃其方法也。盖人之所求者幸福也。外此立国，焉用国为？马哥里[2]曰：'古代作者如马奇斐立之徒，立说支离，不如后进。盖由不解社会法律，非以之增进个人幸福之总量，不足以存。'[3] 此其为说，或者病之，以为行之不善，将至助民为暴。不知马氏斯言，非以苞举国家作用。夫建国常道，增崇人福，同时岂无维持秩序之方，其说之有价值，亦在国而畔此，则不成国耳。"美之政学老雄吴汝雪[4]知此审也，其所著书，首以权利为立国之本根，谓"国而舍此，不得称为适于人类之一组织"。此其为义，亦无间于其国之为专制，抑为共和。苏子所谓无冤而得其所欲，细按之，亦未始无合乎权利之说也。然其鸿沟所在，则君主之朝，所有权利，悉集君身，人民所获，乃由赉予。民固不欲冤，苟其冤之，非革命莫如君何也；民固有欲得，苟其不得，非革命亦莫如君何也。自

---

① 是乃取喻计学，计算原富，实则计学非唯富之为贵，乃富之有以善群利俗之谓贵，故曰富者非人生之归宿，乃其方法也。

② Macaulay，英之史家。

③ Machiavelli，十五世纪意之政家。

④ Woolsey，语见所著《政治学》。

立宪以往，则异乎是。宪法者，权利书也。此书既立，民乃有权不受人冤，民乃有权自谋所欲。冤而有诉，不啻诉己；欲而有谒，不啻谒己。此政体之所以为良，革命之所以永绝，而能将立国之的，着实显现者也。是之谓精神。若而精神，惟真立宪国能见其全。立宪者专制之对也，故课一国之精神，不问其有君无君，而惟问其是否专制，此不可不熟知者也。

由斯以谈，共和之形式，民主之谓也；精神，立宪之谓也。形式其独也，精神其通也。① 形式者，国体之事也，精神者，政体之事也。所谓共和之质，单举形式不可，单举精神亦不可也，必形式与精神俱而后质乃备也。

然则孰为重？曰，精神为重。此其故亦不待繁词以释矣。夫所贵夫田，以能芸也，若石田而不可耕，又安用之？所贵夫匏，以能容也，若坚匏而不可剖，又安用之？今共和形式之说，何以异是？犹未已也，石田坚匏，其病止于无用已耳，无他害也。共和则不然。苟其名存而实不具，民主专制，其弊较之君主专制尤深。何也？前有言之，"彼其已成者也，彼其最有力者也，彼其最易致人服认者也，彼其袭有国民之敬惮心，而他制尚待求之者也。"是故君主专制，可以数百年而不乱，民主专制，近则一年数年，远亦不过数十年，势不能不乱。且一乱之后，相与循环，不能自己。法兰西共和之所以见恶于人者无他，以其无固定性，易于肇乱也。此又无他，民主专制之故也。墨之爹亚士，可称近世民主之雄矣，而专制其国，至于二十八年，可谓久矣，而卒不能不乱，而卒不能不及身而乱。南海康先生，颂爹亚士之神武称最者也。至曰："爹亚士文武之士，冠绝大地……殊功盛德，合尧舜汤武而一之。"而其下即紧接曰："然墨人并不戴之也，卒以专制见逐也。"② 姑且不论治墨之功，未必即如论者所言，即殊矣盛矣，无以复加矣，而至二十八年以后，其功德又胡在者？一经翻覆，固不仅举其所已成者而悉毁之，而且求及二十八年前爹亚士未经施治之情形，恐不可得。试观墨国连年争战，彻底破坏，以证斯语，岂有未然？夫所赖夫命世之英，亦以其足致其国于长治久安耳。二十八年，安得即言长久？然在短识者，必且长之久之，以为不可及矣。则惟问墨人享此二十八年小康之福，果得之悦

① 君主专制，自不在此例。
② 《不忍》五期《中国不能逃中南美之形势篇》。

来，饱尝而无祸者乎？抑将有大乱乘之，使其一得一失不足相偿者乎？由前之说，愚欲无言，由后之说，愚则未见爹亚士曾有造于墨西哥也。昔者饮冰先生作《开明专制论》，有曰："开明专制政体，与非专制政体究孰优？曰，是难言也。以主观论，则非专制之优于专制，似可一言而决。以客观论，则决之不若是之易易也。昔达尔文说生物学之公例曰，优胜劣败，而斯宾塞易以适者生存，意若曰，适焉者虽劣亦优，不适焉者虽优亦劣。故吾辈论事，毋惟优是求，而惟适是求。"此其为说，可谓辩矣。而其受病处，则在昧于一时永久之别。斯氏之所谓适，一时之适也。一时之适，生物学认之，而国家学则否。何也？以其足以启纷争、肇祸乱也。盖国家之适，以胜残去杀和平进步为归，而生物之适，正得其反，此形上形下二学之所以不可强同也。知此可以论墨事矣。以爹氏长才伟略，愚岂无见？彼之失败，在节节抗国民真实之心理以行，而欲尽一己之智能，求一日之功名于不可必得得亦不固之域。庄生曰："世俗之人，皆喜人之同乎己，而恶人之异于己也。同于己而欲之，异于己而不欲者，以出乎众为心也[①]，……此以人之国侥幸也。几何侥幸而不丧人之国乎？其存人之国也，无万分之一；其丧人之国也，一不成而万有余丧矣。悲夫有土者之不知也。"苟为爹亚士者，不以出乎众为心，不以人之国侥幸，处处与国民同其好恶，高其议政之声，恢其自治之力。政权所至，惟以为激浊扬清之用，绝不杂以欺凌压制之谋，则墨国至今无乱可也。夫国家者百年之计，政治者必世之业。今治一国，目光不能及于二十八年以外，吾未见其文武圣神也。今人好混言中南美，以为彼中共和皆恶，不知智利与阿根廷，其政制善良之度，即可与法美齐观[②]。墨人之文化虽低，未必即较智、阿为劣。苟无爹亚士之专横，尊民而重法，为之而有序，墨西哥虽欲为良共和国，亦未必不可能。今若此，则民主专制之咎也。然爹亚士，所称为尧舜汤武者也，且不议其伦，而提以并论，胡以吾有尧舜汤武则治，而墨有爹亚士则乱？所以然者，康先生亦言之矣："盖以名为共和国，则止能听其共争共乱，并不能容专制而为治也。"[③] 然此犹指民主之贤者而言耳，蒲徕士称爹亚士得国以力，守之则以法[④]，其他不解法律为何物，僭妄险狠，无所不

---

① 专制由于好同，说见本志一期《政本论》。
② 蒲徕士新游南美，著 South America 一书，即言此。
③ 所出见上。
④ 同 217。

为，而治绩不及爹氏万一者，何可胜数？愚固曰民主专制之弊，较之君主专制犹深也。是民主专制，且不足望君主专制，遑言君主立宪？甚矣，精神之不可不讲也。

诘之者曰，子所谓精神，存乎立宪政体，而立宪又无间于其为君主，抑或民主，其价皆同。是子与复辟论，非辟之也。曰，奈何非辟，特不肯用抹煞之论，无端厓之词，如今之人已耳。盖君主民主之分，争之于理论者十之二，争之于事实者十之八。原乎国之有主，本以约成，约基于民，民有自由择主之权利。此在原理，民主论似乎为优，然为君主之说者，亦初不虑不能成理。劳氏《君主民主平议》篇中所列君长世及之故凡四，固难言赅，亦未尽当，而其持之有故，足与共和论平分领域，则无可疑。由此致辩，彼亦一是非，此亦一是非，劳氏无以折吾，吾未见即有以折劳氏。不仅此也，即集古今世界学者，讲论一室，求其有以相折，亦必不能。故此为无益之论争，徒资聚讼，而不足恃以解大纷，决大计者也。自来理论之有力，依乎事实。事实宜于民主，则民主论特张；事实宜于君主，则君主论制胜。无抽象一定之义也。英吉利，君主国也，谓其人民不解共和之道，自非狂瞽，不为此言，而英之共和不成，无他，事实为之也。美利坚，民主国也，而其人民系出于英，谓其不辨君主之利，自非狂瞽，亦不为此言。而美之君主不成，无他，事实为之也。吾国之由君主变为民主亦然。今者复辟之不可，与言理论之不可，宁谓事实之不可也。故愚之辟之，重事实不重理论，奈何非辟？

诘之者又曰，所谓事实者何也？曰，此国有未同，未能等视。英之君主，统而不治。[1] 统者名也，治者实也，故君号曰名部，而内阁实部。[2] 内阁独掌政治之大权，由民选任，实际已与共和无异。存君之名，无碍于政，而转得保留国中旧有之秩序，而摄取愚夫愚妇敬惮之心。此英之事实也。美本自治诸邦，联为一国。既不堪英人之虐，称兵独立，无再认英王为宗主理；而本邦凤无王室，人民守法，自治之习，已成楷模，忽尔立君，宁非蛇足？此美之事实也。若夫吾国凤戴君主，而乃不为本族之人，只知吸吾膏血以自肥，而于民生幸福，不知所以为计。十载以前，国人盛倡排满之论，愚诚无似，亦其一人。今兹立论，虽不肯以此为改革之主因，而满人所贻戕贼汉种之惨，纪念甚深。于斯

---

① 此本英人成语，The king reigns but does not govern。

② 名部实部之称，参阅本志一期《白芝浩内阁论》三页。

而冀被压之民，及其子孙，不求得当以报，几何可得？然而复仇之举，不见于辛亥以前者何也？曰，非不见也，见而无所成也。苏轼曰："古之失天下者，皆非一日之过。其君臣之权，去已久矣，适会其变，是以一散而不可复收。方其未也，天子甚尊，大夫士甚贱，奔走万里，无敢后先，俨然南面以临其臣。曰，天何言哉？百官俯首就位，敛足而退，兢兢惟恐有罪。群臣相率为苟安之计，贤者既无所施其才，而愚者亦有所容其不肖，举天下之事，听其自为而已。及夫事出于非常，变起于不测，视天下莫与同其患，虽分国以与人，而且不及矣。"此按之满洲之亡，可称毕肖。然苏氏之言，初不为种族之争而发，纵满汉即无夙怨，而由其治国之道，亦且必即于亡。前清之季，亲贵骄横，颠顸在位，贿赂遍地，民怨日滋，懵于外势，日损利权，暗于政事，僇辱新党，本邦已在存亡危急之秋，而群昏犹且酣歌恒舞于上，此而不亡，其又何待？有曰，辛亥之役为种族革命。或曰，非也，是乃政治革命。实则兼斯二者，仅举其一，皆为得半之言。今苟于共和底定之时，谋复君政，则（一）满汉之界已灭，而使之复生，前此从事排满之人，必倡异议，国必不安。（二）满人之无政治能力，已可概见，今其可数人物，谁是九五之才？（三）清政不纲，殷鉴未远，复辟以后，朝政谁敢必其清明。有是三者，王政复古之谈，信乎无当。此吾国之事实也。

诘之者又曰，事实既尔，则无论如何，复辟不当复存，而子不肯痛诋之何也？曰，事实之印于国民心理，以当时为最有力，若事已过，则情亦与之迁矣。仇满之论，在辛亥以前，诚满国中，满廷伪托立宪时，激急者至谓满洲不能立宪当亡，能立宪亦当亡。入民国后，首昌是说者，且主与满人亲善，夙昔闭距挑拨之论，讳而不言。群曰此政治革命也，彼亦曰然，群曰此非种族革命也，彼亦曰否。前之言曰，返之长林丰草之地，今之言曰，纳之五族共和之中。前之言曰，膻胡鸡犬皆可杀，今之言曰，寡妇孤儿不可欺。两两相衡，情势大异，精而求之，则曩者绝对排满之论，大抵感情之所驱，政策之所出，而非其根本所以致恨于满人者也。其根本所以致恨于满人者无他，满人之不能救国，之不能求国民大多数之幸福也。信如斯言，则继满洲而起者，国民首当以救国及求多数幸福之责相属。果属之而得当也，其又何求？不然，属之而稍失当，不平之情即稍起，大失当且大起，此物理之常，断无可驳。夫国民之情至于不平，则力有所离，必有所向，有厌于新，必有怀于旧，此复辟论之所以乘之而起也。今求所以辟之，其键惟在平民情，致民福。易词以明之，复辟盾也，其可攻之矛，惟真立宪。自此以往，皆不可恃。诚以事实之价，时有未同，刻舟求剑，剑不可得。故愚之事实论，又当以现时政象，人以衡之，不敢如时贤竞为抹摋之论，无端匡之词也。

间尝论之，政理不如物理。后者所立断案，恒称绝对，而前者则否。故以满汉言，辛亥以前，绝对主张排满者非也，绝对非难排满者亦非；辛亥以后，绝对主张复辟者非也，绝对非难复辟者亦非，何也？吾人之所求者，亦国利民福已耳。斯为目的，而排满与否复辟与否，均为手腕。手腕之当何出，要以不背目的为衡。由此论思，可答今问。劳、刘诸人之无足取，则在好持绝对之论，谓立君保民，非君民将不保。清运未终，在法不当即亡，且又颂言"大清列祖列宗深仁厚泽，沦浃海内"，冀以此动天下人之心。是诚诸氏于近世思潮，未遑探讨，胜朝掌故，亦有遗忘，因有此理实两无所可之说。至以相对之论，谓满洲不当亡，厥惟康先生。先生当辛亥九十月之交，实持此义，欲以易天下，徒以革命势大，噤未敢发。其后二年，二次革命已经失败，始暴其说于《不忍》杂志。其言曰：

今者朝廷审天下为公之理，为中国泰山盘石之安，既明且决，毅然下诏，行不负责任之义，而一切付之资政院，立开国会，公之国民，定宪法而议立法，听民望之所归，组织内阁，俾代负责任。是朝廷既下完全共和立宪之诏矣。此一诏也，即将数千年来国为君有之私产，一旦尽舍而捐出，公于国之臣民共有也。此一诏也，即将数千年无限之君权，一旦尽舍之，而捐立法权于国会，捐行政权于内阁，改而就最高世爵，仍虚名曰君位云尔。国民曰，国者吾之公产也，昔代理者以吾之幼少而代筦之，今代理者已愿将公产交出，吾等可享此公产而无事矣。又曰，代理者昔总吾公产之全权也，今已将公产权让出，公议公办，代理者不过预闻而签一名云尔。故昔之愤然争者，今则欢然喜矣。故夫立宪云者，以君有之国为公有，以无限之君权改为最高世爵之代名词而已。

此指信条十九而言也。兹信条者，可称为完全共和立宪之诏。诚如康先生所云，愚曩立论，亦以法兰西千七百九十一年之宪法相况。[1] 惜乎满洲为此，未协于时，遂致"圣神化为豺虎"已耳。然犹有说。

或曰，辛亥信条果得行之，诚为中国之福。惟即当时民党奉命唯

---

[1]　见本志四期《调和立国论》。

谨，其得行与否，尚属疑问。盖满洲之立宪，伪也。事至迫切，勉从悍将之言，全然屈服，其心岂甘？倘南中诸子，闻满洲之以宪政誓之太庙也，相与释甲而就治，则满洲一反手间，孙文、黄兴之徒，殆不足以膏其斧钻耳，安见张绍曾要君之词，乃得玉府金縢之奉也哉？此观于刘廷琛氏之论而可知也。氏之言曰："光宣之际，奸宄生心，乘机作乱。……武昌变起，小丑跳梁，乱党挟种族之见，恣盗贼之行，好乱之徒，纷然如猬毛而起。……当此之时，项城抱公忠之心，尊主讨贼。复武昌，援金陵，则东南贼势瓦解，大局立定。而乃与贼媾和，致成兹局。"今谓满洲当国诸公，所见不同刘氏，无论何人，未或不疑。由今思之，彼之起用项城，举国以听，其用心岂不如刘氏所云哉！则东南之贼，诚未易于满洲朝廷之下，自进而为立宪之民也。此一说也。

有辨之者曰，革命党之势，未易骤衰，满洲虽有翻覆之心，吾自有力强之就范，似亦近情之言，入理之论。苟其事势非出于此不可，亦惟遵此勉力以行。若就法兰西往事观之，亦未见收效之必良也。法之千七百八十九年之革命，非以共和相号召也，逾两年宪法成，乃以英宪为楷模，仍戴君主。英之史家马哥里曰："苟法之宪法会议，所事仅至于废王而止，则其革命之价值，可与吾英正当健全之改革并称。"[1] 马氏之意，颇咎法之妄称共和也。然其所言，不中于当时事情，焉足使及伦的党温和诸子，为之心折。盖彼辈初意，特欲改革政治而已，不独铲除君制，无其成心，即马氏所称废王，亦非本志。观夫君主宪法，颁于千七百九十一年，而王于九十三年始行见杀，可以证之。事至于此，人惟归狱段敦、罗伯士比诸屠伯之暴乱无人道，而不知王之不能谨守信条，时思翻覆，阴谋不绝，冀倾民党，乃其巨因。由后观之，为法兰西计，与其浮慕共和，反致罗伯士比、拿破仑专横无艺，诚不若奉路易十六，作宪定治，以求平安。司徒赫尔[2]者，法之史家右于王政者也，王政既复，彼于千八百十八年，著《法兰西革命论》[3] 一书，谓"革命之事，在千七百九十一年，即当知止。果其知止，一理想中之君政国，可以成功。拿破仑既败，王政复兴，以英吉利之良规，移之吾法，以知千八百十四年之所为者，理当紧承千七百九十一年而来。中间屠伯横行，奸雄窃义，所经扰攘，皆革命不正之产物，所宜一切粪除者也。"今之治法

---

① Bodley in France 七二页引之。

② Ma dame de Stael.

③ Considerations sur la Revolution Francaise，其语 Bodley 引之。

史者，鉴于诸独夫之害礼伤义，残民以逞，孰不于司徒氏所论，洒泪同情，而证以当日之情，则殊无望。今吾国所患，较之法人之患罗伯士比与拿破仑者何如？愚未能断，而有少数之士，愤今政府之专制，回想满洲所誓之法，其为吾民自由参政之地，相比不啻天渊。因发为噬脐无及之嗟，自恨昧于当可谓时之义。且谓吾唯以虚名相假已耳，彼族人少，又焉能为？实则吾未如是行之，效果何如，亦难悬拟。且满洲食言而肥，戕贼民党，此前已言，不待更论。即名义仅存，虚君之旨达矣，而事势所之，未必无敢为不义，挟天子以号召天下者，有君之董卓，未必优于无君之罗伯士比；夺国于君之王莽，未必即优于夺国于民之拿破仑。故今以满洲立宪为言，而追恨革命党之为谋未臧者，大抵为感情所中，理想所朦，未见其有当于事实也。

如右所陈，复辟之不可行，明白甚矣。而斯说也，一时见倡，仿佛大动国人之感情。政府闻之，狼狈而不敢办，勉强发一令，逐一士，而大露色厉内荏之状。其他肃政之所参，参政之所议，新闻之所詈，大都目为机械之为，质其本心，未必肯如是说。私居聚议，或遇清流正士，偶加驳诘，转若所为邻于妾妇，求掩不遑焉。至于武夫驰电，舞爪张牙，比于无良，状尤可丑。即革命之徒，与满洲不共戴天，至此恍若忘其夙雠，不肯即加谤议，被指为贼，亦不与校。而政府设防，谋夫献计，且深虑宗社亡命，两两相联，共为不轨，凶于而国。是又何也？曰无他，此诸象者，皆今之伪共和有以召之也。

夫今之民国，其基筑于共和者也。清帝逊位之诏曰：

> 今全国人民心理，多倾向共和。南中各省，既倡议于前，北方诸将，亦主张于后。人心所向，天命可知。予亦何忍因一姓之尊荣，拂万民之好恶。是用外观大势，内审舆情，特率皇帝将统治权公诸全国，定为共和立宪国体，近慰海内厌乱望治之心，远协古圣天下为公之义。……

而前临时大总统今大总统之誓词曰：

> 民国建设造端，百凡待治。世凯深愿竭其能力，发扬共和之精神，涤荡专制之瑕秽，谨守宪法，依国民之愿望，蕲达国家于安全强固之域，俾五大民族同臻乐利。凡兹志愿，率履弗渝。……

即此二者以观，可见民国之基，存于共和，带砺之词，万不可畔。今日之政象，有合于斯誓者几何，此固仁智所见，各有未同。而其不足间执复辟论者之口，使不张其顽说，则恐无论何人，不能否认。劳乃宣氏曰："今民主制实行三年矣。此三年中，变乱百出。……近者总统之制定，党人之焰衰，大权集于一人，外虽有民主之名，而内实有君主之实。"① 此种谰言，欲有制之，术将安出？愚请本前言，以正告天下曰，攻复辟者，惟有证明今日之共和非伪，或促进今后之共和使不为伪而已，此外皆支离破碎，虚骄麻木，属托干进，无足比数之谈，非愚之所敢称也。

原载《甲寅杂志》第 1 卷第 5 号（1915 年 5 月 10 日）。

---

① 见《共和续解》。

政治与社会

梁任公先生在《大中华杂志》作《政治之基础与言论家之指针》一首，以申明政治基础在于社会之说。前辈为文，岂敢妄施驳义。虽然，愚爱前辈，愚尤爱真理，为中国前途计，不敢嘿尔息也。

作者为此文时，预料必有起而驳之者，乃先为让步之词曰：

> 设有难者曰，今日社会种种罪恶，强半皆政治现象所造成。政象不变，其导社会于下者，且不知所届。而从事社会事业之人，乃如捧土以塞孟津，虽劳何补？此难吾固无以应也。又难曰，社会事业，强半须政府积极扶助启发，然后能成。即不尔，亦须消极的放任，乃有发荣滋长之余地。而在恶政府之下，时或不惟不助长之，而更摧残之，则所谓社会事业者，何由自存？此难吾又无以为应也。更难曰，社会事业，殖其萌蘗，已大不易易，而政治现象，既予人以不安，一有变故，遂见破坏，人人有汲汲顾影之心，谁肯从事？此难吾又无以为应也。

由右观之，作者主张政治基础在于社会，而社会基础系于政治之理由，同时亦承认之。惟于今之政治，无法可设，不得不转而诉之社会，冀先植政治上不拔之基。此其用心，盖亦甚苦，然欲为此，当先假定一前提焉。政治与社会，两两离立。尔为尔，政治之事；我为我，社会之事。俟吾社会发达，至于可以加力政治之时，再行结合以建新国，则试问此一前提，果得立焉否乎？由作者所设诸难以观，盖不得立也。不得立，则亦惟有反乎作者之言，谓今之社会，无法可设，不得不转而求之政治，以廓清障碍社会之源而已。此种断案，宁待愚立？手作者之文，于夹缝中读之，将见脑际立浮此想，皎然而无疑。今请骈两说而观之，则见政治不良，由于社会不良；社会不良，又由于政治不良。互相为因，互相为果。虽然，此两因者，果绝对者乎？抑或与他因并著者乎？果绝对也，则互限改良之事于不可能。天下丐词之大，莫过于是，作者决非谓是也。果并著也，则当熟察并著之因，与本因之大小轻重何若，而后可决改良之事当从何始。如社会之不良，政治其本因也，此外更求其并著之因。政治之不良，社会其本因也，此外更求其并著之因。苟若社会不良之本因小且轻，则改良之道，可以不从政治着手，否则不可避。如政治不良之本因大且重，则改良之道，不可不从社会着手，否则非所急。此中消息，乃须详参，抹杀之论，似未足以解决此题也。

今作者避政治而言社会，同时又确言政治不良。愚以作者平昔之理解力推之，决其所欲改良之社会，不过政治不良之一因，而非其全因。则此一因者，较之他因，其大小、轻重何如，乃愚所亟欲闻者。而作者俱未之道，唯曰："今吾欲问当世之言论家，为欲与政府当局诸人言耶？……则吾敢信其决无反响。"是则今之言论家，不当倡为政治改良之说者，徒以政府之不见听耳，非政治之不当，或不必改良也。愚则以谓某论之当倡与否，是为一事，某论之见容与否，又为一事。若必料定吾说之将见容，遂从而倡之，此宵小逢迎或策士揣摩者之所为，岂足以当独立言论之目。言论家之天职，亦在使其言论与时代潮流相合，可以见诸实行已耳。至真获实行与否，非其所当问也。果不获行，此他人之咎，于言论之真值何与也？且言论之真值，每以不获实行而愈见其重。贾谊、陆贽、苏轼之书皆是也。至其言有系统枝叶扶疏之文，志在当时，而亦目送来叶。梨洲之《明夷待访》，即是其伦。欧洲卢、孟诸儒，其言何尝及时见录于世？莫烈曰："倍根之言，复绝一世，即其所志之高骞，出语之名贵，已挟有一种实力以俱行。吾英之所以为大者此也。"[①] 是故言论者，本身具有真实力量，政府采而用之，自为其所愿欲，而必以政府采用为的，愚殊未敢以为然也。且也，正当之言论，不仅不当刺探政府之意以为张弛，有时正惟政府雅不愿其流行，宜更高其鼓吹之帜，此见理之真，有以迫之使然，非必故与政府为难也。是故吾人亦问吾之言论，正当焉否耳。如其然也，吾徒因他人之不善此，从消极一面消阻之，与夫他人之厌恶此，从积极一面摧压之，厥罪惟均。以其同遏正言谠论之萌也，吾人

---

① Morley On Compromise 十页。

其忍为之哉?①

作者所理想之社会,谓"必由生息此国之人民,分任此国之政治。其人民能知政治为何物,能知政治若何为良,若何为恶。其起而负荷政治者,人人皆有为国家求良政治之诚心,人人皆有为国家行良政治之能力。苟其心有不诚,力有不逮者,将不能见容于政治界。夫如是良政治可以得见。"此种社会,诚为良矣。然以欧美社会程度之高,其实际是否能如先生所言,愚犹以为疑问。今求之吾国不得,而遽以政治罪恶,全然诿诸社会,谓非获此,政治可以不谈,愚诚不解作者平昔不涉架空之思,胡乃今有此论?夫政治之本,固在人民,而谓举国之人,其智足以辨别政治良恶,始有良政治可言,断非笃论。不必言全数也,必待多数得此,而政治始能图良,亦不必然。盖人民为物,于政治上产生意味,必为选民,苟其国民智未高,可以使其选民团体,特别缩小。当世文明各国,固仍行少数政治耳。以齐民智量之高低,定其国政之善恶,此政客门面语,非实际也。大凡政势所趋,其枢柄握于国中优秀分子之手,同时无何种阻力使之情涣而机停,则政治良,否则为恶。故卜政治者,亦视此种优秀分子之地位之情状何若已耳。普通人民,固待别论也。今吾之民智诚低,然不得谓国中乃无一部优秀分子。今作者之所以绝望于政治,果此一部分子未尽其用而仍无望也耶?后者愚欲无言,如属前者,作者惟当先行求尽其用,不当遽尔走入范围广漠之民智问题。今假定先生之言,自挟其逻辑之力以行,而民智顿高矣。然高者比较之词,特在今日所定合理之选民范围以外,更收新民几许?而此较大之范围中,亦终必听其一部优秀分子,苍头特起。果此分子不得其用,即人人皆知,亦如散沙不复可抟。故知社会中枢人物,必使之出其才智,尽量流通,无间于群化之浅深,而要为立国不易之素。作者曰,负荷政治者,必人人有为国家求良政治之诚心。在愚观之,人类为不完全之动物,纵有诚心,决非绝对。而政治为公开之运动,纵无诚心,亦有一定必诚之域,督之使莫能逾,是在国有良法制以卵翼之,使人求诚之心,日日向上,斯为得耳。不当曰诚尚未至,不得言政治也。愚曾游北京政海,又尝出入欧陆名邦,如法之德格赛,英之雷德佐治②,求之吾国

---

① 语意略本莫烈。
② 德氏今法之外交总长,雷氏今英之财政总长。

政事之林，未必无人得其仿佛。而一则号称政雄，蜚声全球，一则龌龊狼狈，同国之人，犹且戟指谩骂，是不必人之度量，如此相越，实乃政制迥别，法度不同。人之组织，使从政者不得不诚，尤才者诚尤甚，诚尤甚者位益隆焉。吾之组织，则使从政者不得不诈，尤才者诈尤甚，诈尤甚者处益显焉。向使德格赛、雷德佐治与吾之龌龊狼狈者易地而居，其所成亦必适与相反。故政治之良恶，人才之成败，于是乎系，决不爽也。至言能力，其无一定标准，义亦同此。夫政治能力，当计全体之量，不当任取一人，以出类拔萃之德衡之而无似，遂以兹力为未充。夫政治犹货栈也，而能力则货，尽货以入栈为归，尽能力以入政治为的。① 有力一分，未入之政，政已有亏，政之所出，排力泰半，时曰蠹政。是故良政治者无他，以其能创为一组织，使其国中智勇辩力之士，随其才之高下钝锐所宜，直接间接以施之政，无有毁伤，亦无有放弃而已矣。今吾国之政象，果有才未入于政之为患乎？抑尽入于政仍形不足之为患乎？后问姑且不答，苟确见国中发生一种魔力，使一切人才，悉陷于跅弛无用疲癃不具之域，今不惟魔力是克，而曰无才无才，愚窃疑为不见舆薪之类也矣。② 且良政治非可一蹴而几，国人政治能力，亦惟从政治上以陶镕之始渐次可见。作者忽视此点，愚尤为之歉然。后当详陈，兹姑不赘。

作者论今日政谭之不应有，其重因乃无缘有反响及于政局，而政谭本质之不足取，亦并及之。其言曰："吾国至今，盖未有所谓舆论者存。吾侪少数摇笔弄舌之人，自抒己见，吾殊不足以冒舆论之名，而真足称为舆论者，大都不正当，不适应。即吾侪所抒区区之己见，其果为正为

---

① 语意本穆勒。

② 往者愚与某君论及国民道德问题，有可参考，兹并录之："立国首重道德，此何待论？然立国是一事，培养道德又是一事，不可并为一谈。盖吾人不能虚悬一道德之量，为立国至少之度，不及是焉，即废国不治也。所贵夫大政家者，亦以能体察当时道德之最高性，极其量以形于政耳。风声既树，原有之量，故由此增殖，益有昌明博大之观。方其树也，基本道德几何，只得就其原质为之，不能骤议多也。七年之病，求三年之艾，不蓄不得，是已。然苟以蓄艾之故，置病不理，恐艾既成，而病将不待。是三年中，一方蓄艾，一方仍当以他药代治，可以推知。以为国言，较高之道德，艾也。今有之道德，他药也。据今有以希较高，犹病者不以求艾而废药也。信如是也。吾言救国，当言利用道德之最高性，不当言道德之不足。放任之说固非，培养之说亦嫌后起。足下试澄心思之，今之政局黑暗至此，果真国民道德之不足乎？抑当局者不善利用之乎？且非惟不善利用之，又从而毁败之乎？道德之修养，固恃师儒，道德之维持，则在法律。辛亥以来，苟得公忠体国之徒，在在以民为念。从而修明法度，严守纪律，以吾人夙有爱和平重礼让之风，而谓道德未足以小康其国，愚滋未信。"

适与否，亦良不敢自信。"作者自为时论斗山，拗谦如此，以愚文行无底，岂敢妄赞一词。虽然，作者之言，以补偏也，补偏者往往己亦有偏，请得一细论之。

舆论者有其逻辑之境，有外赋之形。逻辑云者，全社会纯正心理所应有之表章；外赋云者，国中一种言论所偶被之形式。二者合体，固为政想最上之的标。然即在当世文明诸邦，且不得言合，况于吾乎？夫舆论者，究其极而言之，当成于国民之总意。总意非能以国民各个之意，如数目之相加而成。故舆论亦然，是必有一部导领社会之人焉，时时以制造公论为事。苟其言出，犁然有当于人心，为一般辨理之人之所顺受，则所谓舆论者成矣。莫烈者今日之穆勒也，论事明锐无伦。其言曰："人之观国，不必观其常人之思想状态，而惟观其非常人。盖民生向上之征，当于领袖人物或将来之领袖人物求之。而国民之健全与否，卜之于其代表者之言论，与夫认为首领者之行为，即已足也。"① 今作者谓吾国无所谓舆论者存，果逻辑上之舆论无有乎？抑外赋者无有乎？观其评骘今之舆论，指为不正当，不适应，知所指为前者无疑。既前者矣，则所谓无有者，非今无有也，乃彼隐于所处逻辑之境，吾无道以觅取之使见于世也。由是问题之呈于吾前者，乃觅取乎？抑否乎？果觅取之，又是否宜由吾辈任其责乎？凡此诸问，料作者必为正答。愚敢复为作者渎曰，觅取逻辑应有之舆论，断非可咄嗟而办也。其中有本径之宜履者焉，有迂路之宜回者焉，有歧途之误入而旋出者焉。作者曰，吾侪少数摇笔弄舌之人，自抒己见，殊不足以冒舆论之名，是岂不然。然吾侪果以探求舆论自任，此任舍吾侪亦莫他属，因乃摇笔弄舌以上，则其所摇所弄，虽不必即为舆论，而得与于履本径、回迂路、下而至于入歧途，固决然不欺。故苟探求舆论不可以已也，即履本径、回迂路、下而至于入歧途，亦不可以已也。正云、适云、不宜信云云，岂当以是自馁哉！作者于此，尤发为骇人听闻之论曰：

> 吾最近乃深觉此种政论，其极容易发生之恶反响有二焉。其一，听吾言信吾言者，梦想吾所描写之政象，欲求其实现焉而终不可得，则以为国事遂无可望，乃嗒然若丧，颓然自放，以致国家前途最有希望之人，皆流为厌世一派，此一种恶反响也。其

---

① Morley On Compromise 九页。

二，听吾言信吾言者，梦想吾所描写之政象，欲求其实现焉而终不可得，于是乃激而横决，日图推翻现在之政局，或革变现在之国体。以陷国家于奇险之境，此又一种恶反响也。第一种反响，既已可伤，第二种反响，则尤可惧。要而论之，在今日欲作政谭，无论若何忠实稳健，而终不免略带第一种激刺煽动之性质，吾则以为在今日而为政治上之激刺煽动，则国家所受者，实利少而害多。

讨论此题，当先问"此种政论"究为何种。如其仿佛卢梭、福禄特尔之所言，闻之者又毗于叔本华之所性，则第一反响，是或有然。如其主张有若浏阳谭氏之言曰："华人慎毋言华盛顿、拿破仑矣，志士仁人，求为陈涉、杨玄感，以供圣人之驱除，死无恨焉。"又曰："世乱不极，亦末由拨乱反之正。故审其国之终不治也，则莫若速使其乱，犹冀万一有能治之者也。"[①] 则第二反响，是否有然。今作者所欲止之之政论，二者有一于是矣乎？果不有之，而厌世一派，与夫乱暴一派，仍不绝于国中，则其因必别有在，而非"此种政论"之咎也明甚。大凡攻人之说者，必先储一说以待之，彼一弃其所信，则可移其信以即于我，消极之反对无当也。谈士以今之政象为未安，作者非之，得毋作者以今之政象为安，因劝诱天下谈士，相与安之也耶？此有以知其不然也。果以为未安未可，以为安亦未可，作者究有何法，能觅得一"安身立命之地"与之也耶？

间尝论之，一国之人，所有情感、希望、意见、习惯，各各不同。果不同者，相持至于极端，势惟诉之革命，以求解决。然革命危道也，有识者率图所以避之。避之之法奈何？曰，使其情感、希望、意见、习惯，差足自安而已，不当执不同者而强同之也。安之之道奈何？曰，使之情感、希望、意见、习惯，在国法范围而不致惹起革命以内，使之充分发展而已。不惟不当强同，而且有贵夫尚异也。是故近世宪政之精神，在乎国家认容合法之反对。德之学者黎白，丁年忘命于美，因为美人讲学数十载，称宗匠，其言曰：

> 反对者适法者也，故反对不可无。反对惟以不至变为徒党阴谋为限，在此限内，皆为有益。有时政府之举动，违反国宪，使国家之独立，濒于危殆，此种反对，为力尤宏。如查尔士二世，

① 《仁学》之言。

于千六百七十年与法兰西缔结条约，当时为英民者，舍反对外，殆无救国之他途也。故适当合法而诚实之反对一失，政治上自由之担保，即与之俱失，因之少数者常被压抑，暴政常见流行。盖意见有如空气，任其自由膨胀，毫无害处，一压迫之，而非常之害生矣。

国无适当之反对，欲使自由与平和及秩序并行不悖，殆不可能。中古时代之共和国，种种祸变，相继而起，职是故也。总之反对在朝者之意见，而因被指目为反乱，受种种之敌视逆遇，若而国家必不能安。昔时攻击大臣宰相者，每受追放，或处叛逆之刑。……即行专制的民政，或贵族制，犹不许公然反对。所谓反对党，徒有其名，若真有反对之行为，则且立见放逐。洎夫近世，代议之制既行，则若视反对为叛乱，从而罚之，非政府志行薄弱之为，即私党把持国柄所致，非善良诚心之国民所能堪者矣。

多数者果常正当乎？此决不然也。惟其不然，则反对之事为不可乏。……故共和国之自由，其根据安在，亦曰少数之一部分，甚且一个人，有无限之权利，得以适法之手段，运动多数使之从己而已。故共和国之安全，与谓基于多数者得其代表，宁谓基于少数者握有运动多数之权。盖正义云者，决无仅存于多数一方之理。且多数之势力，日见增加，而反对愈见其必要，愈见其适法，诚以非此无以为专制之藩篱也。试观文明政治诸史，其所著录，何在非少数人士，停辛伫苦，积日累月，所变更改进之事为？夫多数之意见，诚足代表一时之舆论，而不可谓此即公论。公论者乃社会之意志，由一部应时协理之士表而出之者也。舆论则不然。误谬、无知、恐怖、激昂自负种种，皆常人之所易有，社会人众之意见，因而有误，良不足奇。至于公论，其一定成熟之意见，关乎事项者，非斟酌事情，固难判其当否。若夫理论上之建议，则一人之说，驾乎全社会所见之上者，往往有之。要之舆论者以社会人众各各所有之意见相集而成[1]，公论者社会全体之意见，以讨议论难之结果而出，此其大较也。……

---

[1] 黎氏所诂舆论，与愚所诂微有未合。盖彼以舆论与公论截然分离，而愚则谓舆论为公论之外形，公论为舆论之逻辑。非公论之舆论，乃外形具而逻辑不具之舆论，非舆论之公论，乃逻辑具而外形不具之舆论也。

吾曩言之，为国民者，必也尊重公论，果无正确强固之理由可轻视之以上，则不可摈斥之。若本侮慢之心，从私利之点，以图抹杀公论，是殆与置身社会之外无殊。故当两党相争，各陈所见，欲吾判断期于公平，最宜以其意见，视若历史所记，流传至今，全与一切私利，绝其关系，而纯乎由衷施其断案矣。①

综上观之，反对之权，乃国民所共有。苟不至危害及于国家，"有真宜反对之政府，可得十分反对之"②。纵令政府所事，举国风从，而吾见为不安，且可本一人之意见，以发言而抗论，语语见的，无可致疑。夫曰反对当以不致惹起革命为限，其在他一面，是不啻曰，苟不听人反对，革命之祸，将由是而起也。观黎氏所谓非常之害，与夫中古时代之种种祸变，可以知之。此固不必宪政之规，而亦一切治道之要。故子产不毁乡校曰："我闻忠善以损怨，不闻作威以防怨，岂不遽止。然由防川，大决所犯，伤人必多，吾不克救也。不如小决使道，不如吾闻而药之也。"信如斯也。苟为政者无背于普通治道之理，则国中果有"忠实稳健"之政谭，方且欢迎之之不暇，而何惧其"刺激煽动"之有？若夫政府并普通治道而不知之，或知之而故背之也，则其激刺煽动国人，此种忠实稳健政谭之力，决不敌其政治本身之力之百一。③ 先生如虑风雨飘摇之国，不堪再有变乱也，与其忠告言论家，毋宁忠告政府。何也？今之力为所以激刺煽动国人者，固在彼不在此也。今后变乱将以何时而发，抑或竟尔不发，均不可知。惟若不幸而发，作者从而为之言曰，此为忠实稳健政谭者之咎，愚时或头颅已断，亦必发愤答曰，非也。

至言厌世，愚益不解作者所语为何。醇酒乎？妇人乎？鸦片烟乎？雀乎？扑克乎？凡此皆厌世者之所为，适朝、适市，到处遇之，是岂皆国家"前途最有希望之人"，一"梦想吾所描写之政象，欲求其实现焉而终不可得，则以为国事遂无可望，乃嗒然若丧，颓然自放"矣乎？果此厌世者，于简练揣摩于呼卢喝雉、放辟邪侈之术以外，尚有余暇，寓

---

① Lieby Political Ethics，愚行箧无此书，语从日人泽柳政太郎译本《政治道德学》录出，见下卷二二三页以下。

② 亦黎氏语。

③ 愚闻谈革命者，以东京之《民报》、上海之《民立报》于推翻满清政府有奇功焉，然其力宁足比之奕劻当国时之一足趾哉？愚自稚齿论政，即见革命与不革命之机，纯乎操之执政。癸卯在上海《苏报》曾著《论中国当道者皆革命党》一首。

目于"吾所描写之政象，欲求其实现焉"矣乎？如曰此醇酒者，妇人者，鸦片烟者，雀者，扑克者，而总次长，而督办，而局长，而其他其他，不足以当厌世者之称，则不总次长，不督办，不局长，不其他其他，而醇酒者，妇人者，鸦片烟者，雀者，扑克者，其足当厌世之目果至何度？如曰醇酒云云，不必厌世者必有之象也，则总次长，督办，局长，其他其他，不醇酒者，不妇人者，不鸦片烟者，不雀者，不扑克者，或则不总次长，不督办，不局长，不其他其他，而不醇酒者，不妇人者，不鸦片烟者，不雀者，不扑克者，其足当厌世之目，又至何度？若真有一分厌世之意，存于其中，如果忠实稳健之政谭，有以致之然乎？抑别有他故乎？凡此诸问，不层层剥剥，不足以为本题正当之解决。呜呼，作者其慎言厌世，以愧我国人矣！庄生曰："鸱得腐鼠，鹓雏过之，仰而视之曰吓。"今之熙熙攘攘者，方据腐发吓之不遑，而厌之乎哉！而厌之乎哉！！

作者概括政谭之种类，区之为三，而以三者皆为无用：一曰臧否人物；二曰讨论政策；三曰商榷国制。如斯言也，则人物也，牛之羊之；政策也，一不之西之；国制也，驴之马之，皆非吾之所问。吾所问者惟在社会。姑无论社会不能舍政治而独立也，即令两不相妨，吾且下魏阙，入江湖，不知理乱，不闻黜陟，俟社会之事竣，而后转即政治以求改良。则第一条件，在吾欲改良之时，尚有所谓政治，供吾调度。易词言之，吾人整顿社会事业期间，所有可牛可羊之人物，创为非驴非马之国制，行其不东不西之政策，而其国尚可不即于亡也，作者能为此保证否乎？不能为此保证，而辄禁人之臧否焉，讨论焉，商榷焉，则昌黎氏之言曰："在周之兴，养老乞言，及其已衰，谤者使监。成败之迹，昭哉可观。"于今不值一钱之言论家，诚不难听命惟谨矣，惟作者试举目旷观二十世纪地球之上，果有尺寸之土能容此牛牛羊羊，东东西西，驴驴马马之怪物焉否也？今请就作者所举三项，分别论之，所见与作者有同有不同，与当世之言论家亦有同有不同也。

人之恒言曰，人才消乏。愚则甚非其言。盖所谓消乏者，必其用之不足而后云然也。吾国才虽不多，果得曰尽用之以见于政事也耶？此童子可得而答曰，否也。如其否也，当曰人才遗弃，尚何消乏之云。又吾所谓用者，非执一人而字曰才，因而被以章服，崇以官阶，而即了事也。是必尽其所能，本其逻辑所行之路，充分施之于政，而后可号曰用。用于正面为行政官，用于副面为反对党，固不问也。今副面无论矣，以正面言，若而总次长，若而督办。若而局长，若而其他其他，上焉者以其"有涯之精力，……悉疲于簿书期会，朝命舆出，晚就床眠"，如作者所云；下焉者日夜简练揣摩于呼卢喝雉、放辟邪侈之术，如愚所记。果得曰此之人才，尽用之以见于政事也耶？此童子可得而答曰，否也。如其否也，当曰人才败坏，又何消乏之云。此固非谓人才真不消乏也，特此之云，宜在爬罗剔抉弥形不足之后。今当遗弃败坏之秋，遽尔揭橥，则嫌太早。夫遗弃与败坏，二者为害孰烈？曰，后者为烈。以在遗弃，充其量不过排除人才之一部分，使出吾"货栈"而已，余一部分，吾犹得收其用也。若夫败坏，则影响广被，举天下无一才之可用矣。举天下无一才可用，吾从而臧焉否焉，此诚"派别万殊，要皆牛羊无择"，如作者所云。故作者不持臧否论，愚亦向不持臧否论。作者谓"臧否人物者，盖偏信人治主义，以为政象所以不善，皆由不得其人。吾以舆论之力，排蠹政之人而去之，政斯理矣。"当世言论家或为是说，若愚则未尝有此梦想也。故就兹点而论，愚与作者所见，盖无异致；而所异者，则作者谓当听其自然，愚谓现状必所当易。盖人有其人性，亦有其兽性，惟才亦然。才有其才性，亦有其不才性。人居良社会，人性强而兽性弱，居恶社会反之。才入良政治，才性强而不才性弱，入恶政治反之。今吾国之人才，作者视为一丘之貉者无他，乃几经磨洗，善质全销，而人人之不才性，等量发展而已。其量既等，故作者之言曰："当局有力者，果能因吾言而解职，则吾之志其可谓遂矣。而继其职者，究能如吾心目中所期耶？吾信其决不能也。且举国中有能如吾心目所期之人耶？吾信其决无有也。"若夫从其才性而言，则假定"非将内外大小一切政治机关，悉请外国人代笔"以上，而谓举国中至无如吾心目所期之人，苟非自欺，宁非自弃？愚暴言人才败坏，败坏云者，即排其才性而伸其不才性之谓也。于此当知不才性之为物，不肖者有之，贤者亦有焉。故国有恶政治，而排而伸，极其开阖动荡之用，不肖者无所逃，贤者也莫能免。作者举国所认为贤者也，而一入政局，乃不尽餍人之望，望之者废然，作者亦顿忘所处何境。惟一变为什匿克之论，以骋其悲观齐物之谈，谓"吾亦世人所指为场面上之一人，吾亦常为彼臧否者，而吾自视在政界上与人比较，真牛羊何择也。"则试问作者所谓政界上之人，乃才性之人乎？抑不才性之人乎？作者以己与之比较，乃才性之己乎？抑才性不可得伸之己乎？不此之辨，而举一切之人，无贤无不肖，投之一炉而共治之。且复以己入焉，呼牛而牛应，呼马而马应，以此种牺牲之精神，只图破一臧否论，诚为胜任愉快矣，顾回想当今政情，果如之何始得善其后耶？愚为此说，并非为臧否论张其辩词。苟政治组织不良，吾即否其不才者臧其才者而有效，才者亦浸假与不才者同流而合污，其又奚益？等是不才，更无论矣。区区之意，乃谓无论才之大小贤佞何若，而既有其才性之一面，即当设法保之，使勿散亡。才性既张，不才性自尔退听。自来论人才者，以才不才分人而字之，某也才宜进，某也不才宜退。此之进退，治乱存焉。故曰君子之道长，小人之道消，小人之道长，君子之道消。臧否之论，即以此为其根据。若近世文明政治则不然，此种政治，可治而不可乱者也。虽曰政以人举，而乃有一定不易之政式，君子用之无多长，小人用之无多短者也。故今之政治道德问题，不在陟才而黜不才，而在合大小各类之才而抖擞之，使之共呈其才性饱满之德。平情论之，人之欲善，谁不如我。匹夫慕义，何处不勉焉。苟其国有良制，使人共由，贤者益见其贤，不肖者亦安至甘为不肖？民国初元，始行民政，国中富于朝气，争自濯磨，官僚自勤求法制之心，士夫亦敛其邪侈之习。苟迎此新机，稍得其当，国政之坏，亦安至兹？即此可知制度更新，足以发扬国民善性。故今之人才，败坏极矣，其救济之法，诚不在臧否而在改造，而改造人才，又不外于创设新治矣。作者辟臧否论，而乃安于现状，不为一筹改造之方；不惟不筹，而人所恃以为改造之地者，且极口嗤为无用。此种全然消极之"指针"，愚病未能受也。

政策者，一至广漠难得正诂之名词也。大凡国家机关，与夫国民种种行为，志在表见国家真正之目的者，皆曰政策。政策有毗于理想者焉，有毗于实际者焉，是为二干。干之下有支焉，支之下复有小支焉。今卒尔曰讨论政策，所讨论者果其干乎？其支乎？抑其支之支乎？不此之辨，而统括一切讨论，谥之为无用，未免太泛。夫干不定而讨论支，支不定而讨论支之支，诚无益于用。盖本拨而枝叶从之，未有徒缀枝叶，其本得立者也。设有人问曰，平政院之组织，宜如何乎？愚将不答。以在今所当论之政策中，乃其支也。又有人问曰，币制局之存废，影响如何乎？愚亦将不答。以在今所当论之政策中，乃其支之支也。大抵国是未定之国，所有规划，皆苟且颟顸之为，不足以当政策之目，从而论议，了无意味。作者诋其"未为知本"，愚意亦同。然则所谓本者何也？作者曰："今之中国，非无良政策之为患，而无实行良政策之人之为患。"① 是所谓本者人也。此于原理，本无所误，惟以概之吾国，似犹未然。今之平政院，谓之不得其人，非持平之论也，而平政之事莫能举。前之币制局，谓之不得其人，非持平之论也，而改良币制之事不能举。是知无人为患之外，所患更别有在。此其故作者亦言之切明矣："盖政策之为物，不能各各离立。此策与彼策之间，联属至为致密。先决问题，层层相覆。"虽然，此种联属问题，横者乎？抑纵者乎？易词言之，果与本问题并立、大小轻重相仿者乎？抑立于其上，其大其重，逾于本问题倍蓰者乎？由前之说，甲策之不行，徒以与乙策有连之故。是即两策而并论之，或讨论一策，而注意于他一策不绝，斯可矣。绝对抵排讨论甲策为无用，尚未当也。独至先决问题，跨乎其颠，本策为支，而先决问题为干，苟先决者不决，本策之无庸讨论；本策与他种联属并立之策，俱无庸讨论，庸童小夫，可以晓然。然此亦非消极的放弃，特移其讨论之点于所当先决者耳。先决之策，亦策也。绝对抵排讨论政策为无用，亦未当也。至曰："报纸上讨论政策之文，绝非当局者所能寓目"，此其过以成败之见，自限其设策之方。前已论及，不必絓缕。要之一论之是否当发，全视其本身之真值，而不视外缘际遇之如何。全视发者自信力之浅深，而不视人之信我将至何度。大抵一论确能立为系统，宣言于时，即其论十分成熟如笋斯苗之候。我之获有此论，有条而不紊，其事决非偶然。他人姑不具论，在我信其能行，则此论出世之途，已得正向。世赖先觉，即赖夫此。若乃从而阏之，人类失其天职之事，盖莫此若矣。② 夫人类之所以异于动物者，亦以不为形骸所拘，而能自定其适于境遇之行为而已耳。定此行为，由国家观念推之，时曰政策。故政策论之前提，乃在容认个人之自由意思。③ 此种自由意思，能为充分健全之发展，而国家之演境，于以高华。此其中有当注意者，则自由意思发展一次，而国家状态变易一次。变易之度，视发展之度为衡，无或爽焉。当其未变易也，所表意思，必与前此政状不能相入。惟其不入，

---

① 原本无"之人"两字，当是手民脱略。

② 语意本莫烈。

③ Free Will 阅 Green Principles of Political Obligation 首章，日本小野塚喜平次之《政治学大纲》政策之前提一节中，论此甚详。

故曰自由。政府者明明为时势所局者也。于斯时也，苟吾人意思，必处处与政府合纵，逆料政府不以为然，吾即不论，是全国之人，尽困于一时局势之中，无能自脱，与下等生物之为形体所缚无殊。较高之理想，不可得而梦，自由之精意，丝毫无复存。若而国家，宁尚有存立之价值？若而人种，宁尚有向上之希望乎？初不料以先觉之士自命如作者，而发为言论，使愚推论而得如斯断案也。夫国人不善用其自由意见，亦已久矣。故一切议论，"今日以塞报纸篇幅，明日覆瓿而已"。然此覆之者有咎，塞之者亦有咎，以其所论实不成为一政策，故阅者群以轻心掉之也。欲矫此弊，首在慎其所塞，而使文章之气息，有以感动读者，使不忍覆。此其责，环顾全国，惟如作者其人，足以当之。故作者累次所为杂志，欢迎读之者较他志为多，即所以警惕作者，使履其责。而作者以惧人之覆之也，遂乃屏政策不谈，所谈者似徒逢迎国民种种方面之弱点，而与国家根本大计，相去日远。愚思之不得其故，安敢避诮让而不请益哉？

法治主义，所以救臧否论与政策论之穷者也。人治苟无法治以辅之，上焉有人亡政息之悲，下焉有"牛羊何择"之感。政策苟无法治以辅之，上焉官场藉词以敷衍，下焉私欲托公以横行。故此之主义，在政论为最高，而于吾国今日为最适。先生非之曰："无论帝制、共和、单一、联邦、独裁、多决，而运用之者皆此时代之中国人耳。钧是人也，谓运用甲制度不能致治者，易以乙制度即能致治，吾之愚顽，实不识其解。譬犹等是丸药，不能治病，而惟思易其蜡封。等是优伶，不能擅场，而惟思更其班号。谓非大惑，庸安可得？"愚意不然。作者兹说之误，首在体察现制，衡论人才，两乏极明之观念。以现制言，而谓今日政局之成，凡中国赋有政才政识之人，皆曾以其清醒活泼之力，从而运动所致也耶？抑凡中国此类之人，皆直接间接，剥去其清醒活动之力，不能运动所致也耶？前者国之人曾尽力以为，无能致治矣。姑请如作者旨，不更妄谈法治。如属后者，今之谈法治者，其惟一目的，乃在使全国人才，回复其清醒活泼之力，方方面面，施其运动。有若政治，有若工商，有若教育，有若其他社会事业，有一分之才，务尽一分之用，有一类之才，务达一类之用。自有政象，斯为极观。今之问题，惟在此种政象能得表现至于何度已耳。谓其将不有愈于今，是何说耶？以人才言，愚曩原才，有才性与不才性两面，试问今日从政之夫，果以其才性从之者耶？抑以其不才性从之者耶？由前之说，则人一入官，而才之全量以露，是如丸药下咽，功候悉呈，俳优登场，伎俩只此。亦请从作者之譬，不更妄谈法治。由后之说，则一物为性，本有弹力，决非丸药、俳优之比。今以被压而缩，设去其压，亦断言其不伸，理安在耶？近朱者赤，胡乃不可近墨而黑？蓬生麻中，胡乃不能不扶而直也耶？凡此之谈，其所根据，乃以吾人力有弛张，才有隐显。当此既弛且隐之时，政治未良，不能断定既张且显之时，其政治之不良，亦复犹是。今退一步，假定吾力已张，吾才已显，即易他制，才力俱无所加，而即制论制，亦决无逻辑可据之理由。谓其运用甲制度，不能致治者，易以乙制度，即不能致治。盖人才必以死物喻之，求其较切，莫如七巧板①，而法治则其拼法也。拼法一变，板之精神亦一变。与丸药徒易蜡封，优伶徒更班号者，不可同年而谈。则钧是板也，甲法拼之而未善，安在乙法拼之而亦不善乎？夫近世之政治，所重者形式耳。故国有国体，政有政体，国体政体之争，皆形式之争也。形式不存，即精神不寄，此种政治精义，十九世纪以前，欧人且未深晓，安论吾人。唯今求存于二十世纪之秋，急起而直追，虽欲忽视此种教训，不可得矣。须知其在吾国，吾谓钧是人也，甲制乙制，俱无所可。推之欧美，同时宜谓钧是人也，甲制乙制，俱无不可。此其陷一切政制谈于无意味，他国学者闻之，又不知作何感想也。今请以具体之例言之。作者曰：

> 彼联邦政制论，吾凤所最反对也。吾以为此非徒反于今世政治之趋势而已，而我国之历史地理，实不容此制度之存在。勉而行之，必非国家之福。今吾姑弃吾说，假定联邦制为利逾于弊，而欲使联邦制臻于善美，必以各联邦本身先臻善美为前提。然谓在单一制之下，不能善治之国民，一易为联邦，即能善治，此理吾直无从索解。

详论联邦，非本篇所有事也。然此问题最饶兴味，以作者辄语及此，请得约略言之。作者谓联邦反于今世政治之趋势，愚所先欲知者，所谓今世政治之趋势，是为何种？国家主义耶？平民主义耶？作者所指，必为前者，则联邦主义，必谓其与国家主义相冲突，愚未之闻也。联邦者，简而诂之，特凡关于全民族之事件，由中央政府理

---

① 以七巧板作譬，闻之白芝浩。

之；凡事件不为共同利益所存，由各邦政府理之①是已。于中央政府所理事件范围之中，国家主义，自有充分之途径，容其发展。今之讲国家主义最显者，宜莫若德意志，而未闻以联邦故而有所妨。美利坚之不武，由其种性地势使然，即不为联邦，亦未必雄飞大地。且也，凡国之能外竞者，必无内讧，联邦之制，亦泯内讧最良之法已耳。苟其国自始绝无内讧，联邦问题，自无从起。惟若内讧非以联邦不能圆满解决以上，而乃废而不讲，徒欲勉强涂饰国家主义，以期国之纯一坚强，其结果不至外面涂饰一分，内面破裂一分，久而久之，所谓国家主义全坠于地不止。故知即以绝对之国家主义为的，而亦必熟察一国内情，其能孕育此主义之量，共有几何。果孕育之量，仅及于联邦而止。易词言之，推行联邦之制，国家主义始得孕育适当，则联邦政制，实乃发达国家主义最直最稳之途，采用他法，都为迷误，此之不可不细审也。西方学者知其然也，当十九世纪前半期，国家主义昌明之后，从而讲求方术，使其主义日即于真，遂乃发见唯一之境途，不外将国中所有情感利害不同之点，一一令其得所。盖欲求发挥光大于外，必先融和无间于中。近数十年来，欧美两洲之新学说，悉视此矣。联邦政制者，乃其方术之最为深至者也，虽不必尽国可行，即可行之国，亦并未尽实现，而学说事例所至，则几有朝宗拱北之观。韦罗贝曰："今日之政潮倾于联邦，犹之中古之倾于封建，十五六世纪之倾于专制。"② 作者谓于今世之趋势为反，以愚谢陋，尚未及知。愚已别为《联邦论》一篇，可供参阅③，即不多论。至于我国之历史地理，不容此制度之存在，不容云者，是果其制不宜乎？抑其人不欲乎？后者愚欲无言，前者则愚敢言无所谓不宜者在。历史者特现制之所由胚胎，二者非同物也。现制为蛾，而历史之用，恰同于蛹。其所胎之蛾，状果何似，则一以时代精神为归。盖历史不外时代精神之连续表征，非有他也。果曰史象如是，吾不得违，恐未免漠视时代精神过甚。至于地理，愚犹不解有害于联邦者胡存？愚闻有国小不足为联者矣，未有国大不宜于联者也。当世联邦之大，莫过于美，而美人蒲朗，近著《支那新兴论》一书，曾将吾之各省，与美之诸州，两力相

---

① 本之戴雪定义。

② Willoughby, The Nature of the State 二三二页。韦氏现充北京顾问，美人言国家学者之白眉也。

③ 见本志五期。

较，列为一表。① 由其表观之，以土地言，州或偶广于一省，而两州不及一省则亦有之。至于人口，又非可同年而语。实则联邦为物，所联者惟取自有组织之政区，初不问土若何广，民若何众。北美、瑞士、芮特

---

① Arthur Judson Brown New Forces in Old China 二一及二二页。表如下：

省及州	方里	人口
湖北 Chio and Indiana	七一、四一〇 七六、六七〇	三五、二八〇、六八五 五、八六四、七二〇
河南 Miss ouri	六七、九四〇 六八、七三五	三五、三一六、八〇〇 二、六七九、一八四
浙江 Kentucky	三六、六七〇 四〇、〇〇〇	一、五八〇、六九二 一、八五八、六三五
江西 Kentucky and Tennesee	六九、四八〇 八一、七五〇	三六、五三二、一二五 三、六二六、二五二
贵州 Virginia and West Virginia	六七、一六〇 六四、七七〇	七、六五〇、二八二 二、四一八、七七四
云南 Michigan and Wisconsin	一四六、六八〇 一一一、八八〇	一二、三二四、五七五 三、七八〇、七六九
福建 Ohio	四六、三二〇 四〇、七六〇	二二、八七六、五四〇 三、六七二、三一六
直隶 Georgia	一一五、八〇〇 五〇、九八〇	二〇、九三七、〇〇〇 一、八三七、三五三
山东 New England	五五、九七〇 六二、〇〇〇	三八、二四七、九〇〇 四、七〇〇、九四五
山西 Illinois	八一、八三〇 五六、〇〇〇	一二、二〇〇、四五六 三、八二六、八五一
陕西 Nebraska	七五、二七〇 七六、八四〇	八、四五〇、一八二 一、〇五八、九一〇
甘肃 California	一二五、四五〇 一五五、九八〇	一〇、三八五、三七六 一、二〇八、一三〇
新疆 Ohio, Ind，Ill；ky	二一八、四八〇 一七三、四三〇	六八、七二四、八九〇 一一、三五〇、二一九
安徽 New York	五四、八一〇 四七、六〇〇	二三、六七〇、三一四 五、九九七、八五三
江苏 Pennsylvania	三八、六〇〇 四四、九八五	一三、九八〇、二三五 五、二五八、〇一四
广东 Kansas	九九、九七〇 八一、七〇〇	三一、八六五、二五一 一、四一七、〇九六
广西 Minnesota	七七、二〇〇 七九、二〇五	五、一四二、三三〇 一、三〇一、八二六
湖南 Louisiana	八三、三八〇 四五、〇〇〇	二二、一六九、六七三 一、一一〇、五六九

兰与阿克亚，史家胡礼门所称联邦四范者也。北美如上所表矣，而瑞士联郡，郡不敌吾一州。芮特兰联省，省不敌吾一府。阿克亚联城，城不敌吾一县。而皆为模范之联邦。吾国地广于美，足资为联，更何待论。① 至若形势阻格，交通未繁，又俱证为联之宜，不足辩驳。故地理之说，愚所最不解也。然以上诸说，作者愿暂弃置，而假定联邦制为美善而行之，愚亦不当深论。至断定各邦本身未良，制于何有，此其为误，与论"钧是人也，谓运用甲制度不能致治者，易以乙制度即能致治"相同。前已辨明，无取申说。一言蔽之，联邦既建以后，各省法律上之组织，与组织上之成分，固截然有殊，因异谓果必同，愚惧其于逻辑有所未安矣。

作者于此，尤有合于举国上下之弱点者一论。其说曰：

> ……吾国固尝有国会矣，而当时国人之视国会何若？国会之有造于国家又何若者？论者必曰，今日再开国会，其内容必有异于前，其或然耶？……吾以为国会之有无，在今日政象曾不足为轻重。使吾国民有运用合议机关之能力耶，虽以今之参政院、立法院，固饶有回翔之余地。彼英之枢密院，何以能变为内阁；等级会议，何以能变为巴力门，岂非明效大验耶？而不然者，则虽纯正之民选国会，其究亦不过为多数人辟啖饭地而已。

今日最流行之论调，每谓民国元、二年之国会，实无补于国家。易词言之，即谓共和不益世用。此若于空中驰论，是丹非素，可以亘数日不休。今且不论共和之本质如何，而以一二年最短之时期，国中复有"特别势力"之存在，一步未终，遽尔责效，责效不得，乃立毙之，从而为之言曰，共和不适也，国会可灭也，天下不平之事，宁复过兹？作者问当时国人之视国会何如，则宜问所谓国人，以何种人为之代表。自蚩蚩者氓，不足以言政见，以及直接间接与"特别势力"为缘者，其政见又决不正确外，愚尚未闻有人对于国会作过度之悲观也。至国会是否有造于国家，最宜以国会扑灭后"特别势力"之所以造国家者何如，一为比较。愚夙服德意志史家蒙孙之言曰："宪法之不完全，任至何度，惟若准斯法也，国民之多数，可以自由意志，定其政略，则以衡之最开明而博爱之专制政治，其为优越，至无垠焉。何也？立宪政治，进取者

---

① 吾国本可称之曰联邦（Staatne-staat），说出波兰学者 Gumplowiez stanlsrceht 二五四页。

也，富于生机。专制政治，停滞者也，几于死体。"① 蒙孙所谓专制政治，指罗马该撒言之，其说已如此，况乎去开明博爱万里者耶！今之人惧国会论之为政府所挠也，设词以慰藉曰，国会再开，内容必异于昔。果有异也，岂非幸事？以事势推之，设若员数减去若干，重以第一次之所经验，年来之所察求，成绩较优，亦非无望。然即实质上毫无变异，亦不许藉为推倒国会之词。何也？此种进取富有生机之物，国家只可促之改良，固不可绝其根本也。

至谓国民如有运用合议机关之能力，即以今之参政院、立法院，亦足回翔。此种奇谈，出之作者，尤为可骇。愚固不敢曰，国民果有运用合议机关之能力，如作者所期也。如其有之，能力之发见，将以何式？果唯唯否否，如脂如韦，即足以云能力耶？抑必謇謇谔谔，正言不讳，始得语是耶？易词言之，果尽弃所信，唯政府之命是听，即足以云能力耶？抑必自行其所信，百折而不挠，始得语是耶？前者不成答案。若曰謇謇谔谔，正言不讳，自行其所信，百折而不挠乎？则今之参政院、立法院，是否与此物兼容，谅童子亦莫能率尔而答也。夫以能力万不可伸之地，而漫然责之曰，尔胡乃回翔乎？愚不解此言与晋帝所谓何不食肉糜，其无意味之度，相差几许。愚今请正告读者曰，合议机关之能力，资以发展者，无他，反对之一制也。凡国中认容合法之反对，听其流行者，其合议机关，始足以言能力。不然，为之议员者，纵皆骅骝骐骥之才，亦见其如退之所云，"只辱于奴隶人之手，骈死于槽枥之间"已耳。"策之不以其道，食之不能尽其材，鸣之不能通其意"，而于此曰回翔回翔，作者言之，几何不为昌黎所窃笑也耶？作者只言英之枢密院变为内阁，等级会议变为巴力门，而不言其何由而变，读者病之。以愚所知，英之能为此变，其精要实不外创设反对之一原则。黎白曰："反对之一大制度，溯其起源，盖以英国乔治二世时反对华尔浦为始。"② 其初尚以反对大臣为帜也，浸淫并王而亦反对之。反对之及于王，在他国为阴谋，而此为公议，在他国为革命，而此为议程。故英人政治用语中有"王之反对党"③ 之一名词，以自豪于世界。举凡某种机关变为某种机关，某种机关变为某种机关，无往非此名词之作用，或纡或径以为之导

---

① 见本志二期《哈蒲浩权利说》。
② 同前，华尔浦 Walpole。
③ King's Opposition，白芝浩亟称之。日本于英欲为东施，近亦有"陛下反对党"之一名词，流露新闻纸中。

作者乎？"明效大验"云云，果不此之谓而他有谓者乎？设若英之枢密院，等级会议，曾乃跋前踬后，动辄得咎，如吾之参政院、立法院然，作者果尚谓别有"余地"足以回翔也乎？彼明明言曰："凡政治上有特别势力存在之国，决无容国会政制发达之余地。"今之参政院、立法院，又明明立乎特别势力之下也，而忽有余地，可以效法英之内阁及巴力门，彼全不认有特别势力之存在，反对之力，无所不至者，又何说耶？

愚知作者为文之本旨，在于防止革命，故于破坏今日政局之不可，三致意焉。此其苦心，亦谁不谅。惟恃摧压政论，以为防范革命之道，此十五六世纪暴君奸相所行之愚策。作者从而主张，苟非以百万言说明其故，令愚不能卒读，愚敢节节断其理势两不可通。盖革命之起，起于人心之不平。政论之发扬，所以平其不平者也。今畏革命，不务所以平之，而反绝其平之之萌象，是殆唯恐革命之不起而促之耳，何防之足言哉？史迹多矣，难于殚述。请言爱尔兰近事。昔统一党之治爱也，以抑民为得策，言论集会，举不自由，英爱之不决裂，间不容发。千九百六年，今自由党内阁立，对爱政策，首崇宽大。前此本乎千八百八十七年之刑事法案，制止爱人行动者，悉为免除。爱人不经许可不能携带武器之令，亦为废止。政治集会，准其一律公开。言论范围之扩张，更不待论。蒲徕士①者，言自由政治者之斗山也，以之督爱。是时爱人骤入自由之乡，若饮狂泉，不知所以自制，名流演说之痛攻英人者，指不胜屈。一市会议员曰："爱人其备之，一旦英人有事于欧陆，即吾人虎视英伦之秋也。"一市长曰："当南非战争时，若得十万子弟，起而抗英，爱尔兰共和国，早已成立，不列颠之最高权，早已堕地矣。"诸如此类，盖大溢乎政论应守之范围，此其"煽动激刺"之度，无论何人，所当骇诧，而蒲氏置若罔闻。其后蒲氏被任驻美大使以去，临行之词曰："凡政治结集，于中所为言论，吾盖未见其有害也。"②卒之秩序不乱，人气大舒，英、爱之感情，较前逾密，爱尔兰自治案，安然通过，行见实行。虽威尔斯德不无异议，久而久之，亦未见终为大梗。此次欧洲大战，宜若议员、市长坐言起行之时矣，乃不惟不闻内讧之生，而且协力御侮之唯恐不及。此其故何也？吾人试一沉思，不难以一语明其窍要。盖爱尔兰扼于统一党政府之下，民气郁积，莫能骤发，计其容忍之量，

----

① 即著《平民政治》之勃拉斯。

② …Not found any harm in any of the speeches delivered at the meetings. 见 Is Ulster Right? (1913) 第八章。上引议员、市长之语均同。

已达于最大限度矣。苟统一党政府更支数年，愚知英、爱流血之事，必所不免。夫凡蓄之过久者，泄之也必急，此无间于泄之之道，为激为随也。自由党所持政策，虽足以厌爱人之心，而前此潴畜过久之情，亦必用其既弛之弹力，稍稍泻之而无能自禁，议员、市长之言，亦遵此弹力而行而已，非有成心，指陈将来进行之方略也。斯时激之变生，任之转可无事，人之恒言曰，政术政术，此诚术之极高者矣。且言之者即有成心，与其秘之使其潜滋，毋宁公之使其自汰。蒲氏断其无害，见理绝莹。由此以谭，革命之起不起，在乎民情之平不平，民情之平不平，视乎政谭之畅不畅。今先生恶革命而绝政谭，是何异畏影恶迹，却背而走，欲汤之沧，一炊百扬也耶？而况乎今之政谭，其"煽动激刺"之度，不及爱人所为什一也耶。

作者最后有甚辨之论曰：

> 大抵欲运用现代的政治，其必要之条件：（一）有少数能任政务官或政党首领之人，其器量学识，才能誉望，皆优越而为国人所矜式。（二）有次多数能任事务官之人，分门别类，各有专长，执行一政，决无陨越。（三）有大多数能听受政谭之人，对于政策之适否，略能了解而亲切有味。（四）凡为政治活动者，皆有相当之恒产，不致借政治为衣食之资。（五）凡为政治活动者，皆有水平线以上之道德，不至掷弃其良心之主张而无所惜。（六）养成一种政治习惯，使卑劣阘冗之人，不能自存于政治社会。（七）有特别势力，行动轶出常轨外者，政治家之力，能抗压矫正之。（八）政治社会以外之人人，各有其相当之实力，既能为政治家之后援，亦能使政治家严惮。具此诸条件，其可以语于政治之改良也已矣。吾中国今日具耶否耶？未具而欲期其渐具，则舍社会教育外，更有何途可致者？此真孟子所谓犹七年之病，求三年之艾，苟为不蓄，终身不得，虽曰辽缓，将安所避？

作者之为此言，盖浸忘乎国家之事，乃一有机体之发展，非如筑室造路，鸠工庀材，仓卒可就之比。所列八条，信为现代政治之要素矣。吾国未具，亦诚然矣。则试问各国今日具此条件者，果今日始见为具也耶？抑一二世纪以前，即已具之也耶？姑不问其答案如何，惟若以渐而具也，果由政争中得之也耶？抑抛却政治不问，专从事社会以得之也耶？间尝论之，天下万事万物，皆可预期其结果，整备相当之元素，以求合之。独至政治不然，盖政治之径途，纡曲错综，不可骤辨。往往今日之发展，昨日乃茫无所知。乙策之成功，非经甲策之失败，将决无其事。故政治之进程，其关键纯在试验。试验一度，即进步一度。易词言之，政治之演进，其机括存于自身，而非由外铄。欧洲先贤，探讨政体，言人人殊，而大要所归，不外使国中才智之量，直接间接投于政治涡中，以促其旋转。若夫脱离政治，而取他人政演最深之成果，从外制为模型，以求应之，如造车合辙者然，愚则未之闻也。今试即作者所列条件细按之，所谓能任政务官或政党首领之人，今时岂必无之。以愚所见，若某若某，盖皆其选，特无相当之政制以孕育之，故其才不显。又岂惟不显而已，且隳败而降为不才，未或有异于常人也。哈蒲浩曰："政府之责，课自国民。庶政之行，公诸舆论。而后相衡相荡，相责相望，而大政治家可出。"[1] 版筑鱼盐，得君而相，其时代已远，乃大悖于今日之政式矣。事务之才，专长之士，随在多有，安得言无。听受政谭亲切有味之人，自尔缺乏，然此惟政治运动，足以启其兴味，增其识解。穆勒曰："人从平地而起，觉其行善去恶之权，操之于己，不视执政者感情意向，以为成功与否之衡，则其人之气质，将大变化，而所以巩固其自助自赖之念者，至无涯量。反之，置其人于国家组织之外，一切政事，不始闻知，则民气凋丧，不能振作矣。故人觉自由足以强其人格，而得其强之之高量。亦惟在己为公民，或将为公民，所拥特权不居人后时耳。又不仅感情然也，尤要者，彼于一定时期，可以出参国务，其所得人格之实地历练，为益宏多。……质而言之，如公务之加于其身者甚大，不啻取其人而教育之也。昔在雅典，群制不完，道德观念，亦甚浅薄。徒以设审官，开民会，雅典民智，于此骤高。衡校古今，都无逊色。"[2] 其言可思矣。为政治活动者，困于衣食，固非良象，然当问国中足当政治之冲者，是否属之拥有恒产之人。如其否也，贫安为病？英伦之政治，向握于富族之手，而以劳佣党之活动，亦不得不颁议院之薪。为政治活动者，使之保存道德，不轻弃其主张，惟平民政治，具有此力。前举穆勒之言，可以重按。两年以前，吾国政界，多此无良之士，乃金钱武力之咎，于政谭何尤？养成政治习惯，使卑怯阘冗之人，无以自存，亦惟去金钱武力为得已耳。政谭于此，断乎有利而无害也。特别势力，政治家谋所以抗压矫正之惟一之法，在乎投入政治，以身或

---

[1] 见本志二期《哈蒲浩权利说》。

[2] Millss Considerations on Representative Government 六十五页。

舌与之搏战，望望然去，又奚为也？政治社会以外之实力，离乎政治，亦无意味。凡兹所言，固非谓求此八者，与社会事业乃无关系。果社会清明，精力弥满，以形诸政，岂曰不良？吾国去此种社会甚速，今汲汲以求，又岂曰无当？惟专事此，置政治之事不顾，果何由使八者得现诸实？其说愚苦未明，故作者之言，以作社会本体之策励，诚无间然。而将以为废灭政谭之张本，则期期以为不可。今慨然以身作则，而谋诱导全国之业言论者，使附和焉，是诚不可以已者乎？

今纵退一步，而以作者舍社会教育无途可致之言为言，亦当假定两事，始有论据。此前已略论，请更郑重言之，以终愚说。一曰政治与社会，各各独立。易词言之，吾从事社会事业，必有此种事业之可言。当从事时，政治不出而掣其肘，吾中国今日，能乎否乎？且政治与社会，界线何若，亦一绝大疑问。先生所指社会事业，教育耶？工业耶？农商耶？宗教耶？教育、工业、农商、宗教，吾得字之曰社会，不受恶政治之影响者，其度何若耶？愚知民间禁吸鸦片，可谓社会问题之最易不涉政治者矣，而今且丧其不吸之自由。何也？政府饷源所在，日日派遣委员，分途演说，劝人种植，按亩抽捐，禁绝之乡，重行补种也。一例如此，其他可知。目睹此情，吾尚高谈社会，纵欲自欺，奈其毫无可欺之道。何哉？质而言之，吾国盖无所谓社会，即欲事此，亦当先以大刀阔斧，立为基础，吾始有举手投足之方。兹之所谓，乃从腐败政治之中，剖分若干部，号之曰社会事业，以身心性命，遮而蔽之，无论政潮何之，不使侵越，如欧人之谋政教分离者然。苟尔为之，其事峻急险巇之量，又或远出作者所诋政谭之上。作者曰："或谓在今日政象之下，恐所谓社会事业者，末由进行。吾以为难则有之，不能则未必。"所谓难者，是否指兹否乎？愚敢曰社会事业，决不能行。是乎？则首立社会事业之基础，不独不能离乎政治，而且必与政治宣战，又自陷其说于不得通。愚知二者必有一于是矣。一曰当吾从事社会事业，彼方政治事业，必有一部分人相与从事，则吾社会事业竣时，彼之政治，能否保其国使不丧亡，而有容吾再出活动之余地。作者曰："虽国亡后，而社会教育犹不可以已。"是断定其亡，彼盖不能，惟从容作亡后之设备已耳！则同一亡国，吾犹不当舍政治不言，况言政治，尚有可以不亡之道也耶？夫作者所恶夫政治运动，亦以其"无意识无根蒂"已耳，是补救之方，当在创为有意识有根蒂之新运动。惩羹吹齑，智者不为。谓即有意识有根蒂之运动，亦所当废，复诐词知其所遁，先生岂当如是者乎？又假定国不亡矣，无论何时，吾将有可以活动之余地矣。则预想吾之社会事业既竣，政务首领之才，事务端门之士，亦既咸备，听受奔走之人，并皆趣味深而道德高，持以与政治合，果如舜之受禅而尧去位。一切政事，让吾施设也耶？抑如旧有洪炉，吾惟投其中合而冶之也耶？前者断无其事矣，由后之说，苟其时特别势力依然存在，国家赖以维持，而保其政象小康"之乐，不许有何种政治运动发生其下，如今日焉，将如之何？其时政治魔力，毁败人才破灭廉耻之度，视此无减，吾所竭力培养之巨人，展转之间，化为焦侥，吾以大儒几辈年载数十从容陶冶之道德学问，大力者一为颠倒，立为乌有，又将如何？作者或曰，此社会教育之功，有未至也，愿仍有待。则更从事于社会，而他方政治之态，不一改焉。更逾若干年，持与政治合，其状复如前也，又如之何？如斯递进，终无了时，作者亦计及焉否耶？尝论人才道德之量，政治之所必需者，初无必至之点。不及此焉，即废国不为，苟非"政治机关，悉请外国人代笔"以上，吾人亦惟设法运用今日人才道德之最高量，一面扶将培灌，以期他日之较高，斯为得耳。不闻心希他日之蜀，弃去今日之陇不守，而一概以无意识无根蒂抹杀之，如作者所云云也。且所谓较高者，亦比较之词耳。而谓稍经培植，即与欧美诸国齐肩，想作者不为是梦。姑无论恶政治之下，其度不可得而高也，即高矣，得高几何？理想之高若干矣，实际是否及是？徒驰思于此种不可捉摸之幻象，而眼中国脉将斩，奴籍已陈，转若熟视而无睹焉，愚诚不知谈粱肉于饿夫之前，夸文绣于寒儿之耳，果何益于实境也。

原载《甲寅杂志》第 1 卷第 6 号（1915 年 6 月 10 日）。

共和平议

六月七日，东京《朝日新闻》，有上海"袁帝说频传"之电，载赞否两面之意见甚详。同栏复有北京一电，言杨度、孙毓筠外四五名，已有关于国体之意见书，上于总统。更观他报，所纪亦略同。是变更国体之讹言，近已传播南北，特以舆论久寝，忌讳尤多，谈者不敢公然论列，故吾之报章，不见此种论议已耳。虽然，国民之声也，扬之则气通而渐趋于平，抑之则气郁而发不可制。愚主尚异者也，无论何说，谓当自觅逻辑应有之域，使呈其量以卜于时。大凡国体既定，昌言变更者，律曰叛逆。愚请不认其说，而以讨论国体为应时必要之题。惟在他一面，今之共和论者，纵当鲁缟不穿之秋，亦宜奋其春蚕未死之气。《传》曰，周德虽衰，天命未改。今共和之实虽去，而名则未移，为政府者，不能一日去其名，辄禁天下谈士，顾名以思其义焉。伊古以来，未闻暴政至于斯极也。况当局之意，未必即如谈者所言。迩日府中议士，已建言确定共和以息浮议[1]，而总统对美报记者宣言，吾之国体，既同于美，以后惟有奋力前迈，以期发展真正共和之精神。[2] 犹未已也，东京风说，闻于首都，总统复明白宣示，谓第一次革命之际，清皇族中，曾议以帝位让余，而余不受，胡今忽欲取之？果其取之，是欺人孤儿寡妇，不仁不义，余何忍为？且由中国历史观之，帝王数代，必逢革命，子孙绝灭，贻祸无穷。即曰君主立宪，亦终不能不依君主其人，以为兴替。余若自为皇帝，是自绝其姒续，而无益于国家。人虽至愚，亦不至此云云。[3] 即《朝日》所传杨、孙建议之说，彼且自电陆使，在原纸为

---

[1] 参议上行走王鸿猷呈。
[2] 见沪报。
[3] 见六月十七日东京《朝日新闻》。

之辩明。此种官样文章，吾人当信之至于何度，姑不具论。惟君子可欺其方，彼以是招，吾宁忍不以是应。今之惟恐君主说之不实现者，一出于攀鳞附翼之徒，一出于愤时嫉俗之士，前者其心可诛，后者亦失之激。中国者四万万人所共有之中国也，一兆焚如，玉石同尽。故真爱国者，宜具悲天悯人之愿，而不可稍存幸灾乐祸之心。今共和之无似，岂待讲明。而饩羊犹存，礼终可复，并且名而去之，则大乱从此始矣。苟事势必达此途，吾又何说？惟当全国风声鹤唳之顷，忽来当局别嫌明微之词，愚即以为不当过以不肖之心待人，而不留天下几希之望。愚不自揣，因作此篇，读者平情思之，于解决国体问题，或不无壤流之助也。

今之主张毁弃共和者，大抵蔽罪于中国人民程度不足。是说也，愚屡有驳论，散见本志诸篇。略谓程度云者，乃比较之词，非绝对之义。吾国民智之低，诚不足语于普通选举之域，而谓国中乃无一部优秀分子，可得入于参与政事之林，无论何人，所不能信。果其足信，则专制政治，亦莫能行。何也？为专制者，终不得不恃人以为治也。故愚理想中之立宪政治，初不以普通民智为之基，而即在此一部优秀分子之中，创为组织，使之相观相摩，相质相剂，此其基本人物，与世俗所称开明专制，不必有殊。其绝明无翳之界，则专制制下之人才，皆如狙如傀儡，而一入于真正立宪之制，即各抒其本能，保其善量已耳。虽不必全体，从其多者而言之，此义不可没也。至于普通人民，其智未足以言政，即于政制，无所可否于其间。吾国由君主变为共和，彼盖视为无择。善为政者，亦惟相其所宜，使之智量日即于高而已。若以人民全体为一标准，而疑多数拙劣分子所不能了解之事，即不能行于少数优秀分子相互之间，以致优秀者失其磨荡之力，而本质以隳，拙劣者以无人提携诱掖，永远末由自拔。甚矣其偾也。愚尝闻北京顾问美人古德诺之论矣，曰："约法会议修正之《约法》，以大权属之总统。此在崇拜共和者视之，必以为不当。虽然，《新约法》之有合于支那之历史与夫国情，较之旧《约法》为多，无可疑也。盖支那以人为治，传之数千年，非本此种习惯以为国，人民将有所不解也。要之支那人民，决不适于社会共同运动。"[①] 兹言之病，即在以人民全体之程度，为创设政制之的标，而忘却转移社会，为其中坚，无论何国，皆属之一部聪明俊秀之士，其

[①] 此古氏昨年十一月十九日在纽约政治学会之演词，见 Revision of State Constitution 三六页。即政治学会出版物。

在吾邦，情尤显然。今讨议宪法，不使与此部人士之理想同符，而惟对于不识不知顺帝之则者，行其权术。甚矣古氏持论之僻，惟足以欺美人不辨吾国国是者流，吾人果安可不自辨也？夫吾国素尚人治，是岂不然？人民非此不解，亦不为妄。惟人治之不善，乃立宪法；惟人民之无识，乃言进步。不然，则有国者，亦只随其古来相传之政习以终焉耳矣。是不仅吾国辛亥之役，不值一钱，当世文明诸邦，其政治良明，得如今日，所由激急之革命，或平和之改革而来者，其程叙皆为谬妄，有是理乎？

　　苏子瞻曰："夫智勇辩力，此四者皆天民之秀杰者也。……先王因俗设法，使出于一。三代以上出于学，战国至秦出于客，汉以后出于郡县吏，魏晋以来出于九品中正，隋唐至今出于科举。"今可益之曰，欧洲自十八世纪以来，出于代议士。至出于代议士，则所谓出，非由王者"分天下之富贵，与此四者共之"。乃其自有作用，各挟其智勇辩力之量，求进于政事得失之林，非王者招之所能来，麾之所能去者也。于是宪法尚焉。立宪政治云者，无他，亦萃集四者之量，投之政治总体之中，使之调和而淬励焉，以表见其高华多福之群制而已。然欲为此，有一通则不可不守，即认反对者为合法是也。盖人之意见不周，情感尤各异，相抵相衡，以趋于共同之鹄，斯为善治。不然，此有所屈，彼必有伸，伸屈不得其平，政象即失其理，桴鼓相应，未或爽也。斯义也，固近世政治之所阐明，而在吾以家天下为治，亦未能去之绝远。《传》曰，兴王赏谏臣。《书》曰，臣下不正其刑墨。下至《淮南》，亦称言者逆于己，便于国，则不加罚。① 有违之者，乱亡随之。甚者如厉王之监谤者，始皇之禁腹诽是也。其所以然，则人之滥用其权，以充其不制之欲，此其弱点，根自性天，不有以抗之，势不至于亡国败家不止也。由是反对合法一语，盖无古今无中外而见其通。古氏之论吾国政治也，首称政治通律之不适用。其言曰："十八世纪之末，实以创立共通政则，为全欧学者所同认著称。此种政则，以为无论何时，不拘谁国，而皆可行。如主权在民，三权分立，天赋人权，其尤章显者也。……但余昨年游支那，幸而与其草订宪法有关，亲见若而政则之恶果，迫其改造国政之事，不能施行，印象甚明，犹能记忆。"② 古氏所得之印象，是否正确，容细论之。惟愚所举反对合法，是否亦得列为政治通律之一，兹律

----

　　①② 见《缪称训》。

是否亦不得适用于吾邦，恨不闻良顾问言之；且吾国施行彼所鼓吹尊崇之《新约法》以后，其违反此律之效果，所益于改造国政者若何，亦恨良顾问不亲赍其所印之象，一忠实吐露于彼邦政治学会之前也。

"晏子见于子华子曰，日者婴得见于公，公恶夫群臣之有党也。曰，子将何方以弭之？婴无以应也，吾子幸教以所不逮，虚心以承。子华子曰，嘻，君之及此言也，齐其殆矣乎？游士之所以不立于君之朝，以党败之也。人主甚恶其党，则左右执事之臣，有所借口矣。夫左右执事之臣，其托宠也深，其植根干也固，背诞死党之交，布散离立，联累罗络而为之疏。苟非其人也，则小有异焉者，不得以参处乎其中间也。士以洁廉而自好者，夫孰肯舍其昭昭，以从人之昏昏，洒焉若将浼焉，必不容矣。是以左右执事之臣，因其修而隳之曰，党人也。人君曾不是察，随其所甚恶而甘心焉，于是有流放戮辱之事。夫士之自好者，削斫数橡，足以自庇，而一箪之食，足以糊口，其孰肯以不资之躯，而投人主所必怒者耶？嘻，君之及此言也，齐其殆矣乎？小人之始至于齐也，小异者不容而已矣，今则疑似者削迹矣。小人之始于齐也，婟阿脂韦者未必御也，今则服冕而乘轩者矣。小人之至于齐，为日未数数也，而其变更如此，齐其未艾也。人君曾不是察，而左右执事之臣，又原君之所甚恶，因以隳游士之修，举齐之朝将化而为私人矣。日往而月易，筑坛级于宫，而君不知也。嘻，君之及此言也，齐其殆矣乎？"① 兹之所纪，乃专政者之通象，无间于君主共和一也。今之政象，与此相似者几何，读者当不难一览而得。夫始而小异者不容，继而疑似者削迹；此小异疑似者，才不必劣于左右执事之臣，德不必下于婟阿脂韦之辈，而其不得与于政事，与见愚之黔首无殊。黔首谓之程度不足可也，小异疑似者流，谓之程度不足不可也。明明程度非不足，而不得与所谓私人者，相切相劘，执中以为政，是借口程度不足，而图毁灭共和者，直霅言也。夫政治之蟊贼无他，好同恶异而已矣。好同恶异，不足以立君政，况在共和。今吾言共和，而蟊贼之横飞，逾于专制，辄曰程度不足，程度不足。此得毋《淮南》所称乱国情与貌相反者耶？②

凡兹所言，乃谓吾国政治，当萃集社会中坚人物之才智，出而主持，无所谓程度不足也。而论者所见，往往与愚适反。梁任公先生即其

① 《子华子·晏子问党》篇。
② 《齐俗训》。

一人也。请于一篇之中，择其关于此点者述之：

> 吾党夙鼓吹革政，而又常以人民程度未至为惧，急进之士，以为诟病，谓是侮吾民也。数年以来，政名屡易，政象滋棼，论世者探本穷源，亦渐知人民程度之高下，与政治现象之良窳，其因果盖相覆矣。然所谓人民程度者，其界说抑又当有辨。闻之一国所以能立于大地，而日进无疆者，非特其国民之智识也，而特其品性。……吾尝考欧洲诸国政治进化之轨迹……所以获有今日，实诸国国民之品性能自造之。而其品性所以能淬厉完美者，又自有其原。……欧洲自中世纪以降，剖为封建者数百年，于是社会中有贵族之一阶级，……其人大率重名誉而轻生命，尚任侠而贱财利，抗骨鲠而恶谄佞，信然诺而耻欺诈，尊法纪而厌衺曲，既别自为一阶级，互相观摩激劝，熏染成风。其父兄之教，不肃而成，其子弟之学，不劳而能，代代相袭，以陨家声为大羞，故其精神恒历数百年不绝。故家乔木，恒为重于国中，其与国休戚之念，亦较齐民为切至。其修学获常识又较易，其明习政事之机会又较多也。国有外难，则执干戈以为捍城；暴君非理之压制，则联而抗之，使不得逞也。……我国今日固未尝无所谓上流社会者。其所谓上流社会，在国中固亦常占中坚之地位，然人格之卑污下贱，则举国亦无出此辈之右。盖在中国今日之社会，非巧佞邪曲险诈狠戾，不足以自存，其稍稍自好之士，已入于劣败之数，其能崭然现头角者，皆其最工于迎合恶社会而扬其波者也，故名则上流社会，而实则下流莫此为甚。以最下流之人，而当一国之中坚，国人共矜式焉，则天下事可知也。求所谓故家乔木，与国同休戚之一阶级，渺然不可得。其自称尽瘁国事者，皆赖国家以自营养者也。此其与欧洲情实相反者矣。①

由斯以谈，吾国程度不足，转在所谓上流社会，固亦切中时弊矣，然请得而辨之。立国如英，其政治之枢机，全握于老成故旧之手，而其人又疏财爱国，重信知耻，故国俗日隆，而邦基日固，诚哉然矣。然在法兰西，其贵族贪污腐朽，则与英绝异其伦。即在王朝，一切国政，已悉为中流人士所左右，千七百八十九年之革命，即此辈所造成。自是以来，政治社会诸事业，大抵皆其惨淡经营之成绩，就中暴戾不中绳墨

---

① 《欧洲政治革进之原因》，见《庸言报》。

者，固亦有之，然其艰苦卓绝见义勇为之概，即在盎格鲁撒逊民族，亦不能不起爱敬之心。法兰西语称此辈曰 bourgeoisie，其意义之深切，固不亚于英吉利语之 gentleman 也。[1] 是则法有贵族，与英盖同，而不能望英，且亦无取效英。而吾之情形，适与法同。而乃不取法人之长，徒然望英而却步，愚窃为智者不取也。以言品性，今之占中坚地位者，卑污下贱，无所不为，亦诚不谬，然彼之出于是者，果生性使之然乎？抑政制使之然乎？如曰兼斯二者，量之多寡，又何如乎？愚闻之"矩不正不可以为方，规不正不可以为圆。身者事之规矩也，未闻枉己而能正人也"。则持此论，最宜以论者己身为发点。论者之以卑污下贱责人，必其自谓己得幸免于是者也。是当知人之欲善，谁不如我？苟吾见人不如我，尤当即时自叩，今我是否即为真我，未或变焉。以愚观之，真能不变者盖绝无矣。倘或变焉，右之者岂不曰政治不良，贤者亦惟激而自溷也乎？然所谓激者，挟刃寻仇，佯狂披发，其途亦自多端，又何必滥爱国家之豢养，降与卑污下贱者同其僚伍。果其"终己不能引决以自沉汨罗，而不得不谋升斗以栖余命"[2]，则激之一字，尚未足以说明之也。是无他，政治奸之，而己就之而已。夫若而人者，乃吾国中坚人物之中坚也，而且不免为一时政象所蹙，举世悠悠，更何足论？是可知今之习为巧佞邪曲险诈狠戾者，大抵由政制导之使然，殆无可疑。虽其资地未有尽同，而江汉朝宗，百流齐汇，源之长短，所不问也。说者曰，凡予所言，盖欲以破程度不足之说，今并其中坚之中坚者而抹煞之，不愈见其不足乎？愚曰，果安见其然也，凡人品性，有其善面，亦有其恶面，此无间于贤不肖也。掩其恶面而著其善面，斯所谓贤；掩其善面而著其恶面，斯谓不肖。惟豪杰之士，与小人之尤，掩著有其硬性，未易骤移。然无论何国，大抵中才之人多，而两极端之人少，果为中才，则一掩一著，有赖于政制之力者宏矣。尧舜帅天下以仁，而民从之；桀纣帅天下以暴，而民从之。不从者尧之时有四凶，纣之时有三仁。此外随大力者而趋，莫知所以自主，专制之制则然也。夫尧舜之民，犹是桀纣之民也，谓前者程度及之，而后者不及，入耳即审为瞽论也，则何独于今而疑之？若某某者，果得为豪杰之士乎？愚何敢知。若某某者，果即为小人之尤乎？愚何敢知。惟立政制而有取于运用斯制者之程度，宜以立

---

① 梁先生文中论此。
② 梁先生《一年来之政象与国民程度之映射》一篇语，见《庸言报》。

于水平线者为衡焉，低者固所当排，高者则得之望外。如有某某，夙昔奉为豪杰之士，而今不如其所期，此自损其人格，为别一问题。惟以受我政制之裁成，则决不在水平之下。岂仅不在其下已也，必且发挥光大其固有之性，而进为一世楷模焉。如有某某，今日指为小人之尤，而曾有一时，行为较此为善，或想象其人生于何种社会，行为必较此为善，则吾创一政制，与某一时之情形合，或进而与想象中之某社会合，则其不在吾水平之下，或且进而与当世贤豪，程功而比德，又可断言，是知妄自菲薄之论之不足尚矣。

愚又尝闻梁先生之论对抗力矣，其言曰：

> 强有力者，恒喜滥用其力，自然之势也。滥用焉而其锋有所婴而顿焉，则知敛，敛则其滥用之一部分，适削灭以去，而轨于正矣。百年以前，各国之政治，未有不出于专制者也，而千回百折，卒乃或归于君主立宪焉，或归于民主立宪焉，皆发动力与对抗力相持之结果也。……苟一国中而无强健实在之对抗力，以行乎政治之间，则虽有宪法而不为用。

> 强健正当之对抗力，何自发生耶？曰，必国中常有一部分上流人士，惟服从一己所信之真理，而不肯服从强者之指命，威不可得而劫也，利不可得而诱也。既以此自厉，而后以号召其朋，朋聚众则力弥于中而申于外。遇有拂我所信，则起而与之抗，则所谓政治上之对抗力，厥形具矣。今代各立宪国之健全政党，其所以成立发达者，恃此力也。夫既自知对抗力之可贵，则于他人之对抗力，亦必尊重之。故当其在野也，常对抗在朝者而不为屈，即其在朝也，亦不肯滥施强权，以屈彼与我对抗之人。……如此然后政治得践常轨，国有失政，不必流血革命，而可以得救济之道。立宪国之所以长治久安，胥是道也。

> 政治上之对抗力，以何因缘而萎瘁，以何因缘而销亡耶？曰，由于弱者之不能自振者，十之二三，由于强者之横事摧锄者，十之七八。夫真政治家，未有畏人之对抗者也，彼本有所挟持以对抗人，即以待人之对抗我，而何畏之与有？惟自审遵常轨不足以与人对抗者，始惮人之对抗我。由惮生嫉，乃不得不设法减削人之对抗力以图自固。……此或按诸其国情，有所万不得已，而利用人类之弱点，亦未尝不收奇效。于以保强权而图自存，为道固得，而岂知各方面对抗力销蚀既尽之后，全国政治力成为绝对的，其结果必为

专制，而专制继起之结果，必为革命，究其极则何利焉？况乎人民于内政上失其对抗力，则国家于外交上又未有能保其对抗力者也。举国皆柔懦巧媚之民，政治现象，愈变而愈下，外力乘之，待亡而已。是故有爱国之君子，远识之政治家，终不肯斫丧人民政治上对抗力以自贻毒也。

呜呼，何其言之沉痛而雄杰也！当作者著此论时，国中一部分之对抗力尚存，履霜坚冰，因发为危言，以策当局，文人报国，无过于斯。然其后对抗力渐次销灭，至今绝其本根，论者反不能本所主张，再接再厉。时论惜之，兹姑不具论。惟作者之言曰，对抗力之销失，由于弱者之不能自振，十之二三，由于强者之横事摧锄，十之七八。夫吾辈之为弱者明矣，则姑交勉己之二三，而归狱人之七八。苟非尔之七八，则吾所信之真理，可得而服从也，政治可得践于常轨也，柔懦巧媚之习可得而绝也，流血革命之事可得而免也，外交上之对抗力可得而保也。一言蔽之，与欧洲长治久安之立宪国比隆焉可也。呜呼，胡乃未言程度之不足哉！胡乃未言程度之不足哉！！

顾说者曰，今之人好抵排异己罪政府，亦不尽然。某处亦用新人矣，参政且收各派矣，交涉败后，觉引用新学人物之要尤切。举世不谈之立法院，至由大总统三令五申，克期举办，子其谓何？愚曰，此传所谓吾且柔之矣，对抗力且以消失净尽，与曩言保持对抗力，以跻政治于常轨者，不正僢驰也耶？一年以来，颇闻有建议废学校复科举者，交涉既沮，又闻有颂功德请庆祝者。此其人皆夙称才士能吏，纵非崭新，而亦不能谓旧。顾何以如是？果其自始即持此见，冀贯彻之，吾又何责？而事乃大谬不然，偶见文道溪所遗《杂识》，谓有谭宗浚者，生平最恶洋务之人也，一日谒相国阎敬铭，阎称洋务不可不习，谭乃走告某御史，请上折设立洋务学堂。某怪之，则曰，非此不足以取悦阎丹初也。今之才士能吏，无往而不阎丹初其主者，故有如此之怪现象。有自京中来者，为言迩日时髦政客[①]，无不结识一二内史，以刺取总统意旨。或总统偶言某事之当办，明日办某事之条陈至；偶言某事之当废，明日废某事之条陈至；阅条陈而偶不善其某点也，明日匡救某点之条陈又至。凡此诸状，愚本前知，今闻客言，特喜耳与心叶，果于不妄已耳。若是者何也？一人好同恶异之所至，人类之恶质弱性，遂一一为其所奖励，

---

① 指一般从政者言之。

不期而襮露焉。有若山径蹊间，介然成路也。等一人也，始以逢迎刺探为可丑，继乃习之。二人以上，甲习为逢迎刺探之事，乙乃随之。如此而用新人，亦驱而入于一炉已耳，其又何益？况旧者塞途，彼又乌得所谓新者而用之？冰虫相与论议，水石求其酬答。观念悬殊，理解自谬，则新之为度，又可推知。大凡乱国之人，宵小锐身以营其私，谨愿者只求容头而无过。即有德慧术智，亦均碌碌无所短长。故韩非曰，亡国之廷无人。非无人也，统于同也。统于同奈何？他日韩子又言之矣："鲁哀公问于孔子曰，鄙谚曰，莫众而迷。① 今寡人举事，与群臣虑之，而国愈乱，其故何也？孔子对曰，明主之问臣，一人知之，一人不知也。如是者明主在上，群臣直议于下。今群臣无不一辞同轨乎季孙者，举鲁国尽化为一，君虽问境内之人，犹不免于乱也。一日晏子聘鲁，哀公问自，语曰，莫三人而迷，今寡人与一国虑之，鲁不免于乱。何也？晏子曰，古之所谓莫三人而迷者，一人失之，二人得之。三人足以为众矣，故曰莫三人而迷。今鲁国之群臣，以千百数，一言于季氏之私，人数非不众，所言者一人也，安得三哉？"呜呼！吾特不得权臣如季孙者耳，何其言之似为今日发也？说者用人云云，参政云云，独不思韩子所谓虽问境内之人，犹不免于乱之谓何耶？独不思成立立法院之令既下，筹备选举之事既行，而"一察社会之情状，则缄口如不欲道"② 之谓何耶？肃政史程崇信，独言国家之所与立，不在阿谀取容之徒，而在面折廷诤敷陈大计之士。其言虽正，识者谓宜在百里奚不谏之条矣。

总之，今日所患，在举全国之聪明才力，或显或暗，悉行废置，从而为之言曰，聪明才力不足举共和焉。吾谁欺？欺天乎！

以上所言，皆以中流人士为限。至于大多数之人民，即愚持论，亦向未以程度已足归之。然民意所之，终不可忽，此固不得以程度如何如何为借口也。《书》曰，谋及卿士，谋及庶人，翕然大同，乃底元吉。与卿士谋谋法，与庶人谋谋意。法者所以行民之意者也。民意安在？在苦与乐。何者民苦之则宜革，何者民乐之则当兴。善夫边沁之言功用主义也，曰："所谓苦乐，即常人所谓苦乐，绝无新生武断之义，谓当排除何种苦，何种乐，其界始立。而亦无至精极玄之理，必须商之柏拉图，质之雅里士多德，其蕴始宣。盖苦乐者苦乐也，无论何人，皆同感

① 谓事不询之众人则将迷惑。
② 见六月十四日上海《时事新报》时评。

之。自王公以至农庶，自鸿儒以至白丁，一也。"① 言者或曰，民不解真苦乐，非在高位者无以董理之，故非常之原，黎民惧焉，真爱国者，不当以此而废其行也。是诚有之，然在吾国言之，则宜慎其所发。往者且不论，广东之赌，广东人之所以为苦者也，政府曰否。尔乐焉，乱党禁之绝，吾其为尔复之。陕西及苏赣粤三省之鸦片，四省人之所以为苦者也，政府曰否。尔乐焉，乱党禁之绝，吾令陆建章遣员游说，听尔种植，② 吾令蔡乃煌粘贴印花，任尔购食。易词言之，尔小民程度不足者，吾政府为尔足之。言者其将下何转语乎？尝论人民希望政府，莫隆于南北统一之时，犹勉持于癸丑战役之后，一年以前而望失，数月以来而望绝。苏子瞻论人心之失曰："岂去岁之人皆忠厚，而今岁之士皆虚浮。"③ 而肉食者犹一味曰程度不足，岂叔宝全无心肝，于今乃为烈乎？非所敢知矣。

　　此外蔽罪共和之最有力者，犹有一说，则共和已经试验，确见其不适于吾是也。则试问试验之道安在？在癸丑之役以前欤，则此中政象之纷纠，首由反抗共和之大力，从而鼓荡，谓纯乎共和之试验非也。在癸丑之役以后欤，则其政迹不含一丝共和之意，童子不足以欺，谓之共和试验尤非。尝谓无论何种政制，未有行之绝无弊者，又岂独不能绝无而已，而有甚多甚大之弊，亦未可料，是在精心以行其制，竭力以防其害已耳。而行而防，而防而行，展转相促，斯谓进步。④ 蒲徕士近游南美，于人所绝不满意之共和制，而著为论曰："得此是亦足矣。谓共和制行于此间而有弊，又谁见行于他文明国而遽无弊也。"⑤ 允哉仁人之言矣！今有人追论民国元二年之政象，谓某种为共和所种之毒，某种为共和所生之疴。即事论事，愚则岂敢否认，不仅不否认也，当时居民党之中心，敢以危言耸论，撄暴乱分子之怒而不顾者，愚且未尝弛其责。虽然，以之悬为厉禁，警惕国人，使不再蹈前辙，而贻共和之羞，诚得其正矣。遽以归谳共和，谓此制不合于吾，而谋有以绝之，则无说则

---

① 参观本志二期《国家与责任》廿一页。

② 陕西官厅，明明派员四处演说，劝人种植，措词谓怜小民穷苦云云。后遭外人诘问，肃政史弹劾，政府乃发为命令，谓据陕西官厅报告，愚民无知，自行种植。陕西官厅欺政府耶？政府欺中外耳目耶？如此欺罔，何以为国？蔡乃煌以禁烟之名，行开禁之实，腾笑外邦，事尤可丑。丁义华宣言中国前途，竟无希望，哀哉！

③ 见《上神宗皇帝书》。

④ 可阅 Hobhouse, Social Evolution Political Theory 第一章。

⑤ 见蒲氏所著 South America 忆指智利言之，忘其页数。

死，有说亦死。闻吾言者，专制过于齐桓楚襄，吾又如之何也？夫共和表征，最为人所集矢者，宜莫若国会。平心论之，国会亦何尝造大孽于天下？叫嚣隳突者，国会之恒态也。英之巴力门，可谓高矣，愚曾观之，而其争不已。日本之帝国议会，亦经训练二十余年矣，今年开会，犹几不免于挥拳。吾开第一次国会，相持之急，所传者亦不过拍案掷墨盒而止。则一翻各国议会史，此类之事，岂得云无。一在吾邦，则仿若已犯天下之大不韪，为五洲万国之所无者然，何师心之为害一至是也？岁费六千，即议员应受死刑之证，内外攻诘，使无完肤。而今之参政，所受实同，不闻其非，转嫌其少，情实相督，竟乃若斯，不可谓非古今所希闻也？议员品性之不齐，此宁可讳？然当彼贿赂遍地兵威四逼之时，而《天坛宪法草案》，犹能从容就稿，主张不变。总统选举，困议院于一室而饥渴之，刃露于墙，兵噪于外，而自朝至暮，票仅足焉。其事之是非曲直不论，而国会有此节操以上，决不得谓其绝无存立之值。必曰无焉，愚何能禁其不言，惟揆之情理，期期不以为平也。今假定共和之设施，彻底败绩，民间仅有之廉耻道义，扫地无余，如曩固言之，亦由于有大力者利用国民之弱点，从中颠倒，不得以为共和本身之罪也。若曰大力者如斯颠倒，即共和附带之性，无可解免，而因以为共和罪，固亦言之成理。愚见康梁两先生即曾为此说也。康之言曰："若中国而行共和政体乎，则两党争总统之时，每次各率一万万男子而相战，不知经何年而后定也，不知死几千万人也。"[1] 梁之言曰："此种虚伪之多数政治，只足以供一二野心家一时之利用，而于国家丝毫何补者，仅无补犹可忍也，一二野心家成功之结果，能使国中道德之元气，生计之基本，消磨剥蚀以尽，而国复何以立于天地？"[2] 虽然，为是言者，乃将争总统者、野心家者，纳于共和之内而并罪之，不如今人于焉划一鸿沟，讴歌一而诅咒其二也。综而言之，共和之失败，一由于国民责望之过奢，一由于当局成心之无对。而责望过奢之中，又分两派。一为夙主张共和者。平日之理想，一旦见之事实，而不如其所期，则顿失望，失望则忿疾，忿疾则指责过当矣，吾家太炎即其一也。一为夙不主张共和者。国民之行动，即节节抗其心理而行，则一有蹉跌，射入于其眼帘者独先，而为象独显。夫人过崇其所信，息息欲著其先见之明，指陈不信

---

① 《救亡论》，见《不忍》。
② 《多数政治之试验》，见《庸言》。

己者事后之过失以为快者，本人类之恶性，虽贤者亦不免焉，不免则所归罪有过情矣，康梁其尤著也。当诸先生发为言论，惟恐其不痛切，意在扶植共和使之进行耳，岂有他哉？惟读者思之，共和二字，本为吾国人所不习，行之而不能无弊，又为事实之所当然，今骂倒共和之声，出于此辈贤豪长者之口，其不为人所利用，以颠覆新制者几何？至于当局者之成心，尤为章显。昔之主张排满者，谓满洲不能立宪当亡，能立宪亦当亡，今之排共和者亦然，共和不适于吾国当亡，适于吾国亦当亡。恶姑之下，不能为妇，入美洲而梦俄罗斯，不论吾国无哈密敦、曼狄生之流其人也，即有之，而谓能容其充分出其怀抱而试行之哉？

以上皆以共和为一政体而讨论之，訾议共和者，大抵以此种政体为与吾国程度不相应，则愚有权以质论者曰，何者始得谓应也？此可卜其不易之答案曰，开明专制。夫开明专制之无是物，愚已详论再三，兹可不赘。惟请以英儒穆勒一言以统之曰："开明专制，疑难万端，今俱假定化为乌有矣，而一物终不可少。是何也？即一人出类拔萃，心智绝伦，将全体被动国民之事事物物，一一理之使就绪也。"[1] 果此人不能得，则开明专制不成问题。梁先生凤昔主张开明专制最有力者也，其结论是否与穆勒同符，愚未暇考，惟见其最新之见解曰："吾又熟思求得良政治之法矣，盖欲得之，惟有二途。其一则希望昊苍，忽锡我以聪明睿智圣文神武之主权者。而其人又如佛典所说之观世音，千眼千臂，举一切政治，无巨无细，皆自举之，而一一悉应于吾社会之要求。……"[2] 其意若谓观世音理无可得，惟有返而求之社会自身而已。是开明专制之根据已破，国中贤达，不当更持是论。夫共和不能行，开明专制复无可望，则非一端走入无政府，一端走入黑暗专制，万无解决本题之方。或曰立宪，又须知以政体言，共和与立宪，正如二五之与一十，势难区以别焉也。

今之为言者，又有进于是，谓共和不行，存其名胡为？是以政体为主眼，而持论之范围，入于国体，则请论国体。

名者实之宾也，无其实而尸其名，智者所不屑。今共和失其实久矣，进而并其名而去之，以理推之，谓各方之感情，将以此生大变动，恐亦未必。克林威尔之不称王，与称者何异？拿破仑第三即不称帝，亦

---

[1] Considerations on Representative Government，三章。

[2] 《大中华杂志》第二期。

未必见宥于第三共和。故吾人亦听其自然可矣。虽然，为国家计，则不可不一促言者使反省也。

今者政象之不可以久长，非绝无识，或其智已昏者，必能认明而无翳。夫政治变迁之最合于理想者，亦设其新之必要，而存其旧之不必改作者耳。若彻底推翻之，则非常之原，其不大伤国本甚且亡国者几希，此政家之所万不可忽也。故共和虽失其实，而尚能保存中华民国之名义，则他日革新，其因或出于今之政局中人，或有异军苍头特起，亦就原体而损益之已耳。即需诉之激烈手段，其功可不大杀人流血而可几也。不然，彻底推翻之事无可免，而祸不可胜言矣。或曰，惟虑如此，故宜早定君主，以绝奸人觊觎之心。愚特不解所谓定者，于何定之？以鄙观之，不外力耳。则请诵卢梭之言曰："以力服人者，当其服时，纯乎由力。苟可不服，决无必服之观念驱之而行。"以此为定，有何意义？或且曰，以现有之力，推之将来，可保百年而无患。然当知政变之事，非所前知，大祸之生，其机每秘，故善为政者，决不恃智以防乱，而恃无致乱之原。拿破仑声震全欧，克林威尔威高三岛，其力可谓较吾为大矣，而平均不足十年即败，身流尸戮，为人僇笑。欧洲论者偶谓拿翁不勤远略，失败宜不如彼之速。[①] 不知武力紧张于内，时时有溃裂之忧，不向外以求泄焉，内讧将无法以自了。两拿破仑之寻外衅，与夫克林威尔之伐西班牙，皆非得已，其间或不胜而蹶焉，或胜而随蹶焉，枭杰之心劳日拙，良足悲也。夫以国力膨脝，威棱四露之国，南面而专制其境内，尚不足以善其后，如此则只务内竞，而无力对外，续续与他国为城下之盟，行且求为小朝廷以苟且偷活，四民信望，坠地以尽者，而谓君临其国，可以百年不乱，岂非梦呓之尤？愚知驳者或又以刘季、朱元璋为言，则吾苟有道焉，能冀幸两汉两宋之典章文化，从容长养吾子若孙，则牺牲区区饥不可为食寒不可为衣之中华民国四字，有何难忍？无奈稍一沉思，万无是道也。凡政治中之根本原则，在某一国未之见者，亦坐其民未及知之已耳。苟或知之，而又经一两度之事实，使空想成为凝体，则惟有千回百折，不达其不止。虽有大力，能遏之于一时，不能朦之于久远也。朱明以前，吾人立国，只解立君，故一君仆而一君兴，乃事势之所必至。今之民智虽稚，而岂三百年乃至千余年前之所可比耶？而未已也，战争者人口繁殖之结果，无术可以避之者也。孟子所

---

① 英人 Bodley 所著 France 即持此意。

谓五百年必有王者兴，亦五百年而后人满足以相斫耳，非有他也。兴王既起，宇内乂安，至少可保数十年而不乱。其所以然，则兵威所至，已屠其民至半或三分之二以上，杰者虽欲抗之，而其力莫举也。而今有其事耶？两次革命，无一死伤过当之战，满人以外，吾民之死于是者，前后不及五万人，余均满坑满谷而未有动；而又群盗如毛，饥民载道，虐政所至，民不聊生，诚所谓积薪之下，岂容忽改帝制，抱火厝之？善夫"子孙无噍类"① 之言之出诸总统之口也。策时之士，其幸毋更以人之国侥幸矣。

又有一说曰，吾人所当争者宪政耳，苟得立宪，戴君初不为玷，共和石田，耕之何用？此说在辛亥革命以前，诚不失为一种健全之论。康先生救亡一论，慷慨万言，即不外是。不然，而为复辟论者所持，亦复言之成理。盖满洲之无力，即返政亦犹有然，非出于完全立宪一途，彼将无自存之地。故只须急激者不更揭橥共和名义以兴革命，更无莽操之徒，假天子之令以行其奸，则虚君共和，好自为之，必无磋跌。而今非其类也。今苟改立君制，孰敢保吾宪政可见实行？果可实行，胡乃不为之于民主之时，而必留以有待于立君之日？所谓司马昭之心，路人皆见，殆从此类语言见之者欤！

此外尚有一根据最牢之说，曰中国地大，不适于共和。此自前清立宪运动发生以来，即已熟闻此论，而其说出于卢梭，谓二万人口之小国，始能布设共和之政。此其为反对共和之口实，本甚坚结，又不独吾国人持之。拿破仑第三炙手可热之时，参议院承其意旨，草为劝进之表，其中即祖述卢梭，以为左证。② 先贤之目，其不瞑矣。虽然，即卢梭之言察之，当否又何如乎？请先引诸家之说观之。康先生笃信卢梭者也，故其言曰："欧土自希腊雅典创立共和，以其小国寡民，故能安之。罗马继之，已多争乱。盖大国有不适于共和者矣。其后意大利之威尼士、佛罗练士、郅那话、瑞士之二十二村，德之汉堡、佛兰拂、佉论吕觊、伯雷问，皆以共和立国而安，皆以小国之故。"③ 梁先生反之，其言曰："昔卢梭著《民约论》，实为近世共和政治所自出。然其心目中所谓最完全优美之共和国，则以民数二万内外为标准。盖远征希腊罗马，近征瑞士，而因以断共和政体之运用，与广土众民之国不相适。凡特论

---

① 见各报。

② 原文愚未之见，有英译附在 Lieber, Self Government 之后，希世之公文也。

③ 《救亡论》中《共和政体不能行于中国说》。

者，每根于所习，亦人之恒情哉！卢氏之殁，不二十稔，而美法两大共和国，迭兴于新旧大陆。论者既稍稍疑卢言之为过矣，然美由联邦而成，合众国之基础在诸州，州之基础在诸市，诸州诸市，本为具体而微之一国，合群小以成一大，为道至顺，与卢氏所标原则，本相印也。法则纷扰亘数十年，中间政体屡易，今虽大定，而国威不逮其旧。即其民权之伸，亦远下于美瑞。于是复有疑卢氏之论，虽破而未尽破者。夫礼尊大同，易占旡首，共和政体，本言政者之极轨，悬理想以测方来，举天下万国，宜无不以共和为民权之究竟。而今后世界大势所趋，非大国又不足以竞存。使共和政体而不能适用，则卢氏之志，不其荒耶？"① 夫康先生以为共和不能行，唯一之理由在争乱，则今之主张变更国体，亦争乱之一端。人若引用其说以为何种行动之护符，康先生必不受，然引用者自引用，又焉可不细辨？争乱者自有本因，不关乎人数之多少也。昔贤有言家族可为国家者。两人以上，即为家族，而争夺之起，吾人岂罕闻之？若谓国小则争乱之事较小，亦姑且认之，然国大而他种利益之事较大，亦不可不互衡其轻重也。雅里士多德，固亦谓国小易为治者也。然且曰民数不宜过少，过少将不国。盖人群不振，居业未繁，国家之目的，即末由达。况今日社会，由简入繁，远非亚氏之时所能想象者乎？且卢梭疏于史识，所举之例，不足为训。莫烈所著《卢梭》一书，明锐无伦，有曰："卢梭盖不知有史者也。彼偶读故事，因乃熟之，自史家观之，皆以为不幸之尤者也。大抵彼所引例，以佐其说，实乃说例两不相关，区区所征，未或出于古希腊之各小国与古代罗马共和国以外。"② 于斯最有宜注意者，卢梭之以国小为宜，乃谓于一切国家之组织为宜，所谓政治总体③是也。政治总体，固不限于世俗之所称共和也。莫烈曰："罗马帝国之一种政体，何以能成，卢氏未或致思，当时英吉利半联邦之领地，至为恢阔，而更有一大邦联之国，成于卢氏未死两年之前，彼均若未之能见。"梁氏拘墟于共和二字，于驳倒卢梭，为义乃失之狭。盖以政体言，当世大国，固未或与共和相背，而元首世袭与否，固出于时势之偶然，非即立国之原素也。且卢梭讴歌小国者，彼乃有其特别理想为之前提，姑举两点以例其余。彼最恶国际之竞争者也，谓国大则开发易失其宜，而强邻逐欲而至，吾当以守而出于战，人

---

① 宪法之三大精神叙。
② Morley Rousseau 三一二页，下所引见次页。
③ Corps Politique，《民约论》二卷十章，下引国际竞争条同。

多则资生不易，而望邻国以为之供，吾当以攻而出于战。大凡立国，将于商务与战争之间，择一以行者，其国必弱，而无与久存。是其所言，与今世立国之道适相反也。吾苟不能闭关以老死者，其说不可信。又卢梭者，排斥代表制度者也，以为人人惟服从己之意志，服从他人之意志者，非人之本性也，故求国民之总意，宜以人人直接投票为归。[①] 若大国者，共集其民于一议堂，同出占焉，势不可得，故其理想之国，乃以国民与接为构，互相认识为宜。[②] 此其组织，求之今世，惟瑞西之六小州行之。苟吾立国，不欲外于文明通制，而下侪瑞士之小州，其说未可信也。故今人以卢梭之言为共和咎，愚当劝其多读卢书以求其通矣。有曰，反卢梭之说，吾国宜举联邦。此固通人之言，愚于此尤有固定之见，可以详论。然仅决此题，持论尚不必过远，故此点当以他篇详之，不具于是也。

凡右所陈，意在驳斥两说：一谓中国人民程度不足，不适于共和；一谓国土过于寥廓，不适于共和，而于前说尤委曲致意焉。其中所引，多康梁诸先生之说。明知今之谤议共和者，其用意固不与两先生同，而温李诸人，困于捭扐，时论既引其言为重，愚又安能不从源头而致其辩焉？夫贤者立言，稍不经意，即永为世论口实。当两先生大声疾呼，以共和之弊，正告天下，岂不谓言而有力，共和之花，当长此不凋。而乃假风伯之力以摧残之者，仍无改于其说，此愚今日道之，天下宜有几人，与两先生同洒伤心之泪者矣。若两先生以重理过时之说为愚罪，所不敢辞。但念天下纷纷，妄腾口说，平昔指目当途，谓其不测，今幸已明白昭告，表示无他，一有参差，全责将由国民负荷。谅哉《亚细亚报》之言曰："国体问题，以全国之关系而定。夫所谓全国之关系，当求之于全国人民之意向，事理昭然，无可诬，亦无可讳。"[③] 如斯大事，人何敢诬？亦何必讳？尔可怜之小百姓，忽尔荷天之宠，以商定国体之大责，置之双肩，则愚以新闻记者，利用千载一时之言论自由，以刍荛一得之愚，为民意万能之助，倘亦识时君子之不忍苛责者乎？

六月廿二日草于东京

原载《甲寅杂志》第 1 卷第 7 号（1915 年 7 月 10 日）。

---

① 《民约论》四卷二章。

② 《民约论》二卷十章。

③ 六月十四日《亚细亚报》。

国家与我

近顷以来，政象日梦，人心日死，偕亡之叹，闻诸道途，暮气之深，沦于无底。盖国家将亡国家将亡云者，今固已万口同声，有不期然而然者矣。

剖泮以来，国之亡者，江黄邓柏，不可纪矣。胡乃吾不追为之悲，而独悲吾国？当今之世，惨受亡国之祸者，波兰、犹太，亦可怜矣，胡乃吾不暇代为之哀，而独哀吾国？是无他，徒以我在耳。我生于斯，长于斯，族聚于斯。斯之不存，我即无所傅以自立于世耳。然则人非全无心肝，断不至目睹其国之濒于亡，如秦越人之互视其肥瘠，而无动于心焉，乃自然之理也，顾吾人果何如耶？

往者同社独秀君，作《爱国心与自觉心》一文，揭于吾志，侈言国不足爱之理。有曰，瓜分之局，何法可逃；亡国为奴，何事可怖。又曰，国家国家，吾人诚无之不为忧，有之不为喜。斯言一出，读者大病，愚获诘问叱责之书，累十余通，以为不知爱国，宁复为人？何物狂徒，敢为是论？愚逊谢之，窃幸国中自奋之气尚富，而亦不愿作者谈言之微中也。今距此事又数月矣，国中政事，足以使青年之士，意志沮丧，莫知所届者，日进而未有已。爱国心之为物，不幸卒如独秀所言，渐次为自觉心所排而去。甲乙递染，如中恶疫，流行之广，速于置邮。特独秀君为汝南晨鸡，先登坛唤耳！最近梁任公先生，且以有国不优于无国之例若干事，痛告国人。有曰，多数之心理，不期而与之相发。又曰，吾见夫举国人暗暗作此想者，盖十人而八九也，特不敢质言耳。[1] 夫梁先生方以不作政谈宣言于众者也，劝人不为煽诱激刺之论者也，今

---

[1] 《大中华》六期《痛定罪言》。

骤然与昨日之我挑战，其所为惊人之鸣，竟至与举世怪骂之独秀合辙，而详尽又乃过之，此固圣者因时制宜之道。然而谨厚者亦复如是，天下事可知矣。

吾国之大患，在不识国家为何物。以谓国家神圣，理不可渎，虽其释与忠君同义，抑或视与今世爱国之旨齐科，仁智所见，不必划一。而其拘墟胶柱之意太甚，无能自脱。则由今日而上溯之，其情遇事而见，昭哉可观。昔者英人助中国荡平洪杨，而其国有识之士，则谓当日不若纵其大乱，或有人出而整顿政纪，中国犹可焕然一新，不至如今日之因循不振。[①] 故曾左胡李之徒，当其时不敢一萌斯念，其所以然，则伪国家主义误之也。浏阳谭氏追论甲午之战，谓闻牛庄一役，不战而溃，为之奇喜，以为吾民之智，此其猛进。其时国家之伪义，已呈露于哲士一二人之胸，而当世之瞆瞆仍自若也。洎夫庚子，以一胡妇之妄念，召联军八国之师。国之不亡，其间不能以寸，虏廷之当吐弃，可一言决矣，而国人尊之如天，不异畴昔。其后伪托新机，僇辱志士，倒行逆施，日甚一日，而贤豪长者之奔走于立宪运动，其兴且若相引而弥长；凡此者皆伪国家主义误之也。今之政局，亦复犹是。凡当路之所提挈，举国之所风从，皆不出伪国家主义之一圈。环之而走，举步愈急，竭蹶愈甚，回旋不已，则立僵耳。是非有及早回头之思，临崖勒马之智。似此一瞑长往，焉有生死肉骨之功？斯思斯智，时曰自觉。

自觉者何说也？孟子曰，今王鼓乐于此，百姓闻王钟鼓之声，管籥之音，举疾首蹙额而相告曰，吾王之好鼓乐，夫何使我至于此极也？父子不相见，兄弟妻子离散。今王田猎于此，百姓闻王车马之音，见羽旄之美，举疾首蹙额而相告曰，吾王之好田猎，夫何使我至于此极也？父子不相见，兄弟妻子离散。此之疾首蹙额，不得谓非自觉之机，惟不能再进一步曰，使我至于此极，吾安用此王为也，终不得谓真觉。吾国惟无此真觉，故数千年只有君史而无民史，展转桎梏于独夫民贼之下，至今日无少更。东西洋政治之鸿沟，即于此划。由斯以谭，所谓自觉者，非徒政象与吾官能偶尔之接触也，必以内籀归纳之术，推究种种政象，的然昭晰其本根之所托，从而下一最终之判断焉，始得号为觉也。今之觉何等也？今言爱国，比于昔言忠君。畴昔疾首蹙额于君之所为，而不敢言无君，今有人尸国家之名，行暴乱之政，人之疾首蹙额于其所为，乃敢倡言有国不如无国。而梁先生告我，倡之者且十人而八九也，其殆庶几能下最终之判断者欤！

觉矣，徒觉其又奚益？譬诸治疾，不见症结，方术莫投。宜其不愈，今见之矣。望闻问切，人人自许为卢扁。所谓方术，将安出乎？吾将效摩西之出埃及，或清教徒之入新大陆矣乎？则人稠而莫举。当今之世，亦决无片地以相容也。吾将翻各色之降幡，迎海外之汤武，远宗邦昌，近法容九矣乎？则举目旷观，亡国森列，其马牛沟壑之状，息息以前例告余，苟非精神瞀乱之极，或偶尔激刺之谈，吾未见有心者果能作此想也。然则所谓方术者，终不得不就吾本身自筹之矣。

今居政治绝望之时，人每易言亡国，以为亡国后人民之苦痛，充其量亦不过如所受于今政府者。而公众事业之日以展，普通教育之有可期，权利虽微而能守，法律纵酷而有定，犹非今政府所能望。梁先生所举客问若干事，诚代表之说也。虽然，今之愚人，为强者欺朦买弄，鼓吹爱国之谬论，以为之伥者，非此一针见血之语，诚不足以苏其冥顽。惟既苏矣，或本昭昭而无取苏之，允宜慎用其感情，勿使国人之纯正心理，转而趋于潦倒沉废之域，一往而不可救。他事且不论，今番欧洲战役，全世界殆无一角之地，谁氏之人，不被其影响。而亡国之惨例，亦即挟以俱陈，波兰三分于俄德奥，德奥与俄，以毫无与于波人之事，挺刃而寻仇，乃各首驱其所属之波人，以为前驱。洼尔苏一带，大小之战，无虑数十，而波人扱其血泪，抑其天良，马一前而趑趄，枪一发而颤动，以极不自由之意志，执行极无人道之手段，互戕其同胞于呼天抢地之下者，至于无艺。犹太亦然。犹太自失其国，有籍于英者焉，有籍于法者焉，有籍于俄与德奥者焉。今兹各服其兵役，不得不为机械之行动，以戕贼其同种，诸父兄弟，争剚刃焉，特不如波兰之深痛耳！最近伦敦暴民，毁德人商店至尽，其中之为犹太产者，实至伙也。印度发愤执殳，为王前驱，号曰效忠，岂其本志？凡此种种，均吾人脑海所宜大书深刻，斯须不忘者矣。闻青岛之役，吾之达官贵人，几几不免从军，虽曰势所必然，或亦当时改籍之所不及料。亡国之痛，此其根萌。逆料吾国之亡，不外瓜分豆剖。自斯以往，吾之二十余省，息息可为列强逐鹿之场，吾人虽欲不为波人之自戕，犹太之互僇，无可幸免。印度、朝鲜，能举一国之民，附之一国，犹望之若天上矣。愚为此言，其自命志士者，或且恶其不祥，起唾吾面。然事势如此，诋谰奚为？是以国不足爱，方为流行有力之说，一方固可鞭笞政蠹，使不更倡似是而非之爱国论，以逢迎社会弱点而售其欺；一方苟不慎其所发，则又有眈眈逐逐者，掀髯于旁，其足以沉吾国于九幽无以自拔，殆又甚也。

然则国不足爱之说，其即破弃矣乎？而梁先生曰，"事实既已若兹"，吾即欲破弃，而又胡能也？是亡国既所不可，爱国亦所未安。吾人生今之世，果将何道之从，小之寄顿身心，大之福利民国也乎？曰，是有解散国家之说，倡之于卢梭。请得而略述之。

国家者成于民约者也。约者何？人以一部分之自由，纳之国民总意之下，而仰其制裁也。总意者何？萨威棱帖，经一定之代表机关，明白宣示者也。时或暴者兴焉，以其一人之意，与国民总意为敌，则其所以抗压萨威棱帖者，用力必多。用力多一度，国家之组织随而变更一度。久而久之，全国更无何人，可以其意与之相剂，而总意歼矣。夫立法权者，国家之心也，而行政为脑。脑瘅人犹可生，独至心绝则不可救。故国家之所赖以存者，非法也，立法权也。何以言之？昨日之法令，不必至今日而仍有效，其所以有效，则立法机关，不闻改订而默容之也。易词言之，萨威棱帖，认为不废之法，而许其流行也。故一言法，而萨威棱帖之质，即同时存在。苟其国萨威棱帖，见夺于一人，而末由表见，则虽法令如毛，与人民总意无涉，而国家之道绝，政治总体，于焉解散矣。盖人生而自由者也，唯服从己意，决不服从他意。总意者仍己意也，故立于国家之下而义务生。惟若权奸僭窃，劫吾总意，强吾舍己意而唯他意之从，吾唯有回复创约以前之自由，而重蹈入自然之境而已。故解散国家云者，破弃民约，复其故我之谓也。卢氏之意，大略如此。① 今之昌言不爱国者，其说得毋有合于此者欤？

吾人诉之卢梭，将以通吾狂惑，使于救国绝望之时，而匡吾亡国不正之念者也。今国家解散云云，其途仍与亡国为邻，究何益乎？曰，是固非徒解散之以自了也。解散之后，人人既复其自由，即重谋所以建国之道，再造总意，复创新约。此卢氏之本怀，一篇之中，所三致意，岂其消极自毁之谈可比？兴言及此，请进申民族之义。

人之恒言曰，民族国家②，以谓国家由于民族而立也。今之有申论民族之必要者，见夫民族为国家之基，国家不幸而至于解散矣，民族果随之而解散焉否乎？闻之吕南③曰："民族者理也。理之见于精神，而

---

① 阅《民约论》三卷第十第十一各章。
② Nation State.
③ Renan，韦罗贝《国家本性论》中引其语。

出于远源复性之历史者也。民族者一精神之家庭也。……无过去不成民族，而现在亦有一绝明之事实以章明之。是何也？乃同意也，乃愿与续续共同生活之公约也。试为譬之：民族之存，存于全体之卜列比塞宣①，不时行之；犹之人身之存，存于周身血气，流通而无间也。"至哉言乎，诂民族者蔑以加矣！卜列比塞宣者，国民总投票之义。于是人生之公约，有两种焉：一约为民族，一约为国家。而其约之所以履行，一致以卜列比塞宣之式出之。卢梭之意曰，国家之所恃以保持者法也，法不得卜列比塞宣续续认容之则死，法死而国家破矣。吕南之意曰，民族之所资以系维者精神也，精神不得卜列比塞宣时时证明之则散，精神散而民族亡矣。今吾国人民，于国家之一切法，已不能行其卜列比塞宣之权，而法死国荒，已成事实。吾人亦既祖裼裸裎，而还于民族之位矣，则其所谓续续共同生活之公约，仍愿相与守之否乎？

此之疑问，虽有一派持极端之见者，谓国家无成，实由民族卑劣。国家既坏，此等劣等民族，亦惟听其自生自灭可耳。抟沙不能成饭，更抟又焉用之？然稍一沉思，即觉其情感太甚，所见远于正鹄。今之犹太、波兰，虽亡其国，而其维持民族之心，犹不可已，而况于吾？然则亡国与国家解散之别安在？曰，维持民族之道，终不外乎立国。国亡矣，民族立国之权②，即随之而俱亡。今之言犹太立国，与夫波兰立国③者，亦不乏其人矣，谁则信其行且见诸事实？国家解散则不然。国家虽一时为强者所隐，而立国之权，犹操自我，我欲其国方也方之，我欲其国之员也员之。易词言之，亡国亡于他人，而国家解散，仍解散于同族。虽驱逐他族之征服者，与颠覆本族之僭暴者，其事正同，而以史例证之，由前势难而逆，由后较易而顺。故前者容或终古未有其期，后者迟速必见效，是固不可同年语也。苟吾国已即于亡，吾知其难与逆之事，犹且不可以已。何也？人固未有愿弃其族者也。故苟自弃其族不可也，即不自建其国不可也；苟不自建其国不可也，即舍其易且顺者不为，而待其难且逆者之至不可也。苟舍易以待难，舍顺以待逆不可也，即居乎易且顺之时，而日日唯恐难且逆者之不至，恍若后者犹有愈于今焉，尤不可也。何也？人固未有不愿与己族共同生活者也。

客曰，子所言国家解散与夫民族建国之理，既闻命矣，宜何道之

① Plehiseitum.
② Right of Nationality.
③ 今德意两国颇倡波兰复国之论。

由，而其的可达？曰，道在尽其在我也已矣。人人尽其在我，斯其的达矣。

此其理至易明。大凡暴者之为暴于天下也，非其一手足之所能为力也。苟暴者以外之人人，不忘其我，而不或纡或径以逢迎之，彼一人者其何能为？说者必曰，夫安得暴者以外之人人，皆不忘其我也？则请小其范围。苟读书明理，号称社会中坚之人人，不忘其我，而不纡或径以逢迎之，彼一人者亦不敢为。夫以读书明理，号称社会中坚之人，而责以不忘其我，似乎不为过情。而若是其难者何也？曰，此自诿与自昧之为害也。何谓自诿？彼以为天下之善恶，其量过大，决非眇躬人之所能为加减焉。今我障于某事某事，欲人而未能，是不如其已，我即不入，而入者当有三万三千九百九十九万九千九百九十九人，可保其无所损也。而不知人作是想，谁不如我。苟三万三千九百九十九万九千九百九十九人，其不入均复犹是，是全国之人均失其我也。何谓自昧？彼以为如我之才，车载而斗量，我即入之，又焉益者？而不知国之须才，如货栈之待货，尽货以入栈为归，尽才以入国为的，虽微末所不辞也。其甚者，则自谓有大才，可以用世，而亦不入。何也？以无用我者也。昔苏洵有言曰："天之所以与我者，岂偶然哉？尧不得以与丹朱，舜不得以与商均，而瞽瞍不得夺诸舜，发于其心，出于其言，见于其事，确乎其不可易也。圣人不得以与人，父不得夺诸其子，于此见天之所以与我者，不偶然也。"此诚可谓有我者矣。而转笔即曰："夫其所以与我者，必有以用我也。……而人不我用，不我用之罪也。……在我者吾将尽吾力之所能为者，以塞夫天之所以与我之意，而求免夫天下后世之讥，在人者吾何知焉？"① 夫苏氏生乎八九百年前，局乎当时政象，其所言如是，良不足多怪，而今决非其时之比也。今者自用之时代，而决非待人用我之时代也。自诿也既若彼，而自昧也复若此，宜乎群天下之学士大夫，举失其我，而强者乘之而起，遂无所不为矣。

客曰，如何斯可谓之尽其在我矣？曰，有一定之主义，准此以行，而百折不离其宗。富贵不能淫，贫贱不能移，威武不能屈，以大丈夫自期，挟孟氏当今之世舍我其谁之概者，上也。人品不必高而无上，宗旨不必醇而无疵，惟既有所信，而富于一种坚忍不拔之气，能以苦战奋斗，力争上游者，次也。无不待而兴之能，与独为前驱之勇，或奉一

---

① 《上田枢密书》。

职，或营一业，而夙夜自思，觉有万不可为之事，即谨守之不失，不以自欺，心力相应之时，于我之所能信者，加以援助，又其次也。上者不可多得，得一二人；次者不可多得，得数十人；又次者不可多得，于读书明理号称社会中坚之内，得一部分，则建国之事，思过半矣。

闻愚言者，易生二感：一曰，建国之事，只此数十百人而即举也，毋乃太易？一曰，吾国虽曰乏才，未必此区区数十百人而亦无之，胡乃百事莫举？不知历观改革之事，无不以少数人握其机枢。愚尝考英国宪政发达之史，其言论自由之所由确定，则韦尔克斯①一人之功最多。韦氏亦无他长，惟始终张其所信，不为势屈。新闻屡停版而笔仍不辍，己身屡投狱而运动不已，卒之舆情感动，相率趋之。彼为议员，巴力门四除其名，而同一选举区四登其选。十八世纪之中叶，盖惟韦氏一人为民气之王矣，卒之各种自由，咸以树立。一人之奋力，比之全国之革命，功尤多焉。在吾三品之中，韦氏亦其次耳，而效且若此，说者奈何少之？至谓吾国不乏其人，如其有之，必与天下人以共见。举目旷观，衡论当世人物，若某某者，庶几上选，若某某者，足当其次，若某某，若某某，抑亦又次之伦。乃若此之俦，类皆屈于淫威之下，蜷伏而不敢动，无贤无不肖，冶于一炉，是何说耶？愚闻全国属望之某君，有人规其行事败名而养奸，则曰，吾之某职，当徐徐辞之，吾于北京，当徐徐去之。夫曰徐徐，则孟子所讥攘鸡纾臂之词，其为现势所缚，不能证其有我，可以立见。最贤者犹且如此，遑论其他！故今之人辄怨政府之暴詈，哀吾民之无自由矣，不知自由本有代价，非能如明珠之无因而至前也。今其所还之价，通国无一独立之人，到处无一敢言之报，人人皆失其我，人人皆不须此物，则此物胡来？故有人曰，民质之劣，已至于此。此而不亡，世间安有可亡之国？即而熟察，亦几无可诋谰。浏阳谭氏曰，观中国人之体貌，亦有劫象焉。今所谓劫，恐不远矣。由此以观，客谓中国有人而事仍莫举，实则不得谓之有人。何也？其人虽或与他人有形似之不同，而其无我则一也。

然则求其有我，将从谁起？梁先生曰："夫我辈则多矣，欲尽人而自新，云胡可致？我勿问他人，问我而已。"② 兹所谓我，果任梁先生自谓乎？抑梁先生冀幸读者之自谓乎？俱未可知。惟在愚文，初哉首基

---

① Wilies，梅依之《英国宪政史》言之颇详。
② 《大中华》六期《痛定罪君》。

之我，则愿今之昌言国不足爱而国亡不足惧者承之。盖言国不足爱，愚亦不强其爱，惟请从卢梭之言，视国家为已解散，民族之自由，已经回复，则第二步当复何如？以愚观之，国家解散可矣，民族终不能解散。必欲解散，以大势推之，非关吾不欲为，抑亦人不见许。梁先生告我："如其亡也，则一棺附身，万事都已。吾侪舍蹈东海外，亦更有何事？"① 此客气之言，安见必成事实？即一二贤者为之，以鲁连望之人人，如何可能？故知吾国即亡，而收拾民族之责，仍然不了。既知终且不了，此时整理民族之事，即抑塞千端，烦冤万状，亦不得不出而任之。而整理民族，终不外夫建国，是国家由解散而卒入于建设之一途。故不爱国云者，前已解散之国家，不爱可也，今复建设之国家，不爱不可也。而欲爱之，决非徒然，愚为彷徨求得解决之道，曰尽其在我。故我之云者，请今之昌言国不足爱而国亡不足惧者先尸之矣。

原载《甲寅杂志》第 1 卷第 8 号（1915 年 8 月 10 日）。

---

① 《大中华》一期《发刊词》。

帝政驳议

两月以前，愚作《共和平议》，稍稍著论，以明世俗厚诬共和之非。时帝政之说，初见根萌。杨度、孙毓筠之流，传闻有密呈劝进，事为东京《朝日新闻》揭载，传笑外邦。杨、孙恚焉，驰电辩正。曾几何时，前之讳饰而不肯承者，今且明目张胆，立会布词，号召党徒，唱和表里。此其故何与？愚闻黄君远生之言曰，研究"国体上基础问题"，吾国人"于法律上不得有此自由，故于迫在目前关系国脉之根本所在，举听其自然之迁就所届，置之思虑议论之外"①。斯言而信，号为一国之"法律"，胡乃昨日所悬为厉禁者，至今日而特许之？又读筹安会之宣言曰："……明知国势之危，而以一身毁誉利害所关，瞻顾徘徊，惮于发议，将爱国之谓何？国民义务之谓何？"斯言而信，杨、孙诸子，态度逾时，而有不同，得毋前日不免有利害毁誉之见存，而今日爱国守义之情独至？凡此诸问，诚不免起伏于吾人之心胸。然稍加熟视，则又无睹，从而索答，夫亦可以不必矣！

何以言之？当千八百五十一年十二月二日，法兰西总统鲁意·拿破仑骤行政变，毁弃千八百四十八年之宪法，而即要求国民，赍以自制宪法之权。其后投票，以七百四十万票通过，抗之者仅六十四万耳。逾年十一月二十一与二十二两日，复以鲁意称帝一事，下国民议，可决票则达于七百八十万之多，视前有加焉。善夫瑞士学者卜硕德之论十二月二日之事曰："凡政变之后，一国之运命，既悬诸一人之手，于斯而下问于国民，是否愿以绝对之权，加之于己，是犹以已答之题，重行发问者也。"② 论十

---

① 见八月十四日《亚细亚报》。
② Borgeaud，Adption and Amendment of Constitutions，二四〇页。

一月二十一与二十二两日之事曰："此种法令（谓国民可决帝制之法令），特权力之移置（谓已有之权力自总统移之皇帝），非宪法之行为也。求其类似，则皇室法庶乎近之。盖皇室无特权，不言典范，帝力不弥满，不求帝号，皆以前有者为之符，其揆一也。语以近世宪法，则失之远矣。"① 用此观之，然则吾国若立帝制，其目前之见象可想。今诸君树为名义，从而鼓吹，一则曰切磋，再则曰商榷，殆无往而非卜氏所谓"已答之题"。为说万千，大抵周旋此胶彼漆之中，以涂饰国民耳目。而吾人从其后而观之，若者怀疑，若者致辩，是不亦太迂阔不近事情矣乎？

顾或者曰，此学问研究之事也。事势尽可蒙然于一时，学术终且独立于无既。且上自当途，下至政客，皆曰学也学也，则君子可欺，尼山与进，愚虽浅闻初学，亦安忍不贡其所见，冀以释滞而解疑。惟贼民兴矣，乃始言学，得毋与汉臣议讲《孝经》，以服黄巾，同类而共讥？鸣呼，亦非所计矣！

愚之所最不可解者，首在筹安二字。彼岂不以由我之道，国家可得长治而久安也。则所谓安者，果愚所见非谬，当以国中不见革命之祸为衡；而国中不见革命之祸，苟非国中利害冲突，质剂停匀，断乎无幸。此其理昭哉无翳，虽至愚者不能瞑目而无见也。今若于仓黄之中，推翻共和，创设帝政，此其所为影响于革命者，有二要义：一曰己身以革命倡，一曰认革命为宪法上之权利。此非愚一人之私言也，卜硕德之论法兰西千八百五十一年十二月二日之投票曰："票为可决，实不待言。苟一票否焉，则此一票，意在主战。故凡共和国遭逢此境，政府所事，直革命之行为。罗伯士比所用革命字，其义指此，良不诬也。当是时也，造法之权，在法操之国民，而为暴力所支，不能运用。其在事实，则谁能行苟叠达者，谁即拥有造法之权耳。谁能别行一苟叠达，造法之权，又即归之。"② 前举二义，已可于此数语中，约略尽之。则其事正与革命为媒，而漫曰安焉安焉，此非别有奥义，为浅暗所不及知，乃自陷于矛盾而不觉矣。

请试即二义而申明之。革命一语，在欧文字典中觅之，殆无不训为政治根本上之变迁。夫变迁亦何常之有？有帝政变为共和者矣，亦有共和变为帝政，苟其不免于骤变，则其无所逃于革命之义无疑。读者试从

---

① ②　Borgeaud, *Adption and Amendment of Constitutions*，二四〇页。

百科全书中查之，所列革命之例，其在法兰西，每以千八百四十八年之第二共和，与千八百五十一年之鲁意·拿破仑自帝同举。① 此本浅义，不待指陈。② 或曰，变更国体，如"不扰乱秩序"，即谓之革命胡伤？顾此之所谓不扰，其义究居何等？夫防民甚于防川，川壅而溃，伤人必多。此诚古今中外革命之所由起也。而当其未至于溃也，其为本无所壅，无溃可言，抑或壅已莫堪，去溃一间，其度之殊，相去悬绝。惟未溃之名，人乎侥幸苟偷者之耳，则几乎无择。今不扰云者，正此类耳，于义果胡取乎？或又曰，变更国体，非徒言之，大抵实力既充，然后以举，则即名义不易，实际何殊？苟指易名为革命，则攫实之为此无疑。今断断执前者为未可，宁非以五十步争百步乎？曰，愚固未尝左易名而右攫实也。大凡苟叠达之行为，即无异于革命。罗伯士比，固不求为帝者，其所用革命一语，意义甚明。卜硕德述之，亦以论鲁意·拿破仑之行政变，而非论其建帝号。由客之言，可以证明革命之程叙，不自建帝号始。而建帝号之为革命中一绝大关键，似尚需数语为之说明也。盖二者相较，其本质固无所差，以不加冕之总统，与加冕之皇帝，询人何择，智者必将不答。惟其影响于政治，则深浅有殊。善夫黎白曾造政治之精义曰："共和国之安全，与谓基于多数者得其代表，宁谓基于少数者握有运动多数之权"。③ 此种运动之权，在民主专制之国，固亦不见，然不得谓之绝望。或者政潮猝转，而民意以伸，善于运用者，范不轨者以入于轨，亦竟行所无事焉，未可知也。故若而社会，虽云不安，大小祸变，亦或时发，而政潮尚保留有一二分伸缩之余地，在坚忍多虑之国民，宜若不有铤而走险之忧。若并民主之号而弃之，则所谓余地者尽矣。此其异点也。

请及次义。自来论革命者，只许其有伦理上之根据，而不许其有法律上之根据。英儒席兑曰："谓暴动者拥有宪法上之权利，其语若非矛盾，即为不词。虽然，由近世政治思想推之，若现政府有绝大之失政，无论政体何若，而谓人民不有伦理上之权利，颠而覆之者，固犹未之前闻也。"④ 此可以为论宗矣。虽然，若民主专制，则亦有谓革命在法律上为有论据者。鲁意拿破仑宣布第二帝政之宪法，其叙文有曰："中央

① Ne' Son's Encyclopaedia.
② 近见京沪各报，发表筹安会之意见，即多明此义。
③ 参观拙著《政治与社会》第九页。
④ Sidgwick, The Elements of Politics, p. 618.

集权之国，其一国之元首，无论善恶何如，而要为众情注集而无间者也。以故若于法典之上，宣言不负责任，即为愚弄民情，即欲建一虚构之法理，曾以三次革命之暴力抉破焉者也。"① 此在拿破仑，不过以明自重责任之意，不谓国民所以纠问元首责任之道，即于此中以法律之意规之。德之学者波因哈克讲其义曰，法兰西宪法此段之旨，"乃以宪法之力，公认革命为课问元首责任之一手段。且以违反法律之事，视与组织国家之事，等量而齐科。"② 此其理由，波氏并畅发之，谓专制之政，至于此级，为元首者诚不能不对于国民而负其责任。但责任者，自若人之口出之，直一羌无意义，在国法上不能贯彻之门面语而已。盖国民既以一国最高之权，永托诸一人之手，则当最高权仍然在其身中之际，不得从而课其责任，昭然甚明。苟欲课焉，非于法外计谋，以暴力夺其权而归焉，无他途也。夫无课不成责任，彼既以责任规之宪法③，是即所以诏国民曰，尔得有宪法上之权利，日日提革命之军以踵吾后也。且"民主专制，类由暴力而来，故己之对于暴力，即失其所以主张权利之道。"④ 夫至不能主张权利，是已丧失法律效能；苟一方丧失法律效能，他方所为，即无所谓违反国宪，此其大旨也。昔者尝以德、法两国之学者，论政各怀极端之见，引为政学之悲观，今于以暴易暴一说，不谓以号称膜拜君政之波因哈克与顶礼共和之卢梭，语如一辙。波之言曰，民主专制，成于暴力，惟以暴力倾之，斯为适法，曩举之矣。而卢梭《民约论》开宗明义曰："人民见迫，不得不服，服之宜也；一旦有力，足脱羁轭，脱之愈见为宜。盖人之自由失矣，今以其所以失之之道得之，非彼此时有权回复其自由，即人当初无权可剥其自由于彼。"⑤ 二贤之

① Dans ce pays de centralisation, l'opinion publique a sans cesse tout rapporté au chef du Gouvernment, le bien Comme le mal. Aussi, écrire en téte dune charte que ce chef est irresponsible cést mentir au sentiment public, c-ést vouloir etablir une fiction qui s'est troi fois evanouie au bruit des revolutions.

② Damit wird die Revolution als Mittel, das Staatsoberhaupt zur Verantwortung zu ziehen verfussungsmässig anerkannt, der Rechtsbruch für eine organische Einrichtung des Staatsrcchtes erklart. Bornhak Allgemeine Staatslehre p. 73.

③ 法兰西千八百五十二年一月十四日之宪法第一条即曰 Un chef responsible nomme pour dix ans。

④ Wie die demokratische Tyrannis durch Gewalt begründet ist, so kann sie auch gegenüber der Gewalt kein Beche behaupten，同上。

⑤ Tant qu'un peuple est contraint d'obéir et quil obéit il fait bien; silot qúil peut secouer le joug, et qu'il le secoue, il fait encore mieux; car, recon vrait sa liberté par le même droit qui la lui a ravie, ou il fondé á la repondre, ou ou ne l'étoil point â la lniôte.

言，细论之自多差异，惟本篇不能具述。兹之不惮称引，亦惟于行"民主帝政"者，证其不得不认革命为有宪法上之权利矣。

用此观之，帝政与革命之关系，亦可知矣。若曰，政府自有能力，可使革命之祸不生，愚决不以其说为无根，且灼然见其力之足以支持若干时而不失坠。然只以证革命之祸之不猝发，而不足证其祸之消弭于无形。既曰筹安，当以消弭无形者为衡，不当以幸不猝发者为的。况乎政治之事，无能前知，其果不猝发与否，今仍未易言也。席兑又有名言曰："社会之安宁，其基与谓存乎政治，宁谓存乎道德。是必国中优秀之一部分，恒温和而公正，富于同情，明于公益，小群无非分妄诞之思，阶级无贪利倾巧之病，多数党之胜利，不挟强横之力以俱行，而后此种安宁，庶几可保。不然，未或能免于革命也。须知地球之上，无论何处，而欲以一部多数之人，强一部少数之人同居其地者，屈服于其下，而谓有道德上之权利，使之为之，乃一不可想象之事也。"① 席氏之言，乃论普通治道，其为说且如此，若执民主帝政，叩其意见，又不知言之进于是者几何。夫立国而至道德之基础，全然破坏，则如卢梭之言，人亦为其最强者而已。语云，匹夫专利，犹谓之盗，王而行之，其归鲜矣。行见人人自以为胜、广，家家各以为华、拿，心理所存，必有事实，而天下无宁日矣。是之谓筹安，不亦非常可怪者乎？

筹安之名，既不能立，则其发起词所言，绝无驳辩之价值，可以想见。愚虽不肖，亦诚不欲以无谓之言论，与人争一日之短长。然以国人辩理之力，异常薄弱，感情一动，混然不知是非治乱之所存者有矣。愚惧其欺惑愚众，沉国家于九渊而无以自救也，辄为辩之于次。

词中所陈本国事实，为有目者所共睹，其为奸言曲说，无待指陈。若夫外国史例，人或不曲考求其真实事理，而听其桀乱，请得述其言曰：

> 近者南美、中美二洲共和各国，如巴西、阿根廷、秘鲁、智利、犹鲁卫、芬尼什拉等，莫不始于党争，终成战祸。其最扰攘者，莫如墨西哥。自爹亚士逊位之后，干戈迄无宁岁。各党党魁，拥兵互竞，胜则据土，败则焚城，劫掠屠戮，无所不至，卒至五总

---

① Tant qu'un peuple est contraint d'obéir et qu'il obéit il fait bien; si'lot qu'il peut secouer le joug, et qu'il le secoue, il fait encore mieux; car, recon vrait sa liberté par le même droit qui la lui a ravie, ou il fondé á la repondre, ou ou ne l'étoil point á la lniôte.

统并立，陷国家于无政府之惨象。我国亦东方新造之共和国家，以彼例我，岂非前车之鉴乎？

愚于著论之先，请述蒲徕士之言以相证。蒲氏英之夙学，而近游中南美以归，著为《南美》① 一书，与其所著《北美》② 同称众说之郛者也。蒲之说曰：

> 自中南美诸邦离西班牙而独立，树立共和，欧人之爱自由者称之，美人尤甚。盖美人笃信共和，至今犹多谓君主国与自由不相容，而以诸邦为其肖子，故爱之也。顾西班牙于千八百二十六年，已尽撤驻兵，离去美境，而一世复一世，共和之花，仍萎顿而不开，所见惟革命相续，狄克铁特相承已耳。于是欧人渐厌恶之，发论抨弹，惟恐无及。美人则始终护之，凡以共和称者，类为所祖。不知二者俱泥于其名，而未详窥其实，誉者失矣，毁者亦未为得也。夫论名易而察实难，人每就易而避难，故偏蔽殊甚。以例言之，巴拉圭③，共和国也，共和宪法，且岿然存，而佛兰西亚与罗佩慈，实以兵力统治之。委内瑞拉④昔在蒲兰柯及加斯妥专制之下亦然。吾侪闻人共和其国，辄以为治者公平之政力，实由被治者同意而来，而欣然施其同情。今于巴拉圭及委内瑞拉，亦有权享吾侪之同情否乎？如其有也，则罗佩慈及加斯妥之不道，诚足执以驳诘共和论者；如其否也，则历史上偶然之现象，诚无与于共和，而不能以为赞否之标的也。以如是而赞否之，乃不离名称问题，而去事实千里也。

> 请言事实。欧人喜以抹摋之论，取中南美共和国而一律短之，此诚不平者也，而在今日，觉其为不平尤甚。欧洲之君主国，由最善递于最恶，等差历历，至有别焉。中南美之共和国亦然。其中尽有若干国，不愧于欧人所谓真共和，宪政机能，诚实无妄，亦有专制之邦，纯恃武力以相支拄。立乎两种之间，尚有多数之国，其政治行动，若规则若不规则，若完全若不完全。议会代表舆论，亦非全无势力，人身财产诸权利之保护，亦非尽不相当，法律之应用施

---

① Bryce，South America.
② American Commonwealths，即所谓平民政治。
③ Paragnay.
④ 即芬尼什拉。

行，纵难确实，而亦不视行政官专断之意，与为转移。此其大较
也。……

所谓真共和国，吾盖于智利阿根廷遇之。智利者在拉丁美利坚
诸国之中，于欧美人所称自由宪政之国，最能契合者也。盖选举取
制限主义，而政权则由一部分小地主与法律家主之。其机关之运
用，与政党之活动，精神方法，无一不与十八世纪之英吉利相同。
所不同者，一为君主，一为共和耳。内阁更迭，不时有之，而于政
治之运行无碍。立国之普通政策，从无变更，革命之事，久已绝
迹，其为今人记忆力之所能及者，惟内乱一次而已。其时总统巴麻
西达①，以其所怀政略，宪法所赋之权力不足以行之也，则与议会
坚持，以致诉之武力。两派之人，陈兵相见，以各主张其权利，犹
之英吉利查尔士第一与巴力门之战焉。巴麻西达战败，卒至自杀。
巴麻西达者，富于理想之人也，与寻常野心专制之家，截然不同，
徒以所为于法未安，遂至败死。自是以来，智利之政治，盖全入于
宪政之恒轨矣。在千九百十年，党派歧而为六，保守党一，而自由
党五。自由党时分时合，条理井然，能力辩智，都臻高度，人民一
般之公共精神，亦俱健全而活泼也。

阿根廷之史迹，所历艰险，诚较智利为多。六十年前，曾厄于
狄克铁特之下，与巴拉圭之厄于罗佩慈正同。自是以来，内乱时
有……然自千八百九十三年以还，国中不见兵争之事。其政潮偶或
不稳，亦不过如欧洲诸邦，恒为无政府党之思想方式所动荡而已。
军略主义，夙昔所膜拜也，而今已不见。行政之事，由政治家掌
之。法律精神，极其严整。简而言之，今日之阿根廷，纯为一立宪
共和国，与智利适同。如有缺点，抑亦共和之缺点，而非属于共和
其皮专制其质之类也。

由此两例观之，可见在南美空气之中，西班牙血液之内，盖无
物焉，阻止共和政制，使不运行。如其运行未底于完也，则斯世运
行政制之不完者，何在蔑有？用此以证，苟非于立宪精神，极不相
宜，此种精神，行见浸淫渐渍，以入乎法律系统之内，夙昔暴力相
倾之习，扫地尽焉。且现夫阿根廷之所由安泰，尤见他拉丁美利坚
诸国，亦可渐次前迈，以进乎守法律尊秩序之美风矣……

----

① Balmaceda.

要之，南美之共和国凡十一，综其全而论之，其政况远良于六十年以前，断无疑义。凡诸国者，大都军政之原素益益减，宪政之原素益益增，法家作政诚不敢必其守法，而较之军人，则优越多多。号曰法家，其手段将无取于横暴，与其得一毁法者，毋宁得一弄法者为愈也。革命内乱之事，虽亦有焉，而残酷远不古若。刑僇政敌，亦所罕闻，政治暗杀盛于欧洲，而在此则不恒见。[①] ……

前世纪之中叶，欧人崇信自由者，见夫中南美诸邦独立有年，自由殊盛，而道德不进，幸福不增，国内之繁荣，亦无可论，则大失望，以为自由之功用不臻，而厌薄诸邦之说以起。噫，此曹何感情之盛一至此也！彼之自失，岂非过信自由之力之所致乎？在昔政治之不良，彼以为全属君主贵族之过，而不悟政治之失，由经验所诏，不尽属于政体，而人性实为本因。试观欧洲政局，自千八百五十九年以来，有多数之国，政权渐有少数人之手，入于多数人掌握之中，而道德平和之黄金时代，曾不随而涌现，且愁叹不平之声，转或时闻。有曰法律不能持阶级之平，有曰议会之信用坠地，有曰行政机关，非由国民直接监督不为功，其在北美，此种监督，且谓当推及于司法。所宜改善之事，亦多端矣，而迄未闻稍有智识之人，谓宜反而诉之古代武断压制之习。其所觉者，亦政术日进于艰难，非昔人之所及见，今后唯有受教于经验以从事耳。果予此说而不谬也，则于评骘南美之政情，不尤宜广设恕词矣乎？南美自来遭际之困难，比之欧洲为多，而其成绩可观，亦既若此，辄鳃鳃为其方来抱悲观焉，诚无谓也。[②]

由蒲氏之言以谈，南美政治，可以窥见一斑矣。夫蒲氏特著书言南美者之一人耳，以其人为吾国社会所知，而意见平实，富于经历，不务为非常可喜之论，国人读彼所著《平民政治》，已深信之。故特择一小段译焉，而繁重如此，则其他关于中南美之真实政象，可益吾人神智者，且不知凡几，条而出之，无在不足使筹安会之所主张，失其根据。呜呼！国人不学，以道听途说自安，而淫邪无耻之政治家，遂敢于利用其弱点，妄设似是而非常识莫究之外国政例，以欺惑邦人诸友，宁非国家之奇厄也耶？兹不具论。惟综合蒲氏之言，以衡吾国，求其要点，得

---

① 以最近五年计之，欧洲之暗杀，似多于中美。（原注）

② South America 第十五章，The Conditions of Political Life in Spanish America。

三事焉：（一）中南美之共和，决非尽恶。第其品级，有上下中。上中无论矣，吾今所号共和，望其下驷，且犹不及，而乃骂倒全体，指为殷鉴，借作推倒共和之资，斯诚妄人之谈。（二）共和有名有实，以共和之名，行无道君主之实者，不得蔽罪共和。（三）共和之蔽，只宜于本身救之，反之古代武断压制之习，为有识者想象之所不及。最后一点，请更详之。桑麦丁①，智利之华圣顿也。当革命急时，殊疑民政之不可遽采，而终主张共和政府，以制限选举为之基。波利华②，委内瑞拉之爱国者，以有澄清南美之大志，华圣顿之名，且遍于诸国者也。其致疑于共和之不可骤期，亦惟思以联邦组织救济之，而己之总统任期，延之终身而已。③ 至梦想帝国，枭杰如佛兰西亚与蒲兰柯之徒，亦未或萌动于胸；非必不欲，而在势有所不可。盖中南美诸国政象之所以不宁，而革命时起者，以狄克铁特制之为祟耳。狄克铁特虽曰专横，而尚居民选之名，任期有定；宪法之精神虽失，而形式犹存，人民欲得而甘心。已至于此，假若进而称帝，其不同于抱薪救火以酒解酲者几何。以故百年之间，中南美政雄叠出，而帝政迄无闻焉。非不为也，知其为之而乱且日益，于己亦大不利也。此种自爱爱国之道，枭雄当局，犹且深知，岂吾万里旁观，得以诿曰无睹。甚矣筹安会之所推证为别有肺肠矣。

愚执笔至此，忽得美人古德诺最近之作，曰《论君主共和》，载诸八月十九日《亚细亚日报》，亦有曰：

> 南美各国中，亦有数国用共和制而颇有进步者，其尤著者，则阿根廷智利巴西三国是已。阿根廷及智利两国初建共和时，骚扰纷纭，久未平定，然其后乃渐见安宁，颇享太平岁月之福。至巴西则自二十五年前建立共和制以来，虽略有骚动，而共和之命运，实属平安。然此三国，于立宪政体，皆能极力进行，而巴西则未立共和之前，在帝国时代，业能鼓励人民，使之与闻国政，故三国之得此结果者，非偶然也。

古氏之称道南美诸共和国，智利阿根廷而外，尚数巴西，且较愚所述蒲氏之言，又进一步，则倘若由他学者言之，又或推而及之委内瑞拉诸邦。惜吾文幅窄，不能遍举。且此等国者，乃古氏所谓"尤著"，蒲

---

① San Martin（1778—1850）。
② Bolivar（一七八三——八三〇）。
③ 亦蒲氏所纪之言，同上。

氏所谓"不愧于欧人所谓真共和"者也,则其他略下于是,而得以能是亦足善是亦足称之者,又必不乏其例。是世俗谓当取南美为戒,由蒲氏古氏之言以推,反谓当取为法,有何不可。古之言曰:"阿根廷及智利两国初建共和时,骚扰纷纭,久未平定,然其后乃渐见安宁,颇享太平岁月之福",是两国之得有今日,共和之效也,倘易共和而为君政,其骚扰纷纭,虽至今犹未已焉,未可知也。姑让百步,谓行君政,其效等于行共和,两国太平之福,虽立君主,亦得享之,则二者宜乎无择。夫利不十不变法,今共和无恙,政例相诏,明明由之可致太平,而不急起直追,学其步伐,转欲摧灭本制,别立君主,是何用心。且如是为之,亦径为之可矣,而必哓哓然,告于众曰,此吾鉴于智利阿根廷而为之也,岂非奇冤。古之言曰:"巴西……建立共和制以来……共和之运命,实属平安。"至其何以平安,以愚所知,盖纯为联邦宪法之赐。国之雄于党争,而设为联邦之制以调和之,行之而有效者,厥惟巴西。是吾人果畏党争而启战祸矣乎,亦效巴西,立联邦以平之,斯为可耳。不此之图,而辄欲创立君主,且哓哓然告于众曰,此吾鉴于巴西而为之也,岂非滑稽。古之言曰,"三国于立宪政体,皆能极力进行"。此用以警策共和。谓尔亦宜追踪三国,实行立宪,诚为明训。若以证吾国之宜于君主焉,则其意必曰,尔于立宪政体,不能极力进行,故当毁共和而立君主。无论所图君政,亦立宪为期,已首限其说于不可通也。姑如其意以求之,是乃吾望三国而可齐,求为南美而不得,而又何詈焉。嘻,今之翘南美之例,以震惊国人,使之畏避,而惟君主是即者,亦坐未暇深考耳。夫以未暇深考之事,辄引为感情煽动之资,此等政谈,实同蟊贼。古氏号为学者,不肯悉丧其身分,供人牺牲,故所引政例,偶亦征实,惜其于支吾凿枘之处,无可诋谰,然终肯稍语真象,使人有析疑昭滞之余地焉,国人自亦受赐不少也。

或曰,吾子所言,诚信于巴西、阿根廷、秘鲁、智利、犹鲁卫、芬尼什拉等国,如筹安会所称者矣。然于墨西哥今日之扰乱,又何说以处之。曰,愚固非谓中南美诸国之无党争与战祸也,此岂仅中南美有之,立国于他洲者,亦时不免。今兹之所当研究者,则此种党争战祸,是否即为共和之咎已耳。如其是也,其在逻辑,仅一墨西哥行共和而败,他国行之而善者不知凡几,尚难据以蔽罪共和;然强欲蔽之,终非无说。如其非也,则共和自共和,党争战祸自党争战祸。墨西哥之纷扰,即百倍于今日,犹于共和本制,如风马牛之不相及矣。盖共和有名有实,谓共和为有害，必其害见于行共和之实者也；若以共和之名，而行非共和之实，而遽曰害云害云，则诚李代桃僵之尤，不值论列。善夫前举蒲徕士之言目："论名易而察实难，人每避易而就难，故偏蔽殊甚。"今人之论墨事，无往而不"偏蔽"。请得略而论之。

墨西哥今日之惨剧，推原其朔，有一大罪人焉。其人为谁？即爹亚士。盖彼柄政二十八年之久，徒致力于一己权势之扩张，而无意于政治根本之解决。利用外资，开发实业，诚不得谓其非计，而爹氏号称有造于墨，亦惟此焉。然财产集中，而贫民生计益苦。夫国基之所由稳固者，在夫增造中流社会之有恒产者，使与地方同其休戚，用能讲自治，重秩序耳。而墨国以骤立大资本之故，财政实业之权，悉操诸爹氏左右佞幸之手，号曰相谛非柯①，招权纳贿，无所不为，全国之大公司，八九为彼辈之股本，而人民即欲立小式工商之业，亦非财贿运动不行。以故富者益富，贫者益贫，而中人之资，所恃以为社会中坚者，不可得见。教育者国命之所托，而爹氏全然不讲。计由爹氏之手，输入外资，在英金三万万镑以上，而于教育事业，所费至微，故民智之不进，三十年几如一日。当爹氏任职之时，墨人之能诵读者，已在百分之十左右，而及其去位，犹不及百分之十五焉。夫以贫民与愚民两种政策，相辅而行，而欲其国之能安，此何异扬汤而求止沸。且也，墨人虽乏通智，而一部优秀人士，感于近世政潮之不可遏，其于宪政运动，决非不宜，爹氏怙势不让，非惟不能利导，而且专以束缚驰骤为事。彼之一败而不可收拾，此尤巨因。姑不多述，述其因之最近而易见者。

夫爹氏之失政，不待言矣，而其故作狡狯，食言而肥，尝试人民之心理，冀取好感以偷其国，不得则纵其鹰犬，到处摧残。假藉法律，僇辱异己，则尤革命之所由骤发也。盖爹氏第七次之任期，当终于千九百十年，彼之不肯遽舍其位，固不难以种种行为而证之也。乃前二年，彼忽告一美国杂志记者，自明无恋栈之意。其言曰："无论吾之友人与吾左右，为吾计谋奔走奚若，而本任一终，吾即远引，决不更厕斯职。八十之年，于时已至，自信亦不堪为世用矣。就职以来，予盖息息望有一日，墨西哥共和国民，能在大选之时，慎简替人，移易政府，不有革命流血之惨，且无伤国家信用，或阻害进步之机，此一日者，今已至矣。在墨西哥共和国以内，吾甚愿发生一反对党，如其能生，吾欢迎之，不

---

① The "Cientificos"，意义不甚明，大约指其人数，宜诂作"百人团体也"。

以为祸，而以为福也。且若其党能展发才力，为治而不为暴，吾犹将维持之，忠告之，凡吾前此所以树立民政之全功夙勋，愿一切忘之。"[1]此一宣言，墨西哥全国报纸无不转载，爹氏之人望，于焉顿高。时国人厌爹氏之政久矣，力求所以解脱之道而不得，忽爹氏自明其淡泊之志，亦遂不暇辨其以方欺人，而群然信之。政治结社，遂乃如云而起，凡候补总统宜为何人，与夫民政宜何由而改善，论题森列，讨议不休，旬日之间，朝气溢乎全国，论潮所至，迄无以爹氏始终连任为宜者。夫爹氏治墨久，揣摩墨人品性最稔，而最善用其弱点也。初意彼一宣言，人之反其假托之意而附之者必众，以为吾总统纯白无类，吾民诚重违其情，而为全墨思之，非此人谁称厥职，计惟牺牲一人之名誉以救全国之实祸。不料墨人虽驯于爹氏权谋之下，而当国脉存亡之际，究亦不肯丧其独立之主张，率之不仅不如爹氏之所窃期，而且以爹氏之伪宣言自蔽，向他端僻驰不已。昔者韩非明说之难也，谓"所说实为厚利，而显为明高者也。而说之以名高，则阳收其身而实疏之"。然若其事为世主利害所关，又岂独疏之而已，迫而为苟叠达，将亦其所不惜。今墨西哥之爱国者，既阴窥爹氏之实，而故崇其显以与之抗，此诚爹氏之所不能忍，不得不拨去假面而施其辣腕者矣。当此政情活泼之秋，爹氏之爪牙，发为通告，以警诸政客。大旨谓总统之宣言，以政情卜之，决难视为有效。此之通告，准以惯例，无不知为代宣爹氏之令，而反对党之首领，诚恐以此激成祸变，态度因为一移。斯时之所议决者，则总统一席，无更与爹氏争衡之望，以彼不肯遽舍，则虽选民人人不欲，而终无所逃于威力金钱之外也。于是彼等之指针，转而争副总统；以谓副者诚为吾党之与，则爹氏高年，一旦不测，继其位者或能与吾党同其政见，以谋国利也。此意既布，爹氏不置可否。其爪牙亦无宣示。政客以为爹氏已许之也，则运动又兴。有曰中央民政俱乐部[2]者，应时而起，标举政纲，演员四出。时纽福黎阳省[3]之省长莱诗[4]，颇负众望，乃以副总统候补者归之。斯人一出，迎者如水。墨人本好感情，而湮郁既久，尤莫自制矣。爹氏至此，又复大恨。在职副总统柯奈尔[5]者，爹氏之所驯养也，

---

① Modern Mexico（R. J. Mac Hugh）一五九页。
② The Central Democratic Club.
③ Nuevo Leon.
④ Bernardo Reye，此人后为革命党所杀。
⑤ Coral.

以他人代之，岂其所甘。于是强压之策，再接再厉，凡军官议员之同情于莱诗者，遣戍褫职有差，全国政党所有集会，悉以兵力溃之，而首领拘捕投狱者不绝，余众杀伤尤多。如阿萨加①、柯利麻②、卜蒲拉③诸省，皆其扰乱最著者也。新闻之左袒莱诗者悉停版，记者囚焉。莱诗故为爹氏所亲，而任为纽省省长逾二十年者也，至此遂宣言否认候补之事。爹氏托词调查军事，遣往欧洲，两年不召。

墨人之反对爹氏，公开之运动既终，秘密之结集以始。莱诗远去，马德罗④代之而兴。马氏富人之子，其跃为领袖，不过以千九百八年著为小册，攻诘爹氏，而以投票自由聒于国人，故其书虽为政府所禁，而流行仍广，入人綦深，遂乃大呼成群，全墨鼎沸，两党相持，爹军败报时至。当事急时，爹氏始与马氏言和。马氏百皆可从，惟必以爹氏去职离墨为第一条件。爹氏不允，而复战，战而复败，不可收拾。至是爹氏不得不抱其衰残败衄之躬，谢国民之盛怒，长与其母邦作别。而所谓母邦，亦自此无宁日矣。此人飘泊欧西，于今五载。前之称其功能者，此五年中，无不转而以冷嘲热骂相饷。前七月中旬，路透社忽传爹氏死耗，而居址不详，或曰巴黎，或曰纽约，或曰马德里，久之始知其死于法京确也。此可知其人之见忘于世久矣。呜呼！固一世之雄也，而今安在哉？⑤

用此观之，可见墨西哥大乱之所由成，纯由爹氏。论爹氏者，无不罪其专横。愚则谓一味专横，国民虽愸，犹可少安。而爹氏又复以阴柔伪善之假面济之，故国民之腐心切齿，其度之高，与成正比，一经扰乱，尤收摄无从。此其为罪，实居绝顶。是固非谓马德罗以次之诸野心家为害于墨西哥者之无罪也，特罪之源泉，决不在此。尝谓恶者恶也，恶而貌为善焉，卒行其大恶，则其恶尤不可救，爹氏之谓也。当彼盛时，有人晏之于察卜帖毕⑥，其颂词曰，"公实与国人以自由"，爹氏逊谢，谓："吾非予国人以自由也，吾惟尽其力之所能至，不僭窃人之自由，不毁灭人权已矣。"⑦ 夫爹氏与墨人自由之关系，自非无目，岂见

---

① Oaxaka.

② Colima.

③ Puebla.

④ Francisco Madero.

⑤ 以上所记俱杂采 Mac Hugh Modern Mexico，第七章。

⑥ Chapultepec.

⑦ 事见 John de Kay，Dictators of Mexico 七页。

其如所云然。请更举一说以证之。美人嘉孙①曰："三十年前，墨西哥言论自由，甚为完全。爹氏执政，首捕新闻记者。卑南之狱，惨酷无人理，以待最下囚徒者也，爹氏幽置记者于此，日惟面包一片，白水一盂，使仅得不死。于是者七日，出而询之曰，尔以吾政府为何如乎？必其答曰，兹为有史以来最良之政府，乃得释去。自是新闻俱为政府所资，记者俱为政府所豢，而论调一致，颂爹氏政府为最良矣。"爹氏之不憚窃人自由，而人群颂其与国人以自由类如此。此则稍有世道人心之责者，欲其不疾首痛心，出万死不顾一生之计，以求踣此恶魔，岂可得乎！以总统选举言之，彼既贪恋大位，既竟为之可矣，而必宣言不欲，三揖三让，以待国人尽没其廉耻而逢迎之。闻之颜之推曰："宓子贱云，诚于此者形于彼，人之虚实真伪，在乎心无不见乎迹，但察之未熟耳，一为察之，所鉴巧伪，不如拙诚承之以羞大矣。伯石让卿，王莽乱政，当于尔时，自以巧密，后人书之，留传后代，可为骨寒毛竖也。"呜呼！岂待后世，人演之进，当其时，即有使之骨寒毛竖者矣。爹氏之愚弄国民，一至于此，求其无败，岂可得乎？

顾今之为言者，每称美爹氏，谓吾国允宜效法，此诚未悉墨西哥政情之过，故愚不惮为之觌缕于此。其最不切情事之论曰，马德罗既起，"爹亚士以共和国体之故，不得不引身而退。"②夫爹氏岂有共和国体在其心目中者哉？又岂愿弃大位如敝屣者哉？其引身而退，乃智尽而能索，非为顾惜共和国体之故。此庸童小夫，可以知之，而顾喋喋如是，此殆别有用意，非可以常理论也。尝见欧美作者之论墨事，无不以爹氏之败，乃其自取，而非马德罗之所能为功。约翰德凯之言，颇通治道之大凡，愚尤以为平允。其说曰：

> 凡人论事，事后皆智。以墨乱言之，其先非无补救之术，特当局者不自知耳！惟美亦然。南北战争，距今五十年矣，而若从今推究所以免除内乱之法，未始无之。惟人性未完，先智不足。史例所诏，往往一国之内，何弊当更，何事当废，而其人民有权更之废之者，乃因循复因循，及至无可挽回，诉之武力，即欲为之，亦已晚矣。墨、美固皆同例也。巴士的狱未陷之前数月，路易十六之所让

---

① W. E. Carson 语见所著 Mexico ，The Wonderful Land of the South，百四十五页。
② 七月二十四日北京《亚细亚报》之言。

于民者，广大无伦，苟若五年之前，仅出其一部与民更始，革命之祸，吾知免矣。迨战祸既开，无论所愿让者至于何许，要皆无济。以法证墨，又岂不然？①

此其责备爹氏，婉而多讽，然即此可见爹氏之退，乃其自谋不臧。革命之急潮，乃循历史之公例而致然，与共和政体无与也。由愚曩言，当时墨人之欲得于爹氏者，一副总统选举之自由耳。苟为爹氏者，顺民意以为之所，马德罗之祸，或不即发。迨既发焉，爹氏之所让步，大于副总统之选举何止百倍，而仍无益，此诚无间于君主民主者也。在论者之意，以为爹氏果为皇帝，则可不退。试问，路易十六，岂非皇帝，何以更进一步，且登断头之台。东京《朝日新闻》闻古氏之论也，著为论曰："博士引墨西哥之现状，以证共和政体之不可。虽然，以好争政权如墨西哥其国，假令非共和政体而为君主专制，果得免于今日之祸乱耶？"② 是乃常识，谁则不知？且以愚观之，祸乱不仅不免，必且不待延至千九百十年而始发。是故爹氏之终败，其咎固在伪共和，而终支二十八年而始败，其功亦在伪共和。倘彼全然堕坏立国之精神，抹煞国民之心理，毁宪法，灭国会，竟自帝焉，则墨西哥杀人流血之惨，且速发若干年，加剧数百倍，可断言矣。而论者乃转引其事，以遮护帝政，抑何其不揣本而齐末之甚也耶？

凡右所言，皆以明共和无害于墨西哥，而爹亚士之败，绝非行共和制之所致。请更引古氏之言以反证之。古之言曰：

> 墨西哥近年之事，在南美中美各国，业已数见不鲜。盖共和制不合于其国经济政治之状况者，必有如是之结果也。爹亚士为军界之领袖，独握政权，当其为大总统时，政治问题，似已解决。然爹亚士既未厉行教育，且禁压人民，不使参预政事，乃年将衰迈，权力渐杀，革命之旗帜既张，爹亚士遂尽失其政柄。

果其言而确也，愚滋有所不解矣。夫行"共和制"云者，合古今万国之学者于一堂而释之，当不外扩张民权，实行民政，今日"共和制不合于其国经济政治之状况"，是犹曰扩张民权，实行民政，不合于其国经济政治之状况也。愚知中南美诸邦，大抵姊妹兄

---

① Dictators of Mexico，四三页。
② 九月二十一日《朝日新闻》。

弟之国，古氏既认阿根廷智利巴西诸国，用共和制而有进步矣，胡独不宜于墨西哥，此诚当明著其例者，而彼囫囵吞过，已绝可疑，然犹且不论。惟一事而曰合与不合，以最浅之逻辑言之，必其已经试验，熟察其成绩而分疏之者也。则试问扩张民权，实行民政，爹氏柄政时期，墨西哥果悉其量而试为之焉否乎？姑不觅他证，古氏明明告我曰："爹亚士既未厉行教育，且禁压人民，不使参预政事"。夫至教育而不之行，是从根本上毁弃人权也，人民不能与闻政事，是从根本上推翻民政也。毁弃之也如彼，推翻之也如此，是爹氏始终未尝行所谓共和制也。以未或一行之事，而前定其断案曰，不合不合，此种论法，诚不知从何而来。古氏之言且矛盾如此，则拾其牙慧者更可知矣。

墨事者乃国人假口最力者也，故不惮言之反复详尽如此。今请进读古氏之全论而一评之。古论之发端曰：

> 一国必有其国体，其所以立此国体之故，类非出于其国民之有所选择也。虽其国民之最优秀者，亦无所容心焉。盖无论其为君主，或为共和，往往非由于人力，其于本国之历史习惯，与夫社会经济之情状，必有其相宜者，而国体乃定。假其不宜，则虽定于一时，而不久必复以其他相宜之国体代之，此必然之理也。

甚矣，吾国今日而立君主，其说之难持也，愚读古氏之文，其最呈异感者，则几疑其文实为共和论张目。何以言之，国体必其相宜始能确定。斯言至当，无可非难。惟所谓宜者，当求之于通，而不当求之于偏。历史者盖合过去现在二部而成，泥于过去，抛却现在，偏象也，斯而谓宜，或宜于过去耳，于现在何与也。荀子曰："夫道者体常而尽变，一隅不足以举之。曲知之人，观于道之一隅，而未之能识也，故以为足而饰之，内以自乱，外以惑人，上以蔽下，下以蔽上。此蔽塞之祸也。"惟宜亦然。非体常而尽变，其祸中于蔽塞，何宜之有？夫常者于过去之历史得之，变者于现在之历史得之。以国体言，无论何国，君主者其常，而颠覆君主创设民主者其变。苟泥古特甚，谓君主者吾常也，其复之便，则其事于尽变之道大悖，终未见其君政之能立也。法兰西革命以前，素习君政。此其常也；而路易既倒，君统破坏，势惟民主可以相安，此其变也。而拿破仑反之，竟自称帝。帝制之毒，绵延迄于千八百四十八年。此番革命，拿破仑第三踵拿破仑之故智，仍建帝政，卒至千八百七十一年，共和复苏。法兰西今日之共和，即以古氏之诡辩，亦不得不认其"可望永久"矣。此无他，前此未能尽变，故一翻一覆，扰攘百年，而今能之，遂乃安如磐石也。美国独立以前，戴英王为共主，固亦习于君政，此其常也。一旦离英独立，舍君主而取民主，此其变也。古氏曰："夫美国之革命，初非欲推翻君主也，其目的但欲脱英国而独立耳。乃革命成功而后，其势有不能不用共和制者。盖其地本无天家皇族，足以肩政务之重，……当日统率革命军为华盛顿，使其人有帝制自为之心，亦未始不可自立为君。乃华盛顿之宗旨，尊共和而不喜君主，而又无子足以维其后，故当合众国告成之日，即毅然采用共和制。"夫苟华盛顿有帝制自为之心，美洲即可创立君政，此古氏一人之私言，而华氏不为，由于无子，尤为曲说，姑不具论。[①] 而美洲不立君，国家安荣以至于今，则为事实。其所以然，则尽变之道得也。体常而尽变，谓之相宜。"假其不宜，则虽定于一时，而不久必复以其他相宜之国体代之。"此正面观法，反面观美，可以证之，愚故曰由古氏之言，"实为共和论张目"也。

愚曩者作《复辟平议》，辟劳乃宣之说有曰：

> 君主民主之分，争之于理论者十之二，争之于事实者十之八。原夫国之有主，本以约成。约基于民，民有自由择主之权利。此在原理，民主论似乎为优。然为君主之说者，亦初不虑不能成理。劳氏《君主民主平议》篇中，所列君长世及之故凡四，固难言赅，亦未尽当，而其持之有故，足与共和论平分领域，则无可疑。由此致辩，彼亦一是非，此亦一是非；劳氏无以折吾，吾未见即有以折劳氏。不仅此也，即集古今世界学者讲论一堂，求其有以相折，亦必不能。故此为无益之论争，徒资聚讼，而不足恃以解大纷决大计者也。理论之有力，依夫事实。事实宜于民主，则民主论特张，事实宜于君主，则君主论制胜，无抽象一定之义也。英吉利君主国也，谓其人民不解共和之道，自非狂瞀，不为是言。而英之共和不成，无他，事实为之也。美

---

① 校阅至此，得上海八月二十六七两日《神州日报》，同社友东荪君有驳古氏文一首，颇论此点曰："博士又谓华盛顿如有帝制自为之心，未尝不可。博士美人，竟发此语，实为可骇。吾闻美国当时有识之士，无不憭于英皇佐治第三之淫威，视专制如洪水猛兽，乃预知有华氏其人，始敢定总统之制，然犹必要限其权。而谓华氏自知无子足以后继，遂安于共和，直是谰言，殆欺吾国人耳。"

利坚民主国也，而人民系出于英，谓其不辨君主之利，自非狂
蠢，亦不为此言。而美之君主不成，无他，事实为之也。吾国之
由君主变为民主亦然，今者复辟之不可，与言理论之不可，宁谓
事实之不可也。①

事实者何谓也？即所谓变也。而变之在吾国今日，则呈三象：（一）"帝
王乃历史上之产物，非如饼师作饼，可以顷刻而成。今后之中国，既无
人焉，有可为帝王之资，何能复为君主国？"②（二）当君主思想未生之
时代，则一君统亡，一君统起，行所固然，而今非其时。大抵君权之存
于人民之迷信，今迷信既破，回复无由。（三）内忧外患，险象环生，
国家实无余力，更容变乱。自来创立君政之暂免变乱者，或则以杀戮
之惨，尽其人口之大半，或则提取国中膨胀之力，南征北伐以为尾
闾。前者吾之历代开基之主为之，后者拿破仑之徒为之，而吾皆不
能，则君政一立，革命之祸，何时而发，实不可料。此三象者，印入
人人之脑中，不可爬梳，是故有在前清极力主张君主立宪者矣，而此
时尪无意识之君主论，则反对之。吾友徐君佛苏，即其一人也；愚读
其最近发表对于创安会之意见有曰："以不佞之前言往事观之；其主
张君主立宪法，人所稔知，然入民国以来，何以不复倡前说？"又曰：
"古今中外，无人在本国法权之下，而集会结社，公然讨论本国国体
者，更未有昌言推翻本国现有之国体，谋植其他国体而不触禁令者。
何也？国体者国本之所托命，国民全体艰难开创，歃血缔盟，共同奠
造之大基业也，故其本国人民，无论何人，对此国体，凛若神圣不可侵
犯"。尤有最精之语曰："如国体可以自由讨论改变耶，则国家有一日之
生存，在人民即可以有一日之讨论改变，非待至无国以后，将无讨论改
变终止之时。然则此讨论也，岂不与国家生存之目的相背，而成为滑稽
之事乎？故世界无论何国人士之言论著作，对于他国之国体，可以任意
批评，若一论及本国国体，纵心怀反对，亦只能出以微言婉讽之笔，否
则谓之倡革命耳。"③ 此天下之公言，而前清君主立宪党纯正心理之代
表，语其固有之意，则以君主立宪为优，语其时中之德，则以民主立宪
为当，是诚古氏所谓"一国……所以立此国体之故，类非出于其国民之

---

① 本志五期《复辟平议》十三页。
② 此有名政客某君之词，见本志五期通信栏《调和篇》。
③ 八月二十一日北京《国民公报》。

有所选择也。①　虽其国民之最优秀者，亦无所容心"者也。愚故曰自古氏之言，"实为共和论张目"也。

或曰，法之革命，中经君主，而卒归于共和，美之革命，径立共和以迄于今，既闻命矣，然古氏更述英伦往事，请问英之革命，中经共和而卒归于君主，则又何说？曰，此非吾之所得引以自证也。愚前言共和既立，不得复建君主，最要之理由有二：一君统已破，全国无可继位之人；一政想全非，国民无复忠君之念。则苟若君统未破，政想未易，复辟之事，亦未始不可行，英之王政复古是也。梅依者英之大史家也，其说曰："英之革命，似无结果可言，其所得者，亦一王继承一王，而前王身殉自由而已。苟非此点，英之政治组织，殆前后无所变迁也。"②又曰："革命之后，政识较进，民意较灵，独立思想较高，团体力量较大，至忠君一事，则流风余韵，沿而未衰。"③　由斯而谈，英之终成君主，岂曰偶然。吾国之满洲，属诸异族，其篡窃吾国而有之也，纯出于惨酷无人道之武力，国民爱戴之念，自始不生。光宣之交，君主立宪之说，虽盛于一时，大抵视为策略，而全不出于忠爱之悃。清运既绝，遗爱无存。劳宋诸公深仁厚泽之谈，天下笑之。故吾国欲求如英伦，克林威尔之后，迎查尔士入承大统，盖事实上不可能。然且不问其能不能，而惟即例论例，苟英伦王政为劳宋之徒依附清室者所称许，尚非拟不于伦，而今胡有也。复辟之狱，尚在目前，如或提倡，即罹刑辟。④　是今

---

①　此之迁就古氏之说，以为无所选择者，乃就历史演进之成果，综而言之，谓其境自然而然，一若无所选择。其实此之无所选择，乃选择之至者也。犹《天演论》中之物竞天择二语，物竞一若无竞，无竞者竞之至。天择一若无择，无择者择之至也。时贤驳古氏此段，颇与愚异其观察，而命意则同。《神州日报》所载东荪君之文有曰："博士谓一国所以立其国体，非由国民之有所选择，即非出于人力，乃必宜于其国之历史习惯社会经济状态。夫言本于历史习惯，宁得谓谬？然试问此种历史习惯，果其宿于国民之心中，抑亦存于客观之实物？吾知勿论何人，必不能认历史习惯为存于客观之具体物，是则宿于人之心中明矣。自卢骚总意说之反响以来，学者笃信历史，亦复过甚。殊不知历史者，时代精神之连续的表现也。否则历史莫由以成，不惟片断之事实，不足研究，抑且势必千年如一日而不生变化矣。世上宁有此理耶？由是以谭，历史习惯，即存人民之心中，则社会组织经济状态，无一而非人民意思之表征。则谓国民对于国体，无能有所选择，真谬论也。"此文之意，与愚全同。所不同者，选择二字之用法耳。方非一端，夫各有常，读者谅之。
②　May Democracy in Europe，第二册四百五十五页。
③　…Without any sensible diminution of their tradition loyalty. 同书次页。
④　三年十一月二十四日申令有云，民主共和，载在《约法》，邪词惑众，厥有当刑。嗣后如有造作谰言，著书立说，及开会集议，以紊乱国宪者，即照内乱罪从严惩办，以固国本而遏乱萌。

之引王政以自佐者，其意不在满洲明甚。果尔，以愚不学，诚未见英事之可妄称也。在古氏之意，得毋谓英人之所重者君主制耳，初于君主无择，即克林威尔自帝，亦将见容于英人矣乎？则以古氏侧身问学之林，宜知当日英人太息痛恨于克林威尔之伪共和，至于何度，查尔士入都之后，追论克林威尔之罪而戮其尸，在吾王万岁之声中，高悬其头于巴力门之上者，垂二十日。古氏曰："以英国当日人民不适宜于共和，而力次尔（克林威尔之子）又无行政首长之才，故英国之共和，忽然消灭。"是则克林威尔之政略，初无背于共和，又若力次尔才如其父，必且为英人所戴，此其不为史事所证，诵中学课本者类能知之。由斯以谈，查尔士第二之已事，以之证复辟论而微似，既为其所讳言，以之证民主帝政论，而所拟之主，则又罪在大辟。甚矣吾国今日而立君主，其说之难持也。呜呼！以束发小生能谈之理，而古氏妄称于吾国学士大夫之前，以致浮滥政客，云集其门，挦扯片言，与为狼狈，而一国是非得失之林，即若樊然淆乱，无可救药者然，岂非吾之奇耻也哉？

古氏之文，他国之拉杂政例，占其大半幅，此外所自矜而以为探骊得珠者，则君主继承问题，谓："继承确定一节，实为君主制较之共和制最大优胜之点。"孟子曰，遁词知其所穷，古氏盖穷极而发此无聊之言矣。夫继承一事，诚不得谓非君主制中之一问题，而岂得曰斯制之存亡以之。以近事言，满洲开国，即不立继承法者也。其君制之坏，初不以此。纵曰重要无伦，而于君制确立之后，再行研究，断无不及，未闻先以继承法之定否，而卜君制之采否也。若曰预为之防乎，则如斯大业，所当预防而重且急于此者，何止百端，继承一家之事，其法一纸书耳，有何难定。倘若古氏曾参两拿翁之朝，而以斯说进，拿翁决不难唯命是从，惟其君统及身而灭，拥此"金简石室"之书，足覆瓿耳，何益于用？又倘若古氏曾掌克林威尔之书记，而以斯说进，克氏竟以此而自帝。姑无论其子力次尔自然承袭，初无待以法定之。然一传而绝，有同暴秦二世，则所恃以正其子孙帝王万世之业者，又焉往哉？夫古氏以君主说尝试于吾，不能详陈斯制之如何为利，及其如何而得巩固，而徒取君制大定后之一继承问题，待至建都习礼，菹韩醢彭，徐徐引数四老人，以为太子羽翼，默示微讽，而不虞其后时者，张皇号召，一若此谋若臧，万事都了者然，使人感情瞀乱，轻重倒置，以侥幸其说之见录于世，是诚孙卿所谓妖怪狡猾之人者矣。

古氏所陈改制之三条件，大抵狡狯不可追摸，继承一条，已前驳矣，此外两事，一曰不可引起国民及列强之反对，一曰必求立宪政治之发达。夫列强之反对与否，古氏或不得而知，若国民于此种根本变迁之局，而将无反对者乎？愚恐以古氏之博学多闻，苟非认定吾人全然不解政治生涯，不敢轻下判断，故其言曰，此在乎周知中国情形者之自决。是则中国情形，古氏未之知也。以不知吾国情形之人，贸然为吾国主张政制，则擿埴以索途，冥行而已，不亦太可笑哉。立宪之说，亦视此矣。谚云，欲知将来，可鉴既往。总统就职之誓词曰：发扬共和之精神，涤荡专制之瑕秽。未几而精神浸亡，瑕秽山积，然犹得谓通于权变，不获已也。赣宁之役，当局勤勤以无帝制自为之心，表襮于民。黎元洪谓以铁血保障共和，通电全国，始回天下将侧之戈，以割刃于七省。未几而毁宪法，灭国会，绝自治。共和之形式，且不与存。然既不废民主之名，爱饩羊者犹未绝念也。故劳宋之狱，发为公令，重申共和，紊乱国宪，刑所不宥。识者伤满洲既斩之泽，尤幸今后狄克铁特将无可假之词。口血未干，言犹在耳，而今竟以民主帝政见告，立会在政治首要之地，主事皆左右近幸之人，收集党徒，明谋不轨，内结轻佻无行之客，外连专阃强暴之夫以致其事。一时之间，奸言并进，叛国之说如云，而言官不敢言，法官不敢问，惟闻明抗者有显祸，阴拒者遭监视，外人之观国者，群谓苟叠达之期，行且不远。身居民国，而一谈共和，刑僇随之，是实质之中，国家已陷入无政府之境地矣。举凡前此带山砺河一切之誓，于今所未便，即悍然毁灭，使无或遗。而司其说者，犹欲以将来立宪为饵，而欲人之欣然乐从，俯首而听命，此岂可得之数耶？黄君远生曰："只问政体，不问国体。"[①] 此最辩之言也。信如斯言，则政体为重国体为轻。又如斯言，则重者宜一国之所同重，轻者宜一国之所同轻。国体轻矣，论者既责三万九千九百九十九万九千九百九十九人轻其所轻，而独于一人之重之，不惜冒万险排万难以争之者，不同以轻其所轻，来相劝勉。此何说也？姑不具论，假定吾人转而争政体矣，愚又尝有说以处此曰：

> 又有一说曰，吾人所当争者宪政耳，苟得立宪，戴君初不为玷，共和石田，耕之何用？此说在辛亥革命以前，诚不失为一种健全之论。康先生救亡一论，慷慨万言，即不外是。不然，而为复辟论者所持，亦复言之成理。盖满洲之无力，即返政亦犹有然，非出

---

① 见八月十四日《亚细亚报》。

于完全立宪一途，彼将无自存之地。故只须急激者不更揭橥共和名义以兴革命，更无莽操之徒，假天子之令以行其奸，则虚君共和，好自为之，必无磋跌。而今非其类也。今苟改立君制，孰敢保吾宪政可见实行？果可实行，胡乃不为之于民主之时，而必留以有待于立君之日？所谓司马昭之心，路人皆见，殆从此类语言见之者欤！①

此最后一语，即以破立宪论之全据而有余。夫君主立宪，义原不恶，但立宪之事，求之累叶相承之君主可得，求之于狄克铁特之君主则不可得，此非意有所不欲，实乃势有所不能。盖当其为狄克铁特时，所得维持秩序者暴力耳，及为皇帝，所须暴力之量尤大，一旦去其暴力，即失其所以自存之方，计惟继续保之，以待天下之变，谚所谓骑虎之势是也。而真正之宪政，与暴力相反者也，岂其立之，以图自杀。然谓其时将无一种宪法，亦不为确。卢梭有言，最强者欲永为其最强，不得不以其权利化为法律。② 以情推之，此类法律，必将起草。惟此而谓之法律，终为暴力之变形，人民相与守之，殆与暴力同其命运，暴力朝去，颠覆夕随，以是而言宪政，岂非梦呓？怪哉黄君远生之引波因哈克之说也，曰："其力既无所限制，自必日走于极端，而遂取灭亡。彼曷为而致灭亡？夫既已自紊历史上之权利，自伤政体之神圣，一旦得志，而欲以我新获之权利，造成历史之根柢，虽百般拥护，未有能济。"黄君引此，盖以影射前此失败之革命党。以愚所知，此段出于波氏之《国家论》③，以极诋民主专制之害者也。夫强者相倾，甲踣而乙起，乙踣而丙起，皆循同一之轨辙，不得以意为之低昂。故波氏既举黄君所引之词，其下即曰："民主专制，成于暴力，复以暴力毁之，无所谓其违法。故此种政制，实与魔性以俱生，人或以虚伪与暴力，为班拉巴主义④之特质；虽然，此非独班拉巴及其政治家之个人特性然也，虚伪及暴力，实为适合于此政体之本质，其影响盖不期而及于参与政治之个人焉。"⑤斯言也，乃合一切民主专制而总衡之，殆无一而可自外。吾国今时政治之为民主专制，黄君虽欲否认，想不可能。若由此而帝焉，其事亦略同

---

① 五期《共和平议》十九页。

② 见《民约论》。

③ Bornhak, Allgemeine Staatslehre，六十九页。

④ Bonapartismus，班拉巴拿破仑第一之名也。

⑤ 同书七十三页。日人菊池驹治译本《国家论》一一四页。

于班拉巴之加冕，亦无可为讳，则欲假波氏之言以自重，亦惟将现在及今后若干年所欲讴歌之政治，与今日以前所诅咒之政治，纳于同一范畴之下，受其批评已耳。轩一而轻其二，信乎其未有当也。况吾国辛亥革命，党人虽起，在政治上未尝握有统一之权，所谓力无限制，日走极端，今日以前，尚无人足当此目；纵谓足当，亦不过如今之比，则灭亡云者，前已见之。以史例而推，又将继此而有所见，何也？彼既入乎民主专制之轮回，其自紊历史权利，自伤政体神圣，其不能以新获之权利，造成历史之根柢，与他之灭亡者一致，无可逃也。世之善谈波氏之书者，若疏其意而有异夫此之所云，虽在万里，愚犹将策马以从之。而黄君乃欲引此，以证君主立宪，与民主帝政之中，有何关系，初不料同读一书，而见解之不齐，有若此也。立宪之不可能如此，以波氏之崇尚君权者知之，岂古氏习于共和之治而不之知，知之而犹故张其万不可通之说，以耸人听，则其用心必有能辨之者矣。

综观古氏之文，或则措词矛盾，进退而无所据。或则立说惝恍，使人不可捉摸。或则避重就轻，故示问题解决之易易，以导人于迷路。呜呼！江湖文士，口舌为佣，揣摩尝试之说，亦何所不至？可痛者吾国竟有人焉，以为目虾，而自为其水母，流毒所被，驯至天地易位，妖孽横生，岂非古今之奇变。韩非曰："羁旅侨士，重帑在外，上间谋计，下与民事者可亡也。"意者吾国其亡矣！意者吾国其亡矣！！

民国四年八月三十一日草于东京

原载《甲寅杂志》第 1 卷第 9 号（1915 年 9 月 10 日）。

民国本计论
——帝政与开明专制

　　自愚作《帝政驳议》，迄今又旬有余日矣。筹安会之所进行，平陂往复，其象历历可指。武人如段芝贵、张作霖、汤芗铭之流，舞爪张牙，公然以"攀龙附凤"自居，毫无愧怍。此事本在吾人言议思惟之外，可以不论。惟二三"君子"，以学理号召天下，因之正负两面之文字，扬抑外制，酌量国情，引臂连类，竭精驰说，机牙相对，并进辐凑者，不可胜数，斯诚政治得失之林，而有匹夫之责者，不得不博观明辨，而求所以折衷者也。惟兹事之赞否，本诸直觉主观者多，博闻辩智，初无所取。观夫运动之生，一泻千里，而自爱之士，不肯具名，老成之吏，惟求去职，而新闻言论，一致不欲苟同，恍若稍涉游移，即蒙大辱。他如名流著论，政客释言，耻为君子，如逃垢秽。可知清议已成，公同已定，社会之纯正心理，于焉彰明，断非沟犹瞀儒口耳四寸之学，所能变乱黑白。况夫所有正面文字，愈出愈奇，愈趋而愈下，支离诡谲，不可究穷，希合苟容，无所不至，条而辩之，等诸以狐父之戈，下劀牛矢，愚虽无似，犹病未能。由是吾人所当郑重商榷者，惟在负面文字何如周密详尽，始得导国人以正矣。盖以此种文字，纯持消极反对之调，精神全注于国体不可变更一点，偏师四出，本营转虚，则或瞻顾不周，因予攻者以口实，而读者走入歧途，不知所向，滋足惧也。愚为此篇，即欲就其口实之所由生，详为论列，非敢谓智虑能及乎诸贤所未及也，特以言非一端，夫各有当，诸贤之论，自有其独到处，而愚之斯作，或亦得附诸愚者千虑之义者乎。

　　汪君凤瀛《七不可》一书，剀切详明，厘然而有当，真所谓社会纯正心理之写真，顾其发端一段，有足招人误解者，请得述之：

　　　　"不佞自辛亥以来，每与知交窃议，以为治今日之中国，非开明专制不可，共和政体，断非所宜。……自上年改订《新约法》，采用总统制，已将无限主权，尽奉诸大总统，凡旧《约法》所以掣大总统之肘，使行政不得敏活之条款，悉数划除，不复稍留抵制之余地。是中国今日共和二字，仅存国体上之虚名词，实际固已极端用开明专体之例矣。……兹贵会讨论之结果，将仍采用《新约法》之开明专制乎？则今大总统已厉行之。天下并无非难，何必君主？"

汪君之言，虽甚明白，至其真意，果主开明专制与否，愚以为不当仅于此书求之。盖汪君此书，乃极言国体之不可易，自国体不易以上，其有可以让步之点，充类至尽以与之，以谓公等之所欲得者，不过如此如此已耳，而今之事实，固已如此如此，何必之他。言外之意，不难体认，而反对者抵巇而进，即于此振振有词。其言曰：

"汪君所持，以为立论之具，实未尝深究夫世界各国所以立国之大经大法，而得其创制垂统之精神，故其所云云，皆为一时之对象而发，初与国家根本大计无关。……大凡一国之人民，……若经一度开发之后，灵机大启，自然日进于文明。……若如汪君所论，假共和之名，而行专制之实，姑毋论今之政府，曾否于汪君所谓开明专制之精意，完全做到，即令尽如汪君所期，此又岂维持永久不敝之道。"

意谓开明专制，不如君主立宪，此诚彼辈自鸣得意之语，而亦自欺欺人最甚者也。盖民主之时，不能立宪，何以改为君主，即乃能之，有识之伦，无从理解。若曰继承之法不立，宪政将无自生，则必假定有一人者，执意以些须猫口之鼠之自由，与所谓万世一系神圣不可侵犯之条相市。是其宪法云者，将负何种罪恶以俱行，黄口小儿，不足以相谩，而乃宣之大众，著之篇章，表里唱和，恬不知耻，岂非咄咄怪事也哉！始不具论，论其与开明专制说之关系。

大凡小人之得志也，乃君子有以成之；邪说之横流也，亦正说有以启之。开明专制之论，十年以前，即与共和论对峙，倡之者之本诸无邪之思，至诚之意，至今无人疑之。惟其流毒所之，则实酿成前清伪立宪与民国伪共和两大恶剧，铁案如山，毫不可撼，无贤无不肖，大都见之甚莹。主是说者，至是恍然自悟，情见乎词，而已无及矣。今之为君主论者，其用心路人所知，苟其有一时可假之说，供其掎扯，必且穷量用之，无所择焉。而独不主开明专制，不仅不主之也，而且非之，以为是乃"一时之对象，初与国家之根本大计无关"，欲求"维持永久不敝之道"，惟有完全立宪云云。可见开明专制论根据之薄弱，已为奸人稗贩政谈者所不取。夫立宪之说，使非出于许芝李伏之伦，藉谋禅代，即起卢孟而问之，亦将莫易其言。今若此，则其为说诡谲不伦，语弥乱真而腑肝弥见，较之夙昔持开明专制论者之拘墟质直，反比适同。夫言为心声，不诚何物。今虽当开明专制论退听之时，而谓人将取一作奸犯科之君主立宪论代之，自非杞人，不生是忧。然愚之不能已于言，以贤明如汪君之流，而犹受开明专制论不断之弹力，放逐邪说，不期而假是以为武器，一面使缺于自信力者，迷离惝恍，因于专制之毒螫，目击身受而仍懈于防，一面使无忌惮之小人，敢于依附正人，舞弄文墨，以淆乱庸愚之耳目，此终不得不认为君子不智之过，而宜有正名定界之文者矣。

开明专制之无是物，愚执笔斯志以来，屡有所陈，想读者犹能记忆。其所以然，则凡政事号曰清明，首严法律，而专制之为物，性与仇法为缘，其颁行于国内者，匪不今日一条，明日一令，而即其条令本身言之，已前后自相冲突，狐埋狐撷，一国莫知所为，而又己身与其奔走疏附之人，且远立于此冲突埋撷者之外，以前者即意即法，而后者则恒从其意而不从其令也。黎白曰："专制者无政府也"。夫至法律不能用事，字之曰无政府，宜不为过。论者难之，以为斯言未足苞举一切也。若吾国之专制，庶不失为开明，则姑不论他事，惟论法律。梁任公近著《国体论》有曰："大抵一制度之颁，行之平均不盈半年，旋即有反对之新制度，起而推翻之，使全国民彷惶迷惑，莫知适从，政府威信，扫地尽矣。"此通于当代之务者之所言，有目者所能共证，故其制度之为何种何种，读者必有甚明之印象，无待缕陈。尤可怪者，所立法度，已不守之，并责人以不守，守之且至得罪。此而谓之开明，则非其字适与孟子所谓无道揆无法守，同一义解，又宁有他？吾国古贤之善言开明专制者，宜莫若商鞅韩非，而鞅之治绩，始于徙木立信，非之精义，存乎审合刑名。愚向言之，专制与法律，性不两容，鞅非皆为其所不可得为，故一败而不可收拾。然兹固事实有所不能，理论尚无矛盾之弊。今者日从事于毁坏法度，而犹揭橥开明专制以为号，斯诚名实两无所可之谈也已。

愚为此言，亦将如汪君之书，授筹安者以口实，惟专制之不可，乃当立宪，故杨氏之言曰：

"……诚实为立宪最要之义，诚实之法，亦甚简单，即如议决法律，议决预算，乃国会必有之权，既令其议决矣，若又行政自行政，法律自法律，财政自财政，预算自预算，彼此不顾，两不相关，此万万不可者也。……若曰，各国本有实行法律预算之道，中国本无实行法律预算之道，则万万无此情理。各国立宪之初，亦不知经几何波折，而后终竟实行，故能行与否，视有诚心实力贯之否耳。法律预算，其一端也。此外各事，大抵类此。总求议会所决，政府所颁，一字即有一字之效为，乃为宪政实行。"

斯说也，甚似而几矣。然此种诚实之宪政，初与创立君主无关，今杨氏必联而为之词，词愈辩而状愈丑。往习法兰西文，忆课本中有一寓言，则黑疫流行山谷间，兽死者日众，群兽大恐。开会集议，谋所以救之，因各主忏悔，相戒不肉食。狐主张尤力，谓惟诚乃格天，负罪深者宜自克责，以免牺牲。狮据王者之座，从容言曰，惟吾实尽全羊之群，且牧者在旁，亦遭吞噬，似吾罪最不可逭。狐曰，不然。王非余众可比，王尽群羊，实与羊以无尽之光荣，区区牧者，又何足算。以臣所知，时势之前无法律，时势所宜，王者之行动，即得其正。兽大欢呼，群赞狐议。今杨氏言诚实立宪，不识比于狐之诚乃格天之说为何如？惟立君矣，梁君曾言之："论者挟何券约，敢保证国体一变之后，而宪政即可实行而无障，如其不然，则仍是单纯之君主论，非君主立宪论也；既非君主立宪，则其为君主专制，自不待言。"斯言而确，更证愚言，专制与法律不相习，则时势之前无法律之狐说，一日杨氏又将指天画地，无愧无怍，痛陈于我邦人诸友之前。察往知来，不得谓为不必至之事。呜呼！人有不为也，而后可以有为，至无所不为，则无论何时，皆无所不为矣，其中岂有廉耻之足言，信义之可守哉？

上文所述，乃明愚驳开明专制，不许杨氏之伪立宪说，羼乎其中。此固由于杨氏之徒，特假其说以为禽犊，初无取而实行之意。即假定有意实行，杨氏而外，更有若干同心戮力，以期其成，而事势所之，亦必无效。何也？帝政之性则然也。盖此种帝政，与沿于历史，本乎神权者不同，后者可言立宪，而前者则否。黎白曰："英主亚弗勒，以自治责之人民，不假干涉，且一见自治为必要，即知敬而礼之。若在拿破仑第一，则任彼统治时期，其久何许，求与亚弗勒同其治绩，万不可能。盖入壑益深，而心希造极，未有能至者也。"其所以然，则请贯穿黎氏前后所言以明之。当政府势力未完成也，国内必有与之相剂相质之组织，非先以计破灭，使无复存，将不能为其所欲为。而此种破灭之计，恒以谲而不以正，又为野心者之通性。"往者俄奥普之欲甘心于波兰也，先以种种之秘谋，间其人民，棼其政事。继以种种不平难忍之手段，激波人使怒，内而党派之抵触益亟，外而与国之龃龉益深。是三国者，因从而宣言曰，波兰不足以为国也。置为吾邻，吾不堪其扰，乃相约分其地，而波兰遂亡。夫波政诚有缺也，然非三国之阴谋，登于绝顶，节节挑之，使无隙自安，亦未必尔。波事然矣，一国以内，豪强窃政，事亦同之。彼其政府，最先必穷智尽计，败坏社会之道德，酵发国人之感情，使之自相哄争，濒于内乱，然后乘机抵隙，正名定罪，阴谋既遂，暴力随之，于是推翻政制为有词矣。"自是以后，其所欲为，着着可以推想。凡源不正者，其流不清，帝政由是而立，而望其从容入乎宪政之轨，其事诚与逆行求前无异。鲁意·拿破仑在十二月二日政变之后，所发第一令，开宗明义即曰，"以国民名义"，此之所谓国民，有何意味。其令曰吾之所欲知者，国民是否愿以绝对之政权，托吾十年耳。如不愿也，吾即安然兴辞，国中亦必无兵争之祸。语虽质直，无奈理势不能相容。当此种问题提出之时，"其候补者，大抵已为三军之帅，居政府之巅，名字满乎寰区，肖像遍乎寺署，甚且披袍御殿，实已同乎至尊，上表称臣，名已见乎公牒。试问出占开瓯，所选不为是人，而是人者，其将行所无事，拱手以让于他人否乎？如或让之，替人其谁？……如此明白无翳之事，人且虑有识者或为所朦，斯诚非常可怪。""大抵如斯大举，实力已周，其所假托之词，无间于称帝之前后，无意识之度相等。自由者，事实也，一日起有功川流不息之实在物也，自非然者，不得被以是名。"由斯以谈，自由不存在于作帝之先，当然不存在于作帝之后。"彼之维持和平，厉行警政，甚且侦严防密，革命不生，以势推之，容亦可望。至若自由之根萌，人民未来幸福之所托命者，则摧残净尽，皎然无疑。""试观罗马诸凯撒之政，纵有事迹可以甄称，而持与其贪权纵欲骄咨酷刻诸不可名言之恶德相衡，则其政绩立为无物。尤可痛者，毁尽道德，迄无底止，凡流风余韵之有一毫足贵，为良时之所酝酿，昔贤之所沾溉者，悉投此中，一泻而尽。"如此而言自由，言宪政，岂非梦呓之尤。

黎白之著此书，正当拿破仑第三践阼之后，故其兴哀于欧洲之自由，不觉言之沉痛切至如此。愚文幅窄，恨难尽录，然即此观之，可见民主帝政后之立宪为滑稽矣。事前而张皇其词，非策士之奸言，即妄人之目论。默计帝政既立，此等掩耳盗铃之立宪论，即当弃若筌蹄，而其跋扈于朝野上下之间，将仍为开明专制之说。彼今之贩卖宪政者，初不难诡其词曰，吾言宪法，首重国情，吾国人民，难张十分自由之帜，故吾国立宪，仍以开明专制之宪法为宜。夫曰立宪，曰开明专制，曰开明专制之立宪，或更百易其辞，曰某曰某，在政治本身言之，唯是朝三暮四之不同耳，与实际无与也。若在论政之家，从公之士，则名称一变，而主奴出入之见，或即由是而生。故不可不亟辨也。

愚今以极平浅之问题，叩之读者曰，诸君亦知法兰西革命，大乱八九十年，其真因果胡在乎？以愚观之，误法兰西者无他，开明专制之一念而已。自千八百七十一年，法人捐除此念，其国始平和发展，以迄今日。此非愚一人之私言，证以史迹，博考欧美人之政论，固不诬也。特愚言开明专制，人且疑之，以为马拉、段敦、罗伯士比之流，凶悍无伦，宁足语于开明专制，即在两拿破仑，专制诚有之，其得号为开明与否，尚有可疑。惟愚矗言之，开明专制本无是物，读者纵不必同意及此，而开明与否，乃是旁观评骘之词，至在专制者之主观，则固无不以己之所为为开明者也。纵最初之手段，不免黑暗，而亦自叩自答曰，吾徐徐焉必能为开明也，故曰一念误之。

尝论共和之与专制为缘，有出于恶德者，有不必然者。孟德斯鸠尝阐明其恶德之一面，愚请撮其义曰，共和既立，平等斯兴，人人各利其自由，以攫其所可得攫之利。用力多者，所得恒多。用力既多，斯邻专制，而国内无数之小专制者成矣。无数之小专制者既成，即一大专制者囊括苞举之兆。"故共和有两端之可忧，一曰不平等，一曰极平等。不平等之弊，流于贵族与君主。极平等之弊，流于绝对之专制，杀敌锄异，惟己独尊。"孟氏之言，信为炯鉴。若推而及于他点，即著为数十百戒，宁嫌其多，然此不足以尽藉词专制者之纯正心理也。盖彼辈之走入极端，不必尽由于先天之恶意，固有之成见，特以事势之来，遂不得不然。由此勘人，以明其方策之未正，乃本篇之职志也。故不从孟氏之论法，而以专制者之纯正心理为准。

共和之下，发生专制，其第一受病处，则在不解调和立国之方。天下事未有只存两端，而无所谓中者。孟氏曰，共和之弊，一在不平等，一在极平等，曰不曰极，明明有中，得其中道，共和斯茂，独奈何不于此加之意乎。当法兰西第一革命之起，解调和者，有两杰焉。一曰米拉波，一曰拉飞咽。愚读美人近著，有论拉飞咽者曰："凡政治有建设，非以合理之调和为鹄，基乃不真，此种教训，逾一世纪，法兰西人始有知之，彼在当时，已能深透其意。"无奈米拉波、拉飞咽，以及及伦的党诸君子之温和宽恕，不敌马拉、段敦、罗伯士比之徒之悍鸷险狠，故调和失败。然马拉等之为此，亦未必即其初衷。南海康氏著《法兰西游记》，骂"诸屠伯悍贼之酷毒"，可谓至矣，而亦曰："非罗伯士比之性特惨酷，乃事势曲折，导之使然。"可见此种"事势"之成，不得专以蔽罗伯士比，苟有此种事势以上，则为罗伯士比者，容有词曰，吾非取何等手段，不足以解大纷，决大计也。持论至此，则敢断言有此思惟，即为大谬。盖以力代力，所得仍力，前力无济，后力何为？且以力倾人，人亦倾己。倾倾不已，终归调和。法兰西之枭雄，数马拉、段敦、罗伯士比、两拿破仑共五人，成败未同，而心迹则一，是何也？全国惟我拥有无对之权，国乃得治也。拿破仑第一被因于圣厄理那岛，尝告人曰："法人爱平等，不甚爱自由，故吾赉以平等，若吾不败，吾于继位，将更赉以自由。"此其所为平等自由之分，理由何在，兹姑不论，然果出何故，不当及身未败，与民更始，而必待其子为之？论者称事破仑第三治法十八年，前期固极专横，后期亦重民治，确否亦不赘，惟既知民治之足重，胡乃不于四十八年之顷而即行之？考法事者，每于罗伯士比、拿破仑之间，有所左右。然若罗伯士比在位日久，其所为保障民权，未必有逊于拿翁，且彼首唱共和，其不至帝制自为，又属不难推想之事。要之法国大乱八九十年，其间不外有数人焉，以一己之权力，视为绝对，不容异己，不受调和，以致干戈相寻，祸败相续，至于千八百七十一年，大反前一纪之所为，而国基始得大定，断可识也。夫苟专制之不可终，而又病民病国，迄乎数十年之久也，则专制心理之不可有，而后来一切论治者之所当奉为箴铭，又可识也。

此外有亟当注意者，大凡专制之成，专制者之心理，固为其主因，而非同时有普通心理，与之共趋一方，表里和应，虽有枭杰，亦将不能有为。法兰西之大乱，人恒归狱于所谓枭杰者数人，不知嗜欲将至，有开必先。当时偏激之思潮，实有以导之至是。此种思潮，亦分两派，一暴民尸之，一非暴民尸之。法兰西之革命，乃挟一"民王"之义以行。民王者惟民为王，主权在民之意也。此其义初不为恶，而用之者，乃昧于全称偏及之分，而大祸作矣。黎白曰："法兰西自倾覆包本王家以来，每次革命之所得惟余专制，且每进益上，愈后起者专制乃愈酷焉。此即其理由之一也。"此一派也。其他一派，则出于纯正温良之士，实心爱国之徒，目击暴者之横行，无法自救，平等自由，亦为所欲，而生命财产，到处堪虞，社会之秩序不安，即居至美之名，讲至高之学，亦何益世用，故自由与安全，二者不可得兼，亦惟有舍前而取后而已。此又一派也。甲派无论矣，而专制之乘乙派思潮而起者，在政治学中，最有深求潜玩之值。盖此种思潮，类为一时之感情所驱，逾时未几，未有不自镜其失当，而追悔莫及者。盖社会心理所需专制之量，与其运用专制之方，一入专制者之手，遂乃漫无底止，穷极乖盩，突过于人之所期者，不知其倍蓰千万，僻驰不已，反动以生。本以求安，转而激变，往往然也。法兰西政家德摩理，助鲁意·拿破仑倾覆共和最力，因而掌其内阁者也。其后鲁意所为，乖谬无已，王族疴尔良家之法定财产，鲁意无端而没收之，德摩理争之不得，相传彼为良心所谴，不能对此不法卑劣之行为，贸然画诺，遂乃辞职。此妄附专制者之苦痛，可以窥见一斑矣。善夫黎白之言曰："痛哉人之好持两极之见也，伤于火者，未闻必往入水，始足为治，仍惩民政之弊，乃至思与专制为邻，在东端觅物不得，则狂奔西端，中途冉冉，曾不留止，甚矣其惑也。"社会不知慎用其感情，以致权奸假手以兴，转扼社会之吭，使其窒息尽气以死，有如此者，可不惧哉。

反观吾国，情势愈见。尝论吾国调和立国之最好机会，莫逾于南北统一之时。盖共和之成，乃新旧两派人僇力并命而为。斯宾塞之名言曰，"蜕嬗之群，无往而非得半者也"，于是旧者不得太旧，新者不得太新，以沿以革，以质以剂，而高华美满之国制，可望其成。此理想也，而事实适与相反，欲求其故，可得而言。今之追论元二年之政治者，不能忘情于所谓暴民专制，实则何者谓暴，如何为专，求其实例，亦难确切。号称首领之孙黄，已宣言不入政界。陆军财政，举非党人所能问津，北方增兵未已，南方原有军队，以次裁并殆尽，议会虽居多数，而在积威之下，居财贿之中，街头走卒，振臂偶呼，两院皇然，连声诺诺，领其党者，欲稍稍试为巡回之演说，发吻未已，而盗贼即刿手冲其胸。此而谓暴，名其谁尸？癸丑之役，党人以此不为国人所宥，而平情论事，岂其处心积虑，必出于是耶？抑实逼处此，急不暇择耶？前举黎白之言，所谓"政府……穷智尽计……使之自相斗争，濒于内乱，然后乘机抵隙，正名定罪，阴谋既遂，暴力随之"，未必证之吾国，乃无几微之似。丁君佛言曰，政府于此，宜有惭德。愚曾评之曰："惭德二字，界说苦于难立。而自愚观之，谓其不谙政治通义，彼必无词。盖在社会，可号为国家以上，其所以处置反对党者，决非迫之生变，草薙禽狝以外，别无他道。哈蒲浩曰：'人竞言政府当准时势以立政策，予则谓政府不当自陷于一时势，因而见逼，以致行事不见容于较良之主义也。'此类名言，可书万遍。"且自陷之云，复生大别，有迁流所届，不获已而陷焉者，有利其可陷，以种种不法之手段，特造时势出居焉者。由后之说，用心尤不可知。用此而谈，民国调和之失败，民党仅居被动之咎，管其枢者，厥惟政府，虽有百喙，恐莫辩矣。

革命党既败衄奔窜，而狭义之调和主义，仍未始不可行于国中。昨年五月，本志初出，愚《政本》一篇，即为之言曰："昔者国人惟以党人为忧，以为党人不亡，中国即不可治。于是踊跃奋迅，联为一气以排之。……今党人已蔽其辜矣，则国人之所当务，在仍然踊跃奋迅，联为一气，移其对待暴民之心，以整理国事。此应有之心理，亦当然之逻辑也。夫吾夙昔理想中之中华民国，非革命后国人共矢其天良，同排其客气，无新无旧，无高无下，无老无壮，无贤无不肖，悉出其聪明才智之量，投之总货栈，如穆勒所言，以安而邦，以定而法乎？今既不可得，革命党以不胜其排而去矣。然国家者，非革命党之国家也，革命党可去，国家终不可去。虽曰国中一部分之聪明才智，势将随革命党以出吾栈，但若其余者，共矢其天良，同排其客气，如上云云而进行焉，国事亦奚不足为理。"愚既著此说，旋复断其望，盖以天演相排之理推之，公仇既去，私斗必兴，展转挤排，最后之操胜利者，乃在"窃用威福，顽钝无耻，黩货乱政，醇乎醇乎者数辈"也。今距为此文之时，又已年余，其间党人宣言，"先国家而后政治，先政治而后党派"，意谓政治若良，党人即客死异邦，亦无所悔。国人外革命党而独立兴国之时会，不可谓不宏，究之国中政象之足与愚前文相发明者何如，此诚世人所亲见，其中关节，不待指明，是吾国狭义调和之机，又如云烟过眼，渺不可寻矣。

语云，物极必反。政理既绝，反动斯兴，今之群众心理，果为何种乎？愚前引南海康君论法兰西山岳党之语曰："非罗伯士比之性特惨酷，乃事势曲折，导之使然。"斯言破的，宜无以易。故吾国当共和初成之日，革命党人委曲迁就旧派之心迹，到处见之，今之抱持此意而无改者，固不乏人，而在激急过当之徒，则前此所为，皆其追悔鉴戒之一纪念。暴民云者，前受之而迮，以为恶谥，今取以自号，谓为佳名。其言曰："使革命党尽为暴民，民国何至有今日。"此类思想，吾人以和平人道为帜，即家置一口，日作万言，明著其不可，而"事势"所至，恐难挽回，今后所之，必且更甚。辛亥之役，吾家太炎闻陶焕卿之死，贻书张季直曰："曩者武昌倡义，未盈百日，南纪已清，谓法兰西山岳党之祸，必不见于今日，然未敢断言也。款款之愚，每以老子常善救人为念。……何图先事建义之人，尚蒙惨祸，弹丸剡注，布在市阓，所谓民多利器，国家滋昏者，其祸殆非数年不解。"山岳党之祸，彼时未敢断言其不必见者，其度酿之数载，日进炎炎，今则敢断言其必见矣。此在革命党一方言之也，若非革命党乎，其理想又复与前日大殊。北京某君来言于东京曰："嘻，暴民胡乃不暴。"其意若曰，今之政局，棼如乱丝，非得暴者斩之，不可为理。前此深恶痛恨革命党者，今又叹息怨望于革命党之不速兴。纵或局于境地，不能发议，而旨趣明白，其饰弥章。吴君柳隅通讯于吾志曰："前人诗云，万木无声待雨来，今社会之现象，实一万木无声之现象，而其心理则皆待雨来耳。"斯诚君房下笔，言语妙天下。由此推想，大事可知。蒲徕士曰："社会之情，一伤至此，久而久之，势且成为中坚，所有忧伤疾苦，环趋并发，群体不裂，又复几何？"呜呼，吾徒试举目旷观，丁此时会，果有何道，使如蒲氏之谈言，幸而不中也哉！

若是者何也？曰，其初有谁某焉，抱定大权独揽主义，一国之内，何事皆可牺牲，惟吾权不可让。又有多数人焉，群然讴歌斯人，以为唯此足以已一时之乱，有以致然也。是之谓专制。愚固曩言，凡专制者，无不自以为开明者，而讴歌专制者，又无不想望其开明者也，故推原其朔，可曰开明专制主义误之。开明专制之误国也如是，而今之贤士大夫如汪君凤瀛之流，犹颂言此物，以为今日而治中国，外此莫可。淮南有言，"存国乐其所以存，亡国乐其所以亡"，吾闻存国之业，非贤莫举，今果亡国之事，亦须贤者僇力同德以为之也耶。

或者闻愚言而病之，以为愚非开明专制，是将以至德要道，奉之民欲与偕亡之恶政府也。不智之事，莫或逾此。愚曰，恶，是何言也。闻之王孙雒曰："危事不可以为安，死事不可以为生，则无为贵智矣。"政府果得吾说而存之，步步实践以行焉，本可著其生死肉骨之效，且吾曹非国民之一部乎，得政府如此翻然而改图，徙义而修慝，有何不愿？必曰不愿，亦非人情。反而观之，政府果自有其绝对之主张，吾人即日日流涕长太息为之言之，亦必蒙耳而不听。或不为绝对，而稍稍迁就时势，行其权谋伪善，阳为改革以欺天下矣，则亦未足以善其败，而转以速其亡，前清之伪立宪，其明征也。盖恶政府者，固迟速必以恶败，一且自觉为恶，而欲以补苴之术救之，败乃愈急。盖若而政府，既倚恶以为性命，恶根一摇，即去颠覆未远也。此如食莺粟然，久食固死，不食亦死。或者惧愚说毗于教猱而升木，则诚虑其所不必虑者也。且开明专制之毒，中之者亦不独政府。前言政府之有今日，乃多数崇信斯说者，相与怂恿成之，今其人自悟陷人术中者固多，未悟者亦不为少。其在他一面，前之服膺共和者，亦为反动之力所逼拶，以为前此所信，徒以优容而养好，今后得所借手，非以大刀阔斧，横厉无前，不足摧陷群邪，杜绝后祸。时局如斯，今日不保明日。胜、广顿足，大难立成，已见山岳党之惨祸，悬夫眉睫。今之左右政局者，专制思想重一分，将来食其报者亦重一分，急激者专制思想重一分，将来以施于人而展转食其报者亦重一分，报复相乘，祸患相继，太炎先生忧其数年不解者，愚恐法兰西八九十年之大乱，苟其列国不欲瓜分，任吾自为蜗角之战，必且无可幸免。我生不辰，逢天瘅怒，愚亦何必故作不祥之言，惟灼见为危，不敢不告。怪哉今之帝政运动，方兴未艾，而一部有力之说，足买庸众之欢心。而号为识时当可者，又有若汪君凤瀛之所云云，故总统世袭，民国立君之谬论，为其最新之方案。以愚观之，比较之径立君政，变换国号，尤为左道惑众。至哉穆勒之言曰："人言开明专制乎，余则宁取黑暗专制。盖黑暗专制，压力横施，由压生抵，必且暴抗，而人民出见天日之期，或犹未远。若开明专制，本其可居之名，以行无道之实，阴谋柔道，表里兼施，民间之骨力全隳，志节扫地，肢体不动，渐成疲癃。自是以后，更立自由之政，非所堪矣。"夫穆勒所谓开明专制，以吾现制及所能想象者律之，已当望之若在天上，提以并论，本非其伦。惟其所著之凶德恶报，有以绝开明专制之本根，而芟夷蕴崇之，是知所谓开明者且然，名开明而实黑暗者，更不必论。是诚宜以顾亭林亡天下之旨释之，而凡愿负兴亡之责者，所不厌百回读者矣。

原载《甲寅杂志》第 1 卷第 10 号（1915 年 10 月 10 日）。

评梁任公之国体论[*]

　　梁任公号为言论之母，今于国体论"甚嚣尘上""八表同昏"之时，独为汝南晨鸡，登坛以唤，形大而声宏，本深而末茂，其所以定民志郛众说者至矣。顾其文不免有斧凿之痕，启人疑虑。颇闻人言，梁任公草此文，凡数易稿，初稿之词，最为直切，亲爱者以为于时未可，点窜涂改，以成今形。兹虽于大体无病，而悠悠之口，乘间抵隙，肆其毁疵，是诚不可以不辨。或曰，庖人既不治庖，复未引尸祝自助，而遽手荐鸾刀，漫之膻腥，不亦太可笑乎。曰，不然。梁任公之言，天下之公言也，愚为言辨，非为人辨也，乃著其说于次。任公曰："吾侪立宪党之政论家，只问政体，不问国体。"又曰："在甲种国体之下，为政治活动，在乙种反对国体之下，仍为同样之政治活动，此不足成为政治家之节操问题。"驳之者曰，善。吾今计谋变更国体，公可不问，俟吾改革毕事，仍请公为其同样之政治活动可耳，此不关夫节操也。充斯说也，设若此次变更国体之后，更有三次四次乃至五次六次之变更，任公所立之命题，仍可不换，而驳者之答案，仍可不移，展转相推，将见谯周之作降表，不足言惯，冯道之为三公，不足言屡。此诚不得以概乡党自好之士，而谓贤如梁先生，天下宁有若是之小人，妄以臆度者乎。顾读任公之文，寻行而数墨，其结果将不得不使轻佻者推想至是。故其文初出，杨晳子即声言不驳，以为国体既非所问，驳之何庸。愚之所谓不可不辨者此也。

　　只问政体，不问国体，问之云者，即英语之 question，以其事可疑而发为问也，故问与论不同。论者可就其不疑之一面发挥之，问则非疑

---

　　* 即《异哉所谓国体问题者》，见《中华杂志》第八号。

不启也。国体者不容致疑者也。《传》曰，卜以决疑，不疑何卜。卜者，问之类也。既已不疑，何有于问？有自署破浪者，于兹有言曰："任公此文，为谁而作乎？曰为国体问题而作也，为国体问题而作文，乃为根本取消之言曰，国体问题，非政论家所当问，所能问，此可异者也。"[①]此盖未明夫问与论之别也。法兰西第一共和之宪法曰，共和国体[②]，不得以为提议修改之题。此谓国体为固定之事实，不当问也，非谓不当论也。若谓不当论，则本条之所由立，非论莫致，自后之解释辩护，非论莫成，是不可通也。涂格维尔者，法之政学宗匠也，鲁意腓立之君主宪法既定，彼宣言无人有此权力可变易之。此亦谓国体为固定之事实，不当问也，非谓不当论也。若谓不当论，则彼所著书，言宪法者，宁非羌无意识，是不可通也。人以任公不问国体，即推定其论国体为矛盾者，非知言者也。

此义既明，则问之云者，纯属诸能动观念，谓国体之为物，在我之主观为无可疑，故不问耳，至若他人起而问之，则我应取何种态度，则非前此消极之说所能限。盖此时已入于被动之域，非积极有所论列，则是前日不问，乃秦越相视无动于中之类，岂政家之所为？故前日之不问，今日之论，其精神仍一贯也。譬之美利坚立国，自始不欲与欧洲纷其交涉，因而开战，此所谓们罗主义也。设若欧人必与美人纷其交涉，迫之不得不战，美人亦唯有战而已，不得谓今日之战，与其们罗主义相防也。岂仅不相防，且正所以相成也。

在甲种国体之下，为政治活动，在乙种反对国体之下，仍为同样之政治活动，不足成为政治家之节操问题。此必先于所用甲乙两字之范围，先求确定，而后当否可得而论。兹之甲乙，果配分之甲乙乎？抑同体之甲乙乎？配分者同类之物，任举其一，欲甲甲之，欲乙乙之。同体则不然，甲者某甲，乙者某乙。所代只一，不可移也。由前则曩举驳者之说，诚不得谓无逻辑可据之基，由后则否。以愚观之，任公之意，由后而不由前，此不待甚智之夫，可以一思而得，为之词者，喋喋利口捷给，果胡谓也。

用此以观，所谓甲种国体，满洲君主国体，而亦限于满洲君主国体者也；乙种反对国体，今日共和国体，而亦限于今日共和国体者也。节

---

① 见九月十三日上海《亚细亚报》。

② 原文本言政体（republic form of government），以其时国体政体之辨未明，在今日言之，宜指国体也。

操问题之生，乃谓由满洲以入民国，前之曾从事于立宪运动者，是否继续为同一之运动，不至有贬节丧义之嫌，不许窃取论点，施之别案也。此其无损于节操，在寻常官僚，且犹有然[1]，何况富有主义之政家大党，其理章显，无待缕陈。[2] 举其最浅者言之，君主国体，为家天下，民主国体，为公天下，自私而之公，一也。满洲季年，立宪绝望，易为共和，而宪政确立，在理宜然，二也。[3] 苟政论之节操，缘此二义而无伤，则在同类变故之下，政情稍与其义相背，则所谓节操，已零落瓦解而不可救，而况适得其反者乎？[4] 谯周、冯道生于今时，稍解政治，粗谙宪典，如此偷合苟容之事，知其犹且不为，而况首倡民权大义如任公其人者乎？是故两事相比，往往貌近而情大乖，逻辑重伦类而有时不可通者，此类是也。

右陈诸点，灼灼甚明，而世之抵排任公者，仍嗷嗷不已，而其说倾巧善陷，一若足以动庸众之听者，何也？呜呼，如是者有本有原，则任公入民国来，一言一动，俱不免为政局所束缚，立论每自相出入，持态每觑巍不宁，实有以致之然也！夫当共和立国之日，身为辅导共和之

---

① 汪君凤瀛致杨度书有曰："今日在朝诸彦，罔非清室遗臣。止以国为民国，出而为国服务，初无更事二姓之嫌，屈节称臣之病，故一经劝驾，相率来归耳。"此可推见一般心理。

② 元年之冬，梁先生在北京报界欢迎会演说，言此颇详，请举其词如下："世论或以鄙人曾主张君主立宪，在今共和国体之下，不应有发言权……即侪辈中亦有疑于平昔所主张，与今日时势不相应，舍己从人，近于贬节，因嗫嚅而不敢尽言者。吾以为此皆訾议也。无论前此吾党所尽力于共和主义者何如，即以近年所主张，对于国体，主维持现状，对于政体，则悬一理想以求必达，此志固可皎然与天下共见。夫国体与政体，本不相蒙，稍有政治常识者，频能知之矣。当去年九月以前，君主之存在，尚俨然为一种事实，而政治之败坏，已达极点，于是忧国之士，对于政界前途发展之方法，分为二派：其一派则希望政治现象日趋腐败，俾君主府民怨而自速灭亡者，即谚所谓'苦肉计'也，故于其失败，不屑复为救正，惟从事于秘密运动而已；其一派则不忍生灵之涂炭，思随事补救，以立宪一名词，套在满政府头上，使不得不设种种之法定民选机关，为民权之武器，得凭藉以与一战。此二派所用手段，虽有不同，然何尝不相辅相成？去年起义至今，无事不资两派之协力，此其明证也。然则前此曾言君主立宪者，果何负于国民？在今日亦何嫌何疑，而不敢为国宣力？至于强诬前此立宪派之人为不慊于共和，则更是无理取闹。立宪派人不争国体而争政体，其对于国体，主维持现状，吾既屡言之，故于国体则承认现在之事实，于政体则求贯彻将来之理想。夫于前此障碍极多之君主国体，犹以其为现存之事实而承认之，屈己以活动于此事实之下，岂有对于神圣高尚之共和国体而反挟异议者？夫破坏国体，惟革命党始出此手段耳，若立宪党，则从未闻以摇动国体为主义者也。故在今日拥护共和国体，实行立宪政体，此自论理上必然之结果，而何有节操问题之可言耶？"

③ 今之宪政不能确立，非共和之咎，此理宜明。

④ 今之倡言君主，每以将来立宪为词，此诚谚所谓局骗者也。梁先生国体论中，已论及徒立君主，不能立宪。

人，而乃不恤指陈共和之非，其言又为一时所矜重，岂有不为人假借遂其大欲之理。殆既见之，则又废然。此四年间，观其忽忽而入京，忽忽而办报，忽忽而入阁，忽忽而解职，忽忽而倡言不作政谈，忽忽而著论痛陈国体，恍若躬领大兵，不能策战，敌东击则东应，西击则西应，苍黄奔命，卒乃大疲。盖已全然陷入四面楚歌之中，不能自动，而与其夙昔固有之主张，相去盖万里矣。呜呼！补苴之术，岂可久长，有谋而需，乃为事贼。任公自处有所未当，八九归诸社会之罪恶，即过亦君子之过，谁肯以小人之心度之。椎以其人于中国之治乱兴衰，所关甚切，如是之举棋不定，冥冥中堕坏国家之事，不知几许。愚诚不能不附责备贤者之义，于排斥浮说之次，贡此数言，狂悖之罪，本敢辞卸。

原载《甲寅杂志》第 1 卷第 10 号（1915 年 10 月 10 日）。

《甲寅日刊》发端

（一）

愚不获以文字与邦人诸友见者年余，窃以为更事多，积理富，大有可资商榷者存也。相知者亦谬以相期，及料事选言，搦管自奋，前之所自信足资商榷者，乃俱乌有。愚知斯文出世，前之相期者，必且动色相告曰，若某者，所言亦不过如是，又焉用彼言为也。噫，是何故欤？

愚常澄心思之，若是者有本有原。本原非一二语所能尽也，今请先标一义曰薄今。人与境相对者也，惟非常之人能胜境焉。否则为境所制，所恼，所拘挛，所戏弄。夫境者现在之谓也，以是人每不能熟察现象，与以相当应有之处置，惟觉当前之百无一可。人至为当前之境所制所恼所拘挛所戏弄，则其心思恒游于境外，而不禁生其怀旧思古之情。当袁氏执政之时，每闻人言曰，何者何者，举未若前清也。当今之时，亦闻人言曰，袁氏之所不应出者帝制耳，何者何者，其举措俱有愈于今之为也。噫嘻，心理之偏至，抑何至于此极欤！无论新旧代谢，时序莫复，假若复之，而谓今之讴歌过去者，将择而安于其所讴歌者焉，虽五尺之童，亦不能信。盖过去者，即当时之现在也，苟非当时至不满于其所谓现在而谋革命，焉有今日。名实未亏，而喜怒为用，稍稍平情以思，当知所经苦痛之去人未远，而感情用事之无益于人治也。夫政弊俗偷，在今已甚，为愚言者，决非于现在有所曲庇，特以既见其弊与偷之所在，当汲汲求所以药之，而不当废然为歧想悲观所误。吾乡有名士之女，嫁夫不文，愤而语其父曰，有婿如此，不如为娼。此特与愚所谓薄今者同其情致耳，非真能为娼者也。愚之转语则曰，不能为娼，即当为妇，不娼不妇，是为自绝。今之人岂有真欲自绝者乎？胡为一念之差，使其流弊乃至于斯也。

医社会之病者，恒苦东扶而西倒。国家经一度剧急之改革，其症候之新发见，为前此所未有者，岂得言无。不过新生者二三，革去者或为五六，以二三为五六之偿价，岂犹有亏？驳者曰，二三五六，未为的标，在予思之，或得其反。愚谓改革者本非骤见光明之事，即如驳者言，亦舍尊今别无良法，譬为隧道，乘光入洞，入之愈远，黑暗愈增，斯时也，果频频回首，恋余光而辍功乎？抑奋为前进以求大通乎？

凡愚所言，在说明所谓今者，为吾人不可逃之一限，而又决非理想之域，其中情感利害意见希望，新旧相衔，错综百出，欲爬梳而条理之，所须调和质剂之功，至无涯量，而此者又断非不可能之业。国家之事，逻辑中恒有境焉，纳所有情感利害意见希望于其中，各各到其好处，吾儒之所谓位育，即斯境也。谓治国者其功能将与斯境合体，诚为欺人之言，然悬为的标，息息而意之，期于不中不远焉，则言宪之精义也。当今立宪各国，其政绩足与于不中不远者，且难言之，何有于吾国。故吾者不可因其难能而废阻，尤不可不知难能之处，即在爬梳条理所有情感利害意见希望之中，爬梳条理所有情感利害意见希望，又俱为准情酌理平易近人之事。而欲为准情酌理平易近人之事，则以今日吾辈生斯长斯之社会为之基础，已恢恢乎其有余。毋妄忆过去而流于悲观，毋预计将来而蹈乎空想，脚踏实地，从所踏处做去，则今之国家，庶有豸矣。此本报之大愿也，读者若以卑之无甚高论相诮让，则谢不敏。

（二）

愚昨推举世悲观之原曰薄今，兹请更著一义曰忘我。

人之恒言曰，无办法无办法。又曰，举国滔滔，我奚能为。又曰，天下之大，成事者何必在我。嘻，此真忘本之言也。盖物与我为对待，舍我而言物，物于何有，实属不可思议之事，故无我即无国家，独奈何舍我而与人家国事？

忘我者有二蔽：一曰我为善，无利于而国也，我可不为；一曰我为恶，无害于而国也，我不妨为。为此言者，大抵以治国之责推之于人，或以国无可治，宁相与倒行而逆施之。不知人之能作是想，谁不如我。计我之于全国，固若稊米之在太仓，然九层之台，起于累土，吾累是土，环吾而立者，又举见其同累是土也，而九层之台成。乃至全国无一人矣，今之现象，毋乃类是。

愚尝推原其弊，盖中于未明我义。凡人自始生以至终老，盖有必尽之义务焉。所谓义务，范围之广狭，实行之难易，尽各不同，而逻辑上必有相当之域，恰与若人身分智识境遇相称，冥冥中促之不得不准是而行者，则无疑也，是之谓本体。本体者乃真我也。真我为玄名精理，非附于人无由表见，由是以分界张甲李乙，而张甲李乙得我名焉。夫张甲李乙，固各自有其我境，而要以能举本体为归，不然者，即不得谓之有我。于时张甲自称曰我，未敢许之为我也，李乙自称曰我，亦未敢许之为我也，必欲我之此，亦张甲李乙久假未归之我，非真我也。真我者，律之人人而准，非张甲李乙所得而私也。往者读《公孙龙子》，有白马非马黄马非马之义，以为难解，由今思之，有何不明？盖亦谓马者逻辑上有其本体，初不待黄白诸色而立，黄之白之，意存乎黄白，非能举马之实耳。与愚顷所谈我义，盖相通也。

读者果不以斯义为谬，则凡自命为我者，宜时时不忘其义务，以求合乎逻辑上之本体焉。此其义务，效用初不出乎一己。盖如是始成为我，不如是则不成为我。我者人也，故易而言之，如是始成为人，不如是则不成为人也。由是我完我职与否，为己身人禽舜跖问题，至其及于国家之影响，乃第二步事。人曰，我为善，于国为何如也，我为恶，于国为何如也，似犹未免早计。虽然一国之内，张甲李乙，何止万千，果张甲李乙群居，如沙点之相聚也，则一沙点之为善为恶，诚无所关系。乃甲乙有其公我焉，张甲为善，固无益于公我，而公我可得藉此以自见其本体；李乙为恶，固无损于公我，而公我不幸以此不见其本体。公我之一见一隐，所关于世道人心者至巨，盖公我者光明也，其见也，有若光明之发于黑暗，群欲得光者，举至此而接焉。《语》曰，己立立人，己达达人。所谓己，公我也，光明也。立云达云，传光之谓也。斯则尽其在我之为效于国家，果何若哉？故人葆其真我，为国家之所利赖，反之其害中于国家，无待言也。

真我何在？亦易辨之乎？曰易辨。葆之亦易为功乎？曰易为功。《大学》有曰，小人闲居为不善，无所不至，见君子而后厌然，掩其不善而著其善。当其厌然之时，即能辨其真我之所在矣。此小人且能之，何论于中人以上乎？孟子曰，人能充无欲害人之心，而仁不可胜用也；充无穿窬之心，而义不可胜用也。是在能充其类而已矣。充其类者，即葆之之道也。孔子曰，我欲仁，斯仁至矣。夫仁者人也，人者我也。故不啻曰，我欲我斯我至矣。是第恐不为耳，何不能之有哉？

我义既明，则其中明明有逻辑之境途，不可不遵之而谈。愚曰忘我，非恐张甲自忘其为张甲，李乙自忘其为李乙，乃恐甲忘此逻辑之境途也。故张甲李乙，亦惟有周察四围境遇，认明一己正当之地位，本大无畏之精神，行其良知能之所觉验而已，一切悲观之谈，自暴自弃之事，举无地足以容之也。方今人欲横行，民彝坠地，世之君子，不以愚说为迂远而存之，于言治或不无小补也。

原载《甲寅日刊》1917 年 1 月 28、29 日，本文据商务印书馆 1922 年 1 月初版《甲寅杂志存稿》所附之《甲寅日刊存稿》。

国教问题

国教问题，争执数月，迄不得所以解决之道，今已短兵相接于议场矣，若终不得两方心理差足自安之一点，以为归宿，必至有碍制宪之进程，甚可忧也。

然则所谓两方心理差足自安之一点，究竟有之否乎？曰逻辑上必有一境以位斯点。惟是否心诚求之，与求之是否即得为不可知耳。兹篇制论，意在欲求斯点，其即与逻辑应有之境合辙矣乎，愚何敢言。特由今观之，舍是将别无他道，断可知也。

逻辑者美名也，逻辑中所具之境，骤闻之必且以为至优极粹，惬心贵当。此又不然。愚前言之，斯境者两方心理差足相安之一点也。既曰差足，则对于斯境相安之态，必与对于原境者有差。昔英儒莫烈著《调和论》有曰，调和之义，盖即两端而执其中，其鲜明之色，蓬勃之气，足以自激激人者，均去原义远甚。至哉莫烈之言。人每艳称调和之名，浑忘调和之实，遇实至而以为未副其名，或审其已副而于实终无所取，如叶公之好龙然。无怪乎日言调和，而与调和僢驰日甚也。

宪法者百年大计也，谈宪之家，每谓必具远瞩百年之眼光，而后制作可垂久远。是说也，无以难之。然愚则谓千里之行，起于足下，明日适越，不得谓今日为已至。是故所谓百年，决不能外于今年，而从明年起算，且泥近忘远者，人情之常，今年虽只占预计年度百分之一，而当时情感利害之亟求表现于宪法者，较之预计将来之情感利害，并望其同时表现，其重量岂仅非一与九十九之可比，或且逾半量而未有已焉。是今年一年，在百年中，其领分至为庞大，于斯而欲抹挱一时之现象，动曰宪法非如此理想未叶也，非如彼法理不通也。愚疑其于制宪之真作用，有未明焉矣。

既晓然于调和之为境，本远逊于理想。复洞见宪法之为物，不得不置重当时之情感利害，而后国教问题，一言可决。

孔子之不得为教，夫人而知之，而昌言孔教者，则自信弥笃。夫以不可通之理，信之者居然有人，而其人又属读书谈道之士，且人数并不为少，则其理之将以一种方式，觅其途以入于宪法。反对孔教者宜认是之。反之而昌言孔教者，亦宜于对面有所认是，相质相剂，相取相与，而所谓两方心理差足自安之点出焉。宪法草案第十一条规定信教自由，而于十九条第二项，规定国民教育，以孔子之道为修身大本。愚谓于斯点庶乎近之，于斯点庶乎近之。

此两种规定之有矛盾性，宪法之不应干预教育方针，与将来教育违宪问题之费解释，俱为缺点。而在昌言孔教之一方，又且以不著孔教二字为不满志。愚固言之，调和者非理想也，以理想诂调和，斯诚大谬。出调和言调和，能维持原案亦足矣。同人其详审之。

原载《甲寅日刊》1917 年 2 月 5 日，本文据商务印书馆 1922 年 1 月初版《甲寅杂志存稿》所附之《甲寅日刊存稿》。

一院制之主张

今日宪法会议，将有一极大之修正案发现，即刘君崇佑主张删除宪法草案第二十一条"国会以参议院众议院构成之"是也。果此案而得通过，则国会将由两院制变为一院制，此其影响于宪法及国会之本身者至巨。两方争论，必甚急切，故愚亦亟欲贡其一得，以资商榷焉。

愚在前清资政院时代，即主一院制，南京参议院时代，复主之，参议院北迁，复主之，而皆不为时流所许。愚溯观前著，自审尚不失为知言，故重复主之。至采取与否，同人自有公议，惟就主一院制者之言论，而与以相当之评骘，则宪法之幸也。

主一院制者，有曰中国无特别阶级，无取乎有上院如英日；中国非联邦，无取乎有上院如德美。此既熟闻之矣。而主两院制者，亦于兹无异议，于是设立两院，其理由纯集于两院逻辑上之作用。或曰，两院所以防国会之专制也。此愚前论之，谓为误在以团体之公意，与个人之专欲，视同一物。盖个人之专欲，乃由己身直截主之，欲东则东，欲西则西，以专制意念之本体言之，将无施而不可，若代表团体，则有种种不同之意见，杂陈于其中，必此种种意见，相攻而相错，而最后之公共意见始出，纵或意见垄断于多数党，而少数党始终张其旗鼓，决不轻听多数党意见之流行，而多数党尊重政治道德，或鉴于其他利害，亦必为相当之让步，此代议政体之所以为良。观于吾宪法会议之于国教问题，而即可证者也，乌得与个人之专欲同日而语。如必以多数党之意见，为政治罪恶，则一党容或控制两院之多数，一院之专横，以两院救之，两院之专横，又以若干院救之乎？是防国会专制之说未足为两院制之保障，亦可见矣。刘君崇佑意见书中所举调节纷争一层，与此相类，即不复论。

或曰，两院所以防立法之轻率也。此愚亦曾论之。必假定上院之德智，优于下院，然后于理可通。今两院议员，皆出于选举，是无异使人民举其次优之人物于下院，以为其直接代表，而留其最优之人物不举，储为间接之代表也，有是理乎？若曰，德智尽同，意见容或不一，各国立法，尽有以乙院之立异，促甲院之反省者。愚谓意见二字，更无标准可言，果其人德智俱同，意见亦必相去不远。吾宪法会议，乃合两院而成之，其所发立法上轻率之主张，初无间于发者之属于何院，此可见轻率之未易以两院救矣。刘君意见书中，有谓重大法案，往往与地方情形及人民利害相关，多由政府提出，在政府提出此案之先，必经几许之调查，而后由专门人才起草，又经专门学者斟酌损益，大体业已完善，不过由国会修正议决而已。故立法精详，在提案者之是否慎重，不在国会之为两院抑一院。此其为说，愚亦谓然。

平情论之，主两院制者，诚亦不能无相当之理由。前所举防专制节纷争，慎重立法种种，如得两院逻辑上之作用，诚亦可收几许效力。但愚意其弊太甚，非两院所能救之。其弊不甚，不必以两院救之。故愚终不肯放弃前日之主张，而不辞规缕为同人陈之也。

颇闻人言，主一院制者，别有用心，是殆将削除省议会之职权，进一步即废省议会，更进一步即废省。愚谓此为论点外之猜度，不当有之。愚主张省自治最力者也，往年著《甲寅杂志》，且痛陈吾国之宜取联邦法度，论者必以为联邦与两院制，相因而生，愚乃既主联邦，反攻两院，岂非矛盾？愚则不觉，联邦与两院，必有逻辑上之关连，德美联邦之必有上院者，一以各邦幅员人口大小多寡之不均，在法律宜使均之，一以各邦习俗法律之各异，宜设特别代表以障之，而吾俱无是。吾即采联邦制，亦较普通之地方自治，深其程度而已，与法德美之由各独立国联成一国者，迥异其趣也；其趣既异，即不必捧心而效其颦。愚之主一院制，不因地方制之观念变更者此也，以愚好为庞大之地方自治论，而无嫌于一院制，则凡虑一院制之有妨于地方自治者，愚俱以为过虑。盖省议会自具其独立应有之职权，较之选举参议员，其重要何啻倍蓰。此种选举，特不过职权之附属者耳，人若虑不举参议员，省议会即属可废，此其自治论，岂尚有一顾之价值哉！若曰，主一院制者，将借一院以废省议会，乃为事实之不可讳，愚则谓此事实而诚然也。彼之欲废省议会，可借之端甚多，初不必咬文嚼字而为一院两院之争论。故为法律上之论议，只当就本题著想，旁及他点，是徒自恼耳。以上所举，不尽愚意之百一，以今日宪法会议讨论是题，愚姑为短篇，以为连署刘君修正案之证。

原载《甲寅日刊》1917 年 2 月 16 日，本文据商务印书馆 1922 年 1 月初版《甲寅杂志存稿》所附之《甲寅日刊存稿》。

理想之一院制

　　吾国向无所谓宪政，兹番之宪法会议，乃民国开宗明义之造法机关。故新国家之组织，非昨日而已然，实自今日而方始。譬诸绘事，吾国为一质地光洁之白纸，设色布景，诉诸匠心，非如各国有宪政之历史，有重叠之机关，有阶级把持之隐忧，有地方特殊之利害，每议改革，动为现状所束缚，譬诸绘事，纸上已设有色，已布有景，重设重布，极不易易也。以此之故，吾国宪政程度，虽甚幼稚，容可取欧美政治学者最新之理想行之无所于滞，此诚千载一时之机，不可失也。

　　愚主一院制，即根据上举理由。盖谓人之有两院，实有历史上不得已之故，初非就国会本身之作用而权度之，善善从长，因取两院，殆历史上之事实，形诸国宪，不可骤去，乃不可不觅相当之理由以遮护之。天下事利害相生，凡成一制，亦断不至有害而绝无利，政家学者，从而导扬其利，而政治原则成焉。法儒涂格维尔所谓，政治学中之格言，成于偶然之事实者，此也。今吾国议会组织，果有历史上不得已之故，横于吾前者乎，无有也。既无有矣，而必以人后加之说辞，为吾先天之根据，毋乃失之不智。方今两院之势，渐成弩末。尝论入二十世纪世界，思想有两新趋，一为联邦，一为一院制，而两种思想，俱发于宪政祖国之英伦。自爱尔兰自治案出，而联邦之趣意生，自千九百十一年巴力门案成，而一院制之精神胜。是人方视其物为宪政上之大障碍，吾乃宝其敝屣，锲不肯舍，夫亦可以不必矣。

　　主两院制者，谓防止专横慎重立法种种，固自有其理由。然防止专横，如舆论监督，政府解散，反对党坚持，未始无相当效力。慎重立法，有专门名家之起草，有审查三读之手续，其保障亦至充分。若于此而犹虑有专制轻率之虑，则国会本身存在之价值，已有可疑，防之岂胜防者。万一加一院而仍专制，如一党同控两院多数时，加一院而仍轻率，如吾两院联合，而仍通过所谓宪政原则案时，又如之何？是故国会之弊太甚，非两院所能救，不甚则不必以两院救之。愚自信兹为破的之言，决难骤易。其有较强之说，足为两院后盾，且有多数人主张之者，则国内激进保守两种势力，宜分为两院代表之，下院代表比较的激进派，上院代表比较的保守派。故今之参议院，必当改组，而以退职正副总统、国务总理、特任行政官、退职海陆军大将、特简任法官，以及大使公使等加入之。此说诚近似矣，然说者果将据是以创造参议院乎？抑因已有参议院，忧其孤落无所容，乃为增加色彩，谋以示别乎？是不待问而知为后之说矣。果尔，是吾本无保守阶级，而必设法创之，以求合乎世界所谓上院之习惯焉。且无论将来新旧之争，或且因是而愈烈，为是说者之将噬脐而无及，即以增造保守阶级本事而论，宁得免于捧心效颦之讥乎？愚为此言，并非谓吾特殊势力之不当代表于国会也，特以为吾国政治正轨，当求纳旧势力于新势力之中而融和之，不当使旧势力异军苍头特起，平分议法大权，以致酿成新旧交哄之局。以愚思之，欲求此种势力之得代表于国会，即一院并非无道，何必两院乎。请言其略。

　　十九世纪以还，欧洲政治学者，发见选举制度之不公，少数党之废票太伙，因之国会中代表之多寡，不与民意之部分成其适当之比例焉，于是有比例选举之说出世。试以例证之。子丑寅三区选民各二千人，甲党候补者，各区之票为一千一百；乙党候补者，各区之票为九百。于是甲党三候补者皆当选，乙党三候补者皆落选，合而计之，三千三百票与二千七百票之差，不为太甚，而结果悬殊如此，其为不公甚明。吾国前由省议会选举参议员，即微有此象。今假定省议会百票，甲党七十票，乙党三十票，而选举法非三分之一之票数不能当选，于是乙党以短少四票之故，参议员十人中，竟可不得一人，若律以比例选举之精神，则乙党应得三人矣，此比例选举之所以为良也。吾国选举之弊，尚无深固不可破之陋习，他国明知此法之善，鼓吹若干年而不能行者，吾国可于登台初步，毅然行之。惟行此制，愚意投票法可以略为变通，则投票者不投人名而投党籍是也。同人骤闻是言，或以为怪，不知比例选举之要义，在票无虚投，若人名固定，将仍有虚投之弊。故英国赫尔所创之比例选举法，投票者骈列七名，第一人不足之票或有余之票，归诸第二，第二人不足之票或有余之票，归诸第三，以次类推。法国所创之比较选举法，且于票中明标党籍。夫既选举不可无党，而投票者又不能专投一人，故愚以为不如再进一步，不投人名，而仅投党籍，而以全国为一大选举区，以党执选政焉。其法由各选举区将票数汇寄本党，本党计其总额，定为本党得票之全数。甲党如是，乙党丙党亦如是。于是以各党票数之总和，按照议员名额而均之，即定为每名议员当选应得之票。例如议员三百名，甲党票十五万，乙党十万，丙党五万，是知当选票数为一千，而甲党出议员百五十，乙党百，丙党五十。名额既定，再由本党将应选人名与本选举区协商定之，报告政府，谓本党共出议员若干。如是者，各党均得其相当之代表，而全国无一废票矣。然其利更有数端可言，选民识低，抉择非人之弊可免，一也；妄人运动选举之弊可免，二也；下驷滥竽之弊可免，三也；党中领袖人物优秀分子，可以从容配布，四也。以有第四利之故，今之求改组参议院，以表现特种势力，如行政家、外交家、法学家、教育家种种，俱迎刃而解矣。斯诚理想之最上乘，愚意宜酌行之。

然行此有一前提，则认政党为国家之公机关是也。夫政党既为运用宪政不可少之物，而法律又默认之，兹承为公机关，使形式上选举由之而出，实为理势两顺之事。夫宪政上之习惯，渐次凝为国宪，以昭法守者多矣，如国务员对国会负责之类是也。研求英伦宪法者，每怪国务总理之一名词，未尝一见于法律，此则不文宪法之国为然，他国异是。若政党者，在宪政习惯中尤为著称，而法律上不予相当之承认，论者且或以承认为不然，是之谓不知类。此其说美国学者倡之，非愚之创论也。

如上所举，吾国国会，将以世界上崭新锐进之理想成之，代表既极平均，贤才可以竞进，而又为完全民意纯粹高洁之唯一立法团体，足以排斥其他不伦不类之机关，使无存立余地。前刘君崇佑所提修正案意见书中，谓于国会之外，别设机关，即名曰参议院，或曰参事会，以国会职权之一部分，如制限行政权者付之，在国会闭会期间，若有紧急处分，以及同意国务总理之事发生，此机关即可代行国会职权云云。愚虽与刘君同主一院制，而于此点不敢附和。盖国会虽闭会，胡乃不能临时召集，而必求之别一机关？国务员同意权，在北美付之元老院，倘此权当行于国会闭会之时，大总统可以临时召集一院。愚意吾国正当仿行其意，而将开会法定额数减至三分之一，即断无不能咄嗟立集之虞，何必更作骈枝，以伤国宪。总之，愚所主张，自信为高尚充满之民权论，所心醉者，乃纯理之一院制，而凡非驴非马依傍国会之参事会，与夫特设阶级削足适履之参议院，俱所反对。窃怪自来持民权论者，遇有轻薄可喜之谈，每纷焉而鼓掌，独至彻上彻下新颖精当之议论，真有大造于民权者，转充耳而不闻，甚矣，好真龙者之不可多得也。愚曩在上海《民立报》论一院制有曰："夫中华民国之庞大，为世界冠，有所建设，颇足影响于世界之今制，并迁移历来政治学之故道，使成一新流。倘吾一一为各国政治现象所局，陈陈相因，而剿袭焉，则吾实辜负一绝好之政治舞台，且贻后世无穷之戚。"愚于兹论亦云。

原载《甲寅日刊》1917 年 2 月 19 日，本文据商务印书馆 1922 年 1 月初版《甲寅杂志存稿》所附之《甲寅日刊存稿》。

创设特别国务会议增造不管部之国务员议

政府外交政策，已得两院之同意，此后将以举国一致之名义，本其所定之政策，着着实行。而负实行之责者，厥惟今日之内阁。虽然，愚于此发见大缺陷为，请得举之于下：

（一）今内阁自段总理外，殊乏足以代表各种特别势力之首领人物以当国家大事，其所决策不足以坚社会之信用；且以后交涉事件将益繁重，社会之责任将益苛严。内阁行事偶或不厌众望，恐无力镇压纷扰，贯彻主张。

（二）今之国务员，皆管有专部，部务之繁简，虽有不同，大抵尽心处理国务之时间甚少，充其弊计划不易周匝，决议每嫌迟滞，以应瞬息千变艰危万状之时局，颇不相宜。

（三）以上二种理由，虽无人肯为发复，而事实上则已默认之。盖以内阁人物分量较轻之故，因有梁任公参与机要之事，以兼管部务之国务员，无暇研究外交情实，因有外交委员会之设置，此在今日之政局，不得不认为补偏济变之方。然《约法》上无根据，每以对人感情易生误会攻讦之弊，于是在事者欲负责任，于名义为有嫌，不负责任，在实际为不可，公私两损，莫逾于此。

（四）吾国所谓国务员，例管一定之专部，而参谋总他因不得列席于国务会议，当此外交军事联锁极密之时，他此以往，如何而可？

由右观之，今内阁进行之困难，可以了然。然则其改组内阁乎？此着之不易行，本报已屡次论列。愚回环思索，惟一救弊之法，在创置特别国务会议，增造不管部之国务员。此种较为新颖之论，尚未见于吾国之论坛，闻者或以为可骇，不知他国富有先例，理致亦极平常，愿得平心思之。

夫国务与部务，在逻辑本为两物。长部务者之必为国务员，与不长部务者之不得与闻国务，均非深合逻辑之谈。在吾国《约法》，规定国务员之权责颇详，至国务员之即为各部总长与否，则别待解释。故今增造不管部务之国务员，于《约法》全无不合之虞。至征之他国，英、法均设有此项不管部之国务员，或为调和党派之所宜然，或为研究政务之所必要，久已成为惯例。而英伦最近政治，尤有足以供吾取法者，则自开战以来，以阁员之庞杂，议事极感不便。昨岁之冬，军需总长雷德佐治，商之总理爱斯葵斯，拟别设一军事委员会，以四人为之，凡所决议，内阁必续通过，爱氏难之，雷德佐治即毅然辞职而去。雷德氏者，爱氏之灵魂也，爱氏以失去其灵魂，亦即下野，而以重组内之任付之雷德氏。雷德氏得所藉手，即本其军事委员会之计划，将内阁擘为两部，一普通内阁，一特设内阁。普通内阁，仍以新旧各阁员之管部及不管部者充之，至特设内阁，则限于五人焉。

（一）己身　总理，自由党。

（二）庞纳鲁　财政总长，统一党。

（三）伯爵克山　枢密院长，统一党。

（四）子爵米勒　不管部，统一党。

（五）韩德森　不管部，工党。

此特设内阁，专议一切军国大计，普通阁员，不列席焉。惟有与何员之关系事件发生，亦招与议。自有此组织以后，英国之军事计划，乃形敏捷。雷德佐治以雄才大略运之，尤见奇功，此诚最近可法之一良例也矣。

愚意吾国际此时变，宜仿英伦小内阁之法，创设特别国务会议，以足以代表社会势力之中心人物，如段总理、梁任公、唐少川、岑西林诸人组织之，而参谋总长王士珍亦应加入。是五人者，除段总理本为国务员外、梁、唐、岑、王，俱宜由总理以国务员资格提出国会同意，再由大总统任命。此专为论论军国要政之阁员，除王君管镇参谋部外，余均不管部。凡有军重政，悉在此中讨议，其余阁员，非有临时关涉之事，不必加入。经此会决定之后，再行报告普通国务会议，使赞同焉。至普通国务会议，除段总理兼为普通国务员外，特别国务员概不列席。如是为之，段、王代表北洋，以梁代表造步系，以唐代表国民系，以岑代表西南，由此五公以其本身之资格，及《约法》附与之权能，拟议天下大计，定为国是，布之全国，无论何派，均不至有违言。所谓举国一致，至此方有希望，而又人少事专，运用极便，虽不敢谓无遗算，而较今日所谓之有系统，虑易周而事易集，则可断言。今之忧国君子，有认许此策为切要可行者乎？顾得细论其实行之方法也。谨议。

原载《甲寅日刊》1917 年 3 月 12 日，本文据商务印书馆 1922 年 1 月初版《甲寅杂志存稿》所附之《甲寅日刊存稿》。

论行政裁判

行政裁判问题，前日宪法会议之二读会，已开始讨论，本日之论潮当益烈，因就鄙见略敷陈之，以供同人参考焉。

愚于本题，自民国初元以来，时有论列，如以谫陋所及知，依序陈述，非此短篇所容。兹请就前日会议中同人所提诸点一辩解之。

一、行政独立说。论者曰，三权分立，行政与司法，各有领域。今以行政裁判隶于司法，是司法侵犯行政，不可通也。[①] 愚今请问行政裁判，是否为一种裁判，裁判之所由生，是否基于人民之权利，有所损失，果如是也，则司法所司何物？由一面言之，人民有一般损失权利之事，而司法不问，是为自丧其独立。同时由他一面言之，人民有某种损失权利之事，而司法问之，转为侵犯他人之独立，逻辑果何在乎。夫所谓一般某种者，特客观之区别耳，就权利之主观言之，则一致也。盖贾者有物求售，平民购之而其值如是，官吏购之而其值亦如是，平民亏其值，为损其权利，官吏亏其值，亦为损其权利。民损其权利，当受裁判于法廷。官吏损其权利，自亦当受裁判于法廷。今其言曰，官吏之受裁判于普通法廷也，有妨行政之独立。逻辑又何存乎？善夫甄克思之言曰："吾英固有分权之说，惟其所谓分权，在法廷独立，不受行政部之节制，而大陆政家之分权云者，乃行政官吏脱离法廷，不受其制裁，其见解之谬如此。"是侵行政之说无据，可不烦言而解矣。

二、官吏特权说。论者曰，官吏以施行行政处分，而有损于人民之权利，此其资格，当然与私人不同，故宜设特别法廷理之。[②] 此其说尤

---

① 黄君云鹏持此说。

② 范君熙壬持此说。

为大谬。盖国家者至善也，故国家不能为恶，国家之一切机关，均不能为恶，一切官吏，均不能为恶。苟或认容其为恶，则所以构成国家之机体立解，而于人类社会所赖有国家之理，摧灭无余，故凡世俗所谓机关之为恶者，非机关之能为恶，乃官吏假机关以为恶也。官吏假机关以为恶，乃以其私人资格，非以其公人资格也。故凡行政处分，无不当也，有一不当，因损害人民之权利，其责宜课之官吏之私人。今曰官吏宜有特权云云，是直与立国之本旨相背矣。

三、审判便宜说。论者曰，行政诉讼，含有行政之性质甚多，非习于行政者，不易了解。自来民刑分庭，以民庭推事审理刑事，或以刑庭推事审理民事，且虞其扞格不通，今以行政诉讼纳之普通裁判之下，又焉有当。故平政院者，为审判便宜计，亦不得不设。此院之设，殆亦犹海法军法之特置裁判耳，无他意也。[①] 此说甚辩，而实不然。盖法律中有所谓一类之法，其法规之施受，仅及于一类之人，而与普通人民无与，所谓海法军法俱是也。以军法言，意义所及，止于军人，在军事范围内犯罪惩罚而已，非谓军人犯普通刑律，亦能借口于军事裁判，不到普通法廷也。[②] 夫行政法者，其中固规定官吏与官吏之关系，而官吏与人民之关系，亦复规定，而其精要，复在后而不在前。世谓英美无行政法，实则规定官吏与官吏之关系。所谓行政官规，焉得无之。其与大陆法系不同者，亦官吏与人民之关系，不为特别规定耳。由斯以谈，论者之拟行政法于海法军法，仅得拟行政法中关于行政官规之一部，以概其全，未免不伦，且此一部之法规，亦决不繁重。宪法确立，循规而行，缘此而涉讼，如吾国内务交通两部停职人员，依据文官保障法，控其总长者，盖绝无而仅有，果其有之，判断此事，亦决不需何种专门学识经验，如民刑两法之各有领域未易相通然。此而不能由普通法廷理之，愚不识其理由何在也。

四、人民程度说。论者曰，行政法系，为特权法系；非行政法系，为平等法系。以法系论，平等自优于特权。惟若国民之程度不及，则特权法系，或亦较为适用。吾国人民，向只知有行政官之司法而不知有司法官之司法，今特设行政裁判，于人民心理最合，讼狱必且易归。[③] 此

---

① 黄君云鹏言此。

② 前日会议，某君谓军人当受特别待遇，何至行政官并一兵卒之不如。此语离奇，可不必辩。

③ 贾君庸熙主此说。

又不然。愚在《甲寅杂志》答某君书有曰："所贵乎国民程度者，乃在民力自动之时，而非在民权被控之际，乃为人民参政而言，非为国家执法而语也。国家执法以施之民，应以何种形式出之，此法制优劣问题，而非民智高下问题。废除行政裁判，诚有取于官民平等之义，而谓在法律眼光之下，民智高者官民当平等，民智低者官民不当平等，此种论法，恐有未安。吾国治法，夙持民可使由不可使知之义，是民智绝下，乃吾人已定之前提也。而在法律，且官民向无歧视，官至极品，罪无论为公为私，均一律下刑部狱，初不闻行政事项，当别设狱以待之也。然则法律上平等之待遇，与国民程度问题，又胡来直接之关系？"若曰民习于所赴诉者为官，此在昔诚然，今后未必仍尔，即或仍尔，亦于民刑讼事为然，至其关系上连于官，必且以为官官相护，控诉无益，自来民欺于官之案之隐忍而寝者，盖不知凡几也。今若假施行宪法之力，使了解于司法独立之意味，而知有别于官吏之独立审判机关，则民敢于控官，官因不敢欺民，其现象或且远愈于昔日，而何讼狱不归之为虑乎？即不归矣，犹当设法以致之，不得藉此以弛其主张，况夫不必不归者乎。

以上四说，特就前日所得闻于会场者一为辩之，其详未暇陈也。总之，吾国官吏万能，司法毫无意味，人民权利之损失，积若邱山。行政裁判最良之辩护，亦只得曰，"行政管辖事务，性质复杂，普通裁判官，无各项专门知识，技术不精，难保无拘文牵义昧于事实之武断"[1] 已耳，不得谓人民权利，不因此而受损也。夫在德法，官律严明，吏治称最，其施行行政裁判，容或得足偿失。而在吾国，果何望者，大抵知识愈高者，舞弊愈甚，技术愈精者，欺民愈勇。无论官吏损害人民权利事件，所需知识技术不必多也。如在铁路，人民不服官吏强收其土地，以致涉讼，断此案也，与铁道之技术无关，何必特设铁路裁判？即需知识技术多矣，而为今日扶持司法精神起见，亦当放任于此，图偿于彼，奈何惧官吏虎狼之性之犹未餍，转设淫词而助之攻乎。

凡此乃指厉行行政裁判之主旨而言也，而以最近之现象推之，其所谓行政裁判之设置，或完全为一麻木不仁之机械。院长蹒跚以行，评事施施而游，大力者手指东则奔东，手指北则奔北，除此偶尔无意识之跳荡外，平日蠢然无所事事，如今日之北京平政院者，亦未可知。试观平

---

① 此黄君云鹏在宪法起草委员会第十六次会议所云。

政院设立以来，几曾见一差强人意之事，足供吾人考忆，有之亦惟袁世凯时代之王治馨案，南京八厘公债案，及最近内务部案数者而已。前者有类十常侍之北寺，魏忠贤之东厂，后者有类英伦十六世纪之星院。其中所含法院之性质绝少，吾人即此而论其利弊，更与本题有若风马牛之不相及，推言至此，愚盖益不知所以置辞矣。

原载《甲寅日刊》1917 年 4 月 6 日，本文据商务印书馆 1922 年 1 月初版《甲寅杂志存稿》所附之《甲寅日刊存稿》。

章教授士钊之演说词[*]

今日为本大学二十周年纪念，愚今年初到大学，未尝研究大学历史。近闻二十周年纪念，即发生两种感想：（一）吾国成立大学，已有二十年之久，成绩究竟如何？（二）此二十年中，政变多端，事业之兴而旋废者，不可胜数。惟大学有二十年不断之历史，此较之八百年之巴黎大学，法兰西人所翘以自夸者，诚不足为比例，而在中国言中国事，吾人亦不得不特别珍重。此两层感觉，想诸君亦有同然。今请本此略抒鄙见，以致厚望于本大学。

今之君子乐言进步，今为大学立说，亦自望大学进步。究竟进步二字，当作何解释？试就字面思之，颇易联想及于火车。火车由车站放汽以行，径前直迈，决不反顾。又有人喜以机械论政治，谓欧洲十年以来，摩托车行用极广，吾人乘车则乘摩托车。民主主义为新主义，吾人谈政治，何乃避而不谈？以此而言进步，社会现象，固非无能与之合者，但若处处求合，则去社会进步之真义甚远。盖凡时代相续，每一新时代起，断非起于孤特，与前时代绝不相谋，所有制度文物，皆属异军苍头，一一为之制事而立名也。果尔，则人智有限，其所成就，必且与太古原人相去不远。尝论时代衔接，其形如犬牙，不如栉比；如联线波，新旧两心，开花互侵，中乃无界，不如两点相次，无间而不相撄。（语出《墨子》。）又尝譬之，社会之进程，取连环式。其由第一环以达于今环，中经无数环，与接为构。而所谓第一环者，内容虽与今环完全不同，且为时相去甚远，而其原形，在理论上依然存在。且间接又间

---

* 编者按：该文系作者 1917 年 12 月 17 日在北京大学二十周年纪念会上所做的演说词，后经修改后以《进化与调和》为名发表于《甲寅周刊》第 1 卷第 15 号（1925 年 10 月 24 日）。

接，以与今环相关系。故今环之人，以求改善今环之故，不得不求知原环及以次诸环之事，此历史一科，所由立也。假令今日从今日起而为今日，与昨日绝不相谋，适用袁了凡所谓从前种种譬如昨日死、今后种种譬如今日生之说，则岂仅历史一科可以不设，即凡科学之为昨日以前所有事者，俱当吐弃。果如是也，此正如鲁滨孙一人飘流海岛，吾将不知何所凭藉，以为讲习论思之地。尝读《庄子·天下篇》，有鸟影不动之语，以为难解。沉心思之，彼殆谓鸟影初著于地，即为定影，虽光至而影不见，影固依然存在。顷之其地之左或右又见一影，人以为即前影之移动，不知前影固未动，而来者乃为新景。新景相次，以成鸟之飞路，故曰鸟影不动。探讨此理，涉于玄谈，非今日所能为。惟前影存在之一理想，愚以为与社会进化之机，不无相合。须知今日之社会，乃由前代之社会嬗蜕而来。前代之社会，乃由前代之前代社会嬗变而来。由古及今，为一整然之活动，其中并无定畛，可以划分前后。学者好以时期分类论事。以史迹言，有所谓畜牧时代，有所谓农业时代，有所谓军国民时代。以文学言，有所谓周秦文学，两汉文学，唐宋元明清文学，而唐时又分初、盛、晚。其实皆是杜撰，毫无标准，一语反诘，其辞立穷。盖所谓初与盛及盛与晚之分，果在何年？年定何月？月定何时日？日定何时？时定何分？分定何秒？此不能言，即无时代可分。依此而言，吾人生于今日社会，亦求所以适应乎今日之情状而已矣。本体只一，新云旧云，皆是执着之名言。姑顺俗言之，所谓旧者，将谢之象；新者，方来之象。而当旧者将谢而未谢，新者方来而未来，其中不得不有共同之一域，相与融化，以为除旧开新之地。不有此共同之域，世界决无由运行，人类决无由进化。不有此共同之域，今日尚有所谓世界人类与否，大为疑问。此共同之域何也？即世俗之所谓调和也。

调和二字，为世俗所滥用，学士大夫不肯言之。其实为宇宙进化之秘机，大有研究之价值。达尔文昔倡进化论，以竞争为原则，使人合于自然法律以行。后之学者以为不然，谓果如达言，则人亦与禽兽等耳，人生又安足贵？救其弊者有克鲁巴图金之互助论，有柏格森创造进化论，有倭铿之精神生活论，自各有其理由。然互助近于社会学者之主观，倭、柏诸家，含有玄学宗教之鼓吹。愚意不如以调和论言进化，既能写社会演进之实象，而与诸家之说，亦无乖连。盖竞争之结果，必归调和。互助亦调和之运用，创造不以调和为基，亦未必能行。精神生活，尤为折衷诸派之结论。关于此点，详细论列，请俟异日。今兹所言，亦在指明调和之为要义，并非浮滥滥词而已。

大学者，号称学府者也，其中尤须富于调和之精神。曩已言之，调和者，对于今之社会之一种适应物也。人言有良社会斯有良大学，吾谓有良大学斯有良社会。盖学者以先觉自任，不可不立一宏愿也。故此种适应物，大学当供给之。当本大学初设之时，学风盖偏于旧，无可讳言。到此时，在愚观之，亦无所谓新。然其中恍惚有一种新旧痕迹。各科学生，以其所习不同，亦若有自为风气互相轻视之观。凡此皆非大学应有之现象也。

或曰，子言调和，目的安在？所谓适应物，是否如万应膏、仁丹，到处可以适用，而使大学成为一乡愿学究之制造所乎？曰否，不然也。大学者大学也，其中学者，必有创见独识，始为名副其实。然须知创见独识，亦即调和中之一面观，并不能外于调和而独立。盖调和云者，亦警告人不当固执己见已耳，并非欲人之牺牲己见。不特不欲其牺牲之，而并非常尊重之。盖调和者进化自然之境也，所有意见，若者政治，若者文学，若者科学，若者宗教，只须当时思想之所能及，均皆充其逻辑上之能力，使之尽量发展。人人之所求者，真理而已。其鹄惟一，但其方法各各不同。人自有其方式，当然自宝其方式。人之为学，安可无信？但调和之要律，在以己所能信者为归。至己不自以为信时，即当舍己以从人。又在己有所信之时，不当鄙人之所信者为不足信。盖人智有限，所知者大抵假定之理，决不能号为无对也。近世科学，重在求因，穆勒之逻辑，于此尤为用力。然有学者谓吾人所得知者，亦或然已耳，不敢谓知其必然也。以此之故，各种科学，皆得在此调和之真基础上，奋力前进，又何病焉？吾国人不通此理，二千年来，习以儒术专制，至反乎所谓圣人之道者，皆不能立足，即至今其流毒犹有存者。故调和之理，乃吾人所亟宜讲也。

原载《国立北京大学廿周年纪念册》，北京大学 1918 年印行，第 12～15 页。

新时代之青年[*]

　　新时代一语，每每易起误解，以为新之云者，宜是崭新时期，与从前时代，绝不相谋。诸君试闭目沉思，假定一新时代者突然而起，一切文字制度都非前有，则其社会人物成何景象？仔细思之，岂非回复上古原人之状况乎？夫以上古原人与今世文明相较，社会组织上文野繁简之程度，不可以道里计，不可以品物计。而一言以蔽之，不过一无历史与有历史之区别而已。故历史者，在人类社会诸可贵之物之中最为可贵。

　　今人竞言教育，不知教育之所以必要之旨，在以前辈之所发明经验传之后人，使后人可以较少之心力，博得较大之效果，不至再如前辈走却许多迂道，费却许多日力，才能筑得可以流传之基础而已。昨阅报，见杜威博士在北京教育部演说，谓："教育所以不可少，因人有生必有死，人死而学问经验与之俱死，后一代之人，又须从新学问，从新经验，岂非文化永无进步之日？故教育云者，即将此种学问经验传递下去之谓也。"云云。其言殊有至理。以知新时代云者，决非无中生有，天外飞来之物，而为世世相承，连绵不断，有可断言。既曰世世相承，连绵不断，是历史为活动的整片的，如电影然。动动相续，演成一出整剧，从而指定一点曰，此某时代也，此某时代与某时代之所由分也，是皆权宜之词，于理论未为精当。自古朝代变换，每有一定时日可指，如中华民国第一任临时大总统，于民国元年十月十日就职，则以民国元年十月十日，为满清与民国递嬗之点，自属无讹。然此纯为形式之事，至言时代之精神，则决无如此显明之界线可分。如史学家恒分史期为上古

---

　　[*] 编者按：本文系 1919 年 9 月在上海寰球中国学生会的演说词，同年 11 月载于《东方杂志》。

中古近代，究竟上古与中古之分，中古与近代之分，在何年何月何日何时何分钟何秒钟，殆无史家可以言之。今纵曰分不当泥于逻辑，追晰至分钟秒钟，而分在何年，并非绝对不可能之事实，则假令某年为上古史中古史之分点，果有人能证实某年以上，社会中绝不含有中古史所载之群性，某年以下，社会中绝不含有上古史所纪之事件乎？如其不能，则时代之分，无颠扑不破之理可依为据。宇宙最后之真理，乃一动字，自希腊诸贤以至今之博格森，多所发明。博格森尤为当世大家，可惜吾国无人介绍其学说。总之时代相续，状如犬牙，不为栉比，两时代相距，其中心如两石投水，成连线波，非同任作两圆，边线各不相触。故知新时代之所谓新，亦犹前言一种权宜之词耳。

友人胡君适之，提倡白话，反对古典文学，在一定范围以内，其说无可驳者。惟其所标主义，有曰，说话须说现在的话，不可说古人的话。听者不可以辞害意，若以辞害意，则须知不说古人的话，现在即无话可说。今试考字书，何字不有几千年或几百年之历史？文字者，祖宗所赋流我辈之宝藏也，我辈失此宝藏，学问知识上，立见穷无立锥。故古人用文字以达其意思，吾辈之意思，有与古人同者，或古人之意思，有先我而得者，吾辈为立言便利及节省心思起见，正有说古人的话之必要。故以愚见观之，不说古人的话，不必一定是新文字的规律。二十年前，英人李提摩太著《泰西新史揽要》，文中喜用中国词章家语，如写天气晴之时，则曰"淑气催黄鸟，晴光转绿苹之候"。此固无谓之至，然如"谈何容易"，乃前汉人语，个人谈话，任意说出，人人可以了解，而且觉其自然。古人之中恐未必有几人忆及此语之发生，距使用此语时，已在千年以外。然则说古人的话，亦视如何说法已耳。

或谓文无新旧，惟其是，诚然。今人讲新文学颇采极端之见，挥斥一切旧者，欲从文学上画出一纪元，号之曰新。愚谓所见太狭，且亦决不可能。新时代既非截然为一时代矣，则在此时代中之青年，欲别于前一时代之人，自号曰新青年，与前一时代之人截然不同，亦不可得。夫无论何时代之人，宜讲究最适合于该时代之政治学问，以求自立。若袭此最适合者以新之名号，斯亦可耳，然决非与旧者析疆分界鸿沟确立之谓也。宇宙之进步，如两圆合体，逐渐分离，乃移行的而非超越的。既曰移行，则今日占新面一分，蜕旧面亦只一分。蜕至若干年之久，从其后而观之，则最后之新社会，与最初者相衡，或厘然为二物；而当其乍占乍蜕之时，固仍是新旧杂糅也。此之谓调和。调和者，社会进化至精之义也。社会无日不在进化之中，即社会上之利益希望情感嗜好，无日不在调和之中。故今日之为青年者，无论政治方面，学术或道德方面，亦尽心于调和之道而已。万不可蹈一派浮薄者之恶习，动曰若者腐败当吐弃，若者陈旧当扫除，初不问彼所谓腐败者是否真应吐弃，彼所谓陈旧者是否真应扫除。而凡不满意于浅薄之观察，类欲摧陷而廓清之也。故今之社会道德，旧有破坏，新者未立，颇呈青黄不接之观，而在此欧战期后为尤甚。人心世道之忧，莫切于此。凡为青年，不可不共分此忧也。

今日论坛上有最新之二名词，曰改造，曰解放。此日本之思潮，影响近被于吾国。日本作者如福田德三、吉野作造之流，于此类主义，大有所贡献。上海最近所出之杂志，亦有以自由、解放等字标为旗帜者，持议不可不谓其正大。然愚谓改造者，就一物而改造之也。其物之本质如何，首宜致问。若是朽木之不可雕，粪土之墙之不可圬，改造亦有何用？解放者，就人而解放之也。解放成绩之良否，当然视其人之程度以为衡。林肯之释黑奴，最为解放之好例。然美洲黑奴之所为，究何所闻于世界？即如吾国女子解放问题，颇有人论及，然所讨论者，在以今日吾国妇女之程度，施行无限制之解放，是否有益于社会及女子本身；至于女子之应否解放，其理皎然明白，固无一人疑之也。由此以谈，无论改造，无论解放，俱不可不以旧有者为之基础，则此种名词，悉可纳诸调和之中。新旧质剂之结果，固别型成一物，斯曰改造。新旧不兼容之结果，旧者因为新者留出余地若干，己身不在所留余地之内，更占一步，斯曰解放。调和时义之大，有如此者。

愚为此言，决非助守旧者张目，特以翻手为旧，覆手为新，在逻辑上为不可能。且旧之云者，又确非悉可屏弃之物。近人于吾国旧有之道德，殊少研究，无可讳言，即鄙人旧学荒芜，至可惭汗。研究之功既少，因之中国旧道德之为何物，虽昌言排斥，而实一无所知者，竟不乏人，此其现象，至可骇叹。往往吾国早有是说，绝不注意，而于西洋同一之说，转崇若圣神。如近世竞言实业，实业在英文为 Industry，而 Industry 训为勤，不过吾国"民生在勤"之古义。"民生在勤"，看只四字，含义何等博大！苟吾国有学者引伸此义，列为纲目，附以证明，则生计学之成科，未始不在数百年前，而吾无其人。且在今不知利用祖宗所传之宝藏，发挥而光大之，而诵习欧文，眉飞色舞，语以相当华文之义，顿露鄙夷之态者，随在而有。闻留英中国学生某君，习为奢侈，一日在伦敦帽店购物，店伙出示一帽，价为十二先令，并不辨其帽之品质，即曰须更佳者。店伙喻其意，因以同等之帽，将码价易为一几尼，出示某。某询为一几尼也，仍不辨帽之品质，欣然付价而去。以此例适用于中西文化之比较，吾国所固有者，恒不幸处于十二先令之地位，为青年所抛弃，殊可叹也。

　　然愚决非顽固守旧者之徒也。十八年前，愚持极端之革命论，并主废学以救国。后亡命往东京，渐变易其观念，竟由废学救国，反而为求学救国。已因与革命老友握别，留学英伦，而极端之革命思想，变化不少。民国八年间之所经验，可以证明吾逐渐变化之理想，不大谬者，其例甚伙。故吾之新旧调和论，即或字之为守旧论，亦由证例归纳所得，与先天假设之说，大大不同。往者张翰思莼，弃官归里，夫莼菜乃平生习食之品，何久久不思，而一旦思之，此其致思，决非一朝一夕之故，亦决非田夫野老之所能为。故同一食莼，张翰归时所食之味，与去时所食之味，本质虽未尝或异，而感觉上必有大差者，此有经验与无经验，有比较与无比较之分而已。莼菜为物，一经提倡，数百年后，且群觉其味的然可口。至今游西湖者，登湖边小酒楼，恒易联想及于张翰。此虽出于游者好奇之想，然亦经验比较之谈，有以入人深也。愚之发为新旧调和论，自问亦由经验比较而来，特工夫至为浅薄，不能如张翰思莼之魔力，足以回天下人之口，同参莼味。当世若有大家，能出其绝大之经验比较，范为学说，别成新型，而又其本人之道德学问能发生一种信仰力，必能于吾国现时进化级中放一色彩，而社会感其功德不浅也。

　　兹当欧战已终，世界局势大变，承空前大战争之后，必且有空前大改革发生，于是人人有迎新之机，家家有应变之想，吾国青年界之受兹影响亦绝巨。虽然，此当分别言之。欧洲之战争，科学之战争也，物质之战争也，经济之战争也。经此结果，科学方面，物质及经济方面之必生绝大变化，此不待言。然各国凋残已甚，必先言恢复，然后可言改进，则其变化，或上或下，忽进忽退，其中必且参差，而不能径前直迈。且其社会风纪，败坏不少。近有人自法国归，称其男人游惰好小利，女人习侈而卖淫，迥非前之所有。即此一例，其他可想。总之欧洲之所应为，一面开新，必当一面复旧。物质上开新之局，或急于复旧，而道德上复旧之必要，必甚于开新。此其所当知者。凡欲前进，必先自立根基。旧者，根基也。不有旧，决不有新，不善于保旧，决不能迎新；不迎新之弊，止于不进化，不善保旧之弊，则几于自杀。例如前清政治，号称腐败，不腐败亦不至于召革命。然今日政治腐败之程度，远甚于前清，而民国八年间，则固共和其名，举国皆富于迎新之机会也。此其故何也？其所迎者新之伪，而旧之真者已破坏无余也。如前清官僚，虽不事事，而尚知耻，不敢大贪黩，与今之官僚妄事事而不知耻，贪黩无厌，赃款动数百万者，适得其反。观此可以彻悟矣。新机不可滞，旧德亦不可忘，挹彼注此，逐渐改善，新旧相衔，斯成调和。凡物号称调和，自以适宜于当时情况者为主旨，并不必下一最后之论断。

讨论道德问题，易及于最后绝对之一境，此时非谈玄学，暂不置论，惟愚敢言道德不必为最终之真理已耳。故道德有宜于古时者，有立于今时者，吾人固不可以其曾宜于古时，固执成见，亦断其宜于今时；亦不可以其不宜于今时，遂并其所含宜于古今时之通性而亦抛之。夫道德有宜于西洋者，有宜于吾国者，吾人固不可以其宜于西洋，因深闭固拒，以为必不宜于吾国；亦不可以其宜于西洋，因偏于欧化，以为必可行于吾国，亦斟酌调和之可耳。愚前言已非守旧者流矣，其三致意于旧，特欲流传其适宜者耳。至其不适宜，当然改易。如吾国圣贤教人，致以如何能成为天地间之一人，而不教以如何能成为社会中之一分子，仿若盈天地间之人，俱各各有其独立之位置，毋须与他人发生关系者，然及其由诚意正心修身以及齐家治国平天下，而又视家与国与天下为与我对待之一体。所谓家与国与天下者，自身举不必有意识。我若不能将诚意正心修身各级功夫修养完全，自有法齐之治之平之，而家与国与天下，若不得我即未见行何种自齐自治自平之道。故中国人之思想，动欲为圣贤，为王者，为天吏，作君作师，不肯自降其身，仅求为社会中之一分子，尽我一分子之义务，与其余分子同心戮力，共齐其家，共治其国，共平其天下。故吾国贤者，每标独善，而不言公善 Common Good，此其流弊。一则将公民应有之权利没〔抹〕煞，易启人僭窃专制之心。一则立境过高，灰人进取向上之意。前者彰明较著，无取说明。后者其理亦至明显，盖吾国学者立教，动以圣贤期人，而又标出圣贤为人生最难到之一境，即言庸德之行，庸言之谨，夫妇可以与知，而旋曰中庸不可。是直以不可到之境期诸人也。夫以不可到之境期诸人，如方士之求神山，虚无缥缈，可望而不可即，而人易于灰心短气矣。人至灰心短气，其行动恒易趋于正相反对之一方面，以为求为圣贤既不可得，何必自苦。又以为圣贤小德且有出入，何况吾侪。自律之心一懈，放辟邪侈，因无所不为矣。故中国道德之堕落，由于取法乎上而不得，转而降下，一落千丈者，比比然也。孟子曰，五百年必有王者兴，其间必有名世者。夫至五百年之久，始有一所谓王者与名世出，则五百年间之厄运归谁收拾，此乃视社会如一玩物，收庋拂拭，纯赖藏家。如前后两赏鉴家相距有五百年之久，则在此五百年间，彼玩物者，惟有听其尘封虫蚀而已。换言之，此乃将社会看成一毫无机能之物，如无王者与名世出，则社会上之政治学问道德种种，皆将无法以自举。故孟子又曰，待文王而后兴者，凡民也；若夫豪杰之士，虽无文王犹兴。兹所谓豪杰之士，殆亦名世之类，非数百年不出者耳。举天下皆凡民，举天下皆待文王而兴，而所谓文王，必间数百年而始一出，则此数百年间之民生国计，直是无从谈起。试问人而进化，国际竞争，直有一日千里之势，由今观之，有屡国弱种，能闭关卧治若干年，而不为埃及、波兰之续者乎？无有也。则又何能将社会搁置至数百年之久，而待王者名世之出乎？孟子生于周末，鉴于天下之生，一治一乱，中间总隔有数百年，故以所得历史上之材料归纳之有是结论。故其论在当时亦不为失，惟万万不可再适用于今日矣。

今日国家之存亡，纯卜之于社会全体，而国政之出于何途，社会道德之养成何象，纯由社会自决。故从前人存政举、人亡政息诸老话，都用不着。社会者群称也，欲知自决，于何着手，仍不能不求诸分子本身。凡一团体，其分子整齐，以分子共同之力量，发为团体之力量者，其社会良，良且久。反之，分子不整齐，纯赖少数人或一二人之操纵，发为团体之力量者，其社会不良，良亦不久。以此知团体之要素，在分子整齐；而为分子者之义务，不在希望为少数之操纵者，而在为多数之整齐者。多数既已整齐，则在此多数之中，推举首领以代表其团体，彼其社会事业，自然董理。观夫北美新出之邦，比较世界各国，分子最为整齐，故其国不出枭雄，不出大政治家，亦并不出大学者，社会上智识学业，趋于平等，法律既良，机遇相似，平流而进，颇呈雍容华贵之观。今之威尔逊，称为世界最大伟人，而纯为机势所造成，从彼在本国之立脚点观之，亦整齐社会之一整齐者，随流应运而出，为代表已耳，有何奇也？最近吾国之学生运动，亦可称为整齐社会之一小影。如北京学生团之代表马骏，吾知其非有意为学生中之拿破仑，其在学生社会中随流应运而出，与威尔逊之在美国为总统，仿佛相类。右举两例，诸君如不以为拟非其伦，且谓含有几分其理，则为分子者，亦惟在一分子范围以内，求其所以为一分子而已。

愚本说之要旨，两言决之，一曰新旧调和，一曰社会自决。盖凡物必属于己，方为可贵，三家村妇，驰入五都之市，耳目所接，金碧辉煌，然究何补于该妇耶？此知物必己有，姑有真价，则以今世文明，科学奋进，吾国暗陋，当然衰多益寡，以求自存。然固有之道德学问，可资为本原者，不知所以保存而疏导之，是忘本也。更进一层，凡物必以己力得之，方为可贵，如行船遇顺风，或生长于巨室，居移气，养移体，此皆偶然之事，与己无关。以政治言，或开明专制者，与列国之统治者，以良法施于一国，纵其民所享之福利甚为圆满，而政家评价，则终谓下于国民奋斗所得，且不及其圆满者焉。此知物必己得，始有真价。则今日之吾国，虽曰共和，实质与共和相去何啻万里？国民之当奋起，求以人民之公意与共和之蟊贼相搏战，以搏最后之胜利，不待言也。近日学生及团体之运动，即不肯以国家付之二三卖国者之手，而求所以自决之萌芽，此其关系，至为重大。总之，一国之文化，能保其所固有；一国之良政治，为国民力争经营而来，斯其国有第一等存立之价值。此种责任，即在青年诸君。鄙人不学，所欲发挥之义蕴，百不达一，然若因此鼓荡诸君之兴味，为国前驱，国家遂获进一步之发展，则此区区一夕话，诸君赐以可供纪念之荣幸，终身不能忘。

原载《东方杂志》第 16 卷第 11 号（1919 年 11 月 15 日）。

新思潮与调和

今日动言新思潮，在议会中闻议员曰，新思潮如是，吾不得不如是主张。在学校中闻学生曰，新思潮如是，吾不得不如是行动。究其实新思潮为何物？议员之主张，是否真与新思潮相合？学生之行动，是否真与新思潮相合？请议员置答，无以应也。请学生置答，亦无以应也。

大凡思潮之起，起于必要也。社会中先有何种不安之象；其不安之程度，或缓或急，而要不可不施以救济。因有人为之条理，谓必如此而极不安者可去，如彼而次不安者可去。斯条理者，具体之主张也。非详哉言之，不悉其意。然为传说便利起见，不得不以一二字概括之，于是某某主义立焉。传说既广，鼓动者之力，足以震憾一时之社会，使之披靡，斯思潮成焉。今之所谓新思潮人云亦云，甚且不知其何所指。然果有所谓新思潮者，其起原要不外是也。如上述不谬，传播新思潮者，第一当辨思潮趋于何种主义，主义起于何种具体主张，具体主张起于何种救济社会方法，起于何种不安之象。必也不安之象相若，而后救济方法能相若，救济方法相若，而后具体主张能相若，具体主张相若，而后主义能相若，主义相若，而后思潮能相若。夫大黄治何疾，附子治何疾，医者之拟方也。今若不辨治症之何为，徒见乡人昨日大病，服大黄而愈，吾亦服大黄若干，三尺之童，立哂其妄。为学为治，何莫不然？不安之象，诚相若也，中途而救济方法，而具体主张，而主义，有所出入，思潮宜且不同，而况所谓不安之象，为性有大大不同者乎？民本主义者，今之所传新思潮之总纲也。吾国已立共和，岂得对于此种主义有所怀疑？况民为邦本，乃吾国之古训。顾名思义，古今东西，原不相远，特吾国民所谓民，是"为民"（For people）之义。今所传民本之所谓民，是"由民"（By people）之义。惟如后说也，凡事主张，由民直接，由民自行解决，如国体从帝国改为共和，选举从制限改为普通，实业从私有固有倡为工有，其它种种改造解放之论，皆此类也。此其持义之坚，本无可破，在改良社会道德，提倡人民独立，打破阶级思想，兹义之功用，至为崇宏。吾国今日而有此种言论流行，且流行而有力，不可谓非前途之最大希望。然若无彻底之研究，不辨别病症之如何，以其囫囵吞枣之传说，漫为不留余地之试行，愚虑不仅所怀之希望不可期，结果或且愈得其反也。

如普通选举，美名也，日本近以迎受新潮之故，今方从事于此。吾国广州国会，亦频闻相类之论调。如不规定解散权，如由人民召还代表，动谓世界潮流如是。试问吾国若施行国民总投票制，或普通选举制，其结果将何如？夫以吾国国民对于政治趣味之缺乏，素养之薄弱，智识之低下，生计之压迫，加以政客之买收，官场之舞弊，今所行间接选举制，已不胜其弊，民意民意，特美其词如是云然已耳。

夫吾国民意，求其有适当之发展，选举制度，是否为一良法，且为疑问，今若从而扩张，高谈全民政治，是犹治丝而棼，更无良果。选民既已如是，其在被选举者一方，程度之高，亦百步五十步之差耳。民国八年中国会之无成绩，为国民所厌薄，议员选出之浮滥，未始非一大原因。今为救济此种弱点起见，第一须减少议员名额，第二须改良选举方法。孙中山先生五权宪法论，主张考试权独立，内容如何，愚未及考，但就此点而论，颇有精意。夫吾国自隋唐以来，即以科举立国，至清末始行废弃。其能行之许久，历代名贤，皆出于是。虽左季高尝曰，非科举能得人才，实人才舍科举莫由，一时叹为名言，而制度本身，自有存立之价值，亦彰彰明甚。诚以其制起天下之寒畯，而予以平均之机会，使得出身为政，吾国阶级之弊不生，武人柄治之祸较少，以宰相须用读书人，文化历久而不衰，未始不由于此。故考试者，本吾国最有历史功绩之制，一旦根本破弃，而代以选举，由今思之，未免过当。今选举之成绩，亦可观矣。旧者已腐，新者立而未善，吾置人才登进之法，适在青黄不接之时。故为尊重国会举录贤才起见，将来议员之产出，宜于先考试而后选举。其法由国家特设专员，厘订科目，从事考试，及格者发给充当议员凭证，使得下选区从事运动，不及格则否。夫考试专员之如何设制自为不易解决之一问题，而考选并行之说，愚敢谓凡了解吾国历史及现在情势者，即在圣人亦无以易。由斯以观，吾国国民参政之权，亦规复考试制之半，与有限制之选举制辅行，为适当耳。今若于此茫无所见，徒然中于客感，误纵今制为未足，谓某国今行普通选举也，吾必行之；某国国民总投票也，吾必行之。道则高矣美矣，其如若登天不可及，且不数级而堕于地，势且折足断胫何？

大凡制度以人民自动为根基者，第一宜视人民智识程度如何。欧美号称多数政治，实则史例相沿，政权大抵操诸少数贤达之士，其选举以及劳动等制之倡为改革，范围由狭而广，乃由民工智力日增。日本普通选举同盟罢工诸运动，今兹始形有力，亦由民智民力继长增高所致。今吾自顾民智民力果何如？

上海资产工有之论甚流行，顾无一发自工人本身者。愚一日与某实业家谈，某最熟心工人福利者也，谓厂工夹私，女工尤甚，严检有伤人道，不检有伤资本，殊觉两难。夫以不免夹私呈身听检之工人，与之高谈产业工有，毋乃太早。今日工业之壤，由于资本不确立者半，由于工人程度低下者半。当务之急，在培养资本，与改善工人生活，增进工人能力，相辅而行，空谈马克思主义，压抑资本家，使现在仅有之资本，濒于危险，对于工人，日以揠苗助长之说进，使其气浮而不静，厂基因而动摇，此未必为中国实业前途之福也。

至于学生，本未入乎从事运动时代，其本职在乎专心向学，徒以中国时局纷扰特甚，当局不能解决，学生激于义愤，因联合团体，为相当之表示。北京有所谓北京五四运动以来，他处响应，屡见不一见，此其用心，至为可敬。然时事之艰难，决非在校之学生所能普济，故学生爱国运动，只宜处变而不能处常。若必据为典要，尝试频频，恐将一面激起社会之反感，一面荒废学业，将至可宝贵之光阴，断送而不可复。今广州学生之举动，窃疑其有渐次陷入此种悲境之观。夫罢学风潮，本非今日所创有。十八年前，愚即亲身行之，后数年又于东京行之。由今以思，当时能力思想之幼稚，至为可笑。古人身居兵间，尚且不废讲诵，安有青年学子，罢课数月以求干与时政之理。即对于时政有所不满，干与频繁，亦断无日日请愿，时时巡行之事，全然抛弃讲堂功课，视罢学若罢工然，将藉以为压迫当局之武器。当局之贤顽，暂置不论，而学术自杀如此，将从何处取偿，愚则苦不之知。英伦空前之铁路罢工，昨十月之初，已告一段落。偶阅英纸评论，谓此次罢工之教训有二：一各地存货甚饶，国民利用环境，截长补短之能力颇强，并非此种大规模之罢工，所能致其死命；二摩托车运输之新组织，以及志愿运输者之众多，于交通阻滞之中，竟能勉强维持下去。以此之故，此类总同盟罢工，尚不得称为最有力之武器。商会因不得不屈服于相当调解之下。夫所贵夫罢工者，以其能予政府及资本家以种种之不利，使之不得不屈而从我也，而规模如此宏大，尚且不能达其最终之目的，今无工可罢而出于罢学。试思罢学果将予谁以不利者？一人罢学，即于一人本身不利，一校罢学，即于一校本身不利。规模愈宏大，本身之不利愈甚。其在他方，徒为亲爱者所痛，为见仇者所快，决无所谓不利者在。夫以于已有大不利，于人无一不利之事，而试以为与人磋商条件之利器，此其疏于核算，南辕而北其辙，诸君一自返省，当亦哑然失笑矣。然此乃时局之对象，英年之情感，有以致然，与所谓新思潮本风马牛不相及。若亦从而为之辞曰，此新思潮也，此新思潮也，则真随声附和，不求甚解者矣。总之思潮切于时势之需要者，为正当之思潮，不切于时事之需要者，为病的思潮。夫西洋思潮之不必处处适用于中国，此断然之事实，吾人传播西洋思潮之趋势，是否即入于病的状态，尚不分明。且吾国社会黑暗重重，非有大力从而冲决，本难有所震动，年来新思潮之播荡，社会间顿呈昭苏之象，不可谓无大功。然若于此不明新旧衔接之界，不定实施先后之序，不讲利害调剂之方，惟张拳以施于甲曰改造改造，尔不可不改造。戟指以向于乙曰，解放解放，尔不可不解放，方案既虚，反响又起，革新事业，本一场好戏，恐将不知其所以下场矣。前清之季，革命运动方盛，恒见讲演革命者，抵拳于案曰，革命革命，吾国不可不革命。后幸革命成功矣，试问民国八年中，曾见有八年前豫定之建设方略否？纷纷扰扰，以迄于今，国计民生，受困如此，愚敢大胆放言，未始不由未成熟无准备之革命所致。今改造解放之声，洋溢全国，较之前清革命运动之碍于秘密者，势且有加。前事不忘，后事之师。吾人安可不痛加一番功夫，以为将来能行，且行之而善之张本也耶。然则如之何而后可？曰惟调和。

调和者非得已也。为主义之自身计，本无取调和；为主义之施行计，则不能不调和。盖凡思想自由，行动自由，权威不能相压，习惯不必服从，此国民之公权，无论何种主义，凡有若干控制将来之希望者，俱不得不承认之也。于斯有当注意者，思想非一，行动亦非一，我求自由，同时不能禁人之自由。权威有属诸政治者，有属诸学问者，既名权威，决非旦夕所致，我能抗拒，未必能消除。习惯有广有狭，有浅有深，固不必从，而其为习惯自若。夫苟上天下地，惟我独尊，则我如何思，即如何行，可以一切不顾。若我所得公权，无异于人之所得公权，则所谓自由，将千百其意思，千百其形状，我欲行我之自由，对于他人依据公权之自由，宜如何处置？吾求公理固也，然以与他人之利害社会之成见处处相出入也，不得不计及施行之步骤，则第一步宜如何，第二步宜如何。易而言之，吾理虽真，为施行之便利计，吾权吾理，不得不与世间之惯性偏见并重。于是吾主张时，果能悍然不顾，只求理真而不计其行乎？抑将为所谓惯性偏见留相当之余地乎？而况乎舍行而言理，其理未必真。所谓惯性偏见之中，未必无理乎？凡此问题，皆实际上所无可避者也。故曰调和者，非得已也。

调和之法奈何？简而言之：

（一）将某种主义研究彻底，并将主义发生之前后事由疏解明晰，愈详愈有用。

（二）将吾国之社会情状，详细查察，准备适用某种主义时，即将主义发生地之情事，与今所查察者，逐一比较。

（三）认为某种主义可适用时，更考究阻碍吾主义之势力何在，其势力程度何若。吾欲张吾主义，何者宜排除，何者宜融合，须有一番计算。

（四）以是之故，凡一外来主义，蓄于吾心，吾当如何运思以镕冶之，出于吾口，吾当如何斟酌而损益之，见之于事，吾当如何盈虚而消息之，皆须通盘筹度。

于斯四者，三致意焉，调和之大略得之矣。或曰调和者，无主张者也。既有主张，即不容有调和。既认调和，即是自取消其主张。此大不然。诸君试思以上四点，岂是无主张者之所有事？愚谓调和者，乃慎于主张者也，断乎非无主张。调和者，乃讲求主张如何有效者也，不如人之妄为主张。调和者，乃以最经济之手段，贯彻主张者也，不如人之滥事主张。以无主张目之，不思之过也。今人所号之主张，大抵人云亦云，非从洋文书本上抄来，即从外国讲师口中讨取，谓之他国之主张、他人之主张则可，自号于人曰有主张，此鹦鹉猩猩优为，可笑之甚也。己既袭取他国之主张、他人之主张，生吞活剥，而自以为有主张，因谓人之从事考查，比较矜慎，而最经济宜于中国者为无主张，天下事是非倒置而足耸动庸众之耳目者，此类是也。或又谓调和是敷衍，纯乎惰性，遇有辩论，不敢为左右袒，既不肯开罪，亦不下工夫详细研究，因谓彼亦一是非，此亦一是非，还是大家和解，不必争执。有如王家失鸡，认为李家婆婆所窃，大闹不已，保正出出调解，彼此认错而罢。此亦非也。愚不敢谓今之言调和者皆无敷衍之意也，特愚见大异于是。凡一纷纠起，欲从而调和之，从调查内容起，至略具一方案止，其中所费之时间，所经之曲折，所损之心血，所历之艰辛，至不可胜纪。南北调和问题，即好例也。学术之调解亦然。凡一主义发生，与他种同类异性之学说，杂投于思想界，相剂而又相质。历时既久，其本身之缺点渐次暴露，稍稍折衷之。同一主义立焉，如达尔文主义之后，有所谓新达尔文主义；蓝玛克之后，有所谓新蓝玛克主义。凡主义本文上冠以 New 者，皆可作如是观也。如此种种，皆非痛下工夫，决无结果。惰性与敷衍之责言，胡为乎来？以愚所知，惰性所中，转不在此而在彼。盖放言主义，无所顾忌，天下事之艰难，懵然无所知，此非惰性所中而何？善夫英之学者莫烈之言调和曰，意见须按得下，蓄之于心，当有斟酌，不然则流于幻。发青须留为有余，使之伸缩，不然则流于矫。拟以实行，须脚踏实地，审慎周详，不然则流于惰。于此下一惰字，至可玩味。胡适之近来劝人，多研究问题，少谈主义。其言曰："为何谈主义者如是之多，研究问题者如是之少。此一懒字，可以尽之。懒者，避难就易之谓也。研究问题极困难，高谈主义极容易。如研究安福部如何解散，南北和议如何解决，皆须费工夫，呕心肝，收集材料，征求意见，查察情形。还须冒险吃苦，方能得一种解决意见。此无成例可援，无黄梨洲、柏拉图学说可引。又无何种类书可查，全凭研究考察工夫，岂非极难之事？若夫无政府主义，买一两本实社自由录，看一两本西文巴枯宁、马克思之小册子，再翻阅《大英百科全书》，即可高谈无忌，岂非极易之事？"此一番话，非经验中人，未易言矣。愚尝谓思想只求其适，无所谓新。今之传说新思想者，大概指流自西洋之诸学说。然西洋学说亦有旧者，特吾国未曾有此，乃目为新。即在西洋所目为新，核其内容，或即千百年前所曾唱道之学，徒以中间荒落，主义既晦，一轻刷洗，便觉为新。柏格森之说动，当世最流行者也，而实远祖希腊之额勒吉来图，近宗德意志之黑格尔。昔者欧洲之文艺复兴，号称一时之新风尚，而望文生义，可知复兴云者，其文艺决非起于今日。日本维新时代之政治者，当时亦复如是。故思想者，亦求其与时与事适相印合而已，无所谓新旧也。今人动辄言新，如新生活，如新文学，如新社会，如新青年，如新思想，如新教育，如新道德，其若一切惟新是尚，与旧者厘然两物，非尽弃旧以谋之不可者。然吾以谓其弊，与顽固派欲尽弃新以笃旧者适同比例。诸君闭目思之，倘若今日社会制度文化都从新起，从前之所有者都归乌有，世界将成何景象。人类之思想能力，古今人亦相去不远，决不能于一日之中，将黄金世界完全筑好。欧谚所谓罗马非一日建成者，可见文化之必由渐而进也。故一切从新之主张，势非将上古原人之生活状态，时时回复不可。夫人类所以异于禽兽者，以其生活富有历史故耳。今若蔑弃历史，以为前此所有，皆无保存及互相调剂之价值，何不思之甚，一至于此耶！况夫无平不陂，无往不复，乃世运之通理。诸君欲绝旧而图新，事实上决不容许，而即此绝旧图新之一观念，即足以感召旧势力，使之复生。盖社会上之情感利害嗜欲希望，决难同一，所谓物之不齐，乃物之情，必勉强以齐之，必且横决而不可收拾。庄生著《齐物论》，意在以不齐为齐，诚为笃见。故调和之为物，乃天理人情之至，决非一时狂易病之人力所能打破。三个月前愚至上海讲演，曾谓欧洲大战之后，纪纲紊乱，复旧之业，急于开新。且所谓民本主义之运动过激，难免不生反动。近见法兰西总选举之结果，社会党失败，保守党与进步党大胜利，盖不幸而言中矣。

愚为此言，决非有意过抑新思潮。且愚自信历年以来，对于革新运动，亦少有所尽力。今后仍当于革新之学术上，随诸君之后，从事研究。特见今之谈新思潮者，有所偏蔽，且空泛而不切实，徒然惹起社会之反感，而无益于本身，故以调和之说进。且愚之主调和，本非自近日始。以近日见社会需要调和颇切，故旧案重提。今日得藉此机会，略道其所信，以贡献于诸君之前，如不以为鄙陋，许愚所谈，亦得列入研究问题之一，则愚之厚幸也。

原载《新闻报》增刊，1919 年 10 月 10 日，本文选自《东方杂志》第 17 卷第 2 号（1920 年 1 月 25 日）。

裁兵与造法

《中华新报》为民国九年新年号，以建设问题征言于愚。愚为之感慨百端，以此项问题在今日政象之下，无从谈起。即愚所有之一知半解，以为各方牵掣之故，数年以来，从未得一机会畅所欲言。兹借《中华新报》之余白，本之《约法》言论自由之特权，一空南北军政倾轧之实象，回复独立持论之故态，发为言者无罪之主张，略略道其所见，以贡献于社会，俾得成为研究问题之一，并使读者笑为书生之见。军人政客怒为侮己之谈，亦所愿也。

人知筑室必先有基，绘事当后于素，今言建设何莫不然。试问在此南北兵匪不分束缚驰骤之中，即有良法万千，何一不同废语。故为真实建国计，非有摧陷廓清之手段不足以为利民福国之本图。鄙见于此有大纲二：首曰彻底裁兵，次曰根本造法。

裁兵之说，人人言之，即在把持横恣之军人，亦不敢反对。然彻底裁去，除酌留警备队，得以维持治安外，务使现存之兵额，在相当期限以内一律裁减净尽，尚无人肯言。愚则以为非如此者，无论军政、民政皆无办法。其理有六：

一、当兵者国民之义务也，而非职业。凡职业兵罔不敝。湘军极盛而敝，继以淮军。淮军极盛而敝，继以小站。今所谓北洋派，小站之余荫也。段芝泉即言，小站兵已不可用，非练新军不可。何以故？以职业兵故，以人之筋力有限，不能永久维持其职业，故此非觅一时机，将全国之职业兵悉易而为义务兵，于改革军政无幸。

二、无论南北军队，几无一将一卒有当于国防之意味，尽汰之不为过。

三、今南北军队约一百五十万人，和平会议曾主张裁去一百万人，不可谓非大数。然裁兵至艰，有阳裁而阴增者，有当裁而不裁者，有督裁专以压迫异己者。同一兵也，去留之间有问题；同一裁也，先后之间有问题。逆料裁兵所起之争执，或且发生更一次之内乱，亦未可知。吾人当知南北冲突之真因，不在其他，而在兵力分配不均，及彼此攘夺兵权之剧急，此元年以至于今，洞悉吾国内情者之所能谈也。若用一律裁汰之法，先后之序为时有限，南北之猜疑可泯，南与南、北与北之猜疑亦可泯，而后裁兵能收实效也。

四、癸丑、丙辰及今兹三役，南北所移拔之军队，率皆坚植不动，形同驻防。如长江一带为北军所踞，而西南之内，桂军驻湘粤者有之，滇军驻川粤者有之，俱不得谓为正轨。为尊重国民全体之当兵义务，确立本省之民治，免除南北及省界之恶感起见，非将此驻防习惯根本打破，无一可言。今之分别裁兵说及比例裁兵说，皆于驻防之制，不能多所变更，惟全裁则庶乎解决矣。

五、废督也，设军区也，酌定国防地点也，皆非先有军队全裁之计划，不能实现。

六、军民分治之说，闻之久矣。然非军队全裁，使现时不合规律之军人失其根据，民治云云，徒托空谈。易言之，非废督无所谓军民分治，非全裁兵无所谓废督也。辛亥革命以至于今，其与前清特异之彩色，则前清因循把持操全国之命脉者，内而军机，外而督抚，为老朽，为猾吏，而在民国则易而为强盗、戈什哈、马夫及目不识丁之兵卒也。非于此加以根本之铲除，所有政治，举无从说。

愚主暂时完全去兵之理由如上；至人的方面，与财政方面，如何始得达去兵之目的，以及去兵后如何不流为匪，如何使征兵制度与之衔接，俱涉于具体计划，兹不具列，请进言根本造法。

民国改元，法制上有铸成之大错。一即误将总统选举会、宪法会议及立法部寄顿于一机关是也。当时南京参议院成于仓卒，既未网罗各方面之人材，亦未尽从容讨论之能事，徒以中于客感，率尔成章，致民国八年中之纷扰，此亦为最大原因之一，诚可痛也。

国会制宪，乃法兰西革命时代一时苟简之心理成之，若吾制之，适成于南京临时参议院者然。今之政客，动曰国会制宪，国会制宪，久假而不归，一若天经地义者然，此不思之甚者也。愚以谓国会制宪，有大病四：

一、国会者，宪法上之一机关耳，其权限皆由宪法赋予。今将赋予权限之据操之于己，伸缩从心，损益在口，则自私自利，本人类之弱点，在国体奚独不然？曩者旧国会制宪于北京，以为四围空气所逼，于国会本身之权利稍稍加以限制，如众议院于不信任决议时，大总统得以参议院三分之二之同意解散之。此类条文尚得列入宪法草案。以事实言，众议院以此重重保障，安有解散之一日？此种规定等于不规定，然犹足表示调和心理之一部，亦殊足多。国会南迁，愚谓同人惩前毖后，必且利用独立议宪时期，以示非为武力所逼拶也。出于衷心让步之恳诚，定为调剂适宜之巨制，而不料适得其反，并草案所有效等于零之解散权而废弃之。广州今有一权宪法之称，讥之者以为谑，受之者不以为迕，其他可知矣。至北方之新国会，彼等以为代旧国会而兴，可以指挥如意者，亦殊大谬不然。内阁同意权者，北人所痛恶于《约法》者也。今新国会之党徒，皆曾以此骂倒国民党者也。近闻其所拟宪法草案，亦于此项同意权视为奇货而不肯舍。今之所以龁龁内阁者，尤以此为唯一之武器焉。于此可证国会制宪，一丘之貉，决无斟酌适宜之制可期。

二、宪法者，国家之根本大法也。国家当如何改造，机关当如何配置，所须政治上之学识经验甚多，此多少含有技术的性质，非来自田间与闻国政之普通立法议员所尽能胜任，可断言也。凡筑屋必询技师，行船必用舵手，况乃大法，岂得盲从？

三、宪法者，百年大计，不可有党见搀杂其间。国会为国民之喷火口，党争剧烈，何可使议大法。

四、议宪宜搜集比较专门人才，悉心推较，入会不能有一闲人，发言不宜有一闲语。今国会八百人议宪，果胡为者？八百人中，人人可提修正案；提案累百，中肯綮者寥寥。以野战者把持议场，甚嚣尘上，有政见转无从发舒；偶有发舒，亦视同粪土。盖群众心理，战胜之处尚平凡，而忌独至，亦无怪其然也。甚且一条表决起立者，纷纷询其命意何在，瞠目不知所答。此则人数之多，何所取义？故议宪人数宜少与人量宜精，同为不可少之条件也。

愚主张造法与立法分离，理由如右。至在《约法》有效期间，而广州国会又适实行制宪之业。愚议以何法及以何时见诸事实，此俱别为问题，暂不置论。兹特表示愚一人感想之所在已耳。此外总统选举会之组织，《国会组织法》及《选举法》之改正，愚俱有具体意见，亦暂不具于篇。

总之，吾人不谈建设则已，一语建设，非于愚所列裁兵、造法两大纲，有明了之观念及适当之办法，所谈皆为废料。读者取而评之，知我罪我，皆所不计。惟慎勿以此为南北和平会议代表及国会议员之所言，一切俱以愚私人尸其责，则拜赐多矣。

原载《中华新报》1920 年 1 月 1 日。

造　邦

　　近来谈政治的，不论南北，不论新旧，不论那派，不论当局不当局，都说没有办法。有人问我，我亦随口说没有办法。即如联邦论，今已成熟，究竟如何行法，几乎没有一个人能够拟得一个方法来。咳！究竟偌大一个国家，就听他葬送在"没办法"三个字中间吗？

　　我细细想想，这都是执着，被现象束缚住，伸不出颈来。何以呢？凡百事情，都有两方面。一方面积极，一方面消极。有时候积极方面没有法子，消极方面未必无法子。常言道："以不了了之。"这句话不可轻易放过。于今许多人说没办法，不过是没积极办法，难道说消极办法也没有吗？天地间现象，不是有即是无，假如没有"有"，难道没有"无"吗？

　　把"不了"和"无"看做消极方法，乃是为通俗便于讲解起见，若深一层说起来，"不了"和"无"简直是积极的方法，并不消极。何以呢？我们说以不了了之，是所求的在"了"，不在"不了"。于今认定不了是了的唯一好方法，细看"不了"两个字里面，含有多少文章，决不是轻轻巧巧，平平稳稳，闭眼一睡，开眼就达到"了"的时期了。稍稍研究过哲学的，知道"无"决不是空。"无"字里面，似可把一部实在论装得下去。但是这话，恐怕讲得太远，我的意思只要说明消极中间大有事在罢了。

　　于今讲得最热闹的，不是统一吗？废督吗？裁兵吗？借债吗？办选举吗？依我的见解，这些都是多余的事。照政府这样办法，能够统一吗？军阀这样的跋扈，能够废督裁兵吗？新银行团条件那样的严酷，外债借得成吗？就借得成，不过私人的荷包充满一点，和国家人民还有甚么益处。大局这样的混乱，选举能够办得好吗？明明看见是几件办不到的事，何必去办呢？

积极的事既不要办，那末消极的方案，我请开几条出来：

第一，中央不养兵，向来隶属陆军部，由部发饷的军队，都以省为界，交与该省督军管辖，就地筹饷。

第二，各省能养若干军队，应养若干军队，饷项从那里出，中央政府一概不问，由各省民意机关和该省军民长官协定。

第三，各省编制各省的预算，订立各省的宪法，中央及他省不加干涉。各省的宪法，依照本省情形，编订不必一律。某省有督，某省废督，某省养十万兵，某省养一千兵或无兵，只要本省答应，都无不可。

第四，候各省的人民和本省的军民长官打架，打出一个自治基础来，和他们算帐，算出一部预算来，然后由各省用该省合宜的方式选出代表，在北京或其他相当地点，开联省会议，议定中央官制，编制中央预算，那时中央政府，才依据新官制新预算行使职权。

第五，从今日到上条所开的行使职权的过渡时期，中央政府无须办甚么统一，忙甚么选举，任命甚么官吏，内阁各部，可废除的废除，可归并的归并，可缩小的缩小，所有各部司员，至少可以裁去三分之二，叫他们各回本省，和本省的军民长官打架算帐，去干点正经事，不必在北京吃闲饭，受闲气。如此办法，所有中央的行政费，就不必十分着急了，何必借债。

照上看来，中央政府所应行的政策，是不统一，不借债，不敷衍军人，不……不……叫做三不或几不主义。假如有人见的透，硬把这种主义实行起来，中间经过几次有条理酝酿，不统一自然会统一，不借债自然会有钱用，不敷衍军人，军人自然会上轨道走。若是无人提倡，久而久之，变乱亦会变乱到这一点，不过国家多受些损失，人民多受些痛苦罢了。

民国三、四年，我在东京倡联邦论，许多人反对，以为联邦是一不祥的东西，殊不知到了今日，并联邦也办不到。就现在形势而论，只好说邦联。我仔细想想，邦联恐怕也还太早，不如爽爽快快说造邦。上面所说的几条，就是造邦的准备，由造邦而邦联，由邦联而联邦，由联邦而统一（统一和单一不同，不可误会），层次万不可乱。若晓得这个道理，于今唱言统一的，不过一种梦想，可以醒了，可以醒了。

原载《改造》第3卷第5号（1921年1月15日）。

论代议制何以不适于中国

曩者愚承黄君任之之招，参与苏社年会，赴苏请演，并以愚于代议制略有心得，特制本题，许陈鄙见。愚既诺之，不幸以事未克成行，而《申报》复有时论之征，谬采虚声，时见督责。因撰兹篇，两答盛意。惟本题体大，其义非短幅所能尽，亦感时抚事，粗引其端而已。

愚前次过金陵，议教风潮正烈，曾在东南大学厅事讲释此风潮之真意义，而归本于代议制之不适用，今请藉以发论。江苏议教之争，起于省议员在预算案中，自行加薪，以款无出也，则削减教育及其他行政诸费。教育中人起而攻之，谥为无耻之尤。议员之倡为是议者，横被戮辱，双方相持，迄无办法，以致全省议政机关，遽行停顿。论者八九左袒议员无耻之说，目击号称神圣之议士化为粪土，不胜慨然。彼窃以为己身或与己同志之徒，设与时会，步入议林，断乎不作此等下流无耻之事。呜呼！此诚一孔之目论。自视太高，视人太卑，忽略人类共通之弱点，而绝未察及代议制所以致病之症结也。人之欲善，谁不如我？人至公然问政，凡言凡动，其初大抵广涵善意。其所以为善不终，必有逆乎其意之一趋势，迫之不得不然者在。吾人若不于所谓不得不然者，搜罗而剔抉之，使有可以自存及进而自新之路，徒大逞意气，一切骂倒，曾不几时，己亦不期而供人笑骂之资，甚且招怒致詈之道，较前人尤烈已耳。斯固无益于世用也。

代议制者，吾国古无有也。近来有此一物，徒以欧洲诸国，以此为文明之标识也。吾捧心而效之，点缀共和，于焉取资。殊不知欧洲之有是制，乃出于事势之适然，而非创设建国，在逻辑非此不可。自来政家学者，于代议诚不乏推崇比附之词，以为有当政理，莫或逾是。然大都局于环势，从而为辞，以言正本清源，欧哲本未足语此。观夫近日欧贤谈政，掊击代议，几无完肤，可见斯制在欧，已邻末路。究之欧人运用议会，已数百年，社会繁昌，按时有进，虽非理想之绝诣，要不失为实用之良规。胡乃一入本邦，非橘而枳？斯则视前举"事势"之有无以为衡。至谓议员品性有高下，政识有富瘠，此特得半近似之谈，不得谓为知本也。

代议之设，滥觞英伦。当时英王下令征税，入税者因举代表面王，共订税则，所谓不出代议士不纳租税之名言，基于是时。以知代议之为物，其实不能脱离纳税二字，别成一义。代表者何？质言之，即代表入税者之荷包也。上自封建，中经产业革命，以至今兹工业极盛时代，不论何时，代议云云，恒与荷包密密相连。近世资产集中，所谓荷包，大概为少数资本家所佩戴。荷包之大者每得多士，尤大者尤多士。其士非自有荷包，即为有荷包者所客养，又无待论也。以是欧洲之政治运动，造党也，宴客也，布义也，竞选也，傍及声色狗马之好，舆马服饰之盛，规模壮阔，举止豪华，非吾东方陋夫所能仿佛，而皆取资于己身所佩用之荷包，不与国库相关。英伦世称代议祖国，而其巴力门之议士，至吾国南京参议院创立之年，始以工党愤争之故，颁给岁费，人各四百镑，其额视吾两院同人所享者犹下，以偿彼中政杰年时之宴饮费，未必敷也。时愚治学三岛，曾见各议员纷纷以得岁费为辱，争先捐让，以襄善事。皮相之士，深叹彼辈道谊之高，以为莫及。不知彼得以维持其道谊者，别有隐于身后之荷包在。入以万千，出特涓滴，为君子易，为小人难，无足异也。以其拥有此荷包也，所被于政治上之影响，一为政不必以贿成，所有主义，可得比较发挥其逻辑应有之量。二为失势而生活之本营未动，在位在野，同为国服务，两党可从容更迭，而无倒政敌以资啖饭，卑劣凶悍，行同狗豨之政争。三为政略之设备与人才之征集，无穷蹙半熟之象。四为党资独立，人民不以政党为国蠹，议会选民间之情感不伤。夫代议制虽于理论为未完，荷包之由来，亦未必正，而其得以支持若干年，至今日始生反动，赖有此四者耳。其在吾国，丝丝均得其反。议员无行，有猪仔之丑谥，身且求鬻，焉论主义？一也。政客今日失位，明日即同饿莩，摧敌只以图存，不关政义，阴攘阳夺，无所不用其极，二也。无论何党，无一规范差完之机关新闻，无一常识极充之主任干事，三也。人民恨议员悖妄渎乱刺骨，代议二字，全无意义，四也。何以故？人之从政者有荷包，而我无荷包故。

何言乎我无荷包也。吾之四民，士居其首。而士之云者，即不农不工不商，而转恃农工商以资活给之谓。三代以还，一国政治，全操于所谓士者之手，劳心者食于人，久成通义，亦并非当今独有之象。顾古安而今悖者，则吾国治群之道，首取平均。古之服官，禄足以代耕而已，其所享受与常人相去不远。一经致仕，即号归农，生计上四民之界不严也。今乃反是。以吾之向所取于士者朴陋，与今之文明不协，西方美人，翘焉在望，彼步亦步，彼趋亦趋。于是为政之径途，大出乎三千年来吾国哲人论士所设轨范以外，而一部分人因抚拟新式政治之所享用挥霍，与吾国经济之生活状态太不相称。一不相称，而古来所贵乎均之传统社会主义，因之大破。向之百人共食之食，今以供应一人而嫌不足，而彼九十九人者，早非饿死填沟壑不可矣。饿死者日益众，大乱日益甚，得供应者一人，相率效尤而作乱者若干人。此种现象，今日方作始乎？抑民国十二年间已为一期，正可徐图收拾乎？俱未可知。今所欲问者，此九十九人之食，究以何方式而集于一人以恣其挥斥而已。吾农国也，无大资本家，有操纵社会之力。其损人自益之道，则兵也。有兵可以食浮额，侵正饷，养匪自大，甚且焚烧城邑，预征钱粮，以掠民身家之财，并及其子孙也。官也，有官可以侵帑藏，鬻官缺，假公营私，监守自盗，浸假而卖国求利，且无不为也。议员也，有议员可以欺平民，奸政府，货同人，财贿所集，利便所存，袒裼裸裎而图之也。此外病国害民足为奸利之业，尚难一二数。任举其一，其所耗费，无一为本身所自具，其所取资，无一为本能所应得。如是取义，因曰我无荷包。

以一辈手无荷包之人，从事政治，其所从事之方式，纯由模仿荷包国而来。于是以此一辈人掌握社会中枢之故，于最短期间，造成一种浮华虚伪之习，己身之生活程度，因力求与此群习相应。相应一次，其浮华虚伪之度，加高一次，展转相应，展转加高，二十年间，吾人之所资生浮涨至于百倍。愚年四十过二，二十年前，为童子师之所得，年不过制钱三十千文，用度毕足，且有余资为家人赡养，而今何如？愚惝怳告同人，谓年入三千元，不足于用，闻者将不骇怪，谓此全为群德坠地贪得无厌之所致乎？未必然也。谓国人殖产之能，突有增加，国力与群用，遽尔相合乎？又大谬也。以国力所万不能供给之事，人能所不应获得之资，而为之得之，又似于公德无大损伤。谨厚者不能自了，放纵者无所忌惮，社会之好恶褒惩，又无定衡，此诚迫人为毁廉灭耻之务，若决江河，沛然莫御，自非陈仲，无不为狂潮卷去。高谈道谊，有何效能？近有名公倦于政历，息影津门，华屋高张，书城坐拥，每与人谈，辄劝为学，不当言政，己且力行，为天下先。闻其挚友某君，与之抗辩，谓君之为学，亦食为政之赐耳。人无可食，安能效君？傲然以学责人，毋乃与何不食肉糜相类？斯言虽谑，可悟群理。以是观之，由今之道，无变今之俗，内阁云云，国会云云，省议会云云，地无间东西南北，人不论智愚贤否，时不拘古今日莫，率有等量齐观同出一邱之悲。何也？势至则然也。迩来论政之士，每好指摘人身，而不根求治法。尸祝西宪，自忘本来，此诚治道之隐忧，而愚所为不敢苟同，旁皇无已者也。

然则如之何而后可？曰，一言蔽之，吾为农国，不能妄采工业国之制度，今图改革，请从农始。此本更端，未遑论列，如愿有闻，请俟异日。今兹所谈，亦止于代议制何以不适于吾国而已。

原载《申报》1923 年 4 月 18、19 日。

无首论

自北京曹锟之党，哄逐总统黎元洪，忧时之士，群以议员票举总统之制为不善。有主修改总统选举法者，有主不设总统，如瑞士例，改行委员制者，众议纷集，俱有可观，而愚独以无首制进。无首云者，盖取吾《周易》见群龙之义，谓治道中尽有不尚元首可以为政之一境也。此而曰制，不合乎世界通有之政例，而愚特创言之，意在由吾国试行，为天下先。此非常之原，黎民所惧，析疑昭滞，宜在宗工。兹先申鄙说，时贤所论，亦请妄贡己见，共求归结，以词覙缕，不著本篇。

自来理想，生乎迹象，其在政治，尤觉有然。一国之有元首，恍若逻辑必然之理，而实则由君之递嬗而来，政家习为固然，学者安于肤受，非政理之至者也。夫君主者，封建之遗也。昔柳子厚著《封建论》，言封建为势，非圣人意，明君主以下私土子人者之非，而独不及于天子。由子厚之言推之，苟以圣人之意而建国者，其初必不有封建，乃不敢抉其大原，谓君主宜自始不立，是子厚之蔽也。共和论兴，其以意革势，已由方伯连帅而上达君主，持理自较子厚为进，而独不悟废君主而代之以他种元首。元首者，又实君主之遗也。由共和论推之，苟以圣人之意而建国者，其初必不有君主，乃不敢抉其大原，谓元首宜自始不立，是共和论者之蔽也。

或者疑之，以为无首制者，举世各国俱莫之行。吾国民智甚低，政纪未立，环视国中，无一可持与他国较，行共和十二年耳，已不胜其蔽，焉能躐行他国所不敢行之制？曰然。惟其然也，乃主无首。客之言，所谓论料是而归纳非者也。何以言之？夫元首之所由来，如柳州言，盖“假物者必争，争而不已，必就其能断曲直者而听命焉。其智而明者，所伏必众，告之以直而不改，必痛之而后畏，由是君长刑政生焉。"他邦如洛克、卢梭之流，其言民约为君，亦仿佛类是。然此种争境，不可以常也明矣。苟常则其国将无宁日，人民本立君长以息争，而争且益甚，故受之以世及。凡守成者不过中主，甚且昏庸，其民亦隐忍安之，而不肯轻返乎假物必争之始境，别求君长者，率以此也。柳州知生人之始境为争，并了然于争境循人类进化之迹，未尝减退，故彼以继世而理，上未必贤，生人之理乱未可知，圣贤生于其时，亦无以立于天下。如此等语，指陈封建之失，而独不以此失广之于事同一律之君主制，义虽矛盾，而用意则微。诚以争存之世，优胜者未必即贤，劣败者未必即不肖，圣贤生于其时，亦何法得保其必进为天下共主？今吾国之争总统，最为有声。一月以前，其去不成间不容发者，乃一目不识丁、贪鄙无耻之残贼人耳。墨西哥自爹亚士出走，大乱十年，不离争位。吾共和号为一纪，南北争帝以外，宁复有其他寸绩？以知争性不灭，国立总统，实不如立君之较为安宁。何也？后者之翻覆，生人假物之争，卜年数百，卜世数十而始一见，而前者则每七年如是，每五年如是，甚或年年如是。而好争者之兽性，或纡或径，或正或负，必同寄集于所大欲之一事，尽量倾泄，人民可计日而数大乱之临期也。以今世之大同，而复辟论犹未划除，时复章显者，即为此故。夫民五、民七之已事，距今几时，国人亦既并命戮力，芟夷而蕴崇之矣。以筹安归政，救争之弊既不可能，而大选之俶扰特甚，不可终日，又朗然若秋阳之不掩，则今日犹揭橥一尊，广众出占，以求人归，妄冀群盗敛手，肃然环拱，不敢生心兴乱，因而从容布宪，安利元元，此诚智下于袁世凯、张勋万万，至可悯笑者矣。

由此而谈，愚主无首，非以吾国治化已隆，远逾欧美，漫行一彼未及行之制。乃正以吾之政争，失其正轨，一骨投地，群犬猘猘，不能行欧美所通行之制故。或者又疑之，谓吾之共和，惟有虚名，其与政治有连者，智不能有为，德不能讲让，水平线上之政识政律，一切不具。只有欧美所行，而吾不能行者矣，未有欧美不行，而吾能行者也。此盖事实之论，无可诋谰。无首制诚名高，今骤施之，果何所恃以为张本？曰然。吾国政象之恶，以愚所知，且甚于客之言万万。惟问此之政象，是否以树立总统，可望其自然改善。易而言之，今吾国是否有出类拔萃之人，可以扶植纪纲，整顿民物，草上风行，因使一国之人，欣然而向化？果其有之，彼号称选众者，能否辞谢财贿，不畏强御，合力跻之正位，以观厥成？无论何人，谅不能为正答。凡事有本有原。今政治万恶，他因且不论，所受争总统之赐，决不为少。又问此之政象，若不于所争者加以救治，谓其将以他途徐即于良焉，是否有幸？无论何人，谅亦不能为负答。两答皆不可能，则吾惟有截断众流，别开新径。所谓元首制者，只粪弃之，无所顾惜也矣。譬如救火，徙薪为智。又若止沸，扬汤乃狂。此类通解，庸童所明，吾奚于政，迷谬乃尔？故立总统也者，即制论制，无仍旧理。至取而代之者之为何制？及何由得行？及行之之利害何若？此须更端论之，不得混作一谈。张本云云，非彻底之言也。况夫以言张本，愚乃大有说在。表而出之，请俟异日。

原载《新闻报》1923 年 7 月 21 日。

无首辩答徐佛苏

　　愚所造《无首论》，仅发其端，实案施程，未遑论及，意在粗卜国人之意向而已。吾友徐佛苏昨以书来，首为桴鼓之应。甚盛甚盛！惟其用意，不尽与愚相同。佛苏向来论事，喜与天下共见，藉答来命，聊伸鄙怀，世之君子，并览观焉。原书云：

　　今日见《新闻报》，得读大著《无首论》，兴趣醰醰，精神整暇，似于立言之外，别有所得。甚喜！一月以来，无首之说，日益盘桓于脑中，亟思发抒，与人商洽，而以俗务纷纭，神思不振，又苦无学，佐证不周，故每一执笔，辄复阁置。不料弟所欲言者，兄先言之。而兄所言，又多为弟学力不逮之处，惟有服膺弗失而已。夫吾国今日之所谓元首，在势已为群盗之赃物，而群盗中势均力敌，地丑德齐者，正复不少。一盗独得，他盗情必不甘，或则阴谋构煽，或则露刃抗争，其事不外别拥一魁，求去前盗。前盗去而国家之损失，人民之痛苦，俱不堪受矣。惟兹盗者，力既足以驱前盗使去，非待至他盗之力，足以驱之，必且劫持名器不舍，而此他盗之将乘时以至，又若晕风润雨之无可疑。以故民国十二年间，均为以盗易盗之乱局。继此以往，百世可知。予谓国人不欲绝此循环仇杀之蘖根则已，如其欲之，非断然取消元首制不可。间尝论之，联省制之不能行，以武力政策中为之梗，而武力之源泉，在于有元首。若废除元首制，则断无人以武力争一合议制之委员。且元首不存，集权安傅？时则如今之以武力拥护集权，摧残联省者，万万无之。于是已有之武力，因无作用而渐消灭，未来之武力，以无凭藉不能发生，乃不易之理也。或谓无首亦非良制，则待至武力退听，宪政有基，选举自由之时，再议修改宪法，固无不可。至谓吾国程度不及，全属谰言。盖合议与独裁，亦于制有异同，非于质有优劣。若强分优劣，则瑞士人之程度，岂并不独逾于英、法、美诸国人矣乎？且惟吾国程度不及，不能运用元首选举制，无法防止武力之竞选，故主张无首制，此本无悖逻辑之谈。又惟国中无一人有元首之程度，因采合议制以济独裁之穷，尤于逻辑有当。尊著陈义甚高，但于以上所标各点，未曾明白指出，似犹有憾。因为兄作一注脚，谅不以为迕。……

愚答此书，破题儿即将使佛苏骇诧而不能自已，用先请罪，然后申明。盖佛苏假定愚所主无首制即为委员制，毫不置疑，实则愚见全然不尔也。夫元首一物，为盗利用，是矣。委员何独不然？佛苏之为是论，以灼知今时争元首者之为何人何人，则改为委员矣，今时之争委员者之又为何人何人，佛苏岂不通晓？若而人者，吾必以盗骂倒之，或亦未免过情。惟既以此美谥谥之矣，则其争元首与争委员，又胡别者？谓前者为跖，而后者将一跃而为尧也，此于论世之逻辑，似乎未当。区以别之，亦惟元首一盗独得，委员群盗朋分而已，非有他也。以武力言，谓此为元首制所独有，易为委员，将自然消灭，愚亦不解。盖今之得为委员者，或纡或径，类无不有武力为之后盾。此种武装委员，其数六七，平章国事，同坐堂皇，则犹聚六七健斗之鹑于一笼，祝其毋斗，鹑岂肯听？以势揣之，其为斗之状，或较行元首制为尤烈耳！何以言之？彼辈之得为元首也，名器在手，法律所翼，其敌必俟有相当之机，可资号召者，然后公然出气力以排之。而此机之来，不如潮信，设谋酝酿，非旦夕可期。在此智慧求乘镃基有待之秋，国人因得偷息少时，藉抒积痛。行委员制，乃何有者？地丑德齐，莫能相尚，一言不合，驷马在郊。讨伐所不能施，多数所不能制，所谓民多利器，国家滋昏者，群龙齐见之日，较之统于一尊，其酷烈必且过之。以知行委员制以消除武力，特在理想为然，按之实际，决无其事。广东之七总裁，为鉴岂其远乎？至谓委员可欲之富贵，不如元首，人将不以武力争一合议制之委员，则鸳雏腐鼠，谁则谓知正味？佛苏今日而典兵十万，为天下盟主，署状声言不争，阳讽阴劫，使余子不敢先动，令出惟行，愚请信之。今其所言，效力盖不出彼我口耳四寸之间，而谓向之所谥为盗者，将由此徙义而修慝，于吾侪所虔祀礼拜之委员，不肯以一矢加遗，窃恐其未必然也。合议制之委员，其品位虽非无上，较之巡阅使、督军诸名号，在彼等视之，要为升迁。观夫今之争巡阅使、督军者如何？后来之争委员，又岂待论？曩者军政府之总裁为七。何以七者？并非法定额数，亦以当时势力之部居，适如北斗，不可不兼收而并蓄耳。其不言之隐，则设若此七星者，于魁去二，或于杓去一，所去者力将足以破此璇玑齐政之局而有余也。幸而此制之行，局于西南，魁杰几人，终可指数，削法适之，犹觉可能。若推而及于全国，称帝称王者，遍布南北，以法济之，立见其穷，在势复不能不先将一定名额，明著于宪法或其他盟约，以支撑法律面目。人浮于位，事有固然，如是者岂得不争？就中委员长一席，将来尤为的縠。此论名义，虽不为元首，而如科举家之同进士出身，赏鉴家之下真迹一等，其味决不为薄。本人容亦故为豁达，声色不加，而其后先疏附之徒，为之暗陬布置，明目传呼，湘谚有谓七寸三分之冠，不得不戴，虽欲不争，不可能矣。凡兹所谈，窃迹近事，无可诋谰。苟吾人沉睡十年，忽焉开目，群情丕变，治化大张，佛苏无争之论，可徐徐进，而今则未免早计。佛苏达士，其将谓愚言为悉谬乎？佛苏或曰："吾所理想之委员，非子所刻画者也。今之武人，若某若某，吾将不许其为委员也。"果尔则愚更不解。若某若某者，佛苏能设计排抑，使不得列为委员，佛苏何独不能设计排抑，使不得进为元首乎？佛苏明明谓合议与独裁，乃制有异同，非质有优劣，吾苟别有钤束武人之法，则于此种不分优势之两制中，诚不必轩其一而轻其二，佛苏又胡乃抑元首扬委员如此之甚乎？上举各节，止于就佛苏来书所谈，稍稍答辩，不能详也。愚之本论，容再布登。特愚前论过简，时贤误会，必有多端。今无首制非即委员制一点，藉此阐明，于论思不无微益。如有见教，最所祷求。至佛苏为愚二十年畏友，搤㧖论事，素不相让，持论愈激，为情愈亲，"不以为迕"，固所同也。

原载《新闻报》1923 年 7 月 31 日。

业治论
——告民治委员会

凡人聚而为群，各有事焉。而所事纵横交错，利益互见侵袭，不得不有道以治之，俾先分别部居，各安其生，然后同心赴公，以善群纪，此为治之大略也。至所以为治之道，视社会进程之深浅，及当时通人之识解如何，宜有变异。自有群纪以至今兹，每当国家有大变动，制度文为，其沿革诚有不同，然出入之度甚微，儒家因有损益百世可知之论，不足以当变异之目。时至今日，古义所之，已经溃决，非从人治源头，别立新案，即欲勉强收摄，恐亦未能。此本论之所为作也。

今人竞言政治政治，烂熟之极，不假思索，习见吾文成于单音，有时非二字骈称，不足以尽一意，如法律、伦常之类。言法、言伦与言律、言常，义均相仿，而乃不厌叠举。荀卿所谓单足以喻则单，单不足以喻则兼是也。所有双声叠韵之字，大半可作如是观。以为政治，亦此类耳，而细按之乃大不然。盖政治云者，以政为治，上一字，表著治道之所由施者也。在昔君相师儒，举一国上下所有事，本其赋性之属于公，非国家为之纪纲，无能就绪者，设为专职，任以通材，俾得从事整顿民物，循致上理，号之曰政，《鲁论》所称道之以政者也。夫政者，正也。正者，正百官正民皆是也。群智日梦，情伪百出，因之为治方术，贤者所见不同。有谓正之宜重法者，曰法治。有谓正之宜重人者，曰人治。以职司言，古来操治柄者，无不为官，曰官治。近来谋以民易之，又曰民治。今所论之民治委员会，固灼然为此种思想所撼动者也。然无论法也、人也、官也、民也，有如帆随湘转，望衡九面，政也要为主峰。故政治为一共名，何治何治，皆其支别。治道如此，二义以生。一国之事，公私纷披，有截然异乎民间自为之业者曰政，一也。一国人材，分途致用，而有一部分人，专习为政，以官为业，舍官与政，则无可以独立生活之道，与农工商及其他食力自足之流，迥异其曹，二也。简而言之，一为政与业对举，二为政家从政，业家从业。兹二议者，在消极为国，民事简单，人欲未张，贤材得位之时，非不可行，且行之而致小康、兴太平者，在吾史册，亦历历可见。反之，而群纪日扩，社务繁兴，公私政业之界不可骤辨，强为区绝，弊害丛生。以言铁道，国有宜乎？抑私有宜也？此其利病，断非片言可决。一端如是，他可推知。又科学兴而事尚专长，竞争剧而群责效率，前此钱谷不知刑名不知之太平宰相，无所用之。所有浮滥政客，腐败官员，恍若事事知之，而一无所知，事事能之，而一无所能。如前清之候补道，今日之议员，苟其计事程功，焉得更容立足？李鸿章尝痛责其子曰："尔官且不能做，更欲何为？"前年愚在伦敦，草《职业论》，主旨在无论何人，必归一业，从而联之，建以为国。走笔及于政客，无可为语，因慨然著于篇曰："政客者，殆以无业为业者也。"伦敦大学教授华讷士，阅之大笑。似此下流所归，游民所窟，以居高华而策材艺，百业不进，何怪其然？准此以谈，政业分途之局，至于今兹，内不胜其腐朽，外不合于时趋，变固变，不变亦变。政治政治之一名词，势不得不曳其残声以去。所谓业治业治者，行若旭日东升，不可逼视也矣。

业治奈何？曰：此其条理纷如，非数语可尽，兹姑就民治委员会言之。凡人自占一业，而其同业又力能自赡，材能自治，自为经纬，蔚成一军，退可自守，进可与人家国者。国内一切大小事务，凡为其业所包孕者，宜取而直隶于己部，自董理之，不许他业得侵其权。己部以外，不得更有何机关，或纡或迂，以治理本业。而己部之于他业，除在各业公同之范围内，僇力共济外，亦不丝毫有所逾越。此业治之大旨也。当民治委员会之初设也，外间以商人政府訾之，谓将承接北京摄政内阁所岌岌不保之统治权，民治云云，实与全部政治同其广狭。愚前论此，因窃有疑。该会整饬内部，徐徐自表。今知所设委员会，本有多种，民治特居其一耳。八月一日，通电发起整理财政会议，厘然有界，昭然有的。电中所云："一国经济重心，在于商业。商人出而同负计划整理之责，尤为适应于时势之潮流，而允符乎近代政治之通义。"旨趣所在，尤为章显。愚前此之疑之者，兹又何惜竭诚以迎之。盖既知以一国经济，坚缀于己业所栖息之商，凡于商有关之财政，或为自裕，或供国计，其"计划整理之责"全引于己。则苟所计划整理者，以力持之，期于必达，其至少之效力，如最近纱业公债之厄于农部与国会，不获通过，纱商坐受其困，以及北京政府"加税不已"，"高利借贷"以病商而蠹国者，可无其事。且商会如是，他如工会、农会、教育会种种而亦如是。各业于其所独者，群坚壁以清野，于其所同者，复通力以合作。循至今式之政治组织，全然废止，尽能止义灿然大备之业治制，相代以兴，亦意中事也。

原载《新闻报》1923 年 8 月 4 日。

业治与农
——告中华农学会

中华农学会，国中斯学专门之士，相与讲学明农之所为社也。所刊杂志，为专家分任撰述者，近五十册，他出版物称是。二十年来，士子争赴海外，求习一业，先隶法科者众，继又麇集于工，独农为冷业，肄之者少。然以此非有识有志，处世较能耐苦，不逐荣利者，不轻入此曹。学成而求达于用，类能脚踏实地，步步为营，分而各尽所能，合而自成一军。比之他种学会之徒有其名，质若散沙，毫无建树者，有如淄渑玉石之不可混，又未始非斯学之大幸也。农学会自成立以至今，兹凡六年，例有年会，于暑时择地自集。本年以八月六、七、八三日，期会于吴门，到者百余人，而愚近慕许行之为人，愿于新兴农国，自受一廛，亦得承招与会，诚甚盛事。愚既粗以所知，为之讲述，复举概略，著于简端。

愚十年论政而不得通，比察中外群情政习而知其捍格，复以欧洲思境翻新，续续东被，吾人斟酌于迎拒取舍之际，颇失其宜。近乃远游考览，独居深念，约为二义，以诏国人：吾国当确定国是，以农立国，文化治制，一切使基于农，一也。政治二字，已归腐烂，非立业治，不足以实事求是，已乱兴邦，二也。愚诚不学，谬以兹二义者，批导得宜，不中不远，请得略论，以资讨探。

何言乎以农立国也？夫农与工商相待。十八世纪以还，欧洲之工商业，日见开发，其本国之农业，大被剥蚀，以成畸形。所有道德、习惯、政治、法律，浸淫流衍，有形无形，壹是皆以工商为本。而其国初若繁祉有加，物质大进。他国闻风，转相仿效，驯致世界可屈指数之文明国，皆为制造国。商场有艰，逼挤大生，卒以饱食无祸之不可恒。英、德两国，为争工业之霸权，创开古今未有之大战局。战时自计，以为两虎搏伤其一，肉林将由余虎独占，可从容肆其贪饕，以保数十年之太平，不谓其事乃大谬而不然。诚以工商之本毒未除，漫欲以一战驱其标疾，是犹止沸专意扬汤，非徒无益，而又害之也。试问欧人战后所享之安乐，较战前何如？此除为雷同负答，宁有他语？彼中达人哲士，近亦稍稍见其症结矣。英伦如群家潘悌之徒，倡为农业复兴之论，识解明通，无可驳诘。顾其事绝不易行。余子争于可行之范围内，别筹他法，徐图挽救，潘说遂尔衣被不广。一言蔽之，欧人之改革论，终于以工济工，返而为农，事实莫许。盖前此为农者，久已辞伦好，弃乡里，毁锄犁，空身手，与工厂相依而为命。一厂朝闭，夕流离于道左，攫面包一片而不可得者，辄十数万人。所有农田，次第沦于牧场、棉场、工矿、市集，一去而不复返。且通都十座，商船百艘，大厂千家，银行万户，一国官民细大之资产，八九寄是，一有摧挫，金融不流。而又艺能之士，发明之师，倚工程，随豪贾，如景雨与景之莫离者，所有聪明材力，悉量为工商业收摄，无能自止。嘻，欧洲易工而农之难，诚有如此，而均非所论于吾国。吾之浮慕西方文明，捧心效之，才二十年以来，前举各弊，并皆无有。今吾之号为创巨痛深，亟须克治者，非吾已成为工业国而受其毒之故，乃吾未成为工业国而先受其习之毒之故。苟吾效颦既久，形质相称，如今之日本然，则其所以改造于国者，或不遽宜舍工他适。而吾工商业之所成就，至为浅薄，坐见农业不兴，国产日耗，淫巧溢于都市，机变中于人心，而政客，而官员，而市绅，而妇女，小之游居服食行已应物之资，大之设制造党名物器数之巨，非曰巴黎乃尔，即曰英伦如何。吾人今日所持公私门户，求其差足中程，无碍俗目，已远非十年以前已能梦想，逾侈者更无论焉。然则其所取资，果胡自乎？此不自农，即自工商，两刀论断，不容中立。欧美之豪华无等，工商之赐也，而吾何有焉？农业之有退而无进，即进亦将不至突飞尔远，取赢尔甚，又属万不可掩之事。然则何所取材，以攀举此种极不自然极不相应之生活程度者，无他，亦续续借债而已。民国十二年间所举之内外债，共十余万万。在财政之用途，固明明曰军费若干，政费若干，秘密费若干，其他诸费若干，而以经济之意味释之，则大抵为此不自然不相应之生活程度弥其间隙而已。设过天津之垆，所见甲第云连，绵亘街路，即国债生活化之一部分。形式上为回扣，为财贿，为监守自盗，为克扣军饷，所不问也。今之社会，方病大肿，又灼知病源为工业传染之细菌，以工济之，何啻以水济水，焉有效能？譬犹儿童犯淫，不别谋所以惩淫之道，而唯以所淫之女娶之，亦导之觅淫他女已耳。安见一淫童而可以遍娶天下被淫之女也？况夫以吾艺术之不进，资本之不充，组织力之不坚，欲其兴工业以建国，谈何容易？即曰能之，当世工业国所贻于人民之苦痛何若，昭哉可观。彼正航于断港绝潢而不得出，吾扬帆以穷追之，毋乃与于不智之甚。世界真工业制之已崩坏，难于收拾也如彼，吾国伪工业病之复洪胀不可终日也如此，此愚所为鸟瞰天下，内观国情，断然以农村立国之论易天下，无所用其踌躇者也。

何言夫立业治以代政治也？夫政治有二式，吾人所身习目睹，心知其病，当遍求天下之和缓以医之者，距清以前之官僚政治，及民国以来之代议政治是也。前者之特性，在于人群百业之中，标揭一级曰士，号为谋道不谋食，专以治人食于人为事。其得进而与人家国，以达其不耕而获不蓄而畬之的。大抵先经考试，继循资格。二者中程，则天下之事，无不可为。由秀才以至宰辅，中间所经，百职咸备。所有巨人长德，以扬历中外称者，头衔殆不可枚数。昨礼而今农，今河而明法，无伤也。若夫屡试不第，屡不第屡试者，应试以外，一事不为。黄馘槁项以终其身，无所于怨。于是将所谓士者，譬为两半，一无事不为，一不为一事。束发受书，即灼然知斯二者，将来必出一途。举天下智勇辩力最高最富之一部，坐废于颠顸与荒怠之中，而昏然无觉。至外于士之农之工之商，则所云出粟米麻丝，作器皿通货财，以事其上。否则诛者也，与政事若风马牛不相及。如此而欲人才得所，国业有序，如何可能？此官僚政治则然也。今易官僚而代议，凡所以为官僚者咸在，惟以考试与资格为不便，一举废之。夫考试者左季高断为不得人才，而资格尤宋孙洙诋为始终一切皆失，固也。然以约束吾侪德性不完之人类，弊果百也，其利犹得五十。今二者悉为罢去，孙氏所举贤材伏于下，职业废于官，士之寡廉鲜耻，民之困于虐政暴吏，万事之抏弊，百吏之废弛，法制之颓烂决溃而不之救（见《日知录》停年格条），是诸弊者，仍且继长增高而未有已。是何也？则昔之由试事通籍者，虽曰以有事为荣，在官为乐，而以稍稍读书明理之故，有所不为之戒，不敢尽弛。今乃以不学相宏奖，以道德为腐朽，由是职事上之无事不为，骎骎与伦理上之无所不为合辙。又格式有定，不得其阶者相习安之。于今百无障翳，悉从诡遇，无耻冒进之徒，乱流而出，率得美仕，拥厚实，而士林不以为耻，社会不知其非。国事何托，可胜浩叹。此言新式之官僚政治，从欧洲代议而推广其义，成一系统，其事固不必悉中于议士之身者也。迩来国人喜言革命，然所革者往往为旧时之善，同时变本加厉，以申其恶，即是此类者也。至专言议士，而其所代表者果为何事，浑不了解。愚之被选，亦已六年，而选区从未告以何利宜兴何弊当革，而愚亦从未向选区申报。谓不才所见如此，于意云何，是代表之非代表事而为代表人，章章明矣。人离于事，可遣代表，此在英伦群家柯虞谥为幻化。盖吾在甲地，同时乙地有所谓吾者，张口论事，非幻境而何？又行政党政治，如英伦，非议员莫为阁臣，所领之部，其职每非素习。昔者，政家白芝浩，谓以不识印度在大地何所者，使为殖民部大臣，三日即能通晓理藩纲要，据此诩为内阁制之功能。由今观之，何值一笑。如吾阁不成体制，更不足论。闻今之伪摄政，至以教育总长一职，遍商李鼎新、程克之流，使之兼领，彼辈心目中之毫无职业观念，即此可知。总之，代议制之应改造，乃当世仁人志士所一致主张之论。而在吾行之而驴马皆非者，尤为亟务，业治之兴，此其时矣。至业治之为何义，前于本报著论《告民治委员会》时，已略申之，兹不赘。

凡右所谈，仅得于吾国胡当以农立国，及创立业治之故略为讲明。至其具体方案，非报章短幅所能尽。前者一宗，愚在苏州时，曾以农村组织之大凡，与在会诸君口论数事，亦不详也。愚创此论时，即蓄意先行择地试办，即以其所自试者，日著于篇，成则吾有实例饷人，败则不劳他人驳诘，且得为再试从容避就地步。不幸昨冬在湘，谋从愚居本村着手办理，其计蹉跌未就。若徒为桃源、乌托往复可喜之空论，彼此是非，漫无的标。驯致庸人土豪，妄采吾辈新说，武断乡曲，渔利自肥，为世疑谤，阻挠本计，愚不欲也。且兹事体大，非举本邦聪明材力之广量，不足以宏国论而策万全。一得之愚，果何足算？以农学会论，其中深造有得、为守兼优之士，以愚所知，不止数辈。农为各业之一，而其业领域绝大，意味特浓。所以树国干而崇治本者，于是乎在。责任所寄，迥非寻常。愚意本会宜对于吾国农业之兴革事宜，立一全体崭新计划，而将实施此项计划之责，全课之也。北京农商部以下内外各种向与农事有连之职司，举视同无物，不与作枝枝节节之讨论，亦不轻为小费补助之请求，惟就吾所计划，整然作一逐年预算案。所谋既须周彻，数目无妨扩大。每年所需之数，即公然在地丁钱粮内征收，由全国农业团体共同设立之总机关，依案支用。除协定预算，监督用途，为将来各业联合会议之所有事外，总机关独立办事之权，无论何方，不能干涉。此其距于实行，为程几何，暂不得知。然一年不成以二年，二年不成以三年，朝朝而讲之，多方以督励之，如水朝宗，期于必达。幸而成也，举属于农业所应解决之事，悉得依本力而解决之。以农治农，字曰农治。他业之所自为谋也，诚亦如农，则工治、商治、学治以及某治某治，皆可作如是观。而所号业治，行入于功德圆满之域。凡国家社会之所纲维主宰，可悉本是。而为之农者，独以国本所在之故，领导各业而为之主盟。谋国至此，可无遗憾。农会诸贤，其有意乎否也？

原载《新闻报》1923 年 8 月 12 日。

评新文化运动*

　　愚昨以杭州暑期学校之招，讲演本题。愚论之当否，何敢自执？然批评之学，吾夙无之。自有文化运动以来，或则深闭固拒，或则从风而靡。求一立乎中流，平视新旧两域，左程右准，恰如是非得失之本量，以施其衡校者，吾见实罕。拙评之起，或为椎轮。吾友胡敦复同游湖上，闻愚说而善之，以为可与天下人共见。迄来愚在长沙、南京、上海、北京等处，为此说者屡矣。久思笔述，因循未就。今因敦复之请，为撮其概略于兹，全文拟在《东方杂志》布刊之也。

　　文化二字，作何诂乎？此吾人第一欲知之事也。以愚所思，文化者，非飘然而无倚，或泛应而俱当者也。盖不脱乎人地时之三要素。凡一民族，善守其历代相传之特性，适应与接之环境，曲迎时代之精神，各本其性情之所近，嗜好之所安，力能之所至，孜孜为之，大小精粗，

---

　　* 编者按：该文于 1925 年 9 月 12 日重刊于《甲寅周刊》第 1 卷第 9 号，文前新加一段按语："本篇作已三年，未见适之发抒何见，惟近于《国语周刊》，囫囵其词以拒之曰，不值一驳。实则吾文所陈诸理，可得与天下后世人共明之。事越数载，文厄益深，偶一循览，其言仍未可易，请更襮之，重与细论。此之行远之力如何，虽难自信，而其粗明大义，有关世运。谓斯时即轻轻为适之所下四字放倒，谅不尔也。昨岁在沪，适之曾面告愚，子所讨论诸点，已成过去。文化大事，适之竟看作时辰表，针簧上下张弛，惟其手转，尤属奇谈。揣适之所谓过去，殆指今之后生，竞为白话，甚嚣尘上，遮国学不见已耳。此乃病态群理，允宜痛治。于斯谓健康为过去，医者议复元气，讽以失时，有是道乎？前岁北京农业大学，招考新生，愚在沪理其文卷，白话占数三之二，文言三之一。文言固是不佳，白话亦缴绕无似。愚曾告人，此事应由适之全然负责。盖适之倡为白话文，恰是五年，中学卒业，出应大学初试，即其时也。今年愚复试农大新生，限令不为白话文，乃全场文字，词条理达，明赡可观。猝然得此，迥出意计之外。适之之时辰表，从此逆转，良未可知。过去与否，岂由一人之口说而定？适之又病本文刻至之言，疵为谩骂，读者辨之，其然岂然。北京报纸，屡以文中士与读书人对举，为不合情实，意谓二桃之士，乃言勇士，非读书人。此等小节，宁关谋篇本旨，且不学曰学，其理彼乃蒙然，又可哂也。"文中个别字句亦有改动。

俱得一体。而于典章文物，内学外艺，为其代表人物所树立布达者，悉呈一种欢乐雍容情文并茂之观，斯为文化。惟如斯也，言文化者，不得不冠以东洋西洋、或今与古之状物词。若剥去此类加词，而求一物焉，能餍足人类之意欲，表襮人类之材性，放之四海而皆准，俟之百世而不惑者，字曰文化。殆非理想中之所能有，果其有之，亦适如公孙龙之白马论，外白马而求马，同蹈逻辑实宗苦求共相之失，莫可救也。今之言文化者，以为其中有此共相，因虚拟一的，群起而逐之。其的之为正为鹄，及大小远近何若，殆无一人有差明之印象。东西古今之辨，虽亦为心目中所恒有，而以此特文化偶著之偏相耳。人有通欲，材有通性，西方何物，有为者亦若是。因谋毁弃固有之文明务尽，以求合于口耳四寸所得自西方者，使之毕肖。微论所得者至为肤浅，无足追摹也，即深造焉，而吾人非西方之人，吾地非西方之地，吾时非西方之时，诸缘尽异，而求其得果之相同，其极非至尽变其种，无所归类不止。此时贤误解文化二字之受病处，敢先揭焉。

其次，则状文化曰新。新之观念，又大误谬。新者对夫旧而言之，彼以为诸反乎旧，即所谓新。今既求新，势且一切舍旧。不知新与旧之衔接，其形为犬牙，不为栉比，如两石同投之连线波，不如周线各别之二圆形。吾友胡适之所著《文学条例》，谓今人当为今人之言，不当为古人之言。此语之值，在其所以为今古之界者而定。若谓古人之言之外，别有所谓今人之言者，崭然离立，两不相混，则适之之说，乃大滑稽而不可通。今假定古人未尝有言，即有言而吾人已浸忘之，或者相禁不许重提一字，同时复假定继祖承宗之制度文为化乌有，如鲁滨孙之飘流绝岛者。然则试闭目以思，吾人破题儿第一声，当作何语？此将智同苍颉，口创六书，听者各有神悟，自然了解；抑将伊优亚，狉吽牙，或犬或否，唯东方朔能射其覆矣乎？如属后者，可知今人之言，即在古人之言之中，善为今人之言者，即其善为古人之言，而扩充变化者也。适之日寝馈于古人之言，故其所为今人之言，文言可也，白话亦可，俱有理致条段。今为适之之学者，乃反乎是，以为今人之言，有其独立自存之领域；而所谓领域，又以适之为大帝，绩溪为上京。遂乃一味于胡氏《文存》中求文章义法，于《尝试集》中，求诗歌律令。目无旁骛，笔不暂停，以致酿成今日之底、他它、吗么、呢哪之文变。有时难读，与曩举郭舍人所拟六字，相去不远。语称其父杀人，其子必且行劫，弊所由中，适之当自知之。惟文化亦然，新者早无形孕育于旧者之中，而决非无因突出于旧者之外。盖旧者非他，乃数千年来巨人长德、方家艺士之所殚精存积，流传至今者也。愚尝谓思想之为物，从其全而消息之，正如《墨经》所云，弥异时，弥异所，而整然自在。其偏之见于东西南北，或古今旦莫，特事实之适然。决无何地何时，得天独全，见道独至之理。新云旧云，特当时当地之人，以其际遇所环，情感所至，希望嗜好之所逼拶，惰力生力所交乘，因字将谢者为旧，受代者为新已耳，于思想本身，何所容心？若升高而鸟瞰之，新新旧旧，盖诚不知往复几许。五十年来，达尔文之《天演论》，如日中天，几一扫前此进化诸论而空之。今德之杜里舒，标生机主义则反之。法之柏格森，倡创造进化又反之。杜氏所谈生机自主，非同机械，纲维主宰，别有真因，与达氏前此所排之结局论，转形相近。柏氏万物皆流之说，近宗黑格尔，远祖额勒吉来图。且即达尔文之学，亦非独创，近古者且不论，据柏格森诏我，适者生存之义，希腊之言披图格即主之，徒以为雅里士多德所峻拒，故尔不昌。由斯以谈，言披图格也，达尔文也。结局论诸贤也，杜里舒也，额勒吉来图也，黑格尔也，柏格森也，以及其他无量数之学者也。吾欲以新旧字分牒之，使之截不浑淆，将何牒而可乎？意大利之文艺复兴，其思潮昭哉新也，而曰复兴，是新者旧也。英吉利之王政复古，其政潮的然新也，而曰复古，是新者旧也。即新即旧，不可端倪，必通此藩，始可言变。愚为此言，非谓今之学理政术，悉为前有，广狭同幅，了无进境也。特谓思想之流转于宇与久间，恒相间而迭见。其所以然，则人类厌常与笃旧之两矛盾性，时乃融会贯通而趋于一。盖凡吾人久处一境，饫闻而厌见，每以疲苶恼乱，思有所迁。念之起起，必且奋力向外驰去，冀得斩新绝异之域，以为息壤，而盘旋久之，未见有得。此岂南方有穷，理亦犹是乎？抑造物狡狯，困其智力乎？姑不深论。于时但觉祖宗累代之所递嬗，或自身早岁之所曾经，注存于吾先天及无意识之中，向为表相及意志之所控抑而未动者，今不期乘间抵罅，肆力奔放而未有已。所谓迷途知反，反者斯时，不远而复，复者此境。本期开新，卒乃获旧。虽云旧也，或则明知为旧而心安之，或则竟无所觉，而仍自欺欺人，以为新不可阶。此诚新旧相衔之妙谛，其味深长，最宜潜玩者也。今之谈文化者，不解斯义，以为新者，乃离旧而僻驰，一是仇旧，而惟渺不可得之新是骛。宜夫不数年间，精神界大乱，郁郁怅怅之象，充塞天下。躁妄者悍然莫明其非，谨厚者葺然丧其所守，父无以教子，兄无以诏弟，以言教化，乃全陷于青黄不接、辕辙背驰之一大恐慌也。不图误解一字之弊，乃至于此。

既假定文化为万应神膏，可不择病而施，复于新旧连续之理，大有乖牾，其误已如前述。具此两误，因有必至固然之第三误，立于其后者，则文化运动之方式是也。号曰运动，必且期望大众彻悟，全体参加可知。独至文化为物，其精英乃为最少数人之所独擅，而非士民众庶之所共喻。宋玉曰："客有歌于郢中者，其始曰《下里巴人》，国中属而和者数千人；其为《阳阿薤露》，国中属而和者数百人；其为《阳春白雪》，国中属而和者不过数十人；引商刻羽，杂以流徵，国中属而和者不过数人而已。"为问一国文化之所照耀，将恃有不过数人能和之引商刻羽、杂以流徵乎？抑恃有人人可和之《下里巴人》乎？楚客有灵，将不使后人之读其书者，无从剖辨。然果标歌曲之名，曰何曰何，以相号召，则无薪于曲之高，惟恐其和之寡。商云羽云，无所用之，《下里巴人》，为其帜志，乃无疑义。信如斯也。凡为文化运动，非以不文化者为其前茅，将无所启足。今之贤豪长者，图开文运，披沙拣金，百无所择，而惟白话文学是揭，如饮狂泉，举国若一，胥是道也。间尝论之，西方切音，而吾文象形；西文复音，而吾文单音。惟切音也，耳治居先，象形则先目治。惟复音也，音随字转，同音异义之字少，一字一音，听与读了无异感。而单音音乏字繁，同音异义之字多，一音数字乃至十数字不等，读时易辨，而听时难辨。以此之故，西文文言可趋一致，而在吾文竟不可能。如英文辟齿，吾译为桃，为文为语，西文俱昭然可晓。吾则闻人说桃，离其语脉，使不相属，究不识其为桃乎？陶乎？逃乎？淘乎？抑咷乎？以著之文，桃与非桃，又一目了然，无待踌躇。因是出话之时，于本文之下，每缀语助，以撼听觉，使易摄取。如桃不仅曰桃而曰桃子，则立辨为与渊明作宰。同人先号，一无连系，效同辟齿，入耳即明矣。夫语以耳辨，徒资口谈，文以目辨，更贵成诵。则其取音之繁简连截，有其自然，不可强混。如园有桃，笔之于书，词义俱完。今曰此于语未合也，必曰园里有桃子树。二桃杀三士，谱之于诗，节奏甚美。今曰此于白话无当也，必曰两个桃子杀了三个读书人，是亦不可以已乎？英伦小儿学语牙牙，每为单音所苦，因于寻常日用之字，如父母童子女儿之类，别缀唉音，使成长浪。父本曰达，增言达帝；母本曰妈，增言妈密；童子曰博，增言博异；女儿曰格，增言格丽。愚之长儿，生于苏格兰，小名曰康，佣保群呼，易为康汔，吾儿至今因以为号，得名曰可也。儿童对语，虽属如是，一涉笔墨，自初为文以至名家，设非如迭更司者，故作下流之语，以资笑谑，帝密异丽之词，都不更缀。而吾必以辅助单音之赘字，泥沙俱下而著之文，一何智出英伦小儿女之下至于是乎？复次，为白话文者，其取材限于一时口所能道之字，是又大谬。窃谓国既有文，文可足用，则在逻辑。无论何种理想，其文之总体中，必有最适于抒写者若干字，可得委曲连缀以抒写之。能控制总体，拣出此号称最适之各字，不增不减，正如其量，道尽人人意中之所欲道而不能道，闻之而叫绝，累读而不厌者，是谓文家。文章本天成，妙手偶得之。谓曰偶得，形容最妙。以知文家之能臻是域，关键全在选词。词而曰选，必其词之总积，无今无古，无精无粗，往来罗布于胸中，听其甄拔，应有尽有，应无尽无，然后能事可尽。语其总积，号曰"彼有"，语吾甄拔，号曰"此求"，知其有量，明其求法，文家之能宣泄宇宙之玄秘，职是故也。今白话文之所以流于艰窘，不成文理，味同嚼蜡，去人意万里者，其弊即在为文资料，全以一时手口所能相应召集者为归，此外别无准备。推适之"有甚么话说甚么话"之说，且将以有准备为丧失文学上自然之致。香山吟曰："彼有此求两不知。"既已无求，焉得有知？无所知矣，媸妍之辨，决无常理。宜夫文之穷滥，至于今日，而举世且以富丽得未曾有争相夸说也。白话文品之高，既如所信，而同时又以为极易，尽人可为。吾友高一涵尝告愚曰："吾人久不为文言，欲以文言说明己意，转觉大难。"一涵如此，其他可知。试观今之束发小生，握笔登先，名流巨公，易节恐后，诗家成林，"作品"满街。家家自命为施、曹，人人自诩为易、莫，风流文采，盛极一时，何莫非至易至美两性同具之新发明，导之至此。呜呼！以鄙倍妄为之笔，窃高文美艺之名，以就下走圹之狂，隳载道行远之业，所谓"俗恶俊异，世疵文雅"。文欤化欤，愚窃以为欲进而反退，求文而得野，陷青年于大阱，颓国本于无形，甚矣运动方式之误，流毒乃若是也！

方式之误何谓也？曰，文化运动，志在国中人人自进于文化之域，以收其利而擅其美，则其所最忌而不可犯者，乃于文化事业中独择一事，以为标题，图以易天下也。何也？文化者，无论寄于何事，其事要贵纵不贵横，贵突不贵衍，贵独至不贵广谕，而运动则非横、非衍、非广谕，其义无取。今以此自相矛盾之二义，并为一谈，登高一呼，求人响应，则若果如所求，将志纵得横，志突得衍，志独至得广谕，如吾国今日白话文之局势焉，无可疑也。适之知此局势之未如所期也，乃发为一面普及、一面提高之论，而不悟其意则是，其实乃不可能也。故愚谓此类运动，决不当求题目于文化本体，而当熟察今之阻滞文化，与后来足资辅导之者何在，因树为表的，与世同趋。如适之所倡好政府主义，虽失之宽缓，而尚不失为一种方法。盖凡一国文化，能达于最高合理之境者，必其举国之中，上自德慧术智之士，下至庸众驽散之材，不为贵贱贫富之遇所限，不为刀兵灾疫之祸所苦，所有文教之设备，修养之日力，外于困学必需之限而宽给之，在机会均等之下，极英才教育之观，因得如曩所言，"各本其性情之所近，嗜好之所安，力能之所至，孜孜为之。大小精粗，俱得一体。而于典章文物，内学外艺，为其代表人物所树立布达者，悉呈一种欢乐雍容、情文并茂之观"者也。然无论何时，不拘何国，国之子弟，大抵聪明才智相混，居养师保不一，贵贱贫富，级次有殊。刀兵灾疫，无代蔑有。设备以际遇而分，日力为生活所吸。彼枉其性情，抑其嗜好，销其力能，使大才中就，中才小就，小才无就，以至一国之文化，渐次坠地，无从奋发者，不知凡几。于时运动起焉。方式如何，一以当时之社会情况为衡，不能一律。其在欧洲，则十八世纪以来之资本主义，乃知言者认为有妨于文化者也。哲家义士，因为社会主义以抗之。就中辈流杂出，不可究穷，而综其全观之，其谋使劳动者与资本者，平分参与文化之权与机，乃为根本要义。盖文化者，与国民生活状况息息相关者也。一国生活状况枯涩纾促之度如何，即可以卜其文化高下真伪之度如何。知欧洲之情事者，可断言其资本之制不变，文化决无可讲。而吾农国也，资本之制未立，而资本国之晏安鸩毒，沉浸至骨，不此之去，文化亦无可讲。此其理味醰醰，不可殚述。惜今幅窄，未克多谈。要之文化运动，乃社会改革之事，而非标榜某种文事之事。凡改革之计划，施于群治，义与文化有关，曲折不离其宗者。从社会方面观之，谓之社会运动；从文化方面观之，谓之文化运动。愚之所理解于文化运动，如斯而已。

综上所谈，粗释三事：一曰文化，二曰新，三曰运动。其他条理尚富，浮于本篇。即在杭州演坛所言，亦不止此。姑为发凡，取资世论。闻暑期学校，乃萃集全浙中小学教员诸君而为之，不同常会。愚于座间，曾以批评之批评相要。兹事体大，幸致三思。杭州又为适之卧游都讲之所，正负质剂，或归至当。而敦复当今豪杰之士也，学问重实践不重浮言，所主大同学院，有造于学，为全国公私各校冠。既不以愚言为不尽当，尚其纵览今古，横极东西，有以语我来。

原载《新闻报》1923 年 8 月 21、22 日。

元首寄生论

自愚创《无首论》，谈士喜其罕闻，辄相传述，顾不解愚之所谓无首者，如何施行，列为宪纲，条文何似。今愚仅有导论而已，实质上之赞否，苦无由施。独吾友徐佛苏，悍然以为无首之对，厥惟众裁，因颂言委员制之善且适，凡如干条，猥承不弃，许为同调。愚辞而辟之，佛苏大骇，凡见愚之所以辟佛苏者，亦莫不大骇。以谓元首之制，自来中外政历之所证验，非一即众，决不容中。愚既非一，而又非众，则所主者，究为何物？盖愚所标无首二字，为好事者同射之覆也久矣。

自责任内阁之制兴，而元首寖成长物，英伦宪法所以藻饰王位者，何其隆重，然若为之王者，稍与内阁所立之方针相迕，又号曰违宪。故世间富于矛盾性而不逻辑之物，诚未有如近世之宪法者也。白芝浩分英伦之政府为两部，王号名部，内阁号实部，意谓王尸其名，而内阁主其实，名实相辅，而宪政畅然以行。然窃闻之，名者实之宾也。吾将为宾，先哲不取。一切政事，既悉依内阁以为之纲维主宰，果何赖此形同傀儡之名部为？且尔来政理翻新，制且丕变，以暗陋所知，将来代今制而统摄人群者，必为业治。业治如古之井地然，一业譬之一家，分治犹私百亩，其所协力共戴之中枢，则若同养之公田也。默计中枢之所有事，其性将大反乎今之内阁束缚驰骤者之所为，而与出入相友，守望相助疾病相扶持为一类。内阁之性，势且大变，则夫相与为名事同优孟之帝王或其遗蜕，不能为新国家毫毛之用，又何待言？此愚《无首论》之本义也。

顾新国家果以何时而成，未能指日而计，而蚩蚩者氓，安于有首之习，深固不可爬梳。白芝浩所谓名部之力，足以操纵国民之神秘性者，吾虽易君而民，根株犹在。又今世尚无无首之国，求厕入国际家族之列者，家遽无长以为表率，于世俗之外交仪式有乖。由是自有而之无，势不得不别创一折衷粗当之暂制，以为继往开来之用。此又愚《寄生论》之所为作也。

寄生者，愚谓元首之职权，使之轻至无可再轻，而仍编次于国宪。期于克举，惟虚其位，而不皇皇焉求人之谋为元首者以实之。所谓大总统选举法，全部废弃，仅就国中政、法、学各高级机关，如国务院、参议院、大理院、国立北京大学之类，择定数四，以元首一职，寄于彼机关之首长。凡为国务总理、参议院议长、大理院院长、北京大学校长者，同时依法具有兼领总统之资格。及瓜期也，将所有同资格者，分书其名而枚卜之，如俗之拈阄然，使举者与被举者，无从参以己意。此事年一行之，谁为占得，谁即兼尸，无所谓连任不连任。此在理想，实与《诗》云与女萝萝施于松柏者，连类而取譬，总统为萝萝，国务总理以至大学校长等职为松柏，是之谓寄生。

行此制于今有利，似不待论。使国内不更生争总统之纷扰，一也。文人有长国家之机会，二也。回一国之视线，俾不集于元首，以其才力，分途为业，可得国崇新治，人尚本能，三也。更有他长，不可枚数。要之抑军阀而绌贿选，兴文治而畅新机。苟其得此，又何求也？

末学肤受者，或以无先例少之，不知例苟不开，先于何有？吾人亦问此制之当于理与势者如何耳，不当以例之有无为进止也。虽然，不泥于迹而通其理，例亦何常之有？以愚观之，美利坚之总统，即寄生于内阁者也。何以言之？美之政制为三权分立式，政府与国会，无取融和，谥曰总统制。英之政制，则内阁与国会融成一片，谥曰内阁制。是知总统、内阁两制云者，以行政、立法两部相与之关系而言，与美洲元首之为总统，英伦为王，了不相涉。斯两制者，白芝浩所锡名也。吾国之知是名，复由愚首译之。愚闻白之言曰："美之首长，以民选之，英之首长，以民之代表选之。"兹谓英之首长，实为内阁总理，而非英王。白氏之论政制也，盖处处以美之总统与英之总理对举，定为制名，以实施政事者之称号尸之，其念初未涉及其国之有无元首。以知英虽无总统，倘变其政制如美，亦得曰英行总统制矣。美虽无内阁总理，倘变其政制如英，亦得曰美行内阁制矣。又倘英废其王，而以内阁总理为唯一之首长，沿今制不变，其仍得号为行内阁制自若。倘美于今之总统外，别戴一主，沿今制不变，其仍得号为行总统制自若。依此以谈，美之总统，其运用宪政，纯乎与英之内阁总理，同一地位，而宪法上又有所谓代表一国之总统在，本来可以别置一人，如英王然，而在事实，则不期而与此性同总理之总统合体。愚故曰美之总统，即寄生于内阁者也。瑞士亦然。瑞士政府之七委员，本一内阁式之机体，而乃以总统一职附之，互推一人而兼任焉，其为寄生尤显。

原载《新闻报》1923 年 9 月 18 日。

非　党*

　　吾友王吉占（恒）好持政论，每如长河东注，浩浩无已。近复以贿选因果为题，大放厥词，谓愚欲"于艺术式之立法中，救今之弊，其误实甚。"愚自叩未尝主此，无从申释。惟吉占篇中，连致意于造党，以为救弊不二法门，则愚辨之甚审，窃疑为误，请得先与吉占论之。

　　吉占谓"国会而全体贿卖，其故由于无党。盖无党之国会，不啻一种无生命之尸体，蝇蚋既丛，惟以垃圾车舁入溷坑而已。为今之计，宜以高名重望之党魁，提出政纲，征求同志，为有意志之团体运动。一党既立，如公司然，出为国民承包工事，他公司必且奋起，与之争工，孰求价俭而给货良，孰则胜利。于时国会内部，有许多对峙之人格（政党乃是人格），互争胜负于政治市场，必无全部贿卖之危险。"原文甚长，愚取其大意如是。夫吉占言必称欧美名家著作，口不绝西方民主政治，为说乃尔，焉怪其然。惜夫吉占所立之议场，非威斯敏斯特，吾国政情，大形凿枘，其言乃适堕柳州不益世用之讥也。

　　愚知议员之受贿，非徒受也，受之以被于用也。用者又非徒用也，乃有大不得已者存也。愚尝追求此大不得已之故，在以农业国而运用工业国制，而政党与国会，尤工业国制之徽识也。今吾之为工业国者，渺乎无在，所有仍去农之原始期不远，犹羊质也而蒙以虎皮，吾不惟其质之问，徒责以虎爪不具，不能与他虎斗，此诚荀卿所谓不通伦类之证。吉占与时贤一切之论，所为浮游无方，徒导民国政治于断港绝潢而不得出者矣。

　　此不得已者何也？乃步武他人工业国之所为，形迹惟恐不肖，不审

---

　　* 编者按：收入《长沙章氏丛稿》（癸甲集）时改名《论代议制》。

己之质地，与人适反，势若三家村儿，日与纨绔竞博，不至卖牛货屋流为盗贼不止也。英伦议员，十二年前，全然无给，而英之政客，擅声名文物之盛者数百年，举止豪华，不可一世。英语中所收品格体面诸字，含义大抵不出多金华屋应接女人有礼数事。外此所称人格，只是法律书中之肤词，于民生实际，无甚意味。盖凡贫不能自存，即其人格不能自存。匹夫无罪，惟贫其罪，此后世社会主义之所由起也。拜金政治，一至于此，而诸议员之所挥霍，又不与国库有连，亦不闻以黩货败。是何也？资本制确立之后，少数人垄断一国之生计，移而垄断一国之政治。凡投身于名场者，非手掌百万，即见佣豪家。诸所经营，取办囊橐，无待于外也。吾国则贫者士之常，士不安贫，不成为士。衣敝缊袍，与衣狐貉者立，在阶级社会，万无其事者，吾乃习为故常，不知所耻，是不仅在道义为应尔。以吾为农国之故，即论物质，亦不胜有愈侈坐食之人。古之制禄，取足代耕而已，其以此也，今壹是反之，谓细行不足矜，以行素为鄙陋。党本恶德，比称小人，忽尔公然为之，号称政律。豪华牵引，百十成群，"始以创出为奇，后以过前为丽"（借北齐高洋诏语）。凡得自西来者为圣，产诸本土者不灵，居宇器服，事事效人，坐言起行，有金乃大。二十年前，愚食力所得，年不过银币三四十圆，服用纸墨之资，人我亲戚之养，都无不足。今百倍焉，而未见绰然。以愚循谨局蹐，侪辈见轻，室有贤妻，善持家计，犹且如此，当今应有之豪纵，宜复何状，明者可自推之。为问此百倍乃至数百倍之耗费，果胡自来乎？吾之工业，稚之稚者也。四万万人中之为工者，统计未过百万，国内二三十年不败之富户，可屈指数。然则宜出自农，殆无疑也。而此二十年间，兵荒互起，田亩芜废，人竞末富，轻去乡里，农业之有退无进，灼灼甚明。然尚不料今年海关贸易，册载输入之农产品，增至八千万两，吾农事衰歇至于此极也。窃闻国富之源，非工即农，二者皆非，究何所取资，以弥缝此百倍乃至数百倍之欠缺乎？试集政雄百辈，逻辑百家，相与论究群弊，求其总因，有不归纳于滥借外债，豫征钱粮，以赃贿两大方式，参差敷布于此扩充用度至百倍或数百倍之豪纵家，使对消其负数一事者乎？议员之不免于受贿，明明为此类见象之一，吉占不于此之源头，谋所以救治之道，徒皇皇以无党无党，为抹煞蔽罪之词，非徒无益，而且骂题。何也？今时为党，固亦非贿莫能为也。吉占之党，苟得成立，亦见其非为党员寄顿彼不得已之故，差厌其欲，即不足为之魁已耳。政治果有市场，亦惟让腰缠累累者独为政侩已耳。谓以吉占之匠心独运，所成将大有异于他党，愚滋未信。晁错曰："腹饥不得食，肤寒不得衣，虽慈母不能保其子。"又曰："趋利如水就下，四方无择。"夫饥寒为义，广狭视人所诠，原无一定，奢侈成为必要，急切或竟与水火同科。党魁顾复之功，安及慈母？故家令四方无择四字，以写当今政客之实况，殆有神工鬼斧之能。吉占所礼事之当党魁，有时招贤纳俊，其力远逊材朽行秽之武夫。其故安在？吉占宁不通晓政纲云云，直禽犊之资耳，有何力能足以收召天下之豪杰，约束异同，分野为治。顾亭林谓"天下之患，莫大于聚五方不相识之人，而教之使为朋党。"由今观之，非得广钱，教亦不党，蒋山有灵，转语安下？伤哉！伤哉！吉占谓议员有党，即无贿卖之虑，而不悟彼辈占何党籍，将由贿定。吉占知俱乐部每月津贴二百元之为贿，而不悟贿之式量，至无一定，又不悟即在严明公正之党，此类津贴，万不能免。人而倡言女德，不当谓女子之失节于我者，不为不贞，其理甚明。吉占唱导公廉，乃若谓党员所获于本党者，不以贿论。凡此皆愚所不解。吉占辩者，幸有以语我来。

然则如之何而后可？曰，政令之弊，莫甚于"不治其情，而罪其欲，不制其心，而恶其事"（此张皋文语）。贿欲也，受贿事也。今欲去贿，非于受贿之情有以治之，心有以制之，其道无由。然则又如之何而后可？曰，凡所剿袭欧洲工业国虚伪浮滥之政制，悉行罢去，筚路蓝缕，再启山林，德行政事，一惟农国所需是务。讲礼节欲，兴廉励耻，"黜虚华，进淳朴，听言观行，明试以功，名实不相冒而能否彰……海内新安，民得休息，皆乐吏职而勤农桑，风俗和同，人自修饰。"如史称汉光武初年气象（语见袁宏《后汉纪》），则贿将不期而自戢。医头医脚之谈，概无所用，党云乎哉！党云乎哉！！

原载《新闻报》1923 年 10 月 19 日。

再论非党[*]

愚著《非党论》，以明吾友吉占所主造党之误。吉占不以为不肖，复有所赐教，发言抗论，多见端绪。请得更为往复，期于尽微穷理，有所折衷，非敢相轻也。

吉占谓愚所论，乃"五帝三王之经济政策，与民休息，而礼乐之之事，当俟诸百年后行之，非二十世纪初年西化东渐之时所许"。又要愚"于西方民主所有制度之中，择一主张，且有理由，方可使王恒折服"。嘻，如此"贵远贱近，向声背实"，常人持论则可，而非所望于吉占也。凡评一说，须以其说之本质为断，不当先挟一古今中外之成见，谓有符吾国史迹之事为必不可复道，而为中土择制，土宜习尚之不讲，惟以取材于外邦之何制者为期。此种自亡本来，削足适履之论法，自清末以至于今，坏尽国事，误尽苍生，而仍无底止。愚夙昔亦坏之误之之一人也。迩以欧洲大战之灵，彼邦工业制之崩坏，捉襟见肘，不能自掩。愚远涉诸邦，亲加考览，虚衷以受事，借人而自镜，顿悟吾国迩来画虎类狗之伪工业制，尤不可一日以留。因以人穷返本之思，发为因地制宜之想。农村立国之论，愚实主之。以为吾人立政，自有本源，西土现制之有裨于吾者甚少，国本之亡，不远而复百虑一致，国是可定。不图吉占当复用此为讥议也。西化东渐者何也？乃欧洲挟其资本侵略之淫威，东临吾国，迫吾不得不放弃农治之本图，恣为其作业余剩之尾闾唯谨者也。此自鸦片烟战争以还，迹象宛然，惊心溅泪。洎至今日，吾人弃礼义，毁廉耻，坏田园，鬻妻子，以求合于所谓西化者，仍不得一当。呜呼！愚夙闻薛仙舟亡村之说而淡焉置之，而今乃知其言之沉痛也。仙舟

---

[*] 编者按：收入《长沙章氏丛稿》（癸甲集）时改名《再论代议制》。

于民国元年，居上海租界，与其邻西妇迕，妇嗾夫持枪哄仙舟室，仙舟乃迁居北四川路尽处乡村避之，誓不更居租界，则尽悉村民失其居业受胁荡析状。盖凡村中八口自给之家，率为租界人强委价而致其地，村人得价而废业，无法居积，坐为小贩折阅，贷与戚友不归，及偷安坐耗以至于尽者，十八九也，至是亦转沟壑死耳。夏畦化作修衢，困窬尽为华屋，亦于彼何有？是之谓亡村。仙舟尝为愚道之而痛心焉。夫中国一大村也，欧美一大租界也，即小见大，亡亦犹是。吾人诚自幸其亡则已，不然，则愚讲礼节欲，兴廉励耻，屈虚华，进淳朴诸节，正为切中要害，施以针砭，二十世纪初年之所当有事，更迟一二十年，悔且无及。而吉占曰徐之，请以百年为期，是何异纵风止燎，期往救者以三日后至也乎？

吉占谓："今日北京之政象，非一党一派之失败，而国民全体之失败，其应如何救济，非仅涉于政治上一部分之手段，必致意民主政治之根本方法，乃能见功。"此其着眼之大，未同恒议。乃语及方法，又不敢放言极论。如已经失败之帝政，及未甚成熟之苏维埃、基尔特诸制，辄逊谢不遑，声称"未便议及"。综其要归，转在造党明争，以救此万无可救之代议制焉。夫伪代议制，吾所已有，如作者言，吾得造党以相扶将，亦止于"一部分之手段"已耳，去"根本方法"万里。如此大头小尾，忧谗畏讥之论，自吉占牵踬于时议及党事而为之，非其十分由衷之言也。何以言之？盖苏、基为制，在世界论坛中，已扩土无算，何独至于吾而吝之？以其未熟而淡漠遇焉，则政哲用思，将与舆台之欺冷宦何异？即不齿之矣，亦由于不值一议，亦何便不便之有？其曰未便，乃专指帝政，而疏附及于二制，灼灼甚明。然吉占为政治学有得者也，帝政共和，得时为贵，论制本无所优劣，亦无所谓后先。二十世纪帝政行且绝迹，本媚世浮浅之说，学者不取。蒲徕士，史派政家醉心民政者之第一流也，往岁愚与遇于伦敦，独恳恳为言中国当行君政之故，愚未善之，蒲若大戚，其一例也。两制互相钤束，使余一制不得论列，论且罪同叛国，又专制余毒致然。吾侪论政，岂为所梏？法兰西第三共和，行之已四十年，王党议席，从未间断，近且党势转盛，从未闻以未便訾之。此其理实，皆吉占所通晓，而必且云然者，乃如心解家言，自然潜滋乘间窃发之无意识，为拘牵文义汲汲顾影之有意识所压抑，不得不有此顺俗色厉之门面语也。观吉占谓"帝制不可复，由袁世凯、张勋之举动而证明"，其情大见。须知洹上之帝，基木已拱，宣统九年，早见革除。环顾当世，绝无帝政发生之影响，亦未见有何人出尸其议，而谈士辄曰帝制无庸，帝制无庸，一若有敌当前盘马弯弓者然，是袁世凯、张勋之外，犹隐然有空无倚傍，毫无邪气之君政思想者存，而文人走笔论事，辄无形中为所控制而不能自脱也。吾友张东荪议废代议制，而以任命易之。因及非"先有不经任命而又任命他人之君主"，新制莫立。又谓"代议制不可用，则自然涉及共和，问题不小"。（见连日《时事新报》。）如此等说，属耳有闻。当吉占草至"政治之根本方法"时，其平日读书阅世，所困积于无意识中者，必且提左耳来告，谓若而帝制，若而苏维埃，若而基尔特，皆所云根本方法也，舍此则不得冒言根本。吉占方欲倾意受命，而为之主宰意识者，遮蔽右耳，大声而呼，谓此与党魁所命，世俗所趋，大相刺谬，子如背之，且为世大傻，幸毋自逞。两意交战，无为有败。于是未便未便之一断案，有如万钧之重，趋压纸上矣。愚为此解析之论，特借吉占以为象征，取证心理中确有此回环起伏之一境耳。吉占以谬妄骂愚，所乐受也。且以心解被之群治，方为举世学术界之一巨题，一人诋谰，未关宏旨。虽然，愚如是云云，绝不许人窃取吾义，附于殷顽，或则发论美新，取佞奸宄。只以全国郁闷不知所出之君政思想，若不慎为爬梳，俾有寄顿，一旦溃发，祸国将不可言。顾宁人之论郡县曰："知封建之所以变而为郡县，则知郡县之敝，而将复变。然则将复变而为封建乎？曰不能。有圣人起，寓封建之意于郡县之中，而天下治矣。"今愚论共和亦然。知君主之所以变而为共和，则知共和之敝，而将复变。然则将复变而为君主乎？曰不能。有圣人起，寓君主之意于共和之中，而天下治矣。然则，其制安出？曰，惟无首可得中道。何以言之？盖君政共和之分，全在元首之为及为选。吾国祸乱相寻，自辛亥迄今十二年无宁日者，徒以大选无方，奸雄窃发已耳。不去选事，乱无由已，去而代以世及，势所未安。计惟本君主国元首不负责任之义，进一步而求之，俾存其职而虚其人，别以寄生之位，仰承其乏（参观拙著《元首寄生论》）。于是君政思想须求寄顿者，不寓于积极而寓于消极。一方潜弭复辟僭位之战祸，一方举天下智勇辩力之全量，使得默运于自求多福之途，此第一事也。至大位既定，庶政何以纲维？愚既有言，"西土现制之有裨于吾者甚少"，反而抗逆现制，若苏若基，若法之沁第加，若德之鲁特，求于资本工业之反面，与民更始。而吉占谥为未熟者，略迹存意，愚均有取。愚尝著论，以谓政治二字，已腐烂不复可用，必以业治代之，改造始有可谈（参观拙著《业治论》），即此意也。若夫英美式之国会，断乎无复自存之值。将来进退人才，分业为治，当立大规模之考核院，以司其成。此制愚在英时，曾与威尔斯讨议及之。彼既发其意于所著《史纲》，而深叹吾国妄废试科为愚不可及。此既愚前论所谓"明试以功，名实不相冒而能否彰"者也。总之，法制之事，以无首、业治、考核三意贯之。精神之事，务农为本，政事德行，举由是发。今时建国之业，如斯而已。造党与否，乃不甚值得探讨之小事，谓愚必于是焉非之，犹未已。吉占明者，还请熟计，视此算得一种"主张"否？有"理由"否？

　　吉占论中，愚所欲还质者，未可一二数。今乍伸纸，已悄觉累幅。姑止于此，异日有暇，愿得更端。

原载《新闻报》1923 年 10 月 25 日。

三论非党[*]

　　昨二十三日，吉占于《民国日报》作《非党之研究》一首，与愚驳辩。愚正拟作答，而二十六日之《再答非党论》复见。论域过宏，苦难于短篇中具复，请先论蒲徕士。吉占引蒲氏学说凡九段，以谓蒲为愚所最崇仰之学者，律之庄生寓言十九之旨，此当十言而十见信也。愚诚顽劣，不幸不如吉占意。虽然，愚有说。

　　（一）迩年以来，欧人之于代议制，异论蜂起，锐不可当。蒲氏以高年喜静之思，处党治弩末之势，设词护惜，煞费苦心。故其一九二〇年之《现代民治政体》一书，辞趣促狭，捉襟见肘，与当年所著 American Commonwealth 之虎虎有生气者不同。愚在伦敦，其书新出，愚亲谒蒲氏，并考览各家评论，知其于今日英文出版界中，已无唤起舆论之力。此由时势使然，非关作者才尽。吾稗贩无择，视同万应膏丹，愚意未敢苟同。

　　（二）蒲氏所比较讨论者，皆当今诸工业国之现行政制，而代议与政党二物，纲维施设，如今式焉，又适为工业立国之徽识。苟欧人日航于工业之断港绝潢，无计自返，则其姑留二物，以为得航且航之樯与橹也，未始不在情理之中。夫今日举世群治之一大问题，亦如何逃工而归诸农耳。易而言之，亦如何得涸除代议政党诸赝制耳。而吾本农业国，向无政党恶物，伪代议制初立，又一蹶即倒，好自为之，固世界之乐园，而外人求之不得者。今乃无事自扰，舍吾数千年哲人贤士之所示教不讲，徒越数世万里外，于他人自为其国不得不云尔之诸说中，挦扯何许，则视若《可阑》《福音》，不加询察，而奉受唯谨，此诚所谓大惑不

解者矣。故蒲氏之说，在英伦固自成理，东临吾土，其鬼不灵。

准上二义，愚盖不认外邦学者之刚柔唯否，可得妨吾立政之本图。就吉占所引一枝一节而评骘之，仆病未能。然愚自信未尝以此减退崇敬蒲氏之心，亦决不自弛研求学理之志。吉占云："蒲徕士之所教，五洲万国之史事，皆一致与行严之主张相反对。"盖当世无一农业国，而愚以明农建国为谷，又何怪反愚者之为一致？如此等处，愚只藉自以厉其信念耳，未见其能负愚而趋也。愚尝论欧洲之史实政理，吾当先严辨其不可学，而后认为可学者，不中或亦不远。囫囵受之，断乎无当。愚不敢谓吉占即有斯病，亦期于共勉而已。

吉占最后一文，有论国体问题数节，胸怀坦白，诚快男子。愚前论惴惴，唯恐吉占骂愚者，乃妄度吉占将大张革命党之风格，拍案大詈，谓愚何物，敢以叛国邪说来相尝试也。今知其不然，且能谛认国民心理之依违于帝制共和间，而无由通其惑。吉占虽未遽是愚无首之说，由此勘入，将有同点可期，此诚愚拜倒于吉占量洪识远之下，为之狂喜者也。惟吉占谓愚非议其人格，此吉占读愚文未细之咎。愚设为吉占用思起伏之一境，乃以取证心解，别无他念。凡愚之谓吉占，语语皆以自谓，仅愚无党魁在上为略异耳。吉占有党，倾服党魁，出于"理性的信仰"，皆吉占自承之实。愚涉笔及此，绝不含讥刺意。至吉占讽愚，愚所愿受。十二年间之政治罪恶，愚当然应承一分，惟似不如吉占所云，以无关本题，亦不赘。论点此篇所未及者，他日更言之。

原载《新闻报》1923 年 10 月 27 日。

农国辨

昨二十八日，有杨铨君在《申报》著一论文，题曰《中国能长为农国乎》，于愚农村立国之义，加以抨击。大旨谓农业与工业，未可偏废，以"徒农则以原料供人，而其一己之衣食住，以及农具与消耗品，皆将仰人之鼻息。"且"中上社会之嗜好方日增，金钱之流出者，年以千百万计"，非工似漏卮无以塞。以事实言，"吾虽不欲兴工，而欧美之制造家，已挟其资本，建厂于吾腹心之地。"大势如此，欲罢不能。农国之谈，徒梦想耳。此其为说，本恒人之公疑，前此屡有所闻，如蒋君梦麟、王君吉占，皆于愚明农之旨，不无误会。愚久拟诠释而未有当，今幸有会，请得而言。

讨议此题，第一宜知农国何谓。在杨君之意，或疑愚所立义，将斥一切工事不务，徒贸贸然驱天下之人以纳于农，人己之不知，学艺之不讲，入山唯恐不深，入林唯恐不密，群木石鹿豕相与居游焉耳矣。实则杨君所举之理与实，俱至浅显，愚虽暗陋，亦能运思及之。其倡为农说，自信尽有余地，以恣如此等义之出入，曾不阻遏。盖五尺童子，可以知之，天下固未有全然废农之工国，亦未有全然废工之农国也。岂唯不废，工国之重农者有之，美利坚是也。农国重工，义亦宜有。杨君所云农业机械之改良，与水陆交通之建设，固自农国所有事，夫亦问其所以重之者，其精神为工为农已耳。吾农国也，而古称四民，农工各分一席，史迁为《货殖传》，既称"工相与议技巧，农相与谋稼穑"，即期以"各安其居而乐其业，甘其食而美其服"。读两汉诏书，谆谆劝农，可谓盛矣。而孟坚称："孝宣之治，综核名实，技巧工匠器械，自元成间鲜能及之。"有农无工，自古已无是义，宁有生于今日大通之世，而反昧于通工易事之理者乎？以知愚主农国，其概念殆不如杨君所怀。杨君之词云云，在逻辑谓之逸果伦楛。逸果伦楛者，犹言未得其论点也。

然则农国者何也？曰，农国对于当今之工国言之。凡国家以其土宜之所出，人工之所就，即人口全部，谋所配置之，取义在均，使有余不足之差，不甚相远，而不攫国外之利益以资挹注者，谓之农国。反是而其人民生计，不以己国之利源为范围，所有作业，专向世界商场权子母之利，不以取备国民服用为原则，因之赀产集中，贫富悬殊，国内有劳赀两级，相对如寇仇者，谓之工国。建国之本原既异，所有政治、道德、法律、习惯，皆缘是而两歧。农国讲节欲，勉无为，知足戒争。一言蔽之，老子之书，为用极宏，以不如此，不足以消息盈虚，咸得其宜也。工国则反之，纵欲有为，无足贵争，皆其特质，事事积极，人人积极，无所谓招损，损更圆满，损满回环，期于必得，以不如此，不足以兴集国富，日起有功也。农国尚俭，贵为天子，以卑宫室、恶衣服、菲饮食相高。汉文作露台百金，以其为十家之产而罢。其他明君作诏，以雕文刻镂为伤农事，锦绣纂组为害女红者，多不胜读。商通有无，易于居奇，则一体贱之。奇技淫巧，为之有禁，以不如此，不足达其"以口量地有余而食"之旨也。（语见汉文《议佐百姓诏》。）工国尚奢，大规模之工作，自上达下，只须有力为之，无不恣意以崇其成。帝居寺迹之壮杰，大道朱楼之宏丽，吾三都两京之所夸论，曾不足方其什一。豪商所享，远过通候，利之所在，仁义归之。史公所叹"以财力相君，虽为仆虏，犹无愠色"，以写今之五洲财阀，如俗称煤油、钢铁、汽车诸大王者，始为尽致。商者在吾以通难得之货为病，而彼谓非难得，其值不厚。工者在吾以作无用之物为防，而彼谓非无用，人欲不餍，有经济之学以明之，立商标之法以护之，趋利若渴，死而后已。其所以然，则取利之途广，多取之以恣一时之欲，非深识大仁，洞观百年者不见其害也。更分言之，农国政尚清静，以除盗安民，家给人足，为兴太平之事；工国则言建设，求进步，争于物质，显其功能，如吾汲黯卧治，彼所不解。农国说礼义，尊名分，严器数；工国则标榜平等，一切脱略，惟利之便；农国于财务节流，于人务苦行，于接物务拽谦；工国则财以开源为上，人以有幸福求欢虞为上，接物以发扬蹈厉为上。农国重家人父子，推爱及于闾里亲族，衣食施与恒不计；工国以小己为单位，视钱如命，伦理之爱，别为一道，姊弟同车，各出铜币一枚，分购车位，反相安焉。农国恶讼，讼涉贷钱分产，理官每舍律例，言人情，劝两造息争以退；工国则财产之事，毫不肯苟，全部民法，言物权债权者八九，讼师数万，蠹食于兹。最后则农国以试科取人，言官单独风闻奏事，不喜朋党，同利之朋，尤所痛恶；工国明明言财利，内贿外政，比周为党，立代议制，朋分政权。如此之别，不可一二计。综其要归，"欲寡而事节，财足而不争"（仍史公语），农国之精神也。欲多而事繁，明争以足财，工国之精神也。其精神之所由起，以财源是否在于本国为断。由此勘入，思过半矣。

自十八世纪以还，欧洲机械渐兴，工业日茂，广肆骈立，农化为工，小资本之生业，逐见衰减。人人轻去乡里，觅食通都，都市生活，为之盛涨。一方田亩荒芜，食料不给，而一方互市海外，生涯畅遂。大地未甚开发之农国，生货填委，可以少许成品，诳取多许，自非食粮，资以活给，稍加造作，旋又往售，生熟出入，利每十倍。因乃本土殷繁，冠冕一世，增造富族，豪侈无伦。如是者百余年，迁流之极，弊不胜言。其在国内，贫富两阶，相去太殊。富者木土被文绣，犬马余肉粟，而贫者织不去机，裋褐不完，终岁勤动，一饱不得。故以南开市人而苦寒露，波多人而病消渴，一国熟视，恬不为怪。何也？举凡所产，固以供转输，博外利，与前民用平人欲之旨去之万里也。工者积不能平，联盟力抗，所谓社会主义者，自共产以至工联，随激有差，而求所以甘心于资本家者则一。凡在工国，无一能安，患祸奚出，不复可料。其在国外，言制作也，科学久成公器，言贸易也，我往寇亦能追。其初英吉利独为先登，舟车所至，无不如意。既而德、美、法、日，相继崛兴，制器功侔，行商地丑。即前此坐受盘剥之农国，亦各渐染机心，粗能步武，倡行土货，明示抵排。是世界商场，明明日窄一日。而通商惠工之若干国者，机件之益益敏给，效率之益益增大，出品多而成本轻，计算之益益不可低昂，人口之大多为数，依工为命，作业之益益不可旷废。综计制造全力，如董君时进所言，"殆足供给更进一地球之货品而有余"。（见二十五日《申报·论中国不宜工业化》。）自二十世纪开幕以至一九一四年，欧美之工业状况，全陷入于此种供求不应之反比例中。商轨之僢驰日甚，同业之相煎益急，而谋垄断天下取威定霸之英、德两国，势且力轰其一，以为一时苟且偷托之计，因而惹古今未有之大战，使凡为商战者，靡不加入。由今思之，正如悬崖转石之必至于地，无可致疑。嘻！欧洲苟其徇工无已，不知更化，则后之视今，亦犹今之视昔。更越二三十年，战且逾酷。昧者不察，以谓协约国今以公理人道胜，国际之清平可期，以近五年间之事证之，得非梦呓？外之商事之逼拶如此，内之工潮之澎湃也如彼，欧洲工制之所由崩坏，大略可知。

吾人生当此世，其将何以自处也乎？四五十年来，吾震于欧洲国势之强，学术之盛，工艺之精，凡西来者，率不加考问，一律迎之，以为欧洲若是，吾亦当然为之，举吾旧有，谓与弱国为媒，拉杂唾弃不惜。以本题言，今之倡言"中国必工业化，然后可以自存"（参观二十九日《申报》戴君英所著《中国可以不工业化乎》一文）者，尚比比也。尝试论之，苟吾乍经鸦片战争之大创，锐意维新，如日本明治初年之所为焉，则且不问得果之良恶如何，而以犬羊之质，服虎豹之文，求为一外强中干、参伍欧美、尚工形似之国，自属可能。何也？其时工业万能之花，盛开而仍未谢，销场未尽，可供回旋，群义未滋，工人用命也。而今也王气已收，大战初已，各国之所以自窘于工，如茧之缚者，底里尽露，惩惩无及。于时而谓新兴工化之庞然大国，可容发迹，殆为不解事者之所妄期。况乎工国矫揉浮伪，疵疢万端，凡为右工之民，亦一口能张、两足能举之机器，出作入息，各衔轮齿，莫之或絜焉耳。于兹为群，亦太寡味，借日可期，岂其所欲？工云工云，不思甚矣！至于外货侵寻，财漏无艺，如杨君所虑数事。又海关之册，近告入超将及三万万元，核其所入，米且二万万石，面粉三百余万石，棉布值二万万两（如戴君说），骎骎扼吾农产之吭，使不得吐气。此农国失其所以为农之咎，非农国不能化而为工之咎。所有墨守农法，于今无济。允宜借助工事，励学明艺，农产而外，别兴土物以斥外物各情，俱吾农国之所当有事。只须所兴以为吾用，或为吾用而更能兴，循环操作，功用不出本土。律愚曩立两种国家界说，其义并未出农而入工，而又何疑焉。

本此以谈，吾之立国不当有背于农也，断可识矣。杨君发问，中国能否长为农国，不待踌躇而宜应之曰能矣。其实此一问题，不仅吾国独有，比者欧洲工党，倡为第一、第二、第二半以及第三国际诸号，以与赀本国之帝国主义抗，所言虽不离工，而考其用心，固隐然有逃工归农之意。何以故？以其不主谋利，而主公制作以均民用，多与农国之本义相默契故。无奈欧洲之社会组织，一概托体于赀本，如虫百足，不可得僵，而又农亩浸废，众民浮寄，地狭人稠，安所受田？一时名家如潘悌等，倡言农业复兴，诚有明夷待访之叹。杨君能否一问，在彼盖未易答，而吾何有焉。吾本农国，今其精英，虽微蚀于伪工制，而大体未坏，谨谢杨君亦"长为"之而已矣。

或曰，今之言工业化者，亦特以吾为国际赀本所压迫，输入品所蠹蚀，不得不同趋于工以御之耳，固非怀侵略之野心，以集赀为的彀，如子所称欧美诸工国之所图也。用意并不相悖，子亦何必标揭农国，以齮龁为。愚曰，不然。愚固言之，农国之崭然与工国异，不在人民择业之不毗于工，而在百业之本意不违于农。戴君与董君辨（即前引《申报》二论），戴君之言曰："董君以为今日之中国，尚为农国乎？抑已为工国乎？若农国也，则董君所称农国之民，质直而好义，喜和平而不可侮，生活单纯而不干燥，俭朴而饶生趣。社会安定而太平，鲜受经济变迁之影响，无失业亦无罢工。凡此所言，何与吾国今日之情实全不符合也？"善哉问也！兹为忧时者之所公惑，诚未易通。愚忘其无似，请代董君而对曰，吾国固去农而之工，未举工国之实，先受工国之敝，徘徊歧路，进退失据，农不农而工不工，因而社会见象，有如戴君所说者也。盖吾曾不察欧洲所以为工国者何在，及为工国之利害得失奚若，徒蒙然举工国之政制习俗、车服器用、逞欲好争、豪华开发一切之事，一一而模习之，唯惧不肖。朴愿者惶惑不知所守，黠猾者张皇靡所不为。被之群治，以致如今日戴君之所刻画，固然之理，无足奇也。然则如之何？曰，凡所剿袭于工国浮滥不切之诸法，不论有形无形，姑且放弃，返求诸农，先安国本，而后于以拙胜巧之中，徐图捍御外侮之道，遮乎其可。农国之辨，岂得已哉！

原载《新闻报》1923 年 11 月 1、2 日。

农治述意

迩吾国有新思潮二：一欲举吾国而欧化之，凡固有者皆不善。一谓欧化自濒破产，吾不可盲从，本吾所固有者发挥光大，始为上计。愚主农村立国，即于后者为近，人每以退化笃旧少之，而愚自信为新。何也？风会所趋，原于理者半，原于情者半。而天下之理，只有此量，绝对者既非所知，则甲时见智，乙时见仁，如环无端，息息流转。曩有奈端，今有恩斯坦，吾知继恩斯坦而起者，或仍奈端之流也。曩有达尔文，今有杜里舒，吾知继杜里舒而起者，或仍达尔文之流也。若夫情者，根于官感，有关嗜好，是非递嬗，尤无的标。城中好广眉，四方且半额，城中好大袖，四方宽一尺。反而观之，四方既半额，城中眉复窄，四方宽一尺，城中如束帛也。以是之故，愚恒勤语学子，遍告论师，俾勿执言新旧，为略通久宇观念者所病。夫愚言农村，固非前定，论者所持欧化之义，于举世未为之日，愚夙怀之，而欧洲文化日衰，现制岌岌不保，为世界识者之公言，宁可诬加？吾国二十年来，稗贩西制，不加择别，如病者未经诊断，妄服巴豆，大泄垂死，又属不可争之事实，炳然共见。则董仲舒所谓"当更化而不更化，虽有大贤，不能善治"者。愚为之旷览中外，参酌古今，破除我执，力争上游，而得一以农治天下之通例大训。窃以为世有新义，宜未有更新于此者矣。至愚所谓新，乃有含分若干，与旧合迹，则宇舆久如是设境之咎，而非愚制思未审之咎。麦克多纳者，英伦工党之魁杰也，日者演说于巴力门，有曰："吾党所怀理想，远接地平，但其求达，无取距踊，只须举足能及第二步，足矣。"（见《字林西报》八日伦敦电。）愚之言农，亦奋力求前，足涉第二步，而见为如是一境而已。第二步外之又为何境，暂不论也。若必以旧短之，则意大利文艺复兴，新步也，而复兴何义？英伦王政复古，新步也，而复古何义？有史以来，如此例者，宁可枚数。以愚所知，今欧洲明哲之士，扬榷群制，思古之情，辄见乎词。如德之斯宾格勒，英之潘悌，其尤著也。愚曩言之，"思想之流转于宇与久间，恒相间而迭见，其所以然，则人类厌常笃旧之两矛盾性，时乃融会贯通而趋于一。"愚诚顽劣，终以天陷当前，此理不废，知罪如何，不敢辞也。

吴稚晖先生，昨以长函见贶，亘万余言，论域甚宏，壮谐杂出，猥承相许，督责备至，至以愚所著论，应得祸国殃民亡国灭种之罪。愚近以人类普遍有罪，为改造社会之原则，己之不肖，焉敢自遁？凡人有言，皆是吾师。虽未几于闻过则喜之醇，要亦附于慕义而勉之例。况夫早岁追随，足有风义，言出稚晖先生之口，而入于愚之耳乎！惟所崇奖，无以克当，而其敝罪，又非所望。除涉于愚之个人行动，有当长跽引咎者外，义关群治，愿得毕词。因先述本怀，明其梗概，再举来札，以次申释。惜其篇幅过长，不能备载，谨择其至者，录陈于次。

……先生果其在欧观察失望（弟与先生同在欧，据我浅见，并未如先生之所常云），不屑与世界政治为伍，则农村者先生之新生命，又弟所赞成其实现，惟不赞成其立国。比赞成先生闻政，尤为殷热，此前年里昂分袂时所彼此肯定者也。去年五月，弟访先生于农大，虽未晤，幸得参观其规模，试验场等之丰富，叹其大有可为。现在学生再三请求先生之归，先生何为不事耰锄，而仍弄其毛锥，几乎一开口，弟个人狂妄，皆认为祸国殃民、亡国灭种之谈。二十五年前，要寻一民国十二年以前之章行严，穷搜九天九幽，毫毛不可得也。若要寻一今日之章行严，满街皆是。先生九死一生，亲芟夷之，才有一线曙光，乃曰"蹈钊往失"，这句文调，叫辜汤生先生来，换一个"蹈铭前失"才对。现乃是反谷入幽，明明误白为黑，甘心逐臭，是何理由？

弟狂妄，以为今日不死不活之局面，一半由于贤人自杀（即以考古消遣等自毁），先生其一。一半则由复古而变成洋八股教育。故鄙意以为那许多冢中枯骨（所谓故训），止需夫己氏等，喜欢咬矢橛者为之可矣，如何可以经天纬地之先生亦为之也。此与梁漱溟之崇拜孔学，李叔同之觅死绝食，皆无穷之损失。所以弟之愚妄，愿出身犯难，以谏先生，及梁任公、张君劢诸先生，且于子民、精卫诸位之态度，亦以为宜改。明知无益，亦自尽我心而已。

……先生向为冰清玉润之文，若欲记事说理，不用白话文，即用先生之文体，亦无不可。所以在北京时，《甲寅》有复活之说，弟乃大喜。后见《晨报》告白，有以文体为标旗，弟又大奇。即告皮、周诸人曰，白话亦一文耳，彼自有彼之一席，何尝言政说理，定欲用白话文者。天下渴想行严先生之文久矣，吾以为章行严、汪精卫，皆作冰清玉润之文。故民元有戏言，欲锢二人于高山，使操言论权。嗣后得有四人，曰皮宗石，曰周览，曰杨端六，曰李铁星，皆能作行严先生之文。虽地老天荒，可不作白话一字也。嗣后先生言文体（在杭演说），言地震等，真该死，合周、秦、汉、魏、六朝、唐、宋白话而一炉冶之。金刚钻嵌在马口铁上，弟虽不能为文，亦尚自以为知之，为之蹙额曰，何以见天下人？乃二三月来，忽不懈而及于古，卓然成一古之作者，然亦变而为废物矣。弟在报上告梁任公曰，公乃传人，司马迁不可无《史记》，司马光则不以《通鉴》为轻重，苏东坡则以诗文集，王荆公并不以诗文集可增损毫末，吾于先生亦云。然先生本爱国之热诚，转而爱世界，本其群治之识力，为群治得一究竟，乃世界所仰望。即以附带之农村论，先生果从农大着手，改其洋八股之旧失，真使该校转变而为世界一农校，于是门弟子在通国遍设大小之农校，而农村自成，此皆我辈未死前所谓消遣者耳。至于雕虫小技，为吊诡之文章，作龙蛇之字体，皆无聊文人所为，岂壮夫而为之。吾见先生卖文之告白，我即大戚。又在弢甫家，见壁悬先生之联，余虽向知先生之字体超妙，特不料造诣至于如此，此断非康南海等所及，倘在上海卖字，亦可七八千元一年。然余亦不愿先生作此勾当，传状碑铭，扇头楹帖，偶应亲友之求，作佳辰良宵之游戏，亦未尝不可算一件乐趣。若作货物出售，如为丧家吹箫，为牧豕奴饰壁，与文丐为伍，宁可屠狗卖浆，所贤远矣。至于国学之日昌，乃进化自然之理，先生宁如一孔文人，附和以为销沉乎？试观一寿一丧，必有寸厚之巨帙，满载文艺，以为夸耀，此岂昔年所有？至于考订旧文若夫己氏者，乃用前代法，虽善，实为已陈之刍狗。现世应变为科学的，用 Universal method，自应让与梁卓如、胡适之、钱玄同、顾颉刚诸人。今已异说纷起，将来必成一新世界，如春秋战国之学者后有汉魏，从而有宋元，从而又有清学，皆屡变而面目常新者。然此等咬文嚼字之气势太猖獗，有害于科学之发展，不能不稍裁抑之。且此皆狗头文人之事，无与先生内圣外王家之事，即我吴稚晖，虽错过了弄斧头之年龄，犹不屑为此等勾当，虽没世无名可也。纵笔所之，言皆僭妄，乞恕而付诸一笑。

此外则稚晖自序其与吾兄太炎相恶之事，自癸卯讫今，巨细佥载。恐读者不察，妄议吾党之巨人长德两有所伤也，请不转述其词，而惟以鄙意悬附于后，俾论世者考览焉。以说事之文为复札式，如下：

稚晖先生左右：友人言先生南归，知摈恒客，未敢相扰，乃蒙先施，渥赐手翰，执玩反复，感慨万端。猥见诲诱，互有奖罪，奖非所任，罪亦有说，请得略举近志，为先生陈之。昔者公孙龙为《白马论》，孔穿请于龙曰，素闻先生高谊，但不取先生以白马为非马耳，请去此术。龙曰，龙之所以为名者，乃以白马之论尔。今使龙去之，则虽百龙，固不能当前矣。钊学虽不敢望龙，而近言农村立国，其他百议，皆由此点发迹，则正与龙之执言白马非马者相仿。钊自有识以至于今，二十年为伪士，综念往事，怀赧无地，今之差能为人，稍自克就，且敢以危言小辩，与天下之士相往复者，以知吾非明农返本无以为国尔。今先生曰，子当去此。子其复为民国十二年以前之章某，则国事可望。嘻！如可望也，则钊于十二年以前之所云为，其为益于国，果复何如？凡先生所期许，倍于钊者，于十二年以前之所云为，其为益于国，又复何如？先生持论，如此其相贸，钊诚不肖，有怅怏踌躇，惟百钊不能当前是惧已耳。钊闻之，人各有能有不能，王充谓"从农论田田夫胜，从商讲贾贾人贤"，能事未至，并不为耻。柳州言"矢人者不为不仁，函人者不为仁。率其职，司其局，交相致以全其工。"能事所在，宜不相非。而国人率昧二义，摘埴以行，己既强不能以为能，复抹煞天下之能者，使无以自奋，乱机不已。职是之由，梁任公以言感人，是其所长，而好以入阁明宪自负，是其所短。故一长财政，其庸妄乃与周学熙、曹汝霖无异，而习吏事善弥缝反逊之。近年治学，不问政事，笔舌所流，稍能自见。在钊观之，自为为国，俱是进境，而先生必以"自杀"骂倒之，何其左也？以先生富于玄想，巍然大师，语其高，可与希腊诸哲抗席，语其低，乃不足与中学毕业生程材。是焉适于"弄斧头"者？先生姻家子陈通伯（名源，北京大学教授）高华敏妙，长于文才，曩在英伦，与之月旦中外人物，以为英之威尔士，吾国之先生，可称双璧。而先生顾薄威尔士不为，笔阵偶张，旋复弃去，以致上下古今谈之沾溉天下，未若威著《史纲》诸书之远。先生试思之，入植铅字数百，出携廓大克一具，食力不过百钱，为烈不逾一手足者，此诚"满街皆是"，何劳吴稚

晖为之？先生为之，亦既二十年矣，语其所获，果何益于盛衰成败之
数？若云"消遣"，则凡"为吊诡之文章，作龙蛇之字体"，"毛锥"也
可，"斧头"也可，俱荀卿所谓"好相鸡狗之可以为名"，其值相埒，先
生一是而一非之，又何不广？钊谈农村，与欧人之言乌托邦，及吾人之
觅桃源避时乱者异趣。钊意以农治为国是，而先将反乎农治之一切政
制，概行变置，使天下智勇辩力之总量，辨明的觳，分途赴功，故其事
在转移风会，使人共喻，而不必拘墟于一验一实，漫相矜夸。且言验
实，以钊疏放，决其无幸。农大之不由钊手整理就绪，自去岁即知之。
钊仍长此，与尸无异，其辞不获命，徒以同僚之与诸生，未深明钊之无
似，坚不肯舍耳。是校也，宜扩为全国农学专家公同试验之场，凡有专
长，举得自荐。故校事之进退，以专家合作力之强弱为衡。钊之在京与
否，无甚关系。至言文事，先生显饰如是，尤非所荷。无论何国之文，
表一义者不止一字，构一思者不止一式。其于逻辑，凡记事说理，俱各
有最惬心贵当之字与式在，谁能得之，乃为圣手。雨粟鬼哭，即是此
候。然中外古今，能全得而无遗者，谅无人也。丹蝶、沙翁、马迁、杜
甫，果得其几分之几，判者之选，亦复甚难。钊每撰文，即怀此想。而
以罢驽之所能及，觅得相当之字与式，适如吾意以出，轻重疾徐，不溢
累黍者，综忆往篇，一且无之，以是知为文之难。若夫文体之为今为
古，为白话，为文言，俱非所置念。苟其得之，何者皆是；苟其不得，
何者皆非。先生以钊文为"及于古"也而悲之，人又或以是而喜之，钊
均未敢许为知言。文无新旧，惟其是。今为新文旧文者有之矣，能为
"是"文者，自吾兄太炎为近是外，钊盖未之见也。先生志在科学昌明，
然岂举世执笔，无一是者，而能应用 Universal method 而无恨乎？右举
各义，皆就来命所次，拉杂具陈，盛德执谦，居于"僭妄"。钊自刻画，
其又奚言？恕之恕之，更作后悔。吴、章交恶，为革命党中一大不幸
事，至今迹仍未泯，不幸尤甚。钊于两方皆有厚谊，曾以调人自居，俾
成和解，札中所谓沧洲别墅二号之会者也，今犹是此意。且知吾兄饱经
忧患，悁急不似曩日，故请恕钊无状。即不传述先生自白之词，而惟以
己所及知者，两无颇偏，略为证左。先是癸卯夏间，上海党事甚急，江
苏候补道俞明震，泰檄来治斯狱，名捕吾家兄弟（太炎、威丹）、先生
及蔡孑民诸人，而不及钊。盖俞是时总办江南陆师学堂，钊先一年习军
旅于是，以英年能文，为彼激赏，后虽离校而言革命，彼此情义未衰。
故当时以革命党而与俞道有通款之嫌者，应先属钊，而吾兄顾疑先生，

以为己与威丹被捕，乃由先生出《驳康有为书》及《革命军》，上俞告密。微论先生忠亮，不为此事，而是二书时已流布江湖间，并非奇谋阴计，何待有人密陈，俞始晓洽？吾兄身在狱中，张琴饮醪，不无闷损，言偶不检，本可相原。先生旷达，早未介意，不谓吾兄曩岁不检之文字，弟子辑录《章氏丛书》，未即削去，致先生疑其故相刍狗，意大不甘。今按来翰，知将编著一书，计五六万言，以明癸卯党事始末，愤闷之词，宜所不免，权枒如此，诚为遗憾。夫入民国来，党中文士，数典自忘，不肯著录，至今伯先、笃生死状，无人明之。以此讯钊，即有大罪，得先生发愤为此，凡属吾党，所当顶礼，钊又何言？惟阋墙之迹，丑诋之词，张之只益吾羞，委细记载，未敢附和。承不见外，为钊道及，辄陈愚虑，以备圣择。天下之士，无贤不肖，俱以先生皭然不滓，失之太过，宁待白状，始有千秋。窃愿闳达，更加审处。士钊谨状。

原载《新闻报》1924年1月11、12日。

毁法辨

　　今之执政政府，人或以毁法少之，此大谬也。盖凡法籍宪令，有人依托之以为重，其规条所不便于己者，必或纤或径以坏乱之，致名存而实违，而仍得使天下之人集于名下，苟且曲折以求合于己，则毁法也，项城之修改《约法》是也。否则法籍宪令之规条，明明为某为某，而主者以行苟叠达之故，故反其道而行之，使其条规所载无效，亦为毁法，袁、张之两次解散国会是也。不然，两法相嬗之际，后法以议士瞀乱无道成之。因之前法横遭夭折，其鬼不灵，是为毁法，章章尤甚。曹锟之公布贿宪是也。是三者，皆非所论于今之执政政府。

　　执政政府者，乃乘无法之末运，开造法之初基，应时而耦变，见形而施宜，谋弋取天下德慧术智之总量，以奠民生而立大本者也。本来无法，何所谓毁？己身并不标榜何法，毁不毁抑又何关？盖法也者，既死不可复生者也，可断而不可续者也。在理有如流水，提足即非故湍；在势有如破甑，再顾有何实用？孔子主复九世之雠，而不闻主复一世之法。荀卿言刑名从商，爵名从周，文名从礼，散名之加于万物者，则从诸夏之成俗曲期。是取乎古者，贵通百代以为邮，取乎今者，贵放四海而皆准。未间断代而执一法，不问其宏狭通滞如何，而乃争之于疑似，胁之以必守。心情之不审，孤注之不计，如今时以《约法》为市者之所言也。法兰西革命，以迄第三共和之成，中更宪法十二，年载相均，不足十稔，而皆各自为法，不相袭代，未见以何年复何法称。刘安曰："一弩不可以百发，一衣不可以出岁。弩必应乎高下，衣必通乎寒暑。是故世异即事变，时移则俗易。圣人论世而立俗，随时而举事，王者法度不同，非务相反也，时世异也。是故不法其已成之法，而法其所以为法，所以为法者，与化推移也。夫能与化推移，至贵在焉尔。"执政政府，其职亦在求其至贵者何在焉耳矣，他非所知也。

或者疑之，以为凡右所举，律之前代寝废之法，于义诚当，若夫《约法》，为民国之所托命，制定不过十余年，安见世俗时事相去甚远？其间屡废屡兴，卒莫能绝，民意可知。夫天下亦焉有无法之国者，《约法》虽未善，而于他法代立以前遽毁弃之，非也。曰，不然，理所贯通，无与时代，法诚废矣，其为一年前废之，抑或百年前所为，不必问也。诸君果以民国元年之《约法》去今绝迹，三代无论矣，较之《九通》所载之最近世成规，其于时俗时事之离合向背，有不可权度者乎？以愚观之，《约法》诸条，在五十年前，吾民族思想所绝未及也。其生硬为吾民所不习，远在典谟训诰之上。是《约法》者横法也，而吾自有其纵法。《约法》者皮傅之法也，而吾自有其立命之法。横而皮傅者，时虽近而实远；纵而立命者，时虽远而实近。吾人于深厚固有之法，犹且通变损益，无所于滞，彼南京参议院十七票之所成，显由稗贩剿袭而来者，而又何疑焉。

夫谓天下无无法之国，亦视所谓法者何诂耳。若谓无宪法或约法，即国无与立，乃謷言也。英史家麦考黎曰："宪法者，纸币也。纸币诚利于商，而无实币以盾其后，纸亦纸耳，何裨于用？惟宪法亦然。宪法之下，别有力焉，此力不行，宪濒于死。此力者何？亦吾民生长歌哭、久久相沿为用之种种法则而已。"以是之故，英可谓无宪之国。其曰英宪不成文，亦法家从而为之辞耳。吾中国之以习惯力统御社会，仿佛似英，此习惯力不失，即国家不失。根本法云云，俱全后外铄之词，倘或民元而无所号《约法》者出世，吾国积极方面安定决无逊于今日，而消极转可避去《约法》之争，生命财产，因得保全无算，未可知也。诸君试思之，吾自有《约法》，国人切切以利害情感嗜欲希望维系之者几何？自南方军人偶揭"护法"二字以为称兵之便，及议郎八百余人非此无所鬻其我即国家之说者外，天下之为《约法》请命者，复何所见？有之，亦惟前二者之分野，不归杨则归墨耳。故吾国虽有《约法》固久矣，不啻无此物也。

《传》曰，惟名与器，不可以假人。天下虽不倚《约法》为命矣，而昌言绝之，仍无其事。笃而论之，项城之约法会议终，《约法》即已消失。中经帝制，相去益远。黄陂继位，所有国家百年至计，即当别开生面，重与细论，而不当拘牵因就，以恢复《约法》之议进。斯时愚在肇庆，与岑梁诸公计事，主辟新运，别立政统，至少亦决不复国会。无如汤化龙、吴景濂之徒，大会沪滨，以民意相劫持，四方骇服，《约法》国会表里唱和之局，咄嗟以成。自时厥后，翻覆者再，而要以议员自身僇力并命，天下重足而立，敢怒而不敢言。夫近年来，两院诸公，丑迹迭著，无学无耻，无所不为，其得罪于吾民，亦云至矣。而公然惩创，或建议撤回者，未或闻焉。语云，社鼷不灌，城鼠不熏，所托者然也。夫以《约法》未当于人心也如彼，而人心无最后之决断也如此。刘安之诂乱国曰，言与行相悖，情与貌相反。今悖反之象，一至于此。宜乎无名之战相寻，而乱国之运反复照临以迄于今也。

夫人必自侮，然后人侮之，国必自伐，而后人伐之，惟法亦然。吾国以有《约法》，社会全入于不自然之乱状，处处以有议员当前，无由董理。何幸为议员者，罪恶贯盈，窃不自意。往岁一举自鬻其身，自鬻其机关，兼自鬻其法统，召义师，罹刑网以去。而《约法》既已受代前灭，复无八百人者为之尸，遂乃举国清净，物极思反。所谓吾民生长歌哭久久相沿为用之种种法则，暂复其本有之功能，徐徐谋执总意合力，别造大法以覆其上，使为安利元元、长养子孙之计，此其无法以求法，安详协进之状，为十三年来所未有。如意外之变不生，为我国开新基，立新命，殆无便于斯役者。是何也？曩之无法，乃以他力毁之，随毁随复，激荡之势如是。而今之无法，则由法之自毁，毁而更创，自在之情不伤也。由是而谈《约法》者，毁于曹锟，毁于吴景濂之徒，与执政政府无关。申而言之，曹锟与吴景濂之徒，以同利而窃国，以掩耻而布宪。伪宪布，《约法》销，法统以断，断矣。曩已论之，法可断而不可续者也。前此不顾法理，屡续屡乱。今者国会自杀，情伪大彰，终于断矣，宁更妄续。《传》曰，栽者培之，倾者覆之。覆栽倾培，安有是理？临时执政政府，以天时人事之逼拶，会逢其适，出持斯局，力小任重，弥自竞竞，而善善从长，惟在君子。天下谈士间以毁法为执政政府咎，夫亦拂于人情，拘于政用，纪元以还法史之所经，未甚厝意也矣。作《毁法辨》。

原载《甲寅周刊》第 1 卷第 1 号（1925 年 7 月 18 日）。

代议非易案

曩者，吾兄太炎有《代议然否》之论，其时吾国尚无此制，人亦莫审其言之真解。忽忽十余年，事理渐著，国会为物，亦朽败无以自存。天下之论代议者，不得其然而尽得其否；于是人类之所贵先有夫觉者，乃于吾兄焉寄之。虽然，墨子曰："既已非之，何以易之？"今舆论灼灼以明，宪章悬而待决，代议制之论域，已逸出研核是非之外，代舆何物，探讨宜周，是舍然否而进言非易，愚案之作，岂徒然哉？

愚蓄意改造代议制，盖在民国九、十年间，以疑莫能明，又慑于斯制惰力之未全去，所称宪政祖国之英伦，尤如北辰所在，时论拱焉。乃于十年二月，于役欧洲，亲加考览，长途万里，所怀百端，即红海舟中，草致吾兄一函，略抒鄙虑。凡一思想之来，致敷为文词，可成追忆，无论当否，俱非偶然，重此因缘，请得申述。

太炎长兄左右：兄集中有《代议然否》论一首，主不设国会，又与马良书，及记政闻社员大会破坏状，复于此三致意焉。此皆逊清末年，兄在东京所标大义，时弟习律英伦，浮慕政党政治，兄有此文，竟顽然不省，人事卒卒，后亦未遑追诵。无何民国缔构，议士哗起，吾二人皆归国。国之大政，大率有所主张，独不闻兄续续用力，掊击代议制，人亦莫或道之。弟本主三权，又无足论，盖兄文相忘于废官豪民狼奔豕突之中也久矣。斯制既立十年，捉襟见肘，弊害百出。弟从来所持信念，扫地以尽，橘移淮南而化为枳，亦渐闻人深致慨叹！然有人民神圣国会万能诸说，稗贩政治者流，得以奔走号呼，关其口而夺之气，亦遂委蛇委蛇，莫肯颂言其非。前岁弟在广州，偶言议员宜课资格，受试验，闻者大哗。又在上海揭论，主宪法不由国会订立，其文流传羊城，两院中人，指为叛逆，张皇号召，削弟议籍。此故不值一钱。然取证议员诸君之抵死不悟，则有余也。今天下大乱，纷纷不能休，军阀与国会，同尸其咎，长此不已，国谁与立，军阀别为一事。至国会者，信无人不以改弦易辙为不能缓，顾其术不出口耳四寸之间，亦谓分子淆乱，宜黜暴登良已耳。人数过繁，宜去原额之半或三之一已耳。选法未善，宜改从某制某制已耳，抑或如弟夙持一院制论，谓中国无设上院理已耳。至国会屹然为宪政不可缺之一机关，自非吾兄，未尝敢有以一矢加遗者也。语云："蝮蛇螫手，壮士断臂。"民国之螫于国会也甚矣，以弟之愚，骎骎怀断臂之念，不止一日。然怀之而不敢发，且善后之道，不止一端，如国会去而立法何寄？所谓新党豪氓，惯肆人上者，不使出于国会，宜以何为尾闾？皆需列案考求，未可率尔而道。欧洲大战数年，多见国会之不适于政，即英伦巴力门威权无上，近来亦且摇摇，论政之士，大持异议。弟逝将西迈，深致查察，外参世界新趋之势，内按吾国已然之情，中本为政宜然之理，发为文章，以讯国人，不谓涂登半程，日刚逾朔，循诵兄文，忽忆名论，其说建于未立本制之先，始为人人所不能言，中为人人所不敢言，卒为人人所欲言而不知所以为言，此诚不能不蒲伏于兄先识巨胆之下，不胜欢喜，深用自壮者也。窃观兄文，论事每多奇中，人为外物所蔽，不能体悉，往往造一胜论，用等浮云。昔者子云寂寞草玄，自伤抵粪，知其能实五稼，饱邦民者果有几人？以弟与兄相昵，曾不能抗踪伯松，其他又何足论。所举封建久近，帼积大小诸义，均颠扑不破，此外有何新剖，尚望开陈，国会去后，兄意似归重综核名实，然否论所列各条，微嫌简略，详细条贯如何？及弟曩举所需列案两事，如何筹度？昔何承天与人论事，谓吾所忧不立者，非谓洪论难持，退嫌此事不可顿去于世耳。今绝国会，亦有此嫌，欲求实施，其方安在？凡此诸问，雅思所及，俱愿详闻。又兄所持义，间有迁变，如夙厌联邦，今反称之，其一例也。代议然否？既久不道，人且莫明兄旨所存。重伸本怀，必不可少，幸更为文张之。弟有所见，当具别纸以往，草叠不尽所怀。弟士钊谨白。

此函后审为邮者所误，未达兄览。归国察知，相与太息。盖理晦未章，国乱无已，大匠不得示人以规矩，而天下之为方员者大偾，非细故也。以此议终侍吾兄一言之理，去年六月，录致原函，遂乃闻教。

行严吾弟左右：得钞寄在欧来书，吾前在日本，逆知代议之制，不适于中土。其后归国，竟噤口不言者。盖以众人所咻，契约已定，非一人而能改革，且国会再被解散，言之惧为北方官僚张目，故长此默尔而已。今国会恶名，播于远近，亦无再成之势，穷而思变，人人皆知之矣。然则复理前论，适在今之时也。

今所患于国会者，又非如《代议然否》论所指而已也。盖取决多数，其势有必不可行者，以过半列席议员，监督政府官吏，则弹劾查办之事，率牵制而不能行，以人民法吏监督议员，则过半以上之议员，作奸犯科者，亦无术以处置之。是故选区撤回法廷起诉，可以制少数议员，而不能制多数议员也。或曰，政党结合，则多数一心，弹劾查办，必无停滞。然吾国之政党，已可知矣。以爱憎为取舍，虽实举弹劾查办之事，亦无益于国也。而人民法吏之监督议员者，复非政党所能就。假令议员过半以上，无不作奸犯科，欲使全国之选举区，并起而撤回之，则势有所不成，欲使法廷起诉，法吏虽强硬有力，亦惧于伤国体而止耳。使夫百务停废，动转不便，有若万牛回首之势者，则取决多数之为也。今以选举元首，批准宪法之权，还之国民，此不能不取决于多数。以多数决之而无害者，以其权在全体国民，不在代议士也。若其监督政府，则当规复给事中，监督官吏，则当规复监察御史，分科分道，各司其事，监督之权，始无牵制矣。不幸给事中、御史，复有作奸犯科者，不过于一科一道中为之，而非全体为之，则法廷起诉，亦易行矣。以科道监督政府官吏，以法吏监督科道，其连及者不广，则无牵制难行之事，比于国会议员，似为胜之也。

给事中、御史，所以必分者，何也？曰，一以监督政府，一以监督官吏。监督政府者，事未成而制之；监督官吏者，事已成而弹之。其务不同，有不能合一者也。唐给事中，属门下省，及明则特置一官。诏令既下，由给事中当科颁发，以行于部。其行政不便，用人不当者，给事中有封还之权，执奏之权。若大体不谬，节目失当者，唐制又有批敕之权。其各部所定科令，诸吏所上章疏，得旨允行，而于事不便者，给事中亦有驳议之权。明时驳议，亦称科参，自部以下，无敢抗科参者。此与今议员所掌，未有大异。惟立法则各部拟案，给事中加以可否而已。若御史则专主弹劾，与给事中异用。清雍正以后，君相恶给事中之害已也，于是并其职于都察院，使与御史同务。法定职掌，虽犹以封驳之权予之；然诏令多由军机密行，鲜由内阁明发；虽欲封还而无由，陵夷日久，虽明令用人，亦瞠目视之矣。由是台（御史）谏（给事中）不分，军相得以专肆。然犹幸有弹劾之制，使之从后救正，究其所失，盖已多矣。给事中日阅诏令，事务繁猥，则于百吏暧昧之事，自非其所能察，御史以无事觇察官邪，使之审定诏令，又非其所暇为。且使政府有不法诏令，给事中承顺而颁行之。经御史弹劾，则阁员当事者，给事中当科者，皆当负咎，同在一官，即无由裁正矣，其不能不分者势也。

御史与法官，所以必分者，何也？曰，官吏违法渎职之事，有于刑律未尝定罪者，亦有事情委曲，非法官所能喻其旨者。细者如受赃之事，盖非徒财物珠玉而已。妓妾之奉，文字之谀。（如立德政碑等），至于肖像建祠，起堂署额，此其与赃一也，而于法或无其条；大者则有辱国媚外，阴损主权，于法亦或不可科罪。最其甚者，以阴险刻薄为政，驯至藩镇叛变，寇盗日棘，若唐卢杞明温体仁所为者，为祸至烈，人心恶之亦至深。然稽之刑津，则无事也。是岂法官之所能同哉？近世刑律之设，以纠治百姓者多，以纠治官吏者少。非有弹劾查办，则恣其所为矣。弹劾查办以后，已受行政处分，而于刑律尚有余罪者，自可付法官治之。弹劾查办以后，于刑律不能科罪，而但当受行政处分者，亦当视其轻重议之：免职降资，一也；除名不叙，二也；于他州安置。（宋时有其制，特以待官吏，不以待人民，非流行之比。）三也；于边庭效力自赎，（清时有其制，亦特以待官吏，不以待人民，如发往军台效力，仍以废员视之，不以流配犯人视之也。）四也。此则当定之官吏惩戒法，不定之于刑律，其处置又有异矣。故御史与法官不得不分者亦势也。

唐宋给事中不分科，御史不分道，分科分道自明始。今欲使人有专责，事权易举，则分之为宜。给事中职，但准明之六科，而广之为九科，（明六部故六科，今九部故九科。）又设一科以对国务院可也。御史之职，分道当与明时有异。盖各省已有自治之制，弹劾省吏，自有本省人员主之。则不当据省分道，亦按院部分之可也。科道员额，明时科至五十余人，道至一百一十余人，今以每科每道各置四员可也。

科道官何自而出乎？选举则与代议同弊，任命则由政府爱憎，是皆有所不可。今使其人皆出于考试，考试及格，则使之互选，选举已定，则政府加以任命。以先有考试，故选举不能妄投；以先有选举，故任命不能随意。视近代议员，纯出选举，唐宋台谏，直由任命者，其弊必差减矣。考试之法，政府先聘名儒硕学、谙练政事、行义方正者，以为考官，厚其禄养，封轺而致之京师，所过防闲唯谨。其应考者，给事中则取专门毕业，及前代进士以上，曾充荐任官六年，或充简任官三年者，为应考资格；御史则取专门毕业，及前代乡举选贡以上，曾充荐任官三年者，为应考资格；其名实卓著，而资格未具者，考官得特调以就考焉。关防周卫，糊名录朱，仍如前代科场旧制。录取之数，以科道员额三倍为准，既录则为选举人，使之互选，选成则以告于政府而任命之。然则庸吏、土豪、白丁、暴人之徒，必不得阑入矣。

唐宋给事中官甚尊，御史则末僚已。明代给事中、御史，秩各不过七品。清代增秩至五品，然出就外吏，犹不过道府，其视之亦微也。夫位过尊，禄过厚，则无効功乐进之心。位过卑，禄过薄，则有诃人受赇之志。今宜使给事中处简任二等资，御史处简任四等资，为得其中。给事中以在职六年为限，御史以在职三年为限，无使长久淹滞，以失锋利之气，此亦与议员改选同意也。

以上所列，鄙意似以为惬，请更评其当否？兄炳麟白。

自得此函，愚以复科道议密藏于胸，与人论政，辄见谈及，府中计事，亦屡以言察两官宜复为言，同僚及所接诸友，大率依违两可。独梁君燕生，持相反之议颇力。昨与梁君遇诸席间，犹反复言科道万无可复理。此种得诸经验之谈，良未可忽。综其大意，有如下陈：

自古台谏，未有不为鹰犬者也，而清季尤甚。某亲见御史某某，刺探可以揭奏之事，袖折游于公卿之门，得五十金，即为拜发；名稍逊者，二三十金亦乐为之，此指寻常封事言也。若夫国之大政，权相用事，颐指台官，使论奏如旨者，又无论贿与不贿，大抵奉命惟谨。悟之者，百不得一焉。某尝与徐菊人言，今之学生，好干国政，人辄诋其迷妄而深病之，不知吾辈为翰林时所事之迷妄，殆有甚于今之学生也。甲午之役，翁（同龢）李（鸿藻）当国，大不慊于合肥；阴令翰林二十余辈，联章劾之。若辈聚议于松筠庵，吾二人咸在，情景何似，当未能忘。夫以当时国势之阽危，文忠所负之艰巨，一发千钧，岂容吾辈妄有抨击，而竟受人嗾使，如瘐之奔，高议堂皇，了无愧畏。以比今之学生，仅立于无责任之地而横议者何如？菊人无以应项城之设肃政厅也。某方为掌书记，诸肃政使时或来候，某仅以三等秘书接之，所有机宜，某且不必而授，何论项城，就此观之，若辈承风希旨之度，果又奚若？且也，晚近言官之顽劣无知，直是不可思议。马车之初兴也，弹章中颇复及之。有主人之头，适当奴股，及主未入车，奴已先坐等语。咸丰初元，下诏求言，有御史奏称，宣武门改为顺治门，于国不利，其去顺治门额，复宣武之称便，诏责该御史驰往城门，亲验题额何字，一时传为笑谈。诸如此类，不可枚数。驳谬如此，以一国之言责归之，其不偾事误国者几何。不仅此也，彼等号居言职，及无事不可言，无时不可言，数人可言，一人亦可言，意到笔随，漫无牵制。言中立得优诏，名倾中外，不中亦付之风闻，无损直声，而况乎所谓中不中者，容或举国皆迷，并无公道，甚且积非胜是，累世仍不明其所以然也。以是朝臣名节所关，及国家废兴存亡之故，冥冥堕坏于此辈买名市怨无所不为之中者，不知凡几。贝子载振，其人固无足取。然于女优杨翠喜，仅曾一观其剧耳。娶之确无其事，以有弹章，案乃如山。戊戌、庚子，全是党祸，彼时多数言官，所持态度，岂是有一毫国家观念者之所能为。某粗明掌故，兼历政要，深明台谏之制，于国政有百害而无一利，议员固是不良，然比之谏官，不过狐狸。国会亦非佳制，然比之都察，犹是乔木。君家兄弟，同非代议，谋以科道易之，某愚未敢苟同，还请三思，以重国制。

梁君自信之深，断制之严如此，自非泛常之论所能答辩。虽然，愚薄有说，请试言之。凡一制初立，利弊盖同伏焉。天下固未有绝良之制，只有利而无弊；天下亦未闻与制相缘之弊，其中竟无克制之方也。梁君所举台谏之失，信有然矣。顾乃举其弊面，而未尝计及其利面也。吾兄议出，有蒲圻但焘为文右之。但君明于典制源流，言颇有物，节彼数言，以见各当。

　　两汉无论矣。唐给事中，名沿于汉，而职则因隋，选任既严，职权益重。盖琐闱位冠三省，奉常职右九寺，百官庶政，靡不综核。自非名儒硕望，履素立德者，未易居之。上之所以责成者既极隆重，在其位者，类似宰辅自期。凡事有亏朝典，违官法，为国计民生所不便者，多能悉心论驳。考之《唐书》，魏征以仁人美元素，裴垍以相器目李藩，得人之盛，当代称之。他若重琐闱之职，轻牧守之才，吕元膺、郭承嘏均不果外用，已开久任之规。终唐之世，女后藩镇奄宦边疆之祸，史不绝书，而政治不致大紊者，则给事中制度贻谋之善，有以维持于不敝也。宋明仍之，用食美报。（《华国杂志》五期。）

间尝论之，赵宋以前，谏职之所益于政事，至为可观。金元官制简陋，金并给事中之名而无之。元存其名，而只司记注，不掌封驳，得失了无可言，至明则见智见仁，持议稍别。考都察院之设，始于太祖，乃改御史台为之，合唐宋三院御史为一。明代之崇视言官，本为特色。仁、宣以后，朋党之势渐张，神宗宏奖，未得其道，台章所及，无不得请，斯风一扇，攻讦不正之举，亦自挟与俱来，并封挺击，京察考选诸争，意气虽深，而忠爱亦至，知人论世，畴不为清流惜者。其后魏阉执权，引用宵小，列名彪虎，搏击正人。乃以逆珰之力，将事无求而不遂，名无托而不便，正不得引为本制咎也。入清以来，朝旨动以明季台谏恶习为言，所称整饬台纲，视为国命，加之满洲以异族宰制诸夏，亦如金元前例，朝士殊不乐竞起典章，与同休戚，犯颜极谏，尤不屑为。且以世宗之寡恩，康乾两帝之明察，国政又诚未若有明之颠倒浑淆，平流之人，宜不亢进。谢济世之狱，在近以孤星照耀二三百年者，置之明史，何啻豕头？台谏之迄无声光于清室也，有由然矣！终清之世，为其言官下一总评：与谓不得其言而言，宁谓得其言而不言也。洎乎末流，虽有如梁君所言，稍为鹰犬。然在其时一般人格之堕坏，内外政事之凌乱，以此衡之，犹为小疵。夫所贵乎有言官者，取其能言，盖不必言之而悉当。自古正人君子，其所苛责笃望于言官者，亦在其以时言之已耳。韩退之之于阳城，欧阳永叔之于范司谏是也。未闻以其言之，偶有不惬，而遂疑及台官之不当立也。彼辈攻讦个人，或举发一事，情有出入，本不甚关宏旨，若虑国家存亡危急之秋，有人利之以为爪牙，中伤元良，摇动国本，远若魏阉，近如翁、李之所为者，则权力所存，朝官之可得用为爪牙者何限？纵无台谏，其计未见不行，松筠庵之聚议，梁君亦陪翰林之末班耳（梁君自称小翰林）。其时并非谏官，都察制不可复矣。设有人议复翰院，职司国史典籍制诰文章之事，无与谏议，梁君将亦以告徐菊人之故阻之乎？如此之不惮烦，一部宪令，尚有何制可立矣乎？梁君谓言官奏事，纯以感情冲动为之，漫无牵制，危险太甚。此衡之吾兄訾议国会，谓其多数取决，弹劾查办之事，率不能行者，赞否之情，适得其反。虽然，梁君之言，亦甚有理，在昔专制之世，主者以为自一人外，许参有误，俱是无伤。而今共和之邦，人权至重，英伦所行毁谤之律，吾当仿为。言官所言，不得独居例外。吾兄主张以法吏监督科道，即虑及此。至学识过低，不足以为言官。则凡无学识者，一切官俱不应为，何止言路？此其救济之法，宜别有在，而决不在本制之废兴间也。

以上就梁君所语，稍施驳义，已言之累幅，他点之可论者尚多，即吾兄本案，愚亦颇有补充之说，更端而进，请俟异时。辱承梁君厚与，抗论幸不为罪。

原载《甲寅周刊》第 1 卷第 2 号（1925 年 7 月 25 日）。

停办北京女子师范大学呈文

呈为国立大学，师生互哄，纷纠难理，拟恳查照美术专门学校成例，将该大学暂行停办，以资整顿而维风纪事：北京女子师范大学校长杨荫榆，为校内一部分学生所反对，呈词互讦，由来已久。本部前任次长马叙伦、总长王九龄，均以办理棘手，迁延未决。迨士钊兼部，日在辞职或未实行负责之中，亦复未暇顾及。查此事之起，由于该校学生，设有自治会，倡言不认杨荫榆为校长，并于公开讲演之时，群起侮辱。该校长乃于素喜滋事之学生中，革除蒲振声、张平江、刘和珍、姜伯谛、许广平、郑德音等六人。该生等不服，联合校内男女各生，大施反抗运动。非但革生不肯出校，转而驱逐校长，锁闭办公室，阴止校长及办事人等入内，以致全校陷入无政府状态。由五月至今，三四月间，学生跳梁于内，校长侨置于外，为势僵然，一筹莫展。迩者士钊奉令调署，正拟切实查办，适该校长杨荫榆，拟具改组四班计划，请示前来。当以该校长职责所存，批令妥善办理。项据该校长呈报：八月一日到校，顽劣学生，手持木棍砖石，志存殴辱，叫骂追逐，无所不至。又复撕毁布告，易以学生求援宣言，并派人驻守校门，禁阻校员出入，其余则乘坐汽车，四出求助。旋有男生多人，来校恫吓，并携带快镜，各处摄影。种种怪状，见者骇然等情。学生暴乱如此，迥出情理之外。窃思比年学风，嚣张已极。政府既乏长策，社会复无公评。四方不逞之徒，又从而扇发之，狙使青年男女，顽抗部校命令。是非颠例，一无准裁。该校长以一女流，明其职守，甘任劳怨，期有始终。虽其平时措置，未必尽当，平心而论，似亦为所难能。士钊每得该校长之谤书，思此辄为太息。或谓师生之情过伤，处置难期妥惬，原案虽不能易，人选似可通融。不知京师各校，以革除学生而谋逐校长，已非一次，其后因缘事变，借口调停，大抵革生留而校长去。胜负之数，伏于事先，横逆之生，惯如饮食，乖风流衍，以迄今兹，纲纪荡然，泰半由此。今若谬种相仍，再误三误，此其选软羞当世之士，其失小；公然纵子弟为恶，其失大。士钊详加考虑，此着断不可行。默察该校情形，各系教员，植党构扇，势甚强固，不可爬梳。而诸生荒学逾闲，恣为无忌，道路以目，亲者痛心。该校长任事以来，一切要害之政，并尚未能董理，而已怨毒之甚，一日难居。倘仍其旧贯，环境依然，即别求一人为继，度亦无能为役。士钊少负不羁之名，长习自由之说，名邦大学，负笈分驰，男女同班，亦尝亲与，所有社会交际、两性衔接之机缄缔构，一一考求。其中流以上之家，凡未成年之女子，殆无不惟家长阿保之命是从，文质彬彬，至可敬爱。从未见有不受检制，竟体忘形，啸聚男生，蔑视长上，家族不知所出，浪士从而推波，伪托文明，肆为驰骋，谨愿者尽丧所守，狡黠者毫无忌惮，学纪大紊，礼教全荒，如吾国今日女学之可悲叹者也。以此兴学，直是灭学。以此尊重女子，直是摧辱女子。钊念儿女乃家家所有，良用痛心，为政而人人悦之，亦无是理，该师范大学，号为全国女子最高学府，强自取柱，柔自取束，立表不正，其影可知。当此女教绝续之秋，宜为根本改图之计，拟请查照马前次长处理美术专门学校成例，将该大学暂行停办。该校长杨荫榆调部任用，一面遴选专家，妥速筹画。务期重立宏规，树之模楷，以副执政与民更始不遗女子之至意。是否有当，理合具文，仰祈钧鉴施行。再：该校学生，半由各省考送，家长戚族，未必在京，责令即时解散，亦未便操之过急。日者士钊曾偕部员，亲赴该校视察，见留校女生二十余人，起居饮食，诸感困苦。迹其行为，宜有惩罚，观其情态，亦甚可矜。当由部派员，商同各该保证人，妥为料理，无须警察干预。外传警察殴伤学生各节，全属讹言。此后校事部了，尤不至有学警冲突之虞。合并陈明。

原载《甲寅周刊》第 1 卷 4 号（1925 年 8 月 8 日）。

创办国立编译馆呈文

呈为学术途径日繁，所需国文参考书籍，远不相副，恳设专馆，宏奖著述，以维风化而惠士林事。吾国夙为右文之国，士皆悦学，家有著书，虽以印刷之艰，生事之窘，习业之狭，程功之苦，而经、史、子、集四部，无论何代，率有汗万牛充万栋之观。吾华号为文化古国，职是之故。今也不然，海通以来，学术途径，骤形扩大，除旧籍所当加意整理外，近世应用科学，及各邦文史、政俗种种著录，为学子所万不可忽者，所涉尤繁。使先辈讲学之精神，得存一二；今时述作，将百倍于古而未有已。乃自上海制造局倡议译书以还，垂四五十年，译事迄无进步，而文字转形芜浅，本学未遑探索、鸾刀妄割、谬种相传。无其书，有斯文将丧之忧；有之，转发不如无书之叹。昔徐建寅、华蘅芳、李善兰、徐寿、赵元益、汪衡辈，所译质力天算诸书，扬徐李之宗风，贯中西之学脉，字斟句酌，文义俱精；由今视之，恍若典册高文，攀跻不及。即下而至于格致书院课艺，其风貌亦非今时硕博之所能几。如此崇文，转形扫地，以言进化，适得其反。计自白话文体盛行而后，髦士以俚语为自足，小生求不学而名家，文事之鄙陋干枯，迥出寻常拟议之外。黄茅白苇，一往无余；海盗海淫，无所不至：此诚国命之大创，而学术之深忧。士钊所为风雨彷徨，求通其志，亘数年而不得一当者也。窃思能不必高，在位为贵，书不必深，有用为宜。以近二十年来国内外之学绩计之，数量当超出徐、华时代而有余，取而肆应一切编查探讨之计，似应有而尽有。而今北京大学丛书，所著寥寥可数，以衡当年制造局书目之富丽堂皇，转非其俦者，无他，制造局编译之道得焉而已。倘吾得其同一之道，以今时学业所有之数与量，一一使效于体中用西、慎思明辨之途，雍容揄扬，著之简册，吾国文化，因而大放光明，亦未可知。而所谓同一之道者，亦无他，如该局然，设专管机关以司其事，而司之者又协其机宜，使无废材而已。查民国十一年十二月间，内阁曾有设立此项编译馆之议，当时士钊在京，与闻崖略，惜其议中梗，未见施行。兹参酌前法制院拟定之《办法大要》，仅草该馆章程八条，默计依此行之，于一二年间，可将全国之著书量，善善从长，悉致之作者之林，同时扩充全国之读书量，使之尽力驰骋，而控纵一一与之相应，此乃文化之巨键，而儒林之大观。钊愚以为转移学风，培养国脉，其事无善于此。所有拟请创设国立编译馆缘由，是否有当？理合具文，仰祈鉴核施行，无任屏营待命之至！

原载《甲寅周刊》第 1 卷第 5 号（1925 年 8 月 15 日）。

创设国立女子大学呈文

呈为国立女学，规模简陋，不足以广纳众流，一其趣向，拟请创设女子大学，以宏女教而端国本事。查二十年来，学校竞兴，男女并重，而高级女学之设备，远逊于男，以致中学毕业之女子，升学极其滞涩，知识之欲既启，而上进之路未宏，激入歧趋，亦固其所。近来官私立各种大学，类收女生，流弊之滋，有识同见，间尝征询家督，接晤教师，灼知男女同校之效率，去乎理想之所期者甚远。士钊居恒侍政，尤见执政论及吾国女子教育，未能将中西礼学之精华，融为一气。慨乎言之，远虑孤怀，至深佩仰。虽然，大势所趋，抑之转病，易案未具，非之何庸？前北京女子师范学校，所收生徒，不过二百人耳。试问以中国之大，人口之繁，博道宏京，号称太学，所容女生止于此数，而又办理不善，学哄频闻，自好者遄归，未来者裹足，此诚示天下以不广，舍远大而未图，敷教之意谓何？平旦之思弥媿，以钊之愚，宜即京师创设国立女子大学一所，规模施设，麤与北京大学相仿，务令天下高材女生，各依其愿欲之所至，不论高平繁简，得见此中科目，靡不相宜。初办之时，并可弘设预科，多立级数，便其乐就，曲予陶镕，管理之方，略参私塾办法，先之以家人师保之亲，次之以礼乐书数之事，卒乃器数与文艺俱得，礼教与质学齐辉，女学之成，兹为极则。钊意此种中心学府，果得成立，天下之为父兄者，宜莫不将其女弟，争先送学，凡附学于各官私立大学，弥感不便者，宜亦莫不写具愿书，转学而来，如是则风气以移，一尊以立，执政志在整顿女学，始可得言整顿矣。现时女子师范之学生，近二百人，其如何编入该大学，抑或按照原有学级，先令分别毕业之处，一俟筹备处成立，仅当妥为收束。所有拟请创设女子大学缘由，理合具文，恭祈鉴核施行，无任屏营待命之至。

原载《甲寅周刊》第 1 卷第 6 号（1925 年 8 月 22 日）。

说　辖

昔柳子厚著《说车》一首，以赠杨诲之。广著车德，而归本于方中而圆外，以为任重行世者法，美哉说也！然车德犹有子厚不及著者，则辖是已。子厚泛言诸德，作说车，愚偏明一德，作《说辖》。

"泽而杼，山而伴，上而轾，下而轩且曳"，子厚所叙之德也。然闻马之不前曰樊，车之不前曰轻。轻则奈何？且不前者，非徒不前也，有所以抵之者也，抵之者仍为车也。两车相抵，则奈何？曰，惟辖以济之而已。辖者，还也；车相避也。相避者，又非徒相避也，乃乍还以通其道，旋乃复进也。自有此辖，车乃无道而不可行。辖之时义大矣哉！今谚有所谓开倒车者，时人谈及，以谓有背进化之通义，辄大病之，是全不明夫辖者也。愚说其乌能已。

北京大学，迩有倡为脱离教育部者，教授颜任光、胡适诸君，发言抗之。表扬学术独立之威重，诚甚盛举，然终未敢过逆驱章之怒潮，而特列著章士钊之罪状以资点缀。有一罪曰："他在今日社会里，是一个开倒车走回头路的人。"嘻！今之社会，利害冲突，是非散乱，可谓诸军悉撞，幸其机轴之未全损也。愚则讽其徐徐后却，却乃更进。今之人瞀惑相寻，如窜荆棘，迷阳迷阳，大伤厥行。愚则为之指示径途，令有归向，此其为功于国，次于曲突徙薪一等耳，罪何有焉？以诸君盛心宏度，亦宁有功不赏，抑且故入人罪者，而以不明辖义，致生观察大误，良可叹已！

尝论新旧两词对举，固无绝待之义。今日之所谓新，容即曩日之所谓旧，今日之所谓旧，异日又或崭然而以为新。良以人之嗜好情感，因时而异，而人类思想力能，所得描摩缔构，以求适应此一时浮动之嗜好情感者，其品质率不出此曰新曰旧之中。承旧以新，承新仍返诸旧。非不欲新也，以舍旧无可为新者也。新旧如环，因成进化必然之理。《易》著元、亨、利、贞，贞下又以起元。《诗》称"兴观群怨"，怨极遂乃复与，理数自然，未之能逆。袁子才偶见三十年前之旧服，一旦变为时装，谓通易理，形之歌咏。噫！子才亦少见多怪也已。六年前之国语文学，承文体久弊之后，弥有新意。今率全国而为不学争名之事，开卷恶俗，浑不可耐，遂不期而有文艺复古之思。此之复古，乃是新机，与意大利之利乃诵斯正同。适之訾愚守旧，不知己乃化为沉痼莫救之新守旧党而不自觉。语云："月晕而风，础润而雨。"《甲寅》之兴，不胫而走天下，即预卜何方风雨之将骤至。惟林宗孟差明机局，恐反动太骤，戒愚勿过为髦士之言。是"开倒车"云者，论义不得不开，论势且不容不开，谓愚不信，请持《说輶》，赠适之以为左验，人亦略守髦士之戒也可。

原载《甲寅周刊》第 1 卷第 7 号（1925 年 8 月 29 日）。

答适之

《甲寅》中兴，人以反动之时期将至，有色然喜者，有瞿然忧者，有相惊以伯有者，有防之如猛兽者：百感杂陈，嚣然尘上。吾国自有言论机关以来，论域至明，关系至大，正负两军，各不相让，笔锋所至，真感环焉。如吾《甲寅》今日所包举之论战者，未之前闻也。虽然，愚之本态，始终无改，物来顺应，何所容心？天下之情既瞀，是非之公不显。未胜孟子好辩之任，敢忘东方答难之思？粗举时言，略加指正，知我之遇，期于旦莫云尔。

胡君适之近为一文，因愚起论，全篇词旨纤滑，可驳之值甚微。（见十二期《国语周刊》。）适之之文，大抵如是。今之所谓白话文者，均大抵如是。此先天不治之症，圣医所无如之何者也。今请择其稍庄者答之。适之曰：

> 白话文学的运动，是一个很严重的运动，有历史的根据，有时代的要求，有他本身的文学的美，可以使天下睁开眼睛的共见共赏。这个运动，不是用意气打得倒的。今日一部分人的谩骂，也许赶得跑章士钊君，而章士钊君的谩骂，定不能使陈源、胡适不做白话文，更不能打倒白话文学的大运动。

时代要求者何谓也？曾见小儿，身罹胃疾，好食饴饵，不得不止，其母溺爱，惧拂儿意，儿食不已，病乃日增，此一事也。情节同前，惟母贤明，延医诊视，慎拟方药，药大瞑眩，儿避不就，母强饮之，厥疾以瘳，此又一事也。以适之之说，施之医事，时代譬之小儿，则其所要求者，宜为自择而甘之饴饵乎？抑苦口利病之方药乎？夫文章大事也，曩者穷年矻矻，莫获贯通，偶得品题，声价十倍。今适之告之曰，此无庸也，凡口所道，俱为至文，被之篇目，圣者莫易。彼初试而将疑，后倡焉而百和，如蚊之聚，雷然一声，而六州之大错成矣。适之从其后而名之曰，此时代要求也，此时代要求也。是何异愚母之日纵病儿食饴饵者乎？愚昔著论评之曰："以鄙倍妄为之笔，窃高文美艺之名，以就下走圹之狂，隳载道行远之业。"此乃垂涕泣而道之，而适之以为悻悻。（适之本篇引此四句入愚罪，而断曰："这不是悻悻然和我们生气吗？"）是何异医者为言饴饵乱投之将杀儿也，而其母愤而摞之门外乎？间尝论之，凡时代者，俱各有其所需适应之思想事业，号曰要求，不中不远。但此要求，不能以社会一时病态之心理定之，而当由通人艺士，匠心独运，于国民智识之水平线上，提高其度以成之。兹之所成，恒与社会一时病态之心理，居于反面，所谓挽狂澜于既倒，相反始得曰挽。障百川而东之，亦相反始得曰东。自来独虑往往见疑，非常每为民惧，而息邪说距跛行放淫词之为好与天下所归者辩，胥是道也，焉有"跟着一班少年人向前跑"（此适之颂扬梁任公语）。如适之所云，视卯蒲为神圣，戮子弟为名高，而犹得以识时成业，自文其陋者哉？此点勘破，则其他"严重运动"，"历史根据"等词，羌无意识，不足致诘。适之谓白话本身，能为美文，此语在逻辑为可能，但处今日文化运动之下，其的决不能达，此义稍迂，请申言之。凡人类之心思，以何种方式，施于文字，使人见之而生美感，大是宇宙间之秘事，能得其秘，斯为文家。古今中外之大文家不多，足证此秘之未尽宣泄。又人类为富于模仿性之动物，而语言文字，尤集此性所寄之大成。从古文豪，绝不由胎息之功而成名者乃至罕，以文本天成，得之至艰，而理复伏颐，发挥难尽。前人既有独得，后人自审无出于右，其揣摩乃不期然而然，由是而公美成，由是而文学有史。此普通论文之理也。至白话文学，则与此异趣。吾国语文，自始即不一致，以字为单音，入耳难辨。凡于义无取徒便耳治之骈枝字，语言中为独多，以此骈枝字尽入于文，律之文章义法，殊无惬心贵当之道。古来除语录小说及词曲之一部外，无以白话为文者此也。今以白话为文，因古之人无行之者，胎息揣摩，举无所施，其事盖出于创，天下事之创者，惟天才能之，岂能望之人人？故白话文愚谓惟限于二种人为之：一全然不解文事，一文事至高者而已。中材如愚，直是无能为役。二十年前，吾友林少泉好谈此道，愚曾试为而不肖，十年前复为之（愚有《论哲学者之白话文》，见《东方杂志》），仍不肖，五年前又为之（题为《邦联》，为蓝志先作），更不肖。愚自是搁笔。盖作白话而欲其美，其事之难，难如登天，敢断言也。夫美物所必具之通德，在以情相接，反复之而不倦。西施与嫫母之别无他，亦愿常见与不愿见而已。惟文亦然，凡长言咏叹，手舞足蹈，令人百读而不厌者，始为美文。今之白话文，差足为记米盐之代耳，勉阅至尽，雅不欲再，漠然无感，美从何来？若其龊诣文史，持笔本有可观，偶尔驱使语言，令为篇章，移文就语，或亦勉能入目，而非所论今之不娴文义，从白话中求白话者也。适之谓本身有美，此美其所美，非吾之所谓美。天下睁开眼睛，果是谁之天下？共见共闻，又谁与共？适之自为小天地，愚又何言？惟若文学固有周咸遍之性在，则本篇所陈，或亦未尽为天下所弃也已。

适之曰，白话运动，非用意气所能打倒。以愚所知，意气之量，已为适之一派用罄，更无余沥，沾溉于人。七年前，愚与适之同入北大为教授，即为言尝试白话之未可。愚虽自始非之，而未或用力止之。偶尔为文，如评新文化之类，亦发愚一人之意态，选题制词，与他篇等而已，未若为白话者之有所谓运动也。即在今日，略有职司，亦未计以何气力，与适之为敌。适之引愚投赠之白话词，事虽近谑，心乃甚平，意气云云，乃适之自造蛇影之谈，实不尔也。然文章大业，非白话之力所胜，邪许之夫，妄扛大鼎，绝膑断胫，理有固然。今天下对白话文之感想，果复何如？强弩之末，势不能穿鲁缟，适之应非全无觉念，故这个运动之倒，乃这个运动自倒之，于他人无与也。举凡本身无自存之值者，万事万物，终于一倒，又不独这个运动如是也。凡愚持论，莫不与天下以共见，其使气果至何度，请天下人评之。诤言之来，并皆虚受，惟适之尸祝一部分之谩骂，赶愚使跑，悻然之态，情见乎词，此诚未免有蓬之心，而视倘来之势位过重。章士钊虽不才，亦宁假此为腐鼠之吓者流哉？适之视愚，假其今日去职，明日即将俯首帖耳，开口不得者哉！适之谓愚有意使不为白话文，此亦未然。适之以倡白话文为职志者也，君子爱人以德，愚岂愿其中途易节？惟适之者，有权自了其一生，而无权阻人讨论一国文化之公共事业。愚以谓白话文者，固非不可为也，特以适之之道为之，则犹航于断港绝潢而不可通者也。适之已矣，今之纷纷藉藉，回环于断港绝潢而不得出者，愚念民口之瘠可痛，包胥之志未忘，子能亡之，吾未见不能兴之。夫天运未可知，而人力期于必尽，愚与适之，共拭目以观其后焉可已。至通伯归国未久，无多表见，沉溺未若适之之深，愚忝与为友，爱其文才，而病其随俗，感想又是一番，不能与适之并为一谈也。

原载《甲寅周刊》第 1 卷第 8 号（1925 年 9 月 5 日）。

说　分

省宪之说，已成国论。近国宪起草委员会，亦以此为中心问题。湖南至以保障省宪，为派员出席之左券。章太炎、褚慧生诸君，在沪组织之联省自治协会，明白号召，期于得请而止。许俊人、林宗孟、汤斐予诸君，与闻大计，桴鼓相应。故此论貌似沉寂，内蕴弥觉充盈，而尤以执政所标"制定省宪"四字为截断众流，骡括建国大义，所谓马电是也。顾犹有不明此旨，尊统一为盛治，訾分割为病民，泥于理势，以相龃龉者，逆料宪草程中，正负之论，不免相持，愚为此惧。窃欲有说：实则省得制宪，并无妨于统一；强藩窃据，亦省宪所不容。两说分野，不在于此。由今时政象观之，将使省宪之义，推行尽利，时期上之准备，及事实上之限制，俱不能免。亦于国宪之施行细则详订之可耳。今之所为，乃论其义不论其例，举其纲不举其目，例与目可万殊，义与纲不得不定于一。三年前，国会同人有制宪特刊之设，从事于省治之讨论，适遭政变，倏尔停刊，愚有短篇，未及流布。顷检原稿，犹有可观，谨奉敝帚，用佐公议，特一爪而已，未及本论之百一也。

有丁骞君，登坛发议，谓国家组织，由分而合为进化之制，反是即为退化，如战国七雄，汉末三国，六朝、五代，以及唐末藩镇，民国督军，凡此皆分之咎。每经一统，治化较隆。今省宪主分，理当反对云云。此等不学肤受之论，按之于理，征之于事，无一而有当，今得以一言为辨。

国家之职务，其繁简缓迫之度，每比例社会之演进如何，相应而有所异。以时分律之，古简而今繁，古缓而今迫。此有目者所同见，不可争也。惟其简而缓也，家国大事，御外侮保内安以外，几不必有所汲汲。时则国之所为，邻于消极，果能对外成为一陆军国，对内成为一警察国，则其所以为治者，已臻至上；其余文为风化，土田生计，一任人民纲维主宰，自生自活，绝少由国出而干与者焉。若是者其国宜合。吾国三千年来史迹流转之所谓统一，此类是也。每当国家盛时，四夷宾服，盗贼不兴，因得举合之实，享合之利。及其衰也，控制内外之力，弛极以尽，奸猾生心，豪强窃地，其国乃不得不由合而分。分之既久，天下厌乱，命世之才，乘时崛起，全国又得一合。自周末七雄以迄前清，如丁君所举吾国离并之势，大抵皆循是例。其归纳所得之公律：则分也，每以政繁文敝而分；其合也，每以令简兵强而合。刘季约法，止于三章，中华大一统之玄秘，即在于此。以知吾之分合无定，乃闭关时代农业国家政趋必至之象。分无所谓退化，合亦无所谓进化。欧洲古代，立国如林，其离合仇友之迹，亦复相类。故其国赖以生存之精髓，号曰萨威棱帖。萨威棱帖者，至高无上之权威也。此义自进为欧土国家学之通则，沉浸于法家拂士之脑中，数百年不衰，一至最近，始有新观念坼副而出。盖社会日进，情事日纷，一国之赖以荣昌，群生之资焉乐育，决非仅仅干枯生硬之萨威棱帖所能奏功。狄骥者，法兰西法学之斗山，而革新斯学之元功也。其所笃信强聒，则今世国家所宜造端作基，从而缔构者，乃在分职而不在高权。伦敦大学教授那士契，俊士也，力播狄氏之学于英美，往岁曾为愚言，当今国法明星，狄氏一人而已。愚循诵名言，持律世变，果觉其道闳深锐达，因应无穷。今敢为之言曰，今世为国，精要在分，分之愈明，治乃愈上。有主分地者，其义寄于邦联联邦；有主分业者，其义寄于法之沁第加，英之基尔特。今后所以为分者，理论上之精进，及事实上之应验，当至何许，非一时所断言。惟分义在国家原理中，已经确立，无可畔越，乃为言治诸家之所共认。曩者，一国之有分象也，由于质力。今之所以为分，诉之法理。吾人旷观当代，熟察政情，探索特别国性之所存，疏导群众心理之所往，以造法之程叙，立分治之宏规，使一群中之情感嗜好、利害望欲，各得自纳于本位。因之，举国之夫，皆本其心之所安，性之所近，遇之所许，材之所能，分途赴功，共襄盛治，此在逻辑，大为可能。依愚本衷，吾国所当为分，何止区区省宪一义？且即目前诸君所倡省宪最高诸度，在愚视之，亦不甚于宏旨有关。愚之本案，盖别有在，特以宪法会议超居三读之条文，已有大半，而又同人争以主义报国，其情过于激越，不肯深研本题，广纳异义，故且卷而怀之，以俟他年。尝论天下事百无可畏，惟不能办理，则一切都休。今逢此阨，谓之何哉？

愚曩言英国近采联邦制，而引爱尔兰自治为例。论者因欲证此之自治与联邦无涉，乃不惜随意杜撰，希图间执人言。某曰，此案英国议会反对之，以其内容非单纯自治，而含有国家行政之意味也。某曰，英之发生此案，乃由于其属地反动之关系也。某又曰，此不过一寻常自治案耳，去联邦万里，焉得为比？其他缪鳌浅暗不合事实之批断，不可悉数，一一正之，何胜其烦？今惟请正告同人曰，英之巴力门提出英苏威爱之全体自治案（Home rule all round），及爱尔兰自治案（Home rule for Ireland），殆无人以效法联邦为讳。语其动因，爱尔兰人之欲自尊其族，谋脱英羁，不能不占一分，而在法理最饶趣意之一特质，则政治分功之义是也。当千八百七十九年，格兰斯特执政，痛论巴力门簿领纷披，法程交错，职简事繁，不可为政，计惟严树地方政府以自救。逾年，陆军大臣齐德宣言曰："吾英殖民地中之一共和国（指美），其处理政事之立法机关，至四十五十之多，而其机关之两院者，且大多数，而本国合英苏威爱以及不列颠全帝国之若法若政，俱填委于一巴力门焉，是诚奇谈。"斯义既立，各族之自治案，于焉滥觞。自尔以还，义愈宏布，稍熟英政者，殆无不知英之议员，其职分内所应知应能之事，以今日群体复赜之甚，科学应用之广，无论何项材性，何种勤劳，俱非所堪。大战以来，情弊尤颢。赫勋曰："战后之改革案，纯恃大规模之分权（Devolution），苟非此者，一切政治，俱丛脞莫救。"观此亦可于分义麓得其相矣。

原载《甲寅周刊》第 1 卷第 10 号（1925 年 9 月 19 日）。

疏解輠义

昔柳子厚说车而入不喻，且持异义以抗之。子厚发书疏解，几二千言，为柳先生集中不可多见之长篇。有曰："告之而不更则忧，忧则思复之，复之而又不更则悲，悲则怜之。……吾于足下，……虽百复之，亦将不已，况一、二敢怠于言乎？"噫！何意之挚而言之痛也。惟愚说輠亦然。鄙说既出，诽议麻起。吴稚晖先生作《广说輠》一首，助后生张目，谓"輠者浑也，谚所谓浑蛋者也。某惟浑蛋，乃著輠义"。此远祖东方朔，近桃林步青，下笔之妙，艰于辨难。然愚扶轮大雅之志，终不少衰，天下弃愚，愚何能弃天下，因立"百复"之愿，怀疏解之义，请拓余闲，听我说来。

天下无真是非久矣！凡一时代激急之论，一派独擅之以为名高，因束缚驰骤人，使慑于其势，不显与为抗，一遭反诘，甚且嗫嚅无敢自承。于是此一派者，气焰独张，或隐或显，垄断天下之舆论而君之，久之他派尽失其自守之域，轩輊之态，如弹簧然，一唯外力之所施者以为受，不论久暂全阙。天下大势，终统于一尊。然理诎不申，利害情感，郁结无自舒发，群序既不得平流而进，国家社会之元气，乖盭过甚，卒亦大伤。愚生所及，其事乃数数觏也。前清季年，革命之论浸隆，亦有人持立宪说稍稍抗之，而其党阨于上述情势，迄不得立。壬寅、癸卯间，愚厕上海论坛，于时百论不足折人，惟指与立宪党有连，则无不关其口而夺之气。湖北王侃叔至抗辩于众曰："吾非忘八蛋，焉为立宪党？"盖其时习以此二语对诘，犹今吴先生浑蛋之论也。迨后革命幸成，立宪党人纷纷自忏，谓宗旨大同，手段微异。举凡立国大计，更不敢显批元功巨人之逆鳞，本其所笃信而由衷者，质焉剂焉，以求奠国家于磐石之安。革命党人，亦遂悍然自居，标榜国由党治，随时随地，以质力争衡而斗狠，而从理性入手，使国论差平，众长同采，因得达于人己两利调和立国之道，竟昏昏然无所知。卒之力不足以抗军阀，智不足以胜阴谋，理实同屈，进退失据。试问今日党人之狼狈，通国之黩乱，其景象二十年前吾人想象及之者几何？此一事也。后乎此者百端，而其最为国命群纪所关，则新文化说是。斯说也，处势差比前清之谈革命，而其纵阔之深至，俱远过之，何也？以运动之式，可以公开，少年窃此以便其不学自恣欺世盗名之图，河流急转，一泻千里。又较之党人艰贞为国，前仆后起，如马十驾，卒登峻坂者，为势顺逆不可比数也。而有一事相同，则持其故者，一切务为劫持。凡异议之生，不察以理而制以势。天下之人，因亦竞为选愞以应之。老师宿儒，且纷纷易节，以期无背识时俊杰之义。此胡适之所谓跟着少年人后面跑者也。有不肯跑者，则群訾曰落伍、落伍，千人所指，无病而死。有不肯跑而稍稍匡救焉者，则群版其名曰"贼贼"，发为口号，曰"枪毙，枪毙"。国人皆杀，时或不远。而国家之教育机关，不尽纵操于彼辈之手势不止。历来之教育长官，所不为彼辈颐使位不安，京沪规模较大之书局，所不遵彼辈之教条出书书不售。语其表也，似天下之论，已归于一；至语其里，则不学者少数人，发纵指示，强令天下之学者默焉以屈于己而已。如金在冶，不跃为常，复假定天下之学者，自默焉屈于己外无他道而已。为问此默而屈者，其将与之终古否乎？与之终古，中国之文也化也，将至何境矣乎？四、五年来，自非无目，莫不见伦纪之浚夷，文事之倾落，如水就下，兽走圹，日蹙千里而未艾也。人曰："新文化者，亡文化也。"此类亡征，不特明者知之，即发难者亦渐知之。知矣，又为问徇之乎？抑捄之乎？捄之之道，将安出乎？凡物之弊也，势且更张，理著循环，《易》言"剥"、"复"。今之所称新文化者，变固变，不变亦变。何也？有眇不忘视者矣，未有视而甘眇者也；有跛不忘履者矣，未有履而甘跛者也。间尝卜之黄帝在天之灵，决于人类审美之性，吾华民族，终非劣等，国风之衰，不远可复，故敢截然为是断耳。迩来暴言专制，已成自然；本志之兴，目为大逆。主者登坛以令曰："某开倒车，某开倒车。"意立此号，足制敌命。愚忽不论为牛为马，噭然应之曰"然"。彼其重足而立，自承"浑蛋"，勇逾倪叔，达若庄生。吴先生诚有恶于顽且佞，然人见愚敢居不可居之名，容亦别具非常道之道，因立好奇之意，转为穷理之阶。轮扁有说，或悟明君；墨子回车，乃善恶俗。前事不忘，后事之师。愚之本念，弥复在此。且愚尤有一念，不惜大声疾呼，必晓于众：则往而必复者时会，往而不可复者精神，从通象而观之曰复，执部居而计之，有必不可复者在。立于造物之位曰复，立于所造之位，往者复由何来？涉念及兹，不寒而栗。以白话文言，愚固非谓白话文必不可为也。特于白话中求白话，无有是处。今率天下之人，习为呕哑嘲哳之言矣。昔者文艺明通之士，俱折而与妪童竞爽，更求文笔，瑟缩弥艰，荃化为茆，曷胜太息？愚十年前文字之交，大抵坐是废也。本是白丁，又何消说？而在理与势，非于文字逐步得复原状，更就原状别立善善从长之法，东方文化之属诸吾国一部者，其泽竟至中斩，良未可知，则复矣。而此五、六年间，全国少年心力之所荒耗，于何取偿？且心力有一分荒耗，收拾即增二、三分艰难，良时不再，而后责弥重，远怀国脉，近切心期，此等负担，谈何容易。

而时人乃习以"开倒车"为谩骂语，何其度量相越至于是耶？彼亦知必具何等才器，"倒车"始得"开"耶？柳州为杨诲之《申说圆义》，谓"吾所谓圆者，不如世之突梯苟冒，以矜制乎己者也。固若轮焉，非特于可进也。锐而不滞，亦将于可退也。安而不挫，欲如循环之无穷，不欲如转丸之走下也"。由斯以谈，必轮之安而不挫，然后可退。诸君试一自审其轮，挫已几何？所余锐安无损可得进退自如之度果何如乎？而訾人也，又试与所訾为倒者之轮相较，其锐安果孰胜乎？而自矜也，始愚与适之同入北大为教授，见其倡为尝试白话之说，于意并无所迕，而绝不料乖风煽发，空疏杀人，其毒乃至于斯，事既无可奈何。愚为文章兴废国命断续之大，不得不因其一言，反复陈说，期于开解而无所滞。凡以见輯义虽为时病，亦居然有人尸之。且輯有至理，兼需蓄德，今惟率众共由，国乃可捄云尔，非有他也。适之近赠愚诗，引龚生但开风气之句，令毋相鄙，此意肫挚，如何可忘，惟适之迥翔艺海，展轮驰去，略险不顾，险亦自来。柳州又云："夫车之为道，岂乐行于险耶？度不得已而至乎险，期勿败而已耳。"愚惟期适之勿败，并期宗适之者俱勿败。故言之勤勤而不已也，鄙云乎哉？

原载《甲寅周刊》第 1 卷第 11 号（1925 年 9 月 26 日）。

原　化

梁君漱溟之《东西文化及其哲学》，为近今罕见之名著，国论归之久矣。谬承推许，要愚一评，人事卒卒，期年未就。有唐君铁风，复勤勤以践约为言，不获已，勉成此篇，聊以寄意，政俗繁委，不能为精思析义之文，评骘之能，毫毛未尽，作者幸有以进之。

梁君漱溟分大地文化为西洋、中国、印度三系。西方以意欲向前要求为其根本精神，中国以意欲自为调和持中为其根本精神，印度以意欲反身向后要求为其根本精神。至三土人民，何以有此意欲，何以有此精神？梁君以为，文化为物，点点俱是天才之创造、偶然之奇想，而不满于质观派视环境之反射过重。知有被动而不知有主观。愚则谓之，二说者，合之两是，离则两非。比年以来，愚以调和论为时诟病，今见梁君标此二字，目为吾国文化之要道，胆气骤壮，更请以梁君之道还治梁君之身，为其文化起原说进一解焉。文化为天才所创，盖无疑义。然天才者，非孤寄无所依傍之物，其先必有所启，其继必有所托，启之托之皆非天才本体所能有事，而一切恃外缘焉。大抵天才之为性，不主常而主偶，其才向外发露，每起于好奇而思迁。谓曰好奇，必有视为不奇而不好者；谓曰思迁，必思有所寄而迁往焉者。此皆前缘后缘，所以疏附天才，使得裒集于文化，以自成其系统。然先民开物成务以前，民用虽曰好奇，将不创为人我所不能共之业；虽曰思迁，将不趋于官能所至不习之境，凡此皆环境节节有以范之。天才之所以益于世用，而且蔚成伟业利赖无穷者，此也。不然天才至偶者也，而文化为常；天才至散者也，而文化为聚。苟无天然范之者焉，则异禀一动，异化立成，书契以来，安有绵绵延延一系不紊之文明史料哉？故天才能创者也，而不足证其所创之适为何状。今东西洋之文化，厘然异观，因谓西洋具有能创西洋化之天才焉，东洋具有能创东洋化之天才焉，似非笃论。文化者，盖合时、地、人三要素而成之。偏举其一，皆不足櫽括本义而无憾。今之倡言新文化者，不解此理，以谓文化当有尽人可能无地不行之共相，因谋毁弃固有文明以尽，而求与零星稗贩于西洋者合辙。此诚不揣其本而齐其末之甚者也。其偏于质观者，又谓环境万能，纵无天才，文化亦自能立，马克思之说是也。彼谓除旧开新，为科学必然之则，盖天演之行也。旧一方自腐，新一方自生，极人力之所至，亦止如巫医助呱呱者坠地已耳，非能孕育小儿也。此说不仅为梁君所斥，愚亦疑之，然彼派之为是言，亦自有道。凡文化为数千年之所养成，数千万人之所服习，典章文物，叠积弥多，学术思虑，繁赜已甚。于斯时也，天才家之抽思运力，良不若自古创业垂统之易为功。希腊之苏、柏、亚，吾国之周、孔，吾人固深信其为绝特之才，而以其居于开创时期，人欲未进，群制殊简，一切独利于天才之布施，亦为不可争之事实。自此以往，东西洋文明，规模各具，翻腾不易，后人即有苏、柏、亚与周、孔之才之美，其所成就将不若彼五人之章显也。无疑质观者流，不能体察天才之独立性，徒为成事往史所蔽，因谓成事往史之弊，即新纪元之所由开，纵有天才，亦无所用，其所见偏颇而无当，吾辈未敢以为据也。以愚读马克思之书，体大思精，闳中肆外，不愧为近百年之第一流天才家。彼谓社会革命，非人力所为，然全欧今日之万丈工潮，谓是马克思一人之力所酿成，亦不为过。尝谓，天才者，无时蔑有，地苟无才，世运即歇。孟子曰，虽有智慧，不如乘势，虽有镃基，不如待时。才觉有显晦大小之不同者，亦视其所乘之势所待之时何若，而不当专考其故于智能、镃基之本身。孔子之才，无人不承，然如梁君云："后来之天才，不能出其上，故不能别有所发明，而徒盘旋于其范围之中。"则鄙意未敢尽同。吾国哲学，统于孔子，未能多有发明，此别有故，不足为后人天才远出其下之证。盖孔子之道，非能自行也，以有尊之者也。尊孔者非一家，其词恒有出入，而要自命为真孔。然孔子为甲，不能同时为乙。则号为孔学，其中必有托孔而非孔子之真面目者。但孔子不复生，不与证其孰为真，执为非真。于是至圣先师因两收其自命为真之利，而其道坐大。以知孔子本未必有是学，而后人往往托之以成名，是其名不若孔子，非其才不若孔子也。又凡吾人所许为孔子正统，其所释孔，事为孔子当时所未及设思者，必且多有。如梁君于"子钓而不纲，弋不射宿"，及"君子远庖厨"二事中，推言："一般人讲理，孔子不讲理，一般人求通，孔子简直不通。实则一般之通，都成不通，而孔子之不通，则通之至。"此纯是梁君自有之见解，而嫁其名于孔子。人或问孔子，既不纲，何必钓？孔子心中设答，未必即如梁君言。而梁君构是理，理本可自立，而必用孔子名，亦是其名不若孔子，非其才不若孔子也。要之孔子亦幸而不能复生，与人明证其所言为非为是耳。设如能之，其道，将一旦崩坏片甲不存。孔子之见为大关键，全在依托者众诠释者繁。辗轹往复，而俱不失为孔之中。故孔子云者，不当为一人之名，而必标为一学之号。其学也，非一人材智之所独擅，而为二千来年材智总量，续续填集之所共成。是故文化非天才莫就，吾二人所见盖同，独至崇古而略今，崇独而略众，则愚不无异趣。凡兹所言，意在表显吾国文化独有调和持中之精神者，第一，以其处境为农业国；其次，则古先君相师儒，善相其群之所宜，创为适于农业国之政刑之道德，以护持之。人文继兴，流气以衍，于是自羲农尧舜以达前清之季，四千年间一系相承，人无间然。至印度视农业国为太过，其圣哲因遗物质而遁空虚，故其文化之精神为反身向后；西洋视农业国为不及，其雄杰因争生存而骛实利，故其文化之精神为向前要求。诚以才与境相会，习与化相成，三者俱累世由之，而未易明其所以然也。今则所谓境者，稍稍变矣。海通以来，西方之工业化，续续东被，显焉隐焉，纾焉径焉，使吾固有之文明，遭其抨击者，不可枚数，于是东方文化能否长存之一问题，乃起于学士大夫之心胸，而无能自禁。如梁君其一人也，然梁君之说独见于斯时者，以先之则无导，后焉则过妖，惟今适当其可。凡以见天才无凭虚翔集，而能见洽于人人，相与共认者也。惟西洋亦然，自十八世纪以还，工业之盛，一日千里，以为天堂可由巴黎之铁塔以跻，乐园可乘徐伯林之飞机以往。最近一战，死伤以千万计，而仍无几希弭兵之望。于是西方文化能否长存之一问题，亦为彼中学士大夫之所探讨，无能自持。如德之司宾格勒，英之潘悌，皆是也。吾之孔老诸书，夙为西儒所不解。而最近哲学名著，所不于四子书或五千言，摭拾一二以自壮者弥罕。何也？时与势为之也。以言文化盖无论东西，今乃濒于破产，重须抖擞之一时期。梁君发策，分别若干问，详察东西文化存亡分合之度，其事叶于英语所称 Time honoured，刻不容缓。梁君又言东方化不存则已，存且有扩为世界化之值。此其胆智，尤为竖子所惊。愚诚以为世界大乱纷纷不能休，物欲无艺，囊钱行尸，战为沟瘠，平亦枯腊。如此干涩无意识之社会，惟吾之农业化差足济之。西方明者，盖亦不能无见。梁君其无外于己而别悬天才为虚的，一本至诚，因物付物，使救济二十世纪之文化共通事业，君书适为开宗明义第一章。凡我国人，尸祝莫或逾是焉矣。

原载《甲寅周刊》第 1 卷第 12 号（1925 年 10 月 3 日）。

文俚平议

有自署擘黄者，以文言优胜为题，推言文俚相较，俚未必不如文之道，揭于《现代评论》（第二卷四十三期）。近所见白话文，无叫嚣僄薄之习，而能持理，人得相从讨论如是篇者实罕。以所言与愚近见有连，虽不及愚名，愚当自承。愿假期会，略申论焉。

所谓白话文不通，不必指之质地而言。以文俚言之通与否，固无绝对之义也。但今之文言通者，虽俚言亦通；不能文言，即俚言往往不通。其所以然，则文者非以口所能宣之字，泥沙俱下，而著于篇，即得是名也。其中造意遣言，至费斟酌。而此斟酌工夫，天姿与学力，盖参半焉。学力者何？即将古文中善于立言，而已有特嗜者，反复讽诵，得其仿佛，褙之于纸而心安，示之于人而共快者也。凡人无此学力，即于文事无所措手足。文事既无所措手足，则虽有幸，使以白话自见。而其所为白话，亦止于口如何道，笔如何写，韵味之不明，剪裁之不解，分位之不知，道谊之不协，横斜涂抹，狼藉满纸，媸妍高下，无力自判。已与徒党，辄悍然号于众曰文也文也，自画天地，跳踉以意而已。夫文之道，要在雅驯，俚言之屏于雅，自无待论，而其蔽害之深切著明者，尤在不驯。凡说理层累之文，恒见五、六的字，贯于一句，亘二、三十言不休，耳治既艰，口诵尤涩，运思至四、五分钟，意犹莫明，请遣他词，源乃不具，谋易他句，法亦不习，臃肿堆垛，为势殭然。愚曾亲试此例弥不乏也。是无他，亦于白话中求白话文，而捉襟见肘，丑态乃尔耳。不通云云，其是之谓。擘黄君谓若干年后，不通者行即于通，此时无庸过虑。以愚思之，今去文未远，俚言多出能文者之手，茅塞已呈是境，更越若干年，将所谓国文为一事，传达思想又为一事，打成两橛，不见相属，仅"通"、"不通"云乎哉？擘黄君曰，人或以白话文为不美乎？吾请其自阅《水浒》、《石头记》、《儒林外史》等书可也。思俭如是，至可骇人。夫《水浒》等书，固无人谓其为不美也。特宇宙之文，何止小说？宇宙之事，何止淫盗琐屑？今欲以记淫盗琐屑而见为美者，移以为一切义理考据词章之文，而相与美之，尊彝与瓦缶并陈，宁无异感？巨履与小履同价，岂是人情？杀天下之文思，隳百家之道术，反国家于无化，启人类之淫邪，擘黄君一言以为不智，其流将及于是。敢断言也。愚尝论美，诂为人数数及之而不厌，如李陵答苏武，柳宗元与许孟容二书，文之甚美者也。每当晨起，天朗气清，持就明窗，回环高诵，其不手舞足蹈，心旷而神怡者，必其漠不知文者也。今试一如原书，而以白话文出之，擘黄君自揣所益于吾人之意境者何如？有白话文家，与人行野，遇妇道哭其夫，声徐而荒，不可卒闻。其词曰：

> 我的丈夫呀！
> 昨天我还看见你，
> 你真死了吗？
> 今天看不见了，我好伤心啊！

白话文家厌之，速人去休，人愤然曰：此妇女作家所为新诗也。子宣玩味之不暇，而又何诟焉？此一事也。（事见《华国杂志》俊语录。）杜工部所纪石壕村妇人之词，"三男邺城戍"至"犹得备辰炊"云云，质直与此道哭之妇所称何异？乃一则见鄙于同派文宗，一为今古共推之绝唱。何也？擘黄君悬美字以资宏奖，其将何牒而可也？擘黄君曰："白话文向为读书人所蔑视，不以文章读之，故不觉其美。"是犹之为东施辩，谓此女不幸为里中轻贱，不以丽人待之，故其美不著之类也已。

循环之义，愚于评新文化运动文中，言之颇详，重烦陈列，似无庸也。

信仰自由，天赋之权，人愿自安于不文，以白话为著作，他人无横阻理，擘黄君之言是也。但自由者，惟成年人得有之。今白话文之为害，非成年人自由著述之谓，而少数人以此风厉天下，未成年人不学而恣肆，垂熟之聪明材力，荒于虚牝，国家与人类，两受其损之谓。且"自由"之云，为可彼可此惟己所择者发也。而今白话文则未然，其于文无所知者无论矣；即夙堪持笔，蜚声论坛，而以近习村荒，俯拾即是，归依文雅，转病未能，是诸君奴于白话文也久矣。"自由"云乎哉？"自由"云乎哉？

答擘黄君竟，尚有二义，期于周知：盖文事之精，在以少许胜人多许，文简而当，其品乃高。计世界文字之中，此点以吾文为独至。然自昔大家，且兢兢以是境为不易几矣。故孙樵与高锡望书，称其为文，在彼宜一、二百言者，锡望能数十字，辄尽情状，及意穷事际，反若有千百言在。欧阳修与吴克书，亦谓发其文读之，浩手若干万言之多，及少定而视焉，终数百言尔。而白话文则反之，胎息《水浒》、《红楼梦》之白话文尤反之，其参入的吗哩咧，及其他借撼听觉，羌无意义之辅字，而自成为赘，又不待言也。是文贵剪剔纷淆，而白话以纷淆为尚；文宜整齐驳冗，而白话以驳冗为高。徐志摩、陈通伯二子，俊拔之士也，所为白话文，俱可览观。然近见志摩作《晨报》副刊，琐琐序其为副刊之故，通伯吊刘叔和，通体看病之细言，皆不免于纷淆驳冗之讥。虽曰二子餔粕啜醨，以求苟合于时，储意摘词，未暇求其深雅；而亦白话文之本质，易趋于是，无可讳言，此一义也。其次则文以载道，愚夙昔疑之。自白话文兴，立言无范，以致论思失其准据，共喻为艰。然后笃信古人之不我欺，非有伦理基本观念，万说无自而立。李翱曰："吾所以不协于时而学古文者，悦古人之行也。悦古人之行者，爱古人之道也。故学其言不可不行其行，行其行不可以不重其通。"其言似迂，其理切至。盖文者孕育理道以传于后，而非徒文墨笔砚之为也。今之于文，徒有取文墨笔砚，而遗其理道，以谓吾之理想，可得依此泛骛，无所于碍。不谓所持理想，乃至贫弱而相矛盾，人我隳突，一无准裁，犷悍相师，如兽走圹，冥冥中文化濒于破产，中国人且失其所以为中国人而不自知。此诚斯文之大厄，而华胄之亡征也。如愚以民国十四年乱无宁日，推言革命党应尸其责。愚夙主革命，负咎尤深。此乃显道恒情，庸童所晓。人可訾其情之伪，而无由议其理之非。今乃不然：愚言出而论者以为狂易，谓惟愚之革命事迹未见真耳。果其真矣，安得有此自毁之论？又愚论文章天成，惟妙手偶得，乃由以文字宣泄宇宙之玄秘，事至不易，非人人可能。此义稍识字者，莫不知之，而愚竟以此招怒聚骂，谓愚志存复古，故作大言欺人。如此类者，不一而足。凡与人持辩，必赖有 Common Ground 论得基之而起，今谷阒全失，所可假之为前提者，一一荡尽，如赤手长蛇，莫可捉搦，生马无控，骇奔而颠。是何也？自世重俚言，文字与理道偾驰阶文厉也，此又一义也。

原载《甲寅周刊》第 1 卷第 13 号（1925 年 10 月 10 日）。

评新文学运动

愚曩《评新文化运动》，今胡君适之明其一偏，矜其独得，别标新文学运动之号，周游讲说。论域既狭，用力尤至。《晨报副刊》将彼武昌公开演讲之词，尽揭于篇（十月十日号）。审天下悦胡君之言而响之者众也，愚以职责所在，志虑攸关，不敢苟同以阿于世。敬抒所见，惟明者考览焉。

胡君首言新文学运动，其名早立，其义未始一讲，久矣此事成为过去，风行草偃。天下皆默认焉。今兹旧事重提，盖有思想顽固之人，出而反抗，吾不得已而为之云云。嘻！奇已。若而运动，行之已七八年，举国趋之若狂，大抵视为天经地义，无可畔越；乃主之者竟无说以处此，即有亦卷而怀之，未尝明白示人。事关百年至计，盲从而蠢动，不求甚解，一至于是，宁非至怪。愚尝澄心求之，以谓人本兽也。人性即兽性，其苦拘囚而乐放纵，避艰贞而就平易，乃出于天赋之自然，不待教而知，不待劝而能者也。使充其性而无法以节之，则人欲不得其养，争端不知所届，祸乱并至，而人道且熄。古之圣人知其然也，乃创为礼与文之二事以约之。一之于言动视听，使不放其邪心，著之于名物象数，使不穷于外物；复游之以诗书六艺，使舒其筋力而瀹其心灵。初行似局，浸润而安，久之百行醇而至乐出，彬彬君子，实为天下之司命，默持而善导之，天下从风，炳焉如一。夫是之谓礼教，夫是之谓文化。斯道也，四千年来，吾国君相师儒，续续用力以恢弘之。其间至焉而违，违焉而复至，所经困折，不止一端。盖人心放之易而正之难，文事弛之易而修之难，质性如是，固无可如何者也。今乃反其道而行之，距今以前，所有良法美意，孕育于礼与文者，不论粗精表里，一切摧毁不顾，而惟以人之一时思想所得之，口耳所得传，淫情滥绪，弹词小说所得描写，袒褐裸裎，使自致于世，号曰至美，是相率而返于上古獉獉狉狉之境。所谓苦拘囚而乐放纵，避艰贞而就平易，出于天赋之自然，不待教而知，不待劝而能者也。胡君倡为新文学，被荷如彼其远，而乃不言而人喻，能收大辩若嘿之效者以此。虽然，今既不以吾人为不肖而教之矣，请得一按所言，如其值而归之。

胡君曰："旧文学者，死文学也，不能代表活社会，活国家，活团体。"此最足以耸庸众之听，而无当于理者也。凡死文学，必其迹象与今群渺不相习，仅少教人资为考古而探索之，废兴存亡，不系于世用者也。今之欧人，于希腊拉丁之学为然，而吾也岂其俦乎？且弗言异国古文也，以英人而治赵瑟（Chaucer 十四世纪之诗人）即号难读，自非大学英文科生，解之者寥寥，否则二千年外之经典，可得琅然诵于数岁儿童之口。韩昌黎差比麦考黎（英十九世纪之文家），而元、白之歌行，且易于裴 Byron（裴伦）谢 Shelley（谢烈与裴同为十九世纪诗人）之短句，莎米更非其伦。死之云者，能得如是之一境乎。且文言贯乎数千百年，意无二致，人无不晓；俚言则时与地限之，二者有所移易，诵习往往难通。黄鲁直之词，及元人之碑碣，其著例也。如曰死也，又在彼而不在此矣。

胡君言社会不应分两种阶级，使文人学士，独擅文言，而排斥愚夫愚妇顽童稚子于文学之外，此今之卯蒲所称文言属诸贵族，必白话始为平民者也。方愚幼时，吾乡之牧童樵子，俱得以时入塾，受《千字课》、《四书》、《唐诗三百首》，其由是而奋发，入邑庠，为团绅，号一乡之善士者比比也。寒门累代为农，亦至吾祖始读书，求科名，以传其子孙。凡通国情者，莫不知吾国自白丁以至宰相，可依人之愿力为之。文字限人之说，未或前闻。自新政兴，学校立，将《千字课》、《四书》、《唐诗三百首》，改为猫、狗、木、马、板凳之《国民读本》，向之牧童樵子，可得从容就傅者，转若严屏于塾门之外。上而小学，而高小，而中学，而高等，一乡中其得层累而进之徒，较之前清赴省学政试，洋洋诵其场作，自鸣得意者，数尤减焉。求学难求学难之声，日闻于父兄师保，疾首蹙额而未已。是今之学校，自成为一种贵族教育，其故与文言白话之争，了不相关。由今之道，无变今之俗，即废手书而用口述，使所谓工具者，无可更加浅近，亦只便于佻达不学者之恣肆耳，去贵族平民之辩万里也。

胡君主造白话文之环境，谓若社会一切书籍，均用文言著述，平民概不了解，必且失趣而废然以返，故吾人必一致努力为白话文云云。白话文之万无成理，兹诚最大症结，胡君可谓明于自知。世界语之无生气，亦类是也。盖世界之学问，包涵于英、德、法三国之文字者（他国且不论），为量至大。而三国自身，不能互通。有时英人有求于德，德人有求于法，犹且尽力移译，弥其缺限。今一旦举三国之全量而废置之，惟以孤落无所容之世界语，使人之耳目心思，从而寄顿，道德学术，从而发扬，他文著录，全译既有所不能，能亦韵味全失，无以生感。同时娴于他文者，复不能严为之界，使俱屏而不用，干枯杂沓，恼乱不堪，此其反于文化之通性，至为显著。世界语之无能为役，非无故也，惟白话文亦然。吾之国性群德，悉存文言，国苟不亡，理不可弃。今举百家九流之书，一一翻成白话，当非君等力能所至。君等竭精著作，将《水浒》、《三国演义》、《西游记》之心思结构，运用无遗，亦未见供人取求，应有而尽有。而又自为矛盾，以整理国故相号召，所列书目，又率为愚夫愚妇顽童稚子之所不谙。己之结习未忘，人之智欲焉傅？环境之说，其虑弥是，而无如其法之无可通也。

胡君谓古文文言，二千年前已死。此二千年之文学历史，其真意义乃是白话。今售《三国演义》诸书，年逾百万。五百年来文学势力，不在孔孟程朱四书五经，而在《三国演义》诸书。今为问《三国演义》诸书，何时始见于世乎？文言死于二年前，是自距今千九百年以至《演义》出版之日，中国无文化也。其间皆死社会也？死国家也？死团体也？胡君之意，果即尔乎？小说年售百万，亦自亚东图书馆以胡君新标点问世为然耳。五百年间，悉如是乎？胡君之明版《康熙字典》，即考见前代为如是，而胡君曾亦忆及二十年前坊间流行之小题《文府策府统宗》，其销数为何等乎？又试查今之商务印书馆所编小学教科书，其年销之统计，果何若乎？胡君若以书贾为导师，从其后以噪于众曰，文化在是！文化在是！！此客观之念，毋乃太深，而许子之不惮烦，毋乃太甚乎？

胡君恶文法之繁难，且不切用，以谓不如语法之实在而便利。如文曰，吾未之见也。之字何以必在见字之上，其故无能言之。语曰，我见他，则何等爽快云云。夫文法者非逻辑也，约定俗宜，即为律令，从而轩轾，其道无由。吾文之法曰，凡否定句，止词必在动词之上。如"吾谁欺"，"愿莫之遂"，皆"吾未之见"之例也。此类定律，不论持示何国文家，了无愧色。而曰"甚么原因讲不出来。"此特胡君讲不出来已耳，未必尽人为然也。若以语法不如是，是当废止，则一国之文，别有所谓 Conversation Grammar，与严正文律异趣者，所在多有。当今之时，中外互通，名家林立，谁则断言文语不两立如胡君乎？

右举各条，皆就胡君词中，稍稍论之。义取消极，辞止答辩，非特立主张，自成条贯者可比，亦非忘其谫陋，无病呻吟者所为。如施君畸者，或以老生常谈，泛而寡要少之，则须知菽粟为常，荒年视同性命；一壶非要，中流乃值千金。昔天下之言，不归杨则归墨。孟子之说，乃见真切而不为徒然；然后人犹以迂阔不近事情訾之。可见论世知人，本来非易。如愚行能，毫无足算，师今不及，安望古人？偶有发抒，亦比于候虫时鸟，鸣其所不得不鸣者而已。是非谤誉，焉足计哉！

原载《甲寅周刊》第 1 卷第 14 号（1925 年 10 月 17 日）。

反动辨

　　高君一涵近为一文，题曰《那里称得起反动》，揭诸《现代评论》（十月十日号），于愚多所呵责。愚以其所见未同恒人，且稍稍表见英人论政之风趣，不可无一言应之，因有是辨。

　　高君以谓凡为反动，至少宜具三事：一历史进化之眼光，二应付时势之主义，三容纳普通思潮之雅量。兹三事者，惟英人之素养，最称完健。柏克、边沁、梅因及今之肥宾会（Fabian Society）诸贤，其著例也。今中国之反动派，全不解此，亦何足当此称云云。此其理论，本为愚所沃闻而笃信。柏克、梅因两家论绪，愚曩恒乐道之。肥宾诸子，亦与并世相接，初未自料己之所为，如高君所称，僻驰至是。然高君明明执是以相劫持，说若甚辩，而愚亦似学步未成，全失其故者然。是何理也？

　　窃尝思之，凡人论事，忌有所蔽。一有所蔽，势且白黑在前而不见，雷鼓在侧而耳不闻，此荀卿解蔽之论之所由来。依高君之所责言，愚于接物持辩，盖必不能免此。虽然，高君自揣，其能悉解于是焉否乎？愚曩违难东京，始为《甲寅》，以文会友，获交二子，一李君守常，一高君也。其后胡君适之著《中国五十年文学史》，至划愚与高君所为文为一期，号甲寅派，亦号政论文学。愚虽不敢妄承，时亦未闻高君有所论难，若吴南屏之于曾涤生然。今人犹是人，文犹是文，独已追逐时好，习为俚言以自见，因戟指而訾之曰，此没有做得通的甚么贵族文学也。何高君见道之晚乎？夫文之不通，愚诚未敢自讳，然愚掉鞅文坛，逾二十年，所立体裁，自始未变，谓曰"恢复"，窃又惑之。愚性好结纳，尤重文缘，自以考览是非，不失情趣，庄谐简巨，惟兴所之，函札最足补长篇之不及，故报中通讯一栏，愚每竭精营之。元年之《民立报》，二年之《独立周报》，三年之《甲寅》月刊，此例弥伙，曾未见高君或以为非。不仅未以为非也，犹且躬乐蹈之。至今日"私信公表"，翻成罪案，何孟子今昔是非之论，如此其无的标也。凡兹所言，不关宏旨，然荀子曰水动而影摇，人不以定美恶，此亦见高君之影摇甚耳。所示无起予之验，而当世未必即奉为定论，殊可惜也。

进化之理，愚屡言之。民国七年北京大学二十周年纪念，愚为演词，曾以鄙意示于多士（演词别录）。向后有会，亦迄续续阐明。其说纵未必然，而愚要非无见。至应付时势，以愚好为议论，迭造方案，主义安得言无？高君以愚主农村立国为竖蜻蜓，此亦立义然否问题，而非有无问题。若夫容纳思潮，号称有量，愚不敢掠其名，而未必不骛其实。调和之论，前乎愚者尚未闻有人倡言之也。凡此皆是事实，并非辩议。荀卿又以感忽之间，疑玄之顷，为人之所以无有而有无之时，高君以无为有，同时复又以有为无，殆由久病新瘥（自云如是），愚又奚说。此后更有所论，若其胪举理实，列案考求，使愚从知受教之方，读者亦洞明是非曲直所在，不敢请耳，固所愿也。

反动者非不可居之名，而亦无有常位者也。干嘉经学之后，承以桐城义理之文，方姚之徒，反动派也。八股空疏，则骛为经世有用之学，如魏默深、冯林一、康长素、梁卓如，反动派也。胡适之"规复"白话，自称理二千年来为死文学所抹煞之旧绪，其义叶于反动尤至。高君亦相与乱流而进耳，莫能外也。纵高君曰，吾为革命，不得曰反动，则须知革命与反动，为抵力分字之二名，质理两方应守之律，应归一致。如其所为，不如张献、李闯之掠地杀人状，则高君曩举三事，如进化眼光也，如应时主义也，如容人雅量也，宜龑示反动者以律己必严之界，而后其壁垒为得树立。今高君自审何如乎？进化云者，愚固言之，亦希进反退，求文得野已耳（义见《评新文化运动》篇）。主义则所谓退与野外，未或闻也。至容人之量之为雅焉否乎，请读者于高君本文求之，见其一斑。梅因之言曰，吾英宪法之精意，在一任反对党意见之流行。高君盛称英治，亦当晓然于其保守党之见重于国为何如。故凡高君文词，gentleman 所不应道，吾即不为漫引加辩，以重人失，用妥柏克、边沁、梅因在天之灵也。

合法辨

法统者，民国政史之秽迹也。曹锟窃国，其迹暴著，有力者乘势而廓清之。应天吾不敢知，顺人则庶几为近。于是临时执政之局，以善后为初基，以造法为大的，艰难缔构，迄于今兹。此其大本，天下未或非之。夫政者与时为缘，待人而举，而时效渐移，人力易懈，政之不能无弊，固情势之所不免，亦由国人督责深至而见为然。年来政府为人指摘，其词不一，责无与避，改勉未遑。诚以民意未可违，当国者亦无敢自是也。至以法统相劫持，谋起所谓参、众两院，与今政府相代为用，如吴佩孚在鄂通电之所云云，则将凶于而国，不可无一言辨之。

凡言法统，必有所寄。所寄者何？其文字则《约法》，其人则吴景濂之徒也。夫《约法》者，民国元年各省都督遣员成于南京者耳。今人辄訾差官式之会议，不知号称根本大法之所自出，即属此种。是法也，旋毁旋复，既复又毁。语其条文，能诵之者无几人；语其精意，能同焉者无几人。威棱尽丧，无得更谥曰"法"。"法"以变乱之起，必资焉以为号召，而政客也者，非如此偷托，无以自存。则相与护法、护法，呼啸而成之，以为涂饰耳目别为阴毒之计。翻覆一次，国家之元气大损一次。今吴氏之为，亦增其次数重苦吾民已耳，非有他也。夫法者无声臭者也，惟人则弄之。吴景濂之法，窟于国会而货之者十余年，去岁尤为殚品（本英计学家言）趸卖，腥闻流传至今，己亦以谓自绝于民，卷舌固声而去。今以法统之故，使得有所凭借，重整旗辙而起，是亦唯恐毁灭廉耻，犹未至尽，黩乱政事，犹未极成已耳，法云乎哉？

且依事实，法统亦未易言也。愚曩论之，曹锟之败，败于法之意，而不败于法之数。以言数也，则彼固赫然票举之正式总统也。今护法之云，将以曹氏为画布乎？恐无人具此胆力图之也。又黄陂任期未满之八十三日，颇为法家拂士之所未忘。今护法之云，将以黄陂为栖皮乎？恐主之者未必即是其意也。其尤要者，国会议员，夙分两派，一贿选分子，一拒贿南下之分子，士各有志，不容相强。今吴氏所拟召集之参、众两院，亦何法使此两派，通力合作，共戴此国会名义，惟将军之马首是瞻乎？以纯乎贿选者成之，数之与意，两俱大匮。又何法之足言乎？凡此种种，俱为法统论之大障，容头过身，大是不易。以吴氏平日之言行律之，与此宜不相能，而展转复展转，终必假是以为的标，无他，亦师行无名，姑为此下策，以图侥幸于万一耳。语云："日暮途远，倒行逆施。"诚不料倒与施者，其度一至于是。

吴氏又以不合法诋执政政府，凡外交应俟合法政府成立而有效，此尤无谓。盖今执政政府，固未尝以合法自鸣于众也。彼其职志，在彻底改革。人以改革之不彻底为言，或揭举实施改革案者之不切至，当谨受教。今日如不合法何？则是齐王好竽，而子操瑟立齐门之类，可谓不识时务之甚者也。间尝论之，中夏立国之道，固有九流，自儒、墨以下，其一至焉，于逻辑均可为治，而在实儒、道为历代所崇奉，其势独尊法家者流，亦参伍其说，使佐治焉而已。英人 Rule of Law 之一观念，夙为吾人所不解，籍以法治之真精神入之，已虞捍格而不易通。今乃得其伪者。而吴氏所称，尤伪之伪者。而谓将叶于人心，中于民隐，一夫建号，百洲同声，是固必无之事。愚为此辨，亦杞人之忧也已。

原载《甲寅周刊》第 1 卷第 16 号（1925 年 10 月 31 日）。

再疏解輼义

今岁七月，美利坚学与教哄，构成显狱。案情之独特，论辩之剧急，大震乎天下。是不可以不记。田芮西州 Tennessee 尊崇耶教，较笃者也。曾于州宪订明，凡学校教科书，理与圣经相牾，应行禁制。州有市曰煣塘，Dayton 其小学校中，有教员曰师科布（John Thomas Scopes），以进化论授于徒，州政府大怒，谓其既违教义，复触宪纲，因名捕斯氏，下法官按问其罪；而轩然大波之文字狱以起。近世科学昌明，思想开放，自千六百十六年，意大利天文学家伽离略 Galieo 以日局论下狱以来，学术史中，固不问何人，以讲学获罪，情如本案也。即进化论，自达尔文倡之，距今七十五年，所立人猿同祖优胜劣败诸义，固已家喻户晓，其平淡以视布帛菽粟，有过之无不及。不谓二十世纪，自然诸学，一是绝尘驰去，而以利用自然，物质大明，自由如命，誓死以争之新大陆，竟以师科布之狱闻。讼狱既起，正负两面之论，随之而嚣。全国之法家论士，莫不崭然有以自见。蒲乃安者 Bryan 以辩才雄于世，而民主党候补总统，足为民听者也，出祖政府，入师氏之罪弥力。右师氏者，大抵人类地质动植物诸专门名家，而以芝加哥律师达罗（Darrow）为之魁，论战之剧，得未曾有。七月十曰，庭讯以始，两造互辩凡九日，观审者山积，好事者麇至，传筒摄影，色色形形，诚稀闻之巨案，为天下耳目所共集也。一造之言曰，《圣经》者上帝之言也。凡上帝之言，在法当遵，不容或疑。故《旧约》所书创世始末，允为圣迹，非恒人所得妄议。一造之言曰，创世之说，寓言而已，与进化之理，并行不悖。宗教与科学，盖非两不相容，以信徒而兼为学者，其人甚伙，拘墟于经中神话，固未必为耶稣之佳子弟也。如是往复相持，至七月二十一日，庭辩告终。法官宣读判词，师科布渎经干宪，无所逃罪，念其文士，罚镪百元，而所称煊赫一时之进化论案以结。

斯案也，将欲评之。议所自出，其源凡三：一宗教家之见地；一科学家之见地；又其一则伦理学者与实际政家之见地也。前二者之论据，盖同处一线，而各持一端，相与抗争，此亦一是非，彼亦一是非，自非居廷尉之地，施强制之刑，在理殊不足以相服。曩举两造之词，大致如是，更语其详，夫亦无庸。愚独以为操剥复之机，妙调和之用，为今日全人类所不容忽者，第三派之用心而已。

何以言之？凡一社会，能同维秩序，各长养子孙，利害不同，而游刃有余，贤不肖浑淆，而无遇不及之大差，雍容演化，即于繁祉，共游一藩，不为天下裂，必其有公同信念以为之基。基立而构兴，则相与饮食焉，男女焉，教化焉，事为焉，途虽万殊，要归于一者也。兹信念者，亦期于有而已。固不必持绝对之念，本逻辑之律，以绳其为善为恶，或衷于理与否也。以泰西言之，二千年来，所赖以维系社会之公同信念，不得不谓其为耶教。至耶教与科学之精神不相容，而吾适为至诚无二之科学家，于此亦不许其以私害公，以一豢万也。当十七、八世纪时，教义至晦塞，人恍若为教所梏，无得自脱。于时天才偶溢，人心乍转，英有倍根，法有特嘉尔，以学争鸣，而天下应之。自时厥后，学日以昌，专家日以众，发明日以见，所谓赛恩斯之一怪物，骎骎与宗教分领心城，由不毛而蔚为大国。笃教者虽窃忧焉，而以于教政不妨，大多数人民之信仰依然如故，则亦相与安之。洎乎最近，工业太盛，群体为机械所化，人人失其故步，日以血肉与面包相搏，而不得一饱，以求曩之村居族聚，从容安乐，以教义瀹其心灵，醰醰有余味者，渺如飘风散烟之不能复至。大战五年，全世界之人智人力，回环于自杀杀人之机诈中，举凡败德乱纪害家凶国之事，为恶性所暗示，向以崇教之故，形格势禁而不敢为者，今乃一无遮闸，乱流而出。欧洲伪文明之实相，不期曝露于平心觇国者之前，无可诋澜。此诚世道之大忧，而深识怀仁之士所难熟视无睹者也。笃而论之，如耶教者，其罅陋焉得言无？然天下之大，大抵上智少而中材多，宇宙之谜，既未可以尽明，因葆其不可明者，养人敬畏之心，取便彝伦之叙，乃为忧世者意念之所必至。故神道设教，圣人不得已而为之，固不容于其义理，详加论议也。近人有明宗教之不可去，而谋所以代之者，威尔思欲人以神圣之意，移于世界同盟，所有政治、法律、文学、道德一切之计，俱于同盟焉营之。蔡子民则谓惟美差可易教。此其所立，未始不为胜义；然义胜而力不具。宗教之力，盖成于自然，而不由外铄。纽约主教蒲伽蓝为师氏作辩，谓："上帝抟土以造亚当、夏娃，彼二人诱于外物，致干天谴。吾每读此纪，心辄怦然，觉干谴者非他，即为己身。"今日犹闻是言，足见新造慘营诸理，终不敌耶稣之入人也深。以是种种，欧人于质学浸盛教力浸衰之余，回翔伦理之表，熟度政治之需，忽起而为一种轩教轻学之运动，良未可料。师氏一案，可为见端。默计反宗教之精神，近已达于饱点（Satiation Point），遇此以往，稍稍还醇返朴，乃情势之所必然。此为群化消长之常：甲无所谓进化，乙亦无所谓退化。与愚曩举輖义，盖有合焉。夫吾国亦苦社会公同信念之摇落也甚矣。旧者悉毁，而新者未生。后生徒恃己意所能判断者，自立准裁。大道之忧，孰甚于是？愚为此惧，论人怀己，辄申本义，昧时之讥，所不敢辞。

原载《甲寅周刊》第 1 卷第 17 号（1925 年 11 月 7 日）。

创设教授院议

迩年大学教育之无进境，因缘不一，而最为大原大本，厥惟教授不得其材。而材之仅可而仅有者，又以环境之恶，枉焉而不得其用。此而无法匡救，则所谓学府也者，直无庸以其名高，或文明国俱有之，而吾必资焉装点门面，致以学杀人之祸，日新月异而未有已。愚为此惧也久矣。今幸有会，得以具体方案，提示于海内贤达之前，所见数端，请先具列。

教授者，知识之权威也。其在他国，学者而得跻于是列，权威早具，积年愈久，所学愈邃，权威亦与之继长而增高。而吾也适得其反。今之所号为教授者，大抵朝脱学籍，夕张讲帷，其于学科，本非深造，其后节节与环境战，由枝拨本，括糠及米，卒乃并其本非深造之殖，荒落以尽。论业则无进，论资则甚老，论阅历则甚深，论趋避则甚熟。名位弥高，徒党已众，遂乃把持一切，坚不可摇。而学博声名，转不为天下所敬而为所简，不为天下所爱而为所厌。何也？学也者终非可以久假不归之物，而不重则不威，其学不固，又无自而得重也。平心论之，此乃势之所趋，不得不然，非教授之本意，欲其如是也。图遏其势，吾案乃存。

势之最大而有力者，莫如生活之不安定。昔者诗客清吟，催租可以败兴。今以社会之枯燥，金钱之魔力无对。书生不足一饱，欲其从容讲学，气蒸曰上，又焉可能？于是而兴出位之思，设苟存之术。事非得已，情有可原。倚机关为奸利，一也；恃兼课为茶点（此言闻之蒋君梦麟，意谓教授本薪不足一饱，不得不以兼课所得为点心资），二也；视教席如传舍，三也；强者日出轨范，恣为一切之计，弱者废书太息，本职日旷于不自知，四也。有是四者，今之上庠太学，殊不足以总集天下术智之量，使得沉浸浓郁，焕为文章，敷教之才，本感不足，而乃横被夭折，一至于是。此真可为学术痛哭者也。

今天下淫侈之习，亦云至矣。司名器者之蠹国自利，无可讳矣。军旅滥兴，赋税日乱，黄金之掷于虚牝者，不可计矣。而惟广文先生，以饭不足闻，此其不平之念，久蕴于胸，遂乃消极拒斥政府整饬之良计（如愚拟清理八校积欠，按实核发，李君石曾即抗言为何不核军费，而独核学费），积极浮慕爱国运动之佳名。（汤君尔和为言曾在某报见一论文题曰大学教授之责任何在？署名者，为北大教授某君。余因亟取读之，得知彼所谓责任，乃说卸长衫领导学生赴天安门开会，遇有军警干涉，即与奋斗。余大失望。）政潮侵入学林，而大学地位之尴尬不安，日见其甚。何以故？以教授滥竽者多，且无独立向荣之本位故。

各国大学，有教授、讲师等差之名，以示学历位望之不同，而其名吾国今亦有之，特涵义迥不如是。同一人也，在甲校为教授，在乙校为讲师，课本不殊，授课之时间且不必相避。（八校习语有所谓法定请假者，即指同一教授，同一时间，在两校以上任有功课，势不得不相间，请假以灭其迹。）是讲师也者，亦蒋君梦麟所云食茶点者之别称，非有他也。北京法政大学，国立唯一之专校，法家拂士所从出也。而专任教授只有两人（该校教授瞿君国眷为愚言之），余均以食茶点者充之。

实则京师之以授课为业者，本有二价。趸卖者，曰"教授"。零卖者，曰"讲师"。何校得其趸？何校仅得其零？此乃事势适然，于物质不区高下。特教授之品位，以此大招其损，而分授之时多，独习之时少，学业之进程，亦以此无形遮阻而已。

以上种种，凡为教授者，因不能编制相当可诵之讲义。其人自日本归乎？节去假名为之，于事尚便。自欧洲归，则原本为学生所不解，精译又曰力所不许，仓皇吞剥，仅乃成章，质之本人，固亦不认为惬心贵当之作也。迩来著述之穷乏，虽臻其极，而讲义则学生视同性命，不容不有。愚恒发愿，愿搜集此类稿本，董理而宏布之。纵未必大餍智欲，亦庶少救学荒。而为教授者，大抵不欲，以其书仅足供诸生室内之持扯，以云正名问世，则犹去之远也。范君静生昨为愚言，今日学术大患，在讲义毒，教者以是为授，十年不易一字，学者以是为受，初亦不求甚解，既毕所业，则捆载而之他省，仍复以是为授，其乡之学者，亦复以是为受。谬种流传，伊于胡底。愚闻之悚然。其所以然，则教授无独立向荣之本位一言蔽之也。

教授一面之艰困情形，有如上述，而校中之待先生，并亦未敢过慢。校费十分之八，耗诸员薪，设备图书，概行废置。欠薪虽为一大问题，而部欠所积，为时不过一年，以十年通计，所差特十之一而已。京师八校之常费，年在二百万元以外，教授所获，至少亦百五十万元。以如斯之巨额，为都讲之供张，恭敬之意，既未稍衰，收入之比，亦不为下。而乃学耕之况，竟若石田，受禄之家，顽然无报。抑又何也？此种责言，未必无理，而教授终不以此平其情而尽其职者，盖以画饼久悬，疗饥乏术，饼虽偶至，疲固不起；加以外之政学之界不明，内之泾渭之分难执，身发相连，振拔维艰，人亦相与展转于因循愁叹之中，得过且过，所有省躬明己循名责实之事，俱无从讲起也。

愚今针对上述各义，拟创设教授院一所，如前朝翰林院之总持文学例，使天下晓然于应有学术，悉汇于是。其经费初创时，年以二百万元充之，暂设教授额二百五十人，年俸平均四千元（教授拟分三级，一级不足四千，二级四千，三级四千余），人数逐年递加，加至五百人为常额，非有缺出，辄不擢进。经费之性质，当使绝对独立。

关税附加税成，所用于建设事业者，教育本为专条。又各国庚款之可作教育费者，其数亦巨。姑无论其源何出，拟从中拨定此二百万元，由内国银行团组织委员会保管之。教授应得年俸，教育部发给证书，准其径向银行按月支取，不得短数，亦不得逾限。以后颁发薪俸，部校均不直接经理，务令各教授于生活安定四字，彻底了解，亦全然可恃。至教授依何法选定，其役至为繁难。愚意政府先聘学识才望全国共认者若干人，为资格审查委员会委员，通告天下，凡愿为教授候补人者，于指定期限，将学历艺文，提出该会（别无资格限制），该会悉心品核。教育部据报呈请政府，正式任为教授院教授。此项教授，直隶于部，成绩以时察之。教育总长或院长有停职免职之权，不与何校，发生一定连谊。不论公校私校，教育部认为有派员讲授之需，始分遣之。任期与校别，全由部定。有校须用何种教授，亦得随时来院呈请。教授未居讲职，则司述作及临时部派之事。行者居者，一视当时教学情实如何，无有常家。如是为之，取义凡六：为教授者，无米盐琐屑之虑，可得安心向学，奥曹利帖 Authority 渐次养成，一也；监察严而赏罚信，亦不使其空疏恣肆，酿成学阀之弊，二也；何校得院派大批教授，分居讲席，校用既轻，声威骤壮，三也；奖励私校，此最为切实有用之津贴法，四也；教授分行居二席，使天下学以耳治，亦得目治，号称学府，名副其实，五也；天下学术之脉，由部通之，而不虞其操切，六也。此六者，亦随感书之已耳。斯议认真行之，利实不可胜言。愚所历学界甘苦颇深，今复职司邦教，时遇可为，不得不尽心力而赴之。兹事体大，条理万端，意有未当，不敢自执，特举大凡，以俟天下公论云尔。谨议。

原载《甲寅周刊》第 1 卷第 19 号（1925 年 11 月 21 日）。

特定学区议

　　特定学区之议，由来已久，以愚所知，蔡孑民先生实首唱之。在津在欧，愚曾亲与计议，至今思之，固以为其说不易也。盖今之大学教育，弊害之昭著于外，的然不可掩者，约有数事：以学术中心，置于政治中心之地，两心相接，非浑淆则抵触，无论何出，学均不利。英伦大学，保持政学划分之界甚严，故其权威迄不可摇。愚曩肄业沍北淀大学，该校偶推爱斯葵为名誉校长（时爱为内阁总理，千九百九年也），学生反对弥烈，几酿事变。愚曾详诘所由，则举谓以政侵学不可，即以学侵政，彼亦同持不可也。此种精神，于学最为切至，非特为庄岳以卵翼之，其风不长，一也；校址与市廛相混，于境为湫隘嚣尘，于群为机械变诈，凡言凡动，一出校门，即去学万里，藉自然明秀之境，体造物无限之力，养人性情，浚人心智，如康桥、牛津所得无形之效者，吾旷焉无有二也；近来学生寄宿之不规则，与公寓之破坏风纪，成为一大问题。康、牛二学之宿舍，颇极整齐严肃之观，夜逾十时，学生即不得任意出入。凡生一切行动，类有册籍呈校核验，此非秘事，亦非昔闻，稍习英故，俱得详焉。然此或今之闭户言自由者所深戒，效法不易，有学区以范之，宽猛相济，恶缘复希，境小事专，指视严切，学与习始得同时董理，三也；凡言学者，颇谈气压，Atmosphere 如人入醉乡，不酒亦醺，童居阙党，凡资皆圣，以其气引人入胜，有不期然而然者也。愚尝闻英人言，巴黎大学之气压，最为偏至，一游其中，即油然而生学术神圣之思，惟此亦限于校内为然耳。日月至焉，未见宏益，与曩举英伦二学之自成风气，广被全区者，较然有静燥周狭之不同。今吾将异军特起，创开风会，与效巴黎之孤证，宁希二学之醇风，四也；京内各校，大概枝枝节节，乌衔狗续以成之，应需设备，无一可言，或者如天之福，有款当前，衔焉更衔，续焉复续，斯仍为因陋就简之局，不离事倍功半之讥。别起宏规，庶臻完善，五也。如上种种，触感而盈，举一概百，不言咸喻。愚拟乘关税附加税额，例得拨充建设经费之便，请划五百万元，在京西颐和园一带，建一中央学区。其事当由政府及学界，协同国内银行团，设一特别委员会，独立营之。图样工程，及其他设置事项，务尽可得公开之量，使人共见。款经拨定，该委员会有绝对管理之权，政府不得移作别用。兹事体大，非一手足之烈所能就绪。节目如何，概无容心。先事缕举，未免词费。愚亦踵名家之成言，明司存之责任，发凡起例，以待天下群纲维焉施宰焉而已。宏识君子，幸赐观览。凡有匡扶，惟学斯受。谨议。

原载《甲寅周刊》第 1 卷第 20 号（1925 年 11 月 28 日）。

答稚晖先生

吴稚晖先生于十二月一日《京报副刊》作白话文一章，为人讲去共产之嫌。末附数百言，涉及鄙事，诲慰并至。愚于先生义兼师友，不敢不承其意。谨存原艺，更附下怀。

……就是章行严先生的自误，也同一条件。因为你是个学生出身，看不起学生。你的崛强，谁也服不了你。人家原也买你这笔账的，可惜你对执政太敬重了。你以为分寸勉强合的，然摸摸良心。你是读书明理的人，梁启超既不以为合，章士钊合么？这也是把崛强人的自重处扫地以尽。还望人家有什么敬意到他身上去呢？止有拍教育总长马屁的通信来捧，一方面把身分出卖，一方面又买进身分，使人又好笑又好气罢了。总而言之，统而言之，俱是患失的变相。所以官万做不得，丢下来的时节，大哭小喊，门前冷落车马稀，一不甘心，便屈于一人之下，伸于万人之上。其实即跌于粪坑深处矣！故若为做官而做官，登台容易下台难，不可不知也。马伏波云："凡人当使可贫贱也。"我虽非其人，愿对灼手可热的人们，投一帖清凉散，对侘傺无聊的人们，献一粒定心丸。不然，不必官场，即在党团，一有患得患失之心，犯了急色病，便挤轧怨望，皇皇若不终日，求生反死，求巧反拙。他以为正我辈投机之时，其实永远造成一个天下荒荒之际的局面罢了。这是我写这一篇东西的中心动机，借着林白水的新闻，学做变相陈冷血的时评罢了，不是我又要借此出风头。章行严先生，我在民国二年，我亲见他被孙少侯替袁世凯软留在锡拉胡同，要他附袁。他装了大病，设法溜到上海。八月十二日早上，在黄克强寓处，议论如何去南京独立。他在袖子管裏，把一篇讨袁文，一径拿出，头一个蔡子民接了先看，大家也把头凑上去同看，不说他从前同张溥泉等，在上海捕房裏监禁了，吃二十五粒盐水蚕豆一天，如何人物？就把他八月十二那般情景，映在我脑里。我不料他现在会做续刊的《甲寅》，所以我替他发讣文。他的谬误，我还相信不在他良心上，还在他读那牢什子的鸟柳文。因此，我漫骂他国学，动机还不全在保护白话文。我还要做一篇东西，塞孙伏园先生《京报副刊》周年之责，我再详细的说罢。我补此一段，因为上文说到他，还是讥讽，似乎是打死老虎。我不敢对朋友有此不情。

凡际国难，国家社会相互云为，骤形逼拶，号曰"戒严时期"。愚谓私人交际，宜亦有之。自愚滥窃高位，事关敷教，同人之业于教育，而平日不甚以不肖待愚者，大抵一面恨愚之执而妄，欲规不得；一面图避一切交接之迹，惟恐不远。三、五聚谈，则故为引绳披根之论，以示持正而明无与。副刊需稿，又不惜发愤阿时，设淫词而助之攻。吴先生者，恕愚妄断，难免不为其中之一人也。谥曰"戒严"，庶乎近之。今者政局骤变，愚职顿消，三尺童子，有以知教育总长四字，将不更与愚发生连谊。环境既易，情感以殊，向之大恨者，或且转而太息；向之大骂者，或且转而见原。严解与戒之情状不同，人心自然之趋向，有莫之然而然者也。吴先生此论，乃解严后之第一声也。故其中有"打死老虎"，及"对朋友不情"诸语。愚也有愧昂藏，居然七尺。吴先生慷慨言此，谅亦不欲得一"谢"字酬之。虽然，既是解严，客气已消，平情论事，亦是一得。庄生曰："吾丧我。"此语有二义：一、丧者丧也，即先生为愚发讣闻意；二、我者视同第三位之称，忘我之为我。古人话言，恒有是境，（古人每以第三位之代字，代第一位，其字尤习见。）不足奇也。是我既丧矣，我固无妨别居一位，即陈死之我而尚论之。盖若天安门前，弹丸剋注，愚果从黄远庸、汤济武之徒游焉。逆料北京报纸，一周以内，不能过惜余白，置愚事不议。以愚在全人类中，未必值得几文？而于今日之中国，学绝道丧，一无准绳。凡愚言动，则未始无所谓 Ego 者存。外此且有一部分人之情之志之意，环之而走也。此而成一论题，亦是了无愧怍。朝闻夕殒，圣之所称；论定盖棺，序亦无桼。此意吴先生亦笑而许之否也。

　　章士钊者，一笃于个性，不存机心，情理交战，迭为胜负之人也。惟笃于个性也，故其行动，不肯受党派之羁绊，而一生无党。人次第以同盟会、政闻社、政学会拟议之。此见仇者之谰言，不足信也。惟不存机心也，视天下之事，无不可为。胜负之数，蓍然不知。有时为人暗算，肝胆胡越，彼乃不信，一旦势异，负尽天下之谤而亦无悔。不论何事，是非荣辱，均自当之。生平未尝发言尤人，此考之二十年来之言论而可知也。情与理者，如车之两轮，皆为钊所托命。不可得兼，迷惑立生；轻重相权，恒见乖牾。大抵三十五岁以前，理恒胜情；三十五岁以后，情恒胜理。说者谓于血气之盛衰有关，事或然也。钊弱冠即言革命，为孙逸仙一书，号《孙国魂》，推崇倍至，时天下只知有海贼孙汶也。（孙与中山二字联成一名，自愚草孙逸仙始。此事曾与王侃叔辩论，弥剧有暇，当记录之。）一击不中，亡命海外。则顿悟党人无学，妄言革命，将来祸发不可收拾，功罪必不相偿，渐谢孙、黄，不与交往。章太炎、孙少侯者，时与钊风义最笃。一日，在新宿寓庐，同迫钊签署盟约，共图大事。钊不许，则动之以情，更规之以势。非署名者，不得出室庐一步。如是者持两昼夜，卒不许。此种刚愎之气，非今之所能有也。民国二年，钊受项城袁氏之招，礼意稠叠，计无不从，欲总长，总长之，欲公使，公使之，舍馆广狭惟择，财计支用无限。所求于钊者，亦《宪法》为之"当家"而已。钊大窘，且以与袁相从之密也，悉其所以为帝制者，其计井然，尤大骇。避初见杀，势尤岌岌，则尽遣其行李仆从，孑然宵遁。此种当机立断之概，亦非今之所能有也，此理胜者也。民国七年，西林重赴广东，钊不谓然。先是肇庆之役，西林弥倚钊。钊亦以西林政治生命之干城自任，知无不言。项城既逝，西林凯旋于沪，钊劝以从容养望，不可妄动。词旨切至，西林颔之。钊即求入北京大学，讲逻辑，以三年不闻政治相期。居顷之，西林惑于人言，不能自制，一年之中，三约钊之沪，议行止。每议钊辄力沮之，西林怏怏。钊贻书痛陈桂军不足恃，及旧国会臭败，恢复无当国人意状。西林偶发其函于赵世钰，同人则大恨钊。西林亦卒走粤，立军府，急电相召，无立异余地。钊竟屈意从之，与共祸败，此种委曲之事，非拒章、孙时所能为也。金佛郎案，天下之人以为大厉也。即钊平日，亦扬言非之。今年政府认为必办，以方梦超者，曾揭控前经办大员多人，财政总长李思浩，恐是事相乘而无已也。请由法部审查本案，以期于法无悖。此其事出谤随，词连财贿，游谈之士，将以是间执。本为恒请之所察知，钊以事关阁议，责任所同，为国陈力，祸安与避？卒肩是任而为之。此种自殉之计，非背袁时所能出也，此情胜者也。明此两胜，钊之出处大节，可以得其槩略。吴敬恒者，善言革命，其辞博辩雄伟，忧思深远，天下宗之。壬寅、癸卯间，钊与游于上海，讲道论法于所谓流氓会馆（指爱国学社）者也。钊事敬恒弥谨。凡钊之为，敬恒亦曲相提奖。钊尝困于苏格兰，不得归。敬恒为请于孙君，以一百三十镑资之。此类鄙事，修士所羞，敬恒于他人，决不为也。钊好议论，不亚敬恒，意有合者，敬恒辄扬之不置。曾谓宝山张嘉森曰："章行严之一骭毛，无非佳者。"然钊议有迕于敬恒，亦不惜肆意訾之。今年钊隶执政府为部长，兼理《甲寅》，若以身分为卖买者然，敬恒恶之。自钊为《民立报》以至《新闻报》，敬恒无不出其半庄半谐之笔，随事拈题，与钊上下议论，独至《甲寅》则否。钊以整顿学风自鸣，亦徒有其声耳。事则僵而未举，而敬恒扬言于众曰："整顿学风宜也，惟章某何足当之？"闻者告钊，钊相视而笑，未逆于心也。无何，学生拟步武巴黎堪栗姆故事，以枪毙之刑威钊。钊"知天下之不可盖也，故下之"（语本杜甫《杂述》）。因相应而解职，以避其锋。敬恒为讲其义曰："此作官者之业报也。"君子闻之，谓是敬恒此言，殊失风人之旨。盖钊作官之机，何岁蔑有？敬恒所知锡拉胡同事，斯时即优为之。刺灭三年，乃至十余年，焉云"急色"？且为作官而作官，岂云"无法"，教育固非钊本职也。株守司法，到处逢迎，以钊之才与辩，上事群帅，下媚诸生，安见一生，吃著得尽？钊如是为之，敬恒将焉云者？敬恒且曰："求生反死，求巧反拙。"今钊已死，前言有征。以云"求巧"，则今世巧人，亦安肯抗首大庠，从而开罪？由此勘去，迹象犁然。观钊所为，"臣拙无比"。柳州所云"抱拙终身，以死谁惕，庶乎近之"（语见《乞巧文》）。求仁得仁，本无所怼。谓从巧来，毋乃太冤。"不甘贫贱"云云，以律于钊，似亦末叶。昔韩愈与卫中行书，称"始相识时，方甚贫。衣食于人，其后相见于汴、徐二州，仆皆为之从事，日月有所入，比之前时，丰约百倍。足下视吾饮食衣服，亦有异乎？然则仆之心，或不为此汲汲也。其所不忘于仕进者，亦将小行乎其志耳"。钊喜读牢什古文，其行则泥，其情可原，窃比昌黎，宁无一是？敬恒以谓"凡天下之为官者，皆患得患失之人"，全称肯定，毋乃太悍。魏家胡同十三号，敬恒非不见临，如此室庐，岂是为门前车马而设？失职后之大哭小喊，又为何状？敬恒曾否亲闻？凡人之情，持禄以保其妻子。而钊妻子，赋性独殊，于钊所为，所见咸左。纵有饥寒，决不啼号。夫人之相知，贵相知心，人有不为，而后有为。臧否当世人物，如敬恒、士钊者流，非先知其心，而并假定其万不为者以植之基，直可谓士相杀。曩有议敬恒为卖友者，傥吾人因而起论，宁非滑稽之尤，钊虽非一世之大人，而言论丰采，为时耳目，杀之可，辱之则不可。必也以非胜是，强无为有，故抹煞其人格，亦足为震旦之公羞。当今娼嫉风行，操戈尤急，不欲使同类者有一差强人意之人。此旨惜明之者少也。钊与合肥段公，夙无连谊，旧事重提，且为政雠。去年一见倾心，同维国难。相处一载，未见槎枒。在彼无君民礼数之拘，在我无尺寻枉直之惧，何嫌何疑？而必去之。且与人共事，乃先存不敬之心，果胡为者？此于常人且不可，焉论一国元首？太敬重了，其说云何？昔者梁、汤与段，联立一阁，征南之策，实同建之。长沙一败，遂先求去。事关一时政略，非个人分寸合否之云，与钊并论，未同伦类。又《甲寅》非因钊入官而特创者也，亦不至因钊免官而即销亡。"通信"一栏，自昔有之。比时无所谓总长也者，究捧伊谁，后之视今，或如今之视昔，该社又安从豫构何长？以为来捧之符，笃而言之。所见不同者，人之情也；士论不一者，国之华也。《甲寅》本国文之风格，为大事之商量，斟酌中西，调和新旧，天下尽有不得通之志，与不得已之思，并发环趋，于焉寄托？海枯石烂，斯意不磨。人徒执枝弃之词，昧其本真之义，以无端崖之论，快其摧陷之心，亦只示其意之不广，大国民气度之不立，纵可以削《甲寅》之迹，而未必能服天下人之心也。曩已论之，章士钊者，一笃于个性，不存机心，情理交战，迭为胜负之人也。以具此四德，不肯安坐而不事事，寻常利害成败之见，于彼在可动不可动之间，逆境之来，意念不灰，一日二十五粒盐水豆子，曾欣然食之；何时更食，不以为迕。在柏林时，曾遇外长罗登劳为人所戕。罗君文章政略重一时，著述甚富，钊与相见，未数日而罗死。罗曾得匿名警札数十通，而不之顾。钊以为国士报国，理当如是。弥向往焉，福祸生死，存于人天，非己所能守（亦昌黎《与卫中行书》中意），此亦昌黎韩氏见道之笃，沾溉后人为不尠也。钊为人短处，在所骛多而成事少，一议未了，又顾之他，事需力行，已辄不耐，以是行事径涂，修短久暂，若慧星然，至无一定。又其人寡决断，乏条理，大事不甚糊涂。而小事极其糊涂。虽有时观过可以知仁，而贞固不足以干事。宜乎浮名满天下，而天下无一人以事业许之。噫！此亦庄生所称不祥之人也已。钊之友敌，如其浮名，敌自为暴之子弟外，口蜜腹剑，随处且有。友如吴敬恒、林万里之徒，哀其迹而不明其心，时发箴言，无所开益。襄岁有何梅士，于恒、钊俱有恩意，其人有谋而多力，能以身许友，然死于二十年前矣。呜呼！钊诚不意自堕而为今日中国之一士，世途昏险，拟步如漆，果何往而可者？斋志以没，亦固其所。人借故贼之，俾得如相鸡狗之可以为名而去，犹幸矣哉！

上来所述，乃愚第三位之我，于吴先生为其友文学府君发丧之后，杂出平日所知于府君者，窃附史裁。论其行事，虽无当柳州之状太尉，亦差胜李翱所指门生故吏，虚说仁义礼智忠肃惠和之为。以体裁所关，议涉先生，亦直名而不字，巨人长德，定荷曲原。至世人读之作何感者，庄生云："朝三暮四，而众狙怒；朝四暮三，则众狙喜。"愚以死生人而白肉骨之道出之，或亦避狙怒之一道也。

原载《甲寅周刊》第 1 卷第 22 号（1925 年 12 月 12 日）。

再答稚晖先生

稚晖先生近于《现代评论》增刊，造一长论，题曰"请愿于愚"。何敢当？何敢当？先生如黄公之好作谦词，愚率效董生之深察名号，亦取文中大意，略事疏辩，惟先生裁正焉！

先生持议，首于《笑林广记》中，录故事一段，作为"总概念"。所谓故事者，人或持刀，往后园砍竹，则入园而腹痛，则置刀于地，蹲焉。既遗而起，见有刀在地，大喜。转侧不慎，致粪其足，骂曰，何来野狗？为是害我。然殊自慰藉，以为所拾贵重，足偿不洁，因狂奔而归，告其家人：我拾得刀！我拾得刀!!此一故事，稚晖先生以之归纳吾国政迹，而申释焉曰二甲午之役，继以庚子，国无一兵可战，瓜分日日堪虞，如丧考妣，如惊长眠，而因察得吾国之所少竹也。易而言之，即世界共通优进之道术与器艺也。则亟取一换朝代式之革命刀，与一做八股式之教育刀，率尔进园，而不谓革命酿成军阀，教育造成政客，扰乱中国，不得终日，是遗矢而自蹈之象也。于是回想及于前代之苟安，八股之简易，恍然暗中见刀，灼然入眼，所有如愚大唱其农村立国之论，自鸣得意者，与叫绝拾刀，又正同其类也。请试思之，刀者，君家固有之物也。如刀可足用，何以甲午不能退矮国，庚子不能战联军，既已不能，则知君家所乏者非刀也，乃竹也。盖有共通优进之器艺，方有共通优进之道术，论道德之质素，已开化者容不如未开化。然何以黔湘山内之苗，不但无善可称，而且种族日见削弱，是器艺不精，种且不保，遑言国是？愚刺取先生之要义如此。

先生有今方朔之称，平时罕譬而喻，妙绝人寰。虽然，兹所为总概念者，恕愚唐突，窃敢以为未甚莹澈也。夫《笑林》之所讽者，人之善忘也，职在砍竹而不砍也。先生所目送之政事，则异于是。盖以革命刀进园，而酿成军阀，固从刀上酿成之，非抛刀而别为一事所能酿也。以教育刀进园，而造成政客，亦从刀上造成之，非藏刀未用，笃旧不化，所能为造也。由进园以迄于今，若而人者，刀未离手，手未离刀，刀手相连，狂跳未已，枉费"二十五年"之时间，一无所得，是砍竹而不得其所砍之笂，非忘竹未砍蹲地遗矢之云也。夫人生亦安得不遗矢者？二十五年之中，其屡遗不一遗，委系实在。然遗矢自遗矢，操刀自操刀，彼固未尝为遗矢之故。舍刀而嬉，而园竹万个依然，连砍不下者，乃刀愈砍而愈钝，愈钝而愈砍，钝砍循环，与不砍等，即至百年，终无得竹理也，二十五年云尔哉，此点既误，先生所为譬，无益于用。愚于家中须竹，或国中须共通器艺之理，诚谛认之，而特不认先生所想象之砍法，可以获竹，或今日流行求器艺之法，为先生所右者，可以获器艺也。《语》云："工欲善其事，必先利其器。"先生谓吾固有之刀，退矮国战联军而不足，而愚则谓甲午、庚子之刀，以之砍竹，尚较今之屡更而屡折者，犹为得用。如今言革命，必回思老民党当年之苦行公德，谓不可及。今言社会教育，犹追论二十年前《新民丛报》之风行草偃，其精神久成过去。如此等证，不可胜记。愚近持论，亦欲稍稍养其刀锋，与先生重入后园，求所大欲已耳。虽括囊之无咎，亦善刀而不藏，矢橛之议，不任受也。

先生所为《笑林》，愚妄以为未切。今更妄以外国《笑林》，为先生诵之。《伊索寓言》记驴登屋而舞，碎瓦无算，主人擒而挞之。驴哗辩曰："天乎！吾何罪乎？昨日猴舞如吾，主人不以为迕，且大笑而奖之，何独至于吾而不然乎？"主人挞如故，驴至死不悟。又记有鸲善歌，其声如雁，偶闻马嘶，壮之，则日张嗓，以求其为，更为曩歌，乃浸忘之，苦忆数夕，亦终无得，鸲自恨死。呜乎！今之自命新人物游神欧化者之所云为，盖不期而陷于驴与鸲者也。何以言之？欧洲者，工业国也。工业国之财源，存于外府（即各国商场），伸缩力绝大。国家预算得量出以为入，故无公无私，规模壮阔，举止豪华，一一与其作业相应，无甚大害，一切社舍恶德，出于其制之不得不然，所云 Necessary evils 是也。而吾为农国，全国上下百业之根基，可得以工业意味释之者，荡焉无有。无有而不论大小精粗，一惟工业国之排场是骛，器用衣服，起居饮食，男女交际，党会运动，言必称欧美，语必及台赛，变本加厉，一切恣行无忌，实则此四君之 Necessary merits 毫发未具，而其 evils 在四君之国所蕴而未发，或发而未尽者，而吾也由放依而驰骋，由驰骋而泛滥，赤裸裸地一无遮阻，转使碧眼黄须儿，卷舌固声于侧，叹弗如焉。此在国家，势不得不举外债，鬻国产，以弥其滥支帑金之不足；在私人，势不得不贪婪诈骗，女淫男盗，以保其肆意挥霍之无艺。甚至于今，图穷匕见，公私涂炭，国之不亡，殆与行尸无异。论者犹从而为之词曰："此学某先进不肖，倡某主义未至之过也。"嘻！是真驴拟猴舞至死不悟者也。民国以还，吾人为安装西人头面，曲解权利思想，及误会社会观念之故，物质之积年蠹蚀，固不可量，而冥冥人道堕坏，凡一群中应有同具之恒德，且不得备，其损失尤不堪言。夫昨年水灾，地域之广，难民之众，灾情之惨，自来所希闻也。而幸免之人，熟视无睹，将伯之呼莫应，同情之泪不掉。军阀也者，争城夺地如故。官阀也者，恒舞酣歌如故。学阀也者，甚嚣尘上如故。上海《密勒评论》（一月二日号）有 Impey 者，论次其事，且及前代防潦工事之差完，四方捐输之弥急。有一语曰："中国博施济众之精神，近三十年，已不存矣。"（The spirit of public welfare has practically ceased to exist in the China of the last thirty years.）是何也？即伪文明有以克制之也。偶举一证，可概其余。民德之浇，滔滔皆是。今为言父无以教子，兄无以约弟，夫妇无以相守，友朋无以相信，群纽日解，国无与立。其不望风太息而未如之何者，非狂则愚也。昔班嗣称有学步于邯郸者，曾未得其仿佛，又复失其故步，遂尔匍匐而归。呜乎！吾人今后亦求得匍匐而归为幸耳。是又与鸲歌同类者也。兹伊班所记，愚亦如吴先生，持以为依实起论之总概念，因顿忘其妄而聊记之如此。

愚恒为人言："吴稚晖者，一言行不相顾之人也。"何以明之？先生行年六十，所有读书人之本领，三十年前备之有素。又不仅备之已也，其涵濡所得，且较之老师宿儒，有过之无不及焉。而革命事迹，则起于三十岁外，虽革命矣，而彼行己应物，仍一切不脱儒家规律，艰苦卓绝，得未曾有。于斯乃扬言于人曰，经生文人，举不足为也。且故为滑稽之词以骇于众曰，狗屁！狗屁！！真正岂有此理也？是何异已得鱼而忘其筌？而顾奔告渔者，谓从此可无筌以举鱼也。昔名家有持孤驹未尝有母之辩者，夫自始无母，安得有驹？其谓无母，即先生之岂有此理也。愚为此言，先生或且不服，则愚更请以《笑林》进。吾族有翰林曰章华，二十年前，祀祖还乡，为愚塾师言，曾于某处襄阅试卷，题为《论语》"盖有之矣"四字。一卷讲首曰："且天下未有无盖者也。"翰林大笑，援笔而批其眉曰："我独无。"向下读之，则曰："其自谓无者，其盖必大。"翰林连呼"不可解！不可解！！"殿焉。时愚十余龄耳，从旁闻而妙之。今先生而若未是愚言，"其盖必大"之妙文，虽明知无获隽理，亦必恭呈衡鉴，强先生加墨而殿之焉无疑也。前清壬寅，先生被辱于日本，愤而自沉，自署"其言也善"之小包封内，有词一章。其警句曰："信之以死，明不作贼。以尸为谏，怀忧曲突。孔曰成仁，孟曰取义。诸公努力，仆终不死。"此其精神，信惟吾儒有之。而先生之为此也，在南洋公学陈先生相约弃书之后数年，去丹阳朋友所讽学书不成之年尤远，仓卒授命之际，文文山之正气，不期而集于胸中，奔于腕下，是乃真经生，真文人之受用处，而谓中国书早经抛尽，其谁信也。尔后习为开放，口不择言，与诸少年角逐，有宏将而无督责，意在姑为破坏，徐图建设，诚随在以线装书抛入毛坑里之精神行之。而先生秉尚贞殼，为世硕果，缊袍不耻，一介不取，兢兢业业，日不暇给，外和内方，粹然儒者，其不沾染毫毛时下恶习，假"无政府党、共产党、革命党、新文化运动家"名，以自欺欺世，仍三十年如一日也。此三十年中，半瓶醋之西学家，领约卡拉，口衔雪茄，《新民丛报》第一期所长吟而曲讽者，不知葬送几许青年，而吴稚晖光焰如故也。以余所知，先生又不独律己为然也，其持家教子，率以传统的严气正性之道施之，起居小节，都不少假借。是何也？宁得曰："此亦岂有此理者也？"总而言之，吴先生乃一极旧式之新学家也。所得于本国之学者极深，而死不自承也。即以文事论，先生近用讲话体为文，纵笔所之，辄万数千言，其貌与黄口小兄所作若同，而其神则非读破几百卷书者，不能道得只字。此先生将曰："狗屁！狗屁！！"真正岂有此理矣乎？则乡人有藏银三十两，而局焉者，畏为盗劫，因大书其外曰，此处无银三十两，先生之为，亦此三十两焉耳矣。近茀罗乙德言心解者流，极重 Subconsciousness 之用。谓吾人真正意态，每于无意识中发焉。而凡所发，则又在意识用事时正言否之。此人生一奇也。

愚谓先生之论文亦然。先生之意识，诚诵曹子建与杨德祖书而鄙之。而先生之无意识，则久将"翰墨为勋绩，辞赋为君子"之幽思秘理，自然写藏，厚极欲流，脉络贯通，乘同窃发，浸假而上下古今谈焉。则上下古今谈之，浸假而请愿于章先生焉。则请愿于章先生之，式可万殊，文理一致。愈自晦曰"没字碑"，其字愈显。愈自异曰"不带鸟气"，其鸟尤数飞无已。故凡读吴稚晖之文，轻轻放过，不审其所号投于毛厕之旧书，曾一一刻画在脑筋里，可隐可见，虽百洗而不可磨者，直无目者也。综上所言，深之量德，浅之量文。吴先生凡言凡动，可得供有心人之月旦，大抵所得于旧者八，所得于新者仅二。且先生之"弄斧头"，无成与愚之农村相似，其二且为八掩，暗不甚章，从可识也。然其自道，全不如此，其所以教人，亦不如此。愚故曰："言行不相顾"。

丁未之岁，愚由东京赴英，道出巴黎，时先生主《新世纪报》，极论革命，王侃叔导愚与杨笃生为冶游，至所谓玻璃房子者，色相为生平所未见，愚顿置颠倒，若无容措，因密撰《巴黎观倡记》，淫猥胜柳子厚河间妇十倍，求先生匿愚名表焉。先生事不谋心，心不谋口，直诺之而不疑。未数日，此记果照耀留学生中，至或颂言富于哲想，可以惩淫寡过，而极口骂之者，亦大有人。惟未知作者即为伪言伪行"银样蜡枪头"如愚者耳。由今思之，《新世纪》诲淫之咎，其焉可辞？此种下流之笔，出诸愚手，即亦不惮自白。而先生终淡焉置之，以为小德出入，无妨大道，持此以律，二十年中之后进，凡此行为，与《观倡记》相先相后者，因无不为先生所涵盖。愚之"不检"，为愚妻所讦举者，即为一例。虽与先生坐怀不乱之本性，大相刺谬，而终不敌善进恶亦进之俱分论，与粪厕中责人轻约之昌黎《原毁篇》，其为力伟且大，足以左右先生扫荡朋徒一切罪恶而有余。甚至《晨报》被毁，先生为讲其义曰："此纸屑然者而已，不足责也。"犹且制为铁律，以示进化为程：民与官斗者民胜，子与父斗者子胜，学生与教习斗者学生胜。其或己与己派为官为父为教习，其中所留和调升降之地，虽亦有之，不甚惜也。（去岁学潮，先生曾语人曰，章行严何人，足言整顿学风乎？足解散女师大乎？若蔡子民斯可矣。）嘻！近五年来，民与子与学生所为之功用如何？亦既大白于天下矣。即以先生之明，亦不能不列入"出恭所踏之满脚烂污"也。以此往砍先生理想之竹，宁有幸理？以此造成"推之四海皆准之共通优点"，"多"则多矣，是否即"好"？而先生顾违行奖之抑情导之，转于心知甚危，不敢自安，求曲突徙薪之法而不可得。风雨彷徨，莫知所出者，视若阴毒左计，为国大害，以得艾夷蕴崇绝其本根为快，其故何哉？在思想坏，今者学风之坏，人心之险，澶漫而无底极矣。坐见数千百英年子弟，逐日为洪河洗去，即从焉而莫能救矣。倘得如先生其人，截断众流，严词申警，如张翼德之吼于长板桥头，一般群蝥学贼，必且倒避三舍，较之百章士钊当前，其为声宏力大，相去直不可以数量计，而先生不为也。不仅不为，且相与和之，设淫词而助之功。然则先生所云垂涕泣而道，求哀矜之一线者，安知不在彼而在此哉？

愚意此时整理中国，积极方案无从谈起，只好先由消极方面着手，犹之人体久虚，宜求补益，然非先清整肠胃，使能虚受，骤进参茸大品，转足以杀之也。愚近年论眼，即注于此。先生谋"与世界优进民族，共立于无疆"。又曰："国事万岁千秋。"其志甚壮。然曰"无疆"曰"千"曰"蒿"，来日甚长。姑以三数年做一番清理肠胃工夫，在悠悠长宇久中（长宇久本《墨经》），不过一刹那耳，何足算哉？不然，则《列子》载宋人有得道契者，密数其齿。曰："吾富可待矣"。卒之富不可得，徒为人笑。故愚窃以为由今之道，无变今之俗，扰攘终年，羌无一是。政益见其浑乱，学益趋于荒落，虽有圣方，只速人死。柳州所谓穷日夜，弊岁纪，愈远而不近者，此类是也。至虑亡种，及冀骤起与欧洲战，前者邻于忧天，后者临于求时夜，俱似不切，不欲深论。

右就原书大义，稍为疏解，已言之累幅如此。吾国舆论，日趋专制，先生又明旨本刊为害人，一旦对簿，诉者难免不录尊语为左证。故愚所享一时偷托之言论自由，雅不欲过于滥用，即以先生优加庇爱，恕其无状，亦宜为更端论事之地，留其有余。故答辩之词，请止于此矣。先生曩年，曾以镇江馆之一纸缘，小书摊之一说部，打动心机，大彻大悟。愚至不才，宁敢望此？然用心至哀，所求至切，词虽曼而意庄。先生豁其如电之目，虚其若谷之怀，赐少顷之间，为再思之司，于愿足矣。至愚个人之事，先生谓问题太小，可以不论。一篇之中，且三致意，愚不敢不遵命。惟先生相待恩谊，则不可不有一语，括而谢之。农校职务，猥承推掖，尤铭心抱。然在今日先生之视章某，岂复犹有气力，攘臂而前曰："我欲为某事哉？我欲为某事哉？"

本篇持与稚晖先生原文相互读之，词趣较明，惟长篇难于转载，良歉，阅者谅焉！本社附识。

原载《甲寅周刊》第 1 卷第 27 号（1926 年 1 月 16 日）。

三答稚晖先生

　　一月二十三日《京报》正副纸，各载稚晖先生近文一首，所言颇涉于愚。愚惟先生此论，论二十五年间革命史迹，极关大义。且文中立义之偏宕处，终不可囫囵读过，拟贡愚忱，别为专篇以往。今兹作答，亦于单词碎义，有所指陈而已。

　　先生惩文言之失，涉话言之趣，矫枉过正，芜秽杂呈。人也职也，而必"鸟"之，言也策也，而必"屁"之。近且"下体鸡腿"之辞（原词过亵，难于征引），比诸"黄绢幼妇"之妙。"三十年前，由经生做到文人"，更三十年，则由《水浒》做到《肉蒲团》，此先生以之自处，乃卢梭所云天赋之权，愚不敢赞一词。至于求达世界共通优点，及将中国国基树起，与并世文明诸邦，上下角逐，共迈无疆之麻，此类猥亵之词，有何连谊，愚诚百思而不得其解也。夫今日文敝极矣，而文敝尚不关文俚之争，以俚辞而求其达，文律中固宜有如是之一境也。然今之文家，凡为说理之文，大抵晦涩臃肿，不可爬梳。（近见各副刊所载说理诸文，愚即多不能解。）一涉序事体裁，言情结构，如峡之倾，一泻千里，则往往叙述千数百言，未了所云何事，惟见东立一喻，西插一诨，尖酸刻薄，一挑半剔，全然失却士君子立言之经而已。此之恶风，已不可救。而先生复加甚焉以扇发之，使后生得从而为之辞曰，明诚质厚如吴先生尚尔，吾侪为之何害。夫明诚质厚，介然自克，固先生之本性，恒士所万万不及，其偶为词谩，口不择言，特有所激而出于是。而士之步趋先生者，乃断断置明诚质厚介然自克不问，而一惟词谩，口不择言是从。语云，其父杀人，其子必且行劫。愚诚不知迁流所极，其因词之靡靡，被于一切言行，酿成衰世暴慢之膏肓废疾，将至何度也？先生将曰："吾特兴到笔随，以自娱而为之尔。"则天下自娱之事无限，何必伦言？雕虫小技，先生所蔽罪于愚者，亦即自娱之一种也。然先生以此罪愚，愚恕不自以为罪。先生即不骛此，愚亦不以多先生。盖凡事义取自娱，即与嗜芰食羊枣饮苦茗相似，为之无害，不为亦未见何利也。今人言金石，辄祖宋之欧阳修，而修斥人以非薄文章雕刻自异者曰："不雕刻文章，譬如为吏而不受货财。盖道当尔，不足恃以为贤也。"（《与石推官书》）反之欧公之所自为，则归之性之一僻，亦雅不以自咎。后来史家论事，尤未闻以彼耽情石墨，致不慊于欧公当日之勋业也。独先生好为泛滥之，纷言"鸟屁"，下及"鸡腿"，以自怡悦，事乃大异于是。何也？先生天下之宗匠也。天下之后生，相率效之，一世竞为"鸟屁鸡腿"之文，即来世风文运兴衰功罪之论，与择术自娱，其效不越一己者，不可同年语也。此第一事欲为先生觊缕者也。

先生致邵君书，谓教长易君，拟请先生长编译局。先生不欲，以方与愚"相持老虎问题"，一旦如此，恐愚"齿冷"。此诚先生之私忧过计，而不以友朋相待者也。夫人之相知，贵相知心，愚交先生，固确知先生有所不为，海枯石烂，此信乃不磨也。如利人之位置，而与人忿争，当然为先生所必不为之事，倘或会逢其适，其位置非先生莫属，此与先生事前争辩无关，亦当然为友朋所能明辨之事。今先生不置愚于此类友朋范畴之内，致畏愚之讥评，遽然袖手，此诚愚信先生而先生不能信愚，为愚所自反而愧汗无地者矣。且愚又不仅于先生为然，凡经此次政变，地位与愚相反，其"廓然大公"之处置，不无与愚利害相妨者，愚视之均不存一毫忮心，以何人在何时为何事，固有其适然之机遇，不可强也。愚与此诸人者易地，其所为亦未必不如彼也。苟其为之，愚所希冀于反对党者，在以合理善评之态，旁观吾政，成将有益于国，亦汝所望，不成吾行引退，听汝重来而已。愚既欲以是期于人，今适当人之位，其将善持旁观之度以相周旋。如上所云云者，愚所勤以自课，毋得背反之逻辑也。愚自课如是。即甚愿国民党政府（吴先生自认如是，以许总理为国民党故）了然于愚所自课之道。与愚为友者，不必故违其步伐。与愚为敌者，亦不必过甚其摧残。吴先生曩为愚言，一朝权在手，便把令来行。其权其令，相经相纬，善为用之，受禄无垠。此第二事欲为先生申说者也。

其第三事，则先生鄙刘君可亭为"落了八千元公款"，未免有伤厚谊。愚爱先生，尤爱公道，势不可无一言。夫可亭一鲁莽质直之少年，先生在欧洲固已知之，即北京教育界中知其为人者亦甚多，而谓其将作贼，盗公款八千元去。此诚士林自杀之论，不谓竟于先生之口得之。如以恨愚者移恨可亭，因强诬之，尤非先生所当出。即舍道德之说不谈，当日可亭之家被掠，委系实在，论者固不能否定之。而谓此八千元者，无适藏诸家理。有矣，暴徒将视等青毡，弃而不取？如此等说，俱似于法律不甚相能。同日寒家亦毁，银钱之事，愚妻向不慢藏，故无此厄。惟有铜元四百枚，置于衣橱，橱坚扃固，不可骤开，来者斧之，尽攫以去，男女仆室之零星铜子，且无一幸免。明索暗取，行所无事。以此推之，可亭家中之八千元，独不然乎？先生所指吉兆胡同关说之人，不问为愚。先生试思之，以愚知可亭之深，及可亭相佐之力，愚坐视其难，不为之所，宁复齿于人数？此祸于愚，即胜于先生责言百倍，愚亦不当顾矣。先生岂知该款批销后，可亭仍不了？以财部不能补发，而校中需用，急如星火，固非消极手续可以集事者也。愚因为在某某银行担保，通融小款，俾资旋转，此以可亭个人名义尸之，云不得已时，将鬻武冈祖产以偿。夫以可亭无城府无手段之人，素行炳然可知，此独奸盗欺友，数罪俱发，且如此缴绕为之，令愚不疑，虽断愚颈，未敢信也。夫天地之大。人犹有憾，求全之毁，谁则无之？曩岁先生亦曾为悠悠之口所中，至今犹不能忘。岂夫子忠恕之道，真至今日，曾抵粪之不若乎？

凡右所言，俱是琐节，未关大计。聊恃爱一吐为快，虽万被责，所欣受已。至若本论，愚将以"吴敬恒——梁启超——陈独秀"为题，针对先生巨制，纵论二十五年间革命思想迁变回环之迹，虽非至当，要足览观。唯少假须臾，俾卒言之。

原载《甲寅周刊》第 1 卷第 29 号（1926 年 1 月 30 日）。

吴敬恒——梁启超——陈独秀

　　愚草此文将竟，有规函数通，责愚与稚晖先生论难之未得其正。愚于时谤，夙有二感：一气粗如牛，谤愈甚而为愈切；一胆小如鼠，谤初起而力不支。今兹之责，则中吾鼠者也。愚循诵今作，愧汗交迸，计惟削去，可安愚臆。然他稿不能骤具，本期不得出版，社友督责，亦不可堪。乃详细点定一次，删者三之一，字句之改正者十余事，勉付手民，终此论战。斯亦无可如何之事也。稚先生言之，所欲论者，百不逮一二，愚固亦同斯感。所言不切，长篇直同嚼蜡，有所中伤，抑又其次。然今人殊不乐有此笔讼。此后熊罴咆我东，姬姒笑我西，愚亦不更作矣。书此告罪，惟读者亮焉。（二月三日记。）

　　吴稚晖先生近以《章士钊——陈独秀——梁启超》为题，略论二十五年间之革命大势，及其思想迁变回环之迹，而以陈君为太过，梁君与愚为不及，殷殷属望于全国之新人物，认明的殼，一致前迈。语虽庄谐间出，用意弥复浑厚。论愚尤多溢美，非所敢承。愚以其言之偏激处，不容囫囵读过。又此二十五年之革命史，焉可忽吴敬恒不论。谨酬来旨，往以拙篇。

　　近世革命分，立宪、革命、共和三期，以梁先生尸立宪，吴先生尸革命，陈先生尸共和，允为适当之代表人物。今请先以主观之见，"二百年后"之笔统，论二十五年间三先生所涉各事，然后以吴先生之说相互明之，使读者易于下断。先己后人，大是不廉，然或亦先生之所许也。

　　试执途人而语之曰，今之国势，有以愈于庚子矣乎？曰，否。今之政治，有以愈于庚子矣乎？曰，否。今之国民生计，有以愈于庚子矣乎？曰，否否。此诸否者，可以类推，无取更问。今之国内一切现象，既无以愈于二十五年前，然则此二十五年间之一切活动，不论激随大小，南北京省，其无益于国也可知。倘自庚子以还，魁异奇杰之士，所为尽瘁于国者，自始无有，国人沉沉睡去，至斯始觉，其张目所见诸象，必与今日凋残者异其趣，杀伐者异其机，亦不难想像而得。《易》曰剥庐，《语》曰丧邦。四万万人之庐之邦，若辈相与剥之丧之，以至于今，妻子露立，流于饿莩，公私涂炭，几于共管。忽从而周览得失，衡论人物，非以无可奈何之态，存十分忠厚之思，姑于彼善于此之中，寓惩前毖后之意，直是无从着笔。史家立义，计惟如此。恕愚有罪，以是开宗。

国人谋新之第一大病，即是无办法。其自谓有办法者，其无尤甚。此观于梁任公而知之也。当丙申、丁酉间，任公年二十四五，创《时务报》于上海，论议风发，扬榷新政。凡属诸西方者罔不善，属诸本国者罔不当改。其后为《新民丛报》犹然，《变法通论》及《新民说》，凡连绵数十期，号全报之菁华。由今观之，中含实质殊少，亦曰“破坏亦破坏，不破坏亦破坏”而已矣。然此二报者，实已挟持天下人之心思、之才力，与之并趋。至所趋何所，天下固未之知也，即任公似亦未之知也。天下固未有未能自喻而能喻人者也。擿埴之讥，深池之痛，当年先觉后觉，盖同然蹈之，无得脱者。辛丑、壬寅间，革命之说稍起，章太炎、秦力山、吴稚晖、蔡子民之徒次第张之。然初习开放，莫知所以，稚弱颠顸，义所应尔。太炎挟《驳康有为书》一册，以为瓖宝尽在于是。力山掉臂缘林，潜踪女闾，自为风气，罕与人接。稚晖以辩才闻于时，安垲第之演说，大擅江海。然其所言，能得人之耳，而未必得人之心。子民退然若不胜衣，与之言事，类有然诺而无讽示。时愚年甚少，周旋其间，将命而已。综诸君所为，亦适然而成革命之主唱者，策名于党，义不反顾。言乎其不得不言，动乎其不得不动，谓其洞明理实相需之道，及法度损益所宜，则未然也。陈独秀者，原名乾生，一名仲，字仲甫，怀宁旧家子。早岁读书有声，愚因皖中贤士汪铸希颜、葛襄温仲识之。言语峻利，好为断制，性狷急不能容人，亦辄不见容于人。东游不得意，返于沪，与愚及沧洲张博泉、南康谢晓石，共立《国民日日报》。吾两人蛰居昌寿里之偏楼，对掌辞笔，足不出户，兴居无节，头而不洗，衣敝无以易，并亦不瀚。一曰晨起，愚见其黑色袒衣，白物星星，密不可计，愚骇然曰，仲甫，是为何物耶？独秀徐徐自视，平然答

曰，虮耳！其苦行类如此。然考之于言，则空无所有。时与香山苏子
毂，共译嚣俄小说，极写人类困顿流离诸状，颜曰《惨社会》。所怀政
想，尽与此同。盖消极冲抉之意九，而积极将作之计，则不得一也。辛
亥八月，革命突起，不数月而满洲覆，共和成，全国所能仿佛者，惟立
国会与民权鞺然数大字耳。其中经纬百端，及中西立国异同本义，殆无
一人能言。南京参议员某君，曾得半部美国宪法于旧书摊上，执为大
训。愚归自英伦，晤宋遯初于游府西街，遯初坦然告愚曰，吾幸集子所
言，以时考览，藉明宪政梗概。愚问其故，为大愧赧。盖愚投寄北京某
报英宪各论，遯初次第裁取，已襃然成一册也。当时政论之俭可想。革
命党既得势，不知所为，惟四出抵排人。任公由神户走京师，求不见绝
于党人，因扬言于众曰，吾夙昔立宪者手段也，目的同为革命。革命党
不听，而讧益急。任公则自为《庸言报》，稍明已志。然形格势禁，论
不尽由己。立议稍密，光焰殊逊曩所撰《国风报》。时立宪党人，且频
频媒孽敌党于项城所，卒酿成沪宁之役。项城专政，两党俱尽，当事急
时，愚晤杨翼之于程雪楼署中，与言项城杖视共和党，杖南方狗，狗
毙，杖亦随手弃耳。不听。迨民国五年，两党复合而排袁，君子有清流
大同盟之颂，以为两方各有所惮，国事可徐即于理。而蔡松坡者，任公
高第弟子也，有首义功。任公之徒，意民党当下之，民党不乐，于是肇
庆之军事刚终，沪上之讧声复起，稳和者大懊丧。自后任公附于合肥以
征南，西林遮蔽民党，用事于粤。时独秀为之言曰，北有安福，南有政
学，天下和之，议不可撼。孙中山之中华革命党，遂乃脱颖而出，独步
一时。入民国来，稚晖正式为党人言动，似始于此。自尔以后，军人争
地，盛涨于外，议员争食，跳梁于内，无论何党，差能运思设策者流，
俱无按部运行之余地。任公宣称不谈政治，意以文学自障，舍一时而争
百年之业。有少年胡适，新自美洲毕所学而归，都讲京师，倡为白话文
字，风靡一时，意气之盛，与任公入湘主时务学堂差相埒也。任公则大
喜，尽附其说以自张，且加甚焉。诸少年噪曰，梁任公"跟着我们跑"
也，数年来空疏诞妄之恶风，遂一往不可救。实则此类风气，本独秀主
之，以其长大学文科，锐意于意大利文艺改革之事也。洎事已大行，独
秀则别树一帜，为马克思之说以自宠异。李大钊者，字守常，燕产也。
为人朒直廉静，雅善文章。愚友之数岁，风义弥笃。至是折廛独秀，为
之疏附。独秀得此良佐，声气骤腾。之二人者，性行既同，旨趣复一，
出入莫斯科、北京、上海间，相与发挥践履共产诸义，遂若洪然一炉，

星焰迸发。至青年假斯名号，失学丧身，流毒社会，彼不痼也。若稚晖者，自始闻政以迄今兹，所领盖为游击偏师。己既绝意势位，复无何种作政纲领，惟于意之所欲击者而恣击之尔。其初号无党见，后亦自认不免，盖无政府党之嘉名，已为三民主义卷而怀之也久矣。考稚晖之所标榜于外者，为物质救国，然物质不胫者也，无能自至，必有人焉，优其学以为之先，复有遇焉，用其才以为之后，始为有幸。而稚晖者什匿克之心理綦重，貌许一国之后生，人人可以为奈端，家家足以祧华特，叩其内也，则固无一人心焉许之，以言乎己，又自谓弄斧头之年龄已过，入与伦敦西南工人为邻，习植铅字数千，出携柏林廓大克一具，以意摄取天然诸美，此于习劳自给信有之，若夫远轶都料匠，近跨工程师，小之作室尽制，大之开物成务，则犹有待。返观国内，所接政学公私诸象，其有当于稚晖救国之议者，复求一星而不可得。自律有志不得通之苦，绳人有河清难俟之伤，愤懑之余，习为激宕，由是论锋杂出，毛举细故，蹈袭稗官，染于枪荒。君子观夫稚晖立言之失序，而有以深原其志也。愚尝论之，"稚晖富于玄想，巍然大师，语其高可与希腊诸哲抗席，语其低乃不足与中学毕业生程材。英之威尔士，文行与稚晖相仿，愿稚晖薄威尔士不为，笔阵偶张，旋复弃去。实则稚晖之所卓卓自命者，食力不过百钱，为烈不逾一手足，此诚满街皆是（此语乃稚晖用以讥愚者），何劳吴稚晖为之？且稚晖为之，亦既二十年矣，语其所获，果何益于盛衰成败之数哉？"（见十三年秋间《新闻报》。）此论发于一年以前，今循诵之，犹信。综而论之，稚晖、任公、独秀，之三人者，各有所长，亦各有所短。以物喻之，稚晖盖如盘天之雕，志存击物，始无所不击，卒乃一无所击，回旋空中，不肯即下。任公者，知更之鸟也。凡民之欲，有开必先，先之秘息，莫不知之。且凡所知，一一以行，乃致今日之我，纷纷与昨日之我战，而无所于恤。独秀则不羁之马，奋力驰去，回头之草弗嚼，不峻之坂弗上，气尽途绝，行与凡马同踬。如此等人，夫宁复不足曩举魁异奇杰之目者，而各各所事之为无裨于国，则如十日并出之所共照，无可诋诃。任公曰，立宪立宪。今时宪安在者？稚晖曰，革命革命。无命不革，已命且莫之逭，遑言其他？独秀曰，共产共产。试问民穷财尽，尚复何为可共？于是语其义也，莫不粹然成章，闻者悦服。至语其效，则同是乱天下有余，无足称也。是何以故？曰无办法故。任公派之立宪论，只知宪之当立，而不知宪之将以何法而立。稚晖派之革命论，只知命之当革，而不知命之将以何法而革。

独秀派之共产论，只知产之当共，而不知产将以何法而共。所有台先生也，赛先生也，物观先生也，皆论也，而非法也。昔叶公子高问政于仲尼曰，善为政者若之何？仲尼对曰，善为政者，远者近之，而旧者新之。子墨子闻之曰，叶公子高未得其问也，仲尼亦未得其所对也。叶公子高岂不知善为政者之远者近之，而旧者新之哉？问所以为之若之何也，不以人之所不知告人，而以所知告之，故叶公子高未得其问也，仲尼亦未得其所以对也。（《墨子·耕柱篇》）此为之若之何者，即愚之所谓办法也。盖以主义而言主义，天下固未有持之而无故者，其见为善不善，当以为之若之何而定，不当以本身之存值而定。庚子而降，凡吾国魁异奇杰者之所为倡，只图倡之之时，快于心而便于口，至为之偏何在而宜补，弊何在而宜救，绝所不计，此所谓相蒙之说者是也。事前既讲之无素，事至复应之无方，鲁莽灭裂，以国尝试，此其不一摘再摘三摘四摘以至空抱蔓归如今日者几希。愚故曰，国人谋新之第一大病，即是无办法。

愚近持轊义及农村立国诸说，虽不敢自谓有办法，而固与当世政家所持执者，逐步商证。断案如此，非苟焉者也。人持台先生之道进，愚曰，台先生愚所夙识也，依子而行，一步二步三步，台先生且殉国以终，道将焉傅也？计惟愚义其可，愚义得当，台先生且不期而向荣也，与噪焉而实不至者，得失何如也。虽持赛先生及物观先生之道，愚所为答均然。是何也？凡愚所谈，皆立本之所有事也。凡本不立而枝叶畅茂者，未之闻也。语曰，人穷则反本。今天下之穷，至矣尽矣。反本之思，固人人有之，特为利害所击，卯蒲所制，不敢如愚昌言已耳。此不在远，即吴先生无意中亦偶露焉。其言曰："假如当年没有那拉氏，竟让载湉专任了梁启超，那末载湉就是睦仁，梁启超就是大久保利通。……我们大国民的头衔，也暂且靠了满洲主子，聊以解嘲起来了。"说竟，犹且低徊而咏叹焉曰："然而这也是走过屠门，便想大嚼罢了。"嘻，是何说也？愚尝勤求事例，密考心情，而灼然知其所受质点，与壬寅年先生小包封内之语意，乃是一是二也。吴先生以忏悔革命，归狱于愚，谥为可笑。然愚之忏悔词中，如是轩豁呈露之笔，虑无有也，吴先生且如此。彼所锡愚之"清心寡欲法"，愚敢断其潜滋暗长于多数读书人之胸，骤不可爬梳，一旦横决，且不识何象，与其遏之，不若理之，与其激之，不若导之。此愚案之所由建，而其原于真实之社会心理为不可易也。

顾先生少之，以为将府反动而丛怨毒，且甚其词曰："惟有章士钊式的酿造共产，定是不得了。"嘻，愚果有此种力量耶？诚不胜受宠若惊之至者也。夫共产之精理，宜无过于各食其力，人我之养毕足。而此其义，吾农家言之所有也。愚农村之案成，固非与共产不相容。共产之国立，亦犹有农宗参伍之地。以愚揣之，共产之第一大敌，应为吴先生所欲模拟之物质主义。以物质而不臻，十九秖中叶之盛，马克思三十年图书馆之工夫，亦无自而入也。且先生所谓酿造者，非指力压而云然乎？此则愚尤有说。洪宪之役，先生所称两党合作而胜利者，此不仅先生忆之，愚亦馨香焉而不能忘。居无何，进步党决裂以去。愚曾书于心曰，民党斗于市矣。顷之，西林与中山讧。愚曾书于心曰，民党斗于门矣。顷之，陈竟存放中山于外，愚曾书于心曰，民党斗于堂矣。顷之，太子派与元老派相轧，愚曾书于心曰，民党斗于房矣。又顷之，廖仲恺为本党人所贼，愚曾书于心曰，民党斗于床矣。驯至今日，为共产者民党，反共产者亦未始非民党。将来相倾相斫，果成何状，固无人能言之，愚则恒兢兢以不使思更书于心曰，民党左右手斗矣为祝。吴先生而果以力压为大惧矣乎？则于"右派罢了"之居正、谢持、邹鲁诸君之所志，目营而神驰焉幸矣，某式云乎哉？

先生自白，有可玩味之一语曰："我是急党，我同时又愿中国且得小康。"甚矣党籍误人，虽贤者亦不免也。夫党者，所以达道也。愚闻执道以求党，未闻殉党以灭道。今先生之道，明明在得小康，凡急党之所营，又无在不与小康相迕。以先生钜人长德，冠冕本邦，何不导领同志，自为一军，明示小康何在，俾人共由，一以速安利之效，一以杀乘鳌之气矣乎？当此群纽悉解，万众失心，愚意先生为此，功乃不在禹下。而曰我是急党，我是急党，轻己以重物，拘小信以昧大义，何其偏也！先生讽愚，《甲寅》不当视为一人产物。然此牛后之思，不无微值，亦在论态不纷，易于转变已耳。如先生我是急党云者，其得无背于逻辑换位之律。谓曰急党是我，而亦可通。则先生胶于党政，居中为驭，使同人号啕与笑，可以从我，而因以达其愿意天下小康之志焉。愚欲无言，而先生姻家子陈通伯近为言曰："吴先生，他应当立在群众的前面，不宜跟了群众走。"（《现代评论》三卷五十九期《闲话》）是先生亦跟着党走已而，亦如寻常群众无脱 Whip 部勒而已，又何自牧之甚也。

且吴先生所谓小康者，果何义乎：先生曰："凡一制度崩坏，而新制度代生之先，必有稍奇之反动，乃亦一定之步骤。有如北美共和肇兴，而大革命之法兰西，反产出专断的拿破仑，又继之以神圣同盟梅特涅的守旧反动，至亘二十余年。……尤其甚者，一方面方发生了从来未有那样认真的苏联共产党，一方面却又发生了也是从来未有那样认真的意大利法昔西党。"有史来所成铁律，幸吴先生归纳未误。须知此种稍奇之反动，与先生所暂愿之小康，实同一物。其故则社会进化，成于连环，环环相摎，类有同质。由今回溯，自始数环，将见其脱居环外。相距弥远，而递嬗之际，则固环环密接，如浪之随，容有速转，而无跳脱。时或有新主义者生焉，与今环捍不相入，勉强行之，势且将全社会打成两橛，各不相属，生机顿痿，群体以涣。于是潜在之力，忽焉"当令"，将此绝足僻驰之一环，曳之使返，犹太阳系中之向心力然。不抑其体之动，惟约其动于轨。如此质剂，环运以调，然后徐徐将所曳返者听其前行，不黏不脱，一国康宁，于兹托焉。先生所云，"向社会主义前途，曲折行去"，其曲折正乃如此也。昔苏子瞻论和，颇得斯旨。其言曰："子不见天地之为寒暑乎？寒暑之极，至于折胶流金，而物不以为病，其变者微也。寒暑之变，昼与日俱逝，夜与月俱驰，俯仰之间，屡变而人不知者，微之至，和之至也。使此二极者相寻而狎至，则人之死久矣。"此以喻于新主义之不当骤进，乃绝妙也。吾人生当其时，同献技于群谊，形形色色，各为一角。将居于极端，谋突变以自见乎？抑稍稍曳之近，跻之和，使先返而后行，或由微以之变乎？在史剧其值相等，未见前者为天之骄子，而后者形秽不可以见人也。且人之良心及其下意识来告，又或宁为其后不为其前也。何也？两极相寻狎至之足以死人，其事至易见也。吴先生之愿得小康，即真消息也，谛而认之，毫无"奇"也。先生曰："其词难若有憾，其实乃深喜之。"无此说明，使人读如先生机关枪子式之文章，时乃莫明其妙。然有此说明，而先生自性相违之秘奥，几于和盘托出，立限全文于无甚至意义之域。例证伙颐，此特其一端也。

民国十一年愚由欧洲返国，道出里昂，吴先生方为里昂大学校长，未能免俗，倩愚讲演。有粤生某（愚自始不知其名）指愚大骂，词不可堪，大旨影射粤军政府事，无关问学。横逆之来，愚自嘿尔，而吴先生及褚民谊与其他校中人士，俱慑于势，不知所出。粤生兴尽自去，愚始得毕讲无事。愚私询知某生为陈竞存党也，竞存资之来校，同伴凡数十人。时惟粤生多金，校费从出，号贵族，故跋扈如此。愚私心自计，不审吴先生平日驭贵族何术者。后数月，全校生果伙逐先生，布词丑诋，与北京生詈愚殆不相下。先生大愤，绝去，誓不更与办学事。私居聚议，每严颜斥若辈青年无望，恨恨不已。通伯昨为《闲话》，取证先生之言行不相顾，尚记此节，盖通伯亦习闻责言者一人也。然先生持论大廷，建言《副刊》，则又大神圣而特神圣其新中国之主人翁者，壹是有褒而无贬，有书而无但，以前之小己荣辱，"不算问题"，寝忘之焉。且制为通律曰，学生与教习斗者，学生必胜，藉是长养天下学生暴动，曾不动色。嘻，此又何义也？先生公尔忘私，其德宁不可尚？然忘之矣，应并忘于私居聚议时。诗人屋漏之戒，孔门十目之严，在极旧式之新学家如吴先生之胸中，不应全无效用。今如通伯所语，则是先生以其真者藏于家，并私语于密友，而以其伪者应于外，且公言于他人之子弟也。今愚尚论古人（立于二百年后故也），有取于先生，是非利害，无萦于腔子，果取其伪者乎？抑将取其真也？愚曩解散女师大，先生曰，章行严何足为此？若蔡子民斯可矣。通伯曰，蔡子民真来解散，吴先生亦必反对。斯可之云"说说罢了"。夫说说罢了，固不足为大人之言，非所敢望于吴先生者也。

由斯以谈，吴先生所加于愚之恶评，退化也可，开倒车也可，"死不了的"也可，而以既得先生实喜词憾之暗示，暗真明伪之实例，我行我法，无所于恐。先生即百其词焉，千万其词焉，亦如庄生之称名家者流云，能服人之口，而未能服人之心也。惟愚转有忠诚切至之意，为先生告者，昔严子陵遗故人侯霸二语，怀仁辅义天下悦，阿谀顺旨要领绝，至今以为名言。今皇帝久废，惟余学生陛下，阿谀顺旨，义亦量移，而先生要不当出此。通伯以领导者地位者相期，斯是肫肫有识，惟先生卒听之。至急党势张，先生冀以不加攻诘，稍缓其势，愚固绝少为此事，幸毋过虑。始愚长秋曹，独秀自沪贻书，诘愚刊章取缔共产党状。此独秀不知我，有此谰言。愚殊自信，共产之在中国，实无意义。墨子曰，告子为仁，犹跂以为长，偃以为广，不可久也。今独秀之为共产亦然。愚在柏林，少治马克思书，其法衡之吾国，盖无一而可。独秀必怅怅然为之，愚意惟使深为马学，可解其毒，攻之果胡为也。今之共产说盛行，大抵出于假借，小则如禽犊以为名，大则如狐火以为盗。然则今之言反共产灭赤化者，于收拾禽犊狐火一方，或者有其必要。以北京欧人放火，皆是共产党为之，守常告愚，彼亦不乐闻此言也。任公息影清华园，稍明古学，乃其无可为而为之。时势无切实之要求曰，任公不出，如苍生何？则任公之寻章摘句，以寄其意，似无可訾。盖古人顶

天立地之业，每伏于若将终身之年。日以爱国嚣于市，到民间去噪于
辻，如深巷杏花之声，人人闻之，又未必为良材也。要之民国十四年
间，国事明明以无办法而误，至今犹是一无办法，了无进步。愚意无办
法矣，与其伪为有办法，四出缴绕，使丝益棼，以覆其国，无宁自承无
办法，少安毋噪，使国家复其元气，徐图兴造，稚晖、任公、独秀以及
不肖，皆试药医生，丧人之命至伙者也。为今之计，惟自慎自慎其方，
及毋苟佐人之方其可。稚晖先生谓吾辈新派，宜认明的毂，一致前迈，
愚意消极之义，即为的毂，有圣者兴，亦无与易。盖凡政治之所谓义，
无不以宇与久为之制限。宇者此地之宇也，久者今日之久也，雅无借哥
白尼发见日局以来之神秘明之，亦不必鉴于法兰西第三共和之畅遂而踌
躇之。由是愚特谓今日之支那，非暂以消极立国无幸耳矣，稚晖先生终
谓何如？

原载《甲寅周刊》第 1 卷第 30 号（1926 年 2 月 6 日）。

论南京倡投壶礼事

　　愚年来持论，颇牾时好。胡适之色然示于后生曰，此开倒车者也，意在劫愚使不更为。不谓愚欣然承之，著《辐义》两首（辐即倒车之谓），揭之《甲寅周刊》。且以诚哀于众曰："人见愚敢居不可居之名，容亦别具非常道之道，因立好奇之意，转为穷理之阶。轮扁有说，或悟明君；墨子回车，乃善恶俗。前事不忘，后事之师。愚之本意，弥复在此。"后数月，美洲有反进化论之学哄，教师至以宣授达尔文学说下狱，可称震古奇闻，尤为生今巨案。愚又讲其义曰："默计反宗教之精神，近已达于饱点，过此以往，稍稍还醇返朴，乃情势之所必然。此为群化消长之常，甲无所谓进化，乙亦无所谓退化，与愚曩举辐义，盖有合焉。"此其影响之在天下，虽自吴稚晖以浑蛋二字（谓辐者浑蛋也）见贻以外，未可多见。然吾说之非无因而前，天下必有一日备闻其义，固可断言。自时厥后，中外纷纷，未得何种显例，可著吾义，羞庖人之独割，说括囊以无咎，愚失其所以为浑蛋也久矣。今南京复以盛倡投壶之礼闻，自祭遵以还，未之有也。兹事虽小，谓可喻大。广察世界群制之裂，自惟吾国风会之变，远体古昔礼意之美，近探本事关系之大，因持前说，略陈于篇。世将云何，不复计也。

　　昔柳子云，君子病无乎内而饰乎外，有乎内而不饰乎外者。愚观近来外内饰有名迹之大，未有过于孙、陈二君与投壶礼一事者也。他日柳子又连以爱礼近古四字许裴封叔。盖礼者古所有也，举世以蕲返乎古为标的，而人人心中，又各有今不如古之笃信执意。故一言礼，其莫为莫致之复古观念，油然生焉。汉贡禹曰，尽如太古难，宜少放古以自节。此可知古人之渴慕乎古者至何度也。今也不然。自科学大明，天演之论，磅礴乎一世，古者大抵视为天行久汰势莫能返之一境，是近古匪直不足以博时誉，揽众心，庄子所立大愚大惑诸谥，犹且纷议其后。夫食肉不食马肝，未为不知味。好事不好绝礼，未为不知名。于此有人焉，姑不问其现业往迹何似，苟非不近人情之大奸慝，抑或其中有大得已之故，的知安卜治民之道，非今所有，将不显抗一时之心潮，而兢兢以兴废礼、走绝路相高。准斯而谈，柳子所患无内而饰外者，迥于二君所为不类。且二君所蓄之奇，与夫反映于世道人心之切至，亦俱非柳子当日之所得思议，愚故曰名迹大也。近人辄言西方文化已衰，起而代之，应为东方文化。其初疑是妄言，诞者所云，继见西哲之主是者弥众。（德人斯宾格拉所著 Der Untergang Des Abendlandes，日人村松正俊已译出第一册，名曰《西洋之没落》。）吾之老庄哲学，欧人立志研求，意兴突逾于前，而其政情群态，日感不安。代议政治之势，既一落千丈，资佣调解，复濒绝境，工业旧制之能维持不敝与否，大是疑问。如此看来，俱足显明前说之非无理据。至东西文化不同之点安在，及以东承西之道何由？兹二问也，能详言其故者殊罕。夫此何故也？人所不能，岂愚能之？累幅所不克尽，岂此短篇尽之？然天下之理，一而已矣。见浅见深，夫各有当，或视或听，体焉无遗。今既由投壶一事启此论钥，敢请就窥上列二问之蕴，述其较略，所谓勉而学者，如秉烛夜行，犹贤乎瞑目而无见者已。

　　有以精神、物质二语分牒东西文化者，此盖不然。愚谓物观之义，颇笃于吾哲。唯心之论，又盛于彼贤。持说相反，且复可通，而何泥乎精神、物质为？梁漱溟谓西化向前，吾化执中，义颇得之，而特所云过于抽象，不甚章显。愚曩树为义曰，西方者工业文化也，而吾为农业文化。或曰，西方工业，亦二百年来为炽昌耳，以此统括二千年间之学术思想，乌乎可？愚曰，凡事，有其前后因果。自来学说，足以推衍何制，使成定形者，其说与制，即并为一。吾之不适成为工业文化者，非质不能，实不愿焉。以此例他，可察全系。愚夙为工国与农国之辨曰："工国一切积极，农国消极。工国主干涉，农国主放任。工国趋纵欲，农国倡节欲。工国过崇体制，从事大规模之建设，农国以卑宫室、恶衣服、非饮食为圣化。工国尚侈，所以为奢，农国尚俭，止于为俭。工国资产集中，农国言均贫富，井田虽废，大地主制不立，国中无甚贫甚富之差。工国重商，农国贱商。工国奖励机心，尚发明，设专利，农国奇伎淫巧，在所必禁。工国言商战对外，农国言保境自给。工国重个人，俾便竞争，农国重家族，俾成礼范。工国人人以竞利为能，辄使豪富执政，举人代议，谓代荷包，农国冢宰不修币，大夫不为场园，与民争业，且犯科而干议。工国贵令行禁止，农国贵道德齐礼。工国律师为上流，农国讼棍曰可杀。工国之政制复，法绸密，农国则无为号曰圣帝，卧治可称循良。孔子曰：苟有用我者，期月而已可也。三年有成，舜之所至。一年成聚，二年成邑，三年成都。夫开化成业，以朞月一年为期。此诚欧人之所笑，而在吾国，古之人决不予欺。其所以然，则农国之治简，工国之治繁。农国之治，多为其负，勖人民不可为何为何，而工国之治，多为其正，策人民以必为何为何也。"（见《甲寅》二十三号《揣钥录》，唯略有所增。）此为说万千，可得以吾荀子最精之语圞括焉："农国之化，使欲必不穷乎物，物必不屈于欲。"（二语见《礼论》篇，下同。）而工国之化，则明明以欲穷物，以物屈欲已耳。兹二化者，其伦理价值奚若，至不易判。然有铁例可制工国之死命，而得昭示其化之未可卒尚者，则如薪自焚，薪尽而火灭，如蚕自缚，丝成而蚕死。凡物有穷而欲无穷，即其自杀之果，可以推见不正之因也。十八、十九两世纪百余年间，机器步兴，环赍云集，思之所至，物即应焉。于斯时也，全世界之聪明才力，悉与自然争其功能，淳厚之风不宣，豪华之气日竞，田园之乐尽废，浮寄之生靡涯，以为造物之力无限，开物之力亦与之为无限。艺术者，根也；制造者，干；贸易者，枝若叶也。此树已花，当长青万年而不凋，而孰知大谬不然。曾几何时，境象大异。此节昔者愚亦言之，谓："在国内，贫富两阶，相去大殊。富者土木被文绣，犬马余肉粟，而贫者织不去机，短褐不完，终岁勤勤，一饱不得。故以南开市人而苦寒露（英国 Lancashire 纺织业最盛），波多人而病消渴（法国 Bordeaux 酒业最盛），一国熟视，恬不为怪。何也？举凡所产，固以供转输，博外利，与前民用平人欲之旨相去万里也。工者积不能平，联盟力抗。社会主义者，自共产以至工联，随激有差，而求所以甘心于资本家则一。凡在工国，无一能安，患祸奚出，不复可料。其在国外，言制作也，科学久成公器。言商业也，我往寇亦能追。始英吉利独为先登，舟车所至，无不如意。既而德、美、法、日，相继崛兴，制器功侔，行商地丑。即前此坐受盘剥之农国，亦各渐娴机变，粗能步武，倡行土货，大肆抵排。是世界商场，明明日窄一日，而通商惠工之若干国者，机件之益益敏给，效率之益益增大，出品多而成本轻，计算之益益不可低昂，人口之大多数依工为命，作业之益益不可旷废。综核制造全力，殆足供应更一地球之货品而有余。自二十世纪开幕以至一九一四，欧美之工业状况，全陷入此种供求不应之反比例中。商轨之瞬驰日甚，同业之相煎日急，而谋袭断天下取威定霸之英、德两国，势且力轰其一，以为一时苟且偷托之计，因而激发古今未有之大哄，使凡为商战者，靡不分别苻盟，计杀伤人，至三千余万。由今思之，正如悬崖转石之必至于地，无可疑也。嘻！欧洲苟其徇工无已，不知更化，则补偏愈切，积业愈重，举足愈多，迷阳愈甚。庄生所称以水救水，以火救火，名之曰益多，正此类耳。后之视今，亦犹今之视昔。更越二三十年，战且逾酷。"（见《农国辨》，载十三年《新闻报》。）一言以蔽之曰，物穷而已。物穷而志不得通，重言以申明之曰，物屈于欲而已。且西人之于欲也，穷焉亦至不快。何也？物质文明，近诚开发至于无地。然人所享，不外五官方寸之养耳，此需财力物力几何，颇以主观不同而具异。颜子一瓢，陶令一杯，岂得谓此中无乐？乐矣，又岂煤油、钢铁大王之所能易？欧洲之人，所解居易俟命之义，虽未必如此深至，而至社会全部，以货财为纽而提振之，谓文明种人，其将久居鲍鱼之肆，而不一闻其臭，亦岂知言？尝考欧洲群象，凡百无贵，有财为贵。王侯乞丐，隔于阿堵，圣贤盗贼，值乃同等。人游其中，事有常程，动有常范，都以财故。时间者金钱也（Time is money），诚实者政策也（Honesty is Policy），犯此格言，虽父母不贷。友朋之乐，亲戚之爱，更何待论？观夫憧憧往来，终日不息，大抵为人造业，为国造债，为世界造战，语其本身，毫无所得。此而有欲，有欲而无一或屈，又奚足贵？而况乎以质力推之，三尺明算之士，有以知其万无不屈之理也。

由右而言，西化以欲穷物，吾化则否。西化之效，物必屈欲，吾化则否。此其所以为别。犹有最终绝对之比较，字曰，西化以利，吾化以礼。善夫荀子为欲物之说也，今请举其全曰："礼起于何也？曰，人生而有欲，欲而不得，则不能无求。求而无度量分界，则不能不争。争则乱，乱则穷。先王恶其乱也，故制礼义以分之，以养人之欲，给人之求，使欲必不穷乎物，物必不屈于欲，两者相持而长，是礼之所由起也。"至哉言乎，吾国文明之总脉，悉萃于是！孔子曰，礼之初自饮食始。（见《礼运》）盖生人最切，莫如饮食。其他万事，皆由后起。欧洲文明之成为今状，殆由以原人争食之状，推衍于无穷。何也？彼只知所以利之，而不知所以节之也。其有节之，亦即其所以为利也。夫利者，吾岂不知，而孔子特为罕言。梁惠王以利国为请，孟子拒言不必。司马迁为《史记》，稍序货殖之道，后人即正之曰："述货殖则崇势利而羞贱贫，此其所蔽也。"（《崔骃序言》）董仲舒曰，正其谊不谋其利。后儒诵说，允称大师。而老子谓民多利器，国家滋昏，又似于见欧洲以利治国之流毒稔祸，而慨乎言之，是吾之于利，亦勉抑而已。抑之者何也？曰礼也。

礼者或对乎法而言之。司马迁曰，礼禁未然之前，法施已然之后。法之所为者易见，而礼之所为禁者难知。（《史记自序》）报载八月六日南京投壶礼节，礼堂额书雅歌投壶四字。右为大宾席，左为大傧席，西楹众宾席，东楹众傧席。中间设铜壶、矢筒、鼓、镎、算、寿、鹿之模形，陈列乐器为阴阳十二律，琴、瑟、奚琴、笙、箫、笛、天宝乐、箜篌、浑不似、筝、埙、篪、竽、排箫、胡琴、三弦、边钟、边磬、搏拊、柷、敔、云锣、绕乐等四十余种。司相者引孙传芳出，立东级下。司宾者引大宾、众宾入，至西阶立定。主宾相对，三鞠躬，升阶行献宾礼。旋陈陶遗出迎大傧、众傧，亦如前仪。歌生三歌《鹿鸣之章》。毕，依式投壶。第一耦，二人左右分立，投箭三式，每式投四箭，凡一次。不分胜负，得比投二次。投式直箭、翻箭、屏箭。投毕，奏乐行觞，立马行庆。胜者中间立，饮酒一杯，饮毕一鞠躬，退。宾主亦各饮一杯。奏各种古乐，剑舞。奏毕送宾云云。某报题曰，形形色色，颇堪发噱。此行礼耳，仪式特为人所不习耳，亦何发噱之有？甚矣，礼之难知也！）此礼与法之别也。欧洲以法治国自矜，吾则以礼统法。荀子曰："礼者，法之大分，类之纲纪也。"（《劝学篇》杨注谓礼法所无，触类而长，犹律条之比附。王念孙谓类与法对文。《非十二子》及《大略篇》并云，多言而类圣人也，少言而法君子也。《王制》《大略》二篇又云，有法者以法行，无法者以类举。愚按英语 Statute Law 法也，Judge-made Law 类也。《方言》云，齐谓法为类，是类亦法也。且类律同组，类宜与律通。）是可知礼在吾国治道，所居地位，应为何等。（陈钟凡著《诸子通谊》首篇原始即明此理，其书颇可读。）其与欧化相衡所得之象，此又为一。

利治乎？法治乎？抑他制乎？而吾一以礼治抗之。故吾之治化，历数千年不变，自成一宗，久持无敝。人以刚速折，吾以柔久存。（浙江有夏先生震武者，今之宿儒也。近见其文集，有吾中国农国也，以商战者霸，以农战者王，商国可亡，而农国不可亡云云，名言可诵。）无识者訾为腐朽，诟以老大，殊不知德成而上，艺成而下，贯通天地，斟酌器数，葆其精而不流。因于时而制宜，流衍百变，不误所归者，凡以礼也。夫以吾之灵明，地之绝特，哲人硕士，劰世相望，岂于述作，真有逊西方哉？火器、印刷器、罗盘针，号为三大发明者，实启于吾，此中外昭然所共播述，而吾不引其绪也。张衡之在汉时，已造候风地动仪，施关发机，合契若神，史称围范两仪，天地无所蕴其灵，运情机物，有生不能忝其智（《后汉书·传论》）。此于介离略、奈端之能，抑何多让，而吾不屑也。《墨经》一书，精博绝伦。近儒黄绍箕著为说曰："经上以下四篇，兼及几何、算学、光学、重学，则今泰西之所以利民用而致富强者也。然西人覃思萩事，期于便已适用，为闳侈以自娱乐而已。墨子备世之急，而劳苦其身，又善守御而非攻，而西人逐逐焉，惟兼并之是务。其宗旨盖绝异。"（见《墨子间诂·跋》）此可以知其故也。溯而上之，奇伎淫巧，自上古而有禁。既云禁矣，必先有伎焉巧焉，足开耆欲而餍志意者存，而吾不恤也。愚故曰吾之不适成为工业文化者，非质不能，实不愿焉也。其所以然，即古圣君贤相，通儒硕士，灼然有见夫防万民之伪之教之中。因折人欲而跻大同者，惟礼其至也。

综上言之，西人欲明其化之不终，而求变易之道于吾。其道惟何？礼也。吾人自审其化之敝，而求所以灿然复兴之道。其道惟何？不问而为礼也。或曰，中西之化，为系绝异，焉得骤以吾礼济之？曰，荀子曰："千人万人之情，一人之情是也。"斯言也，殆不以方域而异。故人性大通，有礼斯受。惟今制不灭，宿利（Vested interest）难割，形格势禁，说难遽入。或当经一度大破坏而始彻悟，未可知也。至吾苟偷西制，特二三十年以来，老成未尽凋，经传未尽忘，阡陌未尽废，宗族未尽散，先哲之道，荒寒未久，不远而复，直行所无事。然《传》曰，《诗》《书》执礼，礼不执则不行。（语本柳州）是在深明其故者，以力持之。正术既张，众流斯会，驯至家喻户说，相与共其福庆尔。

夫礼不一，语其纲，有曰祀礼教敬，阳礼教让，阴礼教视，乐礼教和。（见《周官》）谓其目，则宗祀、朝觐、养生、送死、尊贤、乡射、冠婚、相见之类，不可枚数，投壶不过一端。今孙、陈二君，仅倡此礼而止。愚犹未审其见之由来，与所期效之胡往，而遽推阐其连谊，如是宏切。人或以孙、陈未是其人为病，愚应之曰，愚论事也，非论人也。陈君陶遗，愚二十年之风交，粹然儒者，盖所崇信。孙君馨远，虽素非相善，而以见诸行事及闻诸端人者考之，亦决其未为不知操术者流。（操术字见《荀子·不苟篇》，非指权术。）然愚论事也，非论人也。庄子立伯昏无人为子产师，亦谓子产当有是师耳，人固明示其不必有也。

哲家持义往往此是。荀卿言礼，亦以奸人盗名晻世为戒。然所盗者名也，非实也。愚曰名迹大，其人是否与之俱大，可作别一节论。至愚之题旨，则固放之四海而准，俟之百世而不惑者也。为是事者，其于好礼善道果何如也，宁足深论哉！（史称祭遵为将军，取士皆用儒术，对酒设乐，必雅歌投壶，虽在军旅不忘俎礼，可谓好礼悦乐，守死善道者也云云。）犹之愚书此论，盖自有其独见之虑，与是非谤誉无关。人以逢迎军阀或走回头路（去年北京大学教授檄愚罪曰，他居今日社会里，是一个开倒车走回头路的人。）少之，又焉以为意哉！

原载《国闻周报》第 3 卷第 32 期（1926 年 8 月 22 日）。

党治驳义

南军之兴也，标榜以党治国，凡异党之人，举不得有政治权利，即己党之反革命或不革命分子，亦严驭焉无少贷。盖其持党义也极狭，而施党略也极烈，惟狭而人未必尽喻之也，则强之以宣传，烈而人且多，方以避之也，则赍之以打倒。（打倒帝国主义、打倒军阀、打倒官僚、打倒劣绅土豪，甚至打倒知识阶级，湘鄂市镇粘贴几满。）要而论之，一国之中，从政只许一党。一党之众，所奉只许一义。有异于是，其视吾力。斯今之所谓党治。

党治者，欧洲十七世纪以还与民治相缘而生之名也。在英语曰 Party Politics，其质与式，迤演递进。盖至十九世纪中叶而极盛，二十世纪之初，则浸衰矣。其在今日，濒于大溃，无可再持。而吾国之革政也晚，一无经验，全凭吞剥，阅政书二三册，魁领一二名，则相率而噪于国中曰，党也，党也。凡先进国所有者，吾当有之，其在彼邦之为弊政与否，抑于吾国国性民德如何，不遑问也。于是十五年间，而发轫，而并辔，而突过，而驰入绝壁自寻颠踬之所号治治，如发白帝，一泻千里，如审兰亭，相差万本，而彼辈犹自豪于众曰，西邦之为政则然也，世界之大势固尔也。嘻！其然，岂其然乎？

间尝论之，西治之成为今形者，有其史性、其素养、其节度，非吾人所得遍观而尽识也。而三者有一不具，或具而浅深久暂未同，则所被之形必变，又不待通物理而后明也。夫吾之史性、素养、节度三者，与西方全异厥趣，今吾尽弃之，以模拟所全异者之形，同时复绝不念若而形者，其所由成之质胡在与质之虚盈多寡何若？则欲其不横决而卒一无所似也，云胡可得？近观滑稽影片，有女童及狗，乘主妇外出，相率而为百戏，二女且入府制面，取酵母一封，悉量投焉。顷之，面坟起尺余，开阖如鬼，狗窃食少许，大醉几踣，状至可哂。今拟人治而不审史性、素养、节度之各有相关之价，大抵妄下酵母之类也。廿年前世风乍启，革命之说，鼎盛一时，女子之教，且由外言不入，一跃而藩篱尽撤。愚癸卯违难江户，见名门淑女，年十七八，无父兄师保自随，独游异邦，行止自便者无算，愚妻吴弱男，盖亦其中一人。愚虽得缔婚，雅不然之。然天下盛称西方美人贞德、罗兰如是，无以难也。（先外舅勖其女诗，有"西方有美人贞德与罗兰"之句。）愚妻时为同盟会英文书记，与孙中山博士上下其议论，持极端欧化之说，气焰万丈。愚初解字母，不能读西书，未有以折之也。未几偕游英伦，初至，与王小徐论贤母良妻不协，愤而趋沤北淀，居之三年。至是亲接彼中妇女，往来大学教授及名牧师之家庭间，尽得其忠勤端静，持家教子，非成年之女，无督不得独出诸状，则尽弃昔日之所妄信谬执，一以亲炙于西贤者为归，而浸化焉。归国以来，绝不问外事，尤鄙女子参政论，闭户理家政，修文学，三儿自育自教，由识字至于成章，十五年正如一日，非亲故，外间获见其面者且罕。嘻！真似之辨，诚不料其相违之度如此之大也。然亦贵有人善体认焉，而速改其度耳。今党人之言党治，与愚妻二十年前主社会革命盖同。此不于党之所以为党，明其涵德，了其物际，并熟察其适应于吾国者，宜调节至于何度？则曩举驰入绝壁颠踬以死者，将有如日至之可坐而致，决不爽也。愚为此故，特造本篇，以告国中之凡言党者，至明知其故，而特大言以劫持愚昧之人者，吾未如之何也已。

党治者，非力治也。昔卢梭为《民约论》，极言力之为害。谓凡以力服人者，其卒亦为力所服而去，如是循环，国安可治？惩斯过也，约乃尚焉。党者约之支流余裔，所欲以众志敷诸国政，毋背初民默契者也。壹是盖以总意为从违。凡总意所欲，党乃欲之；总意所恶，党乃恶之；总意可用党，而党不可用总意。夫如是，党焉得以力事事乎？国民党曰，否。吾党惟力征经营，使民战栗而已，他非所知也，是力治，非党治也。

党者不可统于一者也。统于一即不得字之为党。盖国政之所从施，政家所见，容有未同，见在甲者，相从而为一派，谋以所见布之于政，曰甲派。见在乙或丙者，亦各相从而为一派，谋以所见布之于政，曰乙或丙派。犹汉室之甘陵南北部，及英伦妥立与惠格之并峙然。斯乃谓党，是党者相对之称，非一尊之号也。今国民党曰，否否。吾国只有一党，他党兴，杀无赦。此党其所党，非吾之所谓党也。

党有党德，而党德之最大者，为容认他人意见之流行。兹原则也，在英吉利宪政史中，大书深刻，至堪玩味。先是宫廷多阴谋，权臣资以戮辱异己，恒至喋血，政家患苦之，因制为政则，谓政从公议，议宜彻底。但有反对，一切以王承之。由是王之反对党（The Opposition of the king）之一名词，遂赫然见于世。意谓王者且得恣议之毋隐，言论自由，义无上已。英伦者固以议为政者也（Government by discussion）。巴力门之议席，两党党魁相向坐，甲党在朝南面，乙党在野北面。北面者即字曰王之反对党。凡攻讦政府之语言文字，悉倚此名以行。民无不宣之隐，士无不尽之说，朝有嘉谟，夕成善政，英宪之所以冠冕天下，即在此端。今国民党曰，否否。自吾党外，人举不得有异议，有且以逆论，此在十七世纪以前，淫昏之朝，且未必尔也，共和云乎哉？

党者相代迭兴者也。盖民情有变易，斯党势有盛衰。吾党今日得民意之正而用事，明日容得其负面不用事。他党今日得民意之负而不用事，明日容得其正而用事。意之正负，实也：用事不用事为名。名者实之宾也。吾为其宾，焉得容心于中？故权位者，人之所欲也。惟在党治之下，则无从依恋。民情向背，盖若飘风骤雨然，至难测也。今国民党曰，否否。凡本党之去留，人民不得有自由意。吾执政，则终执政矣。又焉人之越俎代庖为？此唯世袭专制皇帝宣言之，共和国之政党，似未能尔也。世袭专制皇帝，时且闻偕亡之叹，而为之震惊，今此叹若在腹诽必禁之列，岂不奇哉？

党能败者也，败而仍不失其为党也，其活动且如故也。盖党者，受命于选民而为之执事者也。党可败，选民则终不败。党员朝下政事堂，夕登选区，叩其新命何许，得重为游说驳辩一切之计，故活动且如故也。若夫劫持选民，使不得发抒意气者，则异于是。是其最初，固非从容受民意，而往就厥事，彼与事相维相系之日几何？全恃物质力之能支至何度为衡。一旦力鏖，即如鸟兽散去，绝无反面于民重为抖擞之余裕，此特一秘密政社差胜于狐鸣篝火者之所为尔，安足言党？安足言治？

虽然，国民党之如是也，有本有原，请得略而言之。民国元年，黄克强在湘同盟会支部演说，谓中山粤人也，而吾为湘人，两省既为革命党之发祥地，中山与吾之力，复足以控制之，是宜只造一党，以昭殊异。闻广东党事，已臻划一，而吾湘犹呈纷纭不一之象，殊为遗恨。此说一出，议者大訾謷，克强亦若未深自信，徐易其说。由是进步党员如周大烈辈，卒得上选，贡于国会。然克强只立一党之欲，未遂己也。当在京时，曾遍约总统袁君、副总统黎君，以及朱桂辛、赵智庵、许静仁之徒，俱为党员。如逻辑然，仅求外延之大，而不暇一审内涵之如何义？夫谓克强于此，顾未察及情貌之相反甚也，似属遇虑。彼以谓此诸色人等者，姑被以纯一之名可已。徐为整齐而凝炼之，则粹然无外之国民党终有可期。时中山且持耶稣神力之义，人不论恶何似，只需入国民党，受其洗礼，即立成为好人。以是元、二之国，国民党兼容并包，气象万千，无愧一时泱泱无两之大党也已。洎赣宁之役，师徒挠败，不独前皮傅于党者，纷然外叛，无一足恃，即党议亦病不壹，老同志散无友纪，战败之责，公然相诿，再造之谋，渺焉难寻。克强既游美，中山则独倚陈英士为股肱心膂之寄，党略由广义一变而为狭义，特严盟约，重整党纲，即昔年勋旧，亦非信誓旦旦，无为借箸计事，此其违悟个人天赋之意，又宁待论？为之下者，往往面受机宜，退滋异议，情实不掩，哗然竟崩。凡变乱一次，老党员排除一次，孙、陈之争，其显例也。有若蕉然，层层剔剥，渐余一心。中山末年，弥有斯感，而此老不之悔。事惩昔年之败，祸鉴方来之剧，篃信匪如此者，功无与寄，业不中兴。俄人鲍乐庭、加伦数辈，攘臂助之，谊既莫逆，性尤特辣。老宿如张继、冯自由之流，为稍稍右倾故，不堪鲍氏之裁抑，至掉头以去。蒋介石者，凤隶英士部下，晚受总理顾命之重，又与苏俄客卿交亲，手握军政大权，控抑全党，可谓集狭义党略之大成者也。今军势大张，行此逾厉，以党治国四字，遂一旦飞声腾实，越珠江万里之地，左挹章门之袖，右拍武昌之肩，且骎骎直扼全国士夫之吭，迫为然否从违之答而无所遁逃。平心论之，革命者自然之权也。匹夫匹妇，俱得有之。革命而自定其适应环境之方略，同亦无取刻论，国民党而获今日之成功，彼有不可撼之基址，与天下以共见，抑又无疑。然反革命与不革命者，其为吾人自然之权也，量适与齐。凡人类而正反两面之论不见，时曰奴隶。凡同种而思想言论自由之权不保，时有强暴。国民党成功，至于斯境。或且恢恢乎以全国之是非为是非，全国之利害为利害，质剂乎情感，延歧乎望欲。一言蔽之，兢兢惟奴隶人而强暴我是惧，则天下之事正未可料。今若是焉，复何望哉？夫党者，愚积年究验，而以为于国甚不宜者也。此即将英之威斯敏斯特，不爽累黍而移诸北京，愚犹以为螟蛉之子，吾其难负，况徒窃其名而大反其实，如今之所称，党治者哉?

　　草此文后，适兄吾友张君劢所为《一党政治之评价》一首，立意与愚大致相同，而委曲详赡，愚远弗及，书此志愧，幸读者一参证焉。

　　　　原载《甲寅周刊》第 1 卷第 36 号（1926 年 12 月 18 日）。

何故农村立国

　　五年前，愚由欧洲归，广览众参，返始自得，旷然有见于明农建国之道，或纡或径，或笔或舌，有会辄为人诵述。而迂之愚之者，十且八九。其能的然辨认，谓有至德要道存焉，为今后体国不易之经者，愚自未见。即因而疑焉。谓足为国政商兑之资，亦至难遇也。今渐不然，或有质愚，子言农村立国，说究何似乎？村安得与国为连乎？以何道能见之行事乎？子亦有具体方案否乎？凡此诸问，俱足证愚说之已成议题。语曰，力田不如逢年。又曰，虽有镃基，不如待时。时哉时哉！曩说重言以明之，未可以已也。作今篇。

　　国者何，因人而立者也。无人何必有国？不为人（for people）亦何必有国？故国命与人生，相关至切。凡国文野治乱之度如何，盖以人民生计舒促心境忧乐之度衡之，此不争之前提，无人将有异议也。惟所谓舒促忧乐云者，以意志定之乎？以物质定之乎？抑二者使和调而弗偏至乎？此农国工国之所由分，而吾古先贤与欧洲之政家哲士大异其趣者也。何以明之？人生莫不好逸而恶劳，喜怪而厌常，崇奢而鄙俭。吾之圣人曰，否否。人劳而不可逸也，常而不可怪也，俭而不可奢也。欧之圣人则曰，诚逸何不可逸，诚怪何不可怪，诚奢何不可奢？是故劳常俭三德者，欧人非不有之，特其劳所以为逸，其常所以为怪，其俭所以为奢。亦若曰，君请无好小逸，无喜小怪，无崇小奢而已。吾之圣人曰，不然！逸与怪与奢虽可大，决不可久。不久之业，非人所堪也。故劳者即所以为劳也，常者即所以为常也，俭者即所以为俭也。此可大亦可久也。物性如是，非人之所能强也。盖天下之物，止有此数，而欲则无厌。以无厌之欲，而乘有数之物，其穷可计日而待也。反之，以有数之物，而供无厌之欲，其屈亦可计日而待也。夫欲亦何常之有，彼亦一无厌，此亦一无厌，无厌而知所止则舒，无厌而极于其所之则促，知所止而无往不自得，故乐。穷于其所之，而得失俱有患焉，故忧。而况乎物穷欲屈，犹有大促大忧之日在其后乎？由斯以谭，舒促忧乐云者，意志为其体，物质不过其用。立体以明用可也，徇用以丧体不可也。虽曰如伯夷之节，仲子之操，纯然以主观程其舒促忧乐之境，不能望之于人人，而体用兼赅雍容和乐之感，当时无非常可喜之奇功，后代亦无积重难返之变患，则确为吾国圣治之所期。是之谓农化。欧洲之所谓工化，正得其反。故曰，此农国工国之所由分。

十八世纪以前，欧洲之民情风俗，与吾国相去不甚远也。自科学昌，机器兴，产业之革命以亟。国内所有状况，随之而变。人人由晦盲否塞，一跃而入于浮华无艺之池，恍若天地间事事物物，取之不尽，用之不竭，将一与人欲继长而增高者然，而不谓大谬不然。盖工业之所以有利，投之贸易竞争之场而不败者，无他，出品多而取价廉而已。出品多，突越本国民用之额，而不得不赖人国以为之尾闾。我取价廉，人或更廉，势且殚品（Dumping　商业名词，谓有大宗货品，以最价廉迳售于他国市场，压倒同品者也。）于人之市场而无所恤。夫市场者，数与量两俱可知，固达一定高度，无可扩充者也。当十九世纪中叶，世界擅工艺之长者，惟英伦一国，余皆步趋焉而未甚肖。彼属地遍天下，他国亦举恣其所如。北美新造未集，非澳南美诸洲，榛莽初开，需物无算。而东印度公司者，虎视东方，操奇计赢，并强以鸦片毒卉，强致于我，为取得各口通商张本。在此数十年间，工业如日中天，鞭笞一世，人类一切举动，环之而走。羡妒贪仿，四性相资为用，无时或息。嘻！何其盛也。虽然，盛极复衰，天道之常，无平不陂，物理所著。至十九二十两纪之交，大势渐见不同。语曰，我能往，寇亦能往。凡前之仰英而自给者，率能自为制作以求相胜，而且各立典属，分摅余地，势力范围四字，势不可摇。即或国小力微，亦复勉为邯郸之步，稍资抵制。吾国近且纷扬国货之声，其他可知。盖地日窄而货日溢也，断可识矣。就中德意志异军特起，尤骎骎有与英迭主齐盟之势。夫国之有海军，所以图海上之霸权，备为商战者也。千九百十年之顷，两国船吨之争为雄长，势甚炭炭。（时愚学于英伦，留意此节甚至。）彼各自计，吾两国力戡其一，世界或得苟安几日，意谓物力可因而少纾，化居可藉以少广也。故十四年之大战者，欧洲诸工国（以英德为之代表）万无可避之大创，诸因历历，毫发可鉴，奥皇储之被刺，特绳之偶绝处尔，去本题万里也。

惟天下事有大怪而骤不可解者，战后之种种败征，无一而为战前所期。虎狼之德，既蔽其辜矣。而各国生计之窘蹙，较前益甚。财政之回复，商事之改善，俱八九不得如意。要而言之，今日欧洲之衰颓，持与三十年前之盛强较，相距直未易以寻丈计。由是以推，即或再战三战，将举世共恶如德意志者，次第去之，悉如其意，而天下纷纷之不可定，及生活问题之终莫得其朕，仍将一如今日，樊然淆乱之状，灼灼明也。嘻！此何故哉？

欧之哲家，颇或知之，谓此乃工业本身之痼疾也，即本身而求医焉。如以水济水，将万无幸。吾儒荀子有曰："国乱而治之者，非案乱而治之之谓也。去乱而被之以治，人污而修之者，非案污而修之之谓也。去污而易之以修。"欧洲之图以工救工，甚且投瞑眩之药而不惜，已往如十四年大战，现未如无产阶级专政，皆案乱而治、案污而修之类。治与修将卒莫获也。此其理彼俱明之。明之奈何？曰，工者，农之对也。凡物之相胜也，每于其对焉求之。今工业既敝，代工而兴者，惟农其可。于是农业复兴之论，在彼邦辄有闻之。（如英人潘悌之类，潘君初草《农业复兴》之小册子，稿凡四十余易，彼对愚云。）而无奈一察彼中社会情形，即知其说之万难实行也。夫工者，非徒工也，有所以工之者也。此其素要三：曰土地、曰人民、曰资本。当机器乍行，人人喜其便利，且工资视前有加，而又骤近都市之纷华而悦。故纷纷捐弃其自相给足怡然可乐之农工世业，移就厂务，倾之大资本立，以廉值美物相逼挣，凡愿安于手工以终者，亦举无自而安焉。在近二百年间，人由本乡之小农小工转而浮寄于各大厂以为食，子孙数世，悉仰厂家鼻息。时移事易，无家可归者，当不在全人口半数以下。而工者，统全世界以为消息，固无俟河东河内，分粟而食者也。以是本国之农田，次第化为棉场牧地，且不屑意。而所谓资本者，更不问而与百工居肆，相依为命，无能自拔。今一旦谋舍工而农，首当将寄食在外之游离分子，如美前总统卢斯福实乡之策，移归井里，而井里之墟，固已久矣。且即令城郭人民，依稀可合，而彼一举足，百厂同时停业，资财既归乌有，而此欲归不得之数千万辈，计日而食之面包，亦无自出，社会秩序，必且大紊。其人民嗜欲久开，贪诈已成第二天性，虽有清明君子，梦想数世纪前之朴素生涯，以为复绝，而大多数仍如蛾就火，未肯骤舍者，尚无论也。是理想之化，成否尚不可知，而曩举三素要之已成者，先崩溃无可收摄。然则在欧洲而谈农治，亦终于一乌托邦之想象矣。至吾国则不然。夫吾化之所以集成于农,乃古先圣王之精意所寓,非偶然也。彼察得人性之所必至,与物竞之所固然。凡今日欧洲社会日濒绝境之象,皆其所烛照数计,而壹是豫为之防者。善夫《浮邱子》之言曰:"盖君子之于天下国家也,谨治其萌云尔。箕星动则烈风起,商羊舞则淫雨兴,旱魃见则禾黍枯,丰钟鸣则霜霰作。是故君子必忖度乎欲风欲雨欲旱欲霜之始,毋针张于既风既雨既旱既霜之后,毋蚁孔溃堤,毋针芒漏器,毋山溜穿石,毋单绠断干,此之谓治其萌,毋治其既也。于乎,治其既者,不能治其既者也。治其萌者,不待其既,知其萌者也。"此以抉示农工两化之原委,而衡校其短长,可云切深著明。而愚犹有为之补充者曰,星之与风,旱之与雨,魃之与旱,钟之与霜,诸相应之迹,又未可以时空限也。星今日动,风百年后起可也。羊今日舞,雨千年后兴可也。此地魃见而钟鸣,禾霜万里外应,无不可也。吾圣人之教曰,欲不可恣也。盖后此必有假欲而穷物者。又曰,争不可尚也。盖后世必有缘争而祸世者。西方圣人曰,不然。欲不可遏,遏欲伤力。争不可已,已争伤自由。欧洲千九百十四年之大战,即此力与自由渐渍推荡而成者也,而亦即吾古人征商禁奇伎时所思之栗栗者也。是之谓知萌。此萌也,虽以欧力东渐之故,骎骎为浮妄子孙所抹煞,以致民生不宁,奇邪百出,皮质不应,如病大肿。而究之受疾不为甚深,全国之农村组织,大体未坏,重礼讲让之流风余韵,犹自可见。与传统思想相接之人物,尚未绝迹。是犹堤有孔而未尽溃,器有芒而未尽漏,石受溜而未尽穿,干受绠而未尽断。及时而复,明明不远。与欧洲之治于其既,而全陷于不能之域者,未可同年而语。是力挽颓风,保全农化,蔚成中兴之大业,谛认人生之真值,谓非吾国人独有不贷之责,得乎?

凡右所谈,意在说明愚胡主农村立国而止,涉及他问,请俟更端。

愚曩著《农国辨》《业治与农》诸篇,俱是阐明此理。故本文颇有避烦未尽之说,读者幸互参焉。士钊附识。

原载《甲寅周刊》第 1 卷第 37 号(1926 年 12 月 25 日)。

论业治

业治者，欧洲民治崩裂后所起之新流也。民治者何？吾国学生，近年肆意挦扯，曾为德谟克拉西五字，叫嚣乎南北，即其物是。是物也，盖以近世代议政治为之尸，二十世纪初年（指大战前），产业问题之纷纠日益，议员德性之堕坏日显，巴力门之信望，渐次失坠。愚始在英为学时，已见攻摘党治之论文，泊乎大战，各国政府咸感议会意见多而程序缓，于用兵不便，则迳以军权抑之，使不得声。战事告终，社会党麻起，障阻中产阶级之长持魁柄，尤不遗余力。议会政治，经此两厄，近十年来，遂一蹶而不可复振。德谟克拉西云者，在欧陆闻之，几邻诅咒之词，与吾清末之称立宪党，今日之号官僚派相似。当之者类哗然辩，或戚然返也。而吾之学生，未审此状，见译文有民字褒然居首也，以谓是即吾徒寱寐以求之物，因相与号呼蹢躅，缴绕一世，曰德先生，曰德先生（与科学曰赛先生者并举）。吾国捧心效人，自忘其丑，往往如是，姑不具论。惟民治之势既衰，承之者有业治一派，在英曰"几尔特"，在俄曰"苏维埃"，其取义之广狭，手段之激随，各与民情国势相推移，形形色色，尽不一致。而所得合符复析之根本要道，亦曰惟自食其力者为能与闻政治，同时惟自食其力者不能不与闻政治。易词言之，凡有业者，先分治其业为众葛罗布，后合治其国为一总葛罗布而已。此外凡己无业，而徒榨取于民业以为食，以及似有业而实无业，迹其所为，且一一与国民经常生产有防，如世所称波硕亚齐者悉去，是之谓业治，一曰葛罗布制（Group System）。

业治者甚高理想极合人道之政式也，顾行之绝不易。愚曩年居英，甚为此说倾动，曾草 Chinese Politics and Professionalism 一小册子，与当时诸家互辨得失，志在移植本土，代久成淮枳之民治以为国是。肖伯纳颇疑之，谓天下惟私心为难克治，令以分业相召，谁不欲自尊其业者？近世托辣斯之弊，已难胜言，一旦尊百托辣斯于无上位，使各各自为最后决定，则凡天下之生息于消费者无死所矣。（报载：九江工团近设工人纠察队，旅客上下行李，任其所索，价不得减，偶起争执，纠察队即指为财阀，干没其物而去，吕戴之行装七件，被索运费十二元，吕辩，工人答云，我等劳工神圣，即总统来亦如此。足证此理。）代议政体，诚腐朽无可为理，而其选举，以地域为之标的，人自各方来，众意乱流而进，易于质剂，政因以平，此未始非该制死仍不僵之故。君倡业治，幸于此点厝意，中国沐浴圣化，雅善克己，能拔此治之善德而遗其恶，亦未可定。若夫吾英，则断断乎未之能行也云云。伦敦大学教授华讷士，所疑亦类于是，且逐条论列，着于所为 Great Society 篇中。柯尔者，则几尔特之前锋也。其施此制于英，兢兢以中古之 Guild 久废。今骤张之，基未易固为虑。闻吾七十二行之名，及行行出状元之谣浪，且饶妒色。愚其时立辩，以为吾国士、农、工、商并立，士迄持风会，导领之地未失，农工商者，虽骤被解放，使自为政，将未见横决无可理董。又吾农国也，百艺俱求自给，无与工国舍死竞利心理，以全人口徇工，使成庞然莫御之体，为治化梗，将无其事，要使各业平流以进，内而划地自赡，外而通力合作，凡业皆由自身裁制，不使他业妄侵其权，己亦于本业外，不作妄与人业之想，如是而已。

孙中山者，夙以三民主义噪于世者也。此义揭于二十年前，时英伦自由党如爱斯葵斯及雷德佐治之流，正为巴力门宣力，显闻于世。中山政想，全胚胎于英，且以其师康德黎医士之力，得与彼邦士夫相接，气谊似与雷氏尤近。（中山屡独电雷氏言事，且曾告愚雷德佐冶吾友也。）又其时社会主义，稍稍动荡，威斯敏斯特之工党，渐见头角，挽近政理，如何得与工潮相洽？识者颇议及之。所谓三民，民族全然为排满而设，无足深计。其他民主、民生，则是德谟克拉西与琐销理沁之调和论耳，非有他也。入民国来，中山见其说雅不中时，又以深入人心之夙义，弃之可惜，则倡为三期之议以济之。三期者，军政、训政与宪政是也。三民既为宪政期所有事（除民族外），自与目前军政行动有别，亦与军政成功后之训政方略无妨，宣传实际，并行不悖，洵属中边俱澈，足以涂饰国民耳目之得策。是策也，自创中华革命党，以迄与俄人交亲，时中山且笃行之，其后鲍乐庭、加伦入粤，形势突变。之二人者，既亲行苏维埃制有成，当然吐弃欧洲僵然濒死之民治，以为无足收效。

而二人者，又善行愚民之政者也。以谓民可使由，不可使知，于是内策既定，而轮廓间仍听三民主义者，嚣然尘上，以诳右党而欺民众，天下情貌相反之甚，盖莫年来党人之行动若。愚私衷自计，将来三民主义之假面目，必有一日由该党自行揭破，别以其真者提示天下，特时期为不可料耳。昨报党军之黄埔军官派，公然非毁中山旧说。谓三民主义，并非革命，吾辈为革命而起，非以欲行三民主义之故。且吾辈期望革命彻底，尤不能不排击窟宅于该主义之分子云云（见十二月二十九日《顺天时报》）。此作始也特简，后来推演，势且绝大，不知者方诧视不已，知之者审其逻辑必然之序，毫不足奇。然则该党今所汲汲为之者，何也？曰："将行业治而失其正。"

愚固言之，业治有其取义广狭手段激随之不同。苏维埃者，狭而激者也。彼于农工兵而外，几不承他项正当职业。全国政治，则以此三项人，在各地方分组为苏维埃，大小相合，内外相维以统之。所有政令，壹是秉承于党，党员千人一义，除本业外，党中不得有他种较小结集，以分党力。凡人动作，一以机械律运焉。智识不许成为阶级，并亦无取乎智识。（武汉现遍张打倒知识阶级口号。）其下手处，则使各业分为协会，并助之破弃本业自来一切约束，改隶于党。（鄂人有闻粪夫协会而怪之者，此何足怪也。）此党军正着手行之，虽曰行之，而义则崭新，为前者宣传小册中所未具。为魁领者，亦未便明纠其误，使前后矛盾过甚，以云运用方法，则生硬粗率，一味破坏。悉量阐发人类之为己性，而莫知捍之。其律令曰："革命尚未成功，同志犹需努力。"至力何由努？所需何力？力至当生何效？大抵疑莫能明。此与中山倡言三民主义所得理解之境象，相去万里。闻彼中智者，目击初学小生，张皇过甚，亦诚有能发不能收之虑，而大势所趋，殆如危崖转石之不可止，甚亦奈之何哉？（日本某记者，亲见鲍乐庭，在武汉总部，发纵指使形同主人。）

平心而论，业治之本意，固未可毁也。愚所著《联业论》，语及政客，曾特署以明之曰，政客者以无业为业者也。华讷士阅之大笑，实则游民为厉百业不举如吾国者，思井然以业济之，孰云未当？然天下政事，意正而法非，卒至祸国病民，不可收拾者，往往而有，王莽、王安石之类是也。今党军之于业治亦然。夫业治明明党治之对也。重党即不重业，重业即不得复重党。今并党业而一之，使业之本相不显，其误一；吾国行业治之最大优点，为行会之组织尚在，柯尔曾加羡叹，愚已述之。今不利用已成规范，且悉行摧陷，以党人妄与其事，其误二；吾礼教之国也，而新治将使各业自逞其长，自扩其地，此不豫有抑欲明理之道以节之，争乱其何能免？今党人放弃吾国最优特性，訾为退化，转以兽欲自为尺度，其误三；吾又农国也，农虽停滞不进，而亦非堕于甚深卑苦之境，是以不扰其静态，徐徐启迪之得。今党人束缚驰骤之，使为农团军，强致竿木，尽叛地主，其误四；且吾以农国之故，欧洲工党规模，毫不适用，马克思之学说，尤格格不入。今党人一惟第三国际是师，其误五；业治者最高级之群治也，其贯串宜恃爱力，必有一夫不得其所时予之宰之意念，然后足主联业会议。今党人视他人皆同化外，若不与同中国然。悻悻之气，到处流露。此直小丈夫也，何足成治？其误六；业治者能治也，故尚业必同时尚能。愚曩以 Professionalism 牒业治，群家潘悌谓当以 Functionalism 易之，职是之故。今党人忌人有能，所设概呈黄茅白苇之观，其误七。此七误者，荦荦为大，由此类推，不可枚数。夫立政作法，首重夫意。（孟德斯鸠著《法意》以此。）差以毫厘，其谬千里。况夫显愚大谬，如此章章者哉？愚四五年来，蕴业治之念于胸而未敢发，以解之者少，而施行亦大难也。（然前在上海《新闻报》，亦偶发之。）今党人依此二字，骤起轩然大波，使人生蹊径，竟尔别开一面以行，其胆识亦诚可纪，至念其纰缪百出，使人望而生畏，将为后来复兴此制之一大梗，又不禁为之噩然。然事已无可奈何。愚为祖国论政，辄著其利害得失如此，闳达之士，以览观焉。

原载《甲寅周刊》第 1 卷第 38 号（1927 年 1 月 1 日）。

文　论

　　自愚通问于天下，人颇斤斤以文事相质，一若愚既能文，且绰然有文律沾溉于人也者。嘻！此何说也。愚闻天下之名，生于不足，五帝三王之书，号为浑浑灏灏噩噩者，以其时力能德性，大抵相仿，无特立独行，得较然见称于人者也。自鲁国有儒，而儒道衰于周。郑子产楚蒍敖号循吏，而吏治衰于列国。子胥以忠鸣于吴，曾参以孝敬于里，而忠臣孝子遂落落不复可见。凡不足然后有名，事理盖如是已。（语采宋永嘉先生《八面锋》。）愚不敢夸，亦不敢过谦，然愚于文，实无工力可言。其粗解秉笔，纪事述意，不大虞竭蹷者，亦所凭天事为多。且移用远西词令，隐为控纵而已。今闻人言，章某甚知文也，愚深耻之，尤叹时贤妄倡白话，弛人修养之力，以致当今文量不足之感特锐，而如愚者，遂腼然有事于坫坛而不觉其非。虽然，人意亦未可遽忽也。姑为本篇，用酬来意。

　　文章之事，不一其道。昔桐城家言义理、考据、词章，三者不可缺一。愚独谓义理、考据及凡为文本质，盖一切关乎学养，而不径与于文章。长于文者亦于落笔时，凡言之短长，声之高下，与意之疾徐轻重，适然相应，使人读之，爽然如己之所欲出，而未审其道何由而已，非有他也。质而言之，文章形式之事，非精神之事也。今有两人于此，处境执见，及平昔之所熏修，大体相同，各使持笔，共论一事，而后文章之工拙可见。杜工部诗圣也，其诗思致，亦未必复绝于世，特其以与人同具之思致，被之章句，施诸格律，遂乃高不可攀。曾有句云，美名人不及，佳句法如何？唯彼独喻明习所为佳句之法，故千古诗家，一齐俯首。愚夙好柳子厚文。夫子厚文果胡独异乎？以愚观之，凡文自有其逻辑独至之境，高之则太仰，低焉则太俯，增之则太多，减之则太少，急焉则太张，缓焉则太弛，能斟酌乎俯仰多少张弛之度，恰如其分以予之者，斯为宇宙至文。子厚《答韦中立书》，自道文章甘苦，有曰，参之《穀梁》以厉其气，参之《孟》《荀》以畅其支，参之《老》《庄》以肆其端，参之《国语》以博其趣，参之《离骚》以致其幽，参之《太史》以著其洁。夫于气则厉，于支则畅，于端则肆，于趣则博，于幽则致，于洁则著，相引以穷其胜，相剂以尽其美，凡文章之能事，至此始观止矣。就中洁之云者，尤为集成一贯之德，有获于是，其余诸德，自帖然按部而来，故子厚殿焉。愚见夫自来文家，美中所感不足，盖莫逾洁字之道未备。韩退之《致孟东野书》，一篇之中，至连用其字四十余次（有黄君子直，曾为一文论之），此科以助词未甚中程，似不为过。苏子瞻论文，谓宜求物之妙，使了然于口于手，此独到之见，恒人所无。然东坡之文，往往泥沙俱下，气盛诚有之，言宜每不尽然。可见心知其境为一事，至焉与否又为一事。文之欲洁，其难如此。

　　然则为之之道奈何？曰，凡式之未慊于意者，勿著于篇。凡字之未明其用者，勿厕于句。力戒模糊，鞭辟入里，洞然有见，于文境意境，是一是二，如观游涧之鱼，一清见底，如察当檐之蛛，丝络分明，庶乎近之。愚有志乎是，宁云已逮？然文中不著不了之语，命意遣词，所定腕下必遵之律令，不轻滑过，卒尔见质，意在而口不能言其故者甚罕。（可意会不可言传，似是文家遁词。）凡此皆愚粗有心得之处，所愿与同道之士共起追之。是究如何，亦洁字诀已矣。近闻山阴王书衡（式通）谬称愚文，谓曲而能达，略高时手一等。溢美之言，愚岂敢受。夫曲而能达云者，指凡文中自然结构，一一莹然于胸，周旋折旋，笔随意往，微无弗及，远无弗届者也。此何等造诣，而愚能之？今天下不足是诣也特甚，其亦勉焉耳矣。

原载《甲寅周刊》第 1 卷第 39 号（1927 年 1 月 8 日）。

《茀罗乙德叙传》译序

此格罗特教授所编《医家叙传》之一篇也。茀氏于千九百二十五年草之，昨年收入茀氏《全集》，本年复别以小册行世，愚取而译之，略介作者平生学行于我国人。惟茀氏之学，体大而思精，《全集》都十一巨册，二百余万言，今隐括于区区数十页中，意简言难，不易晓洽，译时既有此感，读者当亦同之。顾愚勉事移译，以见茀氏为学次第，邦人喻之者少，此类简明史略，盖不可缺。又《心解》实与茀氏同体，前后四十余年，自医生尝试之治疗法，至成巍然大科，沾丐诸学，皆以茀氏一人为之中枢。已既勤劬，复盛宏奖。坐致徒友，门庭日廓，氏年七十三矣，著述之业，孳孳未已。向后本师暨诸家所就，犹未可料，惟距今以前，斯学梗概，不逾斯册。茀氏自行执笔，语己之全，即学之全，与他人为名家立传，恒不免误察及挂漏者，未易同年而论。此诚艺林难逢之盛，好学之士，所当家置一编为快者也。况《心解》泛应曲当，深入人心，乃通诠群已，推见至隐，必不可少之科乎！笃而言之，不了其学，难识其人，传记之事，宜在学已广喻之后，即读者兴会，亦或有然。故班固之叙传，司马迁之自序，王充之自纪，唯于书末诵之，转饶意趣。今茀氏之名，虽被中土，以云本学所知无过鳞爪，骤以粗具轮廓，不适阐发之自传临之，未免扞格莫入。虽然，茀罗乙德，大名也，《心解》，饮食男女之学也。有时词若难涩，细味无不润达，且此传几三万言，与公孙龙子迹存寥寥百语者未同，详加披览，不难窥见底裹。愚不敢谓心通其意，惟笃好之，愿与同人共治之。继是而往，犹将择取茀氏他著，量力翻译，读者亦留置本编，为异日博稽广核之助可耳。至译事未臻善美，似是天然缺陷，茀氏之书难译，英美人且叹之，况吾人理想全异，术语不具，德文构造，去吾文绝远，难又百倍于英美人乎。作者此篇晚出，他国尚无译本，未由比勘，如有谬误，应尸其咎，宏识匡正，尤尸祝焉。茀氏一像，千九百二十六年画家施穆泽绘之名作也，书札一通，最近与氏考订疑义，所贻于愚，并揭篇首，少助逸兴。

民国十八年（1929年）六月，章士钊时在德意志格廷根。

据商务印书馆 1930 年版《茀罗乙德叙传》。

《情为语变之原论》译序

自《心解》诞育以还，专门之家，竞取其法施于本科，而语学尤为显闻。师伯辟者，语家之雄，独先闻风而起，讲求心语沟通之道。愚始不知有氏，见莤罗乙德引以为重，始索其书读之。书皆小册，约四五种，盖以《心解》移治文史，事近于创。前贤所遗著录，不当于用，氏徐徐阐发，得尺计寸，似犹有谦让未遑之意。而为说则入深出显，动中人情。当世知言之士，自非学派未同，谊不并存，每叹其无以易也。抑愚读此，犹有深感。吾国小学，夙称复绝，清儒所为，大有后无来者之概。然而墨守六书，矜为秘要，得固在此，失亦随之。以六书止于分别都居而已，足极逻辑之能，未必尽叶文始之要，况转注之争，千载犹无定论乎！夫语言者，类依文化进程而有变，人生何世，不免染于时俗之务，其弊往往以今意释古言，执后义驳曩诂，出入错连，治益见梦。又况国重礼教，儒泥经训，凡字义之未合于是，犹且明知而故削乎。中土孤处东陆，学无比核，世间通理，末由谙晓。许宗彦之言天，可云笃矣，然太阳之义，时已大明，宗彦犹一依本邦故书，详考行度，君子嘉其志，尤不能不惜其劳。科学如是，语言类推，盖语言之异而同，同而异，连谊之复，莫与伦比。此非博稽广证，实无豁然贯通之效可期。穆勒曩言，不兼解数国语，即一国语亦不解，理与清儒不治众经，不能治一经盖同。惟清儒治众经，而未尝治众语，底滞忽生，莫资勘验，事倍功半，无怪其然。今则车书大通，与世接矣，若今日之儒，犹复拘墟成法，胶漆故训，工夫之可惜，将较许氏益甚。愚早岁失学，中更政事，《说文》未暇精讨，无本之业，宁敢放言。惟语学由博反约之理，《心解》考文最当之故，弥所服膺，无能自秘。兹编之译，聊为笃学之士审问明辨一助云尔。

师氏维也纳人，今任德意志科崙大学教授。

民国十八年（1929 年）五月，章士钊时在德意志格廷根

此稿谊当先呈吾兄太炎先生，叩其意见。乱离之际，天各一方，接席无从，足可悯叹，问难唯俟之异日尔。士钊附识。

据上海商务印书馆 1930 年版《情为语变之原论》。

《逻辑指要》自序

　　公历千九百七年，余始治逻辑于苏格兰大学。就级之明日，有老儒至僦舍见访。接之，赫然斯学教授戴蔚孙博士 Prof. Davidson 也。博士弘识冲怀，锐意奖藉。余得自意外，踊跃奋迅。自是践履逻辑途径，步步深入，兴会亦相缘而高。今忽忽三十年有奇矣。老而无成，辩慧都减，有愧本师，夫复何言。民国七年，余以此科都讲北京大学，时同僚陈君独秀、胡君适之、陶君孟龢辈，主学生自为笔录，不颁讲章，吾亦疏于纂记，逻辑未有专著。共和二十年，余复至东北大学，讲授名理，以墨辩与逻辑杂为之，仍是止于口授，未遑著录。因循复因循，以迄于今。今岁二月，吾为国民参政会事，于役重庆。议长蒋公以精神之学教天下，审国人用智浮泛不切，欲得逻辑以药之，而求其人于吾友张君劢。君劢不审吾学之无似，为之游扬，公遂虚衷自牧，不耻下问，并督为讲录，俾便览观。

　　寻逻辑之名，起于欧洲，而逻辑之理，存乎天壤。其谓欧洲有逻辑，中国无逻辑者，瞽言也。其谓人不重逻辑之名，而即未逻辑之理者，尤妄说也。且欧洲逻辑外籀部分，自雅理士多德以至十七世纪，沉滞不进，内籀则雅理诸贤，未或道及。自倍根著《新具经》，此一部分始渐开发，逻辑以有今日之仪容。若吾之周秦名理，以墨辩言，即是内外双举，从不执一以遗二。惜后叶赓绍无人，遂尔堙塞到今。吾曩有志以欧洲逻辑为经，本邦名理为纬，密密比排，蔚成一学，为此科开一生面。然语其才力，差足发凡起例而止，成功非所期也。兹以议长挹谦之衷，同人敏求之志，迫促驽骀，勉为十驾。不才微志如右云云，或且见诮于百一。窃本斯旨，自忘无似，于返港之明日，伸纸呵笔，纵其所之。枝杆相连，粗可观览，效出望外，抑以自伤。盖吾书应成于二十年

前，顾吾荒怠不为，必待关河戎马，举国不事学问之际，仓皇命笔，成
此鸡肋，天下事之颠倒眘乱，宁或逾是？书都二十万言，取柳子厚称元
翼治鬼谷子文之以指要意，颜曰《逻辑指要》，以示别于坊间逻辑本子。
惟以极短之时间成之，漏略纰缪，当然难免。此凡初步之术业皆然，固
不独本编如是也。补充茸治，举俟异日。又累年笔记有未散佚者，颇刺
取几许入焉。就中驳正胡君多条，未及删除，适之畏友，此学问之道，
谅不以愚赣见罪，而余之还求教诲，饥渴以之。海内弘伟之士，庶几无
吝金玉。是为序。

　　民国二十八年（1939 年）五月十二日，

　　章士钊序于行都。

据时代精神社 1943 年版《逻辑指要》。

章士钊年谱简编

1881 年（光绪七年） 一岁

3 月 20 日（农历二月二十一日）生于湖南省长沙府善化县（今长沙县）东乡和佳冲一个耕读之家。父锦。在兄弟四人中排行第三，幼名记煮，字行严。

早年随长兄士瑛在其执教的私塾读书。

1894 年（光绪二十年） 十四岁

在长沙买到一部永州刻《柳宗元文集》，从此喜欢上柳宗元的文字，终生不倦。

1897 年（光绪二十三年） 十七岁

为生计所迫，到一亲戚家做"童子师"，以所得束脩供给家用。

1898 年（光绪二十四年） 十八岁

参加长沙县试，结识秦力山、沈荩等。

1901 年（光绪二十七年） 二十一岁

携四弟勤士赴武昌。

秋，寄读两湖书院，结识黄兴。

冬，至朱启钤家任塾师。

1902 年（光绪二十八年） 二十二岁

3 月，由武昌到南京，投考江南陆师学堂。

1903 年（光绪二十九年） 二十三岁

3 月，因不满江南陆师学堂压制学生，愤而离校。

4 月 3 日，与林力山等率江南陆师学堂 30 余名集体退学学生，赴上海参加爱国学社。结识蔡元培、章太炎、邹容、张继、何梅士、吴稚晖等。

5 月 1 日起，应陈范之邀主笔《苏报》。着手《苏报》栏目和内容的改革，鼓吹排满革命，抨击保皇维新论。先后发表《论中国当道者皆革命党》、《读〈革命军〉》、《驳〈革命驳议〉》等。

6 月底 7 月初，苏报案发生。后编辑《苏报案纪事》（又名《癸卯大狱记》），逐日记载苏报案发生的经过。

8 月，与陈独秀、张继等在上海创办《国民日日报》，继续鼓吹排满革命。先后在该报发表的文字有《箴奴隶》、《说君》、《王船山史说申义》等。

8 月，以日本宫崎滔天所著的《三十三年之梦》为底本，编译成《孙逸仙》一书。

9 月，撰写《沈荩》一书，鼓吹排满革命。

与人合作创办"东大陆图书译印书局"，刊印《黄帝魂》等革命书籍。

11 月，与黄兴一道回长沙，参与创建华兴会。

1904 年（光绪三十年） 二十四岁

2 月，与杨笃生在上海组织华兴会的外围组织"爱国协会"，任副会长。好友何梅士病逝于日本东京。

7 月至 8 月，为配合黄兴即将于长沙发动的武装起义，在上海联络志士、试制炸药，并设立秘密机关，以为策应。

10 月，长沙起义失败，黄兴等返回上海。

11 月，万福华刺杀前广西巡抚王之春事败被捕。章受牵连下狱，并进而牵连潜藏于秘密机关的黄兴等一批革命党人。后经人保释，方得出狱。

1905 年（光绪三十一年） 二十五岁

春，与黄兴等流亡日本。结识孙中山、宋教仁等革命党人。后渐脱离革命，主张苦读救国。

8 月，中国同盟会成立。经朋友一再敦劝，拒不入会。章太炎派同盟会女会员吴弱男劝说，不料"赔了夫人又折兵"，吴竟成了章之未婚妻。以后章毕生坚持不党，未正式加入任何政治组织。

是年，在东京正则学校补习英语和数学等课程，准备留学英国。

1906 年（光绪三十二年） 二十六岁

9 月，在《民报》发表《国学讲习会序》。

在正则学校学习英文，同时为进入日本人下田歌子创办的实践女学的湖南籍留日女学生讲授国文。

1907 年（光绪三十三年） 二十七岁

年初，患肠胃病住进医院，而且一住就是三个月。在病榻上，他将在实践女学编写的讲义整理成书，以《初等国文典》为名，交上海普及书局出版。

夏，离日经上海、巴黎赴英国留学。

1908 年（光绪三十四年） 二十八岁

5 月，在上海出版的《学报》上刊出《康德美学》一文。

7 月，在巴黎出版的《新世纪》上刊出《观娟感念》一文。

1909 年（宣统元年） 二十九岁

4 月，与吴弱男在伦敦高堡成婚。

12 月，以秋桐为笔名在北京的《帝国日报》上发表《发现北极》一文。

本年，入阿伯丁大学学习。

1910 年（宣统二年） 三十岁

6 月，在《帝国日报》上发表《记英王爱德华第七》、《告学部》等文。

从 9 月起，开始为《帝国日报》撰写大量社论，以传播英国宪政，指导国内立宪运动。

11 月，在梁启超主办的《国风报》发表《论翻译名义》一文。

本年在阿伯丁大学求学。

1911 年（宣统三年） 三十一岁

本年，继续为《帝国日报》撰写社论，鼓吹国会万能和政党政治。

8 月 7 日，杨笃生自阿伯丁乘车到利物浦跳海自杀。在杨所留遗书中提及与章士钊的经济纠纷等，因此才有后来的《章行严与杨怀中书》。

10 月 10 日，武昌起义爆发。在伦敦见到回国途经英国的孙中山。旋应孙中山之邀，放弃即将得到的硕士学位，携家返国。

1912 年（民国元年） 三十二岁

2 月 11 日起，应于右任之邀，以非同盟会成员身份主笔同盟会机关报《民立报》之笔政，鼓吹政党政治和毁党造党说。所谓毁党造党，实即仿照英国的两党制改造当时中国扰攘的多党政治。

8 月，因与革命党中的激进派存在原则性分歧，因此每发一论，几乎遭到攻击甚至谩骂，被迫离开《民立报》。

9 月，与王无生在上海创办《独立周报》，主张言论独立。

11 月，教育总长范源廉未经本人同意即任命其为北京大学校长，章坚辞未就。

冬，只身经天津北上赴京，并在杨度劝说下谒见袁世凯。

1913 年（民国二年） 三十三岁

3 月，宋教仁在上海遇刺。

5 月，逃离北京，加入反袁行列。奉孙中山之命游说岑春煊、黎元洪支持国民党反袁。

7 月，被黄兴并任命为讨袁军总司令部秘书长，负责起草"讨袁通电"。二次革命失败后逃往日本。

1914 年（民国三年） 三十四岁

3 月，谢绝胡汉民等主办国民党机关报《民国》的邀请。

5 月 10 日在日本在东京创办《甲寅月刊》，到 1915 年 10 月 10 日停刊，共发行 10 号。该刊"以条陈时弊，朴实说理为主旨"，"一面为社会写实，一面为社会陈情"，辟有"论说"、"时评"、"评论之评论"、"通信"、"论坛"、"文苑"（包括"文录"、"诗录"）、"丛谈"、"小说"等栏目。章士钊先后发表《政本》、《读严幾道〈民约平议〉》、《国家与责任》、《政力向背论》、《调和立国论》、《学理上之联邦论》、《复辟平议》、《政治与社会》、《共和平议》、《国家与我》、《帝政驳议》、《民国本计论》、《评梁任公之国体论》等政论文章，鼓吹为政有容，政治调和，反对袁世凯复辟和梁启超的开明专制论，宣传英国自由主义思想。后来他将这些文章，连同其他文章，合编为《甲寅杂志存稿》，于 1922 年由上海商务印书馆出版。

7 月，孙中山在日本组织中华革命党，取激进主义。

8 月，不愿参加中华革命党的革命党人另成立欧事研究会，取调和主义。该会以黄兴为领袖，章士钊任书记。

1915 年（民国四年） 三十五岁

7 月，受岑春煊派遣，赴日本东京拜会孙中山，商讨合作办法。

12 月，袁世凯公开称帝。蔡锷等则在云南发表通电反对帝制，组织护国军讨袁。

1916 年（民国五年） 三十六岁

春，随岑春煊赴日本进行活动，寻求日方对护国军的支持。

5 月，护国军军务院在肇庆成立，唐继尧任抚军长，岑春煊任副抚军长，梁启超任政务委员长，章士钊任秘书长。

6 月，袁世凯病死，黎元洪以副总统继任大总统。

7 月，军务院撤销，南北统一。代表岑春煊北上赴京，与黎元洪商谈善后事宜。

8 月，国会重开，以参议员参与国会活动。

1917 年（民国六年） 三十七岁

1 月，在北京恢复《甲寅日刊》，强调"尊今"、"重我"，继续鼓吹政治调和，聘李大钊、高一涵等撰写社论。

3 月，提出创设特别国务会议、增造不管部之国务员方案，并在《甲寅日刊》上展开讨论。

6 月，段祺瑞迫黎元洪解散国会，部分议员南下护法，随之赴沪，旋赴日。《甲寅日刊》停刊。

7 月，张勋复辟失败。在日本东京神话学会发表名为《欧洲最近思潮与吾人之觉悟》的演讲，提出新旧调和主张。

8 月，孙中山等在广州召开国会非常会议。段祺瑞在北京另组建新的安福国会。

9月，孙中山就任护法军政府大元帅。

10月，应陈独秀之邀，进入北京大学讲授逻辑学，并兼图书馆主任。

12月，先后在北京大学文学研究会改组会上和北京大学成立20周年纪念会上发表演讲，就新旧调和问题系统发表了自己的看法。其中在北京大学成立20周年纪念会上发表的演讲稿经修改后，以《进化与调和》为名发表于《甲寅周刊》。

1918年（民国七年） 三十八岁

5月，护法军政府改组，将大元帅制改为总裁合议制，选举岑春煊、孙中山等七人为总裁。

夏，应岑春煊之邀南下，就任军政府秘书长，并担任参议员。

1919年（民国八年） 三十九岁

2月，南北和谈在上海举行，代表岑春煊以南方代表身份参加和谈。

5月，北京发生五四运动。南北和谈破裂。

6月，因陈独秀在北京前门外散发传单被捕，致信北京政府总理龚心湛，要求释放陈。

9月，应邀在上海寰球中国学生会发表了题为《新时代之青年》的演讲，对其新旧调和思想作了进一步的阐述。演讲稿被《时事新报》连载后，又相继被《国民公报》、《东方杂志》等多家报刊转载，引起广泛注意，并由此引起一场围绕新旧调和的论战。

12月，广东政务会议通过陈炯明的决议，决定创办西南大学，与汪精卫同为筹备员，二人又邀蔡元培、吴稚晖、陈独秀加入。在广州师范学院发表题为《新思潮与调和》的演讲，为其新旧调和主张进行辩护。

1920年（民国九年） 四十岁

1月，在《中华新报》发表《裁兵与造法》一文，主张裁兵和专家制宪，反对国会议宪。当时广州国会正在制宪，因此该文引起强烈反响。广州国会甚至通过表决将其除名。

6月，毛泽东和蔡和森为组织新民学会会员留法勤工俭学事，持杨昌济之信来访，请求帮助，章从湖南督军赵恒惕为之划拨的在沪活动经费中提出两万元交给二人。

10月，作为岑春煊的智囊也随之下野，并被广州非常国会以附逆名义开除其参议员资格。

1921 年（民国十年） 四十一岁

1月，在《改造》杂志发表《造邦》一文，重谈联邦制，主张"由造邦而邦联，由邦联而联邦，由联邦而统一"，全面改造中国。

2月，在黎元洪的资助下，由上海出发赴欧洲考察，途中写信给章太炎，讨论代议制问题。

夏，在英国拜访萧伯纳、威尔斯、潘梯等人，请教救治中国之道。受其影响，逐渐形成以农立国和联业自治思想。不久写成英文著作《联业救国论》一书，寄回国内交上海商务印书馆出版。

1922 年（民国十一年） 四十二岁

在欧洲大陆考察期间，帮助周恩来等将一部印刷机和宣传资料带往德国，并出资一千法郎资助张申府等办《少年》杂志。

9月，因父丧结束考察回到上海，旋即返湘办理丧事。

10月，应邀到湖南教育会、湖南学术研究会、长沙甲种农业学校和长沙第一师范学校发表演讲，鼓吹以农立国论。

11月，应北京政府教育部之聘，北上出任北京农业专门学校校长。

1923 年（民国十二年） 四十三岁

4月，在《申报》发表《论代议制何以不适于中国》一文，引起强烈反响。

6月，直系军阀发动政变，逼迫总统黎元洪离京。与部分议员先后离京赴沪，并应邀主笔《新闻报》。

7月起，先后在《新闻报》发表了数十篇文章，其中比较重要的有《无首论》、《无首辩答徐佛苏》、《业治论》、《业治与农》、《评新文化运动》、《元首寄生论》、《非党》、《再论非党》、《三论非党》、《农国辨》、《农治述意》等。这些文章后来经其删削结集，于1929年由上海商务印书馆出版，取名《长沙章氏丛稿》（癸甲集）。

1924 年（民国十三年） 四十四岁

1月，在《申报》等报刊上刊出《创办〈甲寅周刊〉招股广告》，拟集资十万元，恢复《甲寅》。

10月，冯玉祥发动北京政变，囚禁贿选总统曹锟，通电邀孙中山北上共商国是，并请段祺瑞出山，以维大局。

11月，应段祺瑞之子段骏良之邀，参与段政府筹备工作。建议段不用大总统或总裁旧称，而用"临时执政"的名义，此项建议被采纳。稍后，出任中华民国临时执政府司法总长。

1925 年（民国十四年） 四十五岁

4月15日，兼署教育总长。莅任后立即着手清理积欠经费，整顿学风。

4月16日，为解决东南大学易长风潮，颁布《修正国立大学条例第十一条》；稍后，公布修正《国立东南大学大纲》，从而根除了东南大学师生迎拒校长的法律根据。

4月17日，在教育部召集的参事司长会议上，传阅其亲自起草的《整饬学风令》，规定："嗣后各校学生，校内集会，务须遵照本部……规定，随时呈明校长办理。倘未得校长允许及职员之督率，任意开会，或非学生在校借地开会等情事，应即一律禁止，以肃学风而敦士习。"

4月23日，在内阁会议上提出恢复教育厅长回避本籍制度的计划，得到通过。

4月25日，非正式发表合并京中八校主张。直到去职，也未见施行此项计划。

4月29日，非正式发表设立考试院的决定，并派毛邦伟主持考试委员会。

5月2日，以兼署教育总长的名义咨行各省省长、特别区都统、京兆尹，要求变通1917年教育部发布的关于禁止学校校长兼充他项职务的训令。

5月7日，北京各校学生因举行国耻纪念会受阻，遂冲入其住宅，捣毁门窗及用具、字画、古玩等物，并与赶来的警察发生冲突。

5月8日，北京学界和社会各界组织"北京市民五七伤亡后援会"，通电全国，抗议北京临时执政府摧残爱国学生运动。

5月9日，北京30余所大学组织万余学生赴执政府请愿。同日，北京女子师范学校校长杨荫榆因开除学生自治会职员蒲振声、张平江、郑德音、刘和珍、许广平、姜伯谛等6人酿成风潮。

5月11日，教育部部务会议通过决议：中学学生的初试由各校执行，复试由各省教育厅专门设立的考试处执行；大学生的初试由各大学执行，复试由教育部设立的考试处执行。

5月12日，向段祺瑞提出辞呈，请辞本兼各职，并于19日晚偕夫人吴弱男及亲信秘书若干人乘车离京赴津。

6月23日，经多方挽留，回任司法总长。

7月18日，《甲寅周刊》创刊。1926年3月26日出完第36期后停刊半年，1927年4月2日出版第45号后停刊。先后辟有"时评"、"论说"、"征文"、"特载"、"通讯"、"杂记"（后改为"孤桐杂记"）、"光宣点将录"、"书林丛讯"、"说林"、"章氏墨学"、"逻辑"、"揣籥录"、"清华园题解记"、"诗录"、"文录"等栏目。在《甲寅周刊》上，章士钊先后以孤桐的笔名和本名发表了《代议非易案》、《说鞹》、《答适之》、《疏解鞹义》、《文俚平议》、《评新文学运动》、《反动辨》、《再疏解鞹义》、《创设教授院议》、《特定学区议》、《答稚晖先生》、《再答吴稚晖先生》、《三答稚晖先生》、《论南京倡投壶礼事》、《何故农村立国》、《论业治》等文章。这一时期章士钊虽然在政治上仍未放弃自由主义，但在文化上已经完全回归保守主义。

7月28日，经执政府国务会议决定，并由段祺瑞下令，调署教育总长。

8月10日，训令停办北京女子师范大学。稍后决定另办国立北京女子大学。

8月18日，同情女师大学生的北京大学教授李石曾、顾梦余、马裕藻等召开学校教职员联合会和评议会联席会议，决议脱离教育部独立，从9月1日起，不再收受教育部文件。

8月底，段祺瑞政府发布"整饬学风令"。

9月1日，经呈请临时执政段祺瑞，正式批准设立国立编译馆。

9月4日经其提议，内阁会议议决：暂时停发北京大学办学经费；并电请正在法国的蔡元培回国，以挽残局。

9月16日，授意江苏省长郑谦停办东南大学，引起强烈反弹。

10月22日，将教育部原来设立的编译馆改为图书审查委员会，专掌审定教育图书事宜。

10月30日，在教育部部务会议上，主张中小学课程应以国语（即白话）包国文（文言文），实即提倡文言文，反对白话文，并保留读经课。《教育杂志》曾以《教育当局复古思想之实现》为名来报道此次会议讨论情况。

11 月 28 日，发表《特定学区议》一文，主张在北京建立中央学区。同日，为反对关税会议，北京学生、市民数万人举行大游行，并再次捣毁其住宅。

12 月 31 日，段祺瑞改组国务院，并同意其辞去教育总长一职。

1926 年（民国十五年）　四十六岁

2 月，出任执政府秘书长。

3 月 18 日，发生三一八惨案。北京女子师范大学学生自治会职员刘和珍在遭受枪击后被执政府卫兵用木棍捶打致死。

3 月 19 日，为段祺瑞起草通缉令，通缉徐谦、李大钊、易培基、顾兆熊等，妄图将惨案罪责嫁祸于人。

3 月 27 日，在《甲寅周刊》第 1 卷第 35 号时评栏发表《曳白记》，说其本拟撰写《狮门喋血记》，对三一八惨案有所论列，被朋友喝止，故不得不曳白。

4 月，随段祺瑞下野。

7 月，《甲寅周刊》暂时停刊，为《国闻周报》撰稿，相继发表《马学微》、《政治心解》、《与章太炎书》、《论南京倡投壶礼事》等。

1927 年（民国十六年）　四十七岁

4 月，李大钊在北京被奉系军阀逮捕，营救未果。李大钊就义后，帮助处置善后。

1928 年（民国十七年）　四十八岁

7 月，遭南京国民政府通缉，旋赴欧洲游历。

1929 年（民国十八年）　四十九岁

旅居德国期间，翻译《萧罗乙德叙传》（弗洛伊德自传）和德国科仑大学教授师辟伯的《情为语变之原论》，交上海商务印书馆出版，向国内介绍弗洛伊德的精神分析学说。

1930 年（民国十九年）　五十岁

春，应张学良之聘为东北大学教授，讲授中国哲学史和形式逻辑。

1931 年（民国二十年） 五十一岁

4 月，东北大学行政体制改行委员制，被聘为该校 11 个委员之一。

9 月，九一八事变发生后，辞去东北大学教职，转赴上海，开律师事务所，执律师业。不久，结识青帮大亨杜月笙，成为杜公馆清客。

1933 年（民国二十二年） 五十三岁

4 月，到江苏高等法院义务为陈独秀等辩护，其辩护词轰动一时，后来被一些大学法学系选入教材。

1934 年（民国二十三年） 五十四岁

春，被上海法学院聘为院长。

1936 年（民国二十五年） 五十六岁

10 月，应华北冀察政务委员会委员长宋哲远之邀北上，出任该委员会下属之法制委员会主席委员。

1937 年（民国二十六年） 五十七岁

7 月，卢沟桥事变发生后，携眷避往天津。

1938 年（民国二十七年） 五十八岁

春，由天津转往上海。

3 月，伪中华民国维新政府在南京成立。旧时同僚梁鸿志为拉其下水，未经同意便公布其为伪维新政府司法院院长。在杜月笙的帮助下离沪，避往香港。

1939 年（民国二十八年） 五十九岁

2 月，由香港转赴陪都重庆，出席国民参政会第一届三次会议。其间受到蒋介石接见。

1943 年（民国三十二年） 六十三岁

6 月，《逻辑指要》在重庆出版。

1944 年（民国三十三年） 六十四岁

秋，拟依托"恒社"组建政党，因杜月笙不支持而作罢。

1945 年（民国三十四年） 六十五岁

8 月，与国民政府司法院副院长覃振一起宴请前来重庆谈判的中共领导人。随后建议毛泽东尽早离开重庆，以免不测。这一建议被采纳。

10 月受命出任《申报》总主编，旋即乘船返沪。

1946 年（民国三十五年） 六十六岁

1 月，脱离《申报》，重操律师旧业。

6 月，担任汉奸梁鸿志律师，为其汉奸案辩护。

11，担任汉奸周佛海律师，为其汉奸案辩护。以代表身份出席国民党在南京召开的"行宪国大"。

1947 年（民国三十六年） 六十七岁

1 月，担任汉奸殷汝耕律师，为其汉奸案辩护。

5 月，参加在南京召开的国民参政会四届三次会议。

1949 年 六十九岁

2 月，以"上海人民和平代表团"代表身份赴北平（后转石家庄）与中共和谈。

4 月，以"南京政府和平商谈代表团"代表身份赴北平与中共和谈。谈判破裂后滞留不归。

9 月，以特邀代表身份出席中国人民政治协商会议，被推选为全国政协第一届委员。

10 月，参加开国大典。出任中央人民政府政务院法制委员会委员。

1951 年 七十一岁

7 月，出任政务院文史馆副馆长。

1954 年 七十四岁

9 月，出席第一届全国人民代表大会。

1956 年　七十六岁

春，在周恩来安排下，只身赴香港，为国共第三次合作、国家和平统一奔走。

1959 年　七十九岁

10 月，出任中央文史研究馆馆长。

1961 年　八十一岁

10 月，《逻辑指要》在北京再版。

1967 年　八十七岁

3 月，分别致信毛泽东和刘少奇，试图调解二人矛盾，未果。

1971 年　九十一岁

9 月，《柳文指要》在北京出版。

1973 年　九十三岁

5 月，带病乘专机赴港，为国家和平统一而奔波。

7 月 1 日，因病在香港去世。

中国近代思想家文库

图书在版编目（CIP）数据

中国近代思想家文库. 章士钊卷/郭双林编. —北京：中国人民大学出版社，2015.1
ISBN 978-7-300-20461-1

Ⅰ.①中… Ⅱ.①郭… Ⅲ.①思想史-研究-中国-近代②章士钊（1881～1973）-思想评论 Ⅳ.①B250.5

中国版本图书馆 CIP 数据核字（2014）第 302350 号

中国近代思想家文库

章士钊卷

郭双林　编

Zhang Shizhao Juan

出版发行	中国人民大学出版社			
社　　址	北京中关村大街 31 号		**邮政编码**	100080
电　　话	010－62511242（总编室）		010－62511770（质管部）	
	010－82501766（邮购部）		010－62514148（门市部）	
	010－62515195（发行公司）		010－62515275（盗版举报）	
网　　址	http://www.crup.com.cn			
经　　销	新华书店			
印　　刷	涿州市星河印刷有限公司			
开　　本	720 mm×1000 mm　1/16		**版　　次**	2015 年 5 月第 1 版
印　　张	43.5 插页 1		**印　　次**	2025 年 4 月第 2 次印刷
字　　数	702 000		**定　　价**	149.00 元

版权所有　　侵权必究　　　印装差错　　负责调换